国家社科基金项目"中国土司制度与国家治理研究"最终成果

中国土司制度与国家治理研究

李良品 李思睿 著

中国社会科学出版社

图书在版编目（CIP）数据

中国土司制度与国家治理研究 / 李良品，李思睿著. --
北京：中国社会科学出版社，2024.7. -- ISBN 978-7
-5227-3929-8

Ⅰ.D6

中国国家版本馆 CIP 数据核字第 20241RC037 号

出 版 人	赵剑英
责任编辑	孔继萍
责任校对	刘　娟
责任印制	郝美娜

出　　版	中国社会科学出版社
社　　址	北京鼓楼西大街甲 158 号
邮　　编	100720
网　　址	http://www.csspw.cn
发 行 部	010-84083685
门 市 部	010-84029450
经　　销	新华书店及其他书店

印刷装订	北京君升印刷有限公司
版　　次	2024 年 7 月第 1 版
印　　次	2024 年 7 月第 1 次印刷

开　　本	710×1000　1/16
印　　张	48
插　　页	2
字　　数	760 千字
定　　价	288.00 元

凡购买中国社会科学出版社图书，如有质量问题请与本社营销中心联系调换
电话：010-84083683
版权所有　侵权必究

前　言

一

《商君书》云:"凡将立国,制度不可不察也,治法不可不慎也,国务不可不谨也,事本不可不抟也。制度时,则国俗可化,而民从制;治法明,则官无邪;国务壹,则民应用;事本抟,则民喜农而乐战。夫圣人之立法化俗,而使民朝夕从事于农也,不可不知也。"① 这说明制度治理对国家、对人民具有极其重要的作用。元明清时期的土司制度本质上是国家对各地土司和土司地区民众进行治理的制度。虽然随着时间的推移,土司制度逐渐成为阻碍土司地区生产力发展、影响中华民族共同体建设的落后制度,但在土司制度治理初期,元明清中央政府的初衷还是希望通过土司制度对各地土司和土司地区民众进行有效治理。

任何一项国家制度的生命力都在于执行。土司制度治理过程中的执行环节始终处于制度治理的多个环节中的关键环节。历史事实证明,土司制度中的职官、承袭、朝贡、征调、优抚、升迁、文教、礼仪等各项制度如果执行不力,那就是一纸空文。只有将土司制度体系转化为中央政府的治理效能,并取得制度治理实质性的效果,才能保证土司制度治理呈现出"良治"和"善治"的结果。土司制度研究虽有百多年的历史,但研究尚存在诸如新设土司的程序、土司袭职的手续、流土并治的推行、土司地区的赋税征收、革除土司的安插等学术空白,对元明清三朝实施土司制度与国家治理土司地区在预期目标、治策设计与施行效果等方面尚存在时空动态性和区域差异性探讨不够等诸多问题,因此,本书旨在

---

① (战国) 商鞅著,石磊译注:《商君书》,中华书局2011年版,第76页。

开展全面、深入的研究。笔者认为，历经五年的研究，本书不仅能够为"多元一体"理念下的"中华民族共同体"形成、"统一多民族国家"的"国家治理"正确处理国家统一与地方自治、内地与边疆、汉族与少数民族等多重关系提供丰富的资源，而且有利于提升中华各民族共创中华的国家认同意识，有利于各级政府部门汲取历史智慧，进一步完善少数民族地区制度治理的法规。本书虽不是"为往圣继绝学"的旷世名作，也不是"通古今变化"的"扛鼎之作"，但可算作研究中国土司制度与国家治理的主要著作，定会对我国哲学社会科学三大体系的构建具有一定作用。

二

本书旨在彰显"制度治理"的主题。元明清时期，国家的治理体系包括政治、经济、社会、法治、文化等方面的制度建构、制度运行、制度改革，也就是一整套紧密相连、相互协调的国家制度。任何制度都需要人来执行，这就涉及一个治理的问题，如何用制度管人？也就是学界强调的"制度治理"问题。要使土司制度在元明清王朝国家治理各地土司及土司地区民众的过程中发挥实质性、决定性的作用，这既是王朝国家治理各地土司及土司地区民众的现实诉求，也是王朝国家治理体系和治理能力是否符合历史发展规律的诠释。由此，土司制度与国家治理构成了元明清王朝国家治理体系和治理能力符合社会现实需求、符合历史发展规律的制度逻辑。在元明清国家治理体系和治理能力是否符合社会现实需求、符合历史发展规律的语境下，要使土司制度发挥治理各地土司及土司地区民众的实质性、决定性的作用，必须遵循制度建构、制度改革、制度运行和制度效益等一整套制度逻辑，这四个环节环环相扣却又相互渗透，构成了王朝国家治理体系和治理能力制度逻辑背后的逻辑体系。因此，我们认为，元明清时期的土司制度与国家治理是一个系统工程，它立足于"制度治理"，强化土司制度在国家治理中发挥实质性、决定性的作用，从而推进"土司之制"向"土司之治"转化，这是通过制度以达到王朝国家治理土司及土司地区的制度逻辑。元明清时期，中央政府的国家治理体系和治理能力不仅需要土司制度提供持久的动力，而且土司制度治理始终遵循着"借鉴历史传统—土司制度建构—

土司制度改革—土司制度运行—土司制度效益"的制度逻辑和逻辑理路渐次展开,进而为王朝国家治理体系的丰富完善和治理能力的逐步提升打下了坚实基础。

三

创新不仅是人类特有的认识能力和实践能力,而且是推动中国式现代化发展和民族地区现代化的不竭动力。从哲学社会科学研究意义来讲,创新是指人们为了人类社会发展的需要,运用已知的信息,不断突破常规,发现或产生某种新颖、独特的有社会价值或个人价值的新事物、新思想的活动。本书是一个以民族学、历史学、政治学等学科理论为基础,融管理学、经济学、社会学、法学等学科理论为一体的课题,因此,具有一定的创新之处。

初步构建相关研究的理论框架。"中国土司制度与国家治理研究"是通过一个总纲(王朝国家的"大一统"思想)、两大问题(解决土司制度治理过程中国家制度体系、制度执行能力)、三个层次(土司制度分为根本制度、基本制度、具体制度)、四个环节(土司制度与国家治理之间形成了制度建构—制度改革—制度运行—制度效益等四个环节)、五位一体(土司制度体系中涉及土司政治制度、经济制度、社会制度、法律制度、文教制度)的理论框架为基本路径予以实现。这个理论框架无论是对于研究中国土司制度、国家治理,还是对于民族地区国家治理、民族地区现代化建设均具有重要的参考价值。

力求形成本书的特色和创新。一是本书提出了"制度治理"的学术概念,这既是对中国土司制度研究的深化,又是对我党加强民族地区国家治理的深入探索,更是对国家治理体系与治理能力相关理论的充实与完善。二是尝试提出新的学术观点。我们认为,本书提出的几个学术观点对中国土司制度、国家治理、制度治理等方面的研究均有裨益。第一,土司制度治理是元明清中央政府充分运用土司制度体系对土司及土司地区进行的治理。元明清时期,王朝国家制度治理土司及土司地区彰显了中央与地方、国家与乡村、政府与社会基层组织等"多元共治、上下互动"的学术思想,这对深化中国土司制度和国家治理研究均具有创新价值。第二,中国土司制度是一种"齐政修教""因俗而治"的政治制度,是元明清三朝逐渐实现国家统一与地方自治的地方行政管理制度。第三，中国土司制度体现了国家对土司地区的治理始终占据主导地位，各地土司、流官政府、社会基层组织等在中央政府"因俗而治"的政策指导下共同参与土司地区的国家治理。三是探寻土司制度与和国家治理的地区差异。事实表明，在元明清土司地区，不仅实际上存在着一种相对于中原地区不同的时间制度，而且也存在着一种有别于汉族地区的基层政治制度和组织制度，时间跨度长达600年左右。如在行政制度方面，虽然元明清时期在土司地区都实施土司制度，但又有一定区别，如藏族是政教合一制，白族、傣族、壮族、土家族、苗族、水族、布依族等族是土官土司制，景颇族则是山官制等。即便是同一民族，土司制度也不尽一致，如藏族地区的土司制度，既有政教联合管理制、政教合一土司制，也有土千户土百户制、土屯结合管理制，还有土流并存管理制以及健全的土司管理体制等。因此，本书以土司制度与国家治理为主要内容，其研究不仅有助于理解元明清时期不同地区、不同民族土司制度和国家治理的差异，而且能为少数民族非土司地区王朝国家实施的"制度治理"研究提供参照。四是充分挖掘和运用土司家族民间文献。作为我国元明清及民国时期特殊群体的土司家族，在历史发展的进程中，形成了土司家族的谱牒、契约文书、碑刻、艺文等名目繁多的民间文献。这些民间文献，不仅是深入研究明清土司地区乡村社会历史发展、社会变迁、文化演变的重要文献，而且是能拼接出一幅幅生动的土司地区和土司家族历史画卷的完美材料。本书能够充分运用十多年来课题组收集到的土司家族民间文献，以极大彰显"国家制度（土司制度）的地方表达"的研究理念。

四

元明清时期，各地土司家族后裔在撰写谱牒追溯祖先时，总会详细记载具有功勋的祖先（如湖南《保靖彭氏宗谱》中保存有《溪州彭氏稽勋录》《永顺宣慰司稽勋录》《保靖宣慰司稽勋录》《大喇长官司稽勋录》），总会将本宗族或家族那些可歌可泣的显赫人物和可圈可点的历史事实叙述得淋漓尽致。这既是中华民族故有的祖先崇拜，也是各宗族的历史记忆。虽然有的祖先的功绩显赫一些，有的祖先功绩黯淡一些，但他们总是希望给子孙后代留下一些具有荣光的历史记忆。当我们想到我国各民族的祖先曾经为国家的永续发展而努力乃至为自身基本生存而流血，抑或牺牲的时候，我们或骄傲、或自豪、或感伤。中华民族共同体的每个成员必须清楚：正是无数的个体、无数的家庭组成中华民族共同体，成为统一的多民族国家的重要组成部分，国家应该理所当然地肩负起保护中华民族共同体成员的责任。虽然元明清三代早已成为历史，但元明清时期确实是中华民族共同体从"自在"共同体发展成为"自觉"共同体的十分重要的历史阶段。元明清时期，土司地区各族民众对自己家族的过往荣光有永恒的历史记忆，对自己家族的未来必然有实现中国式现代化的期待。我们没有理由懈怠，我们必须为实现中国式现代化、实现民族地区现代化而努力奋斗！

目　录

制度治理：新时代国家治理的制度逻辑（代序） …………………（1）

第一章　绪论 …………………………………………………（16）
第一节　学术依据和提出背景 ……………………………（18）
第二节　研究现状与意义价值 ……………………………（23）
第三节　研究内容与主要目标 ……………………………（80）
第四节　研究思路与研究方法 ……………………………（84）
第五节　主要特色与创新之处 ……………………………（87）

第二章　土司制度与国家治理的理论框架、治理体系及能力 ………（94）
第一节　土司制度与国家治理的理论框架 ………………（95）
第二节　土司制度与国家治理体系 ………………………（101）
第三节　土司制度与国家治理能力 ………………………（111）

第三章　土司制度的发展历程 ………………………………（151）
第一节　土司制度的形成 …………………………………（151）
第二节　土司制度的兴盛 …………………………………（162）
第三节　土司制度的衰亡 …………………………………（177）
第四节　改土归流的推进 …………………………………（191）

第四章　土司制度的基本理论 ………………………………（215）
第一节　土司制度的核心 …………………………………（215）

第二节　土司制度的内涵 …………………………………… (233)
　　第三节　土司制度的特点 …………………………………… (261)
　　第四节　土司制度的构成 …………………………………… (275)

第五章　土司制度的共性内容 …………………………………… (290)
　　第一节　土司承袭制度 ……………………………………… (290)
　　第二节　土司朝贡制度 ……………………………………… (309)
　　第三节　土司征调制度 ……………………………………… (326)
　　第四节　土司教育制度 ……………………………………… (353)
　　第五节　土司优抚制度 ……………………………………… (374)

第六章　土司制度与国家治理下的地区差异 …………………… (392)
　　第一节　湖广地区 …………………………………………… (393)
　　第二节　四川地区 …………………………………………… (414)
　　第三节　云南地区 …………………………………………… (452)
　　第四节　广西地区 …………………………………………… (488)
　　第五节　贵州地区 …………………………………………… (512)
　　第六节　西北土司地区 ……………………………………… (536)

第七章　"三位一体"的土司制度治理 ………………………… (558)
　　第一节　王朝国家的土司制度治理 ………………………… (559)
　　第二节　地方政府的土司制度治理 ………………………… (586)
　　第三节　土司地区的土司制度治理 ………………………… (605)

第八章　土司制度治理的政策、举措与效能 …………………… (616)
　　第一节　土司制度治理的政策 ……………………………… (616)
　　第二节　土司制度治理的方略 ……………………………… (641)
　　第三节　土司制度治理的效能 ……………………………… (653)

第九章　元明清时期土司制度治理之检讨 ……………………… (671)
　　第一节　元代土司制度治理 ………………………………… (671)

第二节 明代土司制度治理 …………………………… (672)
第三节 清代土司制度治理 …………………………… (678)

第十章 土司制度治理的基本结论 ……………………… (685)
第一节 国家主导 ……………………………………… (685)
第二节 上下互动 ……………………………………… (693)
第三节 双方博弈 ……………………………………… (701)
第四节 多元共治 ……………………………………… (709)

第十一章 余论 …………………………………………… (722)
第一节 国家制度建设是加强国家治理的根本 ………… (722)
第二节 共建共治共享的社会治理制度是维护民族地区
社会稳定的关键 ……………………………… (725)
第三节 "依法治国"是加强民族区域自治地区国家
治理的必由之路 ……………………………… (728)

参考文献 ………………………………………………… (734)

后 记 …………………………………………………… (753)

制度治理:新时代国家治理的制度逻辑

(代序)

制度治理是一个系统工程,它立足于"制度",关键在"治理"。我国目前正处在中国特色社会主义新时代,国家制度在国家治理中发挥实质性、决定性的作用。有学者指出:"制度治理就是要按照制度治理意识办事、依据制度治理规律办事、运用制度治理规则办事,是现代化国家治理的重要基石、发展的重要动力。"① 在中国特色社会主义新时代,在推进国家治理现代化的历程中,必须加强制度治理,因为制度治理不仅是现代化国家发展的重要动力,而且是新时代国家治理的制度逻辑。在此,参考黄建军教授论文的逻辑理路启迪著者的智慧之门。②

一 借鉴历史传统:新时代国家治理的他山之玉

我们通常所强调的制度治理,就是专家提倡的"按照制度治理意识办事、依据制度治理规律办事、运用制度治理规则办事"③。制度治理在我国有着悠久的历史,具有优秀的历史传统。自秦代建立封建国家以降,历朝历代都十分重视制度治理,悠久的历史传统、丰富的治理经验,是新时代国家治理的他山之玉。

我国历史上典章制度汗牛充栋,这些制度"是我国古代历代王朝用

---

① 温宪元:《制度治理:国家治理的重要基石》,《深圳特区报》2014 年 3 月 11 日。
② 黄建军:《中国国家治理体系和治理能力现代化的制度逻辑》,《马克思主义研究》2020 年第 8 期。
③ 温宪元:《制度治理:国家治理的重要基石》,《深圳特区报》2014 年 3 月 11 日。

以设官分职、敷政治民及协调统治集团内部关系、规范统治方法的准则和法规,其与一代王朝的治乱兴衰关系极大。每一王朝,在其夺得政权、控制全国以后,都会立即着手整顿和制定一系列典章制度,作为其立国之规模体制,以期有效地统治人民和驾驭群臣,从而达到长久巩固政权的目的"①。秦汉至明清,历代中央王朝无不重视典章制度的建设、充实与完善。尤其是封建社会末期的清王朝,作为少数民族执掌全国政权后,为了巩固自身的政权、维护统治集团的内部秩序和最大利益,更是刻意研究制度治理的策略与方法,接受以前历朝统治的经验和教训,总结历代制度治理的利弊得失,故特别重视典章制度的制定与完善,加强各项制度的落实和执行。清王朝制定或修改之后的各种法规和制度,汇集于清会典、会典事例、各种则例、事例等典制专书之中。这些行政法规汇编,是清王朝实施对全国的有效统治、制度治理的宝藏。邓之诚在《中华二千年史》中说:"清以例治天下,一岁汇所治事为四季条例,采条例而为各部署则例。新例行,旧例即废,故则例必五年一小修,十年一大修。采则例入会典,名为'会典则例'或'事例'。"②这就清楚地说明了清王朝重视典章制度、不断修改增补及完善其典章制度并最终汇入《大清会典》的具体过程。顺治年间朝廷官员就建议初定制度,如江南道御史杨四重奏言:"一代之兴,必有一代之制。今皇上大统既集,而一切诸务,尚仍明旧,不闻有创制立法见诸施行者,恐非所以答天下仰望之心也。请亟敕臣工,讨论故实,求其至当,定为画一之规,永矢不刊之典。"③清圣祖在康熙二十三年(1684)五月十二日《大清会典》开馆时,载《皇帝敕谕内阁》中对制定完善典章制度在实施统治过程中的作用有明确的论断:"朕闻一代之兴,必有一代之治法,著为道揆,布在方策,用以昭示臣民,垂宪万世至弘远也。我太祖高皇帝大业开基,规模肇造;太宗文皇帝肤功耆定,轨物聿兴;暨我世祖章皇帝统一寰区,创垂兼裕。诸凡命官定制,靡不准今酌古,纲举目张,郁郁彬彬,无以尚

---

① 朱金甫、张书才主编,李国荣副主编:《清代典章制度辞典》(前言),中国人民大学出版社2011年版,第1页。
② 邓之诚:《中华二千年史》,中国社会科学出版社2011年版,第2580页。
③ 《清世祖实录》卷22,"顺治二年十二月癸卯"条。

矣。逮朕御极以来,恪遵成宪,率由弗渝。间有损益,亦皆因时制宜,期臻尽善,俾中外群工知所禀承,勿致陨越。顾其条例、事宜,多散见于卷牍。在百司既艰于考衷,而兆姓亦无由通晓。今命部院大小等衙门各委属员,详加察辑,用成《会典》一书。时命卿等为总裁官,其董率各员,恪勤乃事,务使文质适中,事理咸备,行诸今而无弊,传诸后而可征。悉心考订,克成一代之典,俾子孙臣庶遵守罔愆,以副朕法祖图治之意,卿等其勉之。钦哉!"① 这里的"一代之兴,必有一代之治法"的政治论断及"法祖图治"的远大理想,是康熙皇帝对典章制度的重要作用的精辟概括。

明清时期的典章制度,既是王朝国家处理君臣官民、中央与地方、政务与事务以及中外关系方面的纲领,也是中央政府解决当时政治、军事、经济、文化等问题的方针原则,是王朝国家制度治理的重要组成部分。② 就明清时期典章制度的门类看,举凡政制、机构、职官、铨选、任用考核、奖惩、世职、土职、幕友、吏役、行政区划、户口、土地、赋役、税课、财政、商贸、屯垦、荒政、盐茶、铜政、币制、漕运、兵制、兵器、军备、八旗、邮驿、刑律、司法、建筑、工程、作坊、陵寝、采捕、进贡、学校、科举、礼乐、民族、部落、盟旗、宫廷、宗室、封爵、皇庄、官庄、内府、外务、海关、文书档案等内容无不汇聚其中,涉及政治、军事、经济、文化、教育、社会习俗等制度治理的方方面面,尤其是清代制度治理的法律及典章制度的条文详尽具体,可操作性强。如乾隆年间印制的《则例便览》共有49卷,主要涉及"升选""降罚""举劾""考绩""赴任""离任""归籍""本章""印信""限期""旷职""事故""营私""书役""仓场""漕运""田宅""户口""盐政""钱法""关市""灾赈""催征""解支""盘查""承追""科场""学政""仪制""文词""服饰""驿递""马政""军政""叛案""海防""边裔""盗贼""逃人""人命""提解""审断""用刑""禁狱""杂

---

① (清)伊桑阿等纂,关志国等校点:《大清会典(康熙朝)》(《凡例》前),凤凰出版社2016年版。

② 朱金甫、张书才主编,李国荣副主编:《清代典章制度辞典》(前言),中国人民大学出版社2011年版,第2页。

犯""河工""修造"等内容;《钦定六部处分则例》与《则例便览》很多内容相同,新增了"公式""祀典""军器"三方面内容,缺少了"叛案"一项内容,另外有些名称有所变化,如"限期"改为"期限","归籍"改为"归旗","盐政"改为"盐法","灾赈"改为"灾振","学政"改为"学校","边裔"改为"边防",① 这些内容是清王朝的吏部、户部、礼部、兵部、刑部、工部对各部违反有关规定和法律的制度治理。

《则例便览》卷三十七"边裔"中的内容大多或与土官土司有关,主要有土官承袭、土司受贿匿犯、土苗紧要事件、商贾客民擅入苗地结亲、台湾民人不得娶番妇、汉奸流棍潜入土蛮地方滋事、湖南所属苗疆田产不许汉民置买、汉民不准争占远年田产、土司官庄田亩不许典卖、土官处分、土官计俸罚米、土官宜专责成、广西土司地方归承审州县厅员兼辖、土司地方失事、土司案件全完议叙、土官承缉不力、土苗承审限期事宜、番人入内地为盗、民人私越安南、土官藏匿苗犯、红庙捉人勒赎、接壤顽苗构衅、苗地商人出入兵役勒索、苗疆兵役生事、苗蛮杀劫、承缉生番、台地兵民不法文武官推诿狥纵、土官土人远赴外省、土司解逃、土司查解凶手盗首议叙、拿获绸掠贩卖、贵州省买入地方官滥用印信、疏纵安插土司家口、疏脱安插土蛮猺獞并失察勾引处分、捏报土司并无子嗣幼小、民人捏称土苗、岩疆两界互稽、四川拿获啯噜议处议叙、归化城夷汉命盗事宜、外番入内地、擅放贡船、通事件送官处分、贵州省古州等各厅员失察通事需索、朝鲜国贡使来京沿途护送等条目,② 其具体内容也十分丰富。清王朝典章制度有三大类,一是《大清会典》,二是《钦定六部处分则例》和《则例便览》,三是《钦定大清会典事例》,如果在此用党的十九届四中全会的决定中的制度分类来看,清代的国家治理体系中的《大清会典》近似于根本制度,《钦定六部处分则例》和《则例便览》相当于基本制度,《钦定大清会典事例》接近于重要制度。在一定程度上讲,制度治理是我国新时代国家治理的重要支柱和发展动力。因此,从我国悠久的制度治理历史、优秀的制度治理经验看,我们十分

---

① (清)文孚:《钦定六部处分则例》(卷四十),图书集成印书局光绪十八年(1892)铅印本。

② (清)沈书城:《则例便览》卷37,清康熙五十六年(1717)刻本,第1—3页。

有必要借鉴历史上制度治理的优秀传统。在当下,如果我国能够顺利推进制度治理,就能够为国家治理奠定坚实的基石,国家治理现代化的道路就比较顺畅;如果制度治理推进不够顺畅,国家治理基石奠定得不坚实,国家治理现代化的道路就有可能会出现坎坷。

二　加强制度构建:新时代国家治理的重要基础

我国古代就十分注重制度建设,《商君书》中称:"凡将立国,制度不可不察也,治法不可不慎也,国务不可不谨也,事本不可不抟也。"[①]这说明制度建设对一个国家、对人民具有极其重要的作用。清朝顺治之初,一切制度尽袭明代旧制,甚至尊用《明会典》,并称为祖训。[②] 所以"一代之兴,必有一代之治法"[③] 就迫在眉睫。如都察院左副都御史傅景星奏言:"自古帝王。一代之兴、必有一代之制。黄帝、尧舜,垂衣裳而天下治。衮冕黼黻,代有不同。朝有朝服,祭有祭服,所以肃臣民而格上下也。我皇上祀天飨庙,与升殿大典,体制尚有未备,臣愚以为燕居常服,及出军行幸,固宜从便,若遇朝祭大事。当酌古今之宜,定为一代之制。"[④] 这里虽然强调的是建立祭祀制度,但由此可见,制度的构建对王朝国家治理是多么重要。

人们通常说的制度就是指要求社会成员共同遵循的、按照一定程序办事的规程。如果说制度是指较为宏观的系统、体系、体制和秩序,那么,构建国家制度体系则是国家治理的必要前提和重要基础。研究表明,国家治理的深层逻辑是制度治理。一个国家要实现制度治理,一方面是必须充分发挥制度在国家治理中的基础性作用,另一方面是必须构建系统性和完备性的国家治理制度体系。因此,国家层面构建的系统性和完备性的制度体系就自然而然地构成了国家治理的必要前提和重要基础。在中国特色社会主义新时代,推进国家治理现代化的逻辑前提就是制度构建与完善。基于此,我国不仅构建了一套系统性和

[①] (战国)商鞅著,石磊译注:《商君书》,中华书局2011年版,第76页。
[②] 邓之诚:《中华二千年史》,中国社会科学出版社2011年版,第1600页。
[③] (清)伊桑阿等纂,关志国等校点:《大清会典(康熙朝)》(《凡例》前),凤凰出版社2016年版。
[④] 《清世祖实录》卷71,"顺治十年正月丙子"条。

完备性的制度体系,而且形成了国家治理能力和执行能力,构成了支撑"中国之治"的制度密码,从而为国家治理现代化奠定了根本前提和重要基础。①

如前所述,元明清时期的王朝国家为了有效治理土司及土司地区,逐渐形成的一套土司制度体系,既有根本制度,又有基本制度和重要制度,并由此组成了一个体系完整、相互支撑的"制度丛"。一般而言,土司制度体系中的根本制度是王朝国家治理土司及土司地区过程中具有全局性、决定性、指导性作用的制度,处于土司制度体系的核心地位。如《明会典》中"土官承袭""土官朝贡""给赐四土官"以及"给云南徼外土官信符金牌"等内容,《大清会典》在"土官承袭""土司贡赋"以及"验封清吏司"之"土官","武选清吏司"之"土司"等内容,均属于土司制度体系中的根本制度。土司制度体系中的基本制度是具有贯彻性、长期性、稳定性作用的制度,在土司制度体系中处于基础地位,它是土司制度运行的重要依据。如《大明律》中的"土司承袭""职官有犯""请发充净军"等,《大清律例》中的"官员袭荫""徒流迁徙地方""私越冒度关津"等涉及土司的内容,对土司制度体系中的根本制度起着保障作用。土司制度体系中的重要制度是具有可操作性的制度,是土司根本制度和土司基本制度在国家治理过程中的具体化,包括政治、经济、军事、法治、文化、教育等具体制度,对于维护土司制度体系中的根本制度、基本制度,推动土司制度的坚持和完善发挥着重大作用。如明代《礼部志稿》中的"敦教化之训""朝贡之训""土官入学""信符金牌""土官学岁贡""定土司朝贡例""土官应袭子弟入学"等内容,《钦定大清会典事例》中"土官承袭""土官大计""土官请封""土司授职""土司议叙""土司议处""土司议恤"等内容,《钦定户部军需则例》中"俸赏行装""盐菜口粮"等内容,《钦定兵部军需则例》中"土司军功议恤"之"议叙土司军功""土司阵亡伤亡恤赏""土司出征病故恤赏""从优议叙土司军功"等内容;在《钦定六部处分则例》中"土官承袭""土官议处事件""土官议叙事件"

---

① 黄建军:《中国国家治理体系和治理能力现代化的制度逻辑》,《马克思主义研究》2020年第8期。

"土官犯罪"等内容，都是土司制度体系中的重要制度。土司重要制度的运行直接决定着土司根本制度和重要制度的治理效能。因为土司根本制度、基本制度和重要制度共同支撑着王朝国家的土司制度体系，所以，元明清王朝国家十分重视整个土司制度体系的不断构建与丰富完善。

从元明清时期王朝国家土司制度体系的生成与发展看，土司制度是在元代中央王朝初创的基础上，经过明清两代中央王朝不断实施、修正、补充、完善而逐步完成的。因此，土司制度体系，是元明清王朝国家在不断守正与创新的过程中，既遵循土司制度的政治和管理属性，也强调土司制度的发展与补充的特征，更注重土司制度的不断充实、丰富与完善。元明清王朝国家土司制度的不断建构是根据历朝历代"求治"的需要而对土司制度不断充实、丰富与完善的具体实践与必然结果。

在中国特色社会主义新时代，中国共产党第十九届中央委员会第四次全体会议通过了《中共中央关于坚持和完善中国特色社会主义制度 推进国家治理体系和治理能力现代化若干重大问题的决定》，从中可见我国已经逐渐构建起适合我国国情的国家制度和国家治理体系，这个体系充分彰显了我国显著的制度优势，如坚持党的集中统一领导制度优势、坚持人民当家作主制度优势、坚持社会主义法治国家制度优势、坚持全国一盘棋制度优势、坚持民族区域自治制度优势、坚持社会主义基本经济制度优势、坚持社会主义先进文化制度优势、坚持以人民为中心的民生保障制度优势、坚持改革创新永葆生机活力制度优势、坚持中国特色人才制度优势、坚持党对军队绝对领导制度优势、坚持"一国两制"制度优势、坚持中国特色大国外交制度优势，[①] 这些制度优势是我国相当长一段时间国家治理的基本依据。

三 树立制度权威：新时代国家治理的必要条件

有专家指出，构建起具有系统性和完备性的制度体系是"构成国家

---

① 张占斌等：《制度制胜——中国国家治理的制度优势》，中共中央党校出版社2020年版，第1—211页。

治理体系和治理能力现代化制度逻辑中的逻辑起点,要使制度在国家治理过程中真正具有核心地位,强化制度权威、引导人们的制度认同则构成了国家治理体系和治理能力现代化的必要条件"①。这是因为制度的建构与制度的执行之间还存在一个中间变量,那就是所构建的制度是否具有权威性,是否被广大民众所认同。如果一种制度产生之后,不被国民所认同,它就不具备权威性。只有国家构建的制度被最广大的人民群众认同后,它才具有权威性,才能获得最广大的人民群众的心理认同,他们才能将外在行为内化为自觉行动,这样的制度才能具有真正的权威性,才能获得强劲的生命力。国家治理要真正发挥制度作用,就必须赋予已构建的制度体系具有权威性,使国家制度和国家治理由刚性规范内化为广大人民群众的自觉行动。按照专家的说法,从本质上讲,国家制度是一种规则和规范,是调整社会关系的载体。②

专家认为,制度权威的生成主要来源于两个方面:一是制度自身的合法性,二是行为主体的认同感。其中,制度的合法性成为制度权威的基础,制度权威性依赖于行为主体对制度的认同。③元明清时期,王朝国家对土司及土司地区的制度治理,依靠的是具有系统性、完备性,尤其是具有权威性的土司制度体系。元明清时期王朝国家要使土司制度在国家治理中发挥实质性、决定性的作用,没有各地土司及土司地区各族民众的认同,没有土司制度的权威性,那是绝不可能得到有效贯彻执行的。因此,笔者认为,具有权威性的国家制度是王朝国家利用制度治理土司及土司地区的必要条件。这就告诉我们一个不可否认的事实,只有当外在的行为规范——土司制度得到各地土司和土司地区各族民众的认同,且内化为他们的自觉行动之后,王朝国家推行的土司制度才能在土司地区获得强劲的生命力。

清王朝入主北京之后,对制度建设尤为关心,据内弘文院侍读熊赐

---

① 黄建军:《中国国家治理体系和治理能力现代化的制度逻辑》,《马克思主义研究》2020年第8期。

② 黄建军:《中国国家治理体系和治理能力现代化的制度逻辑》,《马克思主义研究》2020年第8期。

③ 黄建军:《中国国家治理体系和治理能力现代化的制度逻辑》,《马克思主义研究》2020年第8期。

履遵旨条奏中有"政事纷更而法制未定"条,其中说:"我国家章程法度,其间有积重难返者,不闻略加整顿,而急功喜事之人,又从而意为更变,但知趋目前尺寸之利以便其私,而不知无穷之弊,已潜倚暗伏于其中,朝举夕罢,以致盈庭聚讼、甲令游移,此时事之最急者也。伏乞皇上敕下。议政王贝勒大臣九卿科道、将国家制度、详慎会议。凡沿革损益,参以古制,酌以时宜,勒成会典,颁示天下。则上有道揆,下有法守、垂裕无疆之业在此矣。"① 同时,清朝为了调整各地民众的利益和社会关系,户部积极奏言要颁行《赋役全书》,认为颁行《赋役全书》"关乎一代之制度,各省之利弊。查考旧籍,贵详尽无遗。创立新规,期简明易晓。请敕臣部右侍郎,将旧贮全书,作速订正,督率各司官,照所管省分,创造新书。仍会同户科,详加磨勘,有应增减变通者,小则部科酌定,大则上疏奏请。务求官民易晓,永远可行。书成,进呈御览,刊发内外衙门,颁行天下。凡征收完纳,解运支销,考成蠲免诸法,悉据此书,用垂永久。报可"。② 顺治则谕户部:"《赋役全书》,上关国计盈亏,下系民生休戚。屡览尔部奏疏,或驳回该督抚另造,节催不应;或发出该地方誊刻,经久不完。明是官胥利于蒙混,故意错误。……今欲将全书刻期告成,方略安在?并令督抚造报,如何始能画一?其悉心详议具奏,务令蒙混永除,横征立止,斯惬朕体恤民隐至意!"③ 在封建时代,赋役对于农民来讲十分重要,王朝国家必须制定出有权威性的制度,以此规定权利和义务,调整社会关系和社会行为。专家指出:任何一项国家制度都是有边界的,只能在一定的范围内起作用;超越那个边界,再好的制度也是一纸空文。制度权威它关乎制度的效用,也就是说,制度的规则、规范等客体性要素,是否被广大人民群众的认同,从而实现对制度的尊崇、服从和执行,达到制度所承载秩序的一种价值状态,这才是最为关键之点、核心所在。因此,推进国家治理现代化,不仅要提高制度执行力,更要关注制度权威性。④ 在一定程度上讲,制度权威是

---

① 《清圣祖实录》卷22,"康熙六年六月甲戌"条。
② 《清世祖实录》卷83,"顺治十一年夏四月丙寅"条。
③ 《清世祖实录》卷83,"顺治十一年夏四月丙子"条。
④ 黄建军:《中国国家治理体系和治理能力现代化的制度逻辑》,《马克思主义研究》2020年第8期。

新时代国家治理的必要条件。如果没有这个必要条件，要想实现国家治理体系和治理能力现代化，那也是不切实际的空想。新时代国家治理现代化中的制度权威建构，其实质就是要赋予中国特色社会主义制度以权威，从而实现在国家治理过程中让全国各族人民认同中国特色社会主义制度，并按国家各项制度和规章行事。在此，笔者认为，具有权威性的国家制度是新时代国家治理的必要条件。

四 强化制度执行：新时代国家治理的践行能力

任何一项国家制度的生命力都在于执行，都在于是否在国家治理过程中产生作用、获得效益。在新时代国家治理现代化的制度逻辑中，制度执行处于关键性环节和主导性地位。正如专家所言："只有使具有权威性的制度体系真正运转起来，落实于具体工作之中，才能使制度在国家治理中发挥基础性作用。……中国特色社会主义制度的权威性、系统性和完备性赋予了中国特色社会主义制度独特的制度优势，这种优势只是国家治理体系和治理能力现代化的一种前提和可能，并不能保证国家治理必然驶入良性运行的轨道，只有将这种制度优势转化为治理效能，才能够保证国家治理的结果呈现出一种规范意义上的'善治'状态。"古今中外，概莫能外。

元明清时期，王朝国家土司制度治理过程中的执行环节始终处于制度治理的关键环节。因为土司制度的生命力在于执行，如果执行不力，即便是代表王朝国家权威的土司制度也是一纸空文。因此，在王朝国家治理体系和治理能力的制度逻辑中，土司制度得以认真执行处于土司制度治理链条中最为关键性的环节，只有使王朝国家土司制度体系真正运转并执行起来，落实于土司制度及内蕴的土司职官、承袭、朝贡、征调、优抚、升迁、文教、礼仪等各项制度的具体工作之中，才能使土司制度在国家治理中发挥实质性、决定性的作用。元明清时期王朝国家土司制度治理是一种独特的制度治理，这种制度治理只是王朝国家治理土司及土司地区的治理体系和治理能力的一种前提和可能，并不能保证土司制度治理必然会驶入良性运行的轨道，只有将土司制度体系转化为王朝国家治理效能，或者取得土司制度治理实质性的效果，才能保证王朝国家土司制度治理呈现出"良治"和"善治"的结果。

明清两代职官管理制度的执行主要包括任命、调入、擢升、复任、复职、关照、奖赏、致仕、荫袭、严饬、停俸、罚俸、革职、降职、贬黜、审鞫、查究、逮捕、赎罪、充军、宽恕、监禁、处决、实授、补授、考核、回避、议叙、赏恤、祭葬、举劾、特参、议处、严处、留任、解任、开缺、裁决等内容，从这些内容可见，明清时期的王朝官员自任命开始，王朝国家一直将官员管到死亡，有的甚至管到子孙后代。具体方法可以概括为任、调、奖、惩、休、葬、袭、荫八个字。任和调是王朝国家对官员最基本的管理。赏与罚是明、清两代职官管理制度的核心。赏的内容包括擢升、加级、加衔、加恩、赠戴花翎、蓝翎，赐"勇敢"称号，或给予银钞、玉器、绢、缎、帛、荷包等物质奖励。凡有功之臣、政绩突出、考核卓异或任期届满又办事公道、"深得民心"者，均可升职，这些人包括文、武官员和土官。给予物质奖励或赏恤，多是作战有功的将士。惩罚的项目都较多，从告诫到停俸、革职、降职、逮捕、流放、关押以致处决，有十多种，制度相当严厉。《大明律》《大清律例》中的"违误朝廷"、"行事乖方"、贪污不职、受赂贪赃、战事失利、趋命迟缓、通奸军妻等，均被革职为民或论罪而斩。明清中央王朝对于官员犯重罪，其处理形式有逮捕、监禁、充军、正法等；对于那些老、病、故的官员，实行退休、抚恤和祭葬制度。① 可以说，明清职官制度执行涉及诸多程序、手续、效果等问题，王朝国家必须从各方面驾驭与管控各地官员，期盼职官制度的执行达到最优效果。

无论土司制度也好，职官制度也罢，从二者与国家治理的关系之中我们能进一步确证这两种制度的执行对于王朝国家治理的作用和价值所在。在土司制度体系、职官制度体系和王朝国家治理能力的语境中，所涉及的土司制度、职官制度事实上就是明清王朝国家对二者有效治理的管理制度，它是作为王朝国家治理体系的重要组成部分而存在的。但就国家治理本身而言，它内含王朝国家治理体系和王朝国家治理能力两个方面的内容。所谓的"王朝国家治理体系"是在明清中央政府领导下的管理国家的制度体系；"王朝国家治理能力"也就是运用土司制度、职官

---

① 广西壮族自治区通志馆编：《广西古代职官资料汇编》，广西人民出版社2000年版，第190—193页。

制度管理土司及土司地区、管理各级各类官员的各种事务、处理各类问题的能力。我们认为，土司制度体系、职官制度体系为王朝国家制度治理提供了运行规则和制度保障，而土司制度、职官制度运行则赋予了王朝国家治理以强劲的生命力，并使土司制度、职官制度能转化成王朝国家的治理效能。从王朝国家治理体系和治理能力的制度逻辑来看，虽然土司制度和职官制度的运行构成了王朝国家治理体系和治理能力的关键环节，但在王朝国家治理过程中的关键问题还在于土司制度、职官制度执行过程中的羁绊。如明清时期各地土司与中央王朝，与地方流官政府在一些具体事务的博弈中千方百计谋求自身利益的最大化，各地土司不断寻求生存之道、改变生存法则、谋取生存策略，使用"手眼通天"的看家本领，这些无疑影响王朝国家对各地土司的驾驭与管控。同时，一些地方流官假借土司承袭而无端勒索，这些因素羁绊着土司制度的运行方式和运行绩效，制约了土司制度所蕴含的强大的治理效能的发挥。

专家认为，从深层次的制度逻辑来看，在国家治理过程中，制度执行力不足、执行效果不佳的主要因素源自缺乏制度运行的文化基因和社会环境。① 任何一种制度都是在一定的环境中运行，如果这个环境潜在的纠缠和羁绊的力量太过强大，势必制约着国家制度的执行和治理的绩效。而在制度运行环境和执行过程中，"文化基因作为制度运行环境的核心因素制约着制度的执行力，进而也制约着国家治理中制度优势的有效转化，这种影响对于中国的国家治理而言是不可忽视的"②。在中国特色社会主义新时代，在国家治理现代化的过程中，国家"应当着力培育有利于制度运行的社会文化环境，在整个社会中营造一种尊重制度、服从制度和维护制度的文化氛围，使制度真正运转起来，使新时代国家治理在中国特色社会主义制度框架中落地落实"③。习近平总书记说："有的人对制度缺乏敬畏，根本不按照制度行事，甚至随意更改制

---

① 黄建军：《中国国家治理体系和治理能力现代化的制度逻辑》，《马克思主义研究》2020年第8期。
② 黄建军：《中国国家治理体系和治理能力现代化的制度逻辑》，《马克思主义研究》2020年第8期。
③ 黄建军：《中国国家治理体系和治理能力现代化的制度逻辑》，《马克思主义研究》2020年第8期。

度;有的人千方百计钻制度空子、打擦边球;有的人不敢也不愿遵守制度,甚至极力逃避制度的监管,等等。因此,必须强化制度执行力,加强对制度执行的监督。"① 可见,国家制度的执行,是新时代国家治理践行能力的集中体现。

五 坚持制度自信:新时代国家治理的坚定信心

制度自信不仅是国家治理现代化制度逻辑的价值旨归,而且是中国特色社会主义新时代国家治理的坚定信心和心理底气。中国特色社会主义新时代的制度自信源于我国的制度优势。习近平总书记说:"制度优势是一个国家的最大优势,制度竞争是国家间最根本的竞争。制度稳则国家稳。"② 我国自新中国成立以来,之所以民族团结、社会稳定、人民幸福,主要在于我国在中国共产党领导下,建立起一套适合中国国情的国家制度和国家治理体系。习近平总书记指出:"中国特色社会主义制度和国家治理体系……是经过革命、建设、改革长期实践形成的,是马克思主义基本原理同中国具体实际相结合的产物,是理论创新、实践创新、制度创新相统一的成果,凝结着党和人民的智慧,具有深刻的历史逻辑、理论逻辑、实践逻辑。"③ 一是新时代中国制度体系来自我国深厚的历史底蕴。在我国五千多年的历史演进中,形成了诸多类型的国家制度,如朝廷制度、郡县制度、土地制度、税赋制度、科举制度、监察制度、军事制度等各方面制度,以唐代为例,有官制(包括中央官制和地方官制)、兵制(包括府兵、禁军等)、刑法、学校(京师学、州县学)、科举(举士、铨选)、冠服、音乐等;如明清时期有朝廷制度、郡县制度、职官制度、赋役制度、兵役制度、法律制度、舆服制度、历法制度、礼法制度、田赋制度、税赋制度、学校制度、科举制度、漕粮制度、征榷制度、钱币制度、监察制度以及盐法、茶法等制度。当时的国家制度和国家治理体系,成为周边国家和民族学习、模仿的榜样。当今我国实施的很多国家治理制度,植根于中国大地,具有深厚中华文化根基,深得

---

① 《习近平谈治国理政》(第三卷),外文出版社2020年版,第128页。
② 《习近平谈治国理政》(第三卷),外文出版社2020年版,第119页。
③ 《习近平谈治国理政》(第三卷),外文出版社2020年版,第119页。

人民拥护。二是新时代中国制度体系具有多方面的显著优势。党的十九届四中全会从十三个方面对国家制度的显著优势进行了系统总结和概括，这就构成了我国新时代的制度体系，也是我国新时代的制度优势。从制度优势层次来看，涉及根本制度（如党的领导制度、人民代表大会制度、马克思主义在意识形态领域指导地位）、基本制度（如中国共产党领导的多党合作和政治协商制度、民族区域自治制度、基层群众自治制度，构成基本政治制度；公有制为主体、多种所有制经济共同发展，按劳分配为主体、多种分配方式并存，社会主义市场经济体制，构成基本经济制度）、重要制度（如各领域的基础性制度）三个层次；从制度优势领域来看，涉及党的领导、政治、经济、文化、社会、国防、祖国统一、外交等方面；从制度优势功能来看，蕴含制度取向、制度构架、制度运行、制度发展四个方面。党的十九届四中全会从不同维度对国家制度显著优势的阐释，是国家制度优势的集成性表达，也是新时代建构国家制度优势话语体系的集中体现。① 三是新时代中国制度体系具有丰富的实践成果。新中国成立七十多年来，中国共产党领导全国各族人民创造了人类历史上罕见的两大奇迹。正如习近平总书记指出："一是经济快速发展奇迹。我国大踏步赶上时代，用几十年时间走完了发达国家几百年走过的工业化进程，跃升为世界第二大经济体，综合国力、科技实力、国防实力、文化影响力、国际影响力显著提升，人民生活显著改善，中华民族以崭新姿态屹立于世界的东方。二是社会长期稳定奇迹。我国长期保持社会和谐稳定、人民安居乐业，成为国际社会公认的最有安全感的国家之一。可以说，在人类文明发展史上，除了中国特色社会主义制度和国家治理体系外，没有任何一种国家制度和国家治理体系能够在这样短的历史时期内创造出我国取得的经济快速发展、社会长期稳定这样的奇迹。"② 我国的制度自信既是对新时代中国制度体系本身的坚守，也是对新时代中国制度体系的坚定信心，更是推进新时代中国制度体系现代化的前提，而国家治理现代化是增强新时代中国制度自信的现实途径。

---

① 陈金龙：《新时代中国特色社会主义制度优势话语体系的建构》，《中共党史研究》2020年第4期。

② 《习近平谈治国理政》（第三卷），外文出版社2020年版，第124页。

总之，新时代国家治理体系现代化是一个系统性工程，需要不断完善新时代中国制度体系，强化中国制度在国家治理中的基础性地位，从而推进"国家之制"向"国家之治"转化，这不仅是新时代国家治理现代化最基本的制度逻辑，而且也构成了国家治理现代化的深层逻辑。"借鉴历史传统——加强制度建构——树立制度权威——注重制度执行——坚持制度自信"五个环节构成了新时代国家治理的逻辑理路，进而为制度治理体系的丰富完善和治理能力的提升奠定坚实的基础。

第一章

绪　论

任何时期的制度都是当时社会的基本构成要素，元明清时期的土司制度也不例外。而"土司"成为一种制度，并有其职衔、职级、承袭、征调、赏罚、升迁、抚恤、革除之制，是明代才真正意义上的成立。至于为什么会形成土司制度，笔者认为，佘贻泽先生在《中国土司制度》中的解释较为切合实际，他认为："历来吾国政治，以顺民性、省民力为原则。顺民性，则少有反抗社会惰性之改革。省民力，则不愿有劳民伤财之企图。对内地政事如此，对边地亦莫不然。为顾顺民性，则奇风异俗外化之民，不必以礼教制之。为省民力，则蛮荒鄙野瘴疠之区，又何必施以内地之治？若能使彼蛮夷，不来侵边，不为内地之患，则畀为首者以一官一爵，又何足惜？此西南民族大姓之所以能保持其威势也。"① 因此，佘贻泽又说："土司之成立，乃因西南部分，山险水阻，种族复杂，交通不便，习俗语言不同；中央政府乃封其土酋大姓及有功汉人，领地治民。"② 这里主要强调的是自然环境、交通、种族、习俗语言等方面原因，导致土官土司制度的形成。而真正促进土司制度完全形成定制，或许与正统四年（1439）南丹土官莫祯奏折有关，莫祯奏："本府所辖东兰等三州土官所治，历年以来地方宁靖。宜山等六属流官所治，溪峒诸蛮不时出没。原其所自，皆因流官能抚字附近良民，而溪峒诸蛮恃险为

---

① 佘贻泽：《中国土司制度》，正中书局1944年版，第10—11页。
② 佘贻泽：《中国土司制度》，正中书局1944年版，第1页。

恶者，不能钤制其出没。每调军剿捕，各县居民与诸蛮结纳者又先漏泄军情，致贼潜遁。及闻招抚，诈为向顺，仍肆劫掠。是以兵连祸结无宁岁。臣窃不忍良民受害，愿授臣本州土官。知府流官总理府事，而臣专备蛮贼，务擒捕殄绝积年为害者，其余则编伍造册，使听调用。据岩险者拘集平地，使无所恃。择有名望者，立为头目，加意抚恤，督励生理。各村寨置社学，使渐风化。三五十里设一堡，使土兵守备。凡有寇乱，即率众剿杀。如贼不除，地方不靖，乞究臣诳罔之罪。"帝览其奏，即敕总兵官柳溥曰："以蛮攻蛮，古有成说。今莫祯所奏，意甚可嘉。彼果能效力，省我边费，朝廷岂惜一官尔，其酌之。"① 佘贻泽先生结合这段文字总结出土司制度之所以成立的六个原因：一是以蛮治蛮之策；二是流官治理土司地区多有不便；三是羁縻招抚之策；四是统治者对少数民族存有轻视之心；五是中央政府无意开化其地，只求其朝贡和奉正朔而已；六是清代意在利用土司以防遏边患。② 总之，土司制度作为王朝国家治理土司及土司地区存在了数百年，它对于国家的统一、疆域的底定、民族共同体的形成，具有一定的作用。当然，不可否认的是，土司制度在实施过程中也存在诸多弊端，这是一个不争的事实。

  从人类历史发展来看，制度属性与国家治理的变迁和变革，很大程度上决定着社会发展的方向、速度和质量。③ 从土司制度推行的历史经验看，土司制度的属性与元明清王朝国家治理的发展、变迁和改革，决定着土司地区政治、经济、社会和文化发展的方向、速度和质量。明清时期由王朝国家推行土司制度的过程中又逐步实施的改土归流，既是中央政府主导、地方流官主力治理、各地土司被动配合治理的动态演进过程，更是王朝国家对土司地区治理方式与治理策略不断调整优化的探索过程。这种针对土司及土司地区的王朝国家治理，不仅体现在整体宏观制度设计上，也包含中央政府、地方政府、各地土司、基层社会、民间精英等各种力量相互博弈，在"上下互动、多元共治"的过程中，使国家治理

---

  ① 广西河池市地方志办公室点校：《庆远府志》（道光八年辑，点校本），广西人民出版社2011年版，第245页。

  ② 佘贻泽：《中国土司制度》，正中书局1944年版，第13—14页。

  ③ 温宪元：《制度治理：国家治理的重要基石》，《深圳特区报》2014年3月11日。

体系和治理能力明显提升的表现。特别是改土归流这种形式的制度治理，在一定程度上破除了各民族交往交流交融的制度性障碍，人口流动更趋频繁，民族隔阂有所消减，族际通婚更为常见，中华文明内聚力不断增强，中华民族共同体在各族人民"搅拌式交融"中实现着"滚雪球式发展"，使中华民族共同体逐渐成为"自觉"共同体。①

第一节 学术依据和提出背景

元明清时期的土司制度不仅在我国历史发展进程中发挥了维护国家统一、巩固边疆地区、促进民族融合、保护多元文化的重要作用，而且对人类文明的延续和发展也具有重要意义。

一 本书的学术依据

（一）土司制度的深入研究有助于中华民族共同体建设由"自在"实体向"自发"和"自觉"实体的转型

在中华民族共同体建设的历程中，无论是汉族或少数民族建立的王朝国家，都是多民族国家，而且越是强盛的王朝吸纳的民族就越多。在先秦以前，由于各方面的原因，中华民族处于起源和孕育阶段，属于中华民族共同体建设过程中的"自在前"发展时期；秦朝统一全国、建立郡县制以降，直至汉代到宋代的郡县制与羁縻制度、土司制度的并存，直至鸦片战争爆发前，中华民族共同体处于"自在"发展时期；从鸦片战争爆发到中华人民共和国成立之前，是中华民族共同体建设的"自觉"实体时期；中华人民共和国成立之后，是中华民族共同体"自立自强"实体时期。无论哪一个时期，生活在中华大地上的各民族共同奠定了统一多民族国家的基础。中华民族共同体建设的历史，是一部中国各民族诞生、发展、交融以及共同缔造统一多民族国家的历史，也是中华民族从"自在前""自在"实体走向"自立自强"实体并且凝聚力、向心力日益增强的历史。

---

① 李良品、祝国超、廖钰：《中华民族共同体建设视阈下改土归流的历程、原因及作用》，《民族学刊》2020年第3期。

中华民族共同体建设过程不是一蹴而就的，经历了漫长的封建社会和半封建半殖民地社会两个时期。其中实施土司制度的元明清时期，对于中华民族共同体建设起着至关重要的作用。四川大学杨明洪教授认为，中华民族共同体这个概念的内涵，可从"对内"和"对外"两个层次来理解。在对内层次上，"中华民族"凸显的是中华民族的整体性，"中华民族多元一体"凸显的是中华民族的结构性，"中华民族共同体"凸显的是中华民族的实体性；在对外层次上，中华民族是一个命运共同体，建立在共同的历史渊源、共同的现实利益以及共同的未来愿景之上，强调在互相交往和影响之中经历和分担共同的命运，呈现一种"你中有我、我中有你、谁也离不开谁"的状态。

2014年中央民族工作会议指出："正是我国历史演进的这个特点，造就了我国各民族在分布上的交错杂居、文化上的兼收并蓄、经济上的相互依存、情感上的相互亲近，形成了你中有我、我中有你，谁也离不开谁的多元一体格局。"[①] 仅从56个民族与中华民族的关系看，中华民族是56个民族的"多元一体"。56个民族虽然在文化和社会结构上发育程度不尽一致，但作为人的共同体，中华民族的"多元"指中华民族的起源和民族多元，"一体"指的是在长期的历史发展过程中，各民族及其先民共同开发了祖国的锦绣河山、广袤疆域，共同创造了悠久的中国历史、灿烂的中华文化，在这一过程中形成的你中有我、我中有你，谁也离不开谁的统一而不可分割的整体。

本书认为，土司制度实施阶段是中华民族共同体建设过程中由"自在"实体向"自觉"实体转型的关键阶段。元明清时期实施的土司制度，国家加速了政治、经济、军事、文化、法律等方面的一体化，促进了中华民族共同体由"自在"实体向"自觉"实体转型建设的历史进程。如果没有历史时期，我国仍将处于散而无序的阶段，中华民族共同体"自觉"实体建设，终将一事无成或期限延长。基于此，本书拟运用"中华民族共同体"的理论研究中国土司制度，系统诠释和高度概括中华民族共同体建设的历史发展进程和基本特征，使本书具有开创性

---

① 国家民族事务委员会编：《中央民族工作会议精神学习辅导读本》，民族出版社2015年版，第25页。

意义。

(二)"国家治理"理论的深入研究能为当前在民族地区推进国家治理现代化提供有益借鉴与智力支持

土司制度是一种"齐政修教""因俗而治"的政治制度,是元明清三朝逐渐实现国家统一与地方自治的地方行政管理制度。元明清中央王朝在西南、中南及西北地区实施土司制度,体现了国家对土司地区的治理始终占据主导地位,流官政府、各地土司、社会基层组织等在中央政府民族政策指导下共同参与国家治理和地方建设。"国家治理"是元明清中央政府在西南、中南、西北少数民族地区实施土司制度的主要目标,这一目标有一个从模糊到清晰的过程。在元明清六百余年的历史长河中,虽然各朝各代对民族地区、边疆地区施政的政策和方式不尽相同,但无不体现元明清中央政府国家治理的目标任务。具体来讲,"齐政修教"是元明清时期的国家治理的理念,"因俗而治"是元明清时期国家治理的方略,"以夷治夷"是元明清时期国家治理的技术,"天下一统"是土司制度实现国家治理的最终目标。

政治学领域的"国家治理"通常是指政府如何运用国家权力(治权)来管理国家和人民。国家治理既是国家运用公共权力管理社会公共事务和实现公共利益需求最大化的活动和过程,也是治理主体之间不断调整、协调互动和综合平衡的过程。"国家治理"这一概念虽然在党的十八届三中全会中首次在党内文献中使用,但在研究中国土司制度时凸显这一主题既是时代需要,也是促进民族地区推进国家治理现代化提供有益借鉴与智力支持的需要。

(三)中国土司制度与国家治理的深入研究是叙述中华民族历史演进的内在需求

改土归流不仅是明清时期中央政府对土司地区地方事务从间接干预到直接干预的转变过程,而且是中华民族共同体建设过程中由"自在"实体向"自觉"实体乃至"自立自强"实体建设的关键阶段。从政治角度看,这意味着土司地区割据状态的彻底消除、民族共同体意识的逐步形成;从经济角度看,这标志着在改土归流地区的封建领主经济被封建地主经济所取代;从文化角度看,改土归流地区兴办儒学,推行科举制度,有助于中华文化内聚力在土司地区逐渐形成。通过大量的文献梳理印证，明清时期实施的改土归流无疑是中华民族共同体建设历程中由"自在"实体到"自觉"实体，进而发展到"自立自强"实体的关键时期。因此，发掘整理改土归流与中华民族共同体建设的历史文献，是深刻叙述中华民族共同体建设历史的内在需求。

二 本课题的提出背景

（一）厘清土司制度研究的相关理论问题

尽管学界对土司制度和土司问题的研究在不断深入，并取得斐然的成绩，但土司制度本身的研究还存在诸多理论问题。一是土司制度的起源、形成、兴盛、衰落、终结的整个历史进程以及制度变迁、成因及结果等宏观研究存在的空白与短板。二是对土司制度差异性关注不够。虽然中国土司制度在发展过程中包括设置、职官、职衔、隶属、信物、授职、承袭、升迁、惩罚、宽贷、朝贡、纳赋、征调、文教等的共性内容，但因朝代不同，制度不尽一致。如在建立和完善制度方面，元代主要包括承袭、升迁、惩处、贡赋及土兵等制度，明代则增加了宽贷、文教及礼仪等制度，清代则更加完善，增加了抚恤、安插、分袭、年班、限权及禁例等制度。在中央政府颁发给各地土司信物方面，元代赐给的信物有诰敕、印章、虎符、驿传玺书、金（银）字圆符等；明代中央政府赐给的信物主要有诰敕、印章、冠带、符牌，没有虎符、驿传玺书、金（银）字圆符等；清代中央政府赐给各地土司的信物有诰命、敕命、印信、号纸，省去了冠带、符牌等信物。三是将土司制度设置时间无限拉长和土司分布的空间无限延伸。在时间上，有的学者将土司制度的上限定为宋代，下限定为中华人民共和国成立之后的1956年；在空间上，有学者将东北的羁縻卫所制度、内蒙古的盟旗制度、新疆的伯克制度等也纳入土司制度之中，认为土司设置时间的拉长和土司分布空间的延伸有助于拓展研究领域。有学者认为，研究土司制度似乎可以取代对历代边疆政策的研究。四是将一些理论问题含混，如有学者将中国土司制度与西方列强所从事的海外殖民活动相提并论，又如当今我国实施的民族区域自治政策是元明清时期土司制度的延续和发展，这些观点值得商榷。因此，本书必须厘清土司制度的相关理论问题。

(二) 弥补土司专项制度研究的短板与空白

过往的土司研究忽略地方流官和各地土司如何具体执行中央政府规定的职官制度、承袭制度、贡赋制度、法律制度、军事制度、文教礼仪制度，各类专项制度的研究还存在诸多学术空白。仅以土司承袭制度的研究为例，其明显不足有三：一是对土司承袭制度实施过程中元明清中央政府与土司之间的互动、博弈等内容揭示不多；二是土司承袭制度本身的研究尚存在诸如新近承袭土司的程序、土司袭职的手续、土司承袭制度的运行、土司承袭制度的弊端、中央政府对土司在承袭制度方面的驾驭与控制等学术空白；三是对元明清三朝实施土司承袭制度与国家有效管理土司在预期目标、治策设计与施行效果诸方面存在的动态性和差异性探讨不够。

(三) 拓展土司制度与国家治理研究的新视野

土司制度是元明清王朝治理云南、贵州、广西、四川、湖广、甘肃、青海等地边远少数民族地区所推行的一种非常重要的特殊政治制度，研究过程中必须突出国家治理的因素。在以往的土司制度与国家治理研究中存在诸多空白，或对土司制度下国家统一与地方自治，中央与土司地区之间的互动、调适、博弈等内容揭示不多，或者对元明清三朝实施土司制度与国家有效管理土司在预期目标、治策设计与施行效果诸方面的动态性和差异性探讨不够；或对清代大规模改土归流视为一个整体进行综合性、比较性研究较为欠缺。因此，本书研究空间巨大：一是要深入探讨中国土司制度与国家治理等相关理论及相互关系，如国家治理土司地区的基本认知、国家治理理论以及土司制度与羁縻制度、土司制度与国家统一、土司制度与地方自治的关系；二是探究元明清时期国家治理土司地区的政治、经济、社会、法律、文化等国家治理体系和治理能力；三是以国家治理为切入点，总结与探究元明清三朝在实施土司制度的政策、方略、规律、特点、措施、结果、得失及影响。国家治理是国家制度和制度执行能力的集中体现。本书既是对中国土司制度研究的深化，又是对我党加强民族地区国家治理的深入探索，更是对国家治理体系与治理能力相关理论的充实与丰富。

第二节　研究现状与意义价值

土司制度是一种"齐政修教""因俗而治"的政治制度，对我国少数民族地区有着深刻的影响，在中国古代史、中华民族史、地方文化史研究中占有重要位置。土司制度作为一种特殊的政治制度，在我国元明清时期存在了数百年之久，成为联系中央王朝与边远少数民族地区的纽带与桥梁。土司制度不仅影响深远，而且影响面非常广泛，特别是对西南、中南及西北地区的政治、经济、文化、观念、习俗的影响，至今犹存。

从现有资料看，国家层面的土司制度一般包括中央王朝的律、典、例等形式，这些制度具有普遍的法律效力，并且系统化，形成了结构有序、较为完整的制度体系。明代和清代《明会典》《大清会典》《礼部志稿》《钦定三部则例》《大清会典事例》和《钦定大清会典则例》等制度的颁行，由此构成了宏观的中国土司制度；中国土司制度蕴含包括土司职官制度、承袭制度、征调制度、贡赋制度、法律制度、文教礼仪制度在内的土司专项制度体系；宏观的中国土司制度和专项制度共同构成了完整的中国土司制度体系。

一　相关问题学术史梳理

百多年的中国土司制度研究，吸引了众多的享有盛誉的专家学者，民国时期，以佘贻泽、凌纯声、江应樑等人为代表。中华人民共和国成立后，中国土司制度研究在经历了低迷期后的繁荣时期，学术界享有很高知名度的一大批专家，如方国瑜、林耀华、李世愉、方铁、林文勋、林超民、龚荫、赵心愚、石硕、王希隆、李大龙、苍铭、石亚洲、段超、黄柏权、杨庭硕、游俊、武沐、彭武麟等从多角度研究了土司制度、改土归流及边疆问题。

(一) 中国土司制度研究的学术历程

严格意义上的中国土司制度研究，当始于 20 世纪初期，至今已走过整整一个多世纪的学术历程，这百余年中国土司制度研究又可分为四个时期。

1. 启蒙期

1908—1949 年，是中国土司制度研究的启蒙期。1908 年云生发表《云南之土司》一文，应为中国土司制度与土司文化研究之发轫；1911 年，安建发表了《贵州土司现况》一文。这两篇论文分别研究了云、贵两省的土司现状。1914 年，赵内森之《改土归流之计划》一文，针对"官与土司不相接洽之弊""夷人与汉人相仇"的实际，提出了"应设土司办事行署""与夷人建设，一切欲用其力""建南宜设强健官府，县官分地为治"等建议，实为"识时务之言"。1919 年，周希武为处理川、甘地界纠纷写成《玉树调查记》一书在上海出版发行，该书涉及土司问题。

20 世纪 30 年代，无论是国民政府，还是专家学者对我国西南、西北地区残留土司表现了极大关注。1930 年，葛赤峰提出"土司制度"① 一词，并探讨其成立与流弊，从而使"土司制度"一词作为特定政治制度名词使用至今。1935 年，刘锡蕃出版《岭表纪蛮》一书，书中专设"土司"一章，对土司制度作了较为系统的论述，这对我们认识土司制度颇有帮助。余贻泽发表《明代之土司制度》《清代之土司制度》，前者系统论述了土司制度的起源、明代土司的等级与俸禄、土司之承袭、土司之征调、明朝之抚剿策略、改土归流；② 后者深入研究了清代以前西南少数民族与中国之关系、清代土司之职衔、清代土司之统计、清代土司之承袭和贡赋等、清代土司之专横不法与宗教、土司与防边及清廷之对付策略等，这无疑成为我国百余年来系统而全面研究土司制度的开山之作。③ 1938 年，江应樑发表《滇西僰夷的土司政治》，对云南西部腾越龙陵边区紧邻缅甸一带的 10 个土司的制度沿革、行政组织、土司及职官、土司的承袭等进行了系统研究，该文首次将云南的土司制度与土司文化研究纳入云南民族史研究的视野。④ 30 年代还有李拂一《滇边失地孟艮土司之考察》、朱祖明《中国西南土司问题》和《西康各属旧有土司土职调

---

① 葛赤峰：《土司制度之成立及其流弊》，《边事研究》1930 年第 5 期。
② 余贻泽：《明代之土司制度》，《禹贡》1935 年第 11 期。
③ 余贻泽：《清代之土司制度》，《禹贡》1936 年第 5 期。
④ 江应樑：《滇西僰夷的土司政治》，《益世报·史学周刊》1938 年第 9—10 期。

查》、邹国彬《贵州土司沿革考》等著述,从多角度研究了我国土司制度的历史与现状。

20世纪40年代,在国难当头的时刻,学者们仍笔耕不辍,计有朱祖明《改流前之瞻化土司》、凌纯声《中国边政之土司制度》、任映苍《大小凉山之土官制度》、江应樑《云南土司制度之利弊与存废》等十余篇论文。凌纯声的《中国边政之土司制度》,是一篇对土司制度进行全面研究的论文。该文从宏观着手,对土司之起源、土职之品衔、明代之土制、卫所与土司、土司之土地、土司之袭职、清代之土制、现在之土司分别进行了分析。① 1944年,燕京大学硕士毕业生佘贻泽的硕士学位论文《中国土司制度》,是中国土司制度研究的奠基之作。1945年,林耀华与陈永龄对嘉绒土司的历史沿革及政治现状进行调查后,发表《川康北界的嘉绒土司》一文,对当时嘉绒土司的现状作了比较详细的记录。1947年,江应樑发表《云南土司制度之利弊与废存》,对现存土司是否应该存在的关注,是他研究土司之目的所在。② 同年,跟随林耀华进入嘉绒地区调查的陈永龄,以嘉绒土司作为研究对象出版了他的硕士学位论文《理县嘉绒土司制度下的社会》③。新中国成立前,对土司的研究,或聚焦于土司制度的起源和发展脉络,认为土司制度是已经没有生命力、远离今日之生活的一项过去的制度;或集中于讨论在当时情势下是否保留土司以及土司制度存在的必要性,中国土司制度与土司文化研究的学者们致力于对国家将来道路的探讨和摸索,将土司的政治形式同国家的政体形式的走向连接在一起考虑,从而提出解决土司政治冲突问题的对策。这是一种应时的政治对策研究。④

2. 低迷期

1950—1979年,是中国土司制度研究的低迷期。中华人民共和国成立后,不仅佘贻泽立足现实研究传统土司制度的方法被专家忽略,而且

---

① 凌纯声:《中国边政之土司制度》,《边政公论》1943年第11—12期,1944年第1—2期。
② 江应樑:《云南土司制度之利弊与存废》,《边政公论》1947年第六卷第1期。
③ 陈永龄:《理县嘉绒土司制度下的社会》,燕京大学出版社1947年版。
④ 李良品、彭福荣、莫代山:《中国土司制度与土司文化研究发展报告(1908—2012)》,群言出版社2015年版,第5页。

残留土司制度及现代土司现象也淡出学者视线。① 从 1950 年到 1978 年，传统土司制度研究在我国沉寂了近 30 年。据不完全统计，这一时期仅发表学术论文 14 篇，当时的重大突破在于出版了《湘西土司辑略》（1959）、《广西土司制度资料汇编》（1962）、《广西土官岑氏莫氏族谱》（1965）等重要资料。

3. 快速发展期

从 1980 年到 1998 年，是我国土司制度研究的快速发展期。这一时期受"改革开放"后持续升温的"中国文化热"的驱动，土司研究学者从土司治理层面积极反思和评价各民族的土司制度，总结其经验教训，产生了极富学术分量的研究成果。该时期土司研究的特点有四个：第一，土司研究专家学者们发表了大量的学术论文。据不完全统计，1980—1998 年计发表论文 264 篇。第二，召开学术会议集中研究土司制度。20 世纪 80 年代和 90 年代各召开两次研讨会。如 1988 年 8 月，广西民委、广西民族研究所、广西民族研究学会与忻城县委在忻城县联合主办全国土司制度研讨会，集中讨论了广西土司制度的起源和形成、民族成分、作用与流弊等问题。这次会议推动了我国土司研究的深入开展，同时也带动了全国各地的土司研究。第三，创办土司博物馆。如 1989 年广西忻城县委组织部蓝承恩放弃了部长职务，筹办忻城土司博物馆。第四，出版学术专著。吴永章《中国土司制度渊源与发展史》（1988）、龚荫《中国土司制度》（1992）、李世愉《清代土司制度论考》（1998）等专著，观点基本倾向于土司制度是由羁縻政策发展、演进而来，开始于元代，完备于明代，衰落于清代。龚荫对于土司制度发展脉络的梳理，是前述研究成果中的集大成者。如此，他们勾勒出了一个土司制度从产生到发展再到消亡的线性脉络。这些成果对于将土司制度放到民族史的脉络中探索大一统的构成方式，意义重大。②

---

① 李良品、彭福荣、莫代山：《中国土司制度与土司文化研究发展报告（1908—2012）》，群言出版社 2015 年版，第 5 页。

② 李良品、彭福荣、莫代山：《中国土司制度与土司文化研究发展报告（1908—2012）》，群言出版社 2015 年版，第 5—6 页。

4. 鼎盛期

1999—2022 年，是中国土司制度研究的鼎盛期。鼎盛时期的几个重要标志：一是队伍庞大。继 1999 年田敏先生的博士学位论文《土家族土司兴亡考述》之后，在 19 年中，有 100 余名博士和硕士研究生的毕业论文专门研究土司。二是成果丰硕。这 20 年里，产生了大量的中国土司制度研究专（编）著、史料辑录、土司族谱、学术论文。特别是随着"土司遗产"的成功申遗，土司研究成为学界热点，"中国土司学"有望成为一门专学。三是专门研究机构和专业委员会的成立。如 2004 年吉首大学成立了"中国土司历史文化研究中心"，2007 年长江师范学院成立了"西南地区土司文化研究中心"，2014 年"中华炎黄文化研究会土司文化专业委员会"成立，这些专门研究机构和专业委员会的成立为中国土司制度深入研究创造了有利条件。四是研究转向。由于学界对中国土司制度的概念、起源、成因、完备、评价等进行了深入研究，有些问题已基本达成共识。近年来，中国土司制度研究已从过去的土司制度史的梳理、土司制度评价逐渐演变为土司制度历史地位与构成、土司制度的结构与功能、土司制度的终结、土司制度的多维治理、土司制度蕴含的专项制度等方面的深入探讨，有的专家就缅甸和越南的土司制度、不同民族与不同区域的土司制度、土司制度与伯克制度的比较等问题进行了广泛而深入的研究。① 五是国家社科基金项目的大力资助。自王继光获得"明清甘青中国土司制度与土司文化研究"（1991）国家社科基金项目以来，国家社科基金资助项目有蓝武"华南边陲传统民族社会的国家认同——以壮族土司制度为实证"（2007）；龚荫"中国土司制度史"（2010）、彭福荣"乌江流域历代土司的国家认同研究"（2010）；龚荫"基于宦谱家谱诰敕谕旨等的土司制度研究"（2012）；彭陟焱"明清时期对川西北地区的开发与改土归流研究"（2015）；尤佳"南方土司制度与北方盟旗制度比较研究"（2016）、李良品"中国土司制度与国家治理研究"（2016）、罗康智"明清时期土司制度与民族地区社会治理研究"（2016）、蓝武"国家治理视角下明清时期壮族地区的开发与改土归流研究"（2016）、谭

---

① 李良品、彭福荣、莫代山：《中国土司制度与土司文化研究发展报告（1908—2012）》，群言出版社 2015 年版，第 7 页。

清宣"国家治理视域下明清时期西南地区改土归流研究"（2016）；杨甫旺"中国彝族土司史研究"（2017）、王晓珍"甘肃鲁土司图像文化研究"（2017）、葛天博"清代云南地区土司的法律监控研究"（2017）、谢晓辉"清代湘西地区改土归流与开辟苗疆的比较研究"（2017）；岳小国"人类学视阈下的土司社会治理研究"（2018）、田书清"西南土司家谱收集整理与研究"（2018）、杨年芬"西南土司遗址文献的英译研究"（2018）、沈乾芳"明清时期西南改土归流地区的乡贤研究"（2018）等，尤其是李世愉先生和游俊教授分别获得的重大项目"中国土司制度史料编纂整理与研究"（2012）、"中国土司制度通史（多卷本）"（2018），无疑将中国土司制度研究推向一个新阶段；杨伟兵"清代西南地区土司地理考释及地图编绘"（2019）、马国君"民国时期土司文献整理和研究"（2019）、陈潘"基于台湾地区'国史馆'藏档案资料的民国土司政治研究"（2019）、王春桥"边地土司与近代中缅边界的形成问题研究"（2019）、党会先"元明清西南土司地区贡赋制度研究"、李鸿雁"土司世界文化遗产文献资源体系建设研究"（2019），李良品教授在李世愉先生和游俊教授分别获得国家社科基金重大项目"中国土司制度史料编纂整理与研究"（2012）和"中国土司制度通史（多卷本）"（2018）的基础上，又获得国家社科基金重大项目"改土归流与中华民族共同体建设的历史文献整理与研究"（2019），再次将中国土司制度研究推向一个新阶段。2020年获批国家社科基金项目创历史新高，具体是：彭福荣"中国边地土司国家认同研究"（2020）、莫代山"改土归流后湘鄂川黔边区的分类施治与社会整合研究"（2020）、王正宇"川滇交界藏区'改土归流'与中华民族共同体意识研究"（2020）、周寒丽"清代傣族三角区改土归流后的'国家化'过程及与东南亚关系研究"（2020）、李勇锋"甘青鲁土司文书档案搜集整理研究"（2020）、黄家信"越、老、缅、泰土司制度研究"（2020）、刘星"民国时期乡村建设浪潮下四川凉山彝族土司岭光电的乡村治理研究"（2020）、郑伟林"元明清时期哈尼族土司辖区治理体系和治理能力研究"（2020）、郗玉松"边疆内地一体化视野下的清代改土归流与国家治理研究"（2020）、彭书跃"'礼仪入边'：改土归流后土家族习俗变革研究"（2020），全年计10项。在已经获批的国家社科基金项目中，长江师范学院获得重大项目1项、规划项目和西部项目 6 项，为获得项目最多的高校。

(二) 中国土司制度有关理论研究

1. 中国土司制度基本理论

中国土司制度从形成、发展、兴盛到改土归流，直至彻底废止，其间经历了数百年，它对中国的政治、经济和文化都产生过极其重要的影响，故成为专家学者们研究民族史和地方史的重要内容，因此也出现了很多研究成果并形成了众多的学术观点。

第一，土司制度的概念界定。吴永章认为，土司制度是我国封建王朝在统一的领土内的某些地区采取一些有别于汉族地区的措施进行统治的一种制度。① 龚荫认为，土司制度就是封建王朝中央政府对边疆地区少数民族大小首领授予世袭官职的制度。② 李世愉认为，土司制度是封建统治者对西南少数民族地区实行的一种特殊的统治方式，即由中央政府任命少数民族贵族为世袭地方官，并通过这些官吏对各族人民的管理，达到对边疆少数民族地区进行统治的目的。③（日）谷口房男认为，土司制度指的是在中国西北、西南的少数民族地区，由当地的少数民族首领实施的间接统治体制，是以该地区为施政范围的地方行政制度。④ 成臻铭认为，土司制度既是中央王朝管理土司及调节土司与土司关系的政治制度，又是土司本着中央王朝政策、根据自身实力与周边土司订立的契约，还是土司管理境内基层土官政权和家族村社以及调节他们关系的社会制度。⑤ 方铁认为，土司制度是元明清王朝在西南边疆及其他南方类型的蛮夷地区实行的一种统治制度。

李良品认为，土司制度是一种"齐政修教""因俗而治"的政治制度，是元明清王朝在国家治理观念下逐渐实现国家统一与地方自治的地方行政管理制度。⑥ 这个界定不仅指出推行土司制度的时间和制度性质，

---

① 吴永章：《中国土司制度渊源与发展史》，四川民族出版社 1988 年版，第 1 页。
② 龚荫：《中国土司制度》，云南民族出版社 1992 年版，第 1 页。
③ 李世愉：《清代土司制度论考》，中国社会科学出版社 1998 年版，第 1 页。
④ [日] 谷口房男：《土司制度论》，《百色学院学报》2007 年第 3 期。
⑤ 成臻铭：《清代土司研究——一种政治文化的历史人类学观察》，中国社会科学出版社 2008 年版，第 28 页。
⑥ 李良品、廖钰：《论明清时期土司制度的功能——学理层面的诠释》，《青海民族研究》2017 年第 2 期。

而且重点强调了土司制度的实施是在国家体制下进行。与唐宋时期的羁縻制度相比，土司制度完全纳入中央政府对地方行政管理体系之中，中央政府赋予各地土司统治的合法性，允许土司世袭，授予土司相应的职衔及品级，并颁发诰敕、印信、号纸等信物，土司则承认中央王朝统治的合法性，且与中央政府保持正常的隶属关系。上述专家对土司制度的界定，仍然是见仁见智，尚有进一步讨论的空间。

第二，"土官""土司"概念研究。在研究土司制度时，"土司"与"土官"是学界无法回避的两个概念。无论是佘贻泽把土职分为土官、土司、土吏三种，还是江应樑"土官、土司文武二类说"，抑或是后来的各种看法，均说明了一个问题，这两个概念必须辨析清楚。李良品认为，"土官"与"土司"两个概念，至今尚未出现较为恰切的概念界定，这不利于构建"中国土司学"。土职的分类有三种情况：一是"土官即土司说"，二是"文武两类说"，三是"土司三（四）分说"。造成土官与土司概念理解的偏差和分类的不同，除了专家学者对二者认知的差异性而导致分类的多样性，还有下列三种原因：（1）历史文献使用的随意性；（2）土职官员设置的混乱性；（3）土司制度实施地域的复杂性。从"土官"与"土司"的概念来看，他们在指称官员（或人）之时，基本内容是相同的，但"土司"却增加了指称政权机构或衙门的内涵。故二者在有的情况下可以相通互用，在有的情况下不能通用。具体区分主要从世袭地方官和土司政权机构（衙门）各自的诸多要素予以分辨。①

李宗放认为，嘉靖四十一年（1562）才出现"土司"名称，且大多是对武职个体的专称，在四川、贵州少数地方使用。嘉靖至万历时，土司、土官区别明显，土司主要指属兵部的武职带"司"的职衔、衙门和官员，土官指属于吏部的文职。万历至天启、崇祯时，土司扩大为武职、文职的统称。清代时，兵部所辖武职称土司，吏部所辖文职称土官。明代湖广、四川、贵州、云南、两广使用土司名称，东北诸夷、西北诸夷和属番的同类职衔没使用土司名称。乾隆时，土司使用范围增加了甘肃、

---

① 李良品：《"土官"与"土司"概念之再辨》，《广西师范学院学报》（哲学社会科学版）2016年第5期。

青海、西藏的土司。因此，把元明清王朝在民族地区以各族首领为世袭土职的统治制度称为土官土司制度更准确，称为土司制度不准确。①

第三，土司制度的评价。主要有以下三说：一是积极和消极作用并存说。龚荫先生《中国土司制度》一书中也充分肯定了土司制度的积极作用：（1）元、明、清王朝实行土司制度后，改变了以前西南部少数民族各自为政的局面；（2）实行土司制度后，西南部少数民族地区的社会秩序较为安定；（3）实行土司制度后，有利于内地与边疆各民族的经济交往，先进生产工具和生产技术及优良作物品种的传入，大大促进了民族地区经济、生产的发展。② 二是前期积极作用为主后期消极作用为主说。目前赞同此说者居多。李世愉认为土司制度的流弊有两点：（1）阻碍了封建经济的发展；（2）不利于多民族国家的统一和巩固。③ 方铁认为，明末清初土司制度的流弊表现在三个方面：割据一方，违抗朝命；相互仇杀，纷争不已；残酷剥削，虐害部民。④ 陈业强提出土官制度是落后腐败的诸侯割据制度，严重破坏生产力，阻碍社会的发展。⑤ 田清旺认为，土司制度的弊端体现在几个方面：（1）森严的等级制度掩藏着不可调和的尖锐阶级矛盾；（2）土司制度助长土司之间的矛盾斗争，从而导致相互削弱，阻碍社会发展；（3）土司制度的落后表现在生产关系的落后以及生产力和文化思想意识的落后。因此，废除土司统治已成为土司地区广大土民的心声。⑥ 三是土司制度崇高地位说。李世愉先生对土司制度有很高的评价。他认为，土司制度在社会发展史上的地位与影响为人类文明的传承与发展提供了一个范本，他在《土司制度历史地位新论》中进行了具体分析：区域社会管理的新模式、文化包容和管控的新实践、女性社会地位的提高、土司治理地区生态环境的保护，这是土司制度对人类文明承续和发展的重要意义。⑦

---

① 李宗放：《对"土司"名称的出现、内涵、使用范围的考析》，《民族学刊》2018 年第 2 期。
② 龚荫：《中国土司制度》，云南民族出版社 1992 年版，第 167—168 页。
③ 李世愉：《清代土司制度论考》，中国社会科学出版社 1998 年版，第 18—22 页。
④ 方铁主编：《西南通史》，中州古籍出版社 2003 年版，第 660 页。
⑤ 陈业强：《广西土官制的流弊及历代改土延缓的原因》，《学术论坛》1984 年第 1 期。
⑥ 田清旺：《从溪州铜柱到德政碑——永顺土司历史地位研究》，民族出版社 2014 年版，第 147—149 页。
⑦ 李世愉：《土司制度历史地位新论》，《长江师范学院学报》2015 年第 3 期。

第四，土司制度的对比研究。一是中国土司制度与西方殖民活动的对比。杨庭硕、杨曾辉认为，中国土司制度与西方列强所从事的海外殖民活动具有本质的区别，两者根本不存在任何一种相似性。土司制度是中央王朝为维护中国领土的完整、维系边疆的稳定，以及促进内地与周边少数民族地区各种文化事项交往，因俗、因地而建构的一套职官体制。土司制度是王朝职官体制中的一个有机组成部分，依法执行土司制度纯属元明清三代中国的内政。西方殖民活动则是为了向海外掠取资源、垄断市场而采取的移民垦殖活动，是凭借坚船利炮强制进入非西方地区的侵略行径。将土司制度与西方列强所从事的海外殖民活动做简单的类比，乃是当代西方学术思想的一种自我解嘲，其目的在于为国外的反华势力制造借口。二是土司制度与伯克制度对比。① 谢孝明认为，土司制度与伯克制度均是清中央政府"因俗而治"的地方管理制度，二者在一定历史时段对于边疆的稳定和社会经济的发展发挥了积极作用。但由于土司制度和伯克制度存在制度设置先天的不足与固守成规后天的失调，其弊端以及历史的局限性随着时间的推移而日益暴露。②

2. 土司制度与国家治理研究

国家治理的问题既是一个非常古老的问题，又是一个极其新颖的问题。说它古老，是因为随着我国历史的发展，无论是王朝国家，还是现代国家，都在研究当时的国家治理问题；说它新颖，是因为在全球化、信息化以及实现中华民族伟大复兴的新时代，我们必须研究我国如何构建与时代相适应的国家治理体系，实现国家治理能力现代化的问题。

"国家治理"这一概念虽然在党的十八届三中全会中首次在党内文献中使用，但 1989 年至今以这一词语为题研究相关问题的学术论文和学位论文已达 7000 余篇，近三十年出版的专著，比较早的专（编）著诸如石国亮的《国家治理现代化学习 100 问》（1980）、蔡振翔的《国家治理体系和治理能力现代化》（1980）、社会科学文献出版社的《服务为本的国

---

① 杨庭硕、杨曾辉：《论中国土司制度与西方殖民活动的区别》，《贵州民族研究》2014 年第 3 期。

② 谢孝明：《清代"改土归流"：土司制度与伯克制度的比较》，《贵州社会科学》2015 年第 12 期。

家治理》(1980)等;近年来出版的专著不胜枚举,诸如俞可平《国家治理评估》(2009)和《论国家治理现代化》(2014)、许海清《国家治理体系和治理能力现代化》(2013)、张小劲《推进国家治理体系和治理能力现代化六讲》(2014)等;最新出版的专著较多,如罗宗毅的《国家治理现代化中的政府创新》(2019)、王东京等人的《国家治理——中国政府转型》(2019)、徐勇的《国家治理的中国底色与路径》(2019)、北京大学法治研究中心的《新动能:再造国家治理能力》(2019)等,这些无疑是国家治理研究的力作,这些著述不乏新颖的观点和翔实的资料。

研究土司制度与国家治理不在于当时制定各种土司制度及内蕴的专项制度本身,而在于研究被称作"制度"的规则和程序,在当时王朝国家治理中是如何践行并发挥作用,当时的王朝官职体系是如何具体执行这套制度,当时土司地区包括土司群体、社会人群是如何感知和对待这套"制度"?土司制度作为一种特定时期的制度文化,它是一种弥漫性的政治生态环境,在宏观土司制度之下,又内蕴着众多的专项制度,渗透于宏观土司制度之中、影响着制度的生成及其活动方式。

本书的国家治理主要是针对元明清时期国家运用公共权力管理土司及土司地区的公共事务和实现公共利益需求最大化的过程。土司制度作为一种政治制度,其研究始于20世纪30年代。唐瑑的《云南土司问题》(1922)、江应樑的《滇西僰夷的土司政治》(1938)、佘贻泽的《明代之土司制度》和《清代之土司制度》(1936)、凌纯声的《中国边政之土司制度》(1943),这些成果主要是将土司制度与国家对边疆治理有机结合。特别是佘贻泽的专著《中国土司制度》,则表现出将土司的政治形式同国家的政体形式的走向连接在一起考虑,佘贻泽说:"土司为封建制度,其官为世官,其民为世民,既失民主之精神,亦无民权之可言。此在民国当视为一种过去时代之制度。"①

1999年至今的研究。方铁的《土司制度及对南方少数民族的影响》和《土司制度与元明清三朝治夷》、曹正汉的《中国上下分治的治理体制及其稳定机制》等论文,马大正的《中国边疆经略史》、马汝珩的《清代边疆开发》、黄家信的《壮族地区土司制度与改土归流研究》等专著以及

---

① 佘贻泽:《中国土司制度》,正中书局1944年版,第185页。

林士俊博士学位论文《清末边疆治理与国家整合研究》自觉地将土司制度纳入国家治理西南边疆的研究之中。贾霄锋的《藏区土司制度研究》则认为：藏区土司制度是中央政府根据藏区的实际情况推行的，其本质与内涵是传统治边政治"因俗而治"和"天下一统"思想在封建时代的终极体现。① 这一观点值得借鉴。

马大正先生认为，土司制度研究要建起历代边疆治理和边疆研究全局的大视野，防止将土司制度泛化的倾向，让土司制度研究回归其研究本意。② 杨庭硕先生认为，土司被"改土归流"后，"土流并治"理当是土司制度推行中的常态。③ 李大龙从郡县制下的特殊统治方式、土司制度也是羁縻统治方式的一种、改土归流是多民族国家建构的必然趋势三个方面进行论述。④ 葛政委在相关论文中以容美田氏土司和蹇氏土官为个案，土司家族不仅赢得了王朝国家体系中的统治权威和发展空间，而且也建构了容美土司国家认同的原生情感，使容美土司土民走向了与国家同呼吸、共命运的道路。⑤ 葛政委认为，历史上的容美土司是边缘族群与王朝国家良性互动的典型，并在文治武功上取得了令人称道的成就，容美土司国家认同受着地缘政治、王朝建设、区域族群格局和文明特性等因素的影响。在诸因素影响下，容美土司在"一边倒"的国家认同过程中完成了一个"再边缘化"和"向心的边缘"的塑造过程。⑥ 方铁教授将土司制度纳入国家治理研究之中，他通过对土司制度形成的特定背景（元明时期）和特定社会群体（南方蛮夷）的深入分析，提出土司制度存在"因地制夷"的制度优势，并剖析了土司制度在预期目标、治策设计

---

① 贾霄锋：《藏区土司制度研究》，青海人民出版社2010年版，第7页。
② 马大正：《深化中国土司制度研究的几个问题》，《云南师范大学学报》（哲学社会科学版）2011年第2期。
③ 杨庭硕、李银艳：《"土流并治"：土司制度推行中的常态》，《贵州民族研究》2012年第3期。
④ 李大龙：《多民族国家构建视野下的土司制度》，《云南师范大学学报》（哲学社会科学版）2012年第6期。
⑤ 葛政委：《祖先再造与国家认同——容美土司〈田氏族谱〉和〈蹇氏族谱〉的人类学解读》，《三峡论坛》（三峡文学·理论版）2013年第6期。
⑥ 葛政委：《影响容美土司国家认同的因素分析》，《三峡大学学报》（人文社会科学版）2014年第3期。

与施行效果方面，元明清三代中央王朝治理边疆民族地区方面也存在个性化差异。①

李良品认为，元明清时期的土司制度体现了国家对土司地区的治理始终占据主导地位，地方流官政府、各地土司政权、社会基层组织、土司辖区民众则在中央政府"齐政修教""因俗而治"的政策指导下共同参与土司地区的国家治理。"齐政修教"是明清时期中央政府治理土司地区的一种理念。"因俗而治"是明清统治者根据土司地区少数民族实际情况制定的民族政策。明清时期改土归流是王朝与地方实力强弱消长、国家治理能力、民族地区经济社会发展水平等的因素综合作用的结果，在这一过程中，中央政府治理土司地区起着决定性的主导作用。②武沐先生认为，清政府对甘青土司主要从政治、军事、经济、法律、"教化"等多方面进行全面治理，使甘青土司对中央的依赖与认同进一步强化，土司地区存在的二元政治结构逐步瓦解。③

3. 土司制度与边疆治理、地方治理研究

第一，土司制度与地方治理研究。明清时期中央政府在四川、云南、贵州、广西等地实施土司制度，其目的是将地方土司作为治理边疆民族地区的政治代言人，并通过土司制度不断推进边疆与内地在政治、经济、文化等方面一体化进程，不断加强对边疆民族地区的统治。但受边疆地区特殊区域政治的影响，边疆地区土司无论是在政治、经济还是文化、认同上都存在较大的独立性和游离性，使得土司制度在边疆地区并未完全实现明清中央王朝加强统治的政治目的。冯海晓在其硕士学位论文中以云南丽江府木氏和青海西宁卫李氏为个案，探讨西南、西北边疆土司制度的差异性，作者从封授、承袭、军事、政治、朝贡、赋税、教育、婚姻等方面进行比较后认为，两地在土司制度的层面上虽然一致，但在实施中却有众多的差异性。这些差异性体现了"因俗而治，因地制宜"的王朝治边政策。④

---

① 方铁：《土司制度与元明清三朝治夷》，《贵州民族研究》2014年第10期。
② 李良品：《中国土司学导论》，中国社会科学出版社2018年版，第104页。
③ 武沐、赵洁：《清朝对甘青土司的治理及其影响》，《民族研究》2018年第2期。
④ 冯海晓：《明代西南、西北边疆地区土司制度比较研究》，硕士学位论文，云南大学，2011年。

中国社会科学院于2008年启动国家重大委托项目"西南边疆历史与现状综合研究项目",经过六年的努力,该项目于2014年完成。在23部专著中,有11部专著和西南地区土司制度与边疆治理密切相关,特别是成臻铭《土司制度与西南边疆治理研究》、方铁《方略与施治:历朝对西南边疆的经营》与土司区治理研究正相关,如成臻铭《土司制度与西南边疆治理研究》一书,在区域总体史视野下考察了西南边疆治理的特点及其成因。① 在探讨土司制度推行前中央政府治理西南边疆的基础上对土司制度推行后中央政府对西南边疆的治理进行了重点研究,对我国处理西南边疆地区因土司制度所引发的与中南半岛三国的关系、边疆跨国民族关系、边疆民族社会发展、我国西南疆域的变动、边疆政治安全与稳定的经验与教训进行了总结,也指出了土司制度在西南边疆安全稳定方面所暴露的政治文化问题。刘家铨在有关论文中揭示明王朝在适时地通过利用边地土司内部斗争而将国家行政权力体系进一步推进到桂西南地区,并指出土府州在权益斗争过程中所受到的行政区划层级设置的影响。该文能为当今我们更好地认识边疆地区行政区划的历史与现状,以及边疆地区的政区改革与国家治理提供一定的参考。②

黄梅《清代边疆地区"汉奸"问题研究——以西南边疆为中心》以清代边疆土司地区社会矛盾的变化为背景,提出"汉奸"治理成为清朝治边的重要任务,归纳了清朝统治者对"汉奸"危害的认识和治理"汉奸"的对策,并对清代"汉奸"治策的得失予以深入分析,剖析当时未能彻底解决的原因。③ 切排和赵志浩认为,边疆治理是历代中央王朝的一项重要任务和难题,作者借助"成本—效益"理论解释封建王朝时期国家在治理边疆问题时左右摇摆的政治态度。当治理边疆的效益大于成本的时候,统治者会进行积极治理,反之,则选择消极治理。④

---

① 成臻铭:《土司制度与西南边疆治理研究》,社会科学文献出版社2016年版。
② 刘家铨:《王朝·边地·土司:边疆管控与明代桂西南政区演变研究》,硕士学位论文,广西师范大学,2016年。
③ 黄梅:《清代边疆地区"汉奸"问题研究——以西南边疆为中心》,博士学位论文,云南大学,2016年。
④ 切排、赵志浩:《中国古代边疆治理的利弊得失:基于土司制度的分析》,《西南民族大学学报》2018年第2期。

第二,土司制度与地方治理研究。这个问题涉及三个方面,一是中央政府对土司区的治理,二是流官政权对土司区的治理,三是土司政权对本辖区的治理。宋娜针对有关问题提出的看法:在"家国同构"政治模式下,中央政府实施"齐政修教""因俗而治"之策,以"礼治"和"安抚"为主,土司家族在提倡孝道、保证家族内部稳定的情况下,积极朝贡纳赋、奉调出征,以使土司政权的"合法性"固若金汤,以巩固土司政权在辖区内的统治地位。① 针对流官政权如何治理土司地区,郗玉松认为,清朝雍正年间,土家族地区仅用八年时间相继完成了改土归流,流官群体执掌土家族地区政权后,加速实施土家族土司区的治理,他们通过严惩违法官吏、打击地痞、保护商旅等举措,维护了土家族地区的社会稳定;通过清除积弊、廉洁行政、雇用民工、详定夫价等措施,提高了流官管理土家族地区的效能;通过捐资助教、设置义学、修筑城池、疏通河路、设舟便渡等公益事业的发展,促进了土家族地区的社会和谐。② 这些地方治理举措对当今加快民族地区的发展仍有启发和借鉴作用。李亚峰在《明清时期云南怒江边地的土司统治》文中试图从整体上对这一时期怒江地区的土司统治情形以及整个地区的政治格局进行梳理。综观怒江地区的土司统治历史,情况极为复杂,其中既有江内"在地"土司的统治,也有江外土司的"遥领",同时在一些区段又先后出现不同的权力归属变迁。③

4. 土司制度与国家认同研究

强化土司制度与国家认同研究,是近年来土司问题研究的热点。在土司制度下的土司国家认同的起点问题,彭福荣在有关论文中论证土司国家认同的实质,西南、中南和西北等地的历代土司认同元明清等朝,其逻辑起点在于王朝国家的存在,寻求与保有利益的工具性动机是历代土司认同王朝国家的根本原因,即经济利益是物质共赢,政治统治是权

---

① 宋娜:《论"家国同构"格局下的土司治理方式——以播州杨氏土司为考察中心》,《长江师范学院学报》2016 年第 2 期。
② 郗玉松:《改土归流与清代湖广土家族地区城市的重建——从象征王权的土司城到象征皇权的府州县城》,《湖北民族学院学报》(哲学社会科学版)2016 年第 2 期。
③ 李亚峰:《明清时期云南怒江边地的土司统治》,《长江师范学院学报》2018 年第 2 期。

益交集,土兵武装是利益保障,文化变革是利益维系。① 宋娜、陈季君认为,土司的国家认同建立在独特的民族文化内涵和趋同政治文化的同一性上,这种文化上的同一性主要体现在国家认同观念上,土司文化中的国家认同观念对统一多民族国家的建立起着重要作用。② 梁亚群在相关论文中阐述了岑氏土司的国家认同。通过对族谱的研究展现土司国家认同的历程,经过明清时期对先进文化的吸收,田州岑氏土司开始形成国家认同观念,并通过修谱牒重构祖先记忆,形成了中华民族多元一体的向心性。③ 葛政委在《论边缘族群的国家认同模式——兼议容美土司国家认同的历程》中以基于"五服"的族群观以及"边缘—中心"的族群结构,归纳边缘族群对中心的认同表现出离散错位式、矛盾式、依附式、抵制式和主体式五种认同模式;④ 土司国家认同的形式方面,郭新榜在《国家认同视野下的丽江木氏土司诗文研究》中通过解读木氏诗文中的国家认同,指出云南丽江木氏土司历经元、明、清三代,始终忠君爱国、勤政爱民、护土保疆,并见之于诗文创作,他们与中央王朝肝胆相照、荣辱与共的思想情怀,希望国泰民安的政治抱负便是其诗文创作的主旋律,且有不少诗作还触及下层民众疾苦,闪耀着民本主义思想光芒,折射出强烈的国家归属感及国家认同意识。⑤

土司的国家认同历程方面,段红云在有关论文中指出,边疆地区土司的国家认同受边疆地区特殊区域政治的影响,在中央王朝与边疆土司的互动和博弈过程中,中央王朝在边疆土司地区的国家认同建设呈现出不同的取向和特征,并对明清时期西南边疆的变迁产生了重要的影响,对今天国家治理边疆,维护边疆稳定和国家统一具有重要的借鉴意义。⑥

---

① 彭福荣:《中国土司国家认同的逻辑起点与利益法则》,《青海民族研究》2015 年第 2 期。
② 宋娜、陈季君:《播州土司、永顺土司和唐崖土司文化中的国家认同观念》,《遵义师范学院学报》2015 年第 1 期。
③ 梁亚群:《岑氏土司国家认同研究——基于〈田州岑氏土司族谱〉的历史解读》,《长江师范学院学报》2015 年第 4 期。
④ 葛政委:《论边缘族群的国家认同模式——兼议容美土司国家认同的历程》,《铜仁学院学报》2015 年第 2 期。
⑤ 郭新榜:《国家认同视野下的丽江木氏土司诗文研究》,《云南档案》2015 年第 4 期。
⑥ 段红云:《明清时期云南边疆土司的区域政治与国家认同》,《广西民族大学学报》(哲学社会科学版)2015 年第 5 期。

岳小国、梁艳麟认为，土司制度形成、发展的历史，始终渗透、交织着"国家化"与"地方化"两种趋向。鄂西地区的方志、谱书等材料显示，当地土司先祖多为中原流官，他们有着模糊乃至想象的祖先记忆与国家认同。后因政权更迭，这些流官先祖入土为"酋"，开启了其"本地化"的历史。因此，改土归流既是土司区"国家化"的深化，同时也强化了区域内民众的地方认同与族群认同。①

5. 中国土司制度与土司权力相关理论研究

过往的土司制度及土司研究，专家学者对土司制度下的土司权力结构问题极少涉及。所谓"权力结构"是指权力系统中各构成要素、上下层级之间构成的相互关系。土司权力结构是指土司权力系统中各种构成要素、内部权力组织、上下层级之间构成的相互关系。目前，土司制度下的权力结构主要关注以下几个问题：

第一，从土司制度方面探讨各地土司权力的获取途径以及土司与中央王朝之间的博弈。诸如从土司的授职、袭职、职衔、隶属、信物、考核、弹劾、升迁、奖赏、惩治、抚恤、朝觐等方面探讨土司权力问题，如佘贻泽在《中国土司制度》（1944）、龚荫《中国土司制度》（1992）和《中国土司制度史》（2012）等著述。张江华在相关论文中探讨了广西左右江地区土司尝试利用新的宗教象征体系将其家族权力与地方社会扣连在一起，期盼国家让渡部分权力给土司，其结果反而更加强了帝国对广西土司地区的支配。②张万东（2012）以酉阳宣抚使为例，认为酉阳土司通过积极朝贡和服从军事征调得到中央政府所赋予的政治权威，再凭借政治权威兼并其他土司，在扩张地界过程中如果遇到地方官员的制约，就通过各种方法来消除这种制约，从而实现权力的最大化。③彭福荣在有关论文中指出，王阳明谪迁贵州修文县龙场驿后，得到水西安氏土司和各族土民的接纳与庇护，其《谢安宣慰书》和两封《与安宣慰书》展现

---

① 岳小国、梁艳麟：《试论土司的"地方化"与"国家化"——以鄂西地区为例》，《青海民族研究》2015年第2期。

② 张江华：《通过征用帝国象征体系获取地方权力——明代广西土司的宗教实践》，《民族学刊》2010年第2期。

③ 张万东：《土司的权力世界——以明代酉阳宣抚使冉元为例》，《长江师范学院学报》2012年第7期。

了个人才学人品，凸显了国家权力的渗透，强化了明王朝的治理体系能力，抑制了土司权力、利益欲望的膨胀，稳定了民族地区的秩序。王阳明与水西安氏土司的政治互动表明，在国家王权慑服下，土司通过利益博弈，保持国家与土司、中央与地方之间的权力互动与利益均衡，实际体现了国家与土司的博弈关系。① 张丽剑等人的相关论文主要分析了故元土司与中央王朝之间的博弈关系。明朝初年，面对明朝强大的军事力量，故元土司选择了向新生的明帝国归附，这种决定，首先是保存了故元土司自身实力，不至于被明军歼灭；其次是可以延续其对当地少数民族的统治权力；最后是新归附明朝的土司在日后可以获得朝廷的抚恤与赏赐等。与此同时，明朝军队在统一全国的过程中，对南方少数民族地区留存下来的土司也进行了招抚，目的在于直接利用这些土司管理当地少数民族和避免这些南方少数民族土兵在土司的带领下继续反抗明朝，有利于明王朝疆域的统一、政权的稳定以及文化的多样性留存。由此，二者通过一系列漫长的博弈，得到了双赢的结果。②

第二，从土司制度和边政角度分析土司权力。凌纯声在《中国边政之土司制度》中从土职之品衔、卫所与土司、土司之土地、土司之袭职、现在之土司等方面探讨了元明清及民国时期土司权力与土司制度的利弊得失；③ 方铁在探讨元明清中央王朝经营边疆低成本、高收益的同时，充分肯定了中央王朝在边疆治理过程中限制边地土司权力、维护边地稳定的举措；④ 黄慕松《我国边政问题》（1936）、马汝珩《清代边疆开发研究》（1990）、马大正《中国边疆经略史》（2013）等专著和曹正汉《中国上下分治的治理体制及其稳定机制》（2011）等论文，对各地土司的权力结构有所涉及。

第三，土司制度下中央王朝对土司权力的管控。李小文在其博士学

---

① 彭福荣：《国家王权慑服与土司利益博弈——以王阳明水西"三书"为个案》，《青海民族研究》2018年第2期。

② 张丽剑等：《明朝初年故元土司与中央统治者的博弈研究》，《大理大学学报》2018年第5期。

③ 凌纯声：《中国边政之土司制度》，《边政公论》1943年第2卷第11—12期。

④ 方铁：《土司制度及其对南方少数民族的影响》，《中南民族大学学报》（人文社会科学版）2012年第1期。

位论文中的"土司与村老自治""土州县的编户、里甲与赋役征派""俍兵与土司地区的军事化""土州县的保甲与社会治安"等章节论述对研究土司的政治、经济、军事、法律等各方面的权力结构的研究思路。① 蒋俊在博士学位论文第四章《土司阶层的内部结构及运作》中认为,在帝国整体意识形态的大环境影响之下,明清时期形成的土司宗族社会,为权力结构的整合以及土司地区社会发展提供了新的组织形式,奠定了土司阶层基本的运行机制与运作框架。②

第四,土司制度下各地土司权力的运行。杨庭硕等专家学者提出的"土司与土职的任职始终处在流官的监控和朝廷的直辖之下"以及土司衙署中的"土官与流官之间双方可以做到相互监察、相互制衡"的观点对国家层面的土司权力运行机制的问题也仅是有所涉及。③ 杨虎得、柏桦在《明代宣慰与宣抚司》从三方面试图探析明代宣慰司与宣抚司衙门的管理特色、职官设置及二者的隶属关系,该文事实上触及了土司衙署的权力运行机制。④ 鲁彩玲的硕士学位论文第三章《李土司家族内部管理》探讨了甘肃李氏土司家族内部的运行机制。⑤ 总的来讲,土司研究学界真正对土司的权力运行机制,至今无专门研究。

第五,土司制度下国家权力土司地区的延伸。洪涵认为,元明清实施土司制度,主要是基于对土司授职、承袭、考核的规定,使土司成为朝廷命官、土司地区作为国家防卫的屏障,并要求承担一定的朝贡、纳税和谨守疆土的义务,实现了国家权力在边疆民族地方的下沉。⑥ 李良品和赵毅认为,明清统治者出于国家权力向土司地区延伸的需要,要求各

---

① 李小文:《国家制度与地方传统——明清时期桂西的基层行政制度与社会治理》,博士学位论文,厦门大学,2006年。
② 蒋俊:《帝国边陲:桂西土司社会的历史人类学研究》,博士学位论文,厦门大学,2008年。
③ 杨庭硕、李银艳:《"土流并治":土司制度推行中的常态》,《贵州民族研究》2012年第3期。
④ 杨虎得、柏桦:《明代宣慰与宣抚司》,《西南大学学报》(社会科学版)2016年第2期。
⑤ 鲁彩玲:《李土司家族制度研究》,硕士学位论文,青海民族大学,2013年。
⑥ 洪涵:《国家权力在民族地区的延伸——以云南德宏傣族土司制度为例》,《云南民族大学学报》(哲学社会科学版)2011年第2期。

地土司必须在国家确定的土司制度框架内接受地方长官的约束，履行驻防、守御的职责，随时以备征调。明清时期各地土司促进国家权力延伸的举措主要是从政治、经济、军事、文化教育等方面控制辖区内的民众，这为国家权力在西南土司地区的延伸奠定了坚实的基础。①

（三）中国土司制度发展历程研究

土司制度研究发端于 20 世纪初，是一个非常年轻而有潜力的研究领域，这一领域自从它诞生那天起就受到专家学者的青睐。对于中国土司制度起源、形成、兴盛、衰落、终结等历史发展脉络以及各专项制度在不同时期的变迁、成因及结果等，专家学者均有相关研究。

1. 元代土司制度研究

第一，土司制度的渊源。从历代统治者对边疆地区、民族地区的经营来看，土司制度是在羁縻政策基础上发展而来，这是毋庸置疑的，但对于二者的深层次关系，学界进行了深入的探讨。江应樑认为，土司制度的渊源很早，唐设羁縻州……已经具备土司制度的雏形。② 吴永章认为，秦汉时期的民族政策，对后世有着极其深远的影响；元、明、清的土司制度就是在这一基础上发展起来的。③ 龚荫则认为，土司制度是由羁縻政策发展、演进而来的。④ 张永国认为，土司制度与羁縻州制虽然都属于封建王朝统治少数民族的一种政治制度，都具有世袭其官、世有其土的特点，也可以说都是土官制度。但是羁縻州制是土官制度的雏形阶段，而土司制度则是土官制度的成熟阶段。作者还从设废、承袭、管理体制三方面分析了二者的区别。⑤ 胡绍华认为，土司制度是一种封建的政治制度，也是一种羁縻统治制度，它是元、明、清封建王朝在少数民族聚居区和杂居区实行的一种特殊的统治制度。同时，他认为羁縻郡县制度与土司制度推行原因、性质和目的以及推行地区、具体措施基本相同，都体现了中央集权的统治方式，其差异在于推行时南方民族经济基础、发

---

① 李良品、赵毅：《土司制度：国家权力在西南土司地区的延伸》，《长江师范学院学报》2014 年第 5 期。

② 江应樑：《明代云南境内的土官与土司》，云南人民出版社 1958 年版，第 1 页。

③ 吴永章：《中国土司制度渊源与发展史》，四川民族出版社 1988 年版，第 1 页。

④ 龚荫：《中国土司制度》，云南民族出版社 1992 年版，第 1 页。

⑤ 张永国：《关于土司制度研究中几个问题》，《贵州文史丛刊》1986 年第 4 期。

展趋势及某些具体措施的差异。① 于玲认为,土司制度虽然和唐宋时期羁縻府州制有着某种联系,存在一定程度的渊源关系,但它们之间存在着本质的区别,土司制度的实施标志着中央王朝治理南方少数民族地区的思想、方式已发生了重大变化,同时也使元明清时期的国家结构和前代相比产生了根本改变。② 可见,土司制度渊源于"羁縻制"已成为学界的共识。

第二,土司制度的形成时间。对于土司制度具体形成时间,不但是学界对土司制度讨论的一个热点,也是研究土司制度首先必须解决的一个问题。一般认为,土司制度始于元、盛于明、衰于清,其盛行的地域分布在桂、湘、鄂、川、滇、藏、甘、青等省区。土司制度的形成大约有几种观点。一是"汉唐说"。认为土司制度开始于汉晋时期,或产生于汉或唐宋时期,完备于明代说。尤中认为,土司制度最早产生于汉武帝时,明代趋于完备。土司制度在其产生和发展的过程中仅是某些现象和完备程度上有所改变,根本实质未曾变化。③ 二是"宋代说"。朱祖明在《中国西南民族来由考》中说,广西柳州之土司,多为宋代屯军之裔。④ 刘介也持"宋代说"⑤。三是"元代说"。余贻泽在其专著《中国土司制度》中认为,土司制度在元代成立。杜玉亭的《试论云南土司制度研究中的几个问题》以及李干(1984)、吴永章(1988)等许多学者多持土司制度形成于"元代说"的观点。四是"元明说"。江应樑指出,傣族的封建社会,开始都属于领主经济,元明时期的土司制度,正是适应于此种经济基础的上层建筑。明朝之所以能在所有傣族地区比较全面完整地施行土司制度,正说明这些地区均处于领主经济社会。这就从反面证明元明时期才形成了土司制度。⑥ 上述诸位专家学者关于土司制度起源问题及其形成时间的争鸣,奠定了学界对土司制度相关问题逐步深入研究的理论基础。

---

① 胡绍华:《羁縻郡县制度与土司制度的对比研究》,《民族史研究》2001 年第 1 辑。
② 于玲:《土司制度新论》,《中南民族学院学报》(哲学社会科学版) 1997 年第 4 期。
③ 尤中:《简论"土司制度"》,《学术研究》1964 年第 1 期。
④ 朱祖明:《中国西南民族来由考》,《光华大学半月刊》1933 年第 8 期。
⑤ 刘介:《宋代壮族地区在土官统治下的经济形态》,《民族团结》1963 年 2—3 月号。
⑥ 江应樑:《傣族进入封建社会之探讨》,《中国民族》1963 年第 4 期。

第三，元代施行土官制度的原因。方铁先生认为，土官制度在元代确立并普遍推行主要有三个原因：一是与其独到的种族观、边疆观和治边观密切相关；二是与元代统治者在行事方面崇尚简单易行，习惯借用和移植外来制度有关；三是宋代在广西地区施行独到的羁縻州县治策，为元代的土官制度提供了必要的借鉴。①

第四，土司制度在元代形成官制。龚荫认为，元代以前，历代王朝施行羁縻政策，对于少数民族酋领都是赐封一个官职称号，民族酋领即是王朝封委的土官。元朝开始实行"参用土人"，朝廷对边疆少数民族首领授予土官土司，正式赐予诰敕、印章、虎符、驿传玺书与金（银）字圆符等信物；元代的土官土司，承袭须经朝廷允准，对中央王朝有功者奖励升迁，有罪者要议惩处，初步建立起了各种管理办法。上述这些管理办法表明，元代土司制度确已正式形成。②

2. 明代土司制度研究

明代在元代的基础上继续推行土司制度，并加以改进和完善，使之成为一种更加适合边疆少数民族地区的政治制度。

第一，明代继续施行土司制度的原因。明太祖建立明朝后，朝廷对土司承袭的规定，对土司加强控制、防止或减少承袭的纠纷、限制其势力发展，都曾起到一定的作用。为什么明代中央王朝要继续施行土司制度？佘贻泽认为，一是"君主与土酋彼此互相利用之结果"。二是中央王朝为了保存土司制度的原动力，实施所谓的"以蛮攻蛮"的政策。③ 他还分析了明代统治者"不愿劳民伤财"和"顺民情"的心态。王素英认为，明代中央王朝由于特殊的国情以及对少数民族地区的治理而实施土司制度，也就是说，明代统治者施行土司制度的目的在于加强对少数民族地区的治理。④

第二，土司制度的完备。史继忠认为，到了明代，土司制度日臻完善，形成了一套较为完整的制度，其特点有八：（1）土流分治而不相混；

---

① 方铁：《方略与施治：历朝对西南边疆的经营》，社会科学文献出版社2015年版，第300—304页。
② 龚荫：《中国土司制度史》（上编），四川人民出版社2012年版，第126页。
③ 佘贻泽：《中国土司制度》，正中书局1944年版，第13页。
④ 王素英：《明清西北土司制度研究》，博士学位论文，兰州大学，2015年。

(2) 文武相维，比于中土；(3) 以官品分尊卑之等差；(4) 土司地位较高，与王朝关系密切；(5) 承袭有制，并有阴阳信符；(6) 教化为先，不入学者不得保袭；(7) 额以赋税，顶朝觐和进贡之法；(8) 定征调之法以驭土军。① 曹相在《云南土司制度源流》(1984) 中提出："说土司制度完备，除设有一套土司职官的专门名称和为它专设的各级地方行政机构名称外，还表现为制定了一套完整的管理土司的法规条例。"龚荫先生 (2012) 指出，明代土司制度是历史上最完备的朝代，一是地理分布广泛，文武土司分类明晰；二是土司职衔、隶属和信物，土司授职与承袭，土司的升迁、惩罚与宽贷，土司的贡赋与征调，土司的文化教育等均有明确的规定，因此他认为，明代土司制度达到鼎盛时期。

第三，土司制度与重大事件。明代在实施土司制度的过程中，由于多方面的原因，发生了诸如改土归流与贵州建省、"三征麓川"、"平播之役"、"奢安事件"等与土司制度密切相关的重大事件。

3. 清代土司制度研究

清代土司制度发生重大转变，一方面是土司制度的更加完备和严格，且创立了土司分袭制度、安插制度和年班制度；另一方面，是中央王朝实施大规模的"改土归流"，促使实力强大的土司或被动或主动改流。所以，学界对此高度关注。

第一，土司专项制度研究。有清一代，中央政府又创立了几种新的专项制度。首先，土司分袭制度的研究。这是近年来土司承袭制度出现的新现象。尤佳认为，清代在实行土司承袭制度的同时创立了分袭制度，其最主要的原因是统治者欲进一步加强对土司的管控，更长久地维护土司地区社会秩序的稳定。② 李良品认为，清代创建的土司分袭制度，不仅减少了各地土司因争袭而引起的纠纷，而且为实施改土归流创造了有利条件。清代土司分袭制度的生成逻辑体现在三个方面：一是明代朝廷命官的治边思想为清代土司分袭制度的创建提供了理论先导；二是明末清初土司制度的嬗变成为清代土司分袭制度创建的应然诉求；三是清代中央政府的积极回应成为土司分袭制度创建的必然结果。清代土司分袭制

---

① 史继忠：《略论土司制度的演变》，《贵州文史丛刊》1986 年第 4 期。
② 尤佳：《试析土司分袭制度创立的历史背景》，《遵义师范学院学报》2016 年第 1 期。

度的构建路径有三：一是决策者厘定分袭制度、占据决策主导；二是执行者实施分袭制度、维护王朝权威；三是协同者落实分袭制度、加强自我约束。①

其次，土司安插制度的研究。对不法土司的安插施以制度性的安排，是清代土司制度的一大特点。这种制度创建于雍正朝，其后则不断完善。兴起于 2018 年的土司安插制度研究是土司制度的一个重要内容，在之前基本上是无人问津。清代土司安插制度包括以罪革除土司的安插、自清改流土司的安插和外来新设土司的安插等三个方面的内容，目前学界少有涉及。章赟作为专门研究清代土司安插制度的年轻学者，在其硕士学位论文中，针对以罪革除土司的安插问题，主要从土司安插制度实施的原因、安插制度的确立、完善、衰落和影响四个方面来论述。事实上，明代就有将土司进行异地安插的先例，清政府借鉴这种做法并在雍正年间形成了定制。研究表明，清代早期的土司安插制度基本实现了从确立、实施、调整、完善的过程，到清朝中晚期则通过放宽土司及土司家口回原籍和有条件的允许土司回原籍的政策，使土司安插制度逐渐走向衰落。其根本原因在于清政府已具有掌控和管理土司的实力。土司安插制度的实施不仅对地方行政管理体制和地方财政产生了重要影响，而且加速了改土归流的历史进程，促进了土司区地方行政规划管理体制由土司政权机构向府州县等地方行政机构的转变，加强了中央政权对土司区的直接控制。② 章赟在另文中认为，以罪革除土司的安插制度是清代土司制度的一大特点，它始创于雍正朝，之后则不断完善。从雍正、乾隆两朝诸多以罪革除土司异地安插的实际情况看，这一制度确立之后，虽然被安插的土司职衔不一，安插的地点涉及内地数省，最远者甚至到关外，但各地废除土司时均能遵照执行。这对于保持原土司地区的社会稳定起到了一定的作用。③ 尤佳认为，雍正朝对于因罪革除土司的处置大致可以以雍正三年（1725）为界其后多数来自不法土司事例。前期，朝廷对不法土

---

① 李良品：《清代土司分袭制度的生成逻辑与构建路径》，《中央民族大学学报》（哲学社会科学版）2018 年第 2 期。
② 章赟：《清代土司安插制度研究》，硕士学位论文，吉首大学，2018 年。
③ 章赟：《试论清代以罪革除土司异地安插制度》，《遵义师范学院学报》2018 年第 1 期。

司处以安插之罚尚不流行，即使有这样的事例，实属不多；后期，土司安插事例不绝于书，雍正五年（1727）清政府安插违法土司形成高潮，且出现了差异化，这与土司的势力大小、罪责轻重等有密切的关系。① 岳小国认为，土司异地安插是一个复杂的社会或政治问题，其构成清王朝对土司制度、改土归流认知矛盾的结点。②

再次，"年班制度"的研究。邹建达和杨晓燕认为，"金川之役"后，为确保川西北土司地区的长治久安，清廷在川西北土司地区建立起"年班制度"，使得川西北土司成为西南众多土司中唯一享受朝觐殊荣者。而川西北土司的首次朝觐，人数之多、在京时间之长、接待规格之高、参与活动之丰富、获得赏赐之丰厚，都是极其罕见的。川西北土司"年班制度"的建立和首次成功朝觐，既是清廷对在征剿两金川战争中支持清军各土司的奖励，并借此加以笼络的重要措施，也是对各土司实施控制的重要制度安排。"年班制度"的实施，对该地区的稳定和发展产生了积极的作用。③ 黄梅对"年班制度"中土司贡物和年班分班深入研究后认为，土司年班制度是清廷针对川西藏区土司朝贡建立的管理制度，规定川西土司分两班轮流进京朝觐并呈进贡物，以此来表示对清廷的臣服。清代年班土司贡品在种类、数量和价值等方面有其特点，具有极强的政治意义。④

第二，"金川之役"研究。两次平定大小金川是乾隆帝的十大武功之一。与乾隆其他九大武功相比，偏居川西一隅、仅有弹丸之地、数万人口的大小金川，却致清王朝先后共投入了近60万人力、7000万帑币，其代价远远超过乾隆的其他任何一次武功。西藏民族大学彭陟焱博士的专著《乾隆朝大小金川之役研究》以《清史稿》《清实录》《平定金川方略》《平定两金川方略》等浩繁的原始官方文献和当时文人的笔记为基

---

① 尤佳：《土司安插制度创立前雍正朝对不法土司的安插研究》，《文山学院学报》2018年第1期。
② 岳小国：《"原罪"何在——清代改流土司安插现象研究》，《贵州民族研究》2018年第11期。
③ 邹建达、杨晓燕：《笼络与控制：川西北土司"年班制度"的建立及首次朝觐》，《遵义师范学院学报》2017年第5期。
④ 黄梅：《清代土司年班分班考》，《遵义师范学院学报》2016年第1期。

础，结合今人的历史调查资料和学术论著，在厘清两次金川之役的导火索、过程、结果的同时，从清廷和金川两方面分析了两次战争的爆发原因、胜败原因；列举了清王朝为加强统治、一劳永逸而对两金川采取的善后措施，从微观上探讨了金川战争及清廷的善后措施在经济、人口、宗教、习俗等方面对当地的影响。① 王惠敏在博士学位论文中针对一些学者认为平定大小金川这两次战争得不偿失或将其视为清王朝由盛转衰的标志的观点，她以运用有关官书为向导，以《金川档》《军机处录副奏折》《宫中档朱批奏折》《宫中档乾隆朝奏折》《清宫珍藏海兰察满汉文奏折汇编》等相关档案为基础，并结合田野调查资料，着力探究清军难以攻克大小金川的客观和主观原因。② 涉及金川之役的论文还有彭陟焱《论大小金川战争中碉楼的作用》(2010)、张曦《乾隆朝金川之役原因背景浅析》(2011)、徐法言《第一次金川之役起因初探——乾隆帝绥靖川边的努力》(2012) 等论文。

第三，土司制度的终结研究。土司制度究竟终结的时间，目前至少有五种说法：一是清代雍正年间改土归流说；二是清末赵尔丰在川边改土归流说；三是辛亥革命终结说；四是新中国成立之初；五是 1958 年最后终结说。最早探索土司制度终结的王文成，主要探讨对象是云南边疆土司制度。③ 秦和平的观点是土司制度终结于 20 世纪 50 年代。④ 杨庭硕认为，辛亥革命是土司制度终结的标志。⑤ 李良品倾向于杨庭硕学生的观点，认为辛亥革命后我国政体制的更替、民国政府土司义务的解除以及各地土司特权的丧失，无疑成为土司制度终结的重要标志。⑥

第四，改土归流相关问题研究。明清中央政府实施改土归流，是从

---

① 彭陟焱：《乾隆朝大小金川之役研究》，民族出版社 2010 年版。

② 王惠敏：《清军难以攻克大小金川之原因探析》，博士学位论文，中国社会科学院研究生院，2011 年。

③ 王文成：《云南边疆土司制度的终结述论》，《学术探索》1994 年第 3 期。

④ 秦和平：《关于 20 世纪 50 年代中国共产党终结土司制度的认识》，《北方民族大学学报》(哲学社会科学版) 2014 年第 1 期。

⑤ 杨庭硕、彭兵：《对土司制度终结的再认识》，《吉首大学学报》(社会科学版) 2016 年第 5 期。

⑥ 李良品：《土司制度终结的三个标志》，《吉首大学学报》(社会科学版) 2016 年第 5 期。

被动改流发展成为主动改流。改土归流既是一个长期的过程,又是一项重大的政治和经济变革。改土归流作为土司制度中的一项重要内容,表现出国家对少数民族地区治理的进一步加强。所以,学界十分关注。其研究的主要内容呈现在以下几个方面。

一是改土归流的背景。吴永章认为,由于土司世官其土,世有其民,故对境内人民实行政治压迫、经济掠夺。更有一些土司专横不法,为所欲为:(1)暴虐淫纵,作威作福;(2)私占横征,肆意苛索;(3)扩充武力,专事劫杀;(4)土司内部与土司间征战不已;(5)抗命朝廷。由此可见,废除土司制度已成为一种历史的必然。① 田敏认为,土司制度作为一种半封建的统治形式,在清代已不能适应历史发展的需要,土司制度已变得落后和腐朽。废除土司制度,已成为一种历史的必然。② 方悦萌认为,雍正朝进行改土归流是出于加强法治管理的需要,并非彻底取消土司制度,而是对土司制度进行必要的改造,以适应清廷强化对南方少数民族地区统治的需要。③

二是改土归流的作用。李世愉先生认为,改土归流的历史进步性表现在三个方面:(1)促进了国家的统一、边防的巩固;(2)促进了西南地区封建经济的发展;(3)促进了西南地区文化教育事业的发展。④ 李世愉先生指出,雍正朝的改土归流是历史上规模最大、影响最深的一次改流活动,成为清代土司制度发生根本性变化的转折点。制度层面考察,雍正改流后,不仅在土司职衔的设置、承袭制度、贡赋制度、奖惩制度等方面发生了重大变化,还创立了土司分袭制度、安插制度,推行了土司养廉及分别流土考成等条例。因此认为,雍正朝改土归流不是针对土司制度的改革的结论也是难以成立的。⑤ 李世愉先生认为,改土归流的出发点,在确保土司地区稳定的前提下,不仅强化了对西南少数民族地区的管控,而且国家进一步完善了对土司地区的管理措施。⑥

---

① 吴永章:《中国土司制度渊源与发展史》,四川民族出版社1988年版,第251—253页。
② 田敏:《土家族土司兴亡史》,民族出版社2000年版,第208页。
③ 方悦萌:《雍正朝改土归流是为了完善法治》,《清史论丛》2017年第1期。
④ 李世愉:《清代土司制度论考》,中国社会科学出版社1998年版,第18—22页。
⑤ 李世愉:《应正确解读雍正朝的改土归流》,《青海民族研究》2015年第2期。
⑥ 李世愉:《改土归流与国家治理》,《遵义师范学院学报》2018年第2期。

三是改土归流的起因。明代的改土归流多源于内部纷争，是中央政府对土司的被动改流；清朝"改土归流"的实质，则是一场军事战略决策与特殊事件引发的对西南地方行政设置的变动，体现的是清政府的"大一统"和国家治理。粟冠昌认为，大一统的政治思想对改土归流所起的决定作用是明显的；他认为，大规模改流主要出自平叛、为增加矿课赋税、发展交通和军事考虑方面的原因。① 李世愉认为，改土归流本身是历史的产物，它的发生有着深刻的社会原因：一方面，从土司制度看，它的发展已被历史证明不适应多民族国家的统一和巩固，同时已被封建政权所不能继续容纳，改流已成为客观需要。另一方面，从封建政府看，已具备了强大的政治、军事、经济力量，能够进行改土归流。这两方面条件是缺一不可的。② 常建华指出，雍正帝为了追求良好的社会治安与社会秩序，对于土司的看法发生转变，在推行保甲制度的过程中大规模实行改土归流。③ 张振兴认为，雍正朝对乌蒙、镇雄土司的"改流"是在特殊地域与特殊局势下的一次特殊战略决策，与此同时进行的西南其他区域的"改土归流"，是雍正皇帝战略决策的有机组成部分和清廷加强对西南地区直接管理的表现。④

四是改土归流的措施。李世愉认为，就雍正朝五省改流的总体情况可归纳如下善后措施：对革除土司的处理，清政府只是对个别罪恶昭著而又抗拒朝廷的土司处以重刑，而对绝大部分土司基本上采取了怀柔政策；慎重选用流官；查田编赋，实行保甲制度；对各种旧制陋规的禁革；对西南少数民族地区的开发。⑤ 田敏在《土家族土司兴亡史》中认为，中央政府对土家族地区土司实施改土归流的举措有四：武力威逼与和平招抚、采取不同借口裁废土司、以湘西促鄂西的改流、集中力量打击强大不法土司。⑥ 李良品、李思睿认为，改土归流是国家权力在西南民族地区

---

① 粟冠昌：《清代广西土官制度改流述议》，《广西民族研究》1990 年第 1 期。
② 李世愉：《试论清雍正朝改土归流的原因和目的》，《北京大学学报》（哲学社会科学版）1984 年第 3 期。
③ 常建华：《清雍正朝改土归流起因新说》，《中国史研究》2015 年第 1 期。
④ 张振兴：《清雍正朝乌蒙、镇雄土司"改流"动因考——兼论清朝"改土归流"之实质》，《吉首大学学报》（社会科学版）2015 年第 5 期。
⑤ 李世愉：《清雍正朝改土归流善后措施初探》，《民族研究》1984 年第 3 期。
⑥ 田敏：《土家族土司兴亡史》，民族出版社 2000 年版，第 224—228 页。

乡村社会强烈扩张的有效途径，其主要举措有五：武力征剿、众建土司、嗣绝改流、自请改流、裁革土司。改土归流的实施，极大地削弱了西南民族地区土司的势力，加速了国家权力在西南民族地区乡村社会扩张的历史进程，维护了该地区的社会稳定。这些举措高度概括了改土归流的政治进程。①

五是改土归流的影响。改土归流不仅是明清中央政府对西南民族地方事务从间接干预到直接干预的转变过程，而且是国家权力在西南民族地区乡村社会强烈扩张的有效途径。通过改土归流，不仅极大地削弱了西南、中南和西北民族地区土司的势力，加速了国家权力在土司地区扩张的历史进程，而且有力地维护了西南、中南和西北民族地区乡村社会稳定。李汉林认为，清代改土归流对西南各民族文化产生了深远的影响，认为文化变迁是一个逐渐的过程，在变迁中不断吸收、消化外来文化，丰富发展本民族文化。而本民族固有的文化因子，有的因功能消失而被淘汰，有的功能发生了转向。因此，认识了解一个民族文化的变迁历程，要从多层次、多角度加以分析。②廖荣谦认为，虽然明代贵州的"改土归流"受主客观因素制约未能进行彻底，但是在客观上引起了少数民族地区的多重生态建构，加快了贵州与全国政治、经济、文化一体化的进程。③刘新鹏在其学位论文中认为，清廷对湘西地区进行改土归流，在采取驻军、屯兵、修边、筑卡等强硬军事措施的同时，大力推动湘西地区的"儒化"，主要包括设置官学、建立书院和义学等构建儒家教育体系，给予少数民族士子资助及科举名额优惠，重视对先儒先贤的祭祀，颁令禁止苗民诸多宗教祭祀活动及风俗习惯，推行三纲五常及忠孝节义观念等途径。清政府的一系列举措，不仅培养一大批湘西少数民族人才，而且稳定了该地区的社会秩序、巩固清王朝的国家统一、促进多民族的融

---

① 李良品、李思睿：《改土归流：国家权力在西南民族地区乡村社会的扩张》，《青海民族研究》2015年第2期。
② 李汉林：《文化变迁的个例分析——清代"改土归流"对黔中苗族文化的影响》，《民族研究》2001年第3期。
③ 廖荣谦：《明代贵州"改土归流"及其对少数民族地区多重生态建构的影响》，《云南行政学院学报》2016年第5期。

合与共同发展。① 田清旺认为，改土归流对少数民族地区政治、经济、文化产生了深远的影响，在民间信仰上主要体现为信仰神团系统、祭祀仪式、祭祀用品的变化，并导致传统神职人员的社会功能弱化和社会地位的下降。②

六是改土归流与社会治理。明清时期改土归流的实施是一个由被动到主动、渐进而非突变、复杂而非线性、动态而非静态的历史过程，它是明清中央王朝与地方土司政权实力强弱消长、国家治理能力、民族地区经济社会发展水平等的因素综合作用的结果，在很大程度上体现了国家对土司地区的治理。郗玉松认为，清初土家族地区相继完成改土归流，进入土家族地区的流官群体取代了土司贵族的统治。他们到民间开展调研，采取了诸多措施，对维护改土归流后土家族地区社会稳定，促进社会生产力发展都有重要意义。③ 李何春认为，清末清政府积极推进川边改土归流，在对盐井进行改土归流的过程中，赵尔丰对当地盐业管理制度的改革成为当地盐业发展历史上的一个里程碑。④ 张万东认为，随着渝东南地区土司与中央王朝矛盾的逐渐尖锐以及清朝统治者在渝东南地区强化中央集权统治战略的推行，清政府改流是步步推进：首先是剥夺酉阳土司对平茶、邑梅、石耶三司的管辖权，设重庆府同知管理酉阳等诸土司事务，移重庆府同知驻扎黔江就近约束酉阳等土司，在渝东南地区设黔彭直隶厅控制诸土司，最后改土归流设酉阳直隶州和秀山县。接着是对于石砫土司的改土归流则采取不革除土司职衔，中央政府派流官入驻石砫，接管马氏土司权力，并开始清查户口、推行保甲制度，逐步实现经制州县的政治体制。在条件成熟之后，最后对石砫土司改流，在设石砫直隶厅的同时，又设置石砫土通判。这种根据客观条件对原土司家族作了妥善安排，保证了改土归流的顺利实施。改流以后，地方官府从建

---

① 刘新鹏：《改土归流后清政府对湘西社会的"儒化"研究》，硕士学位论文，吉首大学，2016年。

② 田清旺：《改土归流与少数民族民间信仰的嬗变——以土家族为例》，《青海民族研究》2016年第3期。

③ 郗玉松：《改土归流后土家族社会治理研究》，《山西档案》2016年第4期。

④ 李何春：《清末川边改土归流时期赵尔丰盐业改革措施及其意义》，《中国边疆史地研究》2016年第2期。

立新的赋税征收体系、社会保障系统、官学教育体系三个方面确立了经制州县行政体制。①

七是改土归流与社会重构。改土归流不仅是国家体系范围内的权力再分配，也是中原文化与少数民族文化冲突的调适过程。郝彧认为，改土归流没有使水西彝族社会秩序产生断裂式的突变，而是在缓慢的文化适应和生态适应进程中经历了较长时期的调整，逐步完成了权力体系、经济秩序和文化秩序的重建。②曹海霞认为，改土归流成为国家重构康区政治秩序的制度性选择，改土归流剔除了地方土司的割据势力，使得中央政府的力量延伸到了基层民族地区，开启中央王朝在康区大规模行政建制的滥觞，逐步将西南边疆地区纳入国家的统一行政建制中来，近代康区政治秩序的建构在政府力量的主导下得以实施。③李何春认为，清末英国势力入侵西藏，川边不保将危及中原，清廷积极推动川边的改土归流。盐井改土归流是整个川边改土归流的基础，利于推动藏东盐业改革，特别是有效打通了清廷和西藏东部察隅等地的联系，有效遏制了英属印度进一步北犯，维护了国家统一，维护了边疆稳定，增进了该地区民族的国家认同。④

八是改土归流后的社会变迁。贾霄锋认为，在内忧外患之际，清末中央政府为"图川"以期"固藏"，防止西方列强干预、分裂川边等藏族地区，于是在川边藏族地区推行改土归流，以加强中央王朝对川边地区的政治控制力。清末川边藏族地区改土归流的实施，引起川边藏族社会政治、经济、文化结构的重构，从而促动川边藏族社会的变迁。⑤莫代山认为，玉米于改土归流后传入武陵民族地区，在嘉庆、道光年间得到推广，到同治时期已经成为地区最重要的粮食作物之玉米推广种植对地区

---

① 张万东：《明清王朝对渝东南土司统治研究》，博士学位论文，吉林大学，2016年。
② 郝彧：《改土归流与水西彝族社会秩序的重建》，《西南民族大学学报》（人文社科版）2016年第10期。
③ 曹海霞：《近代史上藏族康区政治秩序建构的重要意义——晚清康区改土归流为中心的考察》，《西北民族大学学报》（哲学社会科学版）2016年第1期。
④ 李何春：《清末川边改土归流时期赵尔丰盐业改革措施及其意义》，《中国边疆史地研究》2016年第2期。
⑤ 贾霄锋、马千惠：《重构·变迁：清末改土归流与川边藏族社会嬗变》，《青海民族研究》2015年第4期。

群众的饮食结构、人口结构、文化发展、商业贸易和生态环境都产生了重要影响。① 陈明、柴福珍通过清代湘西地方志来探讨改土归流后湘西地区种植业、畜牧业、林业、渔业、副业等农业内部不同构成及其比例关系。通过研究认为，改土归流后湘西地区农业结构出现了新的格局，人口增长是农业结构演变的主要原因。②

（四）土司制度内蕴的专项制度研究

从现有国内外研究土司制度的情况看，对包括土司职官制度、承袭制度、贡赋制度、奖惩制度、军事制度、教育制度在内的土司专项制度研究却较为欠缺。

1. 土司职官制度

元明清时期的土司，虽然是世袭土官，但同样是朝廷命官，土司职官的设置、土司职官的赋权、土司职官的权威象征、土司的铨选、土司职官的管控、土司职官的制衡、土司职官的监督、土司衙署的权力构建、土司职官族内的权力体系、土司职官的权力丧失等内容，实际上就是土司职官制度。

第一，土司职官制度研究的发端。土司职官制度研究始于20世纪30年代，佘贻泽在《明代之土司制度》中有"土司之等级与俸给"、《清代之土司制度》中有"清代土司之职衔"等内容，20世纪40年代，凌纯声发表《中国边政之土司制度》中有"土职之品衔"专章论述。佘贻泽《中国土司制度》的"明代之土司制度"同样有"明代土司之阶级、承袭及朝贡"③ 等专节论述，这无疑是土司职官制度研究的发轫与开端。

第二，土司职官制度研究的发展。吴永章在《中国土司制度渊源与发展史》中有"始设各级土司官职""土司的职衔、隶属关系、俸禄和信物""土官的职衔和印信号纸"等节次内容，对土司职官制度有一定论

---

① 莫代山：《清代改土归流后武陵民族地区的玉米种植及其社会影响》，《青海民族研究》2016年第1期。

② 陈明、柴福珍：《清代改土归流后湘西地区农业结构的演变》，《古今农业》2016年第2期。

③ 佘贻泽：《中国土司制度》，正中书局1944年版。

述。① 龚荫先生《中国土司制度史》中均有"参用其土人""土司的职衔、隶属与信物""土官的职衔和印信号纸"② 等内容,且论述较为详尽。贾霄锋在《藏族土司制度研究》中也有土司职官制度的相关内容。

第三,土司职官制度研究的基本观点:一是认为土官不同于土司。江应樑提出明朝把云南分为两种政治区域,一种仿照内地设府州县,所置土职为土官隶于吏部。另一种为羁縻土司区,土职为土司属兵部管理。③ 曹相认为,明代的土官土司分别为府州县和羁縻地区的土职,清代以武职土司隶兵部,文职土官归吏部。④ 二是认为土官即土司。韦文宣提出土官与土司除名称不同隶属有别外,并无其他不同,土官与土司实质上无区别。⑤ 杜玉亭则认为,土官与土司的含义有交叉,但不能完全等同。认为土官是元代以后在少数民族中任命的世袭的地方官的统称,土司是明代中叶以后见于记载的对少数民族土职政权和世袭官员的统称。⑥ 三是认为土目属于土司制度的重要组成部分。李世愉提出,土目最初指土司制度以前西南各民族的头领,后又包括了土司佐治之官和土司级别最末等级两个含义。四是认为土司职官体系分为朝廷任命官员和土司自署官员两类。⑦ 张万东认为,朝廷任命官员包括土官、流官,从而形成土主流辅、土流参治的政治结构。土司自署职官土舍(舍人)、把事、通把等原生性的土职以及含有副将、守备等仿明朝军事组织所设的官职,体现出"土汉杂糅"的特点。在土司机构中任职的自署官员主要以土官同姓为主,他们是土官统治当地百姓以及与朝廷打交道的核心力量,体现出家族政治的色彩。⑧ 五是认为土官与土司应有区分标准。武沐(2017)认为,嘉靖时期开始使用"土司"一词,是明朝以来民间对于兵部或吏

---

① 吴永章:《中国土司制度渊源与发展史》,四川民族出版社1988年版,第168、220页。
② 龚荫:《中国土司制度史》(上编),四川人民出版社2012年版,第114、138—141、172—173页。
③ 江应樑:《明代云南境内的土官与土司》,云南人民出版社1958年版,第14—17页。
④ 曹相:《土官与土司考辨》,《云南民族学院学报》1984年第4期。
⑤ 韦文宣:《"土官"与"土司"》,《广西民族研究》1987年第4期。
⑥ 杜玉亭:《元代罗罗斯土官宣慰使研究》,《民族研究》1982年第2期。
⑦ 李世愉:《试论土目内涵的演变及其在土司制度中的地位和作用》,《民族研究》1987年第3期。
⑧ 张万东:《明清王朝对渝东南土司统治研究》,博士学位论文,吉林大学,2016年。

部所管辖的宣慰司、宣抚司、安抚司、招讨司、长官司等土官机构或首领约定俗成的泛称。万历至明末,"土司"一词开始普及。清朝以来,无论是文职土官,还是武职土官,抑或藏族、维吾尔族部落首领均可称为"土司"。由此导致在《大清会典》中,吏部既管辖文职土官,也管辖文职土司;同样兵部既管辖武职土官,也管辖武职土司。清代"土司""土官"两词虽可混用,但吏部与兵部的管辖职责却十分清晰。①

从上述研究情况可见,国内对土司职官制度中诸多方面的研究至今尚未取得显著进展,国外学术界对此也关注不多。

2. 土司承袭制度

土司承袭制度不仅是土司制度的核心内容,而且关系到土司政权的稳定以及中央政府对土司政权的有效管理。土司承袭程序、承袭文书、承袭次序与范围、承袭信物、承袭变通方法与处置、承袭法规以及元明清土司承袭制度的发展历程与嬗变等内容,均属于土司承袭制度。

第一,土司承袭制度研究的发端。佘贻泽《明代之土司制度》和《清代之土司制度》均中有"土司之承袭"等研究内容,这是我国八十多年来系统而全面研究土司承袭制度的开山之作;凌纯声《中国边政之土司制度》中有"土司之袭职"的研究内容,较佘贻泽论述更详细。

第二,学术专著中土司承袭制度的研究。新中国成立以来对土司承袭制度的研究代不乏人。吴永章《中国土司制度渊源与发展史》、龚荫《中国土司制度》和《中国土司制度史》、李世愉《清代土司制度论考》、田玉隆《贵州土司史》等专著,均有较多内容涉及明清时期土司承袭制度的研究,贾霄锋的专著《藏区土司制度研究》有专节"藏区土司承袭制度",是迄今为止研究土司承袭制度内容最多、研究最深的著述。

第三,学术论文对土司承袭制度的探讨。自1986年以来,土司承袭制度的研究呈现四种情况:

一是宏观探讨土司承袭制度。李钧的硕士学位论文《清代西南地区土司承袭问题研究》以清代西南五省土司承袭状况作为研究对象,以西南地区的土司袭职情况以及政府对土司袭职的干预作为研究内容,把改流前后国家对西南地区采取不同政策作为大背景来探讨土司的袭职问题,

---

① 武沐、张锋峰:《再释"土司"一词的演变》,《青海民族研究》2017年第2期。

分析清王朝在土司袭职过程中的积极作用和不足。① 作者认为，西南地区土司承袭问题在清王朝得到了很好解决，对土司地区产生了极大的影响，但是整个土司制度也开始逐渐衰落，这是迄今为止研究土司承袭制度最全面的论文。史继忠在论述元明清土司制度时从宏观层面探讨了元明清土司承袭制度的异同。② 华林比较系统深入地研究了明代土司承袭制度的内容、特点和文书类型。③ 陈季君教授深入研究清代土司承袭文书——册结及其作用时指出，无论是记载土司世系、土司死亡原因、应袭人状况的各种文书的册，还是对土司的证明性文书，这种承袭文书的运用，不仅使土司承袭制度规范化、有序化，而且强化了监督机制和责任制，这是土司制度臻于成熟的标志。④ 葛天博在《清代土司承袭的国家法律控制》中认为，清代土司承袭制度不仅实现了规范土司权力延续的稳定性，而且经由承袭资格、承袭程序与承袭惩罚制度体系的法律化，辅之以文化教化和流官责任的严肃惩戒，达到了清王朝通过承袭制度控制土司权力的政治目的。⑤ 李良品认为，土司承袭制度在国家治理土司地区中发挥过积极作用：土司承袭的制度化维护了土司地区的社会稳定；土司承袭制度的法治化，确保了土司制度的顺利实施；土司承袭制度的差异化，坚持了土司地区的"因俗而治"。土司承袭过程中的国家治理也存在诸多问题，如王朝制度左右摇摆、朝廷命官无所作为、各地土司争袭不断等，在一定程度上也造成了边疆治理秩序的不稳定。⑥ 陈季君教授的论文以《清实录》中所载土司承袭事例和以中国第一历史档案馆所藏雍正朝土司承袭档案为重点，得出结论：清代土司承袭制度在一般情况下是依定制办理，特殊情况下也可请旨另行处理。清代前期土司承袭流转时限通常为一至二年，特殊情况有长达四至五年，甚至十余年版。自雍正三年后一般只需一至二月时间，这说明土司承袭制度日臻完善，从而保证了土

---

① 李钧：《清代西南地区土司承袭问题研究》，硕士学位论文，云南师范大学，2015年。
② 史继忠：《略论土司制度的演变》，《贵州文史丛刊》1986年第4期。
③ 华林：《明清西南土司承袭制度和文书》，《贵州文史丛刊》1994年第4期。
④ 陈季君：《试论清代土司承袭中的册结及其作用》，《青海民族研究》2016年第4期。
⑤ 葛天博：《清代土司承袭的国家法律控制》，《三峡论坛》（三峡文学·理论版）2017年第2期。
⑥ 李良品：《土司承袭制度中国家治理的影响》，《青海民族研究》2018年第2期。

司权力的平稳过渡。①

二是以具体个案论述土司承袭制度。如许新民在《论清咸同起义以来云南土司治策——以承袭与改流为中心》中通过翻检晚清光绪朝督抚十一宗奏议，集中论述了云南土司袭职的相关情况；②廖丽则以商胜、奢香、秦良玉三位女性土司为例，从土司设置及承袭看明代土司制度。③王君义以播州杨氏土司为个案，认为元明时期伴随着土司制度的发展，土司承袭制度也日趋完善，尤其是土司承袭人的身份与范围有了明确的规定，土司承袭的程序更加完备，土司承袭的禁例也愈加严格。④曾超以《保靖彭氏宗谱》所载史实为例，探讨了湖广保靖土司司位的传承机制，大体可分为同宗传承制、嫡长子传承制、兄终弟及制、司事署理制、致仕传承制、兵部准许制、争端处理制、因罪废除制等几种。⑤彭丹凤和曾超以湖广永顺司为例，认为土司司位传承有制度性设计，多涉及司位传承的人选、顺序、条件、信物、忠诚度、争议处置等，但永顺彭氏土司出于司位传承"万世一系""长治久安"的考量，却极为重视司位传承人的身体条件，这却是一个别开生面的话题。⑥

三是探讨自署职官（或自立土司）的现象。土家族地区的土司，自署职官（或自立土司）的现象屡见不鲜。莫代山认为，明清时期土家族地区自立土司的产生途径有三种：强宗大族自立、土司侵占自立和土司分化自立三种。这些自立土司模仿合法土司对辖区进行社会治理，与合法土司有一定互动关系，对中央政府的军事征调格外积极，部分自立土

---

① 陈季君：《清代土司承袭流转时限考——以清代55件档案为中心的考察》，《遵义师范学院学报》2018年第2期。

② 许新民：《论清咸同起义以来云南土司治策——以承袭与改流为中心》，《云南师范大学学报》（哲学社会科学版）2013年第1期。

③ 廖丽：《从女性土司的设置及承袭看明代土司制度——以商胜、奢香、秦良玉为例》，《宁夏师范学院学报》2014年第4期。

④ 王君义：《试析明代土司承袭制度——以播州杨氏土司为例》，《遵义师范学院学报》2015年第5期。

⑤ 曾超：《保靖司主传承机制研究》，《湖北民族学院学报》（哲学社会科学版）2018年第3期。

⑥ 彭丹凤、曾超：《身体条件与司位传承研究：以永顺司为例》，《三峡论坛》（三峡文学·理论版）2018年第2期。

司还因各种原因得到中央政府承认。① 张凯和成臻铭认为，明清时期土家族土司政权机构划分为行署、旗、峒三级，宣慰司署一级又分为致仕宣慰司署、已袭宣慰司署和经历司署三个系列，从而形成三足鼎立格局。自署职官分为土官、流官两大系统，内分文武两个职别。这种情况的出现与当时独特地理位置、深受中原政治影响及该地区封闭的地理环境密切相关。②

四是透析土司争袭、冒袭之弊。如莫代山结合土家族土司兄弟争袭、姻亲争袭、族人争袭和父子争袭等四种情况，指出争袭给土家族地区在政治、社会等方面造成不良影响。③ 颜丙震以明代土官承袭中存在众多无承袭资格或非第一承袭人假冒应袭者承袭土职的冒袭现象为例，探讨其成因有朝廷流官腐败和土官承袭制度未能严格执行等因素。④

多年来土司承袭制度的研究虽取得了一定成就，但很多方面仍然有学术空白：一是对土司承袭制度起源、发展、演变及消亡的历史进程没有进行实质性探讨；二是元明清中央政府在具体实施承袭制度过程中与土司之间的互动、博弈等内容揭示不多；三是土司承袭制度本身的研究尚存在诸如新近承袭土司的程序、土司袭职的手续、土司承袭制度的运行、土司承袭制度的弊端、中央政府对土司从承袭制度方面的驾驭与控制等学术空白，这些都有待于深入研究。

3. 土司贡赋制度

土司贡赋制度是土司制度的重要内容，是元明清中央王朝完善国家治理体系与治理能力的重要举措。土司贡赋属于王朝国家与各地土司间的"官方贸易"，体现了各地土司的国家认同、政治归附和地方臣服。元明清时期各地土司向中央王朝贡献珍稀物品，不仅促进了少数民族与汉民族之间的交往交流交融，而且有利于夯实中华民族命运共同体。

---

① 莫代山：《明清时期土家族地区"自立土司"研究》，《西南民族大学学报》（人文社科版）2015 年第 11 期。
② 张凯、成臻铭：《清代改土归流后地方社会权力结构的变动——以湘西永顺地区为例》，《中央民族大学学报》（哲学社会科学版）2018 年第 1 期。
③ 莫代山：《明清时期土家族土司争袭研究》，《贵州社会科学》2009 年第 6 期。
④ 颜丙震：《杨应龙议处纷争与明代土司治理的缺失》，《长江师范学院学报》2018 年第 4 期。

第一，专文研究元明清时期土司朝贡问题。土司朝贡既是中央王朝与少数民族地区交往的主要途径，也是以儒家思想为核心的中原文化对土司地区传播的重要媒介。余仙桥在其硕士学位论文《明代播州土司朝贡研究》以明代播州土司为个案，在探讨明代土司朝贡制度（包括朝贡时间、人数、物品、回赐等）的基础上，深入分析了明代播州土司朝贡阶段、朝贡类型及朝贡使者、朝贡贡品、明王朝对播州土司的回赐、明代播州土司朝贡的影响等问题，意在探讨播州杨氏土司朝贡的历程、运行机制和特征，以此拓展元明清时期各地土司与中央王朝的关系的深入研究，揭示少数民族地区社会发展规律。[①] 如洲塔与贾霄锋《试析明代藏区土司的朝贡制度》认为，土司朝贡制度有利于藏区治理。李良品等人研究了土司朝贡的事项、实质、过程、成因等；朱皓轩与胡凡在《论洪武时期西南土司朝贡体制的形成》中指出明代土司朝贡体制的特色；成臻铭在《论明朝时期西南边疆的土司贡纳制度》中发现明代西南土司贡纳制度存在时代差异。罗群在《"慕利"与"慕义"——论西南地区土司朝贡的制度构建》中认为，土司朝贡及其制度具有政治、经济与文化等作用；陈东在《浅析明代洪武年间湖广土司的朝贡》中通过对朝贡的贡期、朝贡人员、贡品、回赐等内容的论述，说明土司朝贡制度在明代洪武年间业已形成。类似论文还有武巍《明代西南土司朝贡初探》和王鹏《浅析清代四川藏区土司朝贡》等。

第二，研究土司制度涉及土司贡赋制度。在土司制度研究的110年历史进程中，很多专家学者在研究土司制度时，自觉研究了土司贡赋制度内容，如佘贻泽在《清代之土司制度》中有"清代土司之贡赋"的内容，这是我国最早研究土司贡赋制度的发轫之作；佘贻泽专著《中国土司制度》中也有"明代土司之阶级承袭与朝贡"专篇，龚荫在《中国土司制度史》中在论述元明清三代土司制度时均述及土司朝贡制度，尤其在该书"明王朝对边疆民族的治理""清王朝对边疆民族的治理"两章中均涉及"土司贡赋"[②] 问题，对土司进贡的贡物、贡期、人数、回赐及违例等

---

① 余仙桥：《明代播州土司朝贡研究》，硕士学位论文，中南民族大学，2014年。
② 龚荫：《中国土司制度史》（上编），四川人民出版社2012年版，第150—152、178—179页。

均有详细论述;贾霄锋的《藏区土司制度研究》论述了明代藏区土司朝贡制度的朝贡类型、贡道与贡期、朝贡者身份和人数、贡品及赏赐等内容。①

第三,研究民族问题涉及土司朝贡制度。土司朝贡制度与元明清时期民族问题密切相关,国内相关研究成果涉及土司朝贡制度。一是中华民族形成研究提及明代土司朝贡,如崔明德在《中国民族关系思想的有关问题》中提到"大一统"与"因俗而治"等观念,关涉明代西南地区土司朝贡;谢国先在《试论明代西南地区土司多民族国家意识的象征》中认为贡物显示国家管理和土司忠诚。二是国家民族政策研究提及明代土司朝贡,如龙晓燕等在《中国西南民族关系史纲要》中站在国家构建和治理角度,在"民族政策"论述中专门探讨"明代朝贡制度";刘淑红在《论明代民族文教政策的主要内容和实践效果》中认为,中原文化惠及明代西南地区土司及其族裔。三是民族文化互动研究提及明代土司朝贡,如段超在《元至清初汉族与土家族文化互动探析》中认为,明代土家族土司朝贡促进族际互动和文化交流,利于多民族统一国家的稳定和发展。四是民族发展研究提及明代土司朝贡,如武沐《论明朝与藏区朝贡贸易》指出朝贡贸易在明代藏区具有政治独特性和不可替代性;余仙桥的《从土司朝贡论明代播州土司社会发展》一文以播州为个案,研究土司朝贡影响民族地区社会发展和文化变迁。五是民族法制研究提及明代土司朝贡,如李鸣《中国民族法制史论》在"民族法制"专门讨论土司贡赋,李平凡《论明代彝族土司的臣服与反抗》认为朝贡体现彝族土司对明朝的认同与悖逆状况。

上述已有研究成果为后续中国土司朝贡制度研究不仅储备了参考资料,提供了思路方法,而且拓展了广阔的学术视野。

4. 土司军事制度

土司制度是军事制度的前提和基础,军事制度是土司制度的根本与基石。② 在学界的研究中,大多将土司军事制度以"土司土兵制度"论

---

① 贾霄锋:《藏区土司制度研究》,青海人民出版社2010年版,第146—162页。
② 李良品:《土司时期西南地区土兵制度与军事战争研究》,重庆出版社2013年版,第1页。

之。元明清时期各地土司兵是一支非常重要而十分活跃的武装力量。作为土司麾下的武装力量，土兵既要服务于土司自身的统治，又要成为明清中央王朝军事力量的一个特殊组成部分。土兵在中国统一多民族国家的发展过程中，具有巩固国家政权、稳定社会治安、维护边疆稳定的作用，为明清时期统一多民族国家的巩固与发展作出过很大贡献。元明清时期中央政府规定的、各地土司具体实施的包括土兵军事组织体制、军事领导体制、兵役制度、军事教育训练制度、军饷制度、军事法规制度等制度合称为土司土兵制度。

第一，土司土兵研究。罗香林《狼兵狼田考》是第一篇专门研究土司土兵问题的论文，考证了狼兵与西南各省的关系、狼兵狼田的起源及狼兵的调用和狼兵的祸乱。[1] 凌纯声《中国边政之土司制度》中"卫所与土司"一节中对土兵问题也有论述。中华人民共和国成立后至20世纪末，无论是吴永章的《中国土司制度渊源与发展史》、王承尧的《土家族土司简史》，还是龚荫的《中国土司制度》，对土司土兵的组织和作用均有一定的介绍。其间，也不乏对土司土兵深入研究的专著、学位论文和学术论文。如果说20世纪的土兵研究主要集中在土兵的阶级性质、来源、种类、生活地域等内容，那么21世纪以来的专家学者们则分别以宏观、微观为视角从国家权力、社会组织、军事征调、民族关系等角度研究土兵，并运用历史学、民族学、军事学、文化学、历史人类学等学科理论重释土兵来源、族群与国家认同互动等问题。

第二，重要成果——《土司时期西南地区土兵制度与军事战争研究》[2]。该书是在广泛查阅历史学、民族学、民族史、地方府县志、地方军事志、家谱族谱等资料及系统掌握中国土司制度、军事制度的相关理论的基础上，把握西南地区土司时期土兵的内涵，厘清西南地区土兵的类型、特点与成因以及来源、性质与作用，揭示土司时期西南地区土兵制度的渊源、发展与消亡的过程，深入研究西南地区土兵的军事组织体制、军事领导体制、兵役制度、军事教育训练制度、军饷制度、军事法规制度等内容，探讨土司时期西南地区土兵的军事战争设施，厘清土

---

[1] 罗香林：《狼兵狼田考》，《广州学报》1937年第2期。
[2] 李良品：《土司时期西南地区土兵制度与军事战争研究》，重庆出版社2013年版。

司时期西南地区土兵参与御边战争和对内战争等军事战争，深入探讨西南地区土兵制度建设与军事战争的引发的相关思考。该专著不仅深化土司制度研究、充实西南地区民族史研究内容，而且进一步丰富和充实了军事制度理论。在研究过程中，主要运用历史学、民族学、政治学、军事学、文化学等多学科的理论和研究方法予以研究。这部专著除了土司土兵制度基本理论、土司土兵制度主要内容、土司土兵军事战争、土司土兵制度与军事战争的启示等内容，还收集整理了西南地区土兵制度与军事战争的相关史料，并从各朝正史、典章制度、纪事本末、史书兵书、官吏奏疏、地方志书与笔记文集等各种文献中爬梳出来，具有很高的史料价值、学术价值和应用价值。该书的地域范围为西南、中南地区的土司土兵，仅缺少西北土司土兵制度的相关研究。从内容看，既有土司土兵制度发展史的内容，也不乏土司土兵相关具体制度的研究。

5. 土司法律制度

元明清时期国家成文的土司法律制度是由朝廷制定、经皇帝批准后颁行全国实施的制度，通过《至元新格》《大元通制》《明会典》《大清会典》《礼部志稿》《钦定三部则例》《大清会典事例》和《钦定大清会典则例》等制度的颁行，对各地土司的职衔、承袭、铨选、征调、贡赋、抚恤、考核、赏罚、升迁、裁革、安插等具体规定，由此构成了土司法律制度。这些法律制度一般包括中央王朝的诰、敕、律、例、令、条例、则例、会典、条格等形式。清朝还颁布了用于土司地区专有的单行法律，如《苗例》《番律》等。土司法律制度具有普遍的效力，并且系统化，形成了一个结构有序、较为完整的制度体系，对各地土司起着法律管控的作用。

第一，土司法律制度研究的缺失。土司法律制度虽然是土司制度体系中重要组成部分，但土司法律制度研究却被土司制度研究所遮蔽。土司法律制度自土司制度形成之后，皇权下国家法律制度与土司法律制度始终并存，对土司社会秩序构建与稳定起到了一定的作用。然而，土司社会是以少数民族为主体构成元素的群体，这就导致土司法律制度不仅存在地区差异，而且存在空间差别，以至于土司法律制度作为研究对象不可避免地发生"独自体"症状。从现有涉及土司法律制度的研究看，20世纪90年代前，基于土司法律制度的论文仅有一篇。可以说，土司法律制度并未进入土司制度研究的学术视野。直到 20 世纪 90 年代，土司制度下"准法律制度"才进入研究视域（1997）。此后，土司法律制度和土司成文法和土司地区习惯法才作为制度的概括性概念被研究者运用，土司法律制度作为纯粹的法律意义上的制度形态至今未成为研究对象。研究土司法律制度只有以法律制度的历史完整性为基础，才能实现法律制度在土司制度研究中科学性、历时性与共时性三维空间的共存。

第二，土司法律制度的制定与实施。武沐等认为，清代对于甘青土司法律层面治理的研究有两个方面，一是制定包括土司的承袭与请封、针对土司的处罚条例、针对土司的奖励与议叙、大计、议恤、朝觐等法律条文；二是针对甘青土司的法律特点，在制定比明朝更详尽、更宽泛、更严厉、更具有灵活性的法律的基础上，制定了更加体现主流社会价值的土司法律规定。① 戴小冬认为，元明清时期，中央政府方面的土司法律制度具有政治性，即国家采取"土流参治"的举措，中央制定的有关法律直接对流官、武官和较高官职的土官进行规制，以维护土司地区的社会稳定，促进了土司社会的繁荣昌盛。②

第三，土司法律制度与法律控制。近十年来，学界开始关注土司法律制度与法律控制的问题。在宏观层面，葛天博认为，土司承袭制度是土司制度体系中重要的组成部分，清政府运用承袭制度不仅实现了规范土司权力延续的稳定性，而且经由承袭资格、承袭程序与承袭惩罚制度体系的法律化，辅之以文化教化和流官责任的严肃惩戒，达到了清王朝通过承袭制度控制土司权力的政治目的。清代土司承袭权力逐渐被弱化，直至被剥夺，为流官全面进入土司地区、实施地方治理奠定了坚实的社会基础，改土归流的实施最终成就了国家统一的政治策略。③ 在微观层面，杨华双结合川、甘、青、滇藏区实际，认为藏区土司制度的法律调控不仅对藏族习惯法的成文化以及多元一体化产生了促进作用，而且对

---

① 武沐、易剑文：《清代对于甘青土司法律层面的治理》，《贵州大学学报》（社会科学版）2017 年第 2 期。
② 戴小冬：《老司城土司时期法律制度初探》，《怀化学院学报》2018 年第 3 期。
③ 葛天博：《清代土司承袭的国家法律控制》，《三峡论坛》（三峡文学·理论版）2017 年第 2 期。

国家法与藏族习惯法的交流沟通也具有促进作用。① 曾浩在其硕士学位论文中以云南武定土司为个案,以云南武定境内土司档案为基础,结合《钦定大清会典事例》《钦定吏部则例》《钦定兵部则例》《清实录》等中央王朝的史料,对清代控制土司的法律措施进行深入研究,既从国家法层面上归纳清代控制土司的法律措施,又运用地方土司档案加以印证,探讨这些措施的实效。作者认为,清政府控制土司主要以承袭、奖惩、司法、统治疆域等法律措施予以控制武定土司,其目的在于不断削弱土司实权,注重法制统一,促进民族融合。葛天博在《清代四川宁远地区土司权力的国家法律调控研究》中认为,清朝通过土司承袭制度法律化,治安责任刑罚化和土司地区律例适用的统一,采用权利义务不对等的责任分配,最终达到土司权力逐渐被弱化直至被剥夺的政治目的,并在土司地区建立中央权威,利用国家法律内在的正义有效地调控了宁远地区土司手中的权力。法制统一象征着国家权力在土司地区的全面介入,辅助贯彻清朝改土归流的民族政策,完成了土司权力从"王权"的安抚到"皇权"的天下一统。②

6. 土司教育制度

1994 年之前,学界基本上没有涉足土司时期的教育问题,段超先生的《试论土司时期土家族地区教育的发展》是这方面的开山之作。前几年,相继有黄雪梅《莫氏袭官与忻城土县的教育文化——广西忻城土司秘史之三》、湛玉书和李良品《乌江流域土家族地区土司时期教育的类型、特点及影响》等论文问世。近年来,土司教育制度方面的研究越来越受到学界的重视,归纳起来,主要有以下几个方面的内容。

第一,国家规定的土司地区儒学教育。儒学教育是指根据中央王朝政府政策法令办理的、以统治王朝官方意识形态的儒学教条为内容的各级教育。在土司地区,儒学教育成为中央王朝参与、教化和管理土司阶层,施行文化控制的主要工具。贾霄锋认为,藏族的历史特性造就了藏

---

① 杨华双:《土司制度下藏族传统社会秩序的法律调控分析——以川、甘、青、滇地区为例》,《西南民族大学学报》(人文社会科学版) 2013 年第 8 期。

② 葛天博:《清代四川宁远地区土司权力的国家法律调控研究》,《湖北民族学院学报》(哲学社会科学版) 2017 年第 4 期。

区的教育传统主要是寺院教育，但在和内地交往过程中，明清中央王朝为了强化对土司地区的统治，采取的一个重要举措就是推行儒学教育。从中央王朝推行的教育措施、教育类型、教育特点等方面看，明清时期藏族土司地区的儒学教育都得到较好的发展，并逐渐形成了比较完备的教学体系。① 彭寿清和李良品指出，明代土司地区儒学教育在官学、书院、社学等三方面得到长足发展，其缘由有三：中央王朝极力推行、地方官吏积极配合和各地土司主动创办。明代土司地区儒学教育的发展，对当地社会稳定、教育发展、文化传播产生了巨大的历史作用。② 苍铭曾以《钦定学政全书》中《土苗事例》和《义学事例》两卷文献为基础，结合《清实录》《清史稿》及地方志记述，阐述了清前期西南土司、土民的教育政策及形成原因。清前期在西南边疆推行了鼓励土司、土民学习汉文化和科举入仕的教化政策，在具体措施上采取了兴办义学、单列招生名额、另编试卷字号考试等手段，为西南边疆民族融入主流社会提供了制度保障。③

第二，土司地区的教育与科举。贺晓燕认为，清代针对土司制定的教育、科举条例，是清政府在土司地区推行这一政策中的重要内容，是根据土司制度的特点而制定的，主要体现在两个方面：一是积极为土司子弟入学习礼创造条件，使他们在接受教育上享有与土民不同的特权；二是准许土司及其子弟参加乡试，体现了清政府政策的灵活性。④ 李世愉认为，清朝在西南设有土司的省份积极推行科举制度，同时给予了政策上的优惠，表现在：童试中，对少数民族子弟入学给予特殊照顾，并保证他们的入学名额不被挤占。乡试中，给予土司应试资格，并从"鼓舞宜亟"的宗旨出发，分配云南、贵州、广西等"小省"的乡试中额，为改土归流后的某些地区专门设有录取名额。会试，则采取分省取士的方

---

① 贾霄锋：《藏族土司地区的儒学教育研究》，《重庆工学院学报》（社会科学版）2008 年第 10 期。

② 彭寿清、李良品：《论明代土司地区的儒学教育》，《西南民族大学学报》（人文社会科学版）2015 年第 3 期。

③ 苍铭：《从〈钦定学政全书〉看清前期西南土司土民教育政策》，《民族教育研究》2015 年第 2 期。

④ 贺晓燕：《清代土司教育、科举制度述略》，《遵义师范学院学报》2015 年第 4 期。

式,确保云南、贵州、广西等地每科都有录取的进士,达到"广收人才"的目的。清政府的这一做法,对发展土司地区的教育,进而促进民族凝聚起到了重要作用。①

(五) 国外学者对中国土司制度的相关研究

元明清时期实施的土司制度是中央王朝对土司地区进行有效管理,且制定了一整套管理土司的规范的条文,它与西方列强所从事的海外殖民活动有本质的区别。土司制度是中央王朝为维护中国领土的完整、维系边疆的稳定,以及促进中原地区与少数民族地区交流交往交融,因地、因俗而建构的一套职官体制,土司还必须履行守疆土、奉征调、缴贡赋。而一些西方学者或者从欧美回国的学者将土司制度与西方列强所从事的海外殖民活动做简单的类比,这是当代西方的一种学术思潮,其目的在于为国外的反华势力制造借口。为此,从事中国土司制度研究的专家学者应保持清醒的头脑。总的来讲,国外学者对中国土司制度的相关研究主要体现在两个方面。

1. 宏观的土司制度研究

日本学者对中国土司制度关注较早,20世纪60年代中期,白鸟芳郎的《西南中国诸土司的民族系谱》一文载于《石田英一郎教授还历记念论文集》中,这是日本学者研究中国土司制度最早的论文之一;1965年,冈野昌子和守屋美都雄的《明代土司制度研究笔记》,被载入《中国大陆古文化研究》第一集;1967年,冈野昌子《明代土司制度考》被载入《待兼山论丛》创刊号。1970年,大林太郎《中国边班土司制度的民族学考察》被载入《民族学研究》第35卷第2号。

研究广西土司制度用力最多的谷口房男,于1996年先后发表了《土司制度之我见》《土司制度诸概念》等论文专门研究我国土司制度问题。进入21世纪后,美国学者十分关注中国土司制度,如美国约翰·E.赫尔曼认为,土司制度是中央王朝次一级的地方政府制度,其根本目的在于"汉族政府的统治能在名义上扩展到北京以外的非汉族民族地区中去"。②

---

① 李世愉:《清朝在土司地区推行科举制度述略》,《青海民族研究》2016年第4期。
② [美]约翰·E.赫尔曼、田明新:《西南地区的土司制度及清代早期对其进行改革的原因》,《贵州民族研究》2001年第1期。

美国弗吉尼亚联合大学历史系副教授 John E. Herman 于 2007 年发表的《帝国势力深入西南：清初对土司制度的改革》是一篇关于中国西南土司制度的文章。该文以不同的视角和思维方式对清政府加强西南土司制度的改革进行了研究，提出了不少有价值的观点，对国内土司学研究具有很好的借鉴意义。但作者将清政府向西南的推进定性为殖民统治，这实际上是带有西方学者思维观念中既定的偏见和惯性。

澳大利亚墨尔本大学亚洲语言与社会研究所名誉高级研究员詹妮弗·托克在《中国西南地区的部族首领》（2013）一书中以广西大新县境内的安平李氏土司为切入点，经过长时间研究后得出土司制度源于唐代设置的羁縻州制、土司制度是中央政权实施的一种务实的政治策略、土地是奠定土司社会经济和政治权力的基石、维持边疆地区稳定是土司对中央政权履行的首要或者基本义务、现有土司制度研究存在一定局限性等基本观点。遵义师范学院陈季君教授和美国北卡罗莱州格林斯伯勒州立大学安齐毅（JamesAnderson）教授联合署名发表论文，并借鉴西方学者对文化主义关于中国族群和民族共融的观点，从另一个视角对中国土司地区的文化认同与民族融合进行了阐述。作者认为，明清中央政府在西南地区推行的土司制度，将原属"化外"的民族纳入了中央政府的行政管理体系内，促进了民族融合。这种对土司制度的客观评价是值得我们重视的。①

2. 立足广西土司问题研究

广西土司制度的历史存在，在 20 世纪 60 年代就引起日本学者的高度关注，如河源正博《侬智高叛乱与交趾》（1959）、小川博《宋代侬智高的事迹》（1965）、冈田宏二《从民族系谱看华南的构成——以湖广、广西诸土司为中心》（1968）等论文相继问世。改革开放之后，日本学者对广西少数民族及土司制度的研究用力甚勤，成果颇丰。如神田正雄所著《广西的土司》（1982）一书，从土司的起源、承袭、权力、税收、家庭、刑罚，土官的职名、组织、土司间关系、广西的土司、土司统治下壮族的汉化、岑氏土官的功绩等诸方面对广西土司作了较为全面的论述，具有一定的参考

---

① 陈季君、安齐毅：《西方学术视野下土司地区的民族融合》，《遵义师范学院学报》2017年第 6 期。

价值。谷口房男不仅出版《壮族土官族谱集成》(与白耀天合著，1998）一书，而且还发表了《关于明代广西的土巡检司》(1980)、《嘉靖海寇扫荡与瓦氏夫人》(1983)、《思恩、田州叛乱始末记——明代中期广西右江流域土官土目叛乱与改土归流》(1984)、《广西土司制度一瞥——以忻城土司衙门为中心》(1992)、《广西土司制度考察》(1994)、《广西土司制度研究文献目录》(1996)、《广西发现的土官印考》(1997)、《广西土官的族谱及其相关材料》(1998) 等论文；冈田宏二《关于侬智高叛乱的几个问题》(1979)、野崎刚氏《论广西土司与土目——以族谱为中心》(1988)、冢田诚之《关于明清时代壮族土官接受汉文化的问题——明清时代壮族史研（五）》(1993)、菊池秀明《明清时期广西壮族土官的"汉化"和科举》(1994) 等论文也相继发表，这些论文的内容涉及民族社会与经济、民族迁徙、少数民族的反抗斗争、土司制度发展演变、土官的民族成分、土巡检司、土司兵制、土官的"汉化"、土官印等内容。此外，美国学者波罗研究广西土司，其研究时间从宋代一直到明朝，属广西土司制度宏观研究；哈佛大学教授约翰·赫尔曼也撰写并发表有关改土归流的论文。在田野调查方面，美国普林斯顿大学东亚系单国械博士曾于1994年4月到广西田阳县博物馆进行学术访问，参观田州、奉议州衙门遗址及瓦氏夫人墓等，并进行田州土司研究学术交流。

（六）相关代表性成果的主要成绩及评述

1. 相关代表性成果的主要成绩

在110多年的中国土司制度及土司相关问题研究过程中，不仅形成了一定的研究团队、固定的研究方向、相对稳定的研究内容、持续不断的研究成果，而且学术界在土司制度的宏观、微观及断代方面均取得了很大成就，对相关问题达成了共识。

第一，中国土司制度的宏观研究。余贻泽的《中国土司制度》是我国第一部系统研究中国土司制度的专著。该书考察了土司制度的起源、明清两代土司的世系、辖地、属民、朝贡、改土归流、现存土司状况、各省对土司的态度等，并总结了明清两代土司政策的利弊得失。作者的研究涵盖全国土司，在厘清制度的内容及其沿革方面堪称当时的代表作。[①] 吴永章

[①] 余贻泽：《中国土司制度》，正中书局1944年版。

的《中国土司制度渊源与发展史》是以"中国土司制度"冠名的第二部专著,实际上是一部中国南方民族政策史,作者从秦代以后历代中央王朝对南方民族的施政方针说明土司制度的渊源,论述土司制度发展及衰微的过程,并对土司制度下的贡赋、人口、兵役、土地制度及文化政策等进行了深入细致的探讨。该书发展了余贻泽的"史述"传统,更系统地提出了中国土司制度的相关理论。① 龚荫先生的《中国土司制度》和《中国土司制度史》,不仅是他倾毕生精力之著述,而且是他在资料爬梳和整理方面用力较多的著作,无疑是中国土司制度研究的扛鼎之作。这两部(套)书从总体上提出了中国土司制度的相关理论及一些具体概念,既有"存史"和"资政"的价值,也有"古为今用"的作用。但该专著在土司制度发展的历史、土司制度实施的地域方面有"泛化"倾向。② 成臻铭教授《清代土司制度研究——一种政治文化的历史人类学观察》(2008),从一个观点、两个目标、三个层面、四个视角、五个领域来研究清代土司制度,大大推进了土司志与中国土司制度史的整合研究,使土司学的创建成为可能。③ 李良品、彭福荣、莫代山等领衔已出版《中国土司制度与土司文化研究年度发展报告》6部,主要是基于进一步促进"中国土司学"的构建以及土司文化的保护与利用,因此,出版年度发展报告,主要是以土司研究年度发展报告、中国土司制度与土司文化研究年度论文、年度大事、年度研究成果目录等栏目反映报告期内中国土司制度与土司文化在"土司学"基本理论与方法、中国土司制度、改土归流、土司文化、土司遗址申遗地、土司个案诸方面研究的主要新成果和新进展,并探讨中国土司制度与土司文化研究方面可能存在的问题以及进一步发展的方向。④ 李良品的专著《中国土司学导论》以"国家治理"为学科建构理念,不仅在于促进土司制度、土司文化、土司现象等方面

---

① 吴永章:《中国土司制度渊源与发展史》,四川民族出版社1988年版。
② 龚荫:《中国土司制度》,云南民族出版社1992年版;《中国土司制度史》,四川人民出版社2012年版。
③ 成臻铭:《清代土司制度研究——一种政治文化的历史人类学观察》,中国社会科学出版社2008年版。
④ 李良品、彭福荣、莫代山:《中国土司制度与土司文化研究发展报告(1908—2012)》,群言出版社2015年版。

的研究走向深入和系统,使土司制度、土司文化、土司现象等研究综合化和理论化,而且在于提高和丰富土司研究者对元明清时期土司制度及土司现象的认识和理解,为当前在民族地区、边疆地区推进国家治理现代化以及民族区域自治提供有益借鉴与智力支持。①

第二,中国土司制度的微观研究。一是以某一区域或省市的土司制度为研究对象,如高士荣的《西北土司制度研究》一书较全面地论述了西北土司制度的起源、形成、发展和衰落的历史,并着重分析了各个时期土司制度设置的原因、特点和作用。② 成臻铭《土司制度与西南边疆治理研究》重点探讨土司制度推行过程中元明清中央政府对西南边疆的治理,既对我国处理西南边疆地区因土司制度所引发的边疆跨国民族关系、边疆民族社会发展、我国西南疆域的变动、边疆政治安全与稳定的成功经验与失败教训进行了总结,也指出了土司制度在西南边疆安全稳定方面所暴露的政治文化问题。③ 粟冠昌《广西土司制度研究》(2000)、郑超雄《土州土治——土司制度面面观》(2009)、蓝武《从设土到改流——元明时期广西土司制度研究》(2011)、魏长青《甘肃卓尼土司制度研究》(2016)等著述,也属于这一类。二是以某一民族的土司制度为研究对象,黄家信的《壮族地区土司制度与改土归流研究》探讨了中央政权在壮族地区实行的羁縻制度、壮族地区土司制度的建立及演变、明代壮族地区的改土归流、清代壮族地区的改土归流、民国时期壮族地区改土归流的完成等内容,主要研究了壮族地区的土司制度和改土归流的历程。④ 贾霄锋的《藏区土司制度研究》,通过对这一制度在藏区形成的历史渊源、地域分布、基本内容和社会经济形态及其相应文化的回应与变迁等方面的考察,厘清了藏区土司政治体制构造的基本原则与行政模式,从而指出:藏区土司制度的本质是"传统治边政治思想在封建时代的终极体现"。作者从藏区土司复杂多变的政治环境出发,以土司政治为核心解析藏区制度的外延,并举例分析说明了藏区土司制度独特的个体

---

① 李良品:《中国土司学导论》,中国社会科学出版社2018年版。
② 高士荣:《西北土司制度研究》,民族出版社1999年版。
③ 成臻铭:《土司制度与西南边疆治理研究》,社会科学文献出版社2016年版。
④ 黄家信:《壮族地区土司制度与改土归流研究》,合肥工业大学出版社2007年版。

化和复杂多样的地域化形态。① 此外，谈其所的《壮族土司制度》（1995）、马菁林的《清末川边藏区改土归流考》（2004）等专著也属于此类。

第三，中国土司制度的断代研究。中国香港硕士研究生黄开华撰写的《明代土司制度设施与西南开发》（1959），主要探讨明代中央王朝在西南地区实施土司制度与政策的情况。作者认为，土司制度是奠定开发西南少数民族的基础。此文资料丰富、用功很深，是目前研究有关问题最为详尽的著作。李世愉先生的《清代土司制度论考》是中国土司制度断代研究的杰作，该书主要阐述土司制度在清代走向衰落的原因、过程、具体表现、特点以及这种衰落对西南边疆地区治理所产生的影响。该书创新了我国土司制度研究的新理论与新方法，并将研究层面推进到土司与家族村社之间。②

第四，中国土司制度研究的共识。近十年来，中国土司制度研究在以下几个方面基本达成了共识：一是中国土司制度的性质和基本特点，一般认为土司制度是元明清中央王朝的重要创造。这一政治制度的重要意义，在于封建王朝以较宽松、灵活的统治形式，与边疆少数民族建立"命运共同体""利益共同体"的关系，并通过国家治理的多项举措和中央政府与地方土司政权彼此联系的逐渐加强，最终确立并巩固了西南地区的历史疆域。土司制度在元明清时期获得成功，提供了以"一国多制"形式解决边疆问题的成功范例。二是在土司制度的起止时段方面，学界认为土司制度形成于元朝，完善于明清两代，清朝通过实行改土归流，对土司制度进行重大的改革和调整，土司制度也逐渐走向衰落，并在清末得以终结。三是运用多学科理论研究中国土司制度。多数学者认为，土司制度研究应在历史学本位下，充分运用民族学、政治学、哲学、经济学、法学、教育学、文学、军事学、管理学等学科的理论与方法进行交叉、融合研究。

2. 相关研究成果述评

110 多年土司制度及国家治理研究虽取得了一定成就，但与其他制度

---

① 贾霄锋：《藏区土司制度研究》，青海人民出版社 2010 年版。
② 李世愉：《清代土司制度论考》，中国社会科学出版社 1998 年版。

相比起步较晚，涉及制度层面的研究还有待深入，土司制度的国家治理存在诸多空白，其明显不足有四：

第一，土司制度基本理论研究存在着不少问题。虽然很多专家学者指出，土司制度研究和土司问题研究应避免设置时间的泛化和空间的扩大化。目前研究中仍然存在将设置时间无限拉长和土司分布的空间无限延伸。在时间上，有的学者将土司制度的下限定为中华人民共和国成立之后的1956年；在空间上，有学者将东北的卫所制度、内蒙古的盟旗制度、新疆的伯克制度等也纳入土司制度之中，认为土司设置时间的拉长和土司分布空间的延伸有助于拓展研究领域；有学者认为，研究土司制度似乎可以取代对历代边疆政策的研究。还有学者提出，现在的民族区域自治政策就是元明清时期土司制度的延续和发展。如龚荫先生的《中国土司制度史》（2012），基本上是《中国土司制度》（1992）的扩展版。该书不仅沿袭土司设置时间无限拉长的做法，而且把东北少数民族地区（奴儿干地域）设置的羁縻卫所也列入土司，这些观点值得商榷。成臻铭的《土司制度与西南边疆治理研究》（2016），也是将秦汉至宋代推行的羁縻政策统统归入土司制度进行研究的现象。这些观点或许在理论上或者基本史实上有商榷的空间。我们认为，如果把实施土司制度的时间无限拉长、把土司分布的空间无限延伸，这既无可靠的历史依据，也将导致土司研究混象丛生。元明清时期土司设置的时间和空间范围应该明确，具体来讲，我国土司制度源于唐宋时期（特别是宋末）的羁縻制度，形成的时间应该定位在元代，兴盛于明代，衰落于清中期，终结于清朝灭亡之时，土司现象残存于民国时期；土司设置的空间范围应以《明史》《清史稿》和《皇朝通典》所列的为准——元明清时期土司的空间分布为湖广、四川、云南、贵州、广西、甘肃。

第二，土司制度的差异性研究不够。土司制度实施过程中的民族政策是"因俗而治"，其精髓在于因时空不同、民族不同、地理环境不同而采取不同的管理制度。也就是说，元明清中央政府管理各地土司的制度多种多样，有一个不断发展和完善的过程。首先是不同时段的差异性。如元代，从羁縻制度走向土官制度，国家治理土司地区的实质是实现国家的"大一统"，核心成分仍然是羁縻，这就逐渐形成了影响少数民族地区历史发展几百年的土司制度。明代是土司制度比较成熟和完善的朝代，也是土司制度最兴盛的朝代，明代在治理土司地区过程中，通过土司朝贡、土兵征调、土司兴学办教等形式，加强了土司地区的少数民族与汉族以及少数民族之间的交往交流交融，各民族不仅传播汉文化，国家认同和文化认同意识加强，而且注重开疆拓土，使中华民族共同体的"形塑"逐渐推进。清代的土司制度发展到巅峰，但随着清王朝的国力增强以及雍正年间大规模改土归流的施行，土司制度逐渐走向衰落。清代中后期虽然在云南、川西以及川西等地区存在一定数量的土司，但其实力、影响与明代不可同日而语。在这一过程中，中华民族共同体的"形塑"进一步推进。其次是行政制度的差异性。在宏观行政制度方面，虽然元明清时期在土司地区都实施土司制度，但又有一定区别，如藏族地区主要是政教合一制，白族、罗罗族（彝族）、傣族、僮族、土家族、苗族、水族、布依族等族是土官土司制，景颇族则实施的是山官制等。即便是同一民族，土司制度也不尽一致，如藏族地区的土司制度，除政教合一土司制外，还有政教联合管理制、土千户土百户制、土屯结合管理制、土流并存管理制等。

第三，各类专项制度研究欠缺。从前面分析可见，迄今为止，中国土司制度研究或停留在中央政府规定的土司制度层面，或局限于宏观的、泛泛的土司制度和改土归流的层面，而各地土司如何具体执行中央政府规定的土司职官制度、承袭制度、贡赋制度、法律制度、军事制度、文教礼仪制度等各类专项制度的研究却较为欠缺。一是专项制度存在诸多空白。我们认为，百余年土司制度研究虽取得了一定成就，但土司职官制度、承袭制度、贡赋制度、奖惩制度、军事制度、文教礼仪制度等各类专项制度的研究还存在诸多学术空白和可突破的空间。仅以土司承袭制度的研究为例，其明显不足很多，诸如对土司承袭制度实施过程中元明清中央政府与土司之间的互动、博弈等内容揭示不多；土司承袭制度本身的研究尚存在诸如新近承袭土司的程序、土司袭职的手续、土司承袭制度的运行、土司承袭制度的弊端、中央政府对土司从承袭制度方面的驾驭与控制等学术空白；对元明清三朝实施土司承袭制度与国家有效管理土司在预期目标、治策设计与施行效果诸方面存在的动态性和差异性探讨不够。二是专项制度存在诸多差异。虽然中国土司制度在发展过程中包括设置、职官、职衔、隶属、信物、授职、承袭、升迁、惩罚、宽贷、朝贡、纳赋、征调、文教等的共性内容，但因朝代不同，制度不尽一致。如在建立和完善制度方面，元代主要包括承袭、升迁、惩处、贡赋及土兵等制度，明代则增加了宽贷、文教及礼仪等制度，清代则更加完善，增加了抚恤、安插、分袭、年班、限权及禁例等制度。在中央政府颁发给各地土司信物方面，元代赐给的信物有诰敕、印章、虎符、驿传玺书、金（银）字圆符等；明代中央政府赐给的信物主要有诰敕、印章、冠带、符牌，没有虎符、驿传玺书、金（银）字圆符等；清代中央政府赐给各地土司的信物有诰命、敕命、印信、号纸，省去了冠带、符牌等信物。因此，土司专项制度的研究应该在探讨其共性内容的基础上，主要深入研究专项制度在不同时段、不同地区、不同民族以及在预期目标、治策设计、实行措施、实践效果等方面的差异性比较。这些无疑是本书中可突破的空间。

第四，土司制度与国家治理研究的空白较多、空间很大。土司制度是元明清王朝治理云南、贵州、广西、四川、湖广、甘肃、青海等地边远少数民族地区所推行的一种非常重要的特殊的政治制度，研究过程中必须突出国家治理的因素。一是土司制度与国家治理研究存在诸多空白。在过往的研究中，或对土司制度下国家统一与地方自治，中央与土司地区之间的互动、调适、博弈等内容揭示不多，或者对元明清三朝实施土司制度与国家有效管理土司在预期目标、治策设计与施行效果诸方面的动态性和差异性探讨不够；或对清代大规模改土归流视为一个整体进行综合性、比较性研究较为欠缺。二是土司制度与国家治理研究可突破的空间很大。（1）可以深入探讨中国土司制度与国家治理等相关理论及相互关系，诸如国家治理土司地区的基本认知、国家治理理论以及土司制度与羁縻制度、土司制度与郡县制度、国家统一与地方自治的关系。（2）以"统一多民族国家"为视角，以"国家治理"理论为基础，探讨土司制度的沿革、发展、嬗变与消亡，如中国土司制度实施过程中在预期目标、治策设计与施行效果诸方面的时空动态变化。（3）以国家治理为切入点，深入研究土司制度实施中的国家治理体系和国家治理能力，总结与探究元明清三朝在西南、中南及西北等民族地区实施土司制度的政策、方略、规律、特点、措施、结果、得失及影响。

造成上述问题的原因，除受学科限制及理论理解偏差之外，更重要的一点是研究者所掌握的各种史料有限,特别是研究土司制度与国家治理的基本史料明显不足。鉴于此,我们组织全国一批学术功底深厚、学术视野开阔和研究方法新颖的强大团队来研究本课题,这对深化中国土司制度的研究不仅非常必要,而且也是时代赋予的历史使命和社会责任。

二 本书研究的意义和价值

土司制度是一种"齐政修教""因俗而治"的政治制度,是元明清王朝在国家治理观念下逐渐实现国家统一与地方自治的地方行政管理制度。土司制度既是地方行政管理制度,又是中央政府的官制体系。土司制度的形成、建立、兴盛、衰落和终结是一个漫长的过程。它由唐宋时期的羁縻制度演化而来,是羁縻制度随着历史进步发展而形成的。中国土司制度的形成、建立、兴盛,不仅与土司地区悠久的发展历史、纷繁的社会结构、多彩的民族文化有密切联系,也与元明清时期的土司地区的形势有重大关系。我们认为,通过深入研究,一定会在学术理论上有突破、对现实应用有价值、对社会发展有意义。

(一)选题的社会意义

本书的研究,将为推动制度史、民族史、边疆史和政治学等学科的研究提供具有一定价值的基础性研究成果,对促进边疆民族地区的建设和发展、增进民族团结、建设统一多民族国家,具有十分重要的社会意义和深远影响。

1. 能够为"多元一体"理念下的"中华民族共同体"形成、"统一多民族国家"的"国家治理"正确处理国家统一与地方自治、内地与边疆、汉族与少数民族等多重关系提供丰富的资源。

土司制度中最根本、最核心的问题是土司权力问题,而土司权力问题的核心又集中体现在土司权力结构,因为它是土司权力系统中各种构成要素、内部权力组织、上下层级之间构成的一种相互关系,特别是元明清中央王朝与各地土司之间的关系尤为重要。历史时期的各地土司,作为土司地区的制度权力最高拥有者,他们一方面借助"王权"达到稳固自身权力的目的,另一方面又以权力系统及象征方式融入自身辖区基层社会权力的网络中。元明清中央政府在土司地区"统一多民族国家"的"国家治理"过程中,其核心在于正确处理中央政府与地方土司之间的关系，共同打造共建共治的社会治理格局。因此，"多制行政"不仅是元明清中央政府治理土司地区的制度设计和制度安排，而且是我国"统一多民族国家"的制度选择，是正确处理中央与地方关系的一把钥匙。因此，本书不仅可以从元明清统治者处理中央与地方土司的政治权力关系中汲取养分，而且为"多元一体"理念下的"中华民族共同体"形成、"统一多民族国家"的"国家治理"正确处理国家统一与地方自治、内地与边疆、汉族与少数民族等多重关系提供丰富的资源，这些养分与资源有助于当今实现社会和谐稳定、国家长治久安，推进国家治理体系和治理能力的现代化，拓宽我党执政能力，维护边疆地区稳定，促进民族地区社会经济发展。

2. 有利于弘扬少数民族爱国主义精神，提升中华各民族共创中华的国家认同意识。

西南、中南和西北少数民族国家认同的典型案例和事件，数量、类型多样，诸如永顺彭氏土司、容美田氏土司、石砫马氏土司、酉阳冉氏土司、秀山杨氏土司、水东宋氏土司、水西安氏土司、田州岑氏土司、丽江木氏土司、耿马罕氏土司、梁河刀氏土司等土司，他们在谨守疆土、平定叛乱、北上勤王、东南抗倭、西南保卫疆土和保家卫国中都作出过不懈的努力和巨大的贡献，甚至是巨大的牺牲，各地土司在长达六百年之久的典型案例和保家卫国事件，有利于对外、对内讲好"统一多民族国家"发展的好故事和"各民族手足相亲、守望相助的好故事"，有助于弘扬爱国主义和民族团结精神，回应西方社会对"统一多民族国家"长期存续与发展的质疑。

3. 有利于各级政府部门汲取历史智慧，进一步完善少数民族相关的制度法规。

本书主要研究元明清时期西南、中南和西北少数民族地区实施的土司制度发展历程以及蕴含的职官制度、承袭制度、贡赋制度、军事制度、文教礼仪制度等内容，总结元明清中央王朝经略土司地区的基本规律，有利于各级政府部门汲取西南、中南和西北少数民族国家认同和民族团结的历史智慧，吸收王朝国家时期"制度治理"的发展经验，有利于完善当今与少数民族相关的制度法规和民族政策。同时，元明清时期中央王朝在土司制度实施过程中"齐政修教""因俗而治"处理民族关系的智慧与经验，也在我们当前的民族区域自治制度和民族政策法规中得到体现。

（二）选题的学术价值

对中国土司制度形成、建立、兴盛、衰落和终结等历史进程的阐释、总结与归纳，有利于充实和丰富"中华民族共同体"理论和"国家治理"理论。

中华民族共同体建设从"自在"时期发展到"自觉"阶段，元明清实施土司制度功不可没。元明清三代中央政府推行土司制度，通过土司朝贡、土兵征调、土司兴学办教、传播汉文化等形式，促使土司地区各民族在朝贡、征调、文化传播、贸易以及碰撞、冲突甚至兵戎相见后，交往范围不断扩大，融合程度不断加深，形成了与汉族及其他少数民族交融一体、繁荣一体的自在的中华民族共同体。过往的专家学者对土司制度推进中华民族共同体的"形塑"和形成的问题关注极少。

众所周知，中国土司制度的发展历程充分体现元明清统治阶级的"国家治理"因素。"国家治理"是元明清中央政府在少数民族地区实施土司制度的主要方式，这一方式虽然有一个从模糊到清晰的过程，但在土司制度实施的历史长河中，元明清统治者无不把国家治理作为主要方式和具体任务。鉴于此，本书将中华民族共同体理论、国家治理理论相结合，以土司制度的发展历程和各专项制度为基本事实，对元明清时期的土司制度进行历史的考察，厘清中国土司制度与国家治理概念的内涵与特点，并对中华民族共同体构建理论、国家治理理论进行科学全面的论述。

本书将历史事实与概念内涵、观点辨析、理论探讨紧密结合，避免人云亦云的空谈、玄谈。元明清三代统治者具有"天下观"和"一统观"，这不仅为保持国家领土主权的完整、推进中华民族共同体的形成作出巨大努力，而且为建设与完善多制行政（即一国多制）、加强国家治理取得重大成效。元明清中央政府在对土司地区进行国家治理过程中的顶层设计、监督执行、统治手段、达成目标等举措为国家权力在土司地区的深入奠定了坚实的基础。本书的研究，既是对中国土司制度研究的深化，又是对我党加强民族地区国家治理的深入探索，更是对国家治理体系与治理能力相关理论的充实与完善，具有突出的学术价值。

(三) 选题的应用价值

当前我国政治稳定、经济发展、社会和谐、民族团结，同世界上一些国家和地区相比，总体发展向好。党的十八届三中全会把推进国家治理体系和治理能力现代化确立为全面深化改革的总目标。处在中国特色社会主义的新时代，对中国土司制度与国家治理的问题进行深入研究，有利于讲好"统一多民族国家"的好故事。当前，在国际国内民族分裂、民族独立势力甚嚣尘上、民族团结面临新情况新问题的背景下撰写本专著，我们该如何认识和思考中华民族多元一体的历史形成？如何论述和阐释中华各民族共同创建了共有精神家园？我们翻开中国历史的厚重之"书"，沿着历史发展轨迹，发现元明清时期在西南、中南及西北地区实施的土司制度给我们提供的客观事实与历史经验，是解决现今民族关系的一把可用钥匙。从西南、中南及西北少数民族的历史反映了具有高度的国家认同政治立场和维护民族团结的历史事实。《中国土司制度与国家治理研究》是在西南、中南及西北少数民族国家认同与民族团结前提下撰写的专著，就是要把元明清时期西南、中南及西北少数民族在土司制度实施过程中如何促进"统一多民族国家"定型的历史事实叙述出来，为今天建设统一多民族国家的大发展大繁荣提供历史支撑、历史证据与历史借鉴。中国和平崛起并非一帆风顺，一些国际敌对势力"西化""分化"中国的战略图谋以及国内分裂势力对这一图谋的内外呼应，都为我国和平崛起带来诸多障碍。基于此，在"中国土司制度与国家治理研究"过程中将以"中华民族共同体"构建和"国家治理"为主旨，对中国土司制度研究中出现的"泛化""美化""扩大化""碎片化"以及"西方理论中国化"的问题进行有力回击，并用本书驳斥和打击当今民族主义与民族分裂主义的嚣张气焰，为当前中国各族人民对我国统一多民族国家的基本国情认知、共创守望相助的中华共有家园以及"五个认同"的教育提供丰富的素材和成功的案例。

对中国土司制度发展历程和各专项制度进行深入研究，有利于为国家治理现代化以及民族区域自治提供有益借鉴。"中国土司制度与国家治理研究"是以中国土司制度为研究对象，以土司制度和各类专项制度、土司制度发展历程为主要研究内容、以"中华民族共同体"构建和"国家治理"为理论的研究项目。从元明清中央政府国家治理中汲取有益养分，对于培养中华民族共同体意识、加强中华民族大团结、促进民族地区和边疆地区的和谐发展及推进国家治理体系和治理能力现代化，具有重要的应用价值。

第三节　研究内容与主要目标

制度是人类理性精神的结晶和社会文明的重要载体，是社会稳定、和谐发展的基本保障。作为元明清时期促进社会进步的土司制度，是中央王朝代表国家而制定的成文制度，是王朝国家治理少数民族地区的一种制度性安排，具有"制度治理"边疆少数民族地区的作用。国家成文的土司制度是指中央王朝依据"齐正修教""因俗而治"的国家治理理念制定的适用于西南、中南及西北少数民族地区的政治制度。在"朕即国家"的皇权时代，各种适用于全国性的制度均由朝廷制定，经皇帝批准后颁行全国，这就成为国家成文制度。

一　研究内容

元明清中央政府根据不同时期、不同地区、不同民族的不同情况制定并颁行了一整套土司制度。这套具有整体性的制度体系是由国家政权主导并制定而成，它反映了元明清时期中央王朝与地方土司政权之间互动与和谐、博弈与冲突、认同与调适的必然结果。元明清中央政府制定的土司制度，是国家治理土司和土司地区的一种基本制度和纲领性的文件，是元明清中央政府在承认各地土司统治的合法性，允许世袭，授予相应的职衔及品级，颁发诰敕、印信、号纸等信物的情况下，各地土司不仅承认中央政府统治的合法性，而且承认与中央政府的隶属关系，履行朝贡、纳赋、征调的义务。这就使中央政府与各地土司之间相互达成默契，体现一定的共济和协调。

本书以元明清中央政府在西南、中南及西北等民族地区实施土司制度过程中的国家治理为研究对象。从现有资料看，元明清时期，国家成文的土司制度一般包括中央王朝的律、典、例等形式之中。这些制度具有普遍的法制效力，并且系统化，形成了一个结构有序、较为完整的制度体系。从现有历史文献看，元代保存下来的土司制度资料较为欠缺。

在明代，国家成文的相关土司制度主要汇集在《明会典》和《礼部志稿》中。如《明会典》卷之四《官制三》"外官"条对各宣慰使司、各宣抚司、各安抚司、招讨司、长官司、蛮夷长官司、蛮夷官、千夫长、百夫长、军民万户府经历司等土司机构正官、副官、首领官等官员人数的设置；《明会典》卷之六《验封清吏司》对土官承袭的各种制度性的约束；该书卷之一百零八《朝贡四》和卷之一百一十三《给赐四》对全国土司朝贡物品、朝贡时间、朝贡名单以及回赐物品、数量等的规定；该书卷之一百二十一《铨选四》对"土官袭替""土官就彼袭替""土官袭替禁例""夷人袭替"等均有制度规定。在《礼部志稿》卷一"敦教化之训""远边学校之训""怀远人之训"等条中对云南、四川、贵州、广西以及广东儋州等"边境土官皆设儒学"，以实现中央王朝"风化达于四海"之目的；该书卷五"朝贡之训""诸司朝觐仪"等条中对土司朝贡年限以及朝觐时的礼仪均有严格的规定。在该书卷十七中对岁贡额数、起贡时间、土官入学等规定十分严明，尤其是对土官朝贡方物、进贡时间、朝贡通例、信符金牌等有严格的规定，基本上能够使土官朝贡的事宜做到有章可循。这些对"湖广、广西、四川、云南、贵州腹里土官"给明代中央王朝进贡后予以回赐的规定，既有职衔级别、人员身份、回赐物品名称及数量的不同，也有随着进贡名称、期限及贡物的不同而具有一定差异。这种国家成文制度十分具体、明确，具有可操作性。清代国家成文制度在乾隆《大清会典》、嘉庆《钦定三部则例》和光绪《大清会典事例》中对土司制度的规定更加具体、明确。如《钦定大清会典则例》卷三十《土官》之"土官承袭"有十分明确的规定。明清中央政府从"因俗而治"的国家治理理念出发，或适应土司地区的不同情况，或根据各地土司的不同要求，由中央政府制定和发布了上述专项制度或法规。本书属于民族学、历史学、政治学、管理学等多学科的综合研究，其主要研究内容分为三部分。

第一部分：基本理论。一是探讨本书的宏观问题，主要包括土司制度与国家治理的理论框架、治理体系及能力；二是厘清"国家治理"视角下土司制度的实施历程，主要包括土司制度的形成、兴盛、变革以及改土归流的推进等内容；三是研究"国家治理"视角下土司制度的基本理论，主要内容包括土司制度的核心、内涵、特点、构成等。

第二部分：事实分析。一是国家治理下土司制度的共性内容，主要探讨包括土司承袭制度、土司朝贡制度、土司征调制度、土司教育制度、土司优抚制度等内容。二是分析中国土司制度与国家治理下的地区差异，力求对土司制度在不同时段（元代、明代、清代）、不同地区（湖广地区、四川地区、云南地区、贵州地区、广西地区、西北土司地区）、不同民族（主要涉及土家族、彝族、藏族、壮族、傣族、土族、哈尼族、纳西族、苗族、羌族等）的类型与差异诸方面的比较。三是透视"三位一体"的土司制度治理，主要内容包括王朝国家的土司制度治理、地方政府的土司制度治理、土司地区的土司制度治理等。四是探讨土司制度治理的政策、方略与效能。

第三部分：总结建议。一是对元明清时期土司制度治理作粗略的检讨，主要归纳元明清时期王朝国家土司制度治理的不足；二是总结土司制度治理是"国家主导、上下互动、双方博弈、多元共治"的基本结论；三是研究土司制度治理的多重启示，包括国家制度建设是加强国家治理的根本、共建共治共享的社会治理制度是维护民族地区社会稳定的关键、"依法治国"是加强民族区域自治地区国家治理的必由之路等内容。

二 主要目标

我们一直在思考，如何真正实现"六百年土司制度尽究其妙，数十朝治国经验悉在卷中"的目标。作为一个国家社科基金项目的课题组，我们不能只完成任务而已，而要产出精品力作。通过几年的深入研究，彻底厘清中国土司制度渊源、发展、兴盛及消亡的历史轨迹，探讨元明清中央王朝借助土司制度对少数民族地区进行国家治理的经验和中华民族共同体从"自在"走向"自觉"的历史发展进程，为铸牢中华民族共同体意识和加强民族地区的国家治理提供智力支持和经验借鉴。

（一）土司制度内容的预期目标

不仅要探讨包括宏观土司制度的缘起、发展、嬗变、终结，改土归流的推进以及土司制度的本质、内涵、特征、结构、功能等内容，而且要研究土司制度内蕴的职官制度、承袭制度、征调制度、朝贡制度、法律制度、文化教育制度等专项制度，还要分析土司制度在不同时段、不同地区、不同民族在实施过程和国家治理中的差异，给读者一种整体认识和总体把握，为中国土司制度的后续研究打下坚实的基础。

(二) 理论建设的预期目标

土司制度是一种"齐政修教""因俗而治"的政治制度，是元明清王朝在国家治理下逐渐实现国家统一与地方自治的地方行政管理制度。元明清中央政府在土司制度实施过程中充分体现了国家治理理念，具体来讲，"齐政修教"是元明清时期的国家治理的理念，"因俗而治"是元明清时期国家治理的方略，"以夷治夷"是元明清时期国家治理的技术，"天下一统"是土司制度实现国家治理的最终目标。在本书中，我们将在"统一多民族国家"的视角下研究元明清中央政府对土司地区进行"国家治理"理论问题。研究过程中，本书课题组在对当时各种史实进行历史考察，厘清该概念的现实与历史内涵，并以元明清中央政府对西南、中南和西北少数民族地区的国家治理与促进近现代统一多民族国家形成的历史事实，对这两个概念进行科学全面的论述。众所周知，秦汉以降，生活在中华大地的各民族就已经共同奠定了统一多民族国家的雏形。虽然在历史长河中有分裂、有纷争，但多民族国家的统一始终是历史的主流，是各民族人心所向，是发展的大势所趋。特别是元明清时期，在西南、中南和西北民族地区，中央政府通过土司制度的实施和改土归流的推进等国家治理的重大举措，将所有实施土司制度的近三十个民族吸纳到统一多民族国家这个大家庭中来。

实施土司制度地区各民族在长达六百年之久的朝贡、贸易、征调、婚嫁以及碰撞、冲突过程中，不断加强交往交流交融，最终形成了近现代意义上的统一多民族国家。政治学领域的"国家治理"通常是指政府如何运用国家权力（治权）来管理国家和人民。换言之，国家治理既是国家运用公共权力管理社会公共事务和实现公共利益需求最大化的活动和过程，也是治理主体之间不断调整、协调互动和综合平衡的过程。

国家治理是国家制度和制度执行能力的集中体现，历史学和民族学的国家治理理论，其核心是通过讨论元明清时期国家对土司地区的治理，从而促进近现代意义上的"统一多民族国家"的最终形成。统一多民族国家、国家治理，既是近现代和当代概念，也是一个历史范畴。不能因为统一多民族国家、国家治理概念的近现代性特征，而否定元明清时期历史的内涵及其存在；近现代统一多民族国家、当代的国家治理是历史发展的必然结果。本书就是要从学术思想理论上探讨元明清时期中央政府在西南、中南和西北少数地区实施土司制度，对近现代意义上统一多民族国家形成具有重要的历史作用。

（三）实践运用的预期目标

中华民族共同体意识孕育于"大一统"的思想，使中华民族共同体意识的形成有了基本的理论基础，为中华民族共同体意识的孕育注入了动力，使中华民族共同体意识得到了更加有力的支持。在实施六百年之久的土司制度的历史长河中，元明清中央王朝与各地土司之间虽然为了自身利益的最大化，难免有博弈、冲突乃至战争，但是相互之间的互动、调适是主流，各地土司的国家认同和中华优秀传统文化的认同是主流，国家和中华文化成为各自的"公约"。因此，本书意在研究和深化中华民族共同体是一个"超越争议的公约"的共同体的意识，尤其要研究元明清土司制度对中华民族共同体构建的历史作用；中华民族共同体构建是历史发展的必然结果，土司地区各民族对中华民族共同体的构建起到了至关重要的作用，对国家的发展作出了不可磨灭的巨大贡献。

在中国和平崛起过程中，如何深入认识"多元一体"理念下的"中华民族共同体"？如何讲清楚元明清时期土司地区各民族共创中华的历史经验与历史事实？讲清楚元明清时期土司地区各族民众是如何与其他民族一道共同推动"中华民族共同体"从"自在"走向"自觉"？在铸牢中华民族共同体意识的当下，这个发展进程给我们提供了哪些丰富地方建设的历史经验？因此，本书具有极大的现实价值。

第四节　研究思路与研究方法

在过往的研究中，由于受学科的限制，对土司制度的研究缺乏多学科视野。如历史学界大多将土司制度进行断代研究，而民族史学界则大多将土司制度进行某一地区或某一民族的研究。因此，真正意义上全方位、综合性的中国土司制度与国家治理方面的专著尚未问世，这无疑是土司研究学界的一种遗憾。基于此，我们认为，由于近年来的人文社会科学研究的"空间转向"，土司制度研究理应运用多学科视野，与人文科学、社会科学等学科理论与方法进行深度交叉、融合研究，这不仅是一种新思路、新方法，更是一种新路径。

一　研究思路

一般而言，研究思路是人们思考某一问题时思维活动进展的线路或轨迹，或者是表达思想感情进行构思、谋篇布局的思维过程。中国土司制度与国家治理研究以元明清边疆少数民族地区实施土司制度过程中的国家治理为研究对象，并为当前在民族地区推进国家治理现代化以及民族区域自治提供有益借鉴与智力支持。因此，本书将以土司制度为基础，以学科理论为前提，以实践运用为目标。为此，本书的研究思路是：以"土司制度"为核心，以"国家治理"理论和"中华民族共同体"构建理论为指导，在广泛查阅民族学、历史学、民族史、地方府县志及地方档案资料的基础上，运用历时性方法纵向研究国家治理下土司制度的缘起、形成、兴盛及终结的历程与演变，运用共时性方法横向研究土司制度的各项专项制度以及国家治理体系及能力；综合运用民族学、历史学、政治学、文献学等学科理论，在理论梳理基础上，按照"提出问题—理论梳理—事实分析—总结建议—基本结论"的逻辑思路，对收集的第一手材料进行加工整理、归纳和分析，通过具体的数据和翔实的资料作定量和定性分析，最后形成学术专著，为当前在民族地区、边疆地区推进国家治理现代化提供有益借鉴和智力支持，实现历史为现实服务的研究宗旨。

二　研究方法

所谓研究方法，是指在科学研究过程中发现新现象、新事物，或提出新理论、新观点，揭示事物内在规律的研究手段。本书坚持运用辩证唯物主义和历史唯物主义方法，宏观与微观研究并重、整体性与个案性研究并重、历时性与共时性研究并重，以元明清时期中国土司制度的起源、形成、发展、兴盛和消亡的历程为经，以土司制度的相关理论和各专项制度为纬，综合运用社会科学研究多种研究方法等，采用"以时为经，以事（理）为纬，总分结合，经纬交织"的综合体例，将历史学、民族学、政治学、管理学等学科的学理方法与本书紧密结合，运用

"国家治理"理论和"中华民族共同体"构建理论来诠释中国土司制度与国家治理的相关问题。

（一）理论分析法

在本书中，运用文献资料的目的是为理论研究服务、为实践应用服务。目前，土司学界关于土司制度推进中华民族共同体构建的历史进程、"统一多民族国家"的"国家治理"等方面的讨论是仁者见仁、智者见智，尚无统一结论。本书充分利用各类历史文献的深厚积淀，提出王朝国家在土司制度实施过程中采用了"统一多民族国家"的"国家治理"举措，各地土司在"国家治理"过程中，自觉维护了"统一多民族国家"的地区稳定和推进了中华民族共同体从"自在"走向"自觉"的历史进程这一核心理念和基本观点，并对此做出具有充分历史内涵、符合中国历史、中国少数民族史特质的开拓与创新，形成一定的理论贡献。这一理论的完成需要运用概念界定、比较研究、体系建构等理论分析的研究方法。

（二）历史文献法

本书在研究过程中要广泛查阅中国史、制度史、地方志、土司家族民间文献、各级各类档案以及国家治理等文献资料。这些历史文献主要有四类：（1）正史及奏折类文献；（2）别史及文集类文献；（3）土司家族民间文献；（4）地方志书和历史档案类文献。课题组面对长达六百年左右的不同时段、不同地区、不同民族的历史文献，要将土司制度与国家治理方面的历史文献综合运用，的确是一项浩繁的巨大工程。要充分运用历史文献学的研究方法，对这些文献史料进行专业、科学的遴选与分类，以确保研究的顺利完成。

（三）比较分析法

本书研究元明清三朝的土司制度与国家治理，情况太复杂，变化太多。因此，在研究中必须运用比较分析法，寻找到各种异同点。从土司制度的历史发展看，元代较为粗放，明代比较完善，清代十分严苛，这是具体执行过程中的区别；从实施土司制度与国家治理的过程看，不同时期、不同区域、不同民族也同样存在巨大差异；从分项制度的实施看，差异十分显著，如土司信物制度，明清两代就存在差异：明代中央政府赐给各地土司的信物主要有诰敕、印章、冠带、符牌等，清代中央政府赐给各地土司的信物有诰命、敕命、印信、号纸，清代省去了冠带、符牌等信物，新增了号纸。

（四）田野调查法

中国历史和民族历史的研究发展到今日，民族学的田野调查法得到了很好的借用，尤其是历史人类学的方法使传统的史学研究得到新的突破。元明清时期无论是中央政府的各类文献，还是地方政府的留存文献，对土司地区的记载相对较少，而各地土司家族以及原土司所在地区档案局、方志办、文管所却保留了大量的历史资料。因此，民间文献是本书的重要依托资料。本书大量运用"底层历史"文献资料，采取"自下而上"的研究路径，印证"区域社会的历史脉络，蕴含于对国家制度和国家话语"[1]的观点。具体来说，地方史志、土司家谱、碑刻契约、民间抄本、社会调查资料以及地方档案等文献史料的收集、运用与研究，均需要用田野调查的方法。

第五节　主要特色与创新之处

中国土司制度是一种"齐政修教""因俗而治"的政治制度，是元明清三朝逐渐实现国家统一与地方自治的地方行政管理制度。元明清三朝实施的土司制度体现了王朝国家对土司地区的治理始终占据主导地位，地方流官政府、各地土司、社会基层组织等在中央政府"因俗而治"的政策指导下共同参与土司地区的国家治理。因此，从这个角度看，土司制度是我国封建社会后期王朝国家治理少数民族地区比较成熟的一种制度，充分彰显了统一多民族国家在地方治理过程中的多元性以及不同时段、区域、民族的差异性，是国家职能在"治理体系"及治理能力上的具体体现，能为当前在民族地区推进国家治理现代化提供有益借鉴与智力支持，实现历史上的"制度治理"为现实服务的研究目标。

一　本书的主要特色

针对过往土司制度的研究，本书的突出特色有两点。

---

[1] 陈春声：《走向历史现场》，《读书》2006年第9期。

第一，土司制度与和国家治理的差异探寻。事实表明，在元明清土司地区，不仅实际上存在着一种相对于中原地区不同的时间制度，而且也存在着一种有别于汉族地区的基层政治制度和组织制度，时间跨度长达六百年左右。例如，在行政制度方面，虽然元明清时期在土司地区都实施土司制度，但又有一定区别，如藏族是政教合一制，白族、罗罗族（彝族）、傣族、僮族、土家族、苗族、水族、布依族等族是土官土司制，景颇族则是山官制等。即便是同一民族，土司制度也不尽一致，如藏族地区的土司制度，既有政教联合管理制、政教合一土司制，也有土千户土百户制、土屯结合管理制，还有土流并存管理制以及健全的土司管理体制等。同时，元代与明清的土司制度也有一定差别。① 因此，本书以土司制度与国家治理为主要内容，其研究不仅有助于理解元明清时期不同地区、不同民族土司制度和国家治理的差异，而且能为少数民族非土司地区王朝国家实施的"制度治理"研究提供对比案例。

第二，土司家族民间文献的充分运用。陈寅恪先生曾言："一时代之学术，必有其新材料与新问题。取用此材料，以研求问题，则为此时代学术之新潮流。"② 研究中国土司制度，历史文献资料是最关键的要素，其核心是史料的发掘和收集。过去学术界研究土司制度及相关问题时主要依据正史和公藏资料，却缺乏土司家族的民间文献。作为我国元明清及民国时期特殊群体的土司家族，在历史发展的进程中，形成了土司家族谱牒、土司家族契约文书与账簿表册、土司家族碑刻、土司家族艺文等名目繁多的民间文献。所谓民间文献，是指有别于正史、文集等传世典籍的文献。这些民间文献，虽然来源于田野乡间，却具有反映元明清及民国时期土司地区社会、经济、文化、法律等方面内容，反映了土司家族国家认同与优秀传统文化传承的主题；这些民间文献，不仅是深入研究明清土司地区乡村社会历史发展、社会变迁、文化演变的重要文献，而且是能拼接出一幅幅生动的土司地区和土司家族历史画卷的完美材料。目前土司家族民间文献已引起学界的高度关注，法学界把这些民间文献看作土司地区最早的民法；历史学、民族学、社会学界则将其视为不可多

---

① 李良品：《中国土司学导论》，中国社会科学出版社2018年版，第125页。
② 陈寅恪：《金明馆丛稿二编》，上海古籍出版社1980年版，第236页。

得的第一手文献资料,被称作我国正史、地方志书之外对历史的叙述。如云南《木氏宦谱》和《蒙山左氏族谱》、广西《西林岑氏族谱》、四川《白马土司家谱》和九姓长官司《任氏家谱》、湖南永顺《彭氏源流族谱》和保靖《彭氏宗谱》、湖北鹤峰《容阳田氏族谱》、重庆石柱《马氏家乘》和酉阳《冉氏族谱》、贵州《龙氏迪光录》、甘肃《西夏李氏世谱》等族谱以及《白山司志》《九姓司志》《九姓志略》等土司自撰司志,不仅具体叙述了各地土司宗族的兴衰、世系分支变化、家族迁徙流向等家族历史,而且详细记载了土司地区及土司家族的家规伦理、人口繁衍、田庄园产、族人功名业绩等具体内容。这些土司家族谱牒虽然是一族一姓的历史,但可从中挖掘出大量的人物传记资料(如出身状况、世系考等)、诗文资料(如私家文集手稿)、人口学资料(如婚姻、人口出生率、死亡率等)、移民史资料(如人口迁徙地点、数量、原因、流向等)、家族制度研究资料(如祠堂、家规、家训、义庄、祭田等)。同时,土司家族契约文书与账簿表册、碑刻、艺文等,在一定程度上可以复原元明清及民国时期土司地区村落地理、土地山川资源等利用状况,不仅是社会经济史研究的绝佳史料,而且也是探讨土司地区少数民族文化特征、风俗习惯变迁和地理环境嬗变的重要史料。本书能够充分运用十多年来收集到的土司家族民间文献,以极大彰显"国家制度(土司制度)的地方表达"的研究理念。

二 本书的创新之处

(一) 问题选择的与时俱进

从中国历史发展的进程来看,自秦汉起,中国就形成了统一多民族国家。多元起源的中华民族,内部不同群体在几千年的时间里不断向一体化迈进,维持着和平、统一的主流,保持着对中华文明较高的认同感。这既有自然地理的因素,但更多的体现为主观构建的结果,是一种体制机制的成功。自秦代形成统一多民族国家以降,汉代得以发展,魏晋南北朝直至唐宋时期得以整合,元代再次得到历史性发展,明清时期完全定型,在清末形成了现代意义上的"统一多民族国家"。

元明清时期,通过土司制度的实施,使土司地区逐渐进入国家在政治、经济、军事、文化等方面一体化进程,中央王朝通过土司制度和改土归流，从间接控制土司地区到直接控制这些地域，完成了"多民族国家"形制。从历史谱系考察的角度来看，我国从传统到现代，中国的国家体制历经了一个从"天下帝国"到"民族国家"再到"多民族国家"的转型。直至在中国共产党领导下，最终完成了现代意义上的"统一多民族国家"历史任务。从中国历史发展看，土司地区各民族在统一多民族国家形成和建设过程中的历史表现可圈可点，土司地区各民族与其他地区各民族一道共同开发了祖国的锦绣河山、广袤疆域，共同开拓了祖国的疆域，共同发展了祖国的经济，共同创造了悠久的中国历史、灿烂的中华文化，都对国家发展作出了不可磨灭的巨大贡献。长期以来，学界对元明清时期土司地区各民族在"统一多民族国家"的形成和建设等方面的贡献重视不够、研究不多，对各地土司及当地少数民族在元明清时期表现出来的高度国家认同的历史经验挖掘不够、总结不足。

有学者认为，在封建社会是"王朝治理"，不是现代意义上的"国家治理"。习近平总书记在致中国社会科学院中国历史研究院成立贺信中指出："当代中国是历史中国的延续和发展。"① 以历史学的研究视角看，"中国历史之所以延绵不断，就在于能够与时俱进、革故鼎新"；我们"只有从历史文化中探寻中华民族生生不息的密码，才能不断增强坚持道路自信、理论自信和制度自信的思想定力"②。我国当今的国家治理与元明清中央王朝的国家治理虽然政治体制不同，但在国家治理的经验方面却是延续、发展和创新。中国封建社会鼓励读书人要"修身""齐家""治国""平天下"，其中"治国"就是治理国家的意思。"治"与"理"二者有内在的逻辑关系，带有"治国之乱"与"管理国家"的含义，是国家对地方治乱之后管理制度的建构及政策方针的实施。

因此我们认为，"国家治理"这一概念虽然是在党的十八届三中全会中首次出现于党内文献中，但并不意味着元明清中央政府就没有考虑或没有重视和实施国家治理。没有元明清时期的封建王朝的国家治理，哪

---

① 习近平：《致中国社会科学院中国历史研究院成立的贺信》，《人民日报》2019年1月4日。

② 田澍：《发出新时代中国历史工作者的强音——学习习总书记致中国历史研究院成立贺信精神的体会》，《中国边疆史地研究》2019年第1期。

有近现代意义上和当今实施的"国家治理"？我们今天的"国家治理"是中国共产党人在国家治理方面的与时俱进。我们必须正确认识元明清时期中央政府对土司地区的国家治理，消除当前对"统一多民族国家的国家治理"的负面影响。中外学界对元明清中央王朝作为"统一多民族国家"如何运用"国家治理"的举措等问题，众说纷纭，莫衷一是。本书在研究过程中，拟确立"统一多民族国家"的"国家治理"的历史观来思考相关问题。

习近平总书记在第四次中央民族工作会议上强调全党要牢记我国是统一多民族国家这一基本国情。"多民族的大一统，各民族多元一体，是老祖宗留给我们的一笔重要财富，也是我们国家的重要优势。在新的历史时期，我们要更好地发挥统一多民族国家这一特色、优势和有利因素，为中华民族伟大复兴贡献更多的智慧和力量。"① 为此，本书将"统一多民族国家"的"国家治理"等理论问题和现实问题纳入历史视野，通过土司制度与国家治理的深入研究，更好地挖掘、传承与弘扬土司地区各民族维护"统一多民族国家"历史遗产和历史经验，为现实需求服务。这较好地体现了本书的问题意识，体现出本书选择的创新。

（二）学术观点的标新立异

我们认为，元明清时期的土司制度以及土司地区各民族在中华民族共同体构建中作出重要贡献。中华民族是一个民族共同体和命运共同体。从数千年我国历史演进的过程看，中华民族始终追求团结统一，并把团结统一看作"天地之常经，古今之通义"。从元明清中央王朝看，无论是蒙古族、汉族还是满族建鼎称尊，建立的都是多民族国家，而且越是强盛的王朝吸纳的民族就越多。元明清中央王朝入主中原、执掌政权后，都把自己建立的王朝视为统一的多民族国家的正统，都实施大一统。中华民族由于"分布上的交错杂居、文化上的兼收并蓄、经济上的相互依存、情感上的相互亲近，形成了你中有我、我中有你、谁也离不开谁的多元一体格局"②。

---

① 国家民族事务委员会编：《中央民族工作会议精神学习辅导读本》，民族出版社2015年版，第23—24页。

② 国家民族事务委员会编：《中央民族工作会议精神学习辅导读本》，民族出版社2015年版，第25页。

应该说，中华民族是一个谁也离不开谁的统一而不可分割的整体，是一个"超越争议的公约"的民族共同体。元明清时期，"中华各民族在历经迁徙、贸易、婚嫁以及碰撞、冲突甚至兵戎相见后，交往范围不断扩大，融合程度不断加深，形成了交融一体、繁荣一体的自在的中华民族实体"[①]。研究表明，在我国的少数民族中，元明清中央王朝在现有二十多个民族中设置过土司。这说明中央王朝并不因民族不同而不实施土司制度，而是从实际管理需要出发设置土司，实施土司制度。在施行土司制度的过程中，通过土司朝贡、土兵征调、土司兴学办教等形式，加强了土司地区少数民族与汉族以及少数民族之间的交往交流交融。实施土司制度的历史事实证明，各地土司及土司地区各民族对中华文化兼收并蓄、兼容并包，并逐渐成为民族交融的精神动力。这种维系统一、各族一家的思想，元明清三代一脉相承，又不断发展，在历史长河中逐渐成为各民族的精神共识。由于各民族在国家认同和文化认同的基础上，注重开疆拓土，大大加快了中华民族共同体从"自在"实体向"自觉"实体的构建进程。土司制度以及土司地区各民族对于中华民族命运共同体、政治共同体、社会共同体、文化共同体的构建历史功不可没。

"中华民族共同体"这一概念最早由黎澍在《中国历史上的民族关系》一文（《文汇报》1986年12月2日）中提出，该文并未对此作系统阐述。"中华民族共同体"这一概念的系统全面论述虽然是习近平总书记在2014年召开的第四次中央民族工作会议暨第六次全国民族团结进步表彰大会上深刻论述的，但这并不意味着元明清土司制度以及土司地区各民族就没有推进中华民族共同体形成的历史进程，中华民族共同体就没有从"自在"走向"自觉"的历史事实。我们今天的"中华民族共同体"是在元明清时期从"自在"走向"自觉"的基础上而形成。因此，本书的研究力图表达一个基本观点：元明清时期中央政府实施的土司制度以及各地土司、土司地区各族民众加快推进了中华民族共同体从"自在"走向"自觉"的历史进程。这个观点，不仅是一种学术观点创新，而且也有利于全国各族人民"铸牢中华民族共同体意识"，实现"中华民

[①] 国家民族事务委员会编：《中央民族工作会议精神学习辅导读本》，民族出版社2015年版，第26—27页。

族一家亲、同心共筑中国梦"的共同目标。

（三）研究方法的多学科融合

本书将历史学、民族学、政治学、经济学、军事学、法学等学科理论与方法有机结合，并注重充分运用电子文档及其文献搜索功能，开展文献收集、田野考察与深入研究，相对于研究中国历史、中国少数民族史的传统方法，具有创新价值。尤其是本书注重人文科学和社会科学等多学科的交融与结合，更是一种创新。一是与人文科学的交融。人文科学是探讨、分析、解决关于人的精神、文化、价值、观念的问题的科学，土司制度研究应与人文学科交融。从学术研究看，土司研究在其构成过程中需要众多学科作支撑，从而形成一个交叉学科。如"土司制度"一词不仅涉及该概念的界定以及土司制度内蕴的专项制度，而且涉及土司制度的缘起、形成、兴盛、衰亡等整个历史进程，这些内容均属于历史学的内容。如实施土司制度时间较长的彝族，素有万物发生论、物质本原论、阴阳相配论、五行八卦论、天人结合论、人类演化论、君民一体论等哲学思想。其他少数民族的土司同样拥有一定的哲学思想。[①] 可见，土司制度研究离不开具有思辨性的哲学学科的交融。在土司制度研究过程中如果忽略了文艺学、语言学、汉语言文字学、中国古典文献学、中国古代文学、中国少数民族语言文学等相关学科的交融，那无疑是一大缺失。二是与社会科学的结合。在土司制度研究过程中，应自觉地与政治学、民族学、法学、经济学、军事学、伦理学、社会学等学科结合。如土司与多位治理的结合，就涉及土司制度与元明清国家治理边疆、"家国同构"格局下的土司治理方式、土司地区的治理与边疆稳定、传统土司制度对民族地区社会治理、土司与边疆治理、土司地方治理等内容。土司制度研究过程中，如果不与政治学深度融合，很难对相关问题作出深入的研究。从民族学的二级学科看，民族学、马克思主义民族理论与政策、中国少数民族经济、中国少数民族史等无不与土司制度研究密切相关。如对中国土司制度以及某个具体土司的兴起、形成、发展、高潮及衰亡的研究，又与中国少数民族史密不可分。

---

① 李良品：《中国土司学导论》，中国社会科学出版社 2018 年版，第 167—177 页。

第二章

土司制度与国家治理的理论框架、治理体系及能力

有专家认为:"国家治理是一个具有时代性、发展性和系统性的综合性概念,而国家治理体系和治理能力现代化则是一个具有指向性的重要战略和命题,它有着自身的深层逻辑,即制度治理。"① 笔者引用这句话,主要是想强调元明清中央王朝充分运用土司制度体系治理土司及土司地区,这就是"制度治理"的体现。中国土司制度形成、兴盛和衰亡于中央集权专制时代的后期。这一历史时期,不仅是封建社会国家治理体系和治理能力越来越强的时期,是传统王朝国家向现代民族国家整体转型的时期,而且是王朝国家"制度治理"逐渐完善、现代民族国家"制度治理"逐渐形成的时期。

土司制度是元明清中央政府在长期实践探索中形成的一套具有国家治理性质的制度体系,元明清中央政府对土司和土司地区的治理工作都是按照土司制度而展开,元明清王朝对土司和土司地区的国家治理体系和治理能力是封建帝制后期王朝国家执行能力的集中体现。自元代开始初创土司制度以来,经过明代不断总结经验、汲取教训,不断探索实践和守正创新,到清前期形成系统、完善的土司制度,最终形成了王朝国家对土司和土司地区在政治、经济、军事、社会、法治、文化等各方面的国家治理体系,

---

① 黄建军:《中国国家治理体系和治理能力现代化的制度逻辑》,《马克思主义研究》2020年第8期。

通过政治、经济、军事、社会、法治、文化诸方面体现了王朝国家的治理能力，逐渐加强和完善了王朝国家对土司和土司地区的国家治理，并最终通过改土归流的逐渐推行取得了历史性成就。本章拟就土司制度与国家治理的理论框架、治理体系与治理能力诸多问题作探讨。

第一节 土司制度与国家治理的理论框架

从逻辑上看，国家治理应该包含两个方面的内容：一是国家治理体系，它是国家运行的制度设计；二是国家治理能力，它涉及治国理政的能力及制度执行的成效问题。二者之间还得有一定依托，那就是制度。本书中就是土司制度。元明清时期王朝国家治理体系是中央王朝管理国家的制度体系，它包括政治、经济、军事、社会、法治、文化教育等各领域体制机制、法律法规的制度设计和制度安排，也就是一整套紧密相连、相互协调的国家制度。结合土司制度与国家治理的问题，国家治理体系是关于土司制度架构问题，也就是国家如何搞好土司制度这个顶层设计。若果这个属于"物"——国家治理体系（即土司制度）的层面出现问题，就会引发各地土司和土司辖区民众对土司制度的合法性和合理性方面的争议。国家治理能力则是关于土司制度执行问题，也就是土司制度由谁来操作、谁来执行才更有效，执行的效果更好。如果这个属于"人"——土司制度治理者的层面出现问题，自然就会引发各地土司和土司辖区民众对土司制度治理者的能力、水平和道德产生质疑。由此，土司制度与国家治理涉及一个理论框架的构建问题。著者将这个理论框架归纳为"12345"，具体来讲，即五个方面的问题。

（一）一个总纲：王朝国家的"大一统"思想

几千年来，中华民族从"自在""自觉"共同体发展成为"自立自强"共同体，依靠的就是"大一统"思想。纵观我国历史的发展，一个朝代的统治者对于执政思想与国家、民族建设以及几者之间关系的认知，折射出那个朝代执政者的国家观与民族观，而该朝代执政者的国家、民族建设思想则体现为国家态度、民族观念与执政思维。元明清"大一统"思想作为封建社会后期三代统治者的"大一统"思想，为中华民族从"自在"到"自觉"共同体的形塑和最终形成奠定了坚实基础。对于以少数民族入主中原的元王朝、清王朝而言,"大一统"思想是"异族"立国之根、华夷一体之魂,对于以汉族为主体建立的明代而言,"大一统"思想也是国家统一之基、国权巩固之本。"一部厚重的中国史,就是一部中国各民族诞生、发展、交融并共同缔造统一国家的历史,也是中华民族从自在走向自觉并且凝聚力向心力日益增强的历史。"① "大一统"思想源自"公羊传",后经董仲舒解释为"'春秋'大一统者,天地之常经,古今之通谊也"②,之后得以丰富和完善。自董仲舒后,历代封建统治者不仅牢固树立"大一统"思想,而且在近两千年的历史发展进程中革故鼎新并不断践行,最终在元明清三代王朝国家的经略中形成且底定。

翻检历史文献可见,元代行省制度和土司制度,巩固了统一多民族国家发展。明代土司制度不断完善,大量人口迁入西南地区,推进了西南边疆与内地一体化进程。而清朝建立了真正的大一统国家,如雍正所言:"中国之一统,始于秦;塞外之一统,始于元;而极盛于我朝,自古中外一家。幅员极广,未有如我朝者也。……今六合成大一统之天下。东西南朔,声教所被,莫不尊亲。"③ 雍正帝指出:"自古中国一统之世,幅员不能广远,其中有不向化者,则斥之为夷狄。……至于汉、唐、宋全盛之时,北狄、西戎世为边患,从未能臣服而有其地。是以有此疆彼界之分。"④ 清朝在大一统思想中抛弃了华夷中外之分,将边疆民族与地域全部纳入"中国"之中,造就了"大中国"和中外一家之盛世,并为清代"大一统"思想形成底定提供了政治实体。因此,笔者认为,土司制度与国家治理过程中一个总的纲领就是王朝国家通过土司制度以及改土归流,实现全国"大一统"。换言之,"大一统"思想是元明清三代实施土司制度与国家治理的思想纲领和行动指南。

(二) 两大问题:国家制度体系、制度执行能力

土司制度作为元明清时期国家制度体系,它的不断发展、丰富与完

---

① 国家民族事务委员会编:《中央民族工作会议精神学习辅导读本》,民族出版社2015年版,第25页。
② (汉) 班固:《汉书》卷56《董仲舒传》,中华书局1962年版,第2523页。
③ 《清世宗实录》卷83,雍正七年七月丙午条。
④ (清) 雍正编纂;张万钧、薛予生编译:《大义觉迷录》,中国城市出版社1999年版,第5页。

善，是制度建设与健全的重要保障。土司制度不断建设与健全以及不断推进改土归流是王朝国家不断强大的精神力量。因为它是基于对制度价值、制度效率等的理性把握、比较所获得的一种信念。"大一统"思想作为土司制度与国家治理过程中的总纲，纲举自然。因此，"国家制度体系"和"制度执行能力"就成为其下的两目（两大问题）。

国家制度体系也就是元明清时期的土司制度体系，笔者前面涉及过这个问题。国家层面的土司制度主要在明清王朝的《明会典》《礼部志稿》《大明律》《钦定六部则例》《钦定大清会典则例》《大清律例》等文献中，它们是结构有序、较为宏观的制度，其中蕴含了土司职官制度、承袭制度、征调制度、贡赋制度、法律制度、文教礼仪制度在内的土司专项制度；各地土司还根据当地的实际情况制定了一些习惯法，也属于土司制度这个体系。因此，这些宏观土司制度、专项制度就是代表王朝国家的土司制度，再加上各地土司的习惯法，就构成了一个土司制度体系。

这个土司制度体系是一个庞大的系统工程，执行起来会出现诸多问题。因为任何一项制度都不会自动落实，土司制度也是如此。土司制度的威力和作用要能够充分发挥出来，还得依靠明清中央政府的吏部、兵部、礼部和刑部等中央机构以及各行省布政使、督抚和各土司地区府州县流官、各地土官土司等发挥主观能动作用。土司制度要落实，首先需要上述官员以及各地土司、土司地区民众等人员理解土司制度、尊重土司制度、维护土司制度，自觉在土司制度框架内做好各自该干的事。只有因地制宜、因俗而治再到清代的因法而治，根据不同土司地区、不同民族、不同环境条件，坚持发展理念，不断改革创新，维护土司地区社会稳定，采用不同方式方法，才能达到良好的执行效果。

（三）三个层次：根本制度、基本制度、具体制度

土司制度是一个比较完整、严密的制度体系，由国家层面的职官、承袭、分袭、征调、贡赋、奖惩、安插、文教、礼仪以及地方习惯法等众多的具体制度组成，其中根本制度、基本制度、重要制度起着四梁八柱的作用，是制度的根基和栋梁，是支撑土司制度体系的骨干。在此，我们将从土司制度与国家治理的重要性角度，将土司制度体系分为根本制度、基本制度、具体制度三个层次予以探讨。

土司制度体系中的根本制度是国家治理土司及土司地区的核心，是具有全局性、决定性、指导性作用的制度，是土司制度体系的纲领，统领着土司制度的坚持、巩固和发展，在土司制度体系中处于核心地位。《明会典》《大清会典》是明清两代为规范当时的典章制度，编制的以行政法规为主的法典。其中涉及土官土司制度的内容不多，《明会典》中有"土官承袭""土官朝贡""给赐四土官""管待番夷土官筵宴""筵宴番夷土官卓面""番夷土官使臣下程""凡土官入学"以及"给云南徼外土官信符金牌"等内容；康熙朝《大清会典》涉及土官土司制度的有"土官承袭""土司贡赋"等内容，乾隆朝《大清会典》中"验封清吏司"有"土官"内容，"武选清吏司"有"土司"内容，在其他卷中也有相关内容。从《明会典》《大清会典》所在土官土司制度的内容看，"土官承袭""土官朝贡"以及土司职掌为其主要内容。因此，笔者认为，土官土司承袭、朝贡及职责是土司制度体系中的核心，是对基本制度、重要制度和其他一切制度发挥着统领作用的制度。

土司制度体系中的基本制度是国家治理土司及土司地区的基础，是具有贯彻性、长期性、稳定性作用的制度，它对土司制度的属性和发展方向起着决定性影响，在土司制度体系中处于基础地位。这些制度主要体现在《大明律》和《大清律例》。在《大明律》"土司承袭""职官有犯""请发充净军""纵军掳掠""略人略卖人""越诉""在官求索借贷人财物"等刑律涉及土官土司；在《大清律例》"官员袭荫""徒流迁徙地方""盗卖田宅""违禁取利""私越冒度关津""私出外境及违禁下海""恐吓取财""诈教诱人犯法""盗贼捕限"等条涉及土官土司内容。上述这些基本制度是根本制度的基础，对根本制度在政治、经济、法律等重要领域落地生根起着保障作用。土司制度体系要坚持和巩固，就必须坚持、巩固基本制度，凡是对基本制度的怀疑和否定，就是对根本制度的动摇和削弱。

土司制度体系中的重要制度是国家治理土司及土司地区的具有可操作性的制度，是土司制度体系中的根本制度和基本制度派生而来的，包括政治、经济、军事、法治、文化、教育等具体制度，是王朝国家治理土司及土司地区的主体性制度，它对于维护土司制度体系中的根本制度、基本制度，推动土司制度的坚持和完善发挥着重大作用。如明代没有像清代最终"事例""则例"等文献,但"礼部志稿"涉及土官的内容倒是十分丰富,如"敦教化之训""远边学校之训""怀远人之训""朝贡之训""诸司朝觐仪""土官入学""考法""朝贡""信符金牌""番部诰敕""赐诸蕃四夷土官人等""给赐""赐封""膳馐筵宴下程""管待番夷土官筵宴""筵宴番夷土官桌面""土官学岁贡""给土官阴阳符""酌处土司补贡""土司山民无贡例""土官朝贡五事""定土司朝贡例""土官加赐衣服""酌处土司补贡""土官应袭子弟入学"等内容,特别是对土官朝贡者名单、贡物等规定尤为详尽。《钦定大清会典事例》中"各省土官世职""土官(包括土官承袭、土官大计、土官请封)""处分例(禁边)""各省土司世职""土司授职(一二三)""土司袭职(议叙、议处、议恤)"等内容,对土官土司的规定十分详尽;在《钦定户部军需则例》中有"俸赏行装"之"各处土目土兵赏给行装银两"、"盐菜口粮"之"各省绿营官兵盐菜口粮跟役名数"、"盐菜口粮"之"土目土兵盐菜口粮跟役名数"、"盐菜口粮"之"挑派随营效力投诚人等盐菜口粮"、"骑驮马驼"之"屯土官兵夫马"、"杂支"之"军营赏给巴图鲁名号应支分例"等内容;在《钦定兵部军需则例》中有"土司军功议恤"之"议叙土司军功""土司阵亡伤亡恤赏""土司出征病故恤赏""从优议叙土司军功""土司出征受伤等次限期""官兵阵亡未出及因公被掠分别恤赏""伤亡官兵准恤定限""出征官兵余丁在途殒命""办理议叙恤赏限期"等内容;在《钦定六部处分则例》中有"土官承袭""土司归州县厅员管辖""土官议处事件""土官议叙事件""土官私往别省""查拿汉奸""土官犯罪""土苗田产"等内容。土司制度体系中的重要制度,是上述根本制度和基本制度的活力和生机所在,不断改革创新土司制度中的重要制度,是坚持、巩固和完善、遵守和执行根本制度、基本制度的动力源泉。

从土司制度体系的内容看,根本制度、基本制度、重要制度三者之间是相互联系、相互渗透、相互作用的关系,三者共同支撑着元明清时期王朝国家的土司制度体系,重视王朝国家治理土司及土司地区的重要凭据。

(四) 四个环节:制度建构—制度改革—制度运行—制度效益

元明清时期,王朝国家土司制度体系与王朝国家治理体系是相互依存、互为表里的两个层面。建构王朝国家土司制度体系是元明清时期国家治理土司及土司地区的一个十分重要的历史行动，而不断守正创新、丰富完善王朝国家治理土司及土司地区的国家治理体系（包括改土归流）则是明清时期的一种制度性变革，前者是根本性的，后者是决定性的。

元明清时期，土司制度的运行离不开王朝国家这个治理主体，伴随土司制度体系中的根本制度、基本制度、重要制度的建设与完善，土司制度的执行、土司制度的改革、土司制度效益的提高，则是王朝国家治理能力与治理水平的全面提升。因此，王朝国家治理体系建设要成为推动土司制度体系建构、执行、改革的积极行动，就必须以全面提升土司制度效益为突破口，以土司制度体系中的重要制度建设促进王朝国家其他配套制度的完善与治理结构的优化。这既符合王朝国家治理体系不断优化的内在要求，也符合王朝国家土司制度体系建设的内在逻辑。因此，笔者认为，土司制度与国家治理之间形成了四个环节：制度建构—制度改革—制度运行—制度效益。这四者之间既涉及王朝国家土司制度建构与改革领域，又涉及王朝国家土司制度运行与效益领域。因此，土司制度的建构与改革，是国家治理体系的基本指向；土司制度的效益，则是国家治理能力的价值指向；这两个指向通过王朝国家制度运行相连接，由此构成了上述四个关系环节。这个四个环节最突出的一个特点在于，元明清王朝国家通过土司制度体系以求治理土司及土司地区实现治理效益最优化，这就是前面提到的"制度治理"，并力求制度治理效能化。关于"制度治理"的问题将在下一节专门探讨，此不赘述。

（五）五位一体：政治、经济、社会、法律、文教

土司制度体系中涉及土司政治制度、土司经济制度、土司社会制度、土司法律制度、土司文教制度，这些制度既是国家土司制度体系需要建构的内容，也是王朝国家治理体系中核心内容。这个"五位一体"既指王朝国家治理土司及土司地区治理内容的一体，也指国家治理体系和治理能力均聚焦在五个方面，同样是"五位一体"。元明清王朝国家的本质决定了土司制度建构的特殊性，即所有土司制度必须由中央王朝来决定，虽然各地土司与中央政府有博弈，但最终起主导或决定作用的都是中央

政府。这就是王朝国家在土司制度体系建构中的特别作用和特殊地位。简言之,土司制度与国家治理体系的基本框架可以用"五位一体"来概括,共同围绕国家治理实践而形成一个相互支撑、有机配合的整体。众所周知,王朝国家在土司制度体系建设中始终居于主导性地位和决定性作用,它能确保土司制度得到切实有效地执行;土司政治制度、土司经济制度、土司法律制度是土司制度体系中的核心骨架,能确保土司地区得以稳定和持续发展;土司社会制度、土司文教制度是维持土司地区社会发展的必要条件。关于土司制度与国家治理能力的问题将在第三节专门探讨。

土司制度与国家治理研究是通过一个总纲、两大问题、三个层次、四个环节、五位一体的理论框架为基本路径予以实现。

第二节 土司制度与国家治理体系

元明清时期有关土司的治理体系是在中央政府领导下治理土司及土司地区的制度体系,包括政治、经济、社会、法治、文化等方面的制度建构、制度运行、制度改革,也就是一整套紧密相连、相互协调的国家制度。任何优越的制度都需要人来执行,这就涉及一个治理的问题,如何用制度管人?也就是学界强调的"制度治理"问题。使土司制度在元明清王朝国家治理土司及土司地区过程中发挥实质性、决定性的作用,这既是王朝国家治理土司及土司地区的现实诉求,也是王朝国家治理体系和治理能力是否符合历史发展规律的诠释。由此,土司制度与国家治理构成了元明清王朝国家治理体系和治理能力符合社会现实需求、符合历史发展规律的制度逻辑。在王朝国家治理体系和治理能力是否符合社会现实需求、符合历史发展规律的语境下,要使土司制度发挥治理土司及土司地区实质性、决定性的作用,必须遵循一整套制度逻辑,包括制度建构、制度改革、制度运行和制度效益等四个环节,这四个环节环环相扣却又相互渗透,构成了王朝国家治理体系和治理能力制度逻辑背后的逻辑体系。因此,笔者认为,制度治理隐含着四个基本要素:如何建构制度与治理?治理过程中的制度问题如何改革?谁来运行制度与治理?制度治理效果如何?

（一）制度建构

土司制度体系的建构是元明清时期国家利用制度治理土司及土司地区的前提和基础。[①] 王朝国家的治理体系和对土司及土司地区治理能力的深层逻辑和制度安排是制度治理，换言之，使土司制度在国家治理土司及土司地区中发挥实质性、决定性的作用，而这种实质性、决定性作用的发挥是建立在土司制度具有系统性、完备性的制度体系之上。因此，包括土司职官制度、承袭制度、朝贡制度、赋税制度、升降制度、赏罚制度、征调制度、教育制度、礼仪制度、分袭制度、安插制度等在内的土司制度体系建构，自然构成了元明清王朝国家治理体系和治理能力的实质性、决定性前提，即只有在建构出一套规范的土司制度体系的前提下，王朝国家的制度治理才能真正得以展开。土司制度体系是一个庞大的系统，如作为土司制度核心内容的土司职官制度，自元朝中央政府开始，就将土官的设置、职衔、品级、铨选、管理、信物、俸禄等纳入中央王朝职官体系。如土司承袭制度经过元明清三代的结构，形成了一个内容丰富、体系完备的系统：土司承袭程序包括委官体勘查核、取具宗支图本、地方官吏保结、督抚具题请袭、授予土司职位等；土司承袭文书不仅有土司制作的相关文书、邻封土司的结状文书，还有中央政府的各类文书；土司承袭次序包括父死子继、兄终弟及、母女袭职、妻婿承袭、叔侄相袭等九种；土司承袭信物有诰敕、冠带、符牌、印信、号纸等类型；土司承袭法规有收缴前朝信物、规定承袭年龄、完善承袭手续、限制承袭时间、规定袭替禁例。可见，只有国家的土司制度构建起来之后，国家对土司及土司地区的治理体系和治理能力才能得以体现。正如专家所言："只有基于制度本身的逻辑才能进行国家治理体系和治理能力现代化，并最终形成制度、体制、机制三个层面相互统一的国家治理体系。"[②] 土司制度体系作为国家治理土司及土司地区的治理体系和治理能力集中体现的前提和基础，在元明清中央政府及各地流

[①] 黄建军：《中国国家治理体系和治理能力现代化的制度逻辑》，《马克思主义研究》2020年第8期。

[②] 赵宇峰、林尚立：《国家制度与国家治理：中国的逻辑》，《中国行政管理》2015年第5期。

官、土司的实践中，逐渐形成了一套较为丰富、完善的土司制度体系，包括土司根本制度、土司基本制度、土司重要制度所组成的"制度群"，它有着严密的逻辑结构和内容谱系，构成了元明清王朝国家土司制度的逻辑体系。

从生成与发展的视角看，元明清时期土司制度并非通过元代中央王朝一次性设计形成的，它是在土司制度建设、发展、完善的内生演化与不断践行过程中逐步完成。如元代在边疆少数民族地区设置宣慰使、宣慰使都元帅、路总管府、军民总管府、宣抚使、安抚使、长官司、土府、土州、土县等机构，对授职的土官，均给予一定的品级。初步建立起一套粗略的土官制度：凡授职土官的承袭，老土官亡故，承袭土官须经朝廷允准方准承袭；土官有功或忠勤者给予奖励，准予升迁，土官有罪者则予以惩罚，其惩罚原则是"罚而不废"。明代在元代基础上增加了宽贷、文教及礼仪等方面的一些制度；清代则增加了抚恤、分疆、分袭、限权及禁例等制度。明代土官土司制度则更加注重确定各地土司的职级、授职与隶属；清代则新增了各地土司的分袭、分疆、奖赏、惩处、考核、抚恤、安插等内容，使制度管理更加严格、科学、有效。在中央王朝赐予各地土司信物方面，元代赐给土官的信物有诰敕、印章、虎符、驿传玺书、金（银）字圆符等；明代中央王朝赐给各地土官土司的信物主要有诰敕、印章、冠带、符牌，减少了虎符、驿传玺书、金（银）字圆符等信物，清代中央王朝赐给各地土司的信物有诰命、敕命、印信、号纸，省去了冠带、符牌等信物。我们认为，土司制度是元明清中央王朝在不断实践、探索中逐渐形成的制度体系，是元明清王朝国家在不断守正与创新的过程中，既遵循土司制度的政治和管理属性，也强调土司制度的发展特征，更注重土司制度的不断充实、丰富与完善。元明清时期土司制度的不断建构是根据历朝历代"求治"的需要而对土司制度不断充实、丰富与完善的具体实践。

（二）制度改革

土司制度改革是元明清时期国家利用制度治理土司及土司地区的必要条件。具有系统性、完备性的土司制度体系建构在一定意义上构成王朝国家有效治理土司及土司地区的制度逻辑中的逻辑起点和基础，而要使土司制度在国家治理土司及土司地区过程中发挥实质性、决定性的作用，强化制度权威、引导土司和土司地区各族民众的土司制度认同则构成了国家利用制度治理土司及土司地区的必要条件。众所周知，土司制度建构后并不一定能保证切实、高效的运行。换言之，土司制度建构与土司制度切实、高效之间还有一个变量，土司制度能否获得土司和土司地区各族民众的认同。只有当外在的行为规范——土司制度得到土司和土司地区各族民众的认同才能内化为他们的自觉行动，土司制度在土司地区才能获得强劲的生命力。我们认为，国家治理土司及土司地区作为一种国家行为，要真正发挥土司制度的实质性、决定性作用，就必须赋予已构建的土司制度体系具有一定的权威性，使土司制度由一种刚性行为规范内化为土司及土司地区各族民众的自觉行动。从本质上讲，土司制度是一种规则和规范，它是调整中央政府与土司、土司地区民众社会关系的文化载体。因为中央政府与地方土司之间自始至终存在着博弈，均期待利益最大化，所以，土司制度也是在不断完善、不断改革。在此以清代土司土兵出征行粮为例予以说明。众所周知，明清时期土司土兵是由边远地区少数民族组成，在边远地区用兵时，因土司土兵熟悉地形、身体强健、骁勇善战，多资其力。清代康熙以后的重要战争，多有对土兵的征发，而且每每立功。据文献载，土司土兵在奉命征调作战时，中央政府要支给出征行粮。如《越嶲厅志》卷六之三《屯田》下"土目土兵每月饷需"条载：

> 原定每月大建领饷银三百三十三两八钱，小建领饷银三百二十二两六钱，旋径奉文会议核减二成五，计每月大建减去银八十三两四钱五分，小建减去八十两零六钱五分，每关大建应发银二百五十两零三钱五分，小建应发银二百四十一两九钱五分。光绪二十三年，土兵一成不减，曾经禀准有案，右土目土兵分驻处所及领饷数目各事由。①

雍正八年（1730）之前，中央政府只支给出征行装银和出征口粮，

---

① （清）马忠良原纂、孙锵增修：《越嶲厅志》卷六之三《屯田》，台湾成文出版社1968年版，第555—556页。

其他无支。雍正八年十月，始奉谕支给"坐粮"。雍正帝谕曰：

> 至各省土兵，有派拨征剿者，则于起程时赏给银两，而无养赡家口之例。朕思本身远出在外，则于营生之计，不能兼顾。其父母妻子，或致俯仰无资，深可轸念。
>
> 嗣后土兵之出征者，除恩加赏赉外，其父母妻子在家，照守兵坐粮之例，每月给银九钱，米三斗，米折银赏给。①

乾隆元年（1736），又议令支给出征盐菜银。这见于张廷玉的《为据咨题明事》之中：

> 查川黔奉调土兵，虽与官兵有汉、土之分，然深入苗穴（这里指镇压贵州苗民起义——著者注）。随师剿贼，同一用命，实属穷苦。令土官可否照千总之例略为稍减，日支银三分，土目照把总之例日支银二分，土兵日支银一分。……查从前出师土兵，止议动给安家及每日行银，并无支散盐菜银两之例……此次黔苗不靖，自上年四月以来，先后调拨云南、粤西、四川土兵，均离本处自千余里至二三千里不等；即黔省土兵，随师进征，深入新疆，分布各要隘协剿，亦各离本汛皆有数百余里。且自用兵以来，迄今将近一年。查各该土兵除口粮之外，其余一切盐薪之费毫无所有，实属艰苦。今司道等酌量稍减动给议覆，似属妥贴。②

乾隆八年（1743），中央王朝征调土司土兵出征时，其盐菜银两有所增加，基本上与绿营兵相同。如镇压贵州苗民起义共征调四川土兵1200名，从而成为四川出征官兵的主要武装力量。据《钦定户部军需则例》卷之三"盐菜口粮"之"各省绿营官兵盐菜口粮跟役名数"载：

> 兵丁月支盐菜银九钱，加给四钱，每十名合给余丁跟役共三名，

---

① 《清世宗实录》卷99"雍正八年十月辛亥"，第1503页。
② 档案：乾隆元年三月二十八日张廷玉题《为据咨题明事》。

效力、武举如系候补千总者,照千总之例给;如系效力、武举照外委之例支给官员之跟役,不支盐菜,兵丁之余丁、跟役,每员月支盐菜银五钱。官兵及官员之跟役、兵丁之余丁、跟役,每日支口粮八合三勺。又各该官兵本身及跟役、兵丁之余丁、跟役,本省者自离营之日至未出口以前,别省者自离营之日至未出该省交界以前,只支口粮;出口及离该省交界以后,盐菜口粮一体照例支给。至兵丁加给盐菜银四钱,无论本省别省,统于出边口之日加给,凯旋进边口之日停止,仍照旧例支给盐菜银九钱(照用省例酌拟)。①

可见,清代西南地区土兵的出征行粮,经过雍正八年(1730)、乾隆元年(1736)、乾隆八年(1743)的几次议定,逐步与绿营归于一致。但在此后的出征行粮支出的过程中,仍然出现纷乱现象。所以,乾隆四十九年(1784)议定八旗、绿营之例时,也统一议定了土兵的出征行粮例,据《钦定户部军需则例》卷之三"盐菜口粮"之"土目土兵盐菜口粮跟役名数"载:

土副将、土参将、土游击、土都司、土守备、土千总把总,如打仗著有劳绩,钦奉特恩补授绿营官员;实任者,按照绿营官员例应得盐菜银、跟役分例支给(现在酌拟)。如只因打仗出力,赏给绿营职衔者,土守备以上及土目土舍各月支盐菜银一两八钱,跟役三名(云南案内:只有土弁照绿营把总例,月支盐菜银一两二钱。惟四川案内,经温福奏准,土都司、土弁及土目、土舍各月支盐菜银一两八钱,各月三名。今土守备以上及土目、土舍拟照川省例办理)。土千总把总,各月支一两四钱,跟役二名;土外委,月支盐菜银九钱,跟役一名,外委仍照土兵例一体增减(云南案内:土千总、把总,日支盐菜银四分,跟役二名。四川案内:土弁,概日给银六分,跟役三名,似未平允。今酌拟。土千总、把总,量为稍减,月支盐菜银一两四钱,跟役二名。土外委所得之项与土兵相同,但究

① (清)阿桂:《钦定户部军需则例》,见《续修四库全书》第 857 册《史部·政书类》,上海古籍出版社 2002 年版,第 105 页。

系，外委有管领土兵之责，且土兵照绿营例连加增四钱计算，日给银四分零。外委应得，分例应照土兵一体加增，仍给跟役一名，以昭平允）。土兵月支盐菜银九钱，又照绿营兵例加给银四钱，官兵跟役均各日支口粮米八合三勺。自起程之日起支口粮，抵至军营；官兵起支盐菜、跟役只支口粮，不支盐菜。如奉调派在本处地方防堵者，只支口粮，该不准支盐菜（仍照旧例）。①

从上述则例内容可见，清代西南地区土司土兵出征行装银虽然比绿营低，但出征盐菜银及出征口粮均与绿营兵丁相同，这样可以保证土司土兵的战时用度。同时，西南地区土司土兵出征期间所支给的"坐粮"，是按绿营守兵例支给，而并未按平时所支月钱之数，这是一项较为优惠的措施。土司土兵若在战争中阵亡，同样和绿营士兵一样给与恤银，每名恤银为25两。② 通过清代西南地区土司土兵出征行装银、盐菜银及出征口粮等方面制度的不断改革可见，这些土兵征调制度在规定权利义务时，承载着价值观念，可以调整土司土兵的行为。土司土兵征调制度关乎着西南地区土司土兵对这些制度的认同，从而实现土司土兵对征调制度的服从和执行，达到土司土兵征调制度所承载秩序的一种价值状态。因此，王朝国家在推进国家治理体系和治理能力的过程中，不仅要提高土司制度执行力，更要关注土司制度的不断完善与改革，以实现土司制度的权威性。

从土司制度权威的生成来看，土司制度的权威主要来源于土司制度自身的合法性和土司、土司地区各族民众的认同两个方面。其中，土司制度自身的合法性构成了土司制度权威性的基础，土司制度的合法性主要由土司制度本身的系统性、适应性和完备性等决定，只有土司制度本身是系统、完备、相适而生的，土司制度才具有较高的合法性。土司、土司地区各族民众对土司制度的认同源于对土司制度承载的价值的认同。只有当土司、土司地区各族民众对土司制度认同后，才能实现他们的价

---

① （清）阿桂：《钦定户部军需则例》，见《续修四库全书》第857册《史部·政书类》，上海古籍出版社2002年版，第105页。

② 陈锋：《清代军费研究》，武汉大学出版社1992年版，第141页。

值归属感和认同感，实现土司制度的权威性，最终实现土司、土司地区各族民众与土司制度的"同一性"。

（三）制度运行

土司制度运行是元明清时期国家利用制度治理土司及土司地区的关键环节。众所周知，任何制度的生命力都在于运行，如果运行不畅、执行不力，再好的制度也是一纸空文。在国家治理土司及土司地区的治理体系和治理能力的制度逻辑中，土司制度顺畅运行处于土司制度链条中最为关键性的环节，只有使土司制度体系真正运转起来，落实于土司职官、承袭、朝贡、征调、优抚、升迁、文教、礼仪等各项制度的具体工作之中，才能使土司制度在国家治理中发挥实质性、决定性的作用。著者曾经研究土司制度时认为，土司制度的运作机制与模式，涉及中央政权集权布局、朝廷与各地土司的关系、土司与周边土司的关系、土司与布政使或督抚的关系、土司与府州县流官的关系、土司衙署与地方政府的关系、土司与地方行政的关系、土司与土目的关系、土司与土民的关系、土司的反抗及土司叛乱、朝廷官员激变土司、朝廷官员平定土司、土官土目叛乱与改土归流、土民反土司斗争、民族迁徙与土司、土司政教关系、土司区民间法与国家法的关系、土司的异地安置、土司势力扩张与冲突、土司图存方针、土司的反抗与中央政府政策的调整、土司的政治立场、土司的文化影响、土司文学创作心态等诸多问题。① 元明清时期土司制度是王朝国家治理土司及土司地区的独特制度，这种制度只是国家治理土司及土司地区的治理体系和治理能力的一种前提和可能，并不能保证国家治理土司及土司地区必然会驶入良性运行的轨道，只有将土司制度体系转化为国家治理效能，才能够保证王朝国家治理土司及土司地区呈现出"良治"和"善治"的结果。土司制度体系中最为重要的制度是承袭制度，但土司承袭问题并非像《明会典》卷六"土官承袭"所说的那么轻松，只要"取具宗支图本，并官吏人等结状，呈部具奏，照例承袭"那么简单，它的运行不仅涉及主管单位有兵部和吏部之分，而且应袭之人也有嫡庶之别。承袭制度且不说涉及应袭之人的主次、承袭的程序与手续、诰敕及印信号纸等凭据，单就是"土官册报"之事就

---

① 李良品：《中国土司学导论》，中国社会科学出版社2018年版，第202—203页。

十分复杂，如明代规定："嘉靖九年题准，土官衙门造册、将见在子孙尽数开报。某人年若干岁、系某氏生、应该承袭。某人年若干岁、某氏生、系以次土舍。未生子者，侯有子造报。愿报弟姪若女者听，布政司依期缴送吏、兵二部查照。"① 清代有规定："承袭之时，应袭者开具祖宗三代亲册、亲供及邻封土司具结，再由朝廷查验无异时，始发给号纸。土司应袭者于领得号纸后，乃正式为土司。"② 即便到了民国时期，同样必须报送《承袭清册》，如"云南丽江县应袭土通判木琼，谨将年籍、履历、沿袭宗图、居住户口、疆界、职名，造具清册，呈请查验"；《承袭清册》具体内容包括亲供、居址、户口、疆界四至、职名等。③ 可以说，土司承袭制度运行涉及承袭土司的程序、土司袭职的手续、土司承袭制度效果问题的处理、中央王朝对土司如何从承袭制度方面驾驭与管控土司等内容。

从土司制度与国家治理的关系之中我们能进一步确证土司制度运行对于王朝国家治理的作用和价值所在。在土司制度体系和王朝国家治理能力的语境中，所涉及的土司制度事实上就是元明清王朝国家对土司及土司地区实施有效治理的管理制度，它是作为王朝国家治理体系的重要组成部分而存在的。但就国家治理本身而言，它内含王朝国家治理体系和王朝国家治理能力两个方面的内容。所谓的"王朝国家治理体系"是在元明清中央王朝领导下的管理国家的制度体系；"王朝国家治理能力"也就是运用土司制度管理土司及土司地区各种事务的能力。我们认为，土司制度体系为王朝国家治理土司及土司地区提供了运行规则和制度保障，而土司制度运行则赋予了王朝国家治理以强劲的生命力，并使土司制度能转化成王朝国家的治理效能。从王朝国家治理体系和治理能力的制度逻辑来看，虽然土司制度运行构成了王朝国家治理体系和治理能力的关键环节，但在王朝国家治理过程中的关键问题还在于土司制度运行的羁绊。如明清时期各地土司与中央政府、与地方流官政府在一些具体事务的博弈中千方百计谋求自身利益的最大化，加之

---

① （明）申时行等修：《明会典》，中华书局1989年版，第31页。
② 佘贻泽：《中国土司制度》，正中书局1944年版，第40页。
③ 佘贻泽：《中国土司制度》，正中书局1944年版，第204—208页。

各地土司不断寻求生存之道、改变生存法则、谋取生存策略（行贿地方官员、周边土司联姻、指使民众劫掠），使用"手眼通天"的看家本领，这些无疑影响王朝国家对各地土司的驾驭与管控。同时，一些地方流官借土司承袭之际，无端勒索土司，导致土司制度失灵、制度空转等问题，这些因素纠缠和羁绊着土司制度的运行方式和运行绩效，制约了土司制度所蕴含的强大治理效能的发挥，使土司制度运行过程中大打折扣。

（四）制度效益

土司制度效益是元明清时期国家利用制度治理土司及土司地区的价值旨归。笔者认为，元明清时期的土司制度与王朝国家治理体系和治理能力是一体两面、互为表里的关系。在土司时期，王朝国家治理体系和治理能力不仅需要土司制度提供持久的动力，而且土司制度始终遵循着"土司制度建构—土司制度改革—土司制度运行—土司制度效益"的逻辑理路渐次展开。因此，土司制度效益是元明清时期国家利用制度治理土司及土司地区的价值旨归，是推进王朝国家治理体系和治理能力的动力源泉。

前面探讨了元明清时期土司制度的运行，这里着重探讨土司制度与王朝国家治理的"成本—效益"问题。如果王朝国家治理土司及土司地区的效益大于成本，国家就会采取积极态度；如果土司制度运行成本大于效益，王朝国家就会采取消极态度。王朝国家总是期盼在土司制度与国家治理过程中用最低的成本以获取最大的效益。从理论上讲，将土司制度效益视为国家治理土司及土司地区价值旨归，是土司制度效益与王朝国家治理体系和治理能力之间耦合互动关系的效果和利益。

王朝国家通过土司制度对土司及土司地区进行治理，其效益是多方面的。一是政治效益。元明清的土司制度不仅有利于维护土司地区（特别是边疆地区）的稳定，甚至直接关系到内地经制州县的稳定。通过土司制度将边疆地区稳定且巩固国家整体的稳定，这是王朝国家"制度治理"获得的最大效益，这是难以用量化数字来估计的政治效益。二是经济效益。众所周知，明朝前期，土官无俸禄，明英宗时期开始，土官土司有俸禄者逐渐增多。王朝国家不给土官土司俸禄支出，土官土司还担负着辖区内的国家治理、边疆治理的职责，为王朝国家治理边疆地区节省了一大笔经费支出。元明清统治者经常调用土司土兵征战或戍守边关，能节省王朝国家的开支——即"省县官之费，减输饷之劳"。特别是明朝中后期经历世宗、穆宗、神宗的三朝重臣葛守礼在《与郭一泉论边事》中提出了重用土司土兵之优势："则有妻子乡土之安，无逃亡躲避之患。无事则耕，有警则备。万全之长计也。"① 明中期兵部尚书李承勋曰："愚计省行粮以雇游食，何忧工役之乏，以行粮而募土人，何虑边旅之寡？"② 从战时费用来看，"汉兵有安家行粮，而土兵止（同'只'，通假字）给行粮，省费一倍。每兵一日，仅白金一分二厘耳"③。可见，土司土兵征调打仗，与官军相比，为王朝国家节省了一半的支出。此外，还有管理效益等，此不赘述。

总之，元明清时期的土司制度与国家治理是一个系统工程，它立足于"制度治理"，强化土司制度在国家治理中发挥实质性、决定性的作用，从而推进"土司之制"向"土司之治"转化，这是通过制度以达到王朝国家治理土司及土司地区的制度逻辑。同时，"土司制度建构—土司制度改革—土司制度运行—土司制度效益"四个环节构成了王朝国家治理土司及土司地区制度逻辑的逻辑理路，进而为王朝国家治理体系的丰富完善和治理能力的逐步提升打下了坚实基础。

第三节 土司制度与国家治理能力

从土司时期的历史经验看，元明清中央政府运用土司制度治理土司及土司地区就是按照制度治理原则办事、**依据制度治理规律办事**、运用制度治理规则办事，是元明清王朝国家治理的重要基石、推动土司地区

---

① （明）葛守礼：《与郭一泉论边事》，参见（明）陈子龙辑《明经世文编》卷278，中华书局1962年版，第2944页。

② （明）张萱辑：《西园闻见录》（第七册）卷七十九《土兵》，哈佛燕京学社1940年版，第749页。

③ （清）汪森：《粤西丛载》卷二十四《土兵》，参见《四库全书史部》（第1467册），上海古籍出版社1987年版，第706页。

发展的重要动力。① 王朝国家通过土司制度体系力求治理土司及土司地区实现治理效益最优化，这势必形成中央政府与土司之间的博弈。如果国家治理体系不公正，土司制度运行不顺畅，势必影响制度执行效益，造成土司地区社会失序。如果王朝国家各种权力过大，且不受限制，就很难保证土司制度执行的公平正义。从土司制度与国家治理内容看，国家治理体系主要包括政治治理、经济治理、社会治理、法律治理、文化治理五个体系。因此，王朝国家就是通过这五个方面充分显现国家治理能力。

（一）政治治理

从土司制度与王朝国家政治治理的过程中可见，其治理模式包括三方面元素：一是主要由掌握全社会公共权力的人——皇帝来治理土司及土司地区各族民众；二是由掌握权力的人来主导政治治理，所谓国家法律、国家制度，都从属于掌握权力的人；三是土司制度越来越严密、执行越来越严苛，原来土司制度的"秩序"逐渐被改土归流替代。从元明清中央王朝通过土司制度治理国家的角度看，王朝国家政治治理主要举措有几个方面。

1. 中央王朝顶层设计土官土司制度

元明清三朝通过典、律、例等形式，将土官土司制度系统化，形成一个结构有序、较为完整的根本制度、基本制度和重要制度的制度体系，因此，土司制度构成了职官、承袭、征调、朝贡、奖惩、礼仪、文教、抚恤、分别流土考成等完整的土司制度体系。如《明会典》卷之四《官制三》"外官"条载："各宣慰使司正官，宣慰使一员，同知一员；副使一员，佥事一员；首领官，经历司经历一员，都事一员；各宣抚司正官，宣抚一员，同知一员；副使一员，佥事一员；首领官，经历司经历一员，知事一员；各安抚司正官，安抚一员，同知一员；副使一员，佥事一员；首领官，吏目一员（旧为知事）；招讨司正官，招讨；副招讨，首领官，吏目；长官司正官，长官；副长官；首领官，吏目；蛮夷长官司长官，副长官；蛮夷官，苗民官，千夫长，副千夫长，百夫长；军民万户府经

---

① 温宪元：《制度治理：国家治理的重要基石》，《深圳特区报》2014年3月11日。

历司经历一员,知事一员。"① 对各宣慰使司、各宣抚司、各安抚司、招讨司、长官司、蛮夷长官司、蛮夷官、千夫长、百夫长、军民万户府经历司等土司机构正官、副官、首领官等官员人数的设置;《明会典》卷之六《验封清吏司》对土官承袭的各种制度性的约束;②《明会典》卷之一百零八《朝贡四》和卷之一百一十三《给赐四》对全国土司朝贡物品、朝贡时间、朝贡名单以及回赐物品、数量等的规定。③ 该书卷之一百二十一《铨选四》对"土官袭替""土官就彼袭替""土官袭替禁例""夷人袭替"等均有制度规定。④ 这就使土司制度具体化,具有可操作性。

2. 中央王朝将土司地区完全纳入王朝国家"大一统"版图之中

元明清中央政府实施土司制度的目的之一就是对各地土司和土司地区加强管控,维护边疆地区的社会稳定,巩固中央王朝的统治,逐步实现"大一统"。因此,大凡"归附""内附"的土酋或少数民族首领,均赋予土官土司职衔,只是职级大小有别而已。元明清土司制度的实施,将西南、中南和西北土司地区完全纳入统一的多民族国家行政版图之中。如元代土官机构是介于"行省"与"路、府、州"之间,主要起着上传下达的作用,故《元史·百官志七》云:"宣慰司,掌军民之务,分道以总郡县,行省有政令则布于下,郡县有请则为达于省,有边陲军旅之事,则兼都元帅府,其次则止为元帅府。其在远服,又有招讨、安抚、宣抚等使。"⑤ 有时,宣慰司、招讨司、安抚司、宣抚司等机构,还可以代表"行省"单独处理军政事务。⑥ 元代在西南、中南少数民族聚居地区已基本实施了土官制度,且通过土官制度将西南地区纳入中央王朝的版图之中。明代政府在元代基础上继续施行并不断完善土司制度。据《明史》卷七十六《职官五》载:"洪武七年,西南诸蛮夷朝贡,多因元官授之,稍与约束,定征徭差发之法。渐为宣慰司者十一,为招讨司者一,为宣抚司者十,为安抚司者十九,为长官司者百七十有三。其府州县正贰属

---

① (明)申时行等修:《明会典》,中华书局1989年版,第23页。
② (明)申时行等修:《明会典》,中华书局1989年版,第31页。
③ (明)申时行等修:《明会典》,中华书局1989年版,第581—586、597—598页。
④ (明)申时行等修:《明会典》,中华书局1989年版,第626页。
⑤ (明)宋濂等:《元史》,中华书局1976年版,第2308页。
⑥ 安介生:《历史民族地理(下)》,山东教育出版社2007年版,第652页。

官，或土或流，大率宣慰等司经历皆流官，府州县佐贰多流官。皆因其俗，使之附辑诸蛮，谨守疆土，修职贡，供征调，无相携贰。有相仇者，疏上听命于天子。又有番夷都指挥使司三，卫指挥使司三百八十五，宣慰司三，招讨司六，万户府四，千户所四十一，站七，地面七，寨一。"①可见，明代降570家以上的土司及土司地区纳入王朝国家的版图之内予以直接治理。清朝雍正年间，为了维护封建"大一统"，中央王朝一方面是沿袭元明两朝的土司制度，对未改土归流的土司及土司地区加强更为严格地治理；另一方面，则是进行大规模的改土归流，实现"天下一统"，实施更有利于王朝国家治理的郡县制度。

3. 中央政府规定土司及辖区民众履行职责和义务

元明清三代土司凡"归附""内附"中央王朝之后，不仅增强了各地土司对国家的认同，而且将土司及土司地区民众置于"内地编民"之中，规定土司及辖区民众履行征调、朝贡、纳赋、守土等职责和义务。如明王朝每设置一个土司，对其缴纳赋税的多少都有明确的规定，据《明史》记载："（洪武）七年，中书省奏：'播州土地既入版图，当收其贡赋，岁纳粮二千五百石为军储。'帝以其率先来归，田税随所入，不必以额。"②但播州杨氏土司必须朝贡纳赋、服从征调。有明一代，土司被征调参与征蛮、援辽、轮戍、抗倭、平乱等十分频繁，次数很多，如永顺土司明代参与战争达56次，平均不到五年就有一次战争；石砫土司被征调19次；唐崖长官司参加各种战争有十多次；秀山杨氏土兵先后被征调参加的军事活动达19次之多。明清时期各地土司纳粮以资军饷十分积极，据《明史》载："乌撒军民府叶原常献马三百匹、米四百石于征南将军，以资军用。"③明代"弘治三年、四年存积盐课十八万一千余引，召商上纳银米，以备军饷"；弘治六年（1493）"命云南有司转运腾冲、金齿仓粮六万余石，贮之陇川、南甸等处，并开中云南盐课提举司"。④乾隆二十九年（1764），云贵总督刘藻奏议："再练丁远戍江边，口粮宜量为折

---

① （清）张廷玉：《明史》，中华书局1974年版，第1876页。
② （清）张廷玉：《明史》，中华书局1974年版，第8039—8040页。
③ （清）张廷玉：《明史》，中华书局1974年版，第8005页。
④ （明）《钞本明实录·明孝宗实录》（卷80），线装书局2005年版，第467页。

给。除南外下渡系茂隆厂沙丁,应听该厂委办外,其余土练,每名日给口粮盐菜银四分,头目倍之。二土司按月赴卡巡查,往返需时,每次各给银五两,以资盘费。"① 明清以来,土司从"自裹行粮"到与军官同样享受中央王朝划拨军饷,逐渐消除"西南蛮夷"与"内地编民"的区别。

(二) 经济治理

在元明清中央王朝施行土司制度,从中央王朝的角度看,各地土司图报于国家的仅有朝贡和纳赋,因此,各地土司向中央政府缴纳"贡赋",既是各地土司应该承担的经济义务,也是元明清中央政府享有的经济权利,更是明清中央政府对土司进行有效治理的一种举措。此外,明清中央政府通过经济制度促进土司地区贸易市场有序进行而发展经济。

1. 明清中央王朝通过朝贡治理土司

明代中央政府对土司朝贡有明确的规定,清代对土司朝贡规定不是很多。《明会典》对土司朝贡物品、贡期、人数、赏赐、接待等均有明确规定。据《明会典》卷一百八载:明代"土官贡物"有:金银器皿、各色绒绵、各色布手巾、花藤席、降香、黄蜡、槟榔……各色足力麻、各色铁力麻、各色氆氇、左髻、明盔、刀、毛缨、胡黄连、木香、茜草、海螺、毛衣等。② 各地土司为了向中央王朝表明忠心、继获封赏,他们乐此不疲。如明代播州杨氏土司就是积极朝贡者,详见表2-1。③

表2-1　　　　　　明代播州杨氏土司朝贡一览表

时间	朝贡者	朝贡类型及原因	朝贡物品	回赐情况
洪武五年正月	杨铿	纳元所授金牌、银印、铜印、宣敕	方物	赐绮、帛、衣服,仍旧职
洪武七年九月	杨铿	不详	不详	赐绮、帛各五匹

---

① (清)《清实录·高宗纯皇帝实录》(卷725),中华书局2008年版,第17842页。
② (明) 申时行等修:《明会典》,中华书局1989年版,第582—585页。
③ 根据李国祥、杨昶:《明实录类纂(四川史料卷)》,武汉出版社1993年版相关史料整理。

续表

时间	朝贡者	朝贡类型及原因	朝贡物品	回赐情况
洪武八年五月	杨锜	不详	马	赐铿绮衣物有差
洪武九年八月	杨铿等	不详	马	赐绮、帛各十四匹
洪武十一年冬十月	杨铿	不详	马	赐文绮、袭衣
洪武十二年秋七月	谢德名	奉表	马	不详
洪武十七年夏四月	杨铿	不详	马	赐织金文绮并其属赏赉有差
洪武十七年十一月	杨彝	不详	马	赐以绮、帛、钞锭
洪武二十年冬十月	杨铿	被征调入朝	马十匹	赐钞五百锭
洪武二十一年五月	杨孟仁	不详	马	赐仁以下钞有差
洪武二十三年五月	杨铿子	请入太学	不详	敕国子监官"善为训教，不负远人慕远之心"
洪武二十三年五月	杨章	不详	马	不详
洪武二十四年十一月	罗钦	不详	马及方物	赐钞锭
洪武二十五年春正月	罗钦	不详	犀、象及马	不详
洪武二十五年六月	杨铿	奉表笺	马	不详
洪武二十六年春正月	杨铿遣使	不详	马及方物	赐文绮、钞有差
洪武二十六年九月	杨杰	不详	马	不详
洪武二十六年十二月	杨铿	不详	马	赐绮、帛及钞
洪武二十八年夏四月	杨瑾	不详	马	赐瑾绮、钞
洪武二十九年五月	杨铿等	不详	马	赐文绮、钞锭
洪武三十五年九月	杨升	不详	水银、朱砂等	赐白金、锦、绮、縧、帛；赐其僚从有差
永乐二年九月	杨升遣人	贺立皇太子	方物	赐钞币及宴
永乐三年夏四月	杨孟瑄	不详	马	赐钞锭、彩币
永乐四年春正月	杨升遣人	不详	马四十匹	赐白金、锦绮；赐宴
永乐四年十二月	杨升遣人	不详	马及方物	赐钞币

续表

时间	朝贡者	朝贡类型及原因	朝贡物品	回赐情况
永乐五年十一月	杨珪	不详	方物	赐钞币有差
永乐八年五月	王琏珪	不详	马	赐赏有差
永乐十年春正月	杨亮	不详	马	赐白金百两，金织绮衣一（袭），锦绮十匹；别赐亮白金、文绮、袭衣
永乐十年八月	杨升遣人	不详	马	赐钞币
永乐十二年十二月	杨升遣人	不详	马	赐钞币有差
永乐十三年三月	杨孟庄等	贺平胡	马	赐钞币
永乐十五年十一月	杨升	不详	马三十匹	赐白金，袭衣、钞币
永乐十九年夏四月	杨升	不详	马	赐袭衣、钞币
永乐二十一年夏四月	罗宗昭	不详	方物	赐钞币有差
永乐二十二年春正月	杨升遣人	不详	马	赐钞二百五十锭，锦二段，彩币八表里，仍给其马直，赐所遣人钞、彩币表里有差
永乐二十二年九月	宋珪	不详	马	赐钞、币表里有差
洪熙元年二月	杨升	不详	马及方物	赐钞、币表里
洪熙元年四月	杨升等	不详	马	赐钞、文绮有差
洪熙元年七月	杨升	不详	马	赐钞、币有差
宣德元年三月	杨升	不详	马及方物	赐钞、币表里、袭衣有差
宣德元年五月	杨福通	不详	马	赐杨福通等钞、币有差
宣德二年三月	杨胜显	不详	马	赐杨胜显等钞、彩币、袭衣有差
宣德三年二月	郑钊	贺万寿圣节	马	赐郑钊等钞、彩币表里；行在礼部援例奏减半赐之

续表

时间	朝贡者	朝贡类型及原因	朝贡物品	回赐情况
宣德三年六月	杨钦	不详	马	赐杨钦等钞、彩币表里有差
宣德四年夏四月	冯添祺	不详	马	赐冯添祺等钞、彩币表里有差
宣德四年六月	杨九成	不详	马	赐杨升姪等钞、文锦、彩币表里有差
宣德五年三月	李钦	不详	马及金银器皿、方物	赐李钦等钞、彩币表里及绢有差
宣德六年二月	陈恕等	贺万寿圣节	马及方物	赐陈恕等九十九人钞、彩币表里，金织袭衣有差
宣德七年三月	杨忠等	不详	马	赐杨忠等钞、锦绮、彩币表里有差
宣德八年二月	杨昌建等	不详	马	赐杨昌建等钞、彩币绢、布及金织袭衣
宣德九年二月	杨威等	不详	马	赐杨威等钞、币有差
宣德十年二月	杨升遣人	不详	马	赐彩币等物有差
宣德十年秋七月	杨升遣人	不详	马	赐彩币等物
宣德十年十二月	犹恭	不详	马	赐彩币等物有差
正统元年十二月	杨胜宗等	不详	鹰、马及方物	赐宴；并赐彩币等物有差
正统三年春正月	杨纲等	不详	马	赐彩币等物有差
正统三年十一月	杨炯遣安抚宋忠诚等	不详	马	赐宴并赐彩币等物有差
正统四年夏四月	杨炯遣人	不详	马	赐宴并赐袭衣、彩币等有差
正统四年十二月	播州宣慰使司遣长官夏大成等	不详	马	赐彩币等物有差

第二章　土司制度与国家治理的理论框架、治理体系及能力　119

续表

时间	朝贡者	朝贡类型及原因	朝贡物品	回赐情况
正统五年十一月	杨炯遣长官韩仁寿等	不详	马及方物	赐宴并赐彩币等物有差
正统六年六月	杨纲	不详	马	赐绒锦、彩币、钞锭有差
正统六年十一月	遣长官张瑾	不详	马及方物	赐绢如例；赐张瑾等钞锭，彩币表里有差。瑾过期到京，如例减半
正统七年六月	杨纲	袭职	马	赐钞、锦绮、缘段表里等物有差；赐杨纲诰命
正统七年十一月	杨镇等	不详	马	不详
正统九年六月	杨纲遣人	不详	马及方物	赐彩币等物有差
正统九年七月	杨铭等	不详	马	赐钞、彩币、绢布有差
正统十年十一月	陈昂等	不详	马、驼	赐宴并彩币表里等物
正统十三年十一月	杨纲遣人	万寿圣节	马	赐以钞、币
景泰四年秋七月	赵暹	不详	马	赐彩、钞锭有差
景泰五年九月	令狐昂等	不详	马及方物	赐彩币等物有差
天顺二年春正月	夏琛等	不详	马	赐宴并彩币表里、袭衣等物有差
天顺四年六月	张钦	不详	马	赐彩币等物
天顺五年正月	杨胜宗等	不详	马及方物	赐宴并彩币表里等物有差
成化二年五月	程善等	不详	马	赐彩缎等物有差
成化五年正月	赵昶等	不详	象、马并金银器皿	赐宴并衣服、彩段等物有差
成化十年九月	张渊等	不详	马及方物	赐彩缎表里等物有差
成化十一年二月	杨辉遣人	不详	马及银器	赐彩缎等物有差

续表

时间	朝贡者	朝贡类型及原因	朝贡物品	回赐情况
成化十二年春正月	蒋信	不详	马并银器	赐彩缎、宝钞有差
成化十二年十二月	郑旭等	不详	马	赐彩缎、绢、钞有差
成化十五年十一月	遣把事人等	不详	马	赐彩缎及钞有差
成化十六年十一月	遣头目	不详	马及方物	赐彩缎等物有差
成化十七年二月	杨爱遣人	不详	马	赐彩缎、钞锭有差，仍令赍文锦、绦限回赐土官
成化十八年十一月	遣人	不详	马及方物	赐彩缎、绢、钞有差
成化十九年九月	杨爱遣人	不详	马	赐彩缎、宝钞有差
成化二十年三月	杨爱遣人	不详	马及金银器皿	赐彩缎、钞锭有差
成化二十一年十二月	杨王等	不详	马及方物	赐彩缎，宝钞有差
成化二十三年十二月	犹镛等	庆贺并谢恩	不详	赐彩缎、钞锭有差
弘治二年七月	杨爱遣通事	朝贺	马	赐宴并彩缎、钞锭有差
弘治三年八月	遣头目等	不详	马	赐彩缎、钞锭有差
弘治四年八月	杨爱遣人	朝贺	马并银器等物	赐彩缎、衣服、钞锭有差
弘治五年七月	蒋辅等	贺万寿圣节	不详	赐彩缎有差
弘治六年正月	杨爱遣使	谢恩庆贺	马	赐彩缎、钞锭有差
弘治八年六月	杨爱遣使	不详	不详	赐彩缎等物如例
弘治十二年七月	张楷等	贺万寿圣节	不详	赐彩缎、钞锭有差
弘治十三年七月	犹浦等	谢恩	马	赐彩缎、绢、钞等物有差
弘治十四年七月	郑鋆等	万寿圣节	不详	赐宴并彩缎、衣服等物如例
弘治十六年七月	赵本等	庆贺万寿圣节	马	赐彩缎、钞锭等物如例
正德元年十月	刘彬等	贺万寿圣节	马	赐宴，赏彩缎、钞锭各有差

第二章 土司制度与国家治理的理论框架、治理体系及能力 121

续表

时间	朝贡者	朝贡类型及原因	朝贡物品	回赐情况
正德三年春正月	都勋等	不详	马	赐宴并彩缎、钞锭有差
正德三年冬十月	何烜等	不详	马	赐彩缎、锭有差
正德四年九月	杨斌遣人	不详	不详	赐钞锭，彩缎、等物有差
正德六年冬十月	郑鋆等	朝贺	马	赏彩缎、钞锭有差
正德九年春正月	都勋等	不详	马	赐彩缎等物有差
正德九年冬十月	冯俊等	不详	马	赐宴并彩缎，钞有差
正德十一年九月	都勋等	贺万寿圣节	马	赐宴，并赏彩币等物有差
正德十三年九月	李镜等	贺万寿圣节	马	赐宴并赏彩缎等物有差
正德十四冬十月	胡渊	不详	不详	赏彩缎、钞有差
正德十五年二月	王祐等	不详	马	赐锦绮、钞、币有差
嘉靖元年八月	韩晞等	贺万寿圣节	马	赐彩缎、钞锭有差
嘉靖二年正月	杨相	不详	马	赐相文锦、彩缎及差官钞币有差
嘉靖三年八月	令狐爵	进贺	马	赐彩缎、钞如例
嘉靖四年八月	冯俊等	贺圣节	马	赐钞绽、彩币有差
嘉靖五年春正月	遣人	不详	不详	赏赉如例
嘉靖九年八月	杨守等	贺万寿圣节	马	赐赉如例
嘉靖十二年九月	杨相遣使	不详	马	赏赉如例
嘉靖十五年九月	吴廷炬等	贺万寿圣节	马	给赏如例
嘉靖十七年三月	程致	不详	不详	诏各给赏如例
嘉靖十九年九月	张焕等	补贡，贺万寿圣节	不详	宴赉如例
嘉靖二十三年三月	杨烈遣人	不详	马	给赏如例
嘉靖二十五年正月	杨烈差官	补贺万寿圣节		给赏如例
嘉靖三十三年十二月	都春等	不详	马	给赏如例
嘉靖三十五年九月	杨烈遣人	贺圣节	马	给赏如例
嘉靖三十六年十月	杨宠等	补贺万寿圣节	马	给赏如例

续表

时间	朝贡者	朝贡类型及原因	朝贡物品	回赐情况
嘉靖四十年三月	杨烈	不详	大木四十株	诏赐二品武职服色,给与诰命
嘉靖四十一年二月	杨烈遣人	朝贺	不详	给赏如例
嘉靖四十三年正月	杨烈差人	贺万寿圣节	马	以过期给半赏
嘉靖四十三年九月	杨烈遣人	贺万寿圣节	马	以过期给半赏
隆庆二年正月	赵士贤等	不详	马	宴赉如例
隆庆五年二月	遣人	不详	马	给赏如例
隆庆五年二月	杨烈	贺万寿圣节	马	给赏如例
万历元年正月	杨应龙差人	贺上登极	马	不详
万历元年二月	杨美	奉贺登极	马二匹	赏表里钞锭如例;给杨应龙敕书统抚夷民
万历四年十二月	赵凤鸣	庆贺万寿圣节	不详	赏彩缎、钞锭如例
万历八年正月	杨正芳	贺万寿圣节	马	赏给钞、缎
万历九年十一月	赵仕贤等	贺万寿圣节	马	赏赉如例
万历十一年十一月	杨应龙	贺万寿圣节	马	给赏如例
万历十三年十二月	何邦卿等	不详	马三十匹;巨材六十	赐锦二缎、丝币六表里及其长官钞币如例
万历十五年十月	何汉良等	贺万寿圣节	马二匹	给赏如例
万历二十四年闰八月	杨应龙、子杨朝栋	赎罪	大木四十根	免斩

明代播州杨氏土司朝贡不是简单的进献土特产以获取中央王朝统治者的欢心,而是一种政治活动、经济活动、文化活动,特别是对中央政府的高度认同。播州杨氏土司的朝贡,为维护播州地区的稳定和发展作出了巨大的贡献。其朝贡次数多达 134 次,其中贡马最为频繁,竟有 82 次,高达 61.2%。明代播州杨氏土司不同年代朝贡次数及进贡物品详见表 2-2。

表 2-2　　明代播州杨氏土司朝贡次数及进贡物品一览表

杨氏土司	年号	朝贡次数	贡马次数	贡方物次数	贡金银器皿次数	其他（水银、朱砂、鹰、象、驼、大木）
杨铿	洪武	20	17	3	0	0
杨升	洪武	1	1	0	0	1
	永乐	15	13	4	0	0
	洪熙	3	3	1	0	0
	宣德	14	14	3	1	0
	正统	2	2	1	0	1
杨炯	正统	4	4	1	0	0
杨纲	正统	8	8	2	0	1
杨辉	景泰	3	3	2	0	0
	天顺	3	3	1	0	0
	成化	5	5	1	3	1
杨爱	成化	9	8	3	1	0
	弘治	7	4	0	1	0
杨斌	弘治	3	2	0	0	0
	正德	11	9	0	0	0
杨相	嘉靖	10	7	0	0	0
杨烈	嘉靖	9	7	0	0	1
	隆庆	3	3	0	0	0
杨应龙	万历	9	7	0	0	2
合计		139	120	22	6	7

播州杨氏土司即便到了万历年间杨应龙担任土司时期，仍然积极朝贡，且向明朝进贡大木有明确数量记载，如巨材60根、大木40根，这在明代播州杨氏土司的朝贡历程中，虽然不是首次（第一次是嘉靖四十年，杨烈献大木40株），但其意义非同一般，其主要原因是为了赎罪。总的来讲，明清中央王朝规定各地土司到京城向朝廷朝贡：一方面，是通过各地土司到京城朝贡，了解各地土司的动向，考察土司是否认同或效忠中央王朝；另一方面，是密切中央王朝与各地土司的联系，掌握各地土司的各方面情况，以便有效治理土司及土司地区，维护土司地区的和谐

稳定与经济发展。

2. 明清中央王朝通过田赋治理土司及土司地区

田赋是明清中央王朝对包括土司地区在内的乡村社会拥有土地的人所课征的土地税。明朝初年和中期的田赋被称为"税粮",明朝后期实施"一条鞭法"和清朝推行"摊丁入亩"后成为"田赋",著者以《万历会计录》整理出明代四川土司地区田赋情况,详见表2-3。

表2-3 《万历会计录》所载四川土司地区田赋一览(单位:斗)①

地名	夏税米	秋粮米	备注
静州长官司		2838.341	起运
岳溪蓬长官司		1847.824	起运
陇木头长官司		3271.432	起运
播州宣慰司	4241.34	43937.226	起运
播州长官司	9704.449	45006.84	起运
草塘安抚司	111.24	6771.9	起运
白泥长官司	658.2	4125.628	存留
容山长官司	124.5	118.367	留存
真州长官司	576.4	3538.79	存留
重安长官司	45	1813.6	留存
西阳宣抚司		8161.3	起运
邑梅洞长官司		478	起运
平茶洞长官司		2500	起运
地坝干等寨		825	起运
石砫宣抚司	126.84	1100.8	存留
泥溪长官司	1528.573	4502.122	
平夷长官司	1707.582	2900.152	
蛮夷长官司	408.217	1198.581	
沐川长官司	5305.91	12303.49	
乌撒军民府		100000	起运

---

① (明)张学颜等:《万历会计录》(卷十二),参见《续修四库全书》(831册)《史部·政书类》,上海古籍出版社2002年版,第717—752页。

续表

地名	夏税米	秋粮米	备注
东川军民府		30000	起运
乌蒙军民府		43000	起运
永宁宣抚司	6368.687	12199.24	存留
九姓长官司	9259.57	10183.753	起运
太平长官司	1613.859	4708.1	留存
建昌卫并所属龙晋济昌州等长官司	2578.996	29920.16	起运
越巂卫并所属邛部长官司		2225.212	留存
盐井卫并所属马喇长官司	1463.934	34953.569	留存

清初，土司地区仍然要缴纳田赋，只是在《大清会典》中成为"土司贡赋"：

> 国家威德远播，各省土司向化归诚，悉入版图，输纳租赋，岁有征收，以示羁縻之义云。

顺治十八年覆准：贵州水西宣慰司，岁纳米二千石；镇雄府，岁纳荞四百六十石；乌撒府，岁纳荞三百石；乌蒙府岁纳荞三百石，折征银三百两。又覆准：贵州九长官司，并枯木、八寨、牛羊、新县四处，令编派秋粮，及人丁差发银两。又题准：云南宁州土官养兵庄粮三百六十石，每石折征银三钱。又，曲靖府有宣抚恭默田一千六十二亩，科秋粮二十三石六斗二升；条银十一两七钱九分。又，铁锁营土军屯垦，岁输租米二百石一斗四升，增入洱海卫经制。又，寻甸四十八哨，岁征秋粮一百六十一石五斗，增入寻甸府经制。又，临安府属五亩地方中则田七百六十九亩七分，科秋粮二十四石，差发银一百两，条编银二十三两零，增入建水州经制。康熙元年覆准：云南普洱等十三处，岁征粮米，编入元江府经制。三年覆准：贵州水西、镇雄、乌撒、乌蒙等处，额征米荞，俱称报效，原示羁縻，不载入考成册。又覆准：四川星上、水田等寨，岁征杂粮一百十五石，折京斗八十五石，支给古城通化兵粮。其别寨租粮，责成番头，并瓦寺、达喇二土司，催赴威州输纳。四年覆准：云南苗渠求附田土，编入新添卫，照例科粮，不得仍称土司。五年覆准：云南浪妈等六寨，岁征银二百七十两，米三石，归入元江府正额。又覆准：广西忻城、永定二土司额粮照附近永顺土司例征输。又覆准：广西、四川、云南、贵州各土司，系边方世职，其钱粮完欠，不必照流官例考成。又覆准：四川石柱土司，新征谷种五十八石四斗，租折银三十八两二钱。又，随印田种九石七斗，租折银六两三钱，解交重庆府。六年覆准：石柱土司有山坡草粮地，应纳粮十八石三斗，折银十八两三钱，按旧例三年一征。七年覆准：四川酉阳、石耶、地坝、平茶、邑梅土司，旧额秋粮一千一百一十石一斗，为土官公用，余折解湖广大田所，今俱令交纳四川布政司。又覆准：四川瓦渣土司四十七寨，额征苗粮四百二十四石，银六百六十八两，令归临安府管辖。又覆准：各土官经征钱粮，一年内全完者，督抚题明奖赏银牌花红，以鼓急公，永为定例。九年覆准：四川石泉青片生番，岁纳粮一百二十二石，并黄蜡变价银，候拨充饷。又覆准：贵州镇远府属巴野等十三寨，山箐险峻，无粮可报；梁上等二十三寨，纳米三石六斗六升，定番州属冈渡等一百四十五苗寨，岁纳条马银九十八两五钱，秋粮米二十二石一斗，令造入全书由单。十一年覆准：贵州贵定县四土司，丈量田地五千一百六十八亩，本折秋粮米九百一十一石九斗，条马银一千六百一十二两，学田三十五亩，租谷三十九石三斗，官庄田三十二亩，租谷三十七石一斗，令改正全书由单。十二年覆准：四川东川土府，额征荞折银一百五十两，令四川巡抚催解贵州布政司库。①

可见，清代初期土司地区是有缴纳田赋的任务，只是不同地方土司的贡赋名称、数量、交付地方、缴谷或缴银等不尽相同。清代雍正年间在全国大规模改土归流之后，清王朝乘势在全国大部分土司地区清查田土，造册定赋，始行起科。因此，清代中后期各地土司缴纳田赋的情况，

---

① （清）伊桑阿等著，关志国等校点：《大清会典（康熙朝）》，凤凰出版社2016年版，第249—250页。

不可一概而论。乾隆朝《大清会典》有载：

> 凡土司贡赋，川、广、云、贵布政使司所属宣慰、宣抚、安抚长官等司，及土府、州、县、社、寨，夷、傜向化既久，或比年一贡，或三年一贡，各因其土俗以定制焉。四川布政使司所属土司，岁贡荞麦、马牛、狐皮、贝母，折银四千七百二十三两、粮千二百七十石，各有奇。马十有三匹，三年一贡，马折银三百十有二两有奇，马五十三匹。广西布政使司所属土司，岁贡马，折等银六百三十三两有奇。云南布政使司所属土司，岁贡矿课及苧布、鹿皮等折银万三千七百八十二两有奇。贵州布政使司所属土司，岁贡米谷万六千四百三十石，马折等银二万二千四百八十两，各有奇。①

由此可见，在南方尚未改土归流的土司中，缴纳田赋的现象十分普遍，只是分川、广、云、贵四省布政使司记载而已。同时，嘉庆《大清会典事例》卷121《吏部》"土官"条载："经征钱粮一年内全完者，督抚奖以银牌花红；能严行钤束，擒剿盗贼，一应案件于一年内全完者，加一级；完结过半者，督抚加奖。"这些规定，无疑对各地土司缴纳田赋积极者予以鼓励。明代和清前期，中央政府从经济层面治理全国各地土司，逐渐削弱了各地土司的经济基础；特别是改土归流后，对原土司地区的经济治理，不仅彻底打破了原有的王朝国家—地方土司—各地土民的三元政治结构，更重要的是为清政府增加了巨额的财税收入。如"平播之役"前，播州杨氏土司地区缴纳赋税极为有限。《万历会计录》载，到明万历年间，播州缴纳田赋年定额达5800石，运至贵州交讫。播州"改土归流"后，将播州辖地分置遵义、平越二府。遵义府有田396305亩、土885142亩，合计1281447亩。按最低征率（每亩银一钱）计算，仅遵义府辖地即可征收等责银12.81万余两，加上平越府辖地所征，数额更大。当时遵义县衙设有户房，专门负责征管田赋及地方杂税。清朝时，遵义县衙仍设户房，征管田赋、官产地租及地方杂税、杂捐等。康熙二

---

① （清）允陶等编纂，杨一凡、宋北平主编，李春光点校：《大清会典（乾隆朝）》，凤凰出版社2018年版，第66页。

年（1663）以后，每石赋粮折征银1.5两，田赋丁粮共折征银12433两。闰年加征闰银730两。道光十九年（1839），遵义县总计年征田赋正额和附加共达17823两。到清末时，田赋粮银和丁银年征35284两，较以前赋额最高的道光年间净增一倍多。相对于改土归流前的赋税情况，朝廷在原播州地区的赋税收入无疑得到大幅的增加。①

3. 明清中央王朝通过经济制度促进土司地区发展经济

明清中央王朝在土司地区通过规范贸易秩序，制定系列的禁令规定，促进贸易市场的有序进行。如茶马互市作为中央王朝在边疆地区实行的一项财政政策，在为明清中央王朝提供战马、军费的同时，不仅促进了各少数民族的友好交往，而且促进土司地区经济发展。洪武十八年（1385），"秦州、河州茶马司及叙南、贵州乌撒、宁川、毕节等卫市马六千七百二十九匹"②；洪武十九年（1386）二月，"命神策卫指挥同知许英领校卒七百余人赍白金二万二千六百五十两往乌撒等处市马，得马七百五十五匹"③；洪武十九年（1386）五月，"命虎贲右卫百户甘美率军士千人赍白金三万一百三十九两往云南、东川等军民府市马，浔马二千三百八十余匹"④。历史文献有明清中央王朝在土司地区"仵茶以待客商纳米中买与西番商人易马，各设官已掌之"⑤（即设置茶仓）的记载。明清中央政府制定相关规定，规范茶马互市的秩序和茶马互易的价格，如"定永宁茶马司以茶易马之价，宜如河州茶马司例：凡上马每匹给茶四十斤，中马三十斤，下马二十斤"⑥。统一交易价格，既促进贸易的有序进行，也为国家治理土司地区贸易提供制度保障。中央王朝禁止贩卖私茶，"减差行人、禁约私茶"，制定禁令以维护茶马互市的秩序以及国家利益，从而为土司地区经济发展奠定坚实的基础。

（三）社会治理

土司制度下的社会治理实际是指国家运用土司制度治理土司地区基

---

① 李良品等：《播州杨氏土司研究》，华中科技大学出版社2015年版，第320页。
② （明）《钞本明实录·明太祖实录》，线装书局2005年版，第131页。
③ （明）《钞本明实录·明太祖实录》，线装书局2005年版，第177卷。
④ （明）《钞本明实录·明太祖实录》，线装书局2005年版，第178卷。
⑤ （明）《钞本明实录·明太祖实录》，线装书局2005年版，第254卷。
⑥ （明）《钞本明实录·明太祖实录》，线装书局2005年版，第65页。

层社会。换言之，就是王朝国家通过土司制度对土司及土司地区基层社会实施治理。元明清中央王朝在推行土司制度、维护土司地区社会稳定的同时，积极引导土司地区各族民众共同加强社会治理，其主要举措有三个方面。

1. 在土司地区实施"多轨制"行政制度

元明清中央王朝不仅在不断完善土司制度，而且还根据西南土司地区的具体情况制定"多轨制"行政制度，对土司地区进行差异化管理，有助于维持当地民众的生活方式、宗教信仰、历史传统、文化思想等。元明清时期，国家通过土司制度的实施和改土归流的推进而将社会治理深入西南民族地区的阡陌之间，这既维护了中央与地方的稳定、各民族间的和谐，也保证了当地土司与民众参与到国家建设、社会管理中去。如元明清中央政府管理土司的制度多种多样，"藏族的政教合一制，白族、彝族、傣族、壮族、土家族、苗族、水族、布依族等族是土官土司制，景颇族则是山官制等"。[①] 即便同样是藏族地区，土司制度也不尽一致，既有政教联合管理制、政教合一土司制，也有土千户土百户制、土屯结合管理制，还有土流并存管理制以及健全的土司管理体制等。[②] 因地制宜的土司制度，有利于中央政府对土司地区基层社会的治理，也有利于当地土司与土民在自我管理的同时，参与国家管理，共同促进社会发展。

2. 加大土司地区治理力度

文献记载，元代中央王朝或在边疆少数民族地区的边境地区、通衢要道和军事要地，设置有宣慰司、宣抚司、安抚司、招讨司和长官司，或在靠近内地或经济社会较发达的地区设置路总管府或军民总管府、土府、土州、土县等行政机构。明代中央王朝的土司制度较为完善，既有国家管理土司事务机构，也有地方管理土司事务机构。国家管理土司事务机构主要有礼部、吏部、兵部等机构，其中礼部主要负责管理少数民

---

① 李良品、谈建成：《"因俗而治"：明清时期土司地区的国家治理政策》，《西南民族大学学报》（人文社会科学版）2017年第9期。

② 李良品、谈建成：《"因俗而治"：明清时期土司地区的国家治理政策》，《西南民族大学学报》（人文社会科学版）2017年第9期。

族首领土官印信、诸蕃朝贡接待给赐等有关事务；吏部管理土司的机构主要是文选司和验封司，主要管理对象是军民府、土府、土州、土县等少数民族地区的"文职土司"；① 兵部管理边疆少数民族地区卫所和"武职土司"的事务，主要由"武选司""职方司"管辖宣慰、宣抚、安抚、长官司等领土兵的"武职土司"。② 清代的土司制度不仅更加完善，而且区域严苛。清政府在中央设置了理藩院徕远清吏司，主要管理土司事务，管理回部扎萨克与四川土司的政令，并管理回城卡伦外各部落的朝贡、给衔等日常事务。地方上，为加强对西南土司地区的控制，土司均受府州县流官节制，权力逐渐缩小。事实上，元明清时期的土司制度也在与时俱进、不断完善。如元代中央王朝制定的土司管理制度主要涉及承袭、升迁、惩处、贡赋及土兵等，而明代中央王朝在元代中央王朝管理制度的基础上，增加了宽贷、文教及礼仪等制度。土司管理制度在清代则更是得以完善，在抚恤、分疆、分袭、限权及禁例等制度方面加以规范。历代中央王朝这一系列土司制度的不断变化与调整，主要目的在于加大对土司地区的社会治理力度。

3. 建立不同类型的社会基础组织

明清时期土司地区的官吏设置形式多样：有的地方是土流并治，其官吏设置就有两套系统；有的地方属于土司统治，则完全按照土司的管理设置；有的地方是府卫同城，其官吏设置也有两套系统；有的地方是卫所管理地方事务，则按照卫所设置。著者在此以贵州省的一些府州县官吏设置的情况予以说明。③

明代贵阳军民府属于府之下级别较低的土司，其设置为：金筑安抚司安抚一员，土官；吏目一员。定番州知州一员，同知一员，吏目一员；儒学学正一员。程番长官司、上马长官司、小程番长官司、卢番长官司、方番长官司、韦番长官司、洪番长官司、卧龙番长官司、大龙番长官司、小龙番长官司、罗番长官司、金石番长官司、卢山长官司，各正长官一

---

① （清）张廷玉：《明史》，中华书局1974年版，第1735页。
② （清）张廷玉：《明史》，中华书局1974年版，第1751—1752页。
③ （明）郭子章：《黔记》（点校本），见《续黔南丛书》第一辑（中册），贵州人民出版社2012年版，第1579—1590页。

员，共十三员，俱土官；各吏目一员，共十三员。木瓜长官司、大华长官司，各正长官一员，副长官一员，共四员，俱土官；各吏目一员，二员。麻响长官司正长官一员，吏目裁。新贵县知县一员，土县丞一员，土主簿二员，典史一员。儒学，万历二十九年（1601），题设教谕一员。贵州宣慰使司的官吏设置为：宣慰使二员，同知一员，俱土官。经历司经历一员，都事一员。司属儒学教授一员，训导一员。……水东长官司、青山长官司、中曹长官司、白纳长官司、龙里长官司、底寨长官司，各正长官一员，副长官一员，共十二员，俱土官；各吏目一员，共六员。扎佐长官司、养龙坑长官司、乖西长官司，各正长官一员，共三员，俱土官；各吏目一员，共三员。

清朝前期，中央王朝对那些少数民族的头人，分别给以指挥使、宣慰使、宣抚使、安抚使、招讨使、长官司、土知府、土知州、土知县、土通判、土千总、土巡检等大小不同的官职。雍正年间，西南地区实施改土归流，王朝国家加强了在西南民族地区的直接统治；在湖广、川东南和川南、贵州大部地区、云南北部等地大规模彻底改土归流，原西南土司地区乡村社会各族民众的思想逐渐与国家"大一统"的理想相契合，其基层组织设置与内地府、厅、州、县官吏的设置别无二致。

明清时期西南土司地区在改土归流前后，其基层组织的设置也不尽一致。在土家族地区，里和甲是行政区划，峒和寨则是地域与家族相结合的区划。峒、寨首领由大姓族长担任，成为土目，主管峒、寨的生产、军事等。在广西壮族土司地区，则实行的是以哨为单位的基层组织编制。土兵平常以"哨"为单位从事农业生产劳动，遇到战争时即应征为兵。

明清时期凡县级以下基层组织承担着王朝国家的赋税和徭役征派、维持地方治安和实施封建教化的职责，是国家与地方社会的重要纽带，是社会治理系统中的重要组织，它规范和协调地方社会人们的行为，从而有效地治理基层社会。由于王朝国家素有"国政不下县"之说，因此，包括土司地区在内基层社会存在着三个基层组织体系，一是官方基层组织（如里甲制、保甲制、粮长制等），二是官民共建基层组织（如乡约、社学、社仓等），三是民间宗族组织（包括宗祠、族谱、族长、族田）。这三种不同类型的基层组织体系，共同担负着基层社会治理的责任。

清代土司后裔、曾任云南布政使、云南巡抚、云贵总督的岑毓英，在其撰写的《西林岑氏族谱》祖训之"处世篇"六条中对土司后裔族人协调社会关系，促进基层社会治理作用极大，在此引录如下：①

  宗族既睦，当推及于姻里。姻者，族之亲；里者，族之邻。远则情谊相关，近则出门相见。其中有长同术业、少共嬉游而为朋友者，皆不比泛泛路人。宜以诚心和气待之，通其有无，恤其患难，守望相助，馈问时通。毋以小嫌疏至戚，毋以新怨望旧好，纵或彼自处于薄而我不以薄待之，久且感而化矣。昔人谓富贵居乡，偶为人侮，毕竟是我好处。若使人望影远避，无能拾田中一穗者，其为人可知。此言有至理，所当体会。至若有心，倚恃豪强，欺凌贫弱，谋夺田庐，违例放债，则天道好还，断无不贻害于子孙者。可不戒与？

  亲贤远佞，以端习染。人之平居欲近君子而远小人者。君子之言多长厚端谨，此言先入于吾心，及乎临事，自然出于长厚端谨；小人之言多刻薄浮华，此言先入于吾心，及乎临事，自然出于刻薄浮华。且如朝夕闻人尚气好陵人之言，吾亦将尚气陵人而不觉；朝夕闻人游荡不事绳检之言，吾亦将游荡不事绳检而不觉。如此者，非一端、非大有定力必不免渐染之患。何如？慎之于始乎！

  亲友庆吊，称情量力，以情为主。世俗浮夸，非礼之礼不足循也。称情者亲，亲则有杀尊贤，则有等厚其所宜薄，薄其所宜厚，是谓逆情倒施。量力则称家之有无，富而吝财，非礼也；贫而求备，亦非礼也。

  亲戚故旧因言语而失欢者多，是颜色辞气暴厉能激人之怒。且如谏人之短语，虽切直而能温言下气，纵不见听，亦未必怒若平常。言语无伤人处而辞色俱厉，纵不见怒，亦须怀疑古人谓怒于室者。色于市，方其有怒。与他人言，必不卑逊。他人不知所自，安得不怪。故盛怒之际与人言语尤当自警。

  君子遇横逆之来，有不较者，有退而自反者，常人之情。即不

---

① （清）岑毓英纂修：《西林岑氏族谱》，光绪十四年（1888）刻本。

能然而与人忿争,就事论事,尚无大患。若忿怒之际指人隐讳之事,暴人父祖之短,吾一时怒气所激,必欲切实倾泻以为快。不知吾之所至快即人之所至痛,其怨恨必入骨髓,其报复必贻子孙,所谓伤心之言深于矛戟是也。

居乡而后不得已与人争,又大不得已与人讼,彼稍自知其非则已之,不必费用财物,交结胥吏,以穷治其仇。至于争讼财产,本无理而强求得理,官吏贪谬,或可如志而清夜自思,岂不有愧神明!仇者不服,更相讼诉,所费财物且十倍于所直。况遇贤明有司,又安得以无理饰为有理耶?大抵人之所讼互有短长,各言其长而掩其短,有司不明,则牵连不决。或决而不尽其情,胥吏得以受贿而弄法,往往缘小事而破家者多矣。吾族各房偶有争端,宜请族长理处。若与他姓有争,除事情重大,始禀官公断。倘止户婚田土闲气小忿,无论屈在本族,屈在他姓,亦以延请族党委曲调停,归于和息。留争讼钱以作人家,趁好光阴以务本业,不循客息,不贻后悔,所全不以多乎。

笔者认为,上述这些内容虽然带有明显的封建社会政治,但是这些处世方法和原则确是明清中央王朝运用礼法对土司地区基层社会治理的延伸。它规范了宗族成员的生活、行为,统一了族人的思想,便于维系族人的团结,巩固宗族组织,并促使宗族成员的利益必须服从于国家利益,有利于维护基层社会的稳定。

(四)法律治理

土司制度作为一种治理、管控西南、西北等地土司及土司地区的管理制度,并内蕴政治、经济、文化、军事、教育、民族、法律等方面的具体制度,这些制度形成了一套系统、严密的综合性"制度集合",共同加强对土司及土司地区的治理和管控。土司制度的关键在于"治",如何规定、规范、保障权利,规避利害冲突,避免发生变乱之事,着力维护、维系中央王朝与各地土司之间的互动关系,既确保中央政府的权威,又充分体现王朝国家对土司地区的有效治理。土司制度下的法律治理包括两个方面,一是王朝国家立足管控全国各地土司与土司地区的成文法,也可以称为"上位法";二是各地土司根据辖区的风俗、习惯及治理实践积淀形成的民间法。如果从法律的效力位阶来看，涉及土司的法律可分为上位法和下位法两种。法律效力最大的是上位法，上位法之下产生法律效力的就是下位法。一般而言，王朝国家制定的与土司相关的所有法律都是上位法，而各土司地区府州县颁布的公告、体例以及与土司、土司地区民众签订的契约、碑文等属于下位法，但本节为了便于阐述，我们将土司地区府州县颁布所有法律性质的文书统称为"地方政府成文法"，将土司的成文法称为"土司地区民间法"。土司地区民间法，不仅要遵守王朝国家的上位法以确保其合法性，并且不能与国家法相抵触，也需要借助土司地区民间法的实施来有效治理辖区、管控民众。因为土司及土司地区法律治理具有"国家在场"属性，并且是一种国家上位法和土司民间并存状态，所以，这里强调的土司制度下的法律治理是"上下并行"治理。

1. 王朝国家上位法

前面我们在探讨土司制度体系时将王朝国家的制度分为根本制度、基本制度、具体制度三个层次，其实这些制度同样属于法律，是王朝国家治理土司及土司地区最核心、最基础的法律文件，属于王朝国家上位法，如《明会典》《大清会典》《大明律》《大清律例》《礼部志稿》以及相关"体例""则例"等文献中，涉及很多土官土司职衔、职级、承袭、征调、朝贡、纳赋、分袭、安插等王朝法规，这是王朝国家制度治国的根本保障。如《大清律例》卷四"名例律上"之"条例"、卷五"名例律下"之"徒流迁徙地方"、卷六"吏律·职官"之"官员袭荫"、卷九"吏律·田宅"之"功臣田土"、卷二十"兵律·关津"之"私越冒渡关津"以及同卷之"私出外境及违禁下海"等对土官土司及土司地区土民违法乱纪者都有明确规定，如："凡苗人犯抢夺，该管土官约束不严，俱交部议。若至百人以上，土司、府、州革职，百户、寨长罢职役，满杖。知情故纵者，革职，枷号一个月，俱不准折赎。若教令指使，或通同图利者，照为首例治罪。"① 又如："凡土官延幕，必将所延之姓名、年籍通知专辖州、县，确加查验。人果端谨。实非流棍，加结通报，方准延入。若知系犯罪之人私聘入幕，并延请后纵令犯法者，照职官窝匿

---

① 张荣铮等点校：《大清律例》，天津古籍出版社1993年版，第381页。

罪人例革职。如有私聘私就者，即令专辖州、县严加驱逐。若土目教诱犯法，即视其所犯之轻重，俱照匪徒教诱犯法加等例治罪。败露潜逃，即行指拿重惩。私聘之文武土官，及失察之该管州、县，交部分别议处。"① 可见，王朝国家上位法规定较明确具体，具有可操作性。

清人黄炳堃等人辑录的《土司例纂》中有"职官有犯""土官犯罪处分则例""犯罪事发在逃""官员袭荫""土官承袭处分则例""土官袭替通行""土官承袭验封司则例""土官缘事验封司则例""土官降罚验封司则例""土官议处事件""逃避差役""土苗田产处分则例""盗卖田宅""嫁娶违律主婚媒人罪""违禁取利""私藏应禁军器""苗疆兵役滋事处分则例""私越冒渡关津""土官私往别省处分则例""盘诘奸细""查拿汉奸处分则例""私出境外及违禁下海""内地民人私赴苗疆处分则例""内地民人私往越南处分则例""外夷私进内地处分则例""白画抢夺""窃盗""苗蛮扰害处分则例""恐吓取财""诈欺官私取财""略人略卖人""顽苗掠卖人口处分则例""谋杀人""仕官求索借贷人财物""诈教诱人犯法""盗贼捕限""承审土苗案件处分则例""狱囚诬指平人""断罪不当""土苗紧要事件行文"② 等内容，这些内容虽与明代土司制度的有些内容有相同或相似之处，但有诸多改革。

虽然元明清时期即有"依法治理""依法治国"的"法治"主张，但是，"法"的随意性太过突出，特别是封建皇帝的话语具有天然的法律效力，"金科玉律""口含天宪"等语就是这种实情的反映。笔者曾经在研究土司承袭过程中发现，在土司承袭程序中出现诸如借职、代职、越职等事象以及冒袭、争袭、仇杀、战乱等弊端时，明清中央王朝会采取一些诸如土司不世袭、土司分袭、革职、改土归流等处置办法，但也不乏直接"废了"的现象。著者查阅《土官底簿》时发现，其中规定某土司"不世袭"或"不做世袭"之处多达 168 次。有时明王朝甚至威胁土司，"若不守法度时换了"或"废了"。如《土官底簿》卷上"云南府安宁州知州"条载：董节，云南府安宁州人。……洪武三十三年除授知州李志名在任。永乐元年二月奉圣旨："见任的流官知州不动，这董节是土

---

① 张荣铮等点校：《大清律例》，天津古籍出版社 1993 年版，第 550 页。
② 黄炳堃等：《土司例纂》，光绪十七年（1891）腾越厅板藏本。

人,还著他做知州,一同管事,不做世袭,他若不守法度时换了。钦此。"故,男董福海备马赴京告袭,十一年四月奉圣旨:"著他做,不世袭,止终本身,若不守法度时,拿来废了。钦此。"洪熙元年给诰命,不世袭。老疾,三司会奏袭:"长男董玉应替。"成化元年奉圣旨:"董玉既保勘明白,著他做,不世袭。钦此。"弘治十年患疾,长男董方应袭。十一年奉圣旨:"是。董方还著他做知州,不世袭。钦此。"老疾。① 可见,《土官底簿》中"奉圣旨""奉钦依准""不世袭""还不世袭""他若不守法度时换了"等字样的记载,充分表明了土司官职由中央王朝所授,中央政府有任免大权,各地土司必须唯命听从的事实。明清时期土司承袭始终处于中央王朝的严格控制之下,凡违背王朝国家甚至皇帝的旨意,皇帝的话就是"金科玉律",在这种情况下,制度治国就不能完全得到体现。

2. 地方政府成文法

成文法本是体现王朝国家意志的成文规章和行为准则,但在元明清土司制度的历史发展进程中,一些土司地区的府州县或土司也形成了一套具有土司地区民族特色的法律体系和成文制度。

一是流官政府文告。如著者参与编纂的《西南地区土司法治文献选编》就选编很多地方政府文告,如:《广西布正使李为给示勒石永禁事》,文告内容如下:

据太平府禀称:该郡各土司地方,每遇命案,动辄勒附近村帮贴殓费;盗案,则令赔偿失赃。尸案事主往往置凶盗于不问,故将村人牵控,缠讼不休。而不肖土官亦藉故以苛索分肥,乐于其事。虽然屡禁,此风仍未稍息,以致游棍汉奸视为利薮,动辄影射吓诈。恳请给示永禁等情到本府院。据此,查命盗各案,经地方官验勘明确,自应缉拿正凶正盗,分别究办,何得藉端苛派,扰害乡邻。至若捏控图讹,尤见奸险刁狡,此等恶习,亟应永禁革除,以苏民困。除札行太平府严饬各土司,不准再行苛派外,合行给示勒石,永远禁止。为此,示仰各土属诸民人等知悉,嗣后如有命盗案件,该尸亲事主敢向附近村

---

① (明)佚名:《土官底簿》,中国书店2018年版,第5—9页。

庄敛费索赔者，希即扭送禀控，以凭究办。倘该土官希图分肥。准令勒派，并希立即上控，定将该土官参办不贷。希各遵照，特示。

光绪十二年二月二十六日晓谕①

这则文告针对今广西大新县各土司地方的各种陈规陋俗，必须"永禁革除"，并且"给示勒石，永远禁止"，如果相关土官土司拒不执行，则将"土官参办不贷"。这则文告具有成文法的作用，给土官土司以警示。

二是土司发布文告。在《冉氏族谱·总谱》中，保留了明清时期冉氏土司发布的众多文告，或督理谱牒事，或饬理宗政事，或恩给田土事，或办理宗政事，其中，冉奇镳担任酉阳土司时的一则文告，对其冉氏家族教育具有十分重要的作用，全文如下：②

酉阳等处军民宣慰使司宣慰使冉。

为饬理以重国本事：照得本司，自唐分封，迄今千载。支衍屡代，蕃庶同不亿之裔孙；谊重维城，巩固存千年之带砺。前朝兵燹迭经，谱牒无不散佚。今值清治重熙，纪纲贵肃。业推宗长，用饬家规。除令劄外，为此牌仰宗长官舍天泽，一照后开条例，用实举行，务使宗政祗严，实于世基攸赖。毋得息忽，有负至意。须至牌者，计开宗政条规：

族蕃系分宗支，必列图册。兹委宗长官舍天泽临乡考核，详载一册，逐派亲供。

如某房自某祖分支，凡几世，今存若干人，授田某处。如本司申上，亲供册籍体式，详造册二本，呈本司备考，一呈本司参查。

凡族舍生子，三岁以上，必报宗长，转请命名，编入亲供图册，以防冒滥。

凡族舍有名在官执事者，不论在市居乡，凡遇朝贺祭祀大典，不拘远近泥雨，必须趋赴，点名习礼，诣公裹事，不许推故抗延，

---

① 大新县地方志办公室编：《大新土司志》，广西人民出版社2013年版，第186—187页。
② 谈建成等主编：《西南地区土司法治文献选编》，西南师范大学出版社2018年版，第103—104页。

违者，宗长指名致罚。

凡族舍有贫不自存，雇工代佣于人者，宗长查实禀明，请赎，入名赈济册中，量将公费助给生活。如不治本分生理、流落飘零者，不在此例。

凡族舍彼此忿争，及受人欺凌，大小词讼，情不得已者，许赴宗长处预鸣，请给关防，对同赴公理质，不许朦胧呈递，亦不许借此生事紊烦。

舍户田土，例无征科，但每年遇有大典，例有成规派敛。自后一照世系图册，除有名在官执事者，定例不同。凡闲散居乡者，俱听宗长禀分督派，不许狗隐，亦不许恣意重轻。

以上数条，皆饬理宗祊之实政也，遵照举行，毋驰毋怠。

右牌仰宗长官舍天泽，准此。

顺治十八年（1661）正月初三日

三是以法规形式颁布。傣族地区的《茫莱法典》《孟连宣抚司法规》《西双版纳傣族封建法规》《西双版纳傣族法规》等就是以法规的形式颁布的，如《孟连宣抚司法规》包括"我兰勐十二条""咋星勐十二条""广勐十五条""哈柏勐十条""坦吗散·拉札安雅四条""召片领罚款条例五十条""权力继承""财产继承""婚姻""借贷""租凭""财物纠纷""刑事法规""维护奴隶主统治权的法规""诉讼法规""礼仪""种姓""节日""宗教法规""坦麻拉札安雅·的萨巴莫哈"[①] 等内容。又如在《西双版纳傣族封建法规》中关于"婚姻"涉及"订婚""离婚""财产处理"三目。如"订婚"方面规定：一是订婚后，若男方不按期来结婚，女方可另找对象，原未婚夫不能有什么话说。二是男方以礼物交给女方的父母，姑娘未同意，以后另找对象，不罚。三是姑娘原来已同意，并接了男方的订婚礼物，后来又反悔另找对象，罚女方出银200"罢公"。四是男方不知女方已婚而与之结婚，女方犯重婚罪，罚220"罢滇"；若已知，罚男方330"罢滇"。对"离婚"规定三条：一是丈夫离开妻子三

---

① 云南省少数民族古籍整理出版规划办公室：《孟连宣抚司法规》，云南民族出版社1986年版，第119—220页。

年不归,就自动解除夫妻关系;若未满三年归来,仍是夫妻。二是夫妻无法生活下去要离婚,若夫先提出,应补偿妻400"罢",并罚银330"罢滇";若妻先提出,应补偿夫500"罢",罢银220"罢滇"。三是妻子与人通奸,父母也不喜欢,因女方而造成离婚,罚女方330"罢滇"。对"财产处理"的规定有三条:一是百姓与百姓通婚,男方不论有多少银钱财产,带去与女方同居生活,后来离婚,不能让女方赔还。二是岳父岳母将女婿赶走,或因妻子与人通奸而造成离婚,女婿带来的财产要全部赔还。三是两个相好的朋友,子女互相通婚,双方都带有财产,如金银、象、马、水牛、黄牛、家奴等。后来离婚,各人带来的归各人带走;共同创造积累的财产,先抽本再分利,利润分配,按双方劳动表现而定,若劳动表现一样,就平均分配;若表现不一样,勤劳的分三分之二,偷懒的分三分之一。①

从傣族地区土司成文法来看,俨然就是一部供土司辖区民众使用的法律,它不仅记载了傣族土司地区的政治、经济、文教、礼仪、社会发展中的重大事件,而且也记载了傣族民众大量的生产和生活的资料,对维护傣族土司地区的社会稳定和我国制度文化的发展产生了重大而深远的影响。

3. 土司地区民间法

明清时期土司地区,人们制定了一些社会强制性的民间法,主要包括土司家族谱牒、乡规民约、习惯法等,这些民间法是在完成国家上位法的基础上具备一定法律标记和功能,规范土司辖区内各族民众的行为,因此称为民间法。

一是土司家族谱牒的规定。如《中华覃氏志·利川卷》所载湖北利川土司《覃氏家谱》之"家规"就包括存心、修身、敬祖先、孝父母、敦手足、正家室、务耕读、和族邻、择师友、维风俗计10条内容;"家劝"部分有劝积善、劝孝父母、劝友兄弟、劝睦宗族、劝重丧祭、劝慎冠婚、劝务本业、劝训子弟、劝肃姆教、劝早完粮等10条内容;在"家戒"中包括有戒占葬、戒淫欲、戒嗜酒、戒多言、戒好勇斗、戒专利、

---

① 杨一凡、田涛点校:《中国珍稀法律典籍续编》第九册,黑龙江人民出版社2002年版,第463—464页。

戒赌博、戒媚佛、戒健讼、戒纵仆等 10 条内容；在"家禁"中计有禁紊尊卑、禁乱闺门、禁废生业、禁滥交游、禁惯非为、禁欺孤寡、禁凌卑幼、禁欺贫穷、禁同姓为婚、禁充隶卒等 10 条内容。① 每一条的思想价值极高，如"劝睦宗族"条云："宗族连枝共干，万派同宗，自祖宗视之，原无厚薄也。奈何今之人，妒其富而凌其贫，仗其势而欺其懦，非所以待宗族以养忠厚之风。凡族中人，不得等为陌路，当定其分别坐次，其先后怡怡恂恂。孔圣之言行，诚为万世法矣。若夫争长竞短，阳是阴非，则为浅薄之习，子孙具宜凛之。"② 从湖北利川覃氏土司这些家规、家劝、家戒、家禁等规定中反映出明清两代覃氏土司独特的哲学、政治、文化等方面的思想。③

二是乡规民约。明清时期土司地区的乡规民约主要包括维稳类、护林类、水利类、防盗类、禁赌类以及移风易俗等内容，对土司地区各族民众起到教化、告知、禁止、奖励、惩戒等作用。总规模与国家成文制度相比，乡规民约"通常在规约制定出来并公布于众后，由该社会组织的成员共同遵照执行便是。只是在有人违反规约或遇到重大问题时，该组织的全体成员才可能聚在一起，共同商讨应对的办法"④。因此，明清时期土司地区以乡规民约为代表的民间法是根据自身的规则、运行方式在调节和维护土司地区的社会秩序。如安平土州的《永定例规碑》，是土司地区具有代表性的乡规民约，全文如下：

安平土州《永定例规碑》

广西太平府安平土州为檄委查审事，本年七月二日，奉本府正堂李、奉驿盐道宪张、准藩宪杨、奉督抚郎院宪杨、鄂批准，本署司会同贵道呈详，安平土州每年规例银两米谷以及长短夫役，应革应留各项，理合遂一开列，镌石晓谕，永远遵行。

---

① 《中华覃氏志·利川卷》编纂领导小组：《中华覃氏志·利川卷》（未刊稿），《中华覃氏志·利川卷》编纂委员会 2005 年，第 72—76 页。
② 《中华覃氏志·利川卷》编纂领导小组：《中华覃氏志·利川卷》（未刊稿），《中华覃氏志·利川卷》编纂委员会 2005 年版，第 74 页。
③ 葛政委：《土司文化遗产的价值凝练与表达》，《长江师范学院学报》2014 年第 5 期。
④ 董建辉：《明清乡约：理论演进与实践发展》，厦门大学出版社 2008 年版，第 29 页。

一项、承袭银两永革。

一项、每年准收七化田例共七色银一千二百五十二两六钱四分。

一项、八化折柴炭银永革。

一项、每年准收八化额例公用共七色银一千一百四十八两一钱五分。

一项、站马永革。

一项、每年准收八化额粮共七色银三百四十八两四钱零。

一项、三厢润月米永革。

一项、每年准照雍正十年之数，收六甲米共五十三石六斗，谷六石七斗。

一项、每年准收州判柴马七色银六十三两。

一项、夫役除。钦差经临，南关启闭，应用人夫，六甲照旧供役外，其余人夫，六甲每年缴钱二百四十串；上、中、食三化，每年另缴七色银二十七两五钱，听本官自行雇用。

一婚丧两项，凡本官本身婚丧，每次准收七色银一千两，长男长女婚嫁，每次准收七色银一千两，至次男次女，概行禁革。

一项、每年上、中、食三化，准令纳谷八石，免其看马送羊。

一项、硝磺银永革。

一项、额设土兵五百名，轮流把守九处隘口，捍卫地方，防守边界，仍照旧例。

一项、瓦草银永革。

一项、每年领销府埠四季余盐二万斤，每盐一斤，收小钱二十八文，变价归府。

一项、鱼花银永革。

乾隆十二年（1747）七月□日立①

上面这则乡规民约，主要有两方面的内容，一是镌石晓谕《永定例规碑》的缘由；二是对相关事项的规定。这些条款具体明确，可操作性

---

① 广西壮族自治区编写组：《广西少数民族地区碑文契约资料集》，民族出版社2009年版，第1页。

强。可见，作为土司地区民间法表现形式的乡规民约，虽然不属于王朝国家的正式制度，但它根植于土司地区的民间社会，具有顽强的生命力。因此，各地土司利用乡规民约，维护社会秩序和地方稳定。

三是习惯法。明清时期土司地区的习惯法与国家上位法之间的关系表现为，国家在"因俗而治"民族政策指导下对土司地区民众行为的调控能尽量考虑当地民众的习惯法，土司地区各族民众的习惯法则通过土司成文法得以集中体现，这些土规土律虽然被王朝国家上位法所包容，但各地土司根据辖区民众制定的习惯法不能违背王朝国家上位法的主要精神和基本原则。从现有文献看，各地土司制定的成文法或习惯法都是通过民间法的形式而使之规范化、固定化，使辖区民众相关问题出现后能有章可循。如云南省大理府十二长官司曾有如下碑文：

> 云南大理府十二关长官司加四级李为出示：晓谕准照勒石，永定水规，以杜争端事。本年五月十三日，据罗有善、自立志、李起富等具禀前事一案，词称云云，难免争端，伏乞天恩，赏给碑文，勒石定规，俾争端息而民生济，思流万代矣！为此具禀。并据开阁村议定清水河古沟水规，粘单一纸：每年至立夏后十日，各田户于石条水口按户均匀分放二十五日；盖夏至前十日，总水放土堡干田栽插，其前栽之苗已发青葱，可稍缓其灌溉，义当让后栽者均分十昼夜，俟栽插逐一全完，合前后栽插之田，仍复相沿轮流灌溉至恩亨基哨田，水分议定四分中一分等情。据此，本司查黄草哨地方水源沟道甚远，感系山坡梯田，兼以人烟渐集而田亩零星，非轮流均分则强横者盈车立至，柔弱者一勺无沾，不唯田亩难以灌周，即食水亦难望其有余。争端之起由此日臻。兹据尔等禀称，村众已公同议定水规情由，谅无偏党，殊有相友相助之风。除原词批准如禀遵行存案外，合即示谕准照勒石，以垂永久。日后如有私敢故坏公规。以及水未至松坪山混行截断，于石条水口、掀撬蓥深等弊，许该沟头坝长不时稽查。如获禀报即提，按法重究。各宜凛遵勿违。特示。①

---

① 李树业：《祥云碑刻》，云南人民出版社2014年版，第155—157页。

在土司制度推行过程中，全国土司地区不可能使用统一的行为规范，而王朝国家只能允许各地土司制定适应辖区实际情况的行为规范——"土法""土律"，并由各地土司强力保障民间法的实施。虽然这些民间法属于"土法""土律"，却是国家上位法在土司地区空隙地带的有效填补，是对国家土司制度上位法的补充和完善，有助于维护土司地区的社会稳定和王朝国家治理。

（五）文教治理

元明清中央政府为维护土司地区社会稳定和实现国家"大一统"，与各地土司及土司地区各族民众一道，渐次发展学校教育、改变风俗习惯，创造丰富多彩的文化，加强土司地区的文教治理。

1. 发展学校教育

元明清统治者意识到学校教育对王朝国家治理土司地区以及实现国家"大一统"的重要作用，因而在土司地区发展学校教育。元代统治者开始在云南各地建立官学、书院等机构。明朝建立后，中央王朝讲授儒学教育与土司承袭相结合，不仅加强了对应袭土司的管控和土司地区的治理，而且促进了土司地区的社会发展和文明进步。据专家不完全统计，明代西南地区土司地区创办了很多儒学。详见表2-4：

表2-4　　　　　　明代西南地区土司创办儒学一览表[①]

儒学名称	学址	兴建经过	资料来源
五寨司学	湖广保靖司	万历年间	《湖南通志》卷65
播州宣慰司学	四川播州司	洪武三十三年为播州长官司学。永乐四年升播州宣慰司学	《太祖实录》卷241
九姓长官司学	四川永宁司	洪武四年建	《明一统志》卷72
杂谷司学	四川杂谷司	洪武中建	《嘉庆重修一统志》卷42

[①] 黄开华：《明代土司制度设施与西南开发》，参见《明代土司制度》，台湾学生书局1968年版，第179—204页。

续表

儒学名称	学址	兴建经过	资料来源
酉阳司学	四川酉阳司	永乐六年设	《明成祖实录》卷56
乌蒙军民府学	四川乌蒙府	宣德八年设	《明宣宗实录》卷100
乌撒军民府学	四川乌撒府	永乐十二年设	《明成祖实录》卷91
黑井司学	云南黑井司	天启中建	嘉庆《重修一统志》卷480
琅井司学	云南琅井司	天启中建	
白井司学	云南白井司	崇祯间建	
贵州宣慰司学	贵州宣慰司	洪武二十六年改建	《明太祖实录》卷222
平浪长官司学	贵州平浪司	洪武二十八年设	《明太祖实录》卷241
普安司儒学	贵州普安州	永乐十四年建	《明成祖实录》卷106

明王朝的举措就是将儒家文化从土司阶层传播扩散至土司辖区各族民众。时值清代，作为少数民族入主中原的清王朝，他们深知文教治国的重要性。顺治皇帝在《御制卧碑》中提出"朝廷设立学校……全要养成贤才，以供朝廷之用。诸生各当上报国恩，下立人品"①。康熙皇帝不仅亲自撰写《圣谕广训》，而且拟定"敦孝弟以重人伦、笃宗族以昭雍睦、和乡党以息争讼、重农桑以足衣食、尚节俭以惜财用、隆学校以端士习、黜异端以崇正学、讲法律以儆愚顽、明礼让以厚风俗、务本业以定民志、训子弟以禁非为、息诬告以全良善、戒窝逃以免株连、完钱粮以省催科、联保甲以弭盗贼、解仇忿以重身命"② 的表达王朝国家以教治国的《圣谕十六条》。清代规定："民间幼童十五以下者送入读书，讲习冠、婚、丧、祭之礼。"③ 王朝国家高度重视，封疆大吏也十分重视人才培养，如鄂尔泰在《征滇士入书院教》中提出："国家最重者，惟人才。人臣最急者，亦惟人才。"他"所望于二三子者，非独为书院计，为滇计

---

① （清）江浚源纂，杨丰校注：《嘉庆临安府志》，云南人民出版社2018年版，第1页。

② （清）江浚源纂，杨丰校注：《嘉庆临安府志》，云南人民出版社2018年版，第2—3页。

③ （清）张廷玉：《明史》，中华书局1974年版，第1690页。

也，为国家得人才计也"。甚至将"得人才于天下不难，而得之滇且得奇才异能者于滇，滇之荣，国之光也"① 提至国家战略的高度。在王朝国家重视土司地区文教发展的情况下，全国土司地区的学校教育如雨后春笋般地快速发展，如在西南边陲的云南临安府（今建水县）这种偏远地区，明洪武年间就有"所属生员有成材者量与选贡"；万历年间就有"令云南提学严查各州县及土官地方建学校者，果系土著之人，方准考试，不许冒籍"的规定；清朝顺治年间"诏提学教官兴学造士"，"定每乡置社学，择文理通晓、行宜谨厚者充补社师，量给廪饩"，并不断增加学额，到嘉庆初年，"大学广额七名，中学五名，小学三名"。② 明清中央政府在土司地区发展学校教育，其目的在于使他们成为王朝国家"大一统"思想的宣传者，成为土司地区社会稳定的维护者。

2. 实施科举考试

明清中央王朝在土司地区发展学校教育的同时，又实施开科取士政策。这种政策源于土司地区的选贡，在明初业已开始。《明会典》载：永乐元年令广西、湖广、四川土官衙门生员，照云南例选贡。其后各土司地区选贡生员数额时有调整，具体数额如表 2-5 所示。

表 2-5　　　　　　　明代列朝土司地区乡试数额

行省	洪武三年	洪熙元年	正统五年	景泰四年	嘉靖十四年	嘉靖十九年
湖广	40	40	55	85		90
四川		35	45	70		
云南		10	20	30	40	
广西	25	20	30	55		
贵州						25

明代中央王朝在实施开科取士的过程中对土司地区还实施了一系列优惠政策：一是逐渐增加云南、贵州两省数额。据《明会典》卷七十七

---

① （清）江浚源纂，杨丰校注：《嘉庆临安府志》，云南人民出版社2018年版，第449—452页。

② （清）江浚源纂，杨丰校注：《嘉庆临安府志》，云南人民出版社2018年版，第103—104页。

载:嘉靖十四年(1535),定"其解额,云南四十名,贵州二十五名";嘉靖二十五年(1546),"令增贵州乡试解额五名",万历元年(1573),"令增云南解额五名"。① 二是缩短土司地区儒学生员的贡期。如《明会典》载:弘治十三年(1500)奏准,土官及都司学各照先年奏准事例,三年二贡。……嘉靖二年,又奏准,贵州宣抚司儒学生员,一年一贡。② 三是明王朝对云南、贵州等土司地区登第土司予以奖励或擢拔。如贵州麻哈州宋儒"为麻哈州世袭土同知,冒北直隶定州籍登第",为"隆庆辛未进士","入为京朝近吏","为礼部主事"③。四是增加曾中乡试土官的薪俸。如(嘉靖)"三年,镇远土推官杨载青,以土舍袭职。尝中贵州乡试,巡抚杨一汉请如武举袭荫例,加升一级,以为远人向学之劝。吏部执不可,谓:'土司设额,原有定员。且俱已在任,有何加升?但于本卫量加俸给。著为例。'报可"④。明代中央政府通过这些优惠措施,用以激发土司及土司地区各族民众子弟登第,从而推动土司地区学校教育从发展缓慢到快速发展。清代土司地区在学校教育不断发展的基础上,科举人才更是不断涌现。东川府"康熙六十年,设立学校,照中学例,岁试文、武童生,各取十五名,科试取文童十五名,附建昌棚场,考其教官、廪贡"⑤。笔者对明清以来乌江流域民族地区科举人才进行统计:计有进士533名,武进士95名,举人3702名,武举人1074名。⑥ 有些科举人才是土司子弟,有的是土司地区汉族或少数民族子弟。明清时期有的土司家族自觉创办学校,培养科举人才,如瓮水犹氏土司家族认识到,一个家族的发展壮大、兴旺昌盛在于教育和人才培养。犹氏家族,把教育作为传播文明、布道王化、开疆拓域的主要措施和有效方法,使化外入大统、蒙昧变聪慧、落后变先进、丑陋变美好。犹氏土司家族在耕读立家、教育兴族的历史长河中创办江界河犹氏家族学校和犹氏茅达寺学堂,在

---

① (明)申时行等修:《明会典》,中华书局1989年版,第449页。
② (明)申时行等修:《明会典》,中华书局1989年版,第446页。
③ (明)沈德符:《万历野获编·补遗》(卷四"土教官"条),中华书局1997年版,第763页。
④ (清)毛奇龄著,杨东甫、杨骥校注:《蛮司合志校注》,广西人民出版社2015年版,第38页。
⑤ 梁晓强校注:《东川府志·东川府续志》,云南人民出版社2006年版,第138页。
⑥ 李良品著:《乌江流域民族地区教育发展史》,重庆出版社2010年版,第229页。

科举制度下培养科贡 43 人、廪生 15 人、增生 22 人、文庠 123 人、武庠 37 人，有的成为明清中央王朝的官员。① 土司地区培养的各类科举人才，不仅成为王朝国家在土司地区宣传"大一统"思想的重要力量，而且成为中华文化的传播者和土司地区社会稳定的维护者。

3. 土司子弟入国子监读书

在《礼部志稿》卷一"敦教化之训""远边学校之训""怀远人之训"等条中对云南、四川、贵州、广西以及广东儋州等"边境土官皆设儒学"，以实现中央王朝"风化达于四海"之目的。如"敦教化之训"条中载："洪武二十三年五月，播州、贵州宣慰使司并所属宣抚司官，各遣其子来朝，请入太学，上敕国子监官曰：'移风善俗，礼为之本；敷政导民，教为之先。故礼教明于朝廷，而后风化达于四海。今西南夷土官各遣子弟来朝，求入太学，因其慕义，特允其请耳！尔等善为训教，俾有成就，庶不负远人慕学之心。'"② 明王朝将土官土司及其子弟入学与国家稳定、边疆治理有机结合起来，上升至王朝国家长期战略的高度。如在"远边学校之训"之条中针对云南、四川诸处边境土官对三纲五常之道懵焉莫知的实际情况，明太祖谕礼部曰："边境土官皆世袭其职，鲜知礼义，治之则激，纵之则玩。不预教之，何由能化旁？云南、四川边境土官，皆设儒学，选其子弟孙姪之俊秀者以教之，使其知君臣父子之义，而无悖理争斗之事，亦安边之道也。"③ 在"土官应袭子弟入学"载：

> 成化十七年二月，巡抚云南右副都御史吴诚奏，乞令土官衙门各遣应袭子弟于附近府学读书，使知忠孝礼义，庶夷俗可变而争袭之弊可息。仍禁约师生，不许索其束脩馈送。礼部覆奏：以为有益风化，事在可行。如地远年幼者，督令开一社学，延邻境有学者以之为师，仍听提学官稽考。上曰："然云南土官世修职贡无敢违越，但争袭之弊往往有之，盖虽由于政而未化于教也。其令土官各遣应

---

① 瓮安县地方志编纂委员会：《瓮水犹氏文化志》，方志出版社 2016 年版，第 42—49 页。
② （明）林尧俞、俞汝楫：《礼部志稿》，景印文渊阁《钦定四库全书》，鹭江出版社 2002 年版。
③ （明）林尧俞、俞汝楫：《礼部志稿》，景印文渊阁《钦定四库全书》，鹭江出版社 2002 年版。

袭子弟就学。如巡抚官及尔礼部所言，使蛮貊乖争之风潜消，而华夏礼义之化远，暨顾不美欤？"①

在明王朝明确规定之下，土司地区付诸行动，如"洪武二十一年，云南罗罗土官遣其二子入监读书。二十二年，西南诸夷乌蒙、芒部各土官皆遣子入监。二十三年五月，西南夷土官皆遣子入学。二十五年，云南等处土官时遣子弟、民生入监者甚众，给赐亦每与外夷同，监前别造房百余间居之。永乐二年，云南土官张文礼等入监者二十八人，是后，滇、蜀土夷官民生入监多或至六七十人"②。明王朝时期土官土司入学与是土官土司承袭直接挂钩，《明史》卷三百一十载，弘治十六年（1503）规定："以后土官应袭子弟，悉令入学，渐染风化，以格顽冥。如不入学者，不准承袭。"③对于土司应袭土舍入学的年龄等问题，中央政府采纳了贵州巡抚汤沐的建议："严饬士学，凡土合应袭者，年三十以下，俱饬入学习礼，否则不许起送袭替，其族属子弟愿入学者，听。凡一切补廪科贡，与军民武生一体，则礼教可行，夷俗可变。"④ 明王朝明确规定，土官及其子弟和全国汉族子弟一样，通过特恩、岁贡、选贡三种途径，也可进入国子监进行深造。这些选贡入学的土司应袭子弟，除享有当时最好的学习条件外，还可因此"观光上国"，并直接受到京城先进文化的熏陶。《国榷》卷七载："洪武十五年六月戊寅朔辛卯，云南北胜州酋长高策甫七岁，率所部降。后十年，入朝，送大学，及长，还为土官，令所历土官视效之。莅事之日，即禁通把事毋置田宅，以渔于民。边境赖之以宁。"⑤ 同时，明初中央政府不仅优待土官子弟进入太学，而且对此等远夷监生时有赏赐，这更加显示朝廷提倡蛮夷儒学的宗旨。云南北胜州高策以幼冲之年，首先为云南儒学树立了一榜样，使朝廷对于发展土

---

① （明）林尧俞、俞汝楫：《礼部志稿》，景印文渊阁《钦定四库全书》，鹭江出版社2002年版。

② （清）阮元等纂，马颖娜等点校：《道光云南通志稿》，云南美术出版社2021年版，第44页。

③ （清）张廷玉：《明史》，中华书局1974年版，第7997页。

④ （清）毛奇龄著，杨东甫、杨骥校注：《蛮司合志校注》，广西人民出版社2015年版，第37页。

⑤ （明）谈迁：《国榷》卷7，中华书局1958年版，第621页。

司地区儒学更具信心,使蛮夷本身也更加向服。因此,明初土司送子弟入国子监就读者趋之若鹜。

清代对土司应袭子弟入学同样有明确的规定,这在《学政全书》卷六十九之"土苗事例"中有十分详细的记载,如"顺治十八年题准:云南省土司应袭子弟,令各该学立课教训,俾知礼义。俟父兄谢事之日,回籍袭职。其余子弟,并令课读。该地方官,择文理通者,开送提学考取"①。又如"康熙二十五年议准:各土司官子弟,有愿读书者,准送附近府、州、县学,令教官训课。学业有成者,该府查明,具题奖励"②。又有载:"康熙四十年议准:广西土官、土目子弟,有愿考试者,先送附近儒学读书,确验乡音,方准报名应试。若土官滥送读书,教官不行详察收送,试官竟行收考;及实系土目子弟,情愿考试,土官禁遏与试者,该抚题参,交部严加议处。"③乾隆二十九年规定:"土司未经袭职之先,原许其读书应试。既有生员袭职,如能不废课读,亦可造就成材。若平日混厕生员,袭职之后,又藉口地方事务繁多,屡行欠考,有名无实,殊非慎重名器之意。嗣后,土司由生员袭职者,如事务繁多,自揣不能应试,准其告退。其愿应试者,饬令如期应试,不得托故避考。违者,该学政查照定例斥革。其边省凡有土司地方,均行一体遵照。"④ 同时,清王朝对土司子弟应试以及土司生员额数的分配等也有相关规定,如土司子弟应试规定:"康熙二十二年题准:贵州、云南各土官族属子弟及土人应试,贵州附于贵阳等府,云南附于云南等府。各三年一次,定额取进。俱另行开列,附于各府学册后。照例解部察核。其土司无用流官之例,考取土生不准科举及补廪、出贡。如不愿考试,亦不必勒令应试。"⑤

---

① (清)素尔纳等纂修,霍有明、郭海文校注:《钦定学政全书校注》,武汉大学出版社2015年版,第267页。
② (清)素尔纳等纂修,霍有明、郭海文校注:《钦定学政全书校注》,武汉大学出版社2015年版,第267页。
③ (清)素尔纳等纂修,霍有明、郭海文校注:《钦定学政全书校注》,武汉大学出版社2015年版,第267页。
④ (清)素尔纳等纂修,霍有明、郭海文校注:《钦定学政全书校注》,武汉大学出版社2015年版,第269页。
⑤ (清)素尔纳等纂修,霍有明、郭海文校注:《钦定学政全书校注》,武汉大学出版社2015年版,第267页。

清王朝对土司生员额数规定："康熙三十六年议准：贵州黎平府，文、武生员七十四名，除三名实系民籍，与部册相符外，余七十一名皆为土司族属，即系土司。照黔省例，将黎平府每考应取土司生员额数抵算完日，再行考取。"① 此外，还有一些应试细节也有规定：如"康熙四十四年议准：贵州苗民，照湖广例，即以民籍应试。进额不必加增，卷面不必分别。土官、土目子弟，及三十六年取进土司文、武生七十一名，仍准一体考试。广西土司之民人子弟，亦照此例"②。又规定："雍正十三年议准：川省各属土司苗童，与汉民文、武童生一并凭文去取。卷面不必分别汉、苗，取额不必加增。通行各省，俱照此例。"③ 明清中央王朝强令土司子弟及应袭土司入学读书，不仅是让封建伦理规范、忠孝观念逐渐深入人心，而且增强各地土司及土司子弟的"中华一统"的认同感，夯实建立统一多民族国家的思想基础。无数事实表明，由于土司及土司子弟自觉接受汉文化教育，能审时度势，到清朝实施改土归流时，土司地区多以和平方式进行，且无改而复设、设而又改的现象出现。众多土司没有对抗朝廷而另立"独立王国"之心，这是他们接受教育对其行为所产生的影响。这种和平、彻底的改土归流方式，使大多数土司地区避免了重大的战争破坏，维护中央王朝对土司地区的治理成果，对土司地区的持续发展产生了积极作用。

---

① （清）素尔纳等纂修，霍有明、郭海文校注：《钦定学政全书校注》，武汉大学出版社2015年版，第267页。

② （清）素尔纳等纂修，霍有明、郭海文校注：《钦定学政全书校注》，武汉大学出版社2015年版，第267页。

③ （清）素尔纳等纂修，霍有明、郭海文校注：《钦定学政全书校注》，武汉大学出版社2015年版，第268页。

第三章

土司制度的发展历程

　　由于元代地域辽阔，边远地区的行政管理与中原地区的行政管理存在着较大差别，因此，元代中央政府在西南地区建立了一种新型的政区制度——土司制度。元明时期是土司地区逐步建立并全面推广土司制度的时期。清代雍正年间实施大规模改土归流后，土司制度逐渐衰微。随着清王朝的灭亡，土司制度作为封建社会的一种政治制度已经终结。到了民国时期，仍有土司残存，但已经不是一种制度的存在。本章拟探讨土司制度的形成、兴盛、终结以及改土归流的推进、民国时期残存土司与设治局的关系等问题，以期对近六百年土司制度的发展历程有总的概貌。

第一节　土司制度的形成

　　元代及明代嘉靖年间以前，无论是中央王朝、地方官员还是民间百姓，人们对当地土著官员均称为土官，因此，这种制度也可称为土官制度。随着明代嘉靖年间朝廷命官和各地百姓对"土司"一词的广泛运用，这一时期及以后的土官制度也可称为土官土司制度。1930年，葛赤峰提出"土司制度"一词，并探讨其成立与流弊，从而使"土司制度"一词作为特定的政治制度名词使用至今。为了学界研究土司问题有一个为众多学者所接受的统一名词，笔者认为，作为一种政治制度，大家使用"土司制度"一词较为合适。

土司制度在唐宋时期的基础上逐渐发展演变，后来形成土司制度，这既是元明时期社会变迁的产物，而且也与元明清三代统治者国家治理的视角及行为方式密切相关。土司制度是元蒙古统治集团为核心的元代中央政府对唐宋王朝在民族地区实施羁縻政策的继承与改变，其最终形成延续六百年左右的一种政治制度，缘由也是多方面的。

一　统治阶级观念改变

元朝是中国历史上继汉、唐之后的又一个在更大、更广的范围内形成的统一多民族国家。元朝起于蒙古高原，是一个由蒙古族建立的少数民族政权，在民族观和民族政策方面都有其特点；入主北京、统一全国之后，建立起了以蒙古统治者为核心的大一统政权。随着"天下为一，故其地北逾阴山，西极流沙，东尽辽左，南越海表"①统治疆域的扩大，元朝统治者面临的民族问题不断发展变化，其民族观也相应改变，这对于土司制度的形成有促进作用。

（一）"蛮夷"观的改变

历史文献记载和现有研究表明，元代以前的中原王朝，其"蛮夷观"表现出对包括南方在内的少数民族主要持鄙视的态度，并与少数民族保持相当距离。尤其以汉朝、唐朝、宋朝表现得比较充分，中原王朝形成了一种孤傲自大的文化心理，将华夏以外的其他文明称为"蛮夷"。即便与汉朝、唐朝、宋朝有交往关系、接受羁縻的徼外势力也是如此。中央王朝用"华夏"与"蛮夷"相对的二元结构思维方式来审视历朝历代的少数民族，主要以"蛮夷"是否与中央王朝敌对或归顺和服从中原王朝的程度。因此，历史文献中诸如"附则受而不逆，叛则弃而不追"②"彼鸟兽野心，非我族类，弱则伏，强则叛，其天性也"③"人面兽心，非我族类；强必寇盗，弱则卑服，不顾恩义，其本情也"④等记载不胜枚举。特别是西汉末年王莽政权在面对匈奴内部分裂时召开朝廷会议，其大臣

---

① （明）宋廉：《元史》卷58《地理志一》，中华书局1976年版。
② （南朝·宋）范晔：《后汉书》卷86《西南夷传》，中华书局1965年版，第2833页。
③ （唐）欧阳修等：《新唐书》卷215上《突厥上》，中华书局1975年版，第6037页。
④ （唐）杜佑：《通典》卷197《边防十三·突厥上》，中华书局1988年版，第5414页。

萧望之的一段话颇具代表性，他说：

> 夷狄之人贪而好利，被发左衽，人面兽心，其与中国殊章服，异习俗，饮食不同，言语不通，辟居北垂寒露之野，逐草随畜，射猎为生，隔以山谷，雍以沙幕，天地所以绝外内也。是故圣王禽兽畜之，不与约誓，不就攻伐；约之则费赂而见欺，攻之则劳师而招寇。其地不可耕而食也，其民不可臣而畜也，是以外而不内，疏而不戚，政教不及其人，正朔不加其国；来则惩而御之，去则备而守之。其慕义而贡献，则接之以礼让，羁縻不绝，使曲在彼，盖圣王制御蛮夷之常道也。①

萧望之的这段话最集中地体现了以汉族为核心建立的王朝国家统治集团的看法。然而，以蒙古族为核心建立的元朝，由于自身为少数民族，自执掌政权后，逐渐淡化"夷夏"的传统观念，改变"夷夏"之间不同的文化心态和社会结构，缩小"夷夏"之间的各种差别，造成多种族群共生共存的局面，促进中华民族共同体朝着"自发"阶段迈进。具体而言，元代统治者一改过去敌视和疏远边疆"蛮夷"的态度，对边疆少数民族逐渐转变为积极改造和有限信用。元代通过在西南和中南地区土官制度的实施，授予南方少数民族协助中央王朝统治地方的权柄，给予一定待遇和较高信任，从而有效缩小与西南和中南地区少数民族的距离感，并获得西南少数民族对蒙元政权的认同、信任与拥护。② 元代"蛮夷观"的改变、土司制度的建立，使蒙元政权在西南和中南地区的统治具有了地方政权和争夺族群基础。

（二）"以夷治夷"观的改变

"以夷治夷"是历代封建统治阶级对少数民族实行的一种民族分化手段，其本意是利用外族之间的矛盾，使其互相冲突，削减其力量，以便控制或攻伐。元明清中央政府在土司制度实施过程中，借鉴历史经验，自始至终将"以夷治夷"作为国家治理土司地区的一种重要手段。但是，

---

① （后汉）班固：《汉书》卷 94 下《匈奴传》，中华书局 1962 年版，第 3834 页。
② 方铁：《论元明清三朝的蛮夷观》，《社会科学辑刊》2016 年第 1 期。

它与元代以前的"以夷治夷"有较大的差别。

秦代统一全国以来，中原统治者在依靠自身的政治、经济、军事等方面的力量之外，寻求其他民族的力量以驾驭、牵制、抗衡甚至打击给居于统治政权带来严重威胁的另一民族力量，是实现其统治目的一种重要手段。① 如汉代统治者在军事上就充分利用少数民族之间的矛盾，使其自相冲突，削弱双方的力量。北宋末年，宋王朝为对付夏、辽、金三个强大民族，便派人与金国订立盟约，双方共同夹击辽国，辽国的土地由宋王朝收回。虽然金国攻入辽国都城，但宋朝被辽国打得大败，面对这种情况，金国不愿意把辽国土地给宋朝。因此，宋朝"以夷治夷"的方法没有获得成功。

蒙元中央王朝建立后，借鉴南宋在广西设土官的成功经验，在云南等地首创土官制度获得成功，并相继在今广西、四川、贵州、湖南、湖北推行"蒙夷参治之法""官有流土之分"，逐渐形成了土司制度，民族地区的宣慰司、宣抚司、安抚司等普遍成立，深刻地影响了明清两代。研究表明，元代土司制度下的"以夷治夷"与汉代、唐代和宋代的"以夷治夷"不同。元朝实行的"以夷治夷"，其本质是利用南方少数民族或者土司政权内部、土司与土司之间的矛盾，使之相互牵制和争夺。在南方土司政权内部、土司与土司之间为土司袭职和抢夺资源而进行的争斗中，王朝国家坐观成败，充当土司政权内部、土司与土司之间争斗的仲裁者，最终实现渔翁得利的目的。王朝国家支持土司政权内部、土司与土司之间的方式，由原来的公开为某些政治势力撑腰，改变为以官职授予、职衔继承、职位升迁、朝廷仲裁为诱饵，驱使各地土司为之效忠和驱使。元朝在今云南、广西、四川、贵州、湖南、湖北等地成功施行土官制度，不仅改变了元代以前"以夷治夷"的方式与手段，而且也实现了元代以前历代统治者梦寐以求的"以夷治夷"的目的。诚如清代云贵总督蔡毓荣所云："故从来以夷治夷，不惜予之职，使各假朝廷之名器，以慑部落而长子孙。然武不过宣抚、宣慰司，文不过同知、知府，悉听流官节制，无敢抗衡，故安于并生而不

---

① 熊贵平：《以夷制夷方略及其在汉代形成和发展的原因探析》，《江西师范大学学报》（哲学社会科学版）2007年第6期。

为大患。"① 同时，中央王朝允许各地土司建立土军（土兵），这些土兵既属于各地土司的军队，也属于中央王朝的军队，在必要的时候可以接受中央王朝调遣以镇压少数民族的反叛，这同样能够达到中央王朝"以夷治夷"的目的。

余贻泽曾在《清代之土司制度》中指出："元人以蒙古民族统治中国，其在政治上之待遇，于多数之汉民族，极少数之西南民族，并无大差别。土司制度实际在此时已成立。元代官制中直接为土官者，为各溪洞之长官司，其品秩如下等州（从五品）。当时并有宣抚司、安抚司、招讨司等官，均设于边境，专事抚绥者。此等官制本皆为流官，但其后明代以之授投降之大小土酋，遂列为土官名称。元虽已有土司土官，并无一定之制度，又因统治者为外来民族，对本地之多数少数民族待遇略同，故无多大问题发生。"②

元代对南方少数民族由原来的疏远与歧视，改为亲近、信任与合作的态度，并通过土官制度实施过程中官职授予、职衔继承、职位升迁、朝廷仲裁等形式对土司及土司地区各族民众进行全面和深入的统治，这种民族观念的改变在当时是具有进步作用的。

二 中央王朝制度创新

从目前可见的历史文献看，宋代已在土官机构设置、土官承袭及土官赋税方面初步具有土官制度的雏形，即是说，元代土官制度，实际上是对宋代土官制度的继承、发展与创新。这里以元代土官承袭制度是对宋代土官承袭制度的继承、发展与创新为例予以佐证。

唐宋时期的羁縻州、县、洞等名称的地方官都是地方民族首领，或者叫"土酋"。南宋知静江府兼广南西路安抚使的范成大，在推行羁縻制度的过程中，对广西设置羁縻州县的情况，记载在《桂海虞衡志》之中，其中"志蛮"写道：

---

① （清）蔡毓荣：《筹滇十疏·筹滇第二疏·制土人》，（清）阮元等纂，年四国等点校：（道光）《云南通志稿》（点校本）卷203《杂著七·疏三》，第八册，云南美术出版社2021年版，第270页。

② 余贻泽：《清代之土司制度》，《禹贡》1936年第5期。

广西经略使所领二十五郡,其外则西南诸蛮。蛮之区落,不可殚记;姑记其声问相接,帅司常有事于其地者数种,曰羁縻州洞,曰猺,曰獠,曰蛮,曰黎,曰蜑,通谓之蛮。

羁縻州洞,隶邕州左右江者为多。旧有四道侬氏,谓安平、武勒、忠浪、七源四州皆侬姓;又有四道黄氏,谓安德、归乐、露城、田州四州皆黄姓;又有武侯、延众、石门、感德四镇之民,自唐以来内附,分析其种落,大者为州,小者为县,又小者为洞。国朝开拓浸广,州、县、洞五十余所,推其雄长者为首领,籍其民为壮丁。其人物犷悍,风俗荒怪,不可尽以中国教法绳治,姑羁縻之而已。有知州,权州,监州,知县,知洞,其次有同发遣、权发遣之属,谓之主户。余民皆称提陀,犹言百姓也。其田计口给民,不得典卖,惟自开荒者由己,谓之祖业口分田。知州别得养印田,犹圭田也。权州以下无印记者,得荫免田。既各服属其民,又以攻剽山獠及博买嫁娶所得生口,男女相配,给田使耕,教以武技,世世隶属,谓之家奴,亦曰家丁。民户强壮可教劝者,谓之田子、田丁,亦曰马前牌,总谓之洞丁。今黄姓尚多,而侬姓绝少,智高乱后,侬氏善良,许从国姓,今多姓赵氏。有举洞纯一姓者,婚姻不以为嫌。酋豪或娶数妻,皆曰媚娘。宜州管下亦有羁縻州县十余所,其法制尤疏,几似化外。其尤者曰南丹州,待之又与他州洞不同,特命其首领莫氏曰刺史,月支盐料及守臣供给钱。其说以谓:宜州徼外,即唐黄家贼之地,崇建南丹,使控制之。莫氏家人亦有时相攻夺,今刺史莫延葚逐其弟延廪而自立,延廪奔朝廷,谓之出宋。①

这段文字中的"獠蛮""羁縻""姓氏""种落""主户""提陀""家奴"等词语,从因蛮而设羁縻,再由抽象的蛮进而到侬、黄等具体的姓氏种落,又再由羁縻进而到主户和提陀,这种姓氏也就是土司制度族姓领主制的前身。这是范成大对当时广西羁縻制度设置下的一种社会认识。由此可见,唐宋时期羁縻制度下的地方官与元明清时期土官土司州、

---

① (宋)范成大:《桂海虞衡志·志蛮》,景印文渊阁《钦定四库全书》本,鹭江出版社2002年版。

县、洞地方官虽然都是地方民族首领，但土司制度在王朝国家治理方面与羁縻制度时期的国家治理有很大差别。宋代，中央政府对南方少数民族地区羁縻州、县、峒土官的承袭已有了一些规定。当时土官承袭是先由都誓主召集群酋（管辖下的首领）会议，从其子孙及弟、侄、亲党中确定当立者，然后联名具保，经有关部门上报，朝廷赐敕告、印符作为信物，承袭人北望天阙叩拜谢恩。经过这些手续之后，承袭方算完成。① 绍兴七年（1137）九月又规定驻地帅司要核实土官子孙应袭职者上报，史载："（绍兴七）九月，诏荆湖、广南路溪峒头首土人内有子孙应袭职名差遣，及主管年满合给恩赐之数，俾帅司取会核实以闻。"② 这是中央政府为了预防袭职发生错乱和争斗而采取的有效措施。从宋代对土官袭职的这些规定看，土官制度在宋代已发轫。土官承袭的例子不胜枚举，如绍兴十二年（1142），"诏以施州南砦路夷人向再健袭父思迁充银青光禄大夫、检校国子祭酒兼监察御史、武骑尉、知懿州事"③。乾德四年（966），南宁州刺史、蕃落使龙彦瑫死后，"其国（族）人诣涪州，言南宁州蕃落使龙彦瑶卒，归德将军武才及八刺史壮请以彦瑫子汉瑭为嗣，诏授汉瑭为南宁'刺史兼蕃落使'"。④ 宋代土官的承袭，或嫡子、庶子，或弟侄，或亲党，或族人，办理程序尚不规范，可见，包括土官承袭在内的土司制度还没有正式形成。蒙元时期的土官制度从中央政府中书省和地方一级政区行中书省，都是对唐宋时期中书省体制的扬弃，是中华民族文化多元一体格局的趋势与必然。蒙元时期土官制度的设置，虽然是宋代土官制度之延续和发展，但作为土与司的合名合制，则始于元王朝时期，而封建领主制作为封建社会形态中区别于封建地主制的一种，则从蒙古政权下的封建领主制而发端，并非完全承袭宋代土官制度。

元代西南地区的土司行政机构有总管、土府、土州、土县。一般来

---

① 龚荫：《中国土司制度史》，四川人民出版社 2012 年版，第 100—101 页。
② （元）脱脱：《宋史》卷四百九十四《蛮夷传二·西南溪峒诸蛮上》，中华书局 1985 年版，第四十册，第 14189 页。
③ （元）脱脱：《宋史》卷四百九十四《蛮夷传二·西南溪峒诸蛮上》，中华书局 1985 年版，第四十册，第 14189 页。
④ （元）脱脱：《宋史》卷四百九十六《蛮夷传四》，中华书局 1985 年版，第四十册，第 14224 页。

讲，在靠近内地或较发达的少数民族地区，则设置土官总管府。如云远路军民总管府、茫部路军民总管府等。至元十一年（1274）设置的大理总管府，是元代在西南部民族地区最早建立的土官总管府。《元史》卷六十一载："元宪宗三年收附。六年，立上下二万户。至元七年，并二万户为大理路（具体地点在大理城西，周广四百里，为云南形胜要害之地。城中有五花楼，唐大中十年，南诏王券丰佑所建。楼方五里，高百尺，上可容万人。世祖征大理时，驻兵楼前。至元三年，尝赐金重修焉），领司一、县一、府二、州五。府领一县，州领二县。"①《元史》对于土官总管府多有记述。如《元史》卷三十九载，（后）至元四年（1338）"甲申，云南老告土官八那遣侄那赛赍象马来朝，为立老告军民总管府"②。如：《元史》卷一百六十六载，至元"十一年，赛典赤为云南行省平章政事，更定诸路名号，以信苴日为大理总管。赛典赤为云南行省平章政事，更定诸路名号，以信苴日为大理总管"③。总管府之下为土府、土州、土县。例如：《元史》卷六十三"顺元等路军民安抚司"载，"至元二十年（1283），四川行省讨平九溪十八洞，以其酋长赴阙，定其地之可以设官者与其人之可以入官者，大处为州，小处为县，并立总管府，听顺元路宣慰司节制"④。这是元代对西南地区归附的民族首领，按其领地之大小与人口之多寡分别设置各级土官权力机构。

"世袭其职"已成为土司承袭制度的核心内容和基本原则——元代土官一经授职，即为世袭。《元史》卷二十六《仁宗三》，六年夏四月壬辰条载：中书省臣言："云南土官病故，子侄兄弟袭之，无则妻承夫职。远方蛮夷，顽犷难制，必任土人，可以集事。今或阙员，宜从本俗，权职以行。"制曰："可。"允许土司承袭并因俗而治该地区，这无疑是对宋代土官制度的继承、发展与创新。

三 实施变革基础雄厚

中国历史是一部中华民族共同体渐次形成与完善的历史。元明清时

---

① （明）宋濂：《元史》，上海古籍出版社1986年版，第176页。
② （明）宋濂：《元史》，上海古籍出版社1986年版，第110页。
③ （明）宋濂：《元史》，上海古籍出版社1986年版，第454页。
④ （明）宋濂：《元史》，上海古籍出版社1986年版，第182页。

期实施的土司制度，促进了中华民族共同体从"自在"实体逐步进入"自发"实体。从元代设置土司制度的历程看，首先是青藏地区，其次是川西和川南、川东地区，再次是云南地区，进而是包括广西和两湖的湖广地区。元明清时期的土官土司制度，是在国家以及地方政公共管理框架下的一种政治制度，所有土官领地或土司政区，都是流官为长官的地方政区或二级政区管辖下的三级或四级政区。换言之，土官土司制度照例是在王朝国家宏观调控下的地方管理制度。为什么土官土司制度会在元代逐渐形成定制，这无疑与当时已经具备雄厚的基础密切相关。

（一）思想基础

思想是行为的先导。统治阶级的思想是决定土官土司制度是否施行的关键。元代实施土官土司制度不是凭空而来的，其思想基础为"羁縻"思想。从中国历史发展的规律看，无论是汉族还是少数民族入主中原王朝，他们遵循历史惯性和地方民族传统，就是构建统一多民族国家。因此，由唐宋时期的羁縻制向元明清时期的土官土司制度转变的第一个思想基础，就是中华民族共同体本身由多种族群并存共构的传统与现实。离开了各民族或民族地区的这个传统与现实去讨论国家统一与地方自治的问题，都是脱离实际的命题。过去统治阶级治理少数民族犹如"牛马之受羁縻"。可见，"羁縻"统治思想是一种对少数民族带有虐意的思想，明显带有强暴式统治行为，它严重阻碍统一多民族国家的形成和中华民族共同体的构建。因此，元明清时期土官土司制度虽然源于唐宋时期的羁縻制度，但在本质上却是对羁縻制度的合理扬弃。一是行政体系发生变化。元明清时期土官土司制度是在国家治理体系的地方性二级、三级、四级行政体系，依次为宣慰司、宣抚司、安抚司、长官司和路、土府（或万户府）、土州、土县、土溪峒，其署制和职责与唐宋时期的羁縻制度发生了变化。如唐宋时期虽然有"宣抚使"之名，与元明清是职名相同，但并不在全国各地遍设"宣抚司"；同时，唐宋时期也没有"宣慰司"这样的二级政区建置，这显然是官职与官署的区别。由此带来的问题是，这些宣慰司、宣抚司、安抚司、长官司和土府（或万户府）、土州、土县、土溪峒等二级、三级、四级行政体系，进入了国家行政体系，是朝廷命官，政治待遇或许不如流官，却有政治保障。二是对历代统治者蔑称少数民族的否定。羁縻州县的土官，本义为"土酋"，以地方土酋任羁縻州县长官。"土酋"是历代中央王朝对包括长城以北的"单于""可汗"等在内的少数民族首领的歧视性蔑称。元朝统治者则将土官称为土（官）知府、土（官）知州、土（官）知县、土（官）知峒等。"土酋"和"土官"虽然都有"土"字，但"酋"和"官"词义差别太大，"酋"为族群首领，而"官"为国家任命，这是元朝统治者对历代统治者蔑称少数民族的否定。《元史·地理志一》称："（世祖至元）十三年，平宋，有版图。……唐极盛之际，有不及焉。盖岭北、辽阳与甘肃、四川、云南、湖广之边，唐所谓羁縻之州，往往在是，今皆赋役之，比于内地。"①这里的"今皆赋役之，比于内地"，是我国历史上的各少数民族第一次成为国家的准公民，第一次让东南西北的少数民族融入中华民族共同体之中，这种思想意识的改变使少数民族的地位有很大程度的提高。

（二）社会基础

元代的土官制度能够在西南边疆民族地区顺利推行，得益于当时已经具备的雄厚的社会基础。一是羁縻制度弊端出现。唐宋时期的羁縻制度已经不适应社会发展的需要，呈现出制度弊端。由于宋代在实施羁縻制度的过程中，还没有出现土官机构的名称，对土官的任用、承袭、朝贡、考核及处罚等也没有作严格而具体的规定，这已经不适应社会发展的需要；加之各地土官及各族民众的地位低下，社会矛盾极为突出，包括蒙古族在内的少数民族要求改革的意愿十分强烈，所以，由羁縻制度演变成为土官土司制度是形势使然、大势所趋。从某种意义上来讲，元朝建立后，原羁縻地区的自然地理环境和人文地理环境均没有因生产力的有所发展而根本改变，并且还是在传统惯性上发展。因此，实行有别于经制州县地区的土官制度，便成为一种区域性阶段性的社会制度选择。二是土官发挥主体作用。少数民族在元代是土官土司地区社会的主体，能更好地发挥国家治理少数民族地方的作用。如果说土官土司制度是封建中央王朝在保持少数民族内部原有政治经济结构不变的前提下，通过少数民族社会上层实施对少数民族地区的间接统治的话，那么羁縻制度则是一种更为松散的间接统治制度。元朝建立后，之所以要在原羁縻地区设置大量世袭土官对少数民族地区进行统治，是因为当时的土司地区

---

① （明）宋廉：《元史》卷58《地理志一》，中华书局1976年版。

的社会主体是少数民族，这些地区呈现出"汉少夷多"的社会现象。正是因为这样的社会基础，才能产生特定的政治制度——土官制度。加之蒙古族入主中原后，促使元王朝在南方民族地区必须采取折中办法，也就是中央王朝倚重少数民族土官，使当地少数民族成为该地区的基层力量，这是王朝国家对土官土司地区进行低成本国家治理的社会基础。同时，在少数民族聚居区，土官一般多为地方望族，世代相承，在民族宗教、民族语言、民族习俗等方面具有整合优势，在维持地方政治稳定和维护社会秩序等方面均能起到汉族官员所不能起到的作用。三是自然环境恶劣。西南、中南原羁縻制度实施地区的地形条件复杂，气候类型多样，山地面积广阔，不适应流官在这些地区生存，这也是土官土司制度实施的一个重要原因。元代的流官主要来自北方，他们对西南、中南的亚热带气候不适应，历代北方或中原士大夫多不愿到这些少数民族地区任职。即便他们来到这里任职会得到一定的补贴，但他们也不会拿生命作赌注。至元二十五年十月丙寅，"湖广省言：'左、右江口溪洞蛮僚，置四总管府，统州、县、洞百六十，而所调官畏惮瘴疠，多不敢赴，请以汉人为达鲁花赤，军官为民职，杂土人用之。'就拟夹谷三合等七十四人以闻，从之。"① 从而肯定了南方少数民族在元代官僚体系中开始具有特殊的政治地位。

（三）经济基础

元朝统一全国后，通过增加人口、军民屯田、轻徭薄赋、兴修水利、改善交通等举措，促进西南、中南地区农业、工业等方面得到恢复和发展，促进了这些地区土地结构的变化和农业生产的发展，尤其是为巩固其政治统治奠定了坚实的经济基础。据程文海《元世祖平云南碑》载：至元十一年（1274）设置云南行省时有128万余户，按照每户5人计算，云南和今贵州东部等地共有人口640余万人口，今广西地区当时有人口350万以上。② 人口的增加为西南地区经济发展和资源开发提供了必要的保障。商业交易活动频繁，或者是汉族以坐商或行商等不同形式在西南少数民族地区进行商业活动，或者是少数民族以坐商或行商的形式在汉

---

① （明）宋濂：《元史》卷15《世祖本纪》，中华书局1976年版。
② 方铁主编：《西南通史》，中州古籍出版社2003年版，第476页。

族地区以及少数民族地区进行商业活动。汉族商人不仅将少数民族地区的毡、布、茶等土特产运往汉族地区，交换少数民族民众所需要的盐、铁、绸、缎等生产资料和生活用品，而且还带去了汉族地区先进的生产工具和生产技术。在西南、中南地区，冶铁技术的提高与铁制工具的普及，促进了农业、城建、交通、水利、宗教等方面的快速发展；同时，造船、有色金属矿冶、制瓷、纺织等手工业的发展，水稻的生产、农副业质量的显著提升，这一系列生产力水平的提高，促进了社会经济的发展。

元代的西南、中南少数民族地区社会经济虽然比唐宋时期有较大发展，但发展水平与经制县相比，仍然存在很大差距。因此，元代中央王朝只能推行有别于内地汉族地区的统治制度——土官制度，依靠当地土官自主管理本民族地区的内部事务。这就是元代土官制度予以革新与加强，并在明清时期得以继续推行并长期存在的历史原因。

元代在多方面对西南少数民族地区加强治理，使土司制度在元代已基本形成，其标志体现在职官制度、承袭制度、朝贡制度、纳赋制度、征调制度、信物制度等的形成。在此，以信物制度为例予以说明。元代以前施行羁縻政策，中央政府给少数民族酋领赐一个官职称号后，标志着民族酋领即是中央王朝封委的土官。元代中央王朝实施土司制度后，中央政府不仅授予民族酋领土官称号，而且还正式赐予民族酋领诰敕、印章、虎符、驿传玺书与金字银字圆符等多种信物。

总之，元朝在土司地区统治秩序的建立，管理机构与土官职衔的设置，"参用土人为官"的举措，土官的任命、承袭、升迁、惩罚，土官的朝贡、纳赋等义务，土兵的组织与征调，这一切举措均标志着土司制度的逐渐形成。

第二节　土司制度的兴盛

明代和清前期实施的土司制度，不仅是封建王朝在我国西南、中南及西北等边疆民族聚居地区和杂居地带实行的封闭自治的政治制度和管理制度，而且是一种"国家在场"的制度，它体现了国家政治的强性控制和国家在土司地区的乡村社会中始终占据主导性地位，国家权力在土司地区乡村社会的不断延伸。明代和清前期，王朝国家出于国家权力向土司地区延伸需要,要求各地土司必须在国家制定的土司制度框架内接受地方长官的约束,履行驻防、守御的职责,随时备征调①,这些规定充分体现了国家权力对土司地区的强制介入。

翻检史籍,我们清楚地发现,明代中央政府在西南民族地区广设土司,当时有大小土司 589 家,其设置与分布情况详见表 3-1。

表 3-1   明代西南民族地区土司设置一览

地区	土知府	土知州	土知县	宣慰司	宣抚司	安抚司	长官司	蛮夷司	其他	合计
四川	1	0	0	1	4	8	46	0	24	84
云南	13	28	5	4	4	9	45	0	91	199
贵州	3	1	1	3	0	8	112	25	27	180
广西	4	44	11	0	0	0	5	0	2	66
湖南	0	6	0	3	0	1	14	0	0	24
湖北	0	0	0	3	5	6	14	3	0	31
总计	21	79	17	14	13	32	236	28	144	584

说明:(一)资料出处:1.(明)刘大漠、杨慎:《四川总志》卷 14、15《土司》,北京图书馆古籍珍本丛刊(42)"史部·地理类"《四川总志》嘉靖本;2.(明)刘文征:《滇志》卷 30《羁縻志》,云南教育出版社古永继点校本 1991 年版;3.(明)彭泽修等:《广西通志》卷 31、32,《明代方志选》,台湾学生书局万历二十七年刊刻本 1986 年版;4.《永乐大典》卷 8《元一统志》;5.(清)张廷玉:《明史》卷 311《四川土司》、卷 40—46《地理志》,上海古籍出版社二十五史本,1986 年版;6.(清)常明:《四川通志》卷 96—98《土司》;7.(清)郝浴等:《广西通志》(卷 31);8.龚荫:《中国土司制度》,云南民族出版社 1992 年版。

(二)表格中的"其他",主要包括除明清等朝设置的"土知府、土知州、土知县、宣慰司、宣抚司、安抚司、长官司、蛮夷长官司"等职衔以外并为上述文献所及的土司,或因史志文献、研究成果和统计上下限的差异而存在被重复记录及遗漏的土司。

从表 3-1 可见,明代和清前期是中国土司制度最兴盛、最完备的一个时期。具体来讲,主要体现在以下几个方面。

一 国家管理机构完备

机构是指机关、团体的内部组织。任何一个组织机构都是把人力、

---

① 李世愉:《略论土司制度与改土归流》,参见马大正编《中国古代边疆政策研究》,中国社会科学出版社 1990 年版,第 468 页。

物力和智力等按照一定的形式和结构,为实现共同的目标、任务或利益有秩序、有成效地组合起来而开展活动的社会单位。①

(一) 中央管理土司的机构

1. 明代

有明一代,作为国家管理土司地区日常事务的机构主要有礼部、吏部、兵部等。

礼部。据《明史》卷七十二《职官一》载,礼部主要负责管理少数民族首领土官印信、诸蕃朝贡接待给赐等有关事务。在《礼部志稿》中,涉及土官土司的有敦教化之训、远边学校之训、怀远人之训、朝贡之训、诸司朝觐仪、土官岁贡额数、起贡、考试、土官入学、土官朝贡(如湖广、广西、四川、云南、贵州腹里土官,遇三年朝觐,差人进贡一次,俱本布政司给文起送,限本年十二月终到京庆贺,限圣节以前。谢恩无常期,贡物不等)、土官朝贡通例、信符金牌、敕符勘合土官衙门、赐诸蕃四夷土官人等、赐封土官、回赐土官、给赐番夷通例、管待番夷土官筵宴、筵宴番夷土官桌面、番夷土官使臣膳馐、土官学岁贡、给土官阴阳符、给勘合验放、酌处土司补贡、土司山民无贡例、土官朝贡五事、定土司朝贡例、定朝贡赏物、土官加赐衣服、土司朝贡过期减赐、土司庆贺表笺违例、土官应袭子弟入学等内容。②

吏部。据《明史》卷七十二《职官一》载,明代中央吏部管理土司的机构主要是文选司和验封司,主要管理对象是少数民族地区的"文职土司"。《明史》载:吏部中的文选司"掌官吏班秩迁升、该调之事";吏部中的验封司"掌封爵、袭廕、褒赠、吏算之事。……土官则勘其应袭与否,移文选司注拟"③。边疆少数民族地区文职土司袭封时,要由验封司"勘其应袭与否",再"移文选司注拟"。吏部管理土司的承袭事宜,是明王朝管理土司事务的规范化,有助于土司制度的完善。吏部管辖的军民府、土府、土州、土县,其设官情况与经制府州县相同。④

---

① 李良品等:《播州杨氏土司研究》,华中科技大学出版社 2015 年版,第 60 页。
② (明)林尧俞、俞汝楫等:《礼部志稿》,景印文渊阁四库全书 597—598 册,中国台湾商务印书馆 1979—1989 年版。
③ (清)张廷玉:《明史》,中华书局 1974 年版,第 1735 页。
④ (清)张廷玉:《明史》,中华书局 1974 年版,第 1876 页。

兵部。据《明史》卷七十二《职官一》载，明代兵部管理边疆少数民族地区卫所和"武职土司"的事务。兵部的"武选司"专门"掌卫所土官选授、升调、袭替、功赏之事"，并且严格规定少数民族地区土司的品级和承袭是："凡土司之官九级，自从三品至从七品，皆无岁禄。其子弟、族属、妻女、若婿及甥之袭替，胥从其俗。"① 兵部的"职方司"专门"掌舆图、军制、城隍、镇戍、简练、征讨之事。凡天下地里险易远近，边腹疆界，俱有图本，三岁一报，与官军车骑之数偕上"②。兵部管辖宣慰、宣抚、安抚、长官司等领土兵的土司。其中，宣慰司设有宣慰使、宣慰同知、宣慰副使、佥事、经历、都事等职；宣抚司设有宣抚使、宣抚同知、宣抚副使、佥事、经历、知事、照磨等职；安抚司设有安抚使、安抚同知、安抚副使、佥事、吏目等职；招讨司设有招讨使、副招讨、吏目等职；长官司设有长官、副长官、吏目等职。其他未入流的有蛮夷长官司，设有长官、副长官等职；另设有蛮夷官、苗民官及千夫长、副千夫长等官。③ 土司作为中央王朝敕封的官员，官衔的大小依次为宣慰、宣抚、安抚、长官，层层统辖。实行世袭制，管辖领地本境，不得调职。由朝廷颁给各级土司金牌、银印、铜印，在所辖区域内掌握兵权，管理民政，财赋田粮，设衙门、公堂、监狱，可以拘拿、刑讯甚至处决反抗他们的人。④ 明代中央政府规定了少数民族地区卫所和土司的职责是：各统治其部落，听从征调、守卫疆土、按时朝贡、戍守边塞，必要时修通道路以及保卫辖区各族民众安宁。

2. 清代

清前期作为国家管理包括土司在内的少数民族事务的机构，除了专门的理藩院以外，主要有礼部等。

清代创制的理藩院，其职能是管理边疆少数民族各方面的事务。据《清史稿·职官志二》载，理藩院下属的柔远司，主要掌管土司朝贡，并司其仪制。理藩院下属的徕远司，主要掌管藏族土司的给俸、年班，四

---

① （清）张廷玉：《明史》，中华书局1974年版，第1751页。
② （清）张廷玉：《明史》，中华书局1974年版，第1752页。
③ （清）张廷玉：《明史》，中华书局1974年版，第1875页。
④ 李良品等：《播州杨氏土司研究》，华中科技大学出版社2015年版，第61页。

川土司以及外裔朝觐、进贡等事务。①

礼部。礼部尚书、典制、祠祭、主客、精膳四清吏司，他们对于土司均各司其职，各管其事。如礼部尚书"掌五礼秩叙，典领学校贡举，以布邦教。侍郎贰之"；礼部典制司"掌嘉礼、军礼。稽彝章，辨名数，颁式诸司。三岁大比，司其名籍。四方忠孝贞义，访懋旌间"。礼部祠祭司"掌吉礼、凶礼。凡大祀、中祀、群祀，以岁时辨其序事与其用等。日月交食，内外诸司救护；有灾异即奏闻。凡丧葬、祭祀，贵贱有等，皆定程式而颁行之。勋戚、文武大臣请葬祭、赠谥，必移所司覈行。并籍领史祝、医巫、音乐、僧道，司其禁令，有妖妄者罪无赦"；礼部主客司"掌宾礼。凡蕃使朝贡，馆饩赐予，辨其贡道远迩、贡使多寡、贡物丰约以定。颁实录、玉牒告成褒赏。稽霍茶岁额"。②

（二）地方管理土司机构

明代和清代前中期，在地方设置的管理土司的机构，既有布政使司、府州县，又有都指挥使司、行都指挥使司、羁縻卫所。但机构设置，并不是一以贯之，而是因时而变。

1. 明代

明王朝管理土司地区日常事务的机构主要有以下几种。

布政使司。明代中央王朝设置在有土司的行省的布政使司，执掌一省的行政，为当地最高的行政长官。明代在四川、云南、贵州、广西等行省设置的布政使司，负责管理各省的少数民族事务。布政使司之下的设置在边疆少数民族地区的军民府和土府、土州和土县等机构，其设置与正府、州、县基本相同，这些地方土官土司机构专门负责管理辖区内的少数民族事务。

都指挥使司为行省的军事行政机构，简称"都司"，主要执掌一方的军政事务，统率所辖的卫所，包括羁縻卫所，当时设有云南都司、广西都司、四川都司等。羁縻卫所设置在边疆少数民族地区的通衢要道和津要之地，主要对边疆少数民族地区的宣慰司、宣抚司、安抚司、招讨司、长官司、蛮夷长官司等土司机构具有节制功能。

---

① 龚荫：《中国土司制度史》，四川人民出版社2012年版，第166页。
② （民国）赵尔巽：《清史稿》（第12册），中华书局1977年版，第3279—3280页。

土官土司。明代在靠近内地或较发达的少数民族地区设置文职土官，在边境津要之地或山岳地带设置武职土官土司。土官、土司的机构名称和品衔有一定区别。

"军民府、土州、土县，设官如府州县。"① 如果军民府、土州、土县按照府州县的设置，那么，基本情况如下：军民府，知府一人，正四品；同知一人，正五品；通判无定员，正六品；推官一人，正七品；其属，经历司经历一人，正八品；知事一人，正九品；照磨一人，从九品。土知府执掌一府之政，其主要职责是"宣风化，平狱讼，均赋役，以教养百姓。每三岁，察属吏之贤否，上下其考，以达于省，上吏部。凡朝贺、吊祭，视布政使司，直隶府得专达。凡诏赦、例令、勘札至，谨受之，下所属奉行。所属之政，皆受约束于府，剂量轻重而令之，大者白于抚、按、布、按，议允乃行。凡宾兴科贡，提调学校，修明祀典之事，咸掌之。若籍帐、军匠、驿递、马牧、盗贼、仓库、河渠、沟防、道路之事，虽有专官，皆总领而稽核之。同知、通判分掌清军、巡捕、管粮、治农、水利、屯田、牧马等事。无常职，各府所掌不同"。土知州，知州一人，从五品；土知州同知，从六品；判官无定员，从七品。里不及三十而无属县，裁同知、判官。有属县，裁同知。其属，吏目一人，从九品。按规定：土知州"执掌一州之政。同知、判官，俱视其事州之繁简，以供厥职。土知县，知县一人，正七品；土县丞一人，正八品；土主簿一人，正九品；其属，典史一人"。土知县"执掌一县之政。凡赋役，岁会实征，十年造黄册，以丁产为差。赋有金谷、布帛及诸货物之赋，役有力役、雇役、借债不时之役，皆视天时休咎，地利丰耗，人力贫富，调剂而均节之。岁歉则请于府若省蠲减之。凡养老、祀神、贡士、读法、表善良、恤穷乏、稽保甲、严缉捕、听狱讼，皆躬亲厥职而勤慎焉。若山海泽薮之产，足以资国用者，则按籍而致贡。县丞、主簿分掌粮马、巡捕之事。典史典文移出纳。如无县丞，或无主簿，则分领丞簿职"。②

武职土官土司政权机构设置及官员配置如下③：都督府，都督一人，

---

① （清）张廷玉：《明史》，中华书局1974年版，第1876页。
② （清）张廷玉：《明史》，中华书局1974年版，第1849—18506页。
③ （清）张廷玉：《明史》，中华书局1974年版，第1875—1876页。

正一品；都督同知一人，从一品；都督佥事一人，正三品。都指挥使司，都指挥使一人，正二品；都指挥同知一人，从二品；都指挥佥事一人，正三品。宣慰司置宣慰使一人，从三品；同知一人，正四品；副使一人，从四品；佥事一人，正五品。经历司经历一人，正七品；都事一人，从八品。宣抚司置宣抚使一人，从四品；同知一人，正五品；副使一人，从五品；佥事一人，正六品。经历司经历一人，从八品；知事一人，正九品；照磨一人，从九品。安抚司置安抚使一人，从五品；同知一人，正六品；副使一人，从六品；佥事一人，正七品；吏目一人，从九品。长官司置长官一人，正六品；副长官一人，从七品；吏目一人，未入流。蛮夷长官司置长官一人，正六品；副长官一人，从七品。

2. 清代

有清一代的土司设置，主要在顺治、康熙、雍正三朝先后设置的，其基本情况详见表3-2。

表3-2　　　　　　　　清代土司设置一览

地区	土知府	土知州	土知县	宣慰司	宣抚司	安抚司	长官司	蛮夷司	其他	合计
四川	0	0	0	5	6	17	40	0	365	433
云南	2	4	1	0	1	0	7	0	46	61
贵州	0	0	0	1	0	0	111	1	103	216
广西	2	32	7	0	0	0	13	0	18	72
湖南	0	3	0	1	0	0	13	0	1	18
湖北	0	0	0	2	0	7	11	1	4	25
总计	4	39	8	9	7	24	195	2	537	825

说明：（一）资料出处：1.（民国）赵尔巽：《清史稿》卷512—516《土司传》，上海古籍出版社二十五史本，1986年版；2. 龚荫：《中国土司制度》，云南民族出版社1992年版；3. 尤中：《云南民族史》，云南大学出版社1994年版；4.《贵州通史》委员会：《贵州通史》（第2卷），当代中国出版社2002年版；5. 田玉隆等：《贵州土司史》，贵州人民出版社2006年版。

（二）表格中的"其他"，主要包括除了"土知府、土知州、土知县、宣慰司、宣抚司、安抚司、长官司、蛮夷长官司"等职衔以外的土司，或因史志文献、研究成果和统计上下限的差异而存在被重复记录及遗漏的土司。

清代管理土司地区日常事务的机构和人员主要有以下几种。

(1) 督抚

即总督和巡抚。总督一般统辖两省，如云贵总督，统辖云南和贵州两个行省的军政事务；巡抚综治一省，是一个行省的最高长官。总督和巡抚是清代中央王朝最为倚重的地方官员。《清史稿·职官三》载："总督从一品。掌厘治军民，综制文武，察举官吏，修饬封疆。"巡抚的职掌为"巡抚正二品，掌宣布德意，修明政刑，兴革利弊，考核群吏，会总督以诏废置。其三年大比充监临官，武科充主试官，督、抚同"①。

(2) 府州县的知府、知州、知县

在行省督抚之下，各府州县的官员也直接参与管理土司地区的日常事务，并且有很多事情基本上是这一级官员处理。

(3) 各级土司

清代土司仍然有文职土司和武职土司之分，其机构名称和品衔较明代也有一定变化。

文职土司。《钦定大清会典》卷七有文职土司的职衔和品级记载：土府六等，土知府、从四品，土同知、正五品，土通判、正六品，土推官、正七品，土经历、正八品，土知事、正九品；土州四等，土知州、从五品，土州同、从六品，土州判、从七品，土吏目、从九品；土县四等，土知县、正七品，土县丞、正八品，土主簿、正九品，土巡检、从九品，土典史、土驿丞未入流（无品级）②。另据《清史稿》卷一百十七载：云南"其不管理苗裔村寨者，土通判二人，正八品土官一人"；贵州"其不管理土峒者，正六品、正七品土官各一人，正八品土官三人，正九品、从九品土官各二人"；广西"其不管理土峒者，正六品土官二人，从六品、正八品、正九品土官各一人，从九品土官一人，未入流土官二人"③。上述的规定及相关记载，就是清时不管理峒寨而有虚衔和品级的土官。二是出现品级变化。如明代土知府为正四品，清代改为从四品；明代土

---

① （清）乾隆：《皇朝通志》卷69《职官略六·直省文职·总督、巡抚》。

② 《钦定大清会典》卷7《吏部·文选清吏司》，清光绪二十五年原刻本景印，新文丰出版公司1976年版，第87—88页。

③ （民国）赵尔巽：《清史稿》卷117，第一十二册，中华书局1977年版，第3415、3416、3417页。

副长官为从七品，清代改为正七品。

武职土司。《钦定大清会典》对武职土司的职衔和品级也有详细记载：指挥使司七等：指挥使，正三品；指挥同知，从三品；指挥佥事，正四品；千户，正五品；副千户，从五品；百户，正六品；百长，无品级。宣慰使司四等：宣慰使，从三品；宣慰同知，正四品；宣慰副使，从四品；宣慰佥事，正五品。宣抚使司四等：宣抚使，从四品；宣抚同知，正五品；宣抚副使，从五品；宣抚佥事，正六品。安抚使司四等：安抚使，从五品；安抚同知，正六品；安抚副使，从六品；安抚佥事，正七品。招讨使司二等：招讨使，从五品；招讨副使，正六品。长官司二等：长官，正六品；副长官，正七品。土弁八种：土游击，从三品；土都司，正四品；土守备，正五品；土千总，正六品；土把总，正七品；土外委千总，正八品；土外委把总，正九品；土外委额外，从九品。土屯四种：土屯守备，正五品；土屯千总，正六品；土屯把总，正七品；土屯外委，正九品。百长、土舍、土目等均不入品级。① 武职土司职衔和品级的变化有两点：一是清初把明代卫所官吏归附者授原官世袭，因此，明代卫所官吏摇身一变成为土司。如临洮卫指挥同知赵师范，"清顺治二年，底定陇右，师范率子枢勋归附，仍令管理临洮卫指挥使土司事务"②。二是以绿营弁衔授予归附或立功的民族首领设置土弁。如《大清会典事例》卷五百五十七载："国初定，遐陬僻壤，率属向北。承袭土司，分别授以指挥使、指挥同知、千总、把总、千户、百户职衔。"③ 明代和清前期在行政体制上，既有国家管理土司事务的机构，也有地方管理土司事务的机构；国家层面既有兵部的管理，又有吏部的管理，还有礼部参与管理；地方层面既有布政使司和府州县的管理，也有都指挥使司和羁縻卫所的管理，不仅实现了土司管理机构的"多轨制"，而且是中国土司制度管理机构最兴盛、最完备的一个时期。

---

① 《钦定大清会典》卷46《兵部·武选清吏司》，清光绪二十五原刻本景印，新文丰出版公司1976年版，第481页。
② （民国）赵尔巽：《清史稿》卷517，第四十七册，中华书局1977年版，第14304页。
③ 《钦定大清会典事例》卷557《兵部·各省土司世职》，清光绪二十五年原刻本景印，新文丰出版公司1976年版，第12429页。

二 国家治理土司的相关举措

明代和清前期中央王朝在处理内地与"四夷"时,国家权力延伸趋于相同,也就是说:地方政治制度的基本事实是在成文制度方面,国家行政权力的边陲是县级,县以下实行以代表皇权的保甲制度为载体,以体现族权的宗族组织为基础,以拥有绅权的士绅为纽带而建立起来的乡村自治政治。即学术界经常提及的"王权止于县"。但是,在实行土司制度的少数民族地区(包括西南民族地区在内),在国家政权建设方面,则并未形成这样的格局,而形成了"王权止于土司"的局面。① 正因如此,明代和清前期中央王朝在完善土司制度后,则一改过去安抚政策为对土司的驾驭,企图以加强对土司的控制,牢固掌握对边疆地区的统治权。应该说,明代和清前期历代中央王朝将土司制度加以改进和完善,使土司制度达到了鼎盛时期。明代和清前期中央王朝治理土司的主要举措表现为:②

(一) 在土司承袭问题上显示驾驭之权

关于土司承袭事,明初沿元制隶吏部,洪武二十年(1387),改以府、州、县等官属吏部验封司,宣慰、招讨等官隶兵部武选司。明代中央政府一套完整的土司承袭办法逐渐形成并完善,基本上延续嫡长子继承为主,以孙、婿、妻、舍人(土司家族)、女及外亲等继承为补充的"先嫡后庶,先亲后疏"承袭原则,而且土司应将承袭之人依次呈报。在呈请袭职时,要取上司印结、本人宗支图及邻境保结等文献资料方能承袭。对于明代土官承袭,清代桂林府通判汪森在其笔记中记载了嘉靖、万历年间土官承袭制:"嘉靖七年例,土官病故,其应袭儿男查勘无疑,止令以官,男孙名色就彼袭替,权管地方。俟著有功劳,然后授以冠带;俟功劳再著,然后授署职;俟功劳屡著,然后实授本职。嘉靖九年,土官衙门造册,将见在子孙,尽数开报。某人年若干岁,係某氏生,应该

---

① 洪涵:《国家权力在民族地区的延伸——以云南德宏傣族土司制度为例》,《云南民族大学学报》(哲学社会科学版) 2011 年第 2 期。

② 李良品、赵毅:《土司制度:国家权力在西南土司地区的延伸》,《长江师范学院学报》2014 年第 5 期。

承袭；某人年若干岁，某氏生，系以次。土舍未生子者，候有子造报。愿报弟侄若女者，听布政司送吏、兵二部查照。嘉靖二十八年例，应袭土舍，曾经调遣，效有功劳者，暂免赴京。就彼冠带署印，管束夷民，待后功劳显著，方许实授。万历二二十年，三院会议，土舍初袭，照旧小口管事。三年后，若守法奉公，兵粮完足者，给冠带。至六年、九年，劳绩愈彰，渐次议加，署职实授。如有恣肆不检，仇邻构兵，及钱粮兵马负欠逾期，迫夺示罚，仍置立宗枝文簿印贮辖属该道。遇土官嫡妻生子，限一月内具报该府，报道填注，用为日后勘袭左券，以杜争端。万历二十二年例，土官土舍，与民间子弟不同，一经援纳，假借大冠，交结生事，糜扰地方，深为未便通行。"① 由此可见，明代土司承袭，必须具有委官体勘查核、取具宗支图本、册报应袭子侄名册、官吏人等作保、邻封土司甘结、督抚具题请袭（呈部具奏）、土司赴阙受职（或就彼冠带）等程序和手续。这说明，明代土司承袭制度的立体构建，有助于促使各地土司谨遵承袭程序，严格履行各种相关手续。

清前期的土司承袭制度是对明代土司承袭制度的继承和发展，有许多方面与明代有相似之处，这里举一例予以说明。

> 少保兵部尚书兼都察院右都御史总督云南贵州广西三省等处地方军务兼理粮饷世袭三等阿思哈尼哈番加十二级纪录二次臣鄂尔泰谨题：为土司承袭事。
>
> 该臣看得，广西镇安府向武土知州黄道远，于雍正九年正月二十四日病故。据布政司详报，此行查明应袭之人，取其应供之人，取其亲供宗图册结详题去后，兹据布政使元展成详称：查官男黄宬系已故向武土知州黄道远嫡生长子，例应承袭父职，众心悦服，并无抟越抱养情弊。取有亲供宗图、印甘各结、该司加结，详送前来。臣覆查无异，相应题请，将黄宬准其承袭向武土知州之职。
>
> 除将宗图册结及已故土官黄道远原领号纸送部外，臣谨会题请旨。

---

① （清）汪森：《粤西丛载校注》（下），广西民族出版社2007年版，第1053—1054页。

雍正九年九月三十日题。十一月二十日奉旨："该部议奏。"①

这里不仅沿袭了明代父死子袭的承袭顺序，制作了"亲供宗图、印甘各结、该司加结"等土司承袭文书，而且也履行了相关土司承袭程序，说明该土司的承袭是合法承袭。但清代土司承袭制度比明代更加完善、严密和严苛。如《钦定大清会典事例》卷四十八有载：

> 凡土司，曰指挥、曰宣慰、曰宣抚、曰安抚、曰招讨，各以其长为使，惟长官司不置使，指挥使而下，其等七：宣慰使司，其等四；宣抚使司、安抚使司，亦如之。招讨使而下，其等二，长官司亦如之。加等者至指挥使、宣慰使则止焉；降等者各于其司。凡土职皆世其袭。②

清政府甚至规定："土官亲生之子，未满十五岁者，该督抚题明注册，将土司事务，委族人护理，俟其子长成，具题承袭。"③ 据云南耿马县档案馆保存的《土官承袭格式》可见，"保袭"耿马土司"应袭者"的就是邻封土职、目把、里老、地方夷众、医生、收生妇等人。他们必须对应袭土司的身份、行为清白或是否符合法律规定条款等作出担保。可见，即便应袭土司符合相关法律规定，如果不借助邻封土职、目把、里老、地方夷众等力量，也不能顺利承袭土司职位。

（二）制度规定所有土司必须接受地方文武长官的约束

这就把土司的自主权压缩得很小。从隶属关系看，"隶验封者，布政司领之；隶武选者，都指挥领之"。也就是说，属于文职如土知府等，由地方行政长官约束；属于武职者，如宣慰使、安抚使等，则由地方军职长官约束。所谓受地方长官约束，也就是不仅要听从指挥，定期向该管官汇报情况，而且还要随时备征调。

---

① 中国第一历史档案馆：《鄂尔泰谨题为土司承袭事》，清代土司档案图像号：066—549。

② （清）昆冈等：《钦定大清会典》，见《续修四库全书》史部政书类第794册，上海古籍出版社1995年版，第462页。

③ 《钦定大清会典事例》卷145《吏部·土官》，清光绪二十五年原刻本景印，新文丰出版公司1976年版，第6997页。

明清时期实施土司制度的地方，按照一般惯例，土司的级别表面很高，但实际上土司是"见官小一级"，由此，从中央到西南民族地区的土司辖地就形成了"中央—行省—地方机构—土司机构"的政治组织架构，在土司地区的"王权"是否"止于县"还难以得出结论。因为这里的情况十分复杂，如从四川秀山杨氏土司的置废看，秀山杨氏四大土司的隶属关系并不是一成不变的。在洪武年间"更定蕃国朝仪"所列土司名目中秀山杨氏四大土司均榜上有名。在"永乐定制"中将秀山下杨氏土司原属酉阳宣抚司的麻兔长官司改归贵州铜仁府，新增地坝副长官司属酉阳宣抚司。又将原属酉阳的邑梅司改属重庆卫，将邑梅长官司直属重庆卫，而石耶长官司、地坝副长官司属酉阳宣抚司领属，仍属重庆卫管辖，平茶长官司直属四川布政司。① 另据学者研究表明，今云南省德宏地区土司往往是向大理府、昆明府、永昌府、龙陵厅、腾越厅等"汇报工作"。如"明朝弘治年间芒市二世土司之弟放双法因兄占妻而至'腾越州'诬告兄与思氏政权勾结密谋复国，腾越州处死其兄。后南甸土司又为此写文书上达'大理府'，说明兄占弟媳的实情及兄冤死的情况，大理府颁发号纸令放双法袭土司位"②。到清代，土司由流官管辖事例太多，如雍正年间川陕总督岳钟琪在条奏川省苗疆善后事宜时，关于"建昌土司"一事时，兵部议复："惟河东、河西宣慰司、宁番安抚司，三处地方最广。而河东半近凉山，半近内地，请仍授安承爵之女安凤英为长官司，约束凉山一带；其附近内地者，俱改隶流官管辖；至河西宁番、逼近内地，悉改归流；其阿都宣抚司、阿史安抚司及纽结歪溪等土千百户、共五十六处。"③

这些说明，西南民族地区土司的隶属关系虽然十分复杂，但必须接受地方文武长官的约束，是毋庸置疑的事实。

（三）在土司衙门安插流官，以便随时对土司进行监视、制约

这些流官均属佐贰官，"大率宣慰等司经历皆流官，府、州、县佐贰

---

① 重庆市民族宗教事务委员会：《重庆民族志》，重庆出版社2002年版，第47—48页。
② 方一龙译：《芒市历代土司简史》，参见云南编辑组《德宏傣族社会历史调查》（三），民族出版社2009年版，第4页。
③ 《清世宗实录》卷66"雍正六年二月壬午"条，华文书局1969年影印本。

多流官"。这些安插在土司衙门内的流官,实际上是中央王朝设在土司身边的耳目,他们可以随时将土司的情况向地方长官汇报。《清世宗实录》载:"广西巡抚韩良辅疏言:广西泗城土府同知、并无职掌,请改为思恩府泗城理苗同知,专管泗城西隆西林等处、苗民仇杀抢劫之事。又太平府新改上龙下龙二土司、所属镇南大关,系安南贡道,且水路可通内地,最为紧要。须设流官弹压,请将太平府通判,移驻上下龙地方,兼管凭祥土州等处。"① 雍正年间湖广总督迈柱在条奏苗疆事宜时同样有"派佐贰官监视"的语句。尽管这些流官职低位卑,但他们具有监视、弹压作用,是一种对土司的钳制力量。

(四) 对土司实施"恩威并用、剿抚兼施"的手段

明代和清前期中央王朝在处理土司地区问题的基本对策就是"我国家设列土官,以夷制夷,逆则动兵剿之,顺则宜抚之"②。"恩威并用、剿抚兼施"手段的同时使用是封建统治者惯用的伎俩。《明史·土司传》说得十分清楚:"迨有明踵元故事,大为恢拓,分别司郡州县,额以赋役,听我驱调,而法始备矣。……其要在于抚绥得人,恩威兼济,则得其死力而不足为患。"③ 这种手段有利于保证明清中央政府对土司的绝对控制及对西南民族地区的有效统治。

在明代和清前期,对各地土司实施"镇服"与"教化"相结合的手段也司空见惯,同样是中央王朝对土司实施"恩威并用、剿抚兼施"手段的另一种形式。如《明史·柳州土司传》载:洪武二年,中书省臣言:"广西诸峒虽平,宜迁其人入内地,可无边患。"帝曰:"溪洞蛮僚杂处,其人不知礼义,顺之则服,逆之则变,未可轻动。惟以兵分守要害以镇服之,俾日渐教化,数年后,可为良民,何必迁也。"④ 史家在总结大明王朝驾驭土司之法时言:"其要在于抚绥得人,恩威兼济,则得其死力而不足为患。"⑤ 明清中央王朝特别是在对各地土司实行征剿、抚驭策略的

---

① 《清世宗实录》卷54 "雍正五年三月壬辰"条,华文书局1969年影印本。
② 严从简著,于思黎点校:《殊域周咨录》卷9《云南百夷》,中华书局2000年版,第348页。
③ (清) 张廷玉:《明史》,中华书局1974年版,第7981页。
④ (清) 张廷玉:《明史》,中华书局1974年版,第8204—8205页。
⑤ (清) 张廷玉:《明史》,中华书局1974年版,第7981页。

过程中，其本身既有不乏失之偏颇的一面，也有令最高统治者担忧的一面。正如明太祖所言："抚之而过在太宽，剿之而过在太严。"① 从《明史》《清史稿》的"土司志"中又可见一种常见的现象，当明清时期某个土司反抗或反叛中央王朝时，中央王朝派朝廷命官前往"屡抚不听"或"屡抚不退"，中央王朝就会露出心狠、残暴的一面，即展开对该土司实施的"剿"，既有凸显"剿"的行动、过程、方式的词语，也有体现"剿"的程度的词语，更有彰显"剿"的结果的词语。可以说，明清时期中央王朝的剿抚并施，是一种以剿为主、以抚为辅之策，其目的在于维护中央王朝的统治。

"恩威并用、剿抚兼施"作为一种统治手段，历代封建统治者都曾采用，而对土司地区尤多施用。明代和清前期的统治者在对西南、中南和西北地区继续实施土司制度的过程中，体现的就是"恩威并用、剿抚兼施"，《清实录》载：

> 谕大学士等：近云贵督抚及四川广西巡抚，俱疏请征剿土司。朕思从来控制苗蛮，惟在绥以恩德、不宜生事骚扰。今览蔡毓荣奏疏，已稔悉其情由。盖因土司地方，所产金帛异物颇多。不肖之人，苛求剥削。苟不遂所欲，辄以为抗拒反叛，请兵征剿。在地方官，则杀少报多，希冒军功；在土官，则动生疑惧，携志寒心。此适足启衅耳！朕惟以逆贼剿除，四方底定，期于无事。如蔡毓荣、王继文、哈占等，身为督抚，不思安静抚绥，惟诛求无已，是何理也？前出征云南。赵良栋将彼等过端，几至发露，穆占之家人举首。朕寝其议，若此等尚多，朕无不洞悉。但事系已结，朕不复究，置之宽宥。至云贵督抚，居官殊无善状，或地处辽远，朕不悉知，亦未可定。尔等将此谕旨，传示九卿、詹事、科道，令其详议具奏。寻九卿等会议，土司劫掠，应敕该督抚，剿抚并用。请颁上谕，通行晓谕。从之。②

---

① 《明太祖实录》，"中研院"历史语言研究所校印本，1962年版。
② 《清圣祖实录》卷124"康熙二十五年正月庚子"条，华文书局1969年影印本。

在加强对土司种种限制的过程中,又有"法外施恩"的情况。如土司的奖惩制度、对革除土司的处理制度,更是奖罚分明,把"恩威"二字有机地联系在一起,既使心存异志的土司感到清政府的威严而多有收敛,又使俯首帖耳的土司体会到朝廷的恩惠而更加恭顺。

第三节 土司制度的衰亡

自明朝后期"平播之役""平奢安"以及清代雍正年间大规模改土归流、乾隆年间平定大小金川之役后,实力最强的土司已逐渐被消灭,土司制度也就随之衰弱,与明代土司完全不能同日而语。到清代中后期之后,土司制度逐渐走向衰亡,这是总体趋势。但值得注意的是,清朝前期的土司制度继承明代土司制度,并在此基础上有一定的发展、变化,故《清史稿》卷五百二十云:

> 明代播州、蔺州、水西、麓川,皆勤大军数十万,殚天下力而后铲平之。故云、贵、川、广恒视土司为治乱。清初因明制,属平西、定南诸藩镇抚之。[①]

因此,清政府决定凡土司来降者,皆授原职世袭,完善了清代有关土司官职、承袭、朝贡、赋税、升迁、惩罚等方面的土司制度。[②]

一 清代土司制度的成因及特点

土司制度发展到明清时期已日臻完善,它主要由土司承袭规则、土司朝贡方式、土司赋役制度和土司军事征调等多条线索以及中央政府直管、流官政府监管、军事卫所节制等纵横交错的网状交织而成。帝国凭借这一体制,或以文明内化形式,或以武力征剿方式促使各地土司在帝国体系中进行"向内充实"。在这一历史进程中,明清中央王朝采取部分

---

① (民国)赵尔巽:《清史稿》(第四十七册),中华书局1977年版,第14204页。
② 李良品等:《乌江流域民族史》,重庆出版社2009年版,第202页。

国家权威逐渐让渡给土司，使国家权力逐步渗透到少数民族地区。① 在这一过程中，各地土司与中央王朝、与地方流官政府在一些具体事务的博弈中千方百计谋求自身利益的最大化，加之各地不断探寻适应生存环境、树立坚忍意志、寻找合作对象、坚持顺势而为等土司生存之道，深入研究执着长远目标、主动依附朝廷、捕捉有利时机、采取恰当方法等土司生存法则，更有一些土司寻求在当地树立绝对权威、攀附中原文化、行贿地方官员、周边土司联姻等土司生存策略，使中央王朝难以驾驭、地方流官治理维艰。因此，土司制度发展到清代雍正以前，中央王朝都没有主动采取改土归流的意愿。

（一）清代土司制度的成因

清朝初期，不仅全国土司的数量和分布与明末时基本相同，而且在官职、承袭、朝贡、赋税、升迁、惩罚等方面也大同小异。清初几乎完全保留了明代的土司，不仅没有控制土司的发展，似乎还给了土司以喘息的机会，为其发展创造了条件，使土司制度再度出现一时的兴旺②。究其原因，主要有三③：

1. 客观形势发展的需要

清初，满族贵族刚刚立足中原，急待解决的问题是保持全国各地的稳定。面对各地蜂起的抗清势力，清政府的全部精力要投入对南明政权和农民军余部的斗争上，因而对土司问题无暇远顾，只能一依明旧，凡表示投诚的土司一律予以承认，并准世袭。顺治十七年（1660）元旦发布诏书，进一步争取各地土司对清代中央政府统治全国的认同："一，各处土司、原应世守地方。不得轻听叛逆招诱，自外王化。凡未经归顺，今来投诚者，开具原管地方部落，准与照旧袭封。有擒执叛逆来献者，仍厚加升赏。一，已归顺土司官，曾立功绩及未经受职者，该督抚按官，通察具奏，论功升授。"④ 这封诏书中对"归顺"的各地土司称为"归顺"或"投诚"意味着中央政府对各地土司合法性的认同，他们属于朝

---

① 蒲瑶：《帝国边缘的权利与社会——茂州羌族土司研究》，硕士学位论文，广西师范大学，2015年。
② 李世愉：《清代土司制度论考》，中国社会科学出版社1998年版，第26—30页。
③ 李良品等：《乌江流域民族史》，重庆出版社2009年版，第204—206页。
④ 《清世祖实录》卷41"顺治五年十一月辛未"条，华文书局1969年影印本。

廷命官，他们原有辖区，也属于国家的版籍。同时，诏书中称各地土司为"土司官"，这是元明以降的中央王朝文书中第一次出现，无疑是清王朝实现"天下一统"的需要。从某种意义上讲，清初中央政府对边疆的政策是力争安定、期于无事。这是使土司制度得以沿袭明制的一个重要原因。

2. 清初政权稳定的需要

顺治元年（1644）十月初一日，顺治帝在北京行定鼎登基礼时的祭告天地祝文中对这一点就表露得很清楚：

> 大清皇帝……救民水火，扫除暴虐，抚辑黎元，内外同心，大勋克集，因兹定鼎燕京，以绥中国。臣工众庶，佥云神助不可违，舆情不可负。宜登大位，表正万邦。……伏惟天地佑助，早靖祸乱，载辑干戈，九州悉平，登进仁寿，俾我大清，皇图永固！为此祈祷。①

但实际情况并非如此简单。清兵入关后，经过数年征服，并采取各种强制手段，才使内地人民剃发易服，渐次接受了清政府的统治。而对西南边疆少数民族地区，清政府的政策是比较宽容的，清军所到之地，只要土司能率众归降，主动缴纳前朝颁发的印信、号纸，表示对新政权的承认与支持，清政府一律予以承认，并进行安抚。这主要是因为当时的土司在西南地区有着举足轻重的作用。西南的云南、贵州、广西，其土司不仅数量多，而且控制的地区大。在清军大举南下时，众多的土司能主动归降，表示对新政权的承认和支持，这是清政府求之不得的事情。

3. 有效利用土司的需要

清初在对南明政权的作战中、在镇压农民军余部的过程中，以及在平定三藩之乱中，一些土司曾协助清政府并立有战功；为了更好地利用土司的力量，清政府对这些土司不得不另眼相看。土司世居其地，对西南边疆的地形和环境十分熟悉，而且据有土兵，清政府在打击南明政权及平定三藩的过程中，当然希望借助土司的力量。顺治初，为尽快平定西南，顺治帝就曾颁发谕旨，希望土司能帮助官兵擒贼立功，这在《清

---

① 《清世祖实录》卷9"顺治元年冬十月乙卯"条，华文书局1969年影印本。

世宗实录》中记载甚详。可以说，西南地区很多土司都是以军功获准承袭或升授的。这是清初保留土司的又一重要原因。

总之，土司制度在清初得以保留，是当时特定环境决定的。但是，这并非意味着清政府可以允许土司势力的恶性膨胀。相反，针对明代土司之患，清政府还采取了一些措施。一方面，是将土司承袭等旧例更加具体化，如规定土司承袭必须年满15岁，应袭土司年满13岁以上者入学习礼，由儒学起送承袭。另一方面，在西南地区驻以重兵，以稳定西南地区的统治，并迫使土司不敢像明朝那样恣意妄为。这在当时的条件下已是尽了最大努力。但是，土司制度发展到后期，土司所求者并非名号能满足，所以，在大批土司归顺的同时，武装反叛者也时有出现。清政府在尽力怀柔的情况下也进行平叛及改流。如康熙四年（1665）平水西安氏、乌撒安氏之乱，次年（1666）改设四府隶贵州。从此，黔西北的土司进入由盛而衰的历史进程中。

（二）清代土司制度的特点

李世愉先生认为，清代土司制度与明代土司制度有着明显的不同。它不仅表现在土司的设置规模、势力范围、权力、地位已远不及明代，而且从制度上可以看出，土司制度的暂时稳定完全服从于清政府治理边疆的大局需要，有利于对西南地区统治的加强。清代土司制度有以下几个特点①。

1. "因俗而治"的治边方针

"修其教而不易其俗，齐其政而不易其宜"② 是我国历代封建统治者的治边政策。有学者认为，"因俗而治"主要是中央王朝在被管辖和治理的边疆地区，实行的一种政治上任用当地部落首领依据当地民族和地方习惯法自主管理地方民众事务，经济上不改变当地的经济形态和发展模式，文化上顺应民族的和当地的风俗习惯，社会结构上不改变其原有形态，并且在与内地的交往中不断向先进的内地经济形态和文化学习并最终趋同一致的治理模式。③ 清代对中国土司地区的治理采取的基本方略是

---

① 李世愉：《清代土司制度论考》，中国社会科学出版社1998年版，第166—171页。
② （清）祁韵士：《皇朝藩部要略·序》，道光二十六年（1846）刻本。
③ 陈跃：《"因俗而治"与边疆内地一体化——中国古代王朝治边政策的双重变奏》，《云南师范大学学报》（哲学社会科学版）2012年第2期。

"因俗而治"，这主要体现在对土司制度的保留及改造上。作为实施了几百年历史的土司制度，清政府很难在瞬间彻底取消，于是在改土归流的总趋势下保留了一部分土司。正如嘉庆年间傅玉书所言："土司之设，虽仍先世之旧，亦将使率彼属夷奉法而顺化也。盖役属既久，固宜顺其欲，因其俗。"①清政府在"因俗而治"、保留土司制度的过程中又对土司制度的许多内容加以改造。如承袭制度之严密，分袭制度之创立，惩罚制度之严厉，以及对土司的种种限制，包括所有土司都要归地方政府管辖，土司地区设流官牵制等，这就使土司原有的割据性、独立性从根本上得得到了控制。像明代及清初那种动辄拥兵反叛的土司在改流后已不复存在了，只有顺从于清廷的土司才有可能存在下去。这种表面"因俗而治"而实际改变土司制度内涵的做法保证了清政府对中国土司地区的统治及"大一统"局面的形成。

2."恩威并施"的统治手段

"恩威并施"作为一种统治手段，历代封建统治者都曾采用，而对边疆少数民族地区尤多施用。清王朝在对中国土司地区继续实施土司制度的过程中，同样是"恩威并施"。《清史稿》卷三百七《尹继善传》中载，雍正十一年（1733），尹继善调"云贵广西总督。思茅土酋刁兴国为乱，总督高其倬发兵讨之，擒兴国，余党未解。尹继善至，咨于其倬，得綮要，檄总兵杨国华、董芳督兵深入，斩其酋三，及从乱者百余。元江、临安悉定。分兵进攻攸乐、思茅，东道抚定攸乐三十六寨，西道攻六囤，破十五寨，降八十余寨。疏闻，上谕曰：'剿抚名虽二事，恩威用岂两端？当抚者不妨明示优容，当剿者亦宜显施斩馘，俾知顺则利，逆则害。今此攻心之师，即寓将来善后之举，是乃仁术也。识之！'"②另据《清圣祖实录》卷287载："议政大臣等议覆：四川总督年羹尧疏言：巴塘、里塘地方，近经云贵督臣蒋陈锡，奏请归丽江土知府管辖。臣查巴塘、里塘，向为西藏侵占。臣宣示圣主恩威，招抚投顺。虽归蜀归滇，莫非王土。但四川，见在用兵。一切运粮调遣之事，道经巴塘、里塘，

---

① （清）傅玉书：《嘉庆桑梓述闻》（卷6）《土司》，光绪二十四年（1898）刻本。
② （民国）赵尔巽：《清史稿》卷307，天津古籍出版社2012年版，第3094页。

关系紧要。拨归土司，则呼之不应。"① 这两段文字是清王朝对土司地区实施"恩威并施"统治手段的最好注脚。

清初对土司的反抗行为比较宽容，以体现王朝"施恩"的一面。在此以容美宣慰司为例予以说明。顺治二年（1645）田沛霖承袭容美宣慰使后，还与南明政权的干将何腾蛟、堵胤锡、文安之等商讨复明抗清之计。②顺治十二年（1655）又归附清朝政府。田舜年于康熙十四年（1675）承袭宣慰使职衔后，一面派兵抵御清军，另一面又接受吴三桂的印札封敕。当清军节节胜利之时，田舜年又再次降清，清廷给他功加三级并敕封为骠骑将军。清廷对湖广容美土司反反复复行为的宽容态度与积极应对，对各地抗清土司起到了一个难得的安定作用。③ 清王朝对容美土司的妥善处理，也是清初中央王朝实施土司政策的一个缩影。

在承袭制度方面，既严格了袭替次序、袭职年龄、承袭程序，又严禁地方官从中勒索；在贡赋制度方面，既严格征收，加强监控，但又较内地赋税为轻。同时，在加强种种限制的过程中，又有"法外施恩"的情况。如土司的奖惩制度、对革除土司的处理制度，保证了清政府对土司的绝对控制及对土司地区的有效统治。

3. 土流一体的总体趋势

清代统治者在涉及土司地区相关问题时经常有"视天下为一体""满汉一体""一体遵行"等语句，这表明中央王朝对土司地区治理的最终目的是实现土司地区与汉族地区的一体化，这是清代土司制度发展的总体趋势。清代土司制度在不断调整、改造、补充、完善的基础上，逐渐促进改土归流的大规模实施。清王朝在土流一体的过程中，既减少土司控制地区和控制土司势力膨胀，又强调在制度上向流官靠拢，逐步实现土流一体化。如土司职衔在清代增加了武职土弁一类，其土守备、土千总、土把总之名就是仿照绿营建置，而且均归地方营汛管辖，与流官划一。这与明代将宣慰使、宣抚使一类武职划为土司职衔，而流官不再使用的

---

① 《清圣祖实录》卷287 "康熙五十九年正月壬寅"条，华文书局1969年影印本。
② 成臻铭：《清代土司研究：一种政治文化的历史人类学观察》，中国社会科学出版社2008年版，第158页。
③ 成臻铭：《清代土司研究：一种政治文化的历史人类学观察》，中国社会科学出版社2008年版，第169页。

情况不同，这说明清政府在设置武职土司时不是简单地照搬明制，而是以如何实现全国划一体制、便于管理为出发点的。同时，对土司田赋的征收，既有实物，又有折银；一些地区的土兵有额定编制，征战时均按定额征调；对土司的考核、三年大计，均依流官之例；奖惩条例的制定，也多以对流官的奖惩条例为借鉴；分别流土考成之法，虽云"分别流土"，实则强调流土一体考成，各有专责；而对土司的抚恤条例更是依流官之例的产物。清代土司制度与明代相比，已经由盛而衰，雍正朝以后更是江河日下，逐渐为流官制度所取代。清代土司制度中的许多内容都反映了清政府企图用管理流官的办法来管理土司，进而达到土流一体化及边疆地区与内地一体化之目的。

鉴于清代统治者"视天下为一体""满汉一体""一体遵行"的指导思想以及土司制度由盛而衰的现实，雍正皇帝为了防止土司坐大、难以收拾的状况，云南总督鄂尔泰于雍正四年（1726）奏请"改土归流"，对各地土司采取一系列的约束、抑制、打击、革除措施，从而形成清代土司制度的大举改土归流、严格承袭制度、明确土司职守、加强铨叙考核、土官皆受流官节制、颁布苗疆禁例、限制土司地界、实行土司分裂法、添设土舍土目实施开科考试等十大举措。因此，到清乾隆年间平定大小金川之乱后，实力强大的土司已经基本被消灭或者已经被改土归流。

二 土司制度消亡的原因及标志

凌纯声在《中国边政之土司制度》中有一段十分精辟的论述，他认为："土司制度之在今日，论者虽不免有封建残余之议，然中国对于国内各宗族，向以'齐其政，不易其宜；修其教，不易其俗'为我传统之边政政策。且我中华民族之成长，先以汉族为大宗，其他宗支之逐渐加入，多由部落而羁縻，羁縻而土司，土司而内附，内附而完全涵化。大宗对于小宗，……使其心悦诚服，潜移默化，小宗融合于大宗，而形成今日伟大之中华民族。故现存之土司虽有其特殊历史与地理环境，然实在我国传统边政政策之下，土司始得继续存在，远起汉唐，近自元明，以迄于今。但近数十年来，中国内政日有进步，对于边政亦当秉'不教弃之'之古训，不能听其长期停滞于封建部落之阶段而故步自封。亟应予以提携,促边政之改进,使能与内政并驾齐驱;完成中国政治整个的现代化。"① 这段文字说明了一个道理,秦朝至宋代的郡县制与羁縻制度,元明清时期的土司制度以及长时段的改土归流,使中华民族共同体从"自在自发"阶段进入到"自觉"实体阶段。无论哪一个时期,生活在中华大地上的包括各地土司及土司辖区民众在内的各民族共同奠定了统一多民族国家的基础;土司制度的实施、改土归流的推进、各地土司的内附和涵化、土司制度的最终消亡,各民族自觉融入中华民族共同体,对于"形成今日伟大之中华民族"功不可没。

(一) 土司制度消亡的原因

众所周知,制度是人类社会文明的重要载体,是社会稳定、和谐发展的基本保障。元明清时期实施的土司制度,既是王朝国家制定的成文制度,也是中央政府治理土司地区的一种制度性安排。土司制度作为我国封建社会后期带有落后因素的一种制度,在推行一段时间之后,严重地阻碍生产力的发展和社会的不断进步,因此,随着封建社会的消亡而自然消亡。

1. 统一多民族国家发展的需要

元明清时期通过土司制度的实施,使土司地区逐渐进入国家在政治、经济、军事、文化等方面一体化的进程中,中央王朝通过土司制度和改土归流,从间接控制土司地区发展到直接控制土司地区,完成了"多民族国家"形制。从历史谱系考察的角度来看,我国从传统的王朝国家到现代统一多民族国家,其国家体制经历了一个从"天下帝国"到"多民族国家"的转型。从我国历史发展的历史进程看,土司地区各民族在统一多民族国家形成和建设过程中的历史表现可圈可点,土司地区各民族与其他地区各民族一道共同开发了祖国的锦绣河山、广袤疆域,共同发展了祖国的经济,共同创造了悠久的中国历史、灿烂的中华文化,都对国家发展作出了不可磨灭的巨大贡献。但是,在土司制度实施过程中,由于土司制度客观上导致土司的割据性与期待中央政府追求的全国统一性的矛盾,清代统治者自顺治皇帝开始"大一统""遂成大

---

① 凌纯声:《中国边政之土司制度》,《边政公论》1943年第11—12期;1944年第1—2期。

一统之业"的宏图壮志，在《清实录》中出现"大一统"以及"遂成大一统之业"近30次。如《清世祖实录》卷126中，贵州巡抚赵廷臣在谈及如何驾驭和控制贵州少数民族时的一段话，也强调了"大一统之业"：

> 贵州古称鬼方。自大路城市外，四顾皆苗。其贵阳以东，苗为伙，而铜苗九股为悍；其次曰……曰八番子、曰土人、曰峒人、曰蛮人、曰冉家蛮，皆黔东苗属也。自贵阳而西，猓猓为伙，而黑猓猓为悍；其次曰仲家、曰宋家、曰蔡家、曰龙家、曰白猓猓，皆黔西苗属也。虽种类不同，要皆专事斗杀。父子兄弟群处，强凌弱，众暴寡，绝无先王礼义之教，其由来旧矣！故驭苗者，往往急则用威，威激而叛；缓则用恩，恩滥而骄。虞舜用干羽，汉武封夜郎，武侯纵孟获，非故宽之也，皆有深意存焉。盖以教化无不可施之地，而风俗无不可移之乡也。即如苗性至诈，而可以信乎；苗性至贪，而可以廉感其作梗衢路，宜仿保甲之规。其仇杀抄劫，宜立雕剿之法。又赏罚之条必信，馈送之陋必革。凡此皆臣所当悉心力行，不敢赘陈。惟是我皇上创辟大一统之业，乘此遐荒初辟，首明教化以端本始其大者，莫如作养世禄。今后土官应袭，年十三以上者，令入学习礼。由儒学起送承袭。其族属子弟愿入学者，听补廪科贡与汉民一体仕进，使明知礼义之为利。则儒教日兴而悍俗渐变矣！其次又莫如预制土官，夫土舍私相传接，支系不明，争夺由起，遂致酿成变乱。今后每遇……土官各上其世系履历，及有无嗣子，开报布政司。三年当入觐，则预上其籍于部。其起送袭替时，有争论奏扰者，按籍立辨，斯方策既明，而衅端预杜矣。此黔省驭苗根本之图。①

有清一代，顺治奠定"大一统"之基，康熙为"天下大一统之主"，雍正是"王者大一统"。以实现"夫普天之下，莫非王土；率土之滨，莫非王臣"的目标。雍正皇帝曾经针对有些大臣"乃不知大一统之义"作

---

① 《清世祖实录》卷126"顺治十六年五月壬午"条，华文书局1969年影印本。

过长篇宏论，其中说道：

> 是中国之一统，始于秦；塞外之一统，始于元，而极盛于我朝。自古中外一家，幅员极广，未有如我朝者也。至若贾谊、晁错，欲削弱诸侯，乃虑分封之失而欲一之，非以郡县为失而欲分之也；李泌因藩镇之兵连祸结，思以封建为自固之谋，岂尝谓三代之制必可复乎。今六合成大一统之天下，东西南朔，声教所被，莫不尊亲。而陆生楠云，以郡县之故，至于今害深祸烈，不可胜言。试问今日之祸害何在？陆生楠能明指之乎？大凡叛逆之人，如吕留良、曾静、陆生楠之流。皆以宜复封建为言，盖此种悖乱之人。自知奸恶倾邪，不容于乡国。思欲效策士游说之风，意谓封建行。则此国不用，可去之他国。殊不知狂肆逆恶，如陆生楠之流，实天下所不容也！又云：圣人之世，以同寅协恭为治，后世天下至大，事繁人多，奸邪不能尽涤，诈伪不能尽烛，大抵封建废而天下统于一。①

雍正皇帝又说：

> 夫我朝既仰承天命，为中外臣民之主，则所以蒙抚绥爱育者，何得以华夷而有更殊视？而中外臣民，既共奉我朝以为君，则所以归诚效顺，尽臣民之道者，尤不得以华夷而有异心。此揆之天道，验之人理，海隅日出之乡，普天率土之众，莫不知大一统之在我朝。②

可见，自顺治至雍正，"大一统"业已成为国家战略。因此，自雍正王朝开始主动实施大规模的改土归流，力求实现国家"大一统"，所以，统一多民族国家的历史发展最终战胜了具有割据性的土司制度，这是中国历史发展的必然。

2. 制度设计时自身存在的缺陷

元明清中央王朝在土司制度设计时，本身就存在一定缺陷。例如允

---

① 《清世宗实录》卷83 "雍正七年七月丙午"条，华文书局1969年影印本。
② 《清世宗实录》卷86 "雍正七年九月癸未"条，华文书局1969年影印本。

许土司拥有自己的军队，这就导致一些广土巨族的土司自恃实力强大，在他们利益不能获得最大化或者与中央王朝产生矛盾时就发生战争甚至反叛中央王朝，土司的军队——土兵无疑成为土司反叛中央王朝的武装力量。有明一代，水西安氏土司曾先后几次反叛中央王朝，其中规模最大的一次是安邦彦和永宁土司奢崇明一起发动的"奢安之乱"，这场战争自天启元年（1621）奢崇明反开始，到崇祯三年（1630）三月"安位遣使乞降"为止，前后持续10年，最终导致明廷大厦将倾，明朝奄奄一息。如《明史》所言："贵阳甫定，而明亦旋亡。"① 土司时期西南地区土司反叛中央王朝之事屡见不鲜。在云南省，明代有武定凤朝文与寻甸安铨联合反明，元江土舍那鉴反明，阿迷州土知州普名声反明，元江土舍那嵩反清，文山苗族土司禄昌贤反清，昭通土司禄万钟反清，思茅苗族首领土把总刁兴国反清；② 在贵州，有普安州马乃营土目反清，丹平土司莫之廉反清，郎岱土司陇安藩反清等③。这种反叛中央王朝行动的最终结果促使中央王朝的征剿或平定，迫使中央王朝对土司的改土归流和逐渐废除土司制度。此外，土司承袭制度既是土司制度能够长期实施的根本所在，同时也是土司制度设计的最大缺陷，是导致诸多问题的关键之所在。有些地方的土司之所以敢于干出"其钱粮不过三百馀两，而取于下者百倍。一年四小派，三年一大派。小派计钱，大派计两。土司一取子妇，则土民三载不敢婚。土民有罪被杀，其亲族尚出垫刀数十金，终身无见天日之期"④ 的事情，是因为土司制度的顶层设计出现了缺陷。正如雍正二年（1724），雍正皇帝晓谕"四川、陕西、湖广、广东、广西、云南、贵州、督抚提镇等"："朕闻各处土司、鲜知法纪。每于所属土民、多端科派。较之有司征收正供、不啻倍蓰。甚至取其马牛、夺其子女、生杀任情，土民受其鱼肉，敢怒而不敢言？"⑤ 之所以会出现上述情况，

---

① （清）张廷玉：《明史》，中华书局1974年版，第8176页。
② 云南省地方志编纂委员会：《云南省志军事志》，云南人民出版社1997年版，第172—202页。
③ 贵州省地方志编纂委员会：《贵州省志军事志》，贵州人民出版社1995年版，第238—239页。
④ （民国）赵尔巽：《清史稿》（第四十七册），中华书局1977年版，第14204页。
⑤ 《清世宗实录》卷20"雍正二年五月辛酉"条，华文书局1969年影印本。

主要是因为各地土司世代承袭,导致各种问题层出不穷。

3. 土司辖区民众反抗土司成为风潮

清代中央王朝利用土司制度对土司及土司地区进行统治,其特点在于不触动土司的根本利益和土司地区的社会经济结构,从而建立起政治上的统治与隶属关系。因此,土司在辖区内为所欲为。《清实录》载:酉阳宣慰土司冉元龄庶出第三子"冉广炬加派贪饕,奸恶残暴,以致族目人等,情急叠控,俱愿改归内地,众口同声"。酉阳土司所管辖的"土民等苦其虐累,久已离心,望改归。如出汤火,请改土归流"①。同时,《清实录》还有酉阳冉土司之子"冉广炬奸占董昌规之妻为妾"②的事实。土司为所欲为、为非作歹就必然导致土司辖区民众反抗土司政治上的压迫、经济上的剥削,无形之中加速了土司制度的终结。

(二) 土司制度终结的标志

笔者和杨庭硕先生均认为土司制度终结的时间是清王朝的灭亡。③ 土司制度的终结有三个显著的标志。④

1. 政治体制更替

辛亥革命彻底推翻了中国长达两千多年的君主专制制度,国家政体已由封建王朝政体更替为中华民国共和政体。政治体制发生更替,这是土司制度终结的最根本的标志。这个结论是包括佘贻泽、杨庭硕等在内的多位先生立足于国家层面对此问题做出的符合逻辑的实际判断。《中华民国临时约法》宣布了包括元明清在内的封建专制统治时期所规定的一切制度寿终正寝,包括实施了六百多年的土司制度。因为从政体上讲,封建专制时期是属于封建王朝政体,而中华民国建立的是共和政体。按照共和政体的法规要求,上自总统,下至庶民百姓,原则上"一律平等",这就使一直享有特权的各级各类土司在中华民国建立后失去了法理

---

① 《清世宗实录》卷143"雍正十二年五月甲辰"条,华文书局1969年影印本。
② 《清世宗实录》卷89"雍正七年十二月丁卯"条,华文书局1969年影印本。
③ 李良品:《土司制度终结的三个标志》,《吉首大学学报》(社会科学版)2016年第5期;杨庭硕:《试论土司制度终结的标志》,《云南师范大学学报》(哲学社会科学版)2012年第3期。
④ 李良品:《土司制度终结的三个标志》,《吉首大学学报》(社会科学版)2016年第5期。

依据，这就从根本上否定了土司制度存在和延续的基本前提，也就彻底否定了实施了六百多年的土司制度本身。国家政治体制更替理所当然成为土司制度终结的最根本的标志。

2. 解除土司义务

众所周知，元明清时期的土司制度规定了各地土司"附辑诸蛮，谨守疆土，修职贡，供征调"①等必须履行的义务。当中央王朝的朝代更迭时，各地土司还必须投诚、归顺，缴纳前朝信物，承认当朝统治者的合法地位；更迭后的中央政府又要授予各地土司职衔，让其世代承袭，承认他们统治地方的合法性，并授予各地土司的诰敕、印信、号纸等信物。但中华民国建立后，各地土司既没有向民国政府投诚，民国政府也没有授予各地土司印信、号纸等信物。在滇西南的土司虽仍在承袭，但已不是民国政府所任命，只是云南省政府的任命。更为重要的是，明清时期中央政府对各地土司约定的"守疆土，修职贡，供征调"②的义务，自中华民国建立后再也没有履行了。可见，民国政府建立后，解除各地土司多种义务，这是土司制度终结的主要标志。

3. 土司特权丧失

王朝国家时期的各地土司实际上是"自营其地"的独立王国，他们不但掌管民政、军事，而且拥有独立的司法权，有自己的衙门、监狱。土司的意志便是法律，可自设公堂，随时审讯、关押庶民。如云南广南侬氏土司是辖区内职位最高、权力最大的统治者，其侬氏衙署是侬氏土司的统治中心，由主管司官、代办、护印、属官、师爷、录事及管事等官员组成，主要事务是办理民事纠纷，征收赋税，御边防乱等。③可见，土司辖区内的政治、军事、司法及财政等一切大权皆由土司总览，辖区内的全部土地、森林、草场等主要生产资料均归土司掌握。换言之，各地土司享有多种多样的特权。清代汶川县"瓦寺土司差役碑"所规定的内容，可见清代四川汶川县瓦寺土司享有的特权之一斑。全文如下：

---

① （清）张廷玉：《明史》，中华书局1974年版，第1876页。
② （清）张廷玉：《明史》，中华书局1974年版，第1876页。
③ 云南省广南县地方志编纂委员会编：《广南县志》，中华书局2001年版，第798—799页。

特调四川茂州直隶州汶川县正堂加五级纪录十次黄为给发断碑以垂永遵事：案查前升道宪徐详奉督部堂琦批准详定瓦寺各项差役条规事宜。开列于后：

一、每年各塘士兵，应领羊折茶面银两，每年汶川县赴司领回，行知宣慰司定期发给。

一、每年土司官田，该土民耕种上粪草一季，每年秋收之时除归还籽种外，收有五麦一石分赏给土民二斗四升；荞豆一石分赏土民一斗二升；其余悉数运交宣慰司收纳。内有涂禹山、凹山、皇坎等土民，耕种官田，每日一人赏发荞麦饼一个，重一斤。卧龙、跟达每年所上贝母五斤，让减一斤，以上四斤。

一、土舍等给称督宪琦批示每土舍一人准用跟役二名该土舍等因念土民近年户少差苦公同相议缴退跟役一名，只用跟役一名，轮流更换。土舍之子孙不得滥用跟役，不得私增。

一、每年桥梁道路二年小修各修各界五年大修二十八寨朋修自戴家坪起至大石包止，该土民等照旧认修不得违误。

一、倘有兵差并一切大小差事，该土民等承当，不得违误。

一、每年坐塘递送文报差事，该土民等，不得违误。

一、土司署内上班，二十八寨土民轮流充当，不得违误。

一、土司每年官背每烟户认出一夫烟户只有四五家一人一若差官背有余不敷背者，印主承认。

一、涂山、白土坎、板桥、河坪、四山五寨，土民伙畔，印主官田十九石种内，土司让免二石五斗种不耕。

一、每年土民土官麦粮不得违误。

咸丰三年九月二十四日瓦寺土司十八寨会同汶城绅士保甲公立①

这通石碑由总督部堂批准，说明瓦寺辖区内的土民长期经受清王朝与土司的双重剥削压迫，也能反观瓦寺土司享有的特权。中华民国建立后，不仅从法理上否定了各地土司的贵族身份，而且废除了他们的政治、经济、司法等多种特权，这是土司制度终结的重要标志。

① （民国）祝世德：《汶川县志》，民国三十三年（1944）铅印本，第208页。

第四节　改土归流的推进

"帝制农商社会"是赵轶峰先生在《明代中国历史趋势：帝制农商社会》① 提出的一个概念。这个概念强调明清时期是一个统一多民族国家内保持着皇帝—官僚制度而以农商为本的帝制社会。在帝制农商社会实施的改土归流的过程中，国家不仅要彻底废除土司的政治、经济、军事、司法等特权，将国家版图内的人事权、财政权、军事指挥权、行政管理权、文化教育权等悉数收归中央，而且也是帝制农商社会逐渐向现代国家的转型过渡。改土归流之后，王朝国家加速了政治、经济、军事、法律、文化、教育等方面一体化的进程。在实现国家"大一统"的目标、强化对改土归流地区国家治理的基础上，加速了中华民族从"自在"向"自发"和"自觉"实体发展的建设速度。学界研究改土归流问题的成果颇丰，但真正将改土归流与国家治理、地方治理相结合的仅有李世愉先生的《改土归流与国家治理》② 和郗玉松博士的《改土归流后土家族社会治理研究》③ 两篇论文，这两篇论文对笔者研究改土归流问题很有启迪。

一　明清时期改土归流的历程

在帝制农商社会的明清时期，其"改土归流"的实质是中央王朝废除土司在地方上各种权力，委派流官对原土司地区进行国家治理的一种政治制度变革。翻检文献可见，明清中央王朝在土司地区的改土归流，是从不愿改流发展成为被迫改流，从被动改流演变成为主动改流。这场变革始于明朝初年，重点在明末，大规模推行于清代雍正年间，最终完成于清朝末年。如果从洪武二年（1369）广西太平府被明代中央王朝改流算起，到清朝寿终正寝为止，前后经历长达540余年的时间。在一定程

---

① 赵轶峰：《明代中国历史趋势：帝制农商社会》，《东北师大学报》（哲学社会科学版）2007年第1期。
② 李世愉：《改土归流与国家治理》，《遵义师范学院学报》2018年第2期。
③ 郗玉松：《改土归流后土家族社会治理研究》，《山西档案》2016年第4期。

度上讲，改土归流这场变革经历了一个长期、艰巨、复杂的过程。

（一）改土归流相关词语的演变

明清中央政府在实施土司制度的过程中又在不断推进改土归流。从某种角度看，改土归流是从由传统的"华夷观"治理观念向"大一统"思想的发展演变。从明清两代对改土归流的用词来看，也在发展变化，并非一成不变。明代主要运用"改流"或"改土为流"，在《明经世文编》所载的奏折中多用"改流"或"改土归流"。如于谦的《兵部为怀柔远人疏》中有"改土为流则难，改流为土则易"①，李承勋在《陈芒部事宜疏》中多次用"改土为流""改流"②两个词语；胡世宁在《奏为尽沥愚忠以求采择事》中同样多用"改土为流""改流"等词语③，在《为抚处夷情以安地方疏》中甚至有"出于土司自欲改流，则其事比邀功强立者不同"④的旁批；最具代表性的莫过于王廷相的《与胡静庵论芒部改流革土书》，此文专门探讨裁革土官改设流官的利弊。⑤ 从《明实录》和《清实录》所用词语看，《明实录》用"改流"2次，"改土为流"和"改土归流"未见运用。《清实录》中用"改土归流"13次，用"改流"43次，用"改土为流"80次。可见，清代多用"改土为流"或用简称"改流"。云贵总督高其倬于雍正二年九月二十日向雍正皇帝上奏的《奏为奏闻事》，采用"改土设流"一词；蓝鼎元的《论边省苗蛮事宜书》、广西巡抚韩良辅的《奏为谨陈抚绥土民劝惩土官事》和《奏为恭陈斟酌料理边境先后缓急事宜吁请圣训事》全部使用"改土为流"一词；湖北巡抚马会伯在《奏为奏请睿裁事》中将"改土为流"和"改土归流"二者混用；云贵总督鄂尔泰、云南布政使

---

① （明）于谦：《兵部为怀柔远人疏》，参见（明）陈子龙《明经世文编》，中华书局1962年版，第254页。

② （明）李承勋：《陈芒部事宜疏》，参见（明）陈子龙《明经世文编》，中华书局1962年版，第896—900页。

③ （明）胡世宁：《奏为尽沥愚忠以求采择事》，参见（明）陈子龙《明经世文编》，中华书局1962年版，第1337—1340页。

④ （明）胡世宁：《为抚处夷情以安地方疏》，参见（明）陈子龙《明经世文编》，中华书局1962年版，第1340页。

⑤ （明）王廷相：《与胡静庵论芒部改流革土书》，参见（明）陈子龙《明经世文编》，中华书局1962年版，第1485—1487页。

常德寿、理湖广提督印务刘世明、福建巡抚朱纲、湖南巡抚王国栋、署理湖广提督岳超龙、吏部尚书署陕西总督查郎阿、广西巡抚刘长佑、湖北布政使黄焜以及谢光绮、刘彬等朝廷命官和文人多用"改土归流"或使用简称的"改流"一词。其中，鄂尔泰于雍正四年的奏折《改土归流疏》、广西巡抚刘长佑于光绪元年撰写的《奏为田州改土归流通筹全局疏》、谭钟麟于光绪十一年上奏的《岷州林口土民自请改土归流疏》等则在奏折题目中使用标准的"改土归流"一词。从现有历史文献可见，明清时期针对"改土归流"一事虽然有"改流""废土设流""改土为流""改土易流""改土设流""废土设流""废土归流""废土为流""改土归流"等用法，但随着改土归流的不断推进以及人们对改土归流践行认识的不断加深，越到后期，无论是朝廷官员还是文人学者，逐渐规范地使用"改土归流"一词。

（二）明清统治阶级认知的变迁

从国家层面讲，当一个民族或族群获取国家政权之后，必须从理论上构建自己执政的合法性，以获得主权范围内各民族成员对该政权的认同。明代和清代，由于统治者分别为汉族和满族，他们对各地土司的看法和认知是不尽一致的。

明代的朝廷命官对待包括土司在内的少数民族的"叛乱"，他们在奏疏中并没有摒弃封建社会长期存在"非我族类，其心必异"的错误观念。如丘浚在《内夏外夷之限一》中说："昔人有言：非我族类、其心必异。"① 储巏在《防虏疏》中有这么一段话："非我族类，其心终异。必须我之将帅能驾驭之，我之师旅能颉颃之，乃能折其心、得其力。否则未见其益也。"② 明代如徐问、王烨等一些官员在奏折中，有意制造民族隔阂，欺负少数民族。另有不少历史文献中，在称呼一些少数民族群体或人们共同体时，其名称往往加反犬旁，出现猡猡（彝族先民）、犵犵（仡佬族先民）、獞（壮族先民）、猺（瑶族先民）、狸（黎族先民）、猡

---

① （明）丘浚：《内夏外夷之限一》，参见（明）陈子龙《明经世文编》卷73，中华书局1962年版，第616页。

② （明）储巏：《防虏疏》，参见（明）陈子龙《明经世文编》卷96，中华书局1962年版，第843页。

黑（拉祜族先民）、阿猖（阿昌族先民）、狆（布依族先民）等。基于汉字的特点，可见他们把少数民族视为动物，这无疑是大汉族主义和对少数民族歧视心理在作祟。如李化龙在《平播全书》称杨应龙为"酋"，该书中不乏大量的"播酋""杨酋""逆酋""凶酋""土酋""狂酋""狡酋"等词语，杨应龙下面的大小头目称为"各酋""叛酋""苗酋""彼酋""酋党"，另有"酋妾""酋长子""酋三子""酋四子""酋五子""酋六子""酋七子""酋八子""酋长女""酋第三弟""酋第四弟""酋第五弟""酋族舍""妻酋第三妹""酋长女婿""酋次女婿""酋妻兄""酋心腹""酋衙门大总管""酋办事总管""酋亲兵总管""酋沙溪提调""酋坐寨"等词语。李化龙有时又将杨应龙称为"杨贼""逆贼"，书中又有"贼女""贼孙""贼儿妇""贼弟""贼侄""贼妹""贼从弟""贼族舍""贼妹夫""贼婿""贼妻兄弟""贼心腹谋士""贼军师""贼领兵"① 等词语。李化龙在重庆演武场与各路将士设坛而告神为盟的誓词中也不乏类似词语：

> 盖闻春秋之义，人臣无将。汉法所诛，大逆不道。逆贼杨应龙者，本以夷种，世厕汉官，被我冠裳，守彼爵土。辄敢忘天朝豢养之恩，恣鬼国凶残之性。初但殃及骨肉，继乃祸遍蒸黎。婴儿孕妇，概被诛夷。杀将屠城，以为常事。虐焰燔乎五司七姓，淫毒渐于九溪二巴。天地不容，神人共愤。皇上痛兆人之失所，杜列辟之效尤，遂伐暴以安民，乃兴师而问罪。……乃有逆贼杨应龙者，枭獍为心，蛇蝎成性，蔑国法如儿戏，刈民命若草菅。以疑似杀妻而并害其家，以残暴殃民而尽绝其世。同知原系寅僚，斩杀俾无遗种。五司原同手足，剿灭尽作荒丘。初但肆恶于一州，继乃流毒于三省。白石口民兵三千，积骸遍野；飞练堡官军二万，流血成渊。遂尔比戈称干，因之陷城杀将。綦江一破，百里无烟；东坡再焚，三春如赭。最可恨者，对夫以淫其妻，对父而奸其女。尤可骇者，吮乳断婴儿之首，驱蛇入孕妇之阴。迹其数载杀人，已盈十万；拟以五刑议辟，统备

---

① （明）李化龙：《献俘疏》，参见《平播全书·续黔南丛书》（点校本），贵州人民出版社2012年版，第199—211页。

三千。大逆无道，天地不容；贼子乱臣，神人共愤。①

上面文字所述杨应龙的各种事实是否真实，现已难以考证，但该奏疏及《平播全书》中歧视以杨应龙为首的杨氏土司集团的词语却俯拾皆是。正是由于朝廷命官的歧视观念，才构成并影响了明代社会族际关系的政治取向，也影响了土司地区少数民族对明王朝的认同。

随着清朝在全国实现统一以及国力的强盛，实现"大一统"的愿望十分强烈，因此，实施大规模改土归流的时机已成熟。但是，清代由于是少数民族建立的统一多民族国家，他们自始至终将"华夷一体""天下一家"的观念铭记于心。从顺治皇帝的"今天下一家"观念以降，雍正皇帝不仅提出并真正践行"华夷一家"的新观念，他将全国各民族视为一个整体，都统一在清政权之下，而清政权必须统于皇帝一人之手。他说："今天下一家，海内之民，皆吾赤子。"② 又说："朕今日绍登大位，以天下一家、万物一体为心，岂于兄弟之间，反生芥蒂，有所刻求苛索耶？"③ 尤其是雍正皇帝在《大义觉迷录》"满清入主中原君临"开篇颁布上谕：

> 自古帝王之有天下，莫不由怀保万民，恩如四海，膺上天之眷命，协亿兆之欢心，用能统一寰区，垂庥奕世。盖生民之道，惟有德者可为天下君。此天下一家，万物一体，自古迄今，万世不易之常经。非寻常之类聚群分，乡曲疆域之私衷浅见所可妄为同异者也。《书》曰："皇天无亲，惟德是辅。"盖德足以君天下，则天锡佑之，以为天下君，未闻不以德为感孚，而第择其为何地之人而辅之之理。又曰："抚我则后，虐我则仇。"……夫我朝既仰承天命，为中外臣民之主，则所以蒙抚绥爱育者，何得以华夷而有更殊视？而中外臣民，既共奉我朝以为君，则所以归诚效顺，尽臣民之道者，尤不得

---

① （明）李化龙：《报进兵日期疏》，参见《平播全书·续黔南丛书》（点校本），贵州人民出版社2012年版，第109页。
② 《清世宗实录》卷7，"雍正元年五月戊戌"条，华文书局1989年版，第122页。
③ 《清世宗实录》卷40，"雍正四年正月戊戌"条，华文书局1989年版，第592页。

以华夷而有异心。此揆之天道，验之人理，海隅日出之乡，普天率土之众，莫不知大一统之在我朝。①

雍正皇帝之后，乾隆皇帝也有"朕则天下一家，何分彼此？往复调剂，几费苦心。该督抚等当亦未能深悉也。著一并传谕知之"②的指示。即便到了清朝即将寿终正寝之时，他们也没有忘记"帝王具天下一家之心，故满汉化除畛域"③的观念。正是由于清朝统治者大力提倡"华夷一体""天下一家"，所以，同样是平定土司叛乱，对于征金川，无论是统治阶级的《钦定平定金川方略》一书，还是文人墨客的《乾隆初定金川土司记》《乾隆再定金川土司记》《苗族及金川之征剿》文献，对少数民族较少用歧视性的语言。

（三）明清改土归流的差异

无论是明代和清前期的改土归流，还是雍正年间至清末实施的大规模改土归流，其本质都是中央王朝在土司地区废除世袭土官，改由中央政府任命流官进行治理的一种措施。明清两代的改土归流都必然要触动土司的根本利益，因此，这就注定了改土归流并非一蹴而就，而要经历矛盾十分尖锐而过程异常复杂的斗争，在改土归流过程中出现较大的地区动荡也在所难免。

1. 明代和清前期的改土归流

明代中央王朝在西南民族地区实施改土归流始于洪武二年（1369），因广西太平府土官黄英衍扰乱地方，强占太平路而拉开了明清时期改土归流的序幕，之后有洪武三年（1370）广西庆远安抚司改为庆远府；洪武二十一年（1388），云南越州土知州阿资叛，明代中央王朝经过8年征伐，最终于洪武二十八年（1395）平定叛乱。据著者不完全统计，有明一代，西南地区土司被改流90家。由于明王朝继续推行"守中制边""夷夏大防"的传统民族政策，对少数民族实行了不同程度的民族隔离政

---

① （清）雍正编纂；张万钧、薛予生编译：《大义觉迷录》，中国城市出版社1999年版，第1—2页。
② 《清高宗实录》卷398，"乾隆十六年九月戊寅"条，华文书局1989年版，第5691页。
③ 《清宣统政纪实录》卷1，"光绪三十四年十月戊寅"条，华文书局1989年版，第20页。

策，因此，明代的改土归流是对土司地区发生各种"特殊情况"的一种被动反应，并非中央王朝的主动作为。明代中央王朝即便面对思南、思州两个田氏土司之乱以及四川播州杨氏土司之乱，也仅是被动地改土归流，并没有从根本上触动土司制度，只是把改土归流作为控制土司的一种手段和措施，通过裁革土司、改土归流以达到缓解中央政府与地方社会的矛盾而已。明代和清前期土司地区改土归流之所以出现较大范围内的反复性，这不仅与明代和清前期土司制度正处于上升时期、全盛时期、土司制度具有较大的合理性以及土司地区民众能适应土司制度等客观因素密切相关，而且充分地反映出明代和清前期尚不完全具备改土归流的成熟条件。明代和清前期中央王朝在土司地区虽然出现改流复土的现象，使国家权力在土司地区扩张过程中严重受阻，但却为有清代中后期大规模改土归流积累了经验、教训并提供了历史借鉴。

2. 清代中后期的改土归流

如果说明代和清前期中央王朝没有把改土归流发挥到极致，那么，到了清代雍正年间，由于国家实力大增，国家"一统天下"的欲望增强，中央政府把实施大规模改土归流就提上了议事日程。清代中后期的改土归流，盛于雍正、乾隆年间，一直延续到清末。魏源《圣武记》卷七《雍正西南夷改流记（上）》对明代特别是清代雍正年间及之后的改土归流情况有载：

> 明代播州、蔺州、水西、麓川，皆勤大军数十万，殚天下力而后铲平之。故云、贵、川、广恒视土司为治乱。国初因明制，（云、贵、广土司）属平西、定南诸藩镇抚之。康熙三年，吴三桂督云、贵兵两路讨水西宣慰安坤之叛，平其地，设黔西、平远、大定、威宁四府。三藩之乱，重啖土司兵为助。及叛藩戡定，余威震于殊俗。至雍正初，而有改土归流之议。
>
> 初，明洪武中，未下滇，先平蜀，招服诸蛮，故乌蒙、乌撒、东川、芒部四军民府旧属云南者，皆改隶四川。然诸土司皆去川远，去滇、黔近；乌蒙、东川近滇，乌撒、镇雄、播州近黔。嘉靖中，虽改芒部为镇雄府，旋因陇氏之乱，仍革流归土；虽命东川兼听云南节制，仍不属滇而属川。惟万历中改播州为遵义、平越二府，分

隶黔、蜀，其余各土司则皆去成都二千余里，去滇、黔省会仅数百里。滇、黔有可制之势而无其权，四川有可制之权而无其势。土蛮不耕作，专劫杀为生，边民世受荼毒，疆吏屡请改隶，而枢臣动诿勘报，弥年无成画。

雍正初，世宗宪皇帝勤求民瘼，鳏寡有辞于苗。四年春，以鄂尔泰巡抚云南，兼总督事，奏言："云、贵大患，无如苗、蛮。欲安民，必先制夷；欲制夷，必改土归流。而苗疆多与邻省犬牙错，又必归并事权，始可一劳永逸。即如东川、乌蒙、镇雄，皆四川土府，东川与滇一岭之隔，至滇省城四百余里，而距四川成都千有八百里。去冬，乌蒙土府攻掠东川，滇兵击退，而川省令箭方至。乌蒙至滇省城亦仅六百余里。自康熙五十三年土官禄鼎乾不法，钦差、督、抚会审毕节，以流官交质始出，益无忌惮。其钱粮不过三百余两，而取于下者百倍。一年四小派，三年一大派，小派计钱，大派计两。土司一取（娶）子妇，则土民三载不敢昏（婚）。土民有罪被杀，其亲族尚出垫刀数十金，终身无见天日之期。东川虽已改流三十载，仍为土目盘踞，文武长寓省城，膏腴四百里无人敢垦。若东川、乌蒙、镇雄改隶云南，俾臣得相机改流，可设三府一镇，永靖边氛。此事连四川者也。广西土府、州、县、峒、寨等司五十余员，分隶南宁、太平、思恩、庆远四府，多狄青征侬智高、王守仁征田州时所留设。其边患除泗城土府外，余皆土目横于土司。且黔、粤向以牂牁江为界，而粤之西隆州与黔之普安州逾江互相斗入，苗寨寥阔，文武动辄推诿，应以江北归黔，江南归粤，增州设营，形格势禁。此事连广西者也。滇边西南界以澜沧江，江外为车里、缅甸、老挝诸土司。其江内之滇沅、威远、元江、新平、普洱、茶山诸夷，巢穴深邃，出没鲁魁、哀牢间，无事近患腹心，有事远通外国，自元迄明，代为边害。论者谓江外宜土不宜流，江内宜流不宜土，此云南宜治之边夷也。贵州土司向无钳束群苗之责，苗患甚于土司。而苗疆四周几三千余里，千有三百余寨，古州距其中，群寨环其外。左有清江可北达楚，右有都江可南通粤，皆为顽苗蟠据，梗隔三省，遂成化外。如欲开江路以通黔、粤，非勤兵深入、遍加剿抚不可，此贵州宜治之边夷也。臣思前明流、土之分，原因烟瘴新疆，未习风土，故因地制宜，使之乡导弹压。今历数百载，相沿以夷治夷，遂至以盗治盗，苗、倮无追赃抵命之忧，土司无革职削地之罚。直至事大上闻，行贿详结，上司亦不深求，以为镇静，边民无所控诉。若不铲蔓塞源，纵兵刑财赋事事整饬，皆治标而非治本。其改流之法：计擒为上，兵剿次之；令其自首为上，勒献次之。惟制夷必先练兵，练兵必先选将。诚能赏罚严明，将士用命，先治内，后攘外，必能所向奏效，实云、贵边防百世之利。"世宗知鄂尔泰才必能办寇，即诏以东川、乌蒙、镇雄三土府改隶云南。六年，复铸三省总督印，令鄂尔泰兼制广西。于是，自四年至九年，蛮悉改流，苗亦归化。①

魏氏的这篇文章对土司制度和改土归流的历史作了简要说明，以及雍正初年改土归流问题的提出，无疑是与当时西南和中南民族地区的情况紧密相连的。清代中央王朝为了进一步加强对土司地区进行治理，鄂尔泰提出的改土归流方案被雍正皇帝批准。鄂尔泰迅速在西南及中南少数民族地区实施的改土归流，就是促使各地土司由原来占有辖区土民的各种利益的剥夺者成为利益的被剥夺者。改土归流势必导致各地土司与中央政府相对抗，清政府在一定时期不得不以战争的形式完成改土归流，如乾隆年间平定大小金川之后的改土设屯就是如此。

清代中后期四川的改土归流分为前、后两个重要阶段：第一阶段是清朝中期，从雍正年间一直持续到嘉庆年间，主要解决东川、乌蒙、镇雄等土府改土归流的问题。乾隆年间，又解决大、小金川土司反叛的问题，最终于乾隆四十年（1775）平定金川地区，实施改土设屯。第二阶段是清朝晚期，即在光绪与宣统年间，主要解决懋功厅的沃日安抚司、绰斯甲布宣抚司，会理州境内披砂、会理村、苦竹、者保、通安舟五土司，康定府境内沈边长官司、冷边长官司、革咱安抚司、巴底宣慰司、巴旺宣慰司、霍耳竹窝安抚司、霍耳章谷安抚司、霍耳孔撒安抚司、霍耳甘孜麻书安抚司、霍耳白利长官司、霍耳东科长官司、林葱安抚司、

---

① （清）魏源：《圣武记》，岳麓书社2011年版，第286—288页。

上纳夺安抚司、瞻对长官司等。① 清代四川省改土归流从雍正六年（1728）到宣统元年（1909），前后一直持续181年。由此说明，任何一家土司无论是自愿改土归流，还是被迫改土归流，他们都不会轻易退出历史舞台，自愿献出各种权力和利益。特别是清代中央王朝以武力征剿消灭的土司，在最后阶段都会作垂死挣扎。② 总的来看，清代中后期中央王朝是在"大一统"总体目标的指导下，切实贯彻执行改土归流政策，确定了改流的总体规划，有较清晰的目的和实施步骤，是清代中央王朝的主动作为。

二 改土归流的原因

《清史稿》中的"明代播州、蔺州、水西、麓川，皆勤大军数十万，殚天下力而后剷平之。故云、贵、川、广恒视土司为治乱"③，表明明代土司实力强大，对国家治理造成一定难度。清朝初年，中央王朝虽然平定了水西土司，但并无规范建制予以约束。清代顺治和康熙治理土司地区或者改土归流，由于多种原因，也未能真正有计划地实施改土归流。雍正时期，在鄂尔泰的奏折和具体执行中才真正大规模有计划、有步骤地推进了改土归流。雍正年间的"改土归流"是清代中央王朝对当时汉文化落后的土司地区实施的一次政治变革，其原因是多方面的。

（一）土司利益与王朝利益的矛盾

各地土司追求无限的"自治权"与中央王朝力求实现"大一统"的目标形成了尖锐的矛盾。清朝统治者打破传统的对少数民族的偏见，竭力提倡"满汉一家"的民族政策。发展到雍乾时期，"满汉一家""华夷一体"的民族政策涉及西南少数民族与汉民族的关系，打破了原有的民族隔离，使汉民族与西南少数民族融合在统一的多民族国家之下，大规模的改土归流时机业已成熟。正如《清史稿》所言："至雍正初，而有改土归流之议。四年春，以鄂尔泰巡抚云南兼总督事，奏言：'云贵大患，

---

① 安介生：《历史民族地理》（下册），山东教育出版社2007年版，第860—861页。
② 李良品：《明清时期西南民族地区乡村社会与国家关系研究》，重庆大学出版社2020年版，第164页。
③ （民国）赵尔巽：《清史稿》卷512《土司一·湖广》（第47册），中华书局1977年版，第14204页。

无如苗蛮。欲安民必先制夷，欲制夷必改土归流。而苗疆多与邻省犬牙相错，又必归并事权，始可一劳永逸。'"① 明代的改土归流都是在土司抗拒朝命或拥兵反叛，构成对中央政权威胁的情况下进行的。明末至清代前期，各地土司追求无限的"自治权"和寻求利益的最大化，构成对中央政权的极大威胁，以及危害西南地区的社会稳定，这种情况到清雍正年间已非常突出。如广西泗城土府差土役"各执器械，越境拏人"②；湖广容美土司掠夺桑植民众"千有余口"。西南地区的一些土司俨然就是独霸一方的土皇帝，这是与清代中央政府实施"大一统"的目标大相径庭。因此，大规模改土归流势在必行。

(二) 各地土司与辖区民众的矛盾

清代顺治年间以降，各地土司与土司地区民众的矛盾日益激化，这是清王朝实施改土归流的直接原因。土司制度自诞生之日起，就建立在政治压迫和经济剥削之上，各地土民与土司之间的矛盾一直尖锐地存在着。清代初年，各地土司势力膨胀之快以及对土民敲骨吸髓之深，土民在不能承受的情况下，反抗斗争越来越激烈，且达到白热化的程度。《清实录》有"酉阳宣慰土司冉元龄，年老患病，以庶出第三子冉广烜，捏报嫡长子，请袭以代理司事。冉广烜加派贪饕，奸恶残暴，以致族目人等，情急叠控，俱愿改归内地，众口同声，断难姑容。查酉阳司属地方，与楚黔接壤，风俗情形，与内地无异，土民等苦其虐累，久已离心，颙望改归，如出汤火，请改土归流，以顺民情而振声势"③的奏疏。蓝鼎元在《论边省苗蛮事宜书》对土司的恶性有记载：

> 苗民受土司荼毒，更极可怜。无官民之礼，而有万世奴仆之势。子女财帛，总非本人所自有。愚闻黔省土司，一年四小派，三年一大派；小派计钱，大派计两。土民岁谕土徭，较汉民丁粮，加多十倍。土司一日为子娶妇，则土民三载不敢婚姻。土民一人犯罪，土

---

① （民国）赵尔巽：《清史稿》卷512《土司一·湖广》（第47册），中华书局1977年版，第14204页。

② （清）允禄，鄂尔泰：《硃批谕旨》（第二十五册），乾隆三年（1738）武英殿朱墨套印本，"雍正五年五月初十"条。

③ 《清世宗实录》卷143，"雍正十二年五月甲辰"条，华文书局1989年版，第2023页。

司缚而杀之，其被杀者之族，尚当敛银以奉土司，六十两四十两不等，最下亦二十四两，名曰"玷刀银"。种种朘削，无可告诉。闻昔年有阖村离散，呈请地方大吏，改土籍归流官管辖，遂有更生之庆。曾未几时，而土司夤赂关说，又复改还。土属丁壮，举家屠戮，妻子没卖为奴。其他土部，不得不吞声饮泣，忍受摧残。①

李绂于雍正二年在《覆陈土司绥靖疏》中揭露了有的土司："因而科敛，用一派十，土民不支，因而为盗"②的事实。当然，《钦定大清会典事例》卷五百八十九所载事实更能反映当时的情况：

雍正三年谕，各处土官，鲜知法纪，所属土民，每年科敛，较之有司征收正供，不啻倍蓰，甚至取其马牛，夺其子女，生杀任情，土民敢怒而不敢言，莫非朕之赤子，而土民独使向隅，朕心深为不忍，然土官之敢于恣肆者，大率皆汉奸为之指使，或缘事犯法，避罪藏身，或积恶生奸，倚势横行，此辈粗知文义，为之主文办事，教之为非，无所不至。③

正因为土司与土民之间矛盾十分尖锐，所以，土司地区民众杀死土司的现象屡见不鲜。在贵州、云南、四川、湖广、广西等地不乏辖区民众杀死土司的事例。土民的反抗斗争彻底动摇了土司制度的根基，因此，清代统治者为了维护土司地区的稳定与安宁，不得不实施改土归流。

（三）中央王朝通过改土归流以增加税收

中央王朝通过改土归流的方式，以加重民众负担为代价，以增加中央财政收入。据有关文献记载，播州杨氏土司在"平播之役"前，辖区内的田赋由杨氏土司衙门征收管理。④其辖地自收田粮，或向朝廷定额缴纳，或进献土特产品，以示臣属。明洪武七年（1374），中书省奏请征收

---

① 蓝鼎元：《论边省苗蛮事宜书》，《皇朝经世文编》卷86，世界书局1964年版。
② 李绂：《覆陈土司绥靖疏》，《皇朝经世文编》卷86，世界书局1964年版。
③ （清）昆冈：《钦定大清会典事例》卷五百八十九《兵部四八·土司四·土司议处》，中华书局1991年影印本。
④ 李良品等：《播州杨氏土司研究》，华中科技大学出版社2015年版，第320页。

播州田赋，每年纳粮 2500 石为军储。明太祖朱元璋因杨氏率先归附，准予随其所入缴纳，不必定额。永乐四年（1406），明廷免征播州荒田租，表明田赋征额已定且有增加。到明万历年间，播州缴纳田赋年定额达 5800 石，运至贵州交讫。播州末代土司杨应龙袭职后，另行"等责"制度，按地每亩征银一至数钱不等。万历二十九年（1601），"平播之役"后，遵义府有田 396305 亩、土 885142 亩，合计 1281447 亩。按最低征率（每亩银一钱）计算，仅遵义府辖地即可征收等责银 12.81 万余两，加上平越府辖地所征，数额更大。当时遵义县衙设有户房，专门负责征管田赋及地方杂税。清朝时，遵义县衙仍设户房，征管田赋、官产地租及地方杂税、杂捐等。康熙二年（1663）以后，每石赋粮折征银 1.5 两，田赋丁粮共折征银 12433 两。闰年加征闰银 730 两。道光十九年（1839），仅遵义县总计年征田赋正额和附加共达 17823 两。到清末时，田赋粮银和丁银年征 35284 两，较以前赋额最高的道光年间净增一倍多。这是通过改土归流可增加税收的一个案例。其实，在清代一些官员的奏折中也十分清楚地表达了这个意思。乾隆年间云南巡抚爱必达在《奏为敬陈新疆积贮之末议以裨民生事》折中说：

> 窃照滇属顺宁府分驻缅宁通判所辖地方，系乾隆十三年题请改土归流。从前土司每年征收夷民差发土银一千三百四十八两三钱，除解司库差发银四十八两外，余俱土司收用。此外，遇有公私事件，又行加派。每年派银一二千两不等。嗣于改流案内，请照顺宁科则一例征收。岁征米八百四十五石二斗三升零，条编银三百六十四两三钱六分零。并声明粮米不敷兵食，将条编改征米石，自乾隆十三年为始照数征收所有原征差发，并旧日土司陋例悉行裁革。经部覆准，其乾隆十二年，分粮额尚在未定，曾据署缅宁通判王铎具详请示，经原任抚臣图尔炳阿批令，参革布政司官尔勤等会议，以一经豁免。恐愚夷无识，视以为常，详准仍照旧额均平征收。继据该通判征获土银一千三百四十八两三钱，折净纹银九百四十三两八钱一分。①

---

① 爱必达：《奏为敬陈新疆积贮之末议以裨民生事》，参见中国第一历史档案馆《清代皇帝御批彝事珍档》，四川民族出版社 2000 年版，第 528—530 页。

缅宁通判所辖地方"征获土银一千三百四十八两三钱,折净纹银九百四十三两八钱一分",扣除土司时期上交的"差发银四十八两外",清政府实际多收入土银一千三百零三钱。这无疑又是一个中央王朝增加税收的例证。

(四) 朝廷命官与乡村民众要求改土归流

朝廷命官与乡村民众要求改土归流,这是清代中央王朝实施改土归流的重要原因。如果说明代的一些官员或在"酿成改流之议",或议"改流革土",或认为"改土为流、乱无宁日",或实施"改流复土""改流设土"的话,那么,到了清朝康熙中期以后,朝廷命官对土司制度的弊病认识得比较深入,对实施改土归流带有更多期盼,愿望更加强烈。云贵总督蔡毓荣已经意识到土司之患在于土司制度已经腐朽:"土官以世系承袭,不由选举,……我国家八法计吏,三年考绩,土官皆不预焉。不肖者无惩,间有一二贤者亦无以示劝,欲其奉职守法也得乎?"① 也就是说,土司制度已经腐朽,不实施改土归流就不能推动土司地区经济社会的发展。鄂尔泰在雍正四年九月的一份奏折中指出:

> 为翦除夷官、清查田土、以增租赋、以靖地方事。窃以苗猓逞凶,皆由土司。土司肆虐,并无官法。恃有土官土目之名,行其相杀相劫之计。汉民被其摧残,夷人受其荼毒,此边疆大害,必当翦除者也……若不尽改土归流,将富强横暴者渐次擒拏,懦弱昏庸者渐次改置,纵使田赋兵刑尽心料理,大端终无头绪。稍有瞻顾,必不敢行;稍有懈怠,必不能行。不敢与不能之心,必致负君父而累官民。故以臣愚昧,统计滇黔,必以此为第一要务。……至于黔省土司,与滇省异,一切凶顽,半出寨目。因地制宜,更须别有调度。臣已面与新提臣杨天纵,详细密商,并将各要件逐一开单,交付查访,以便会办。务期两省边方,永远宁谧。②

---

① (清)蔡毓荣:《筹边第二疏》,见(清)鄂尔泰、尹继善《乾隆云南通志》卷二十九《艺文》,乾隆元年(1736)刻本。
② 《硃批谕旨》(第二十五册),雍正四年九月十九日鄂尔泰奏。

云南永北人刘彬就清楚地分析了土司制度的腐朽性，强烈要求改土归流，他在《永昌土司论》中说：

> 彼之官，世官也；彼之民，世民也。田产子女，唯其所欲；苦乐安危，惟其所主。草菅人命若儿戏，然莫敢有咨嗟叹息于其侧者！以其世官世民，不得于父，必得于子于孙，且数倍蓰，故死则死耳，无敢与较者！……汉人苦于所司，动辄鸣于上官；此则不敢鸣，即鸣之矣，彼固有所恃而不恐……
>
> 自谓土官世职，莫可如何！以致骄纵滋蔓，尾大不掉。所由肆屠虐而不悛，玩法纪若罔闻者，故曰其为恶最深也……往者滇省常受其害，如阿资、凤继祖……沙定州辈。一夫作难，全省震荡。前车已覆，后车不戒，岂非以其固结已久？党类实繁，猝难遽去。且地方守令，镇防将弁，莫不利其蠢懦，留为鱼肉之资，谁肯轻言去之者？曩岁曾有疏请裁革，行令各省查议。乃有司镇将，或受其贿赂，或狃于私情，佥言不宜裁革而止。呜呼！果尽不宜裁革乎？……议者遂得以徇私混复，溺偏见而阻大计，莫甚于此！窃以为在内地之土司可裁也！虽在沿边而实同于内地之土司亦可裁也。宋祖云：卧榻之旁，岂容他人鼾睡。顾使侏儒异类，深根固蒂，分踞郡县中，岂国家久安长治之善策乎？且考此辈先人受职之始，皆非有开疆辟土，不世之勋，治乱扶危，非常之绩也！夫茅土分封，河山结誓，犹有不能保其终者，此辈何功何德，反得子孙世守其官、世虐其民？匪但宗藩世禄，所不能及，元明迄今，已六百余年，而彼不移，安然坐享不朽之业，揆厥由来，则去之宜也，非过也！或者谓夷人鸟语卉服，习俗攸殊，爰置土司统之，所以藉其保固藩篱之用，而奈何去之，是殆不然。夷民种类虽别，而畏威惧法之心，与舍苦就乐之情则一。苟善抚之，畴非赤子。就滇而论，从前皆夷也。而今之城郭人民，风俗衣冠。改土归流，变夷为夏者，十且八九，未闻必藉土司而后保固也。若所谓藩篱者，乃边境之外者也，岂有在内地者？而亦藉以为藩篱乎！或者又谓夷人在内地者，虽属土官管辖，土官仍属流官节制，比于子民，相安已久，何以更张为哉？此庸流浅见也！筹边之道，在乎防微；保民之方，贵于经久。

若仅泥于目前，非不晏安无事，而不知其有事之机自在也。且以土人言之，同在中华之内，而风化不能及、恩泽不克沾，盖各有土官以隔别之。在流官曰，此土人非我百姓，漠视之耳。至于科派之重、刻虐之惨，则惟土官司之。在流官又曰，此土人非我百姓。奚预我事，又漠视之耳。若徭役差使，土官得以疲之者，流官亦得以疲之。征求需索，土官得以苛之者，流官亦得以苛之。若近值营镇之处，则又加以将弁之骚扰。其苦万状，更仆莫数。……乃忍令若辈人子孙奕叶，永沉沦苦海中乎……籍其田地，减赋役以苏其力，给牛种以裕其源。选用循良，善加抚恤，不出百年，内地可以肃清，肘腋可以无虞。使数千万众，蚩蠢穷彝，悉得变禽兽而隶编氓，出汤火而见天日。其于固边境、安夷猓、岂曰小补之哉？若沿边之土司则宜存也。彼既不在我腹里之地，与我土地不相错杂，城郭不相逼近，无事则藉为藩篱之用。设或有事，犹可一面御之，非若内地者一有不虞，即在心腹之间也！然非徒存之已也，必有以渐变之，必有以善抚之。禁有司镇防之贪黩，绝汉奸流棍之勾唆，邻近豪民。毋使有侵渔凌侮，出入宾商；毋使有欺骗扰害。祸患必援，毋因其有事而弃之；荒歉必拯，毋因其被灾而绝之。于是申之以法而彼知惧，则其恶无敢肆；严之以威而彼知警，则其乱何由生？为之百姓者，既获免于荼毒，为之统驭者；又不病于掣肘，复为之潜消焉！默化焉！又养之以恩，恤之以惠，使彼得以生息焉！久之久之，鲜不为我良民矣！然后由近而推之，由渐而被之……全滇之土司皆然也，天下之土司皆然也。①

刘彬的《永昌土司论》不仅直接提出对"改土归流"的看法，而且对于一些官员阻止改土归流、需索当地土司的行为予以揭露，论述在沿边土司与内地土司分步实施改土归流的重要性和必要性，特别是他提出的同属大清土地上的不同民族却不能享受同样的待遇，甚至徭役科派均不同、官吏管理职责不明确、容易造成各种混乱等主张更是难能可贵。可见刘氏将土司制度的弊病揭露之深，问题鞭策之透，要求改土归流之切！

---

① （清）刘彬：《永昌土司论》，参见（清）贺长龄《皇朝经世文编》（卷八十六）《兵政十七·蛮防上》，中华书局1992年版，第2132—2133页。

在改土归流大潮中，一些土司由于大势所迫，他们较为识时务，自请改流，清政府甚至还根据不同情况分别给予迁徙、给房、给田的处置。当然，土司地区各族民众对清王朝的改土归流也寄予厚望，激情高涨。嘉庆年间的成都将军丰绅曾向中央王朝奏报，峨边厅彝民情愿改土归流，主要内容如下：

> 成都将军奴才丰绅、四川总督奴才常明跪奏，为岭夷向化情愿改土归流恭折，奏恳圣慈、收入版图、以顺归诚、以光盛治事。窃照查嘉定府峨边厅通判所属之十二支岭夷僻处穷边，不通声教，常与内地百姓构衅滋事。虽屡加惩创，未能革面洗心。嘉庆十三年，该夷出巢焚掠，经前总督勒保并奴才丰绅及前臬司方积带兵剿办，深入夷疆，将十二支首逆木萨等五十二名全行歼戮。其被胁之夷目约列等震詟天威，率领夷众叩请投诚。经勒保奏，蒙恩准并奏明，即令约列等充当头人，管束十二支夷众，认纳粮石在案。该夷众自归服以来，业经数载，颇通汉语、畏法奉公，又因与百姓一体纳粮，得以常到内地，亲见该处民人男耕妇织、乐业安居，心生羡慕。或值地方官宣讲圣谕，该夷众随众听讲，亦能鼓舞欢忻。自悔从前愚惑，深以服食礼体，尚仍夷俗，不得同列齐民为耻。……以川省所辖各路土司，向有改土归流之事。该夷众等仰蒙皇上法外施仁，曲加矜宥情愿一心向化，永作盛世良民，并请升科纳粮，更名易姓与百姓一体当差等语。①

不仅四川峨边厅彝民对改土归流"鼓舞欢忻"，而且因为天全州土司残暴贪婪，"民怨若沸""久愿归流"②。云南丽江木氏土司衙署内的两千多奴仆闻知改土归流，都主动请求缴纳丁银，承担赋税，"以等齐民"③。

---

① 丰绅、常明：《成都将军丰绅等奏报峨边厅彝民情愿改土归流请准归顺折》，参见中国第一历史档案馆《清代皇帝御批彝事珍档》，四川民族出版社2000年版，第816—819页。
② 中国第一历史档案馆藏：《硃批奏折》（民族事务类）第1674号卷，雍正五年正月二十九日岳钟琪奏。
③ 中国第一历史档案馆藏：《硃批奏折》（民族事务类）第1729号卷，乾隆三年五月初七庆复奏。

贵州铜仁府红苗因不甘邻近土司的残害，在清政府招抚后，"欢欣鼓舞，情愿编户纳粮"①。可见，清代实施大规模改土归流的时机已成熟，有利于促进清王朝逐步实现"大一统"的目标。同时，还能够实现清人王履阶《改土归流说》中陈述的改土归流的五大理由：一是改土归流可以扩大清王朝的统治区域；二是清政府可以利用苗区的木材；三是清王朝可以开发苗区矿产资源；四是中央王朝利用改土归流来抚绥"顽苗"；五是中央王朝可以潜移默化感化"良苗"（即熟苗）。大目标，多收获，清代中央王朝何乐而不为？

有清一代的改土归流情况，《清朝续文献通考》卷一百三十六记载得十分清楚。宣统三年（1911）民政部奏各省土司拟请改设流官称：

> 西南各省土府州县及宣慰、宣抚、安抚、长官诸司之制，大都沿自前明。远承唐宋，因仍旧俗，官其酋长，俾之世守，用示羁縻。要皆封建之规，实殊牧令之治。明代播州、水西，每酿巨患；阿瓦、木邦，遂沦异域。立法未善，流弊滋多，是以，康熙、雍正年间，川、楚、滇、桂各省，迭议改土归流。如湖北之施南，湖南之永顺，四川之宁远，广西之泗城，云南之东川，贵州之古州、威宁等府、厅、州、县，先后建置，渐成为内地。乾隆以后，大小金川，重烦兵力。迨改设民官而后，永远底定。比值筹备宪政，尤宜扩充民治。教养兼施，以维治安，而广文化。近年各省，如云南之富州、镇康，四川之巴安等处，均经各该疆臣，先后奏请改土归流在案。而广西一省，改革尤多，所有土州县均因事奏请停袭，及撤任调省，另派委员弹压代办。此外，则四川之瞻对、察木多等处拟办，而尚未实行，德尔格忒、高日、春科等处条奏，甫经核准。伏维川、滇等省，僻处边陲，逼近邻壤，而土司蛮族，错杂期间。猰狁自封，统驭莫及。争斗角逐，动滋事端。自非一律更张设官，不足以巩固疆圉，弥患无形。惟各省情形不同，办法亦难一致，除湖北、湖南土司已全改流官外，广西土州县，贵州长官司等，名虽土官，实已渐同郡

---

① 中国第一历史档案馆藏：《硃批奏折》（民族事务类）第1783号卷，雍正八年十一月二十八日鄂尔泰奏。

县，经画改置，当不甚难。四川则未改流者，尚十之六七；云南土司，多接外服；甘肃土司从未变革，似须审慎办理，乃可徐就范围，请饬下各该省督抚暨边务大臣，详请调查，凡有土司土官地方，酌拟改流。办法奏请，核议施行。①

该奏折将清朝改土归流情况作了系统性的总结，不仅叙述了清代改土归流的过程、方法和特点，而且也指出了存在的问题及注意事项，十分详尽，清楚明白。

三 改土归流的作用

明清帝制农商社会时期西南、中南及西北地区推行的土司制度，随着时间的推移，因土司本身所固有的弊端与痼疾不断暴露与显现，因此，在土司政权与帝制国家实力的此消彼长、国家治理能力不断增强等因素综合作用下，中央王朝必须强力推行改土归流。从我国历史发展的进程看，明清时期的改土归流具有多种作用。

（一）改土归流实现了王朝国家"大一统"的目标

明代是土司制度化和系统化的朝代，但也是实施与土司制度背道而驰政策——"改土归流"的一个朝代；清代是更加严格执行土司制度并有意大规模实施改土归流并立志废除土司制度、彻底改土归流实现国家"大一统"目标的一个朝代。由于改土归流是一个漫长的历史过程，明清中央王朝改土归流的观念和具体举措也不尽一致。如果说明代中央王朝是对叛逆及犯罪的土司、绝嗣而无人承袭的土司、内部争袭与仇杀的土司实施改土归流的话，那么，清代被改土归流的土司大概就有七种类型：一是因专横强恶而改流者，如乌蒙、镇雄等土司；二是因暴虐不仁乱杀辖区民众而改流者，如桑植、保靖、容美、施南、酉阳等土司；三是因事革职及革职后无袭者，如归顺、泗城、思城、猛缅等土司；四是因承袭争杀而改流者，如广西田州；五是自请改流者，如永顺、黄螂、忠岗、松坪等土司；六是久欲内向乘机改流者，如石耶、邑梅、地坝、平茶等杨氏土司；七是为保境治夷而改流者，如云南之威远及清末赵尔丰之在

---

① 《民政部奏各省土司拟请改设流官折》，《政治官报》，宣统三年（1911）第 1216 期。

川边改流的土司。① 明清两代的改土归流是从被动改流到主动改流,其观念发生了实质性的变化。清代中央王朝就是借改土归流的契机完成国家政权从依赖土司阶层的间接管理向土司地区直接统治,真正实现王朝国家的"大一统"。

主张国家"大一统"的政治理念,自孔子提出后,秦代以降,历代中央王朝都将这个理念奉为建国与治国的理论指南,成为贯穿中国历史发展的主线和关乎国运的一条生命线。时至清代,作为我国第二个少数民族统一全国的封建王朝,一方面继承传统的"大一统"政治理念,另一方面则主张"华夷一体""天下一家"的新"大一统"政治理念。尤其是康熙、雍正、乾隆三位皇帝对"大一统"理论不仅进行阐发、论述,而且一以贯之地为此理念而不懈努力,在新的"大一统"政治理念指导下,通过改土归流的实施,建立起盛况空前的统一多民族国家。雍正在《大义觉迷录》中说:"且自古中国一统之世,幅员不能广远,其中有不向化者,则斥之为夷狄。如三代以上之有苗、荆楚、玁狁,即今湖南、湖北、山西之地也。在今日而目为夷狄可乎?至于汉、唐、宋全盛之时,北狄、西戎世为边患,从未能臣服而有其地。是以有此疆彼界之分。自我朝入主中土,君临天下,并蒙古极边诸部落,俱归版图,是中国之疆土开拓广远,乃中国臣民之大幸,何得尚有华夷中外之分论哉!"② 该书中提及的湖南、湖北的"夷狄"之地,正是雍正皇帝强力实施改土归流的土司地区。雍正就是期盼借助改土归流及土家族、苗族、侗族、布依族等少数民族先民的汉化,以此作为"夷性华化"的活广告:以雍正年间为代表的大规模改土归流,除了体现少数民族封建王朝对周边少数民族地区统治政策的变更、直接统治的推行之外,更重要的是企图努力证明清王朝是正统中华王朝,是有能力建立、巩固和发展统一多民族国家的合法王朝。

(二)改土归流凸显了中央政府对民族地区的治理

明清时期施行的土司制度,在当时情况下不失为一种国家治理土司

---

① 余贻泽:《清代之土司制度》,《禹贡》1936年第5期。
② (清)雍正编纂;张万钧、薛予生编译:《大义觉迷录》,中国城市出版社1999年版,第5页。

地区的新模式，并不是国家治理的终极目标。《明史·土司传》和《清史稿·土司一》中均有与"假我爵禄，宠之名号，乃易为统摄，故奔走惟命"① 完全相同的句子，由此表明，在明清统治者看来，中央王朝在西南、中南及西北民族地区推行土司制度只是国家治理民族地区的权宜之计，而改土归流才是王朝国家治理民族地区的终极目标。因此，明清中央王朝为了实现"一劳永逸"治理少数民族地区目标，强力推行了改土归流的政策。李化龙在《播地善后事宜疏》中，对于播州地区善后的事宜主要包括"复郡县""设屯卫""设兵备""设将领""丈田粮""限田制""设学校""复驿站""建城垣""顺夷情""正疆域"② 等治理举措；乾隆皇帝平定大小金川之后，主要实施的举措诸如改土设屯（主要包括设镇安屯、建立屯官制度、设置"番屯"、设立民屯等）、严惩金川土司和头人、怀柔和笼络嘉绒各土司、赏赐在金川之役中恭顺和积极效力的土司、遣散和分化两金川藏族民众、强制推行灭苯崇佛的改革③，这对嘉绒藏区的治理产生了正面的效应和积极的作用。

可见，明清中央王朝推行改土归流，体现了王朝国家对原土司地区在基层组织建设、经济开发、民族关系、社会保障、文化教育、道路交通、宗教事务等方面的有效治理。当然，这种针对土司地区的国家治理，不仅体现在对民族地区整体宏观制度设计安排，而且也包含中央王朝、地方政府、基层社会、民间精英等多方力量参与下的多方治理，是多元互动的结果。明清帝制时期推行的改土归流，既是流官主力治理、土官被动配合治理的动态演进过程，更是王朝国家对土司地区治理方式与治理策略不断调整的探索过程。改土归流是明清中央王朝对土司地区在政治制度、经济制度、法律制度、文化教育制度等全方位的变革，是王朝国家通过改土归流的推行使国家权力在土司地区的不断扩张、深入与控制的渐进实现过程。

---

① （清）张廷玉：《明史》，中华书局1974年版，第7981页；（民国）赵尔巽：《清史稿（第四十七册）》，中华书局1977年版，第14203页。

② 李化龙：《播地善后事宜疏》，参见郑珍、莫友芝《遵义府志》，遵义市志编纂委员会办公室1986年版，第1334—1340页。

③ 彭陟燕：《乾隆帝对大小金川土司改土归流析》，《西藏民族学院学报》（哲学社会科学版）2007年第4期。

（三）改土归流加快了中华民族共同体建设的速度

"一部厚重的中国史，就是一部中国各民族诞生、发展、交融并共同缔造统一国家的历史，也是中华民族从自在走向自觉并且凝聚力向心力日益增强的历史。"① 在这个历史发展进程中，明清中央王朝实施的改土归流加快了中华民族共同体建设的速度。从历史文献可见，明王朝虽然是将西南、中南及西北地区土司的军队定性为国家武装力量的重要组成部分，但在其内心深处却把各地土司视为"外夷"。时至清代，中央王朝并没有将各地土司视为"外夷"了，这在《清高宗实录》的上谕中所体现："本日巴延三奏报，前藏达赖喇嘛，遣使过境日期一折，内称夷使字样，甚属错误。国家中外一家，况卫藏久隶版图，非若俄罗斯之尚在羁縻，犹以外夷目之者可比，自应以来使堪布书写为是。乃一任庸劣幕友，混行填写夷使字样，率而具奏，巴延三于此等陈奏事件，全不留心寓目，何止糊涂若此？著传严行申饬。"② 从这份上谕中可见，清代不再将版图之内的非汉民族称为"外夷"，而是将沙皇俄国、缅甸、越南等国称"外夷"。这种观念上的变化对于中华民族共同体形成"自在"实体大有裨益。

雍正曾在《大义觉迷录》中不仅阐述满族统治全国的合法性，而且告诉国人，清朝统治全国给"中国"带来了极大利益："康熙四五十年间，犹有目睹当时情形之父老，垂涕泣而道之者。且莫不庆幸我朝统一万方，削平群寇，出薄海内外之人于汤火之中，而登之衽席之上。是我朝之有造于中国者大矣，至矣！"③ 他特别强调清朝"统一万方""有造于中国"而"使中外一统"的丰功伟业，其实也是在强化清王朝在中华民族共同体构建中的历史贡献。从中华民族共同体建设的进程看，明清改土归流之后，王朝国家统一的范围更广、统一的力度更强、吸纳的民族更多。改土归流之后，中华各民族交流内容不断丰富，交往范围不断扩大，交融程度不断加深，逐渐形成了"自在"的中华民族共同体。

---

① 国家民族事务委员会编：《中央民族工作会议精神学习辅导读本》，民族出版社2015年版，第25页。

② 《清高宗实录》卷1292 "乾隆五十二年十一月壬申"条，华文书局1969年影印本。

③ （清）雍正编纂；张万钧、薛予生编译：《大义觉迷录》，中国城市出版社1999年版，第7页。

翻检史籍可见，明清中央王朝每次平定土司叛乱后，其总督或巡抚均要撰写一份"善后事宜"的奏折，主要是对某土司平定之后的相关事宜作部署与安排，如贵州巡抚郭子章在《播平善后事宜疏》中为了播州地区"一劳永逸、一费永安"而提出了"改设郡县""遴选将吏""五司改流""清查黄册""更易辖属""裁将留兵""四川协济""楚中协济""驿传协济""增设驻镇""赈恤残民""增筑外城"12条建议[①]，这些建议不仅使明代中央能更有效地对播州地区进行国家治理，而且加快了播州地区各民族融入中华民族共同体的历史进程。

清朝的改土归流以及对大小金川的平定和善后治理，虽然在一定程度上有强化清王朝对土司地区直接统治的目的，但值得肯定的是清王朝通过改土归流来证明清王朝是中华正统王朝而并非夷狄政权，具有统治中国的合法性和正当性。因此，清王朝通过大规模实施改土归流，不仅在西南、中南及西北地区大力推动了边疆土司"内地化"和少数民族逐渐"汉化"，而且使清王朝直接管辖的民族逐渐增多，统治的区域不断扩大，实际控制的边境线不断向外扩展。

如果说明清时期改土归流前中华民族还是一个"自在"实体，那么，实施改土归流之后的中华民族就逐渐向"自觉"实体的形成而不断发展。从政治角度看，改土归流彻底消除了土司地区的割据状态，民族共同体意识逐步形成；从经济角度看，改土归流之后的原土司地区的封建领主经济被封建地主经济所取代；从文化角度看，改土归流之后各地兴办儒学，推行科举制度，促进了中华文化内聚力在土司地区的形成。大量的历史文献印证，改土归流的实施是中华民族共同体建设历程由"自在"实体向"自觉"实体发展的关键阶段。

总之，明清中国是一个地道的帝制农商社会，其重要特征是以农商经济为主体的经济社会构成的社会基础与王朝国家的行政体制形成共生格局。[②] 王朝国家通过改土归流的实施，至少使原土司地区在诸方面发生

---

① （明）郭子章：《播平善后事宜疏》，参见（明）陈子龙《明经世文编》（六），中华书局1962年版，第4547—4554页。

② 赵轶峰：《明清帝制农商社会说的问题意识与研究取径》，《云南社会科学》2019年第1期。

变化。一是政治体制的变化。改土归流后，原土司地区施行的各种特殊制度一律改为全国统一的制度。这一时期虽然仍以皇权、郡县体制、官僚体制作为帝制时代的行政骨架，但帝制在与农商社会共生共荣的常态下则更趋于强势，国家在将土司辖区各族民众变革为与内地相一致的编民的前提下获取更多的赋税则可作为佐证。二是社会结构的变迁。王朝国家通过改土归流，使土司地区社会失序现象强力变革为逐渐有序运行。原土司地区的社会结构虽然在一定程度上发生了变迁，但仍然与帝制体系相融洽，且呈现多元并存之势。改土归流后的原土司地区，官方基层组织、官民共建基层组织、民间宗族组织和民间绅士阶层，他们共同形成了一个纵横交错、相互作用的社会网络，共同参与改土归流地区的社会治理，由此形成了改土归流地区社会管理的"三加一模式"。三是中华文明内聚力的增强。由于明清时期乡村社会与王朝国家体制产生共生运动，因此，中华文明演变的加速促使了中华文明内聚力的增强。通过改土归流，王朝国家不仅实现了"大一统"的目标，而且强化了国家对改土归流地区的治理，加快了中华民族共同体的建设速度。

第四章

土司制度的基本理论

元明清中央王朝通过土司制度能把土司地区纳入王朝国家的政治系统和权力体系之中，有助于实现中央王朝对土司地区的有效治理，有利于统一多民族国家的巩固和发展。

从元明清时期历史发展的进程看，土司制度的实施确实使王朝国家的权力在土司地区得到深入，在元明清以前游离于王朝国家管辖的藩邦和羁縻府州县逐渐成为国家能够有效控制的重要组成部分，土司地区从此纳入王朝国家的版图。土司制度研究的百多年中，学界对土司制度的相关理论着力不多，研究不够。本章拟从土司制度的核心与实质、内涵与特征、结构与功能、地位与作用等方面予以探讨。

第一节 土司制度的核心

土司制度是我国元明清时期中央政府对西南、中南及西北少数民族地区实施的行政管理制度，这种行政管理制度的实施不仅标志着中央王朝管控土司及治理土司地区的思想、方式已发生了重大变化，而且也标志着元明清时期的国家治理少数民族地区的制度与元代以前相比产生了根本改变。宏观土司制度内蕴着土司职官制度、朝贡制度、征调制度、升迁制度、奖惩制度、文化教育制度等专项制度，其中，土司制度中的承袭制度——"世袭其职"却是元明清中央王朝实施土司制度中最重要且居于核心的制度。各地土司如果没有"世袭其职"的规定，土司政权就无法稳定，中央政府就无法对土司政权进行有效管理。

一 土司制度与土司承袭制度的关系

土司制度作为元明清时期中央王朝在土司地区实施的一种管理制度，它具有整体性和宏观性的特点；土司制度中的专项制度之一的承袭制度，与其他专项制度并列，具有局部性和微观性的特点。土司制度虽然内涵十分丰富，诸如中央王朝任命土司、国家将土司纳入吏治管理体系、王朝国家规定土司承担一定的职责和义务、土司职衔可以世代承袭、土司统辖一定数量的土兵，但笔者认为，土司制度与土司承袭制度之间是一种整体与局部的关系。

系统哲学认为，对于局部与整体的关系必须以整体观去看待，应把局部与整体看作一个系统问题。局部是构成整体的系统要素之一，每一个整体都是由若干局部所构成。对大多数系统而言，内部存在着等级，本身是一个多层次系统。系统的整体性必须依赖局部才能存在，脱离了整体的局部不再是原来意义上的局部，就像"离开了身体的手不再是手"一样的道理。不能简单地放大局部的意义与作用，也不能抽象地看待整体。由此可见，整体和局部之间是一种辩证的关系。整体统筹局部，局部服从于整体；在整体的统筹下，局部又要有一定的变化，从而让整体更加丰富。根据这一哲学原理，笔者认为，土司制度与土司承袭制度之间也存在着整体与局部的关系。具体来讲，主要体现在两个方面：一是整体统筹局部和局部服从于整体的关系。土司制度包含十分丰富的内容，诸如土司职官制度、承袭制度、朝贡制度、赋税制度、升降制度、赏罚制度、征调制度、教育制度、礼仪制度、分袭制度、安插制度。也就是说，土司制度是一个复杂的整体，它统筹着上述各个局部的分项制度。二是整体统筹下的局部变化关系。上述所列的各个分项制度，它只是土司制度的一个局部而已，它必须服从于整体的土司制度，各个分项制度是在整体统筹下的局部关系。但是，每一个属于局部的分项制度并非一成不变。如土司信物制度，明清两代就存在差异。明代中央政府赐给西南、中南和西北各地土司的信物主要有诰敕、印章、冠带、符牌等；而清代中央政府赐给各地土司的信物有诰命、敕命、印信，新增了号纸，则省去了冠带、符牌等信物。

虽然土司承袭制度仅是土司制度的局部，但是，元明清中央王朝却十分重视土司承袭问题，故在《明会典》《礼部志稿》《大清会典》《钦定大清会典事例》中对土司承袭制度的内容有详细记载。如《明会典》卷之一百二十一对"土官袭替""土官就彼袭替""土官袭替禁例""夷人袭替"等制度规定记载尤为详细。[①]《钦定大清会典则例》卷三十《土官》[②] 则对土司承袭的嫡子承袭、承袭年龄、族人护理以及"土官支庶子弟"分袭、降等分管、再降等分管分袭等相关问题规定得十分具体、明确，不会让人产生歧义。笔者认为，土司承袭制度是元明清中央王朝代表国家主导并实施的土司制度的分项制度之一，是元明清中央王朝管控西南、中南和西北地区各地土司的重要的地方行政管理制度。这个界定不仅有具体的时间、空间，而且强调了它是国家主导下的土司制度的分项制度以及地方行政管理制度。土司承袭制度是沿用元明清中央王朝的皇帝继承法，父死子袭；在众多儿子中又以长子为法定继承人。若土官或土司无子，则采取"兄终弟及"的办法；若无子又无兄弟，则实行"血叔继位"的办法。土司承袭制度包括土司承袭程序、承袭文书、承袭次序与范围、中央王朝颁发给土司的承袭信物、承袭变通方法及处置、承袭相关法规等。这些规定就是让各地土司明白，凡承袭土司，必须按照这些制度执行，绝不含糊，没有伸缩余地和空间。

由于土司制度与土司承袭制度之间存在整体与局部的关系，这就要求我们在研究元明清土司制度时既要着眼于立足整体土司制度的研究，追求系统研究和整体研究的最佳效应，又要重视和充分注重各个分项制度的深入研究，注意各个分项制度的特点、规律和时空差异、民族差异。

二 土司承袭制度的生成逻辑

土司承袭制度作为土司制度的核心内容，它与土司制度的形成、兴盛及消亡相始终。如果按照"存在即合理"的理论来分析，土司承袭制度计存在近七百年，说明土司承袭制度也是合理的。这里拟结合元明清

---

① （明）申时行等修：《明会典》，中华书局1989年版，第626页。
② （清）乾隆：《钦定大清会典则例》，乾隆十三年（1748）抄本。

中央政府在土司承袭制度实施过程中的相关情况，探讨土司承袭制度的生成逻辑。①

（一）皇族世家的引领

我国封建社会的两千多年中实施的均是世袭制。所谓"世袭制"，就是封建君王去世或下台之后，将皇帝的职位转给自己的儿子。世袭传子施行于国家形成之后的自秦朝到清朝的所有朝代。世袭制度是指某政权一代继一代地保持在某个血缘家庭中的政治制度，其基本做法就是将名号、爵位及财产等按照血统关系世代传承，这种传承主要有封建王朝的传承、诸侯国的传承以及地方土酋的传承。封建王朝的传承必须有血缘关系，或父子传承，或兄弟传承，或叔侄传承等，至于抢班夺权、谋权篡位等情况则不在世袭之列。

从秦朝以降的各个政权变化的形式看，世袭继承主要是同一王朝内的政权传承；从政权更迭传承的主要手段看，中央王朝的世袭传承尽管不完全排斥宗室内或君臣之间的残杀，但呈现出政权之间是一种平和过渡的表象；从跨越的朝代与持续的时间看，皇权世袭是封建王朝政权更迭传承的主要形态。因此，"立子以贵不以长，立嫡以长不以贤"，既是封建世袭制度的指导原则，也是封建王位继承的指导原则。第一条原则是"立子以贵不以长"，主要是为了确保正房在家族财产与权利上的主导地位，预防有能力觊觎正室之子继承权的偏房子嗣的觊觎企图，这就决定了偏房的子嗣即使年龄大于正房的子嗣，也不能继承家族的财产、地位与权利。第二条原则是"立嫡以长不以贤"，这主要是在前面确定了正房继承制度的前提下，规定正房之子嗣继承权的排序遵照长子优先原则，这适用于与长房并列的偏房子嗣的继承。由此可见，封建王朝的世袭继承主要遵循的原则有两条：即亲亲原则（也就是"立子以贵不以长"原则）和尊长原则（也就是"立嫡以长不以贤"原则）。尊长原则以亲亲原则为前提，二者皆与尚贤原则相对立。亲亲原则和尊长原则，只要说用来解决王位继承问题，这就导致封建最高统治者的王位世袭在人选范围上越来越狭窄。在一定程度上讲，皇族世家的引领对土司职位的承袭

---

① 李良品：《清代土司分袭制度的生成逻辑与构建路径》，《中央民族大学学报》（哲学社会科学版）2018年第2期。

起着主导作用。从西南、中南和西北地区土司职权世袭看，它是封建社会皇家世袭继承制度的一种统治现象，是将家庭、家族中诸多事宜与国家政权职能相结合。土司家族是封建王朝皇室家族的微缩版，承载了地方政权治理功能。国家政权稳定、巩固离不开土司家族的支持；一个时代的文化传承、发扬光大依赖各地土司的薪火相传。封建皇帝作为全国的皇帝可以世袭，按照上行下效之理，土司作为地方的土皇帝，世代承袭，当然也是理所当然的事情了。

（二）中央王朝的规定

翻检文献得知，元代西南、中南少数民族聚居地区基本上是以"土人"为官的基层地方政权。李思聪在《百夷传》中说：元世祖忽必烈平云南后，在云南少数民族地区"皆设土官管辖"（钱古训撰《百夷传》作"各设土官"）①。此处虽然说的是云南的情况，而实际在西南少数民族地区，元代普遍是以"土人"为官了。元王朝在西南少数民族地区基层地方政权中实行的"皆设土官"的政策，事实上为土官承袭制度的初创奠定坚实的基础。

元代土官承袭土职必须经中央政府允准方可承袭，土官一经授职即为世袭。一是土官承袭制度的批准。《元史》卷二十六载：延祐六年（1319）夏四月壬辰，中书省臣言："云南土官病故，子侄兄弟袭之，无则妻承夫职。远方蛮夷，顽犷难制，必任土人，可以集事。今或阙员，宜从本俗，权职以行。"制曰："可。"② 这是元代土司承袭制度之初创，即在坚持"子侄兄弟袭之"的血缘基础上增加了"无则妻承夫职"和"宜从本俗"等内容，从制度上实现了传统"血缘"承袭办法与土司地方社会实际的首度结合。据《元史》卷二十九载：泰定元年（1324）十二月癸丑朔，"以岑世兴为怀远大将军，遥授沿边溪洞军民安抚使，佩虎符，仍来安路总管；黄胜许为怀远大将军，遥授沿边溪洞军民安抚使，佩虎符，致仕，其子志熟袭为上思州知州。降诏宣谕，仍各赐币帛二"。③ 从上面两则材料看，在云南边地的地方礼俗中，盛行

---

① （明）钱古训撰，江应樑校注：《百夷传》，云南人民出版社1980年版，第50、146页。
② （明）宋濂：《元史》卷26，中华书局1976年版，第589页。
③ （明）宋濂：《元史》卷29，中华书局1976年版，第652页。

父死子继、兄终弟继、叔死侄继、夫死妻继的土官世袭制度。这种土官世袭制度，后来不仅被明清中央王朝沿袭，而且成为明清土司制度的核心内容。二是土官承袭制度从边疆地区向内地少数民族地区延伸推广。《元史》卷三十五载：至顺二年（1331），"以前东川路总管普护子安乐袭其父职"①。从历史文献中可知，元代土官的承袭事先须报经朝廷，准许之后才能袭职。《元史》卷八载：至元十三年（1276），"金书四川行枢密院事昝顺言：'绍庆府、施州、南平及诸蛮吕告、马蒙、阿永等，有向化之心。又播州安抚杨邦宪、思州安抚田景贤，未知逆顺，乞降诏使之自新，并许世绍封爵'从之"②。如果土官不经朝廷批准而擅自袭职，朝廷则要兴师问罪。元代土官承袭制度属于初创时期，制度较为模糊宽泛，执行不甚严格。

明代中央王朝一套完整的土司承袭办法逐渐形成并完善，基本上延续嫡长子继承为主，以孙、婿、妻、舍人（土司家族）、女及外亲等继承为补充的"先嫡后庶，先亲后疏"承袭原则，而且土司应将承袭之人依次呈报。在呈请袭职时，要取上司印结、本人宗支图及邻境保结等文献资料方能承袭。嘉靖元年（1522），贵州巡抚杨沐奏言："今土舍私相传接，支系不明，争夺由起，宜如军职贴黄例，岁终令土官各上其世系、履历及有无子状于布政司，三岁当入觐，则预上其籍于部，其起送袭替及争袭奏扰者，按籍立辨，可以消争夺之衅。"③ 这个"预制土官"的建议，被明代中央王朝采纳并实施。

对于明代土官承袭，清代桂林府通判汪森在其笔记中记载了嘉靖、万历年间土官承袭制，"嘉靖七年例，土官病故，其应袭儿男查勘无疑，止令以官，男孙名色就彼袭替，权管地方。俟著有功劳，然后授以冠带；俟功劳再著，然后授署职；俟功劳屡著，然后实授本职。嘉靖九年，土官衙门造册，将见在子孙，尽数开报。某人年若干岁，系某氏生，应该承袭；某人年若干岁，某氏生，系以次。土舍未生子者，候有子造报。愿报弟侄若女者，听布政司送吏、兵二部查照。嘉靖二十八年例，应袭

---

① （明）宋濂：《元史》卷35，中华书局1976年版，第791页。
② （明）宋濂：《元史》卷8，中华书局1976年版，第一册，第171页。
③ 《明实录·世宗实录》卷20，台湾"中研院"历史语言研究所1961年版。

土舍，曾经调遣，效有功劳者，暂免赴京。就彼冠带署印，管束夷民，待后功劳显著，方许实授。万历二十年三院会议，土舍初袭，照旧小口管事。三年后，若守法奉公，兵粮完足者，给冠带。至六年、九年，劳绩愈彰，渐次议加，署职实授。如有恣肆不检，仇邻构兵，及钱粮兵马负欠逾期，迫夺示罚，仍置立宗枝文簿印贮辖属该道。遇土官嫡妻生子，限一月内具报该府，报道填注，用为日后勘袭左券，以杜争端。万历二十二年，土官土舍，与民间子弟不同，一经援纳，假借大冠，交结生事，縻扰地方，深为未便通行"①。由此可见，明代土司承袭，必须具有委官体勘查核、取具宗支图本、册报应袭子侄名册、官吏人等作保、邻封土司甘结、督抚具题请袭（呈部具奏）、土司赴阙受职（或就彼冠带）等程序和手续。这说明，明代土司承袭制度的立体构建，有助于促使各地土司谨遵承袭程序，严格履行各种相关手续。

有清一代的土司承袭制度是对明代土司承袭制度的继承和发展，有许多方面与明代有相似之处。这里举一例予以说明。

兵部尚书兼都察院右副都御史总督云南贵州广西三省等处地方军务兼理粮饷加二级记录二十四次臣尹继善谨题：为土司承袭事。

该臣看得，广西太平府罗县土知县黄世瑾于雍正十二年正月十九日病故，经臣据报批行布政使查明应袭之人，取具亲供宗图册结详题去后，嗣据该司详缴亲供宗图册结到臣，因查该土官系患何病身故，详内并未申明，且官男申缴图结之文，不将应袭来历叙出，业经驳回，查明添入，另换妥详在案。兹据广西布政使张钺详据官男黄恩宪详称，卑官男父黄瑾病故，正妻无子，按照土司袭例，父殁子承，有嫡立嫡，无嫡立庶，立庶论长之例，卑官男系已故土官黄世瑾庶室杨氏所生庶长子，例应承袭父职，目民悦服并无搀越情弊，造具亲供宗图、印甘各结，该司加结详送前来。臣覆查无异，相应题请，将黄恩宪准其承袭罗阳土县之职。

除将宗图册结已及故土官黄世瑾原领号纸送部外，臣谨会题请旨。

---

① （清）汪森：《粤西丛载校注》（下），广西民族出版社2007年版，第1053—1054页。

雍正十三年正月二十二日题。三月初八日奉旨："该部议奏。"①

这里不仅沿袭了明清两代子承父职的承袭顺序，制作了"亲供宗图、印甘各结"等土司承袭文书，而且黄恩宪既属于"例应承袭父职"，又是"目民悦服并无搀越情弊"之人，说明黄恩宪是承袭广西罗阳土县之职的合适人选。

明代实施"预制土官"的办法一直被沿袭。顺治十六年（1659）贵州巡抚赵廷臣疏言："其次莫如预制土官。夫土舍私相传接，支系不明，争夺由起，遂致酿成变乱。今后每遇岁终，土官各上其世系履历，及有无嗣子，开报布政司，三年当入觐，则预上其籍于部，其起送袭替时，有争论奏扰者，按籍立辨。斯方策既明，而衅端预杜矣！"他认为这是"黔省驭苗根本之图"②"预制土官"的举措，这使得土司在选定承袭人时有法可依，在很大程度上杜绝了土司私相传承，避免了同胞兄弟以及亲族之间相互争袭、仇杀等类似事件的发生，对土司政权的稳定及土司地区的社会稳定起到了积极作用。清代土司承袭制度比明代更加完善、严密和严苛。如《钦定大清会典事例》卷四十八有载：

> 凡土司，曰指挥、曰宣慰、曰宣抚、曰安抚、曰招讨，各以其长为使，惟长官司不置使，指挥使而下，其等七：宣慰使司，其等四；宣抚使司、安抚使司，亦如之。招讨使而下，其等二，长官司亦如之。加等者至指挥使、宣慰使则止焉；降等者各于其司。凡土职皆世其袭。③

清政府规定是"降一级留任"或"降三级留任"降级制度、"分管疆土"的分袭制度的实施以及号纸的使用，彰显了清代土司承袭制度在明代基础上的调整与转型。

---

① 中国第一历史档案馆：《尹继善谨题为土司承袭事》，清代土司档案图像编号：079—001、002。

② 《清世祖实录》卷126，顺治十六年五月壬午条。

③ （清）昆冈等：《钦定大清会典》，见《续修四库全书》史部政书类第794册，上海古籍出版社1995年版，第462页。

(三) 历史经验的借鉴

元代的土官土司，一经授职即为世袭。《元史》卷八十二《选举二·铨法上》载：至元十九年，奏拟：

> 万户、千户、百户物故，视其子孙堪承袭者，依例承袭外，都元帅、招讨使、总管、总把，视其子孙堪承袭者，止令管其元军。元帅、招讨子孙为万户，总管子孙为千户，总把子孙为百户，给元佩金银符。病故者降等，惟阵亡者本等承袭。①

元代大的土官土司，须先报经朝廷准许后方可袭职。据《元史·世祖本纪五》载：至元十二年十二月，"金书四川行枢密院事昝顺言：'绍庆府、施州、南平及诸蛮吕告、马蒙、阿永等，有向化之心。又播州安抚杨邦宪、思州安抚田景贤，未知逆顺，乞降诏使之自新，并许世绍封爵，从之'"②。总的来看，元代的土官土司承袭制度，主要还是"从本俗"行事，即按照"子侄兄弟"及"妻"的次序袭替，远不如明清时期完备的土司制度那样严格，这反映了土司制度草创时期的特点。

元代中央王朝任命土官后，均赐予诰敕、印章、虎符、驿玺书、金银符作为信物。元代土官一经授职、即为世袭，但为了便于管理，元代中央王朝，对土官的任命、承袭、升迁、惩罚等均有严格规定。《元史·文宗本纪五》载："禄余言于四川行省：'自父祖世为乌撒土官宣慰使，……素无异心'。"而土官子孙世代相继的结果，形成了元代的"世袭土官籍"。土官既是世袭，当然就需要规定承袭次序。

明初新土司袭职过程中，虽然又有一些新的规定，如应袭者必须年满15岁，未及者须暂令"协同流官管事"；准备袭职者，必须先"申报抚按勘明"，还需有同族保结，待该管衙门查明情况属实后，再由布政司"代为奏请"。批准后，应袭者还要赴京受职，换取号纸。弘治年间又规定："以后土官应袭子弟悉令入学，渐染风化，以格顽冥。如不入学者，

---

① （明）宋濂：《元史》，上海古籍出版社1986年版，第236页。
② （明）宋濂：《元史》，上海古籍出版社1986年版，第26页。

不准承袭。"① 但基本上是在借鉴元代土司承袭经验的基础上的一些改革。

清代的土司承袭制度是在明代土司承袭制度基础上有所继承、发展和创新，下面举例予以说明。

巡抚广西等处地方提督军务兼都察院右副都御史驻扎桂林府革职留任臣金鉷谨题：为详请参究庸懦失驭之土司以肃功令事。

该臣看得，土司一官，藩篱边地，倘才具不能胜任，必贻误地方。兹有太平府属思明土府知府黄观珠，识浅年轻，恐难服众，臣屡为稽查诫饬。续据该土府，请将素来难以管束之婆元等五十村归流官管辖，并请将土知府改降为土知州，经督臣高其倬会题在案。未准部覆。至本年七月初三日，有婆元等村土民因田土细事，称土官偏听土役黄瑞卿之言，群至官署，将黄瑞卿杀死，并称不愿归流，保留土官，聚众不散。思明同知崔杰闻报，住拿人犯。设土官尚僭，匿署中，不敢协同查拿。懦怯无国至此已极，惟其政令不行，约束无术，以致土民卑视官长，竟敢行凶无忌，断难再为姑容，以贻地方之害。兹据署布政使张钺、署按察使徐徐宾、左江道闻纯玺各揭报前来，除委员摘印署理外，所当会疏纠参土知州黄观珠请旨革职，与本案纠众首恶，及杀人各犯一并审明定拟。再查土官员缺，例应承袭，但黄观珠系化致土官黄晟庶出之长子，违例袭职之后，尚无子嗣。而黄晟每属意于次子观琏，不无有异幸观珠之陨越，以得遂其爱怜其少子之私心。今该地绅衿头目因素日凌虐愚民，自揣归流之后，有地方官管辖，不得逞其故智，乘机构衅，鼓惑素愿归流之土民，并逞保留土官之臆说，既已围署行凶，又复扬言保留，其意实有所属。此中播弄或由黄晟指使，亦未可定，容臣拿获恶目审讯明确，如黄晟果有指使之处，自不便照例承袭。如果与黄晟无干，再为定议请旨……。

伏乞皇上睿鉴，勅部议覆施行。谨题请旨。

雍正十年七月十九日题。八月二十二日奉旨："这所参黄观珠着革职，与本案有名各案，该抚一并审明定拟具奏。余着议奏，该部

---

① （明）申时行等修：《明会典》，中华书局1989年版，第31页。

知道。"①

该奏折在对"识浅年轻，恐难服众"，"不能胜任，必贻误地方"的太平府属思明土府知府黄观珠建议"参究"，最后做"革职"处理。由此可见，清代土司承袭制度比明代更加完善、严密和严苛。

三 土司承袭制度的作用

当元明清中央王朝介入土司地区的政治时，土司承袭制度就上升为国家制度，并随中央政权的发展而逐步规范与完善。初创、建构和完善土司承袭制度，无疑成为元明清中央王朝处理土司政权更迭体系的主要内容。土司承袭制度对于元明清中央王朝治理土司地区确实作出过积极贡献，发挥过积极作用。

（一）加强对土司及土司地区的国家治理

元明清统治者在土司承袭制度上下足功夫，不仅为维护土司政权的稳定以及中央王朝对土司政权的有效管理作出努力，而且在完善土司承袭制度、加强国家治理方面也成效巨大。元明时期中央王朝在实施土司制度过程中，对土司承袭制度有明确的国家法律规定，如收缴前朝信物，规定承袭人年龄及承袭手续，限制承袭时间，规定袭替禁例等，体现了国家在实施土司制度过程中的国家治理，彰显了中央政府对土司承袭的驾驭与控制，更为重要的是，土司承袭制度为国家权力在土司地区的深入奠定了坚实的基础。从元明清实施的土司承袭制度看，虽然中央王朝、流官政府及各地土司在中央王朝"因俗而治"的政策指导下共同参与土司承袭的国家治理，土司政权与国家政权之间在土司承袭过程中存在着"双方博弈"，但中央王朝在土司承袭制度中始终占据主导地位，起着决定性的作用，对土司承袭进行有效治理。

元明清中央王朝在实施"因俗而治"民族政策的过程中，由于土司承袭制度是土司制度的核心内容，因此，它也应该实施"因俗而治"的政策。明人沈德符在《万历野获编》补遗四《土司》之"土官承袭"中

---

① 中国第一历史档案馆：《金鉽谨题为详请参究庸懦失驭之土司以肃功令事》，清代土司档案图像号：069—382、383。

有"至于土官则全凭宗支一图为据,今惟云南布政司贮有各土司宗系,以故袭替最便。而贵州、广西诸土官,竟自以所藏谱牒上请,以致彼此纷争,累年不决,称后构难"①的记载,也反映出土司承袭的差异以及"因俗而治"政策的施行。土司承袭制度的"因俗而治"体现在哪里?嘉靖二年(1523)巡抚云南都御史王启向中央政府的建议:

其品官衙门,设在腹里,地方宁靖者,照旧赴部袭替,俱免纳谷;其设在边远,兼有争竞仇杀者,抚按等官勘实,代为奏请,就彼袭替……若应袭土舍有罪未结,或争袭未明者,各官速为勘处,若延至一年之上不为勘结,或本部转行覆勘一年之上,不行回报者,听抚按及本部查参治罪;或土舍恃顽延至十年之上,方告袭者,不准承袭;或因为事及查勘迟延至限外者,不在此例。若土官举宗朋恶,相应改设流官者,抚按酌处,具奏定夺。②

这里叙述了土司承袭地点、承袭方式、承袭类别、承袭处罚等内容,其实凸显了土司承袭制度的差异性,进一步彰显了有明一代"因俗而治"的民族政策。清代的土司承袭制度也基本上沿袭明代的承袭制度,只是执行过程中较为严格一些。

(二) 维护了土司地区的社会稳定

元明清时期,各地土司的承袭基本上形成制度化,这就让各地土司在承袭过程中能够做到有章可循。元明清时期,土司承袭制度主要在《元典章》《明会典》《大清事例会典》及《礼部志稿》等文献中有明确规定。从元明清土司承袭的具体情况看,各地土司原则上是以家族"血缘"关系为纽带的世袭制度,这是传统中国社会解决传承问题的基本原则。自周代起,家族"血缘"世袭就一直是承袭制度的核心。因此,元明清时期的土司传承数十代者不乏其例。笔者曾根据地方志和龚荫先生的《中国土司制度史》等文献作过不完全统计,元明清至民国时期,土

---

① (明)沈德符著:《万历野获编》补遗四《土司》,中华书局1997年版,第934页。
② 云南省志编纂委员会办公室:《〈明实录〉有关云南历史资料摘抄》,云南人民出版社1959年版,第1012页。

司承袭 18 代（按照每代人 25 岁计算，即统治当地 400）者计 148 家，即湖广 10 家，四川 13 家，云南 28 家，贵州 47 家，广西 31 家，甘肃 19 家；其中 18—29 代有 144 家，30—39 代 2 家，40 代以上 2 家。而承袭 10 代以上的土司，实在太多，仅云南就多达 93 家，详见表 4-1。

表 4-1　　　　　云南土司承袭 10 代以上者一览

土司名称	姓氏	地点	承袭代数
炼象关巡检司土巡检	李氏	今罗次县东	15
南平关巡检司土巡检	李氏	今禄丰县西南平关	16
邓川州土知府	阿氏	今邓川县	10
云龙州土知府	段氏	今云龙县城	11
十二关长官司土副长官	李氏	今大姚县西泡江东岸	10
云南县土县丞	杨氏	今祥云县城	17
云南县土主簿	张氏	今祥云县土官村	12
青索鼻巡检司土巡检	杨氏	今邓川县	14
普陀崆巡检司土巡检	杨氏	今洱源县东南	13
凤羽乡巡检司土巡检	尹氏	今洱源县南	18
上江嘴巡检司土巡检	杨氏	今洱源县上江嘴	15
下江嘴巡检司土巡检	何氏	今洱源县下江嘴	16
箭杆场巡检司土巡检	字氏	今云龙县东新荣镇	18
定西岭巡检司土巡检	李氏	今大理红岩至凤仪间之定西岭	15
浪穹县土典史	王氏	今洱源县城关	15
阿迷州土知州	普氏	今开远县城	11
宁州土知州	禄氏	今华宁县城	16
嶍峨县土知县	禄氏	今峨山彝族自治县城	12
蒙自县土知县	禄氏	今蒙自县西北	11
纳楼茶甸长官司副长官	普氏	今建水县南官厅	16
亏容甸长官司土正、副长官	孙氏	今红河县东南下亏容	17
恩陀甸长官司土副长官	李氏	今红河县西南恩陀	15
溪处甸长官司土副长官	赵氏	今红河县东溪处	24

续表

土司名称	姓氏	地点	承袭代数
瓦渣长官司土副长官	钱氏	今红河县西南	17
左能寨长官司土副长官	吴氏	今红河县西南左能	13
落恐甸长官司土副长官	陈氏	今红河县西南乐恩	15
纳更山巡检司土巡检	龙氏	今建水县东南	13
阿邦乡土守备	陶氏	今建水县东南	12
猛喇寨土寨长	刀氏	今金平县西南勐拉	12
五亩寨土寨长	陶氏	今元阳县东南沙境	16
五邦寨土寨长	刀氏	今元阳县东五邦	14
猛弄寨土寨长	白氏	今元阳县亚沙拉托境	10
姚安府土知府	高氏	今姚安县城	15
姚州土同知	高氏	今姚安县城南	16
镇南州土同知	段氏	今南华县城	14
镇南州土判官	陈氏	今南华县县城	18
楚雄县土县丞	杨氏	今楚雄县城	15
定远县土主簿	李氏	今牟定县城	17
回蹬关巡检司土巡检	杨氏	今禄丰县广通镇至楚雄大道中	16
镇南关巡检司土巡检	杨氏	今南华县城西	12
阿雄关巡检司土巡检	者氏	今南华县东南	19
沙矣旧巡检司土巡检	苏氏	今禄丰县西北沙矣旧	10
新兴州土州判	王氏	今玉溪县城	10
广南府土同知	侬氏	今广南县城	23
富州土知州	沈氏	今富宁县东皈朝	18
顺宁府土知府	猛氏	今凤庆县城	12
耿马直隶宣抚司宣抚使	罕氏	今耿马县城	15
猛缅长官司土长官	奉氏	今临沧县城	10
罗雄州土知州	者氏	今罗平县城	11
沾益州土知州	安氏	今沾益县城	19

续表

土司名称	姓氏	地点	承袭代数
平彝县土县丞	海氏	今平彝县竹园村	16
丽江军民土知府	木氏	今丽江纳西族自治县城	27
观音山巡检司土巡检	王氏	今鹤庆县西	12
鹤庆州在城驿土驿丞	田氏	今鹤庆县城	16
观音山驿土驿丞	郭氏	今鹤庆县西	14
车里军民宣慰司宣慰使	刀氏	今景洪县城	23
威远州土知州	刀氏	今景谷县城	11
六顺土把总	刀氏	今普洱县西南	11
南甸宣慰司宣慰使	刀氏	今梁河县城关	25
千崖宣抚司宣抚副使	刀氏	今盈江县城关	23
盏达副宣抚司副宣抚使	思氏	今盈江县西北盏达莲花山	20
遮放宣抚司副宣抚使	多氏	今潞西县遮放	17
陇川宣抚司宣抚使	多氏	今陇川县西南弄巴	24
孟定府土知府	罕氏	今耿马县西孟定	14
湾甸州土知州	刀氏	今昌宁县西南湾甸镇	26
镇康州土知州	刀氏	今永德县东北永康	15
潞江安抚司安抚使	线氏	今保山县西南怒江坝	23
芒市安抚司安抚使	放氏	今潞西县驻地芒市	21
猛卯安抚司安抚使	衎氏	今瑞丽县城关镇	13
户撒长官司长官	赖氏	今陇川县北户撒	21
腊撒长官司长官	盖氏	今陇川县北腊撒	20
永平县土县丞	马氏	今永平县城	11
教化三部长官司长官	龙氏	今文山县城西	10
开化府土经历	周氏	今文山县城	10
东川军民府土知府	禄氏	今会泽县城	19
拖车阿朵土千户	禄氏	今巧家县北	10
乌撒军民府土知府	安氏	今贵州威宁彝族自治县县城	13

续表

土司名称	姓氏	地点	承袭代数
乌蒙军民府土知府	禄氏	今昭通县城	10
芒部军民府土知府	陇氏	今镇雄县西南有芒部故城	18
景东府土知府	陶氏	今景东县城	23
景东府土知事	姜氏	今景东县城	13
保甸巡检司土巡检	陶氏	今景东县西北保甸	12
三岔河巡检司土巡检	杨氏	今景东县北三岔河	12
板桥驿土驿丞	云氏	今景东县城北	13
蒙化府土知府	左氏	今巍山彝族回族自治县城	16
南涧土县丞	阿氏	今南涧彝族自治县城	20
永宁府土知府	阿氏	今宁蒗彝族自治县西北永宁镇	26
北胜州土知州	高氏	今永胜县城	18
蒗蕖州土知州	阿氏	今宁蒗彝族自治县城	25
华坪土千总	李氏	今华坪县城关	10
顺州土同知	子氏	今永胜县西南顺州镇	23
北胜州土副同知	章氏	今永胜县城	23
师宗州土同知	珑氏	今师宗县城	11
武定军民府土知府	凤氏	今武定县城	12
元谋县土知县	吾氏	今元谋县城	12
勒品甸土巡捕	李氏	今武定县北	18
暮连乡土舍	那氏	今武定县东北	10
元江军民府土知府	那氏	今元江哈尼族彝族傣族自治县城	16
镇沅府土知府	刀氏	今镇沅县城	11

翻检历史文献可见，元朝建立政权后，在防止土司冒袭方面下了功夫。据《元史》卷二十六载：延祐六年（1319）夏四月壬辰，中书省臣言："云南土官病故，子侄兄弟袭之，无则妻承夫职。远方蛮夷，顽犷难制，必任土人，可以集事。今或阙员，宜从本俗，权职以

行。"制曰:"可。"① 这是元代土司承袭制度之初创,即在坚持"子侄兄弟袭之"的血缘基础上增加了"无则妻承夫职"和"宜从本俗"等内容,从制度上实现了传统"血缘"承袭办法与上司地方社会实际的首度结合。如播州杨氏土司通过自愿乞降自新,据《元史》卷八载:"至元十二年(1275)十二月己亥,播州安抚杨邦宪、思州安抚田景贤,未知逆顺,乞降诏使之自新,并许世绍封爵。"从之。② 获得"世绍封爵",正式进入元代的土司承袭体制之中。

明代对于土司承袭的规定十分详尽。明世宗对土司承袭问题十分重视,常就此问题举行廷议,并责成吏部和兵部会同商讨,终于制定出一个"画一之法"的"土官袭职条例",并将其载入《明会典》。《明会典》卷六"土官承袭"条规定:

> 洪武二十六年定,湖广、四川、云南、广西土官承袭,务要验封司委官体勘,别无争袭之人,明白取具宗支图本,并官吏人等结状,呈部具奏,照例承袭。移付选部附选,司勋贴黄,考功附写行止,类行到任。见到者,关给札付,颁给诰敕。天顺二年奏准,土官病故,该管衙门,委堂上官,体勘应袭之人,取具结状宗图,连人保送赴部,奏请定夺。……嘉靖九年题准,应袭之人,果系原册有名,覆勘无碍。除杂职妇女,就彼袭替外,其余限半年内连人保送户部。如有违碍,即与辩明。……万历九年,停止输纳事例。令该管衙门,作速查勘明白,取具亲供宗图印结,具呈抚按,勘实批允,布政司即为代奏,吏部题选,填凭转给土舍,就彼冠带袭职。③

就《明会典》对四川等地土司承袭规定之详细,不难看出当时隶属四川管辖的播州杨氏土司承袭之严格。

清代执行土司承袭制度更加严格,甚至在光绪年间,清政府还颁发《土司例纂》,这使土司承袭制度更加制度化,不仅使土司家族内部在承

---

① (明)宋濂:《元史》(第二册),中华书局1976年版,第589页。
② (明)宋濂:《元史》(第二册),中华书局1976年版,第171页。
③ (明)申时行等修:《明会典》,中华书局1989年版,第31页。

袭问题上有章可循、有序可依，减少了土司家族因承袭的纷争与仇杀，而且维护了土司地区的社会稳定。

（三）确保了土司制度的顺利实施

土司世袭制度是元明清中央王朝赋予各地土司应有的权利。自元代以降，各地土司就保持世袭的惯例，虽然《土官底簿》中不乏"著他做，只不做世袭，若不守法度时不著他做，还著流官掌印"，"只不做世袭，若不守法度时换了"等吓唬土司的话语，但具体实施过程中还是执行的土司世袭制。翻检史料可见，元明清时期，中央王朝建构了一套逐渐完善的土司承袭资格、承袭程序、承袭信物和承袭禁例等制度体系，这是土司承袭制度法治化的体现，不仅实现了元明清三代土司权力延续的稳定性，而且也确保了土司制度在各地的顺利实施。

明初在土司地区的朝廷命官对土司承袭就有很多建议，如正统二年（1437）云南曲靖军民府知府晏毅建议："土官承袭或以子孙，或以兄弟，或以妻继夫，或以妾绍嫡，皆无预定序次，多致临袭争夺，以故仇杀连年，边方弗宁。乞敕该部移文所司，预为定序造册，土官有故，如序袭职。……"①这个建议在确保土司承袭顺序的同时，建议最具有意义的是"预定序次"，避免土司"临袭争夺"，造成"仇杀连年，边方弗宁"的现象发生。嘉靖年间巡按贵州御史陈克宅在《议处苗情以弭边患五事》中第四条说："土官袭替，皆头目各辅亲厚之人，相为依倚，致生仇杀。今欲概与头目冠带，责令各回管辖。诚恐事体变更，土人生疑，须从便宜议处。"②这无疑是一条对明代各地土司承袭制度法治化的建议。

元代土司承袭制度较为粗放，明代土司承袭制度比较完善，清代土司承袭制度十分严苛。清代土司承袭制度可以从《大清会典事例》所载"土官承袭""土司袭职"和"土司议处"中找到答案。如果土司承袭过程中出现不合清王朝的规定，其处罚多用"将号纸缴部注销""降等""革职""治罪"等词语，特别是"分袭""充军""杖徒""改土归流"③

---

① 方国瑜：《云南史料丛刊》第四册，云南大学出版社1998年版，第49页。
② 《世宗嘉靖实录》卷39，"嘉靖三年五月丁丑"条，参见贵州民族研究所《明实录·贵州资料辑录》，贵州人民出版社1983年版，第703—704页。
③ （清）昆冈等：《钦定大清会典事例》卷145，卷589，中华书局1991年影印本。

词语，是各地土司都不愿接受的结果。清代有"自古苗乱，起于土司；土司之乱，起于承袭"之说，这主要是针对土司承袭过程中经常出现争袭事件而言。

第二节 土司制度的内涵

元明清时期实施的土司制度，从本质上讲，它是一种封建领主制。各地土司集政治、经济、军事、司法于一身，既是土司地区政治上的最高统治者，又是辖区内的最大领主、"土皇帝"，同时，他（或她）还是中央王朝政令的忠实执行者，对辖区内的民众享有"生杀予夺"之权。各地土司建立了一套严密的权力机构，治理辖境的政治、军事、经济、文化及司法等。具体而言，政治上依靠中央王朝的册封世袭，与其他土司或经制州县划疆分治；军事上实行土兵制度，以种官田、服兵役的方式把当地土民组织成具有一定战斗力的武装，供中央王朝征调和维持土司统治；在经济上，土司是辖区内土地的最高所有者，实行劳役地租、实物地租等经济剥削；在文化教育方面，严禁当地土民接受文化教育和参加科举考试等。可见，土司制度的内涵是十分丰富的。

一 由中央王朝任命土官土司

元明清时期，各地土官土司实施的任命制，是中央王朝实施朝廷命官世袭制的一种形式。翻检历史文献可见，在元明清各地土官土司的任用上，均施行的是任命制。尤其重要的是，土官土司的任命，伴之以相关的信物。这无疑体现了中央王朝对各地土官土司及土司地区的有效治理。

（一）元代土官的任命

在元代土官任命的制度设计中，中央王朝要对任命的土官赋以诰敕、印章、虎符、驿传玺书与金字银字圆符等信物，以此作为拥有土官职务的符号。"俾得以王官旌节，统摄其部落。"[①] 由此可见，土官只有拥有诰敕、印章、虎符、驿传玺书与金字银字圆符等信物，才能称为土官，并

---

① （清）邵远平：《元史类编》卷42，乾隆六十年（1795），扫叶山房刊本。

行使土官的职权。

1. 诰敕

这是中央政府封官授爵的敕书，也可以说是少数民族土官受中央王朝封官的文书。诰敕是元朝廷给土官土司的"任职证书"，是少数民族土官作为朝廷命官的凭证。《元史》记载：至元七年（1270）五月，威州汝风川番族八千户内附，因其酋长来朝，而"授宣命"；① 至元十五年（1278）十二月，都掌蛮夷内附，以其长阿永为西南番安抚使、得兰纽为都掌蛮夷安抚使，"授宣敕"；② 至正六年（1346）七月，散毛洞蛮覃全在叛，招降之，以为散毛誓厓等处军民宣抚使，"给宣敕"。③ 从上述材料看，元代土官的任命，中央王朝给与土官诰敕信物贯穿于元朝的始终。

2. 印章

元代中央王朝在任命土官时，还要赐给土官印章，以号令其民。可以说，土官印章是土官取信于民的物证。元代时，中央王朝赐给土官的印章是土官权威的象征，土官可以凭借该印章号令辖区内的老百姓。《元史》卷三十载：泰定三年（1326）九月，"云南行省威楚路秃剌寨长哀培、景东寨长阿只弄男阿吾、大阿哀寨主弟你刀、木罗寨长哀卜利、茫施路土宫阿利、镇康路土官泥囊弟陀金客、木粘路土官丘罗、大车里昭哀侄哀用、孟隆甸土官吾仲，并奉方物来献。以昭哀地置木朵路一、木来州一、甸三，以吾仲地置孟隆路一、甸一，以哀培地置甸一，并降金符、铜印，仍赐币帛、鞍勒有差"；④《元史》卷三十八载，元统二年（1334）正月，云南土酋姚安路总管高明来献方物，"锡符印遣之"⑤。从上述两则材料来看，元朝中央王朝的土官印章赐予对象既有土寨长又有土甸官、土州官和土路官，高级土官除赐予印章外还赐予金符等信物。

3. 虎符

这是元代中央政府颁给边疆土司的联系证件以及调动军队所用的凭证。元朝时，中央王朝赐给土官的虎符是节制军马的凭据。《元史·世祖

---

① （明）宋濂：《元史》卷7，第一册，中华书局1976年版，第129页。
② （明）宋濂：《元史》卷17，第二册，中华书局1976年版，第365页。
③ （明）宋濂：《元史》卷41，第三册，中华书局1976年版，第875页。
④ （明）宋濂：《元史》卷30，第三册，中华书局1976年版，第673页。
⑤ （明）宋濂：《元史》卷38，第三册，中华书局1976年版，第820页。

本纪十四》：至元二十九年（1292）以行播州军民安抚使杨汉英为绍庆、珍州、南平等处沿边宣慰使，"仍佩虎符"。中央王朝之所以有这项规定，是因为边陲土官有保境靖边的责任，所以，中央王朝给予边疆土官"节制军马"的权力。因元代土官均设于边陲之地，往往兼统部落兵马，故有这样的规定。从土官可以用虎符"节制军马"一事可见，元代对南方少数民族首领的使用，是颇为放心的。播州杨氏土司能够"佩金虎符"，说明有"节制军马"的权利。

4. 驿传玺书与金（银）字圆符

《元史》载，至顺二年（1331），云南威楚路之蒲蛮猛吾来朝贡，愿人银为岁赋，诏为置散府一及土官三十三所，"皆赐金银符"①。龚荫先生认为，驿传玺书是"通行证件"，金（银）字圆符是"紧急军务证明"。驿传玺书与金（银）字圆符在当时具有十分重要的作用，《元史》说得很清楚："其给驿传玺书，谓之铺马圣旨。遇军务之急，则又以金字圆符为信，银字者次之。"②《元史》载，至大四年（1311）敕："诸使臣非军务急速者，毋给金字圆牌。"③ 驿传玺书与金（银）字圆符等信物的使用，能起到中央王朝对边疆地区、民族地区的交往联系畅通无阻以及遇到紧急事务及时处置的作用。

事实上，元代一般使臣持驿传玺书（驿券）即可正常通行驿站，并且享受乘坐驿马、配送食钱的接待，传递紧急军情的使臣持驿传玺书（驿券）和银字圆符可以超常规地通过驿站关隘，传送特急军情的特使持驿传玺书（驿券）和金字圆符必须迅速通过驿站关隘。

总之，元朝土官拥有上述信物，一般情况下，在于证明土官身份、有利于治民和驿站通行；只有与军事关联的边疆地区土官才授予虎符和圆符，主要是方便土官调兵和迅速通行驿站传递军情。

（二）明代土官的任命

明代是土司制度最兴盛、较完备的一个朝代。明代对土官土司的任命或征调当作重大事件，凡遇到这种事件，中央王朝都要赐予土官诰敕、

---

① （明）宋濂：《元史》卷35，第三册，中华书局1976年版，第785页。
② （明）宋濂：《元史》卷101，第九册，中华书局1976年版，第2583页。
③ （明）宋濂：《元史》卷24，第二册，中华书局1976年版，第541页。

印信、冠带、符牌等信物，以此作为土官土司在当地为官、处理军政事务的凭证。

1. 诰敕

诰敕是诰命、敕命与敕书的合称，它相当于对土官土司的任命书，其授予具有等级性。据《明会典》记载："凡诰敕等级，洪武二十六年定，一品至五品皆授以诰命，六品拿九品皆授以敕命。"① 也就是说，五品以上土官土司授予诰命，六品以下的流内土官授予敕命与敕书。如《明史》卷三百十五载，洪武十七年置车里军民宣慰使司，以刀坎为使，"赐诰命"②；《蛮司合志》卷八载，洪武初，云南"武定府土官法叔妻商胜，率诸部按兵献印，请为编氓，诏授胜中顺大夫、武定军民府女知府，锡（通'赐'）之诰命"③。其实，在各地土官土司族谱中，保存诰命的记载不乏其例，如明代对酉阳冉氏土司冉廷辅的其中一则诰命内容为：

奉天承运，皇帝制曰：帝王之治，远迩同仁，是以建官，虽因其俗，而有官者，得以荣其亲焉。尔冉廷辅，乃四川酉阳宣抚司宣抚冉云之父，昔居是职，克效勤劳。今子继承，禄不逮养，揆其所自，宜有褒嘉。特赠尔宣武将军，九泉不昧，服此休恩。

制曰：国家命官保民，而推及其亲者，所以重原本也。尔杨氏，乃四川酉阳宣抚司宣抚冉云之母，训成其子，克修臣职，推厥所由，用申恩典，赠尔为恭人，灵爽有知，服兹宠命。

成化十有六年二月十五日制诰之宝④

又：明代中央王朝对酉阳冉氏土司冉维屏的一则诰命内容为：

奉天承运，皇帝制曰：朕惟帝王，以天下为家，命官析爵，无

---

① （明）申时行等修：《明会典》，中华书局1989年版，第33页。
② （清）张廷玉：《明史》卷315，第二十册，中华书局1974年版，第8156页。
③ （清）毛奇龄、杨东甫、杨骥校注：《蛮司合志》（校注），广西人民出版社2015年版，第125页。
④ 谈建成等主编：《西南地区土司法治文献选编》，西南师范大学出版社2018年版，第5页。

间退迩，所以上体天心，而下示怀柔也。尔四川酉阳宣抚司宣抚使冉维屏，自尔祖父以来，世居边徼，恭事朝廷，久而不怠，尔善承先志，克举厥官，保境安民，进兵剿寇，屡辞重赏，忠诚可嘉。特授尔怀远将军，以为尔荣，尔尚益敦臣节，慎终如始，以享大平之福。钦哉！

制曰：人臣膺爵禄之荣，必推恩以及其配者，此朝廷之令典也。尔四川酉阳宣抚司宣抚冉维屏之妻杨氏，凤敦妇道，善相尔夫，恪共臣职，兹特封尔为淑人，尚克祗承，永光闺阃。

隆庆六年二月十三日制诰之宝①

明代中央王朝对新袭职的土官土司，都要授与相当于近现代所说的命令，土官土司凭借这份命令，以证实自己在当地统治各族民众的合法性。

2. 印信

印信是土官土司权力的象征，由礼部铸造。据《明史》载：正三品以上官员为银印，从三品以下则为铜印。② 由于明朝最高品级的土官为从三品，因而这一时期各地土官土司一般被授予铜印。只是铜印有大小、厚薄之分，而按其品级分别赐予。如《明史》卷三百十五载，明永乐十九年（1421）置靖安宣慰司，"升双孟为宣慰使，命礼部铸印给之"③。中央王朝赐给土官土司的印章不仅是各地土官权威的象征，而且是号令辖区内老百姓的凭借。

3. 冠带

据《明史》卷六十七载：明朝政府规定，不论是朝廷的文武官员，还是地方土司，都要按照品级高低而授予规格不一的冠带。《明史》载，洪武十七年（1384）八月，思伦发遣使献方物，并上元所授宣慰司印，"诏改平缅宣慰使为平缅军民宣慰使司，并赐伦发朝服、冠带"④；《明史》又载，思明府土知府忽都子黄广平，洪武二十四年（1391）遣使奉

---

① 谈建成等主编：《西南地区土司法治文献选编》，西南师范大学出版社2018年版，第7页。
② （清）张廷玉：《明史》卷72，第六册，中华书局1974年版，第1746—1748页。
③ （清）张廷玉：《明史》卷315，第二十七册，中华书局1974年版，第8157页。
④ （清）张廷玉：《明史》卷314，第二十七册，中华书局1974年版，第8111页。

表贡马及方物,"诏广平袭职,赐冠带袭衣"①;《明史》卷三百十六载,正统七年(1442),"水西宣慰陇富自陈:'祖父以来,恩朝皆赐金带。臣蒙恩受职,乞如例。'从之"②。让各地土司佩戴冠带,是中央王朝用服饰来区分土司身份、等级的一种做法。

4. 符牌

符牌是由礼部铸造的供土司机构、行省布政使司与中央王朝之间联系公务的信物。明朝中央王朝对云南边夷土司颁发金牌信符的做法,一方面,为朝廷与土司之间确立一项征信之物,以利彼此之间的交往;另一方面,为朝廷谕示土司于国家享有之权利及其对国家应尽的义务。③ 现将《明太宗实录》卷35中颁发信物及金牌的情形抄录于后④:

> 永乐二年冬十月己巳庚午……制信符及金字红牌,颁给云南木邦、八百大甸、麓川平缅、缅甸、车里、老挝六宣慰使司;干崖、大侯、里马、茶山四长官司;潞江安抚司及孟艮、孟定、湾甸、镇康等府州土官。其制铜铸信符五面,内阴文者一面,上有"文、行、忠、信"四字与四面合,及编某字一号至一百号批文勘合底簿,其字号如车里以"车"字为号,缅甸以"缅"字为号。阴文信符勘合,俱付上土官底簿,付云南布政司。其阳文信符四面及批文百道,藏之内府。凡朝廷遣使,则齐阳文信符及批文各一,至布政司比同底簿,方遣人送使者以往,土官比同阴文信符及勘合,即如命奉行。信符之发,一次以"文"字号,二次"行"字号,周而复始。又置红牌镂金字敕书谕之,其文曰:"敕某处土官,尔能守皇考太祖高皇帝号令,未尝有违。自朕即位以来,恭修职贡,礼意良勤,朕以远人慕义,尤在抚绥,虑恐大小官员军民,假朝廷差使为名,扰害需索,致尔不宁,特命礼部铸造信符付尔,凡有调发不当办诸事,须

---

① (清)张廷玉:《明史》卷318,第二十七册,中华书局1974年版,第8234页。
② (清)张廷玉:《明史》卷316,第二十七册,中华书局1974年版,第8170页。
③ 黄开华:《明代土司制度设施与西南开发》,见《明史论丛》之《明代土司制度》,台湾学生书局1968年版,第54页。
④ 《明太宗实录》卷35"永乐二年冬十月庚午","中研院"历史语言研究所,上海书店1982年影印版。

凭信符乃行，如越次及比字号不同，或有信符而无批文，有批文而无信符者，既是诈伪，许擒之赴京，治以死罪。又编勘合一百道付尔，勘合底簿一扇付布政司。尔之境土。凡有军民疾苦，及奉信符办过事务进贡方物之类，俱于勘合内填写，遣人赍至布政司比号写底簿，布政司都司遣官同赍所填勘合奏闻。若边境声息及土人词讼，从都司布政司按察司官会同计议行之。其事已行及尔承行缘由，并填写勘合奏闻。如总兵官镇遇有前事，总兵亦会三司计议，仍用都司或并布政司印信文书，写总兵官处分之语，方许奉行，亦填写勘合具奏。若朝廷命总兵官挂将军印征讨，调遣尔处军马，不待三司行移，但凭总兵官印信文移，即时发遣，亦填写勘合，遣人奏闻。填写勘合或字画错误，明白圈注，以本司印信盖铃。凡所收底簿及勘合用之将尽，具奏再颁。或总兵官都司布政司等官，新除官到任及遇时节，不许赍礼物相庆。今以此敕刊置金字红牌，悬尔治所，永永遵守，仍以纸写一道付尔，或有贪婪无藉凌害尔者，不待填写勘合，正具本遣人赍此敕，不经总兵官及三同径赴京陈奏，将犯者治以重罪。用此关防，正为抚安尔众，尔当安分循理，谨遵号令，和睦邻境，益坚事上之心，则尔子子孙孙世保境土及尔境内之民，永享太平，其恪遵朕训，毋怠毋忽。"

颁发信符的作用在于防止诈伪，具有保障性；金字红牌的敕书，是君主对臣属的指示与规定，而确定其应享权利及应尽义务。说到底，这也是朝廷有意加强对土司实行统治的一种措施。

明代土司所享受的诰敕、印信、冠带、符牌等物件，它随着时局的变化而不断增减和变化。这种制度设计上的临时变化，似乎与京师重地、帝围边缘、周边国家的变局紧密关联。

（三）清代土官的任命

清朝对于各地土司的任命和治理更加严格，但简化了一定的程序。凡被中央政府任命并拥有衔号与品秩的土司，授予诰敕、印信号纸，以此代表各地土司的权力。

1. 诰敕

清代的诰敕同样是中央王朝对土官土司的任命书。此不赘述。这里仅举酉阳冉氏土司的例子予以说明。这是康熙皇帝赐予四川酉阳宣慰司宣慰冉奇镳的敕书，全文如下：

> 皇帝敕：四川酉阳宣慰司宣慰冉奇镳，国家统一天下，设官分职，不遗遐远。所以昭示怀柔，安全百姓也。尔世本土官，僻处荒服，统领部落，历有年所。今能诚心向化，率众归附，深可嘉焉。仍命尔为酉阳等处提督、汉土官兵军民宣慰使司，加授总兵，官前军都督府左都督，子孙世袭。住劄酉阳，管辖绞楼、寨楼、马蹄溪三千户所，平茶、邑梅、石耶三长官司，及流官经历教授。尔承职之后，务须约束部属，抚绥军民，保守境土，恪修贡职，勤奉征调，控驭八蛮，堵截贼寇，尔仍听督抚及上川东道节制，不得生事边疆，致滋纷扰，以负朕怀远安民之至意。钦哉。故敕。
>
> 康熙三年（1670）九月二十七日①

这则诰敕至少说明了以下几点：一是清代中央王朝设置土司的目的；二是对四川酉阳宣慰司冉氏家族历来良好表现的高度肯定与褒扬；三是明确对四川酉阳宣慰司宣慰冉奇镳的任职；四是明确四川酉阳宣慰司管辖的千户所和长官司的数量；五是对四川酉阳宣慰司宣慰冉奇镳任职的具体职责、要求和期待。文字不多，但包含的内容却十分丰富。

2. 印信号纸

《大清会典》和《大清会典事例》对土司印信与号纸的记载。《大清会典》载："凡土官之职，皆给以号纸，土府厅州县则加以印"；"凡土官之职，皆给以号纸。号纸书土官之职，并载世系及袭职年月。土宫袭职者，先缴其原领号纸，改给新号纸"②。号纸是土司承袭的凭据，无论是中央政府，还是各地土司，都高度重视。康熙十一年（1672）规定：

> 土官子弟，年至十五，方准承袭，未满十五岁者，督抚报部将

---

① （清）冯世瀛、冉崇文等，酉阳自治县档案局：《酉阳直隶州总志》卷之首，巴蜀书社2009年版，第1页。

② 《大清会典》卷12，第2册，商务印书馆（光绪）石印本，第2页。

土官印信事务，令本族土舍护理。俟承袭之人，年满十五，督抚题请承袭。每承袭世职之人，给予钤印号纸一张，将功次、宗派及职守事宜，填注于后。遇子孙袭替，本省掌印都司验明起文，或由布政使司起文，并号纸送部，查核无异，即与题请袭替，将袭替年月顶辈填注于后，填满换给。如遇有水火盗贼损失者，于所在官司告给执照，送部查明补给。如有犯罪革职故绝等事，都司、布政使司开具所由，将号纸缴部注销。如宗派冒混，查出参究。①

因此，号纸遂成为土官土司享受荣禄之根据。号纸的主要功能在于证明土司的身份，这是入流土司人人均予以颁发的证件，由吏部、兵部分别颁发的号纸，在格式上存在一定的差异，吏部号纸书写职衔（职务、品秩）、世系与袭职年月，而兵部号纸则仅书写功次、宗派与职守。作为权力行使象征的印信，吏部与兵部在称呼上亦有区分，其中吏部的称"印""印信"，兵部的则称"钤印"。从总体上看，清朝文职土司系列的权力符号，不仅比武职土司系列的要复杂得多，而且在不同时期的国家权力下沉过程中前后变动较大。但有一点是相同的，那就是号纸是各级各类土司承袭得官的根本。迄今为止，学界很少有人见过号纸的内容，今从佘贻泽《中国土司制度》一书中摘录川边倬窝（一名竹窝）安抚司的号纸内容及样式。

　　倬倭土司号纸
　　兵部为给发号纸事：武选司案呈，内阁抄出，四川总督奎□片奏：建昌道属倬倭安抚司案诺木多布丹已故，遗缺以嫡子俄尔珠，年二十二岁，堪以承袭，夷众悦服，造具宗图册结，原领号纸被毁，无从咨缴送部。具奉朱批：该部议奏，钦此。
　　查四川建昌道属倬倭安抚司索诺木多布丹已故，遗缺请以该安抚司嫡子俄尔珠承袭，与例相符，应如该督所奏，俄尔珠准其承袭倬倭安抚司之职等因。于光绪二十八年五月初五日，具奉旨：依议，

---

① （清）昆冈等：《钦定大清会典事例》卷589，"土司袭职"条，中华书局1991年影印本。

钦此。相应给与该土司号纸，令其承领任事可也；须至号纸者。

右号纸给四川建昌道蜀倅倭安抚司俄尔珠，准此。

光绪二十八年五月十一日
号纸××行①

这份号纸反映出几个方面的内容：一是发放号纸的主管机构；二是处理土司承袭的相关机构；三是应袭土司承袭的原因、相关情况、程序；四是批准土司承袭的时间及收取号纸的姓名；五是发放号纸的时间及号纸的行数等。

二 纳入中央王朝职官体系

职官是国家机器的重要组成部分，是国家职能发挥作用的前提。土司职官制度是土司制度的核心内容，自土司制度确立后，中央王朝就将土官土司的设置、职衔、品级、铨选、管理、俸禄等纳入中央王朝职官体系。

（一）元代

元朝时期，将土官机构及土官品秩纳入中央王朝职官体系。这一时期既有宣慰司、宣慰使司都元帅府、宣慰使、宣慰使兼管军万户府、宣抚司、安抚司、招讨司、长官司等土官机构，又有与这些机构相对应的职官品秩。据《元史》记载：

> 宣慰司，掌军民之务，分道以总郡县，行省有政令则布于下，郡县有请则为达于省。有边陲军旅之事，则兼都元帅府，其次则止为元帅府。其在远服，又有招讨、安抚、宣抚等使，品秩员数，各有差等。
>
> 宣慰使司，秩从二品。每司宣慰使三员，从二品；同知一员，从三品；副使一员，正四品；经历一员，从六品；都事一员，从七品；照磨兼架阁管勾一员，正九品。
>
> 宣慰使司都元帅府，秩从二品，使三员，同知二员，副使二员，

---

① 佘贻泽：《中国土司制度》，正中书局1944年版，第214页。

经历二员，知事二员，照磨兼架阁管勾一员。

宣慰使都元帅三员，副都元帅、佥都元帅事各二员，余同上。

宣慰使兼管军万户府，每府宣慰使三员，同知、副使各一员，经历一员，都事二员，照磨兼管勾一员。

宣抚司，秩正三品，每司达鲁花赤一员，宣抚一员，同知、副使各二员，佥事一员，计议、经历、知事各一员，提控案牍架阁一员。

安抚司，秩正三品。每司达鲁花赤一员，安抚使一员，同知、副使、佥事各一员，经历、知事各一员。

招讨司，秩正三品，达鲁花赤一员，招讨使一员，经历一员。

诸路万户府：

上万户府，管军七千之上。达鲁花赤一员，万户一员，俱正三品，虎符；副万户一员，从三品，虎符。

中万户府，管军五千之上。达鲁花赤一员，万户一员，俱从三品，虎符；副万户一员，正四品，金牌。

下万户府，管军三千之上。达鲁花赤一员，万户一员，俱从三品，虎符；副万户一员，从四品，金牌。其官皆世袭，有功则升之。每府设经历一员，从七品；知事一员，从八品；提控案牍一员。

镇抚司，镇抚二员，蒙古、汉人参用。上万户府正五品，中万户府从五品，俱金牌；下万户府正六品，银牌。

上千户所，管军七百之上。达鲁花赤一员，千户一员，俱从四品，金牌；副千户一员，正五品，金牌。

中千户所，管军五百之上。达鲁花赤一员，千户一员，俱正五品，金牌；副千户一员，从五品，金牌。

下千户所，管军三百之上。达鲁花赤一员，千户一员，俱从五品，金牌；副千户一员，正六品，银牌。

上百户所，百户二员，蒙古一员，汉人一员，俱从六品，银牌。

下百户所，百户一员，从七品，银牌。

散府，秩正四品，达鲁花赤一员，知府或府尹一员，领劝农奥鲁与路同；同知一员，判官一员，推官一员，知事一员，提控案牍一员。所在有隶诸路及宣慰司、行省者，有直隶省部者，有统州县者，有不统县者，其制各有差等。

诸州。……上州：达鲁花赤、州尹秩从四品，同知秩正六品，判官秩正七品。中州：达鲁花赤、知州并正五品，同知从六品，判官从七品。下州：达鲁花赤、知州并从五品，同知正七品，判官正八品，兼捕盗之事。参佐官：上州，知事、提控案牍各一员；中州，吏目、提控案牍各一员；下州，吏目一员或二员。

诸县。……上县，秩从六品，达鲁花赤一员，尹一员，丞一员，簿一员，尉一员，典史二员。中县，秩正七品，不置丞，余悉如上县之制。下县，秩从七品，置官如中县，民少事简之地，则以簿兼尉。后又别置尉，尉主捕盗之事，别有印。典史一员。巡检司，秩九品，巡检一员。

诸蛮夷长官司。西南夷诸溪洞各置长官司，秩如下州，达鲁花赤、长官、副长官，参用其土人为之。①

元代中央王朝在西南少数民族地区设置的这些土官机构及土官品秩，它不仅具备了早期土司衙门的性质，最关键的是中央政府已经将它们纳入中央王朝职官体系。翻检文献可见，元代中央王朝在靠近内地或较发达的少数民族地区，则设置土官总管府。如至元十一年（1274）设置的大理总管府，是元代在民族地区最早建立的土官总管府。《元史》卷一百六十六载，至元"十一年，赛典赤为云南行省平章政事，更定诸路名号，以信苴日为大理总管。赛典赤为云南行省平章政事，更定诸路名号，以信苴日为大理总管"②。路总管府的设置情况：元世祖至元二十年（1283）规定，十万户以上为上路、十万户以下为下路。上路，设达鲁花赤、总管各一员，品秩为正三品，同时兼管劝农事，有的还兼管军务。同知、治中、判官各一员。下路，品秩为从三品，不设治中，而同知如治中之秩。至元二十三年（1286），置推官二员（下路一员），专治刑狱。经历、知事、照磨兼承发架阁各1员，司吏无定制，译史、通事各一人。《元史》卷六十三"顺元等路军民安抚司"条载，至元二十年（1283），

---

① （明）宋濂：《元史》卷91，第八册，中华书局1976年版，第2308—2318页。
② （明）宋濂：《元史》，上海古籍出版社1986年版，第454页。

四川行省讨平九溪十八洞,以其酋长赴阙,定其地之可以设官者与其人之可以入官者,大处为州,小处为县,并立总管府,听顺元路宣慰司节制。① 这是元代中央王朝按照归附的民族首领的领地之大小、人口之多寡,分别设置各级土官权力机构。有元一代,当时人们已常用"土官"来称呼这些土官机构及土官品秩,所以,我们认为,这是我国早期的土司衙门。

(二) 明代

有明一代,不仅将土官机构及土官品秩纳入中央王朝职官体系,而且职官体系更加完善。这一时期在边疆少数民族地区设置土官土司,这些土官土司既有武职的,又有文职的。一般而言,在边境津要之地和山岳地带设置武职土司,在靠近内地或较发展地区设置土官。

武职土司一般有宣慰使司、宣抚司、安抚司、招讨司、长官司以及蛮夷官、苗民官及千夫长、副千夫长等土司机构,又有与这些机构相对应的职官品秩。据《明史》载:

> 土官:宣慰使司,宣慰使一人,从三品;同知一人,正四品;副使一人,从四品;佥事一人,正五品;经历司,经历一人,从七品;都事一人,正八品。
>
> 宣抚司,宣抚使一人,从四品;同知一人,正五品;副使一人,从五品;佥事一人,正六品;经历司,经历一人,从八品;知事一人,正九品;照磨一人,从九品。
>
> 安抚司,安抚使一人,从五品;同知一人,正六品;副使一人,从六品;佥事一人,正七品;其属,吏目一人,从九品。
>
> 招讨司,招讨使一人,从五品;副招讨一人,正六品;其属,吏目一人,从九品。
>
> 长官司,长官一人,正六品;副长官一人,从七品;其属,吏目一人,未入流;蛮夷长官司,长官、副长官各一人,品同上;又有蛮夷官、苗民官及千夫长、副千夫长等官。②

---

① (明)宋濂:《元史》,上海古籍出版社1986年版,第182页。
② (清)张廷玉:《明史》卷76,中华书局1974年版,第1875—1876页。

文职土司一般有土府、土州和土县等土司机构,也有与这些机构相对应的职官品秩。在《明史》中有"军民府、土州、土县,设官如府州县"一句,因此,这些文职土司的机构和职官品秩的设置应该如此:土府,土知府一人,正四品;土同知一人,正五品;土通判一人,正六品;土推官一人,正七品;土经历一人,正八品;土知事一人,正九品。土州,土知州一人,从五品;土同知一人,从六品;土通判一人,从七品;土吏目一人,从九品。土县,土知县一人,正七品;土县丞一人,正八品;土主簿一人,正九品;土典史一人,无品级。此外,作为行省管理大范围的土司,其机构与品秩应该是:都督府,都督一人,正一品;都督同知一人,从一品;都督佥事一人,正二品;都指挥使司,都指挥使一人,正二品;都指挥同知一人,从二品;都指挥佥事一人,正三品。①

明代洪武七年(1374),"西南诸蛮夷朝贡,多因元官授之,稍与约束,定征徭差发之法"②。设置土官土司,"大率宣慰等司经历皆流官,府州县佐贰多流官。皆因其俗,使之附辑诸蛮,谨守疆土,修职贡,供征调,无相携贰。有相仇者,疏上听命于天子"③。有明一代,中央政府在西南、中南和西北地区设置的土司并非"为宣慰司者十一,为招讨司者一,为宣抚司者十,为安抚司者十九,为长官司者百七十有三"④,按照龚荫先生的统计,一共设置了大小土官648家,大小土司960家,共计为1608家。⑤ 由此可见,明王朝空前地深入和加强了对西南、中南和西北地区少数民族的管理。

明代中央政府在西南、中南和西北地区除了设置上述正式的土司职官之外,还根据各地的实际设置另外两种具有土司性质的机构。一是土巡检司。明代对西南民族地区就采取了"因地制宜"和"因俗而治"的治理政策,也就是根据西南民族地区的不同情况采取不同的治理策略。主要体现是,国家在对西南民族地区的治理上力求通过解决土司问题而

---

① 龚荫:《中国土司制度史》(上编),四川人民出版社2012年版,第131页。
② (清)张廷玉:《明史》卷76,中华书局1974年版,第1876页。
③ (清)张廷玉:《明史》卷76,中华书局1974年版,第1876页。
④ (清)张廷玉:《明史》卷76,中华书局1974年版,第1876页。
⑤ 龚荫:《中国土司制度史》(上编),四川人民出版社2012年版,第131页。

达到管控西南各少数民族聚居区，以实现管控整个西南民族地区乡村社会的目的。据《明史》卷四五、四六《地理志》记载，明代中央政府在广西设置的 161 个巡检司中有 58 个土巡检司；在云南设置的 106 个巡检司中有 22 个土巡检司；在贵州设置的 11 个巡检司中有 4 个土巡检司。明代设置土巡检司的仅有广西、云南、贵州等地。巡检、副巡检，都是从九品。《明会典》载："关津，巡检司提督盘诘之事，国初设制甚严。"①《明会典》中对土巡检在内的巡检的职掌记录较为清楚："洪武二十六年定，几天下要冲去处，设立巡检司。专一盘诘往来奸细及贩卖私盐、犯人、逃军、逃囚、无引面生可疑之人。须要常加提督。"② 明人吕坤也说："巡检之役，原为盘诘奸细，查问逃亡，缉捕盗贼……使军民、商贩得以自在通行，盗贼奸徒不敢公然往来。"③ 土巡检职衔虽小，但有的巡检司所管辖的地域和人口远超土州、土县，实力更是一些土州、土县所无法比拟。如明代广西左右江及红水河流域的许多壮族土司、土司亲属，接受中央政府命令，自行招募土兵，调整到桂东、桂东北等地区，另立巡司屯戍险要。二是土驿丞。土驿丞属于未入流的职官，主要负责邮传、迎送。根据使客的品秩、仆夫的多少，提供相应的舟车、夫马及生活用品。设于各土府、土州、土县之内，各地土驿丞数量多寡不同。如永乐九年（1411）四月癸卯，设广西泗城州罗博、木沙、板驮、上林、博赛、泗城、往甸、归乐八驿。

（三）清代

有清一代，中央王朝仍然将西南、中南及西北少数民族地区的土司机构及土司品秩纳入中央王朝职官体系，且大抵沿袭明制。当时的土司分为文职土司与武职土司两大类，其机构名称、职衔、品级大多与明代相同，但有少数变化。

1. 文职土司

《钦定大清会典》卷七对清代文职土司的机构名称及职衔、品级有

---

① （明）申时行等修：《明会典》，中华书局 1989 年版，第 703 页。
② （明）申时行等修：《明会典》，中华书局 1989 年版，第 722 页。
③ （明）吕坤：《实政录》，参见《续修四库全书》，上海古籍出版社 2002 年版，第 207 页。

明确记载：土府六等：土知府，从四品；土同知，正五品；土通判，正六品；土推官，正七品；土经历，正八品；土知事，正九品。土州四等：土知州，从五品；土州同，从六品；土州判，从七品；土吏目，从九品。土县四等：土知县，正七品；土县丞，正八品；土主簿，正九品；土巡检，从九品；土典史、土驿丞无品级。① 如康、雍时期，广西保留和新设的土府有镇安府、思明府、泗城府，云南继续保留了广南府土同知土司机构。清代土司地区的直隶州设土知州、州同，散州（有属于府、有属于直隶州设土知州、州同、州判）。清代广西先后设置35个土州，其中33个沿袭明朝，土思州、东兰土州同为新设。清代土司地区设土知县、土县丞、土主簿、土巡检、土典史等职衔，如清代广西先后设置有上林、忻城、陀陵、罗白、罗阳5个土县。在土司地区还设有正、副土长官司，正、副土巡检司，土驿丞，其职官设置和品阶与明代大体一致。

有清一代国家治理土司地区与明代相比，出现了两个重大变化：第一，出现虚衔土官。据《大清会典事例》卷一百四十五载：乾隆五十年复准，各省土官向无地方村寨管辖者，将原袭文职改授土官。如土通判改授正六品土官，土推官改授正七品土官，土县丞改授正八品土官，土主簿改授正九品土官，土巡检改授从九品土官。遇袭替时，止准换给号纸，按照品级填写几品土官，不必仍书"通判""推官""县丞""主簿""巡检"等字样。"向有给予印信者，将印信咨送礼部销毁。其有管理地方之土官，仍循旧制，毋庸改职衔"②。这是清时出现的不管理峒寨而有虚衔品级的土官。《清史稿》卷一百十七"广西土知州"条载："其不管理土峒者，正六品土官二人，从六品、正八品、正九品土官各一人，从九品土官一人，未入流土官二人"；同卷"云南土知府"条载："其不管理苗裔村寨者，土通判二人，丽江府、鹤庆州，各一人"；同卷"贵州土同知"条也载："其不管理土峒者，正六品、正七品土官各一人，正八品土官三人，正九品、从九品土官各

---

① 《钦定大清会典》卷7，光绪商务印书馆石印本，第一册，第1页。
② 《钦定大清会典事例》卷145《吏部·土官》，清光绪二十五年原刻本景印，新文丰出版公司1976年版，第6997页。

二人。"① 可见，这些土司只是名义上的土司，他们既然不管理土峒和村寨，也就没有任何行政权力，因为代表土司实施行政权力的凭证——信印已回收且"咨送礼部销毁"。这说明了清代一些土司的权力越来越小，中央政府对土司及土司地区的控制越来越强。第二，品级发生变化。如土知府一职，明代为正四品，清代改为从四品；土副长官一职，明代为从七品，清代改为正七品。

2. 武职土司

《钦定大清会典》对武职土司的职衔和品级也有详细记载：指挥使司七等：指挥使，正三品；指挥同知，从三品；指挥佥事，正四品；千户，正五品；副千户，从五品；百户，正六品；百长，无品级。宣慰使司四等：宣慰使，从三品；宣慰同知，正四品；宣慰副使，从四品；宣慰佥事，正五品。宣抚使司四等：宣抚使，从四品；宣抚同知，正五品；宣抚副使，从五品；宣抚佥事，正六品。安抚使司四等：安抚使，从五品；安抚同知，正六品；安抚副使，从六品；安抚佥事，正七品。招讨使司二等：招讨使，从五品；招讨副使，正六品。长官司二等：长官，正六品；副长官，正七品。土弁八种：土游击，从三品；土都司，正四品；土守备，正五品；土千总，正六品；土把总，正七品；土外委千总，正八品；土外委把总，正九品；土外委额外，从九品。土屯四种：土屯守备，正五品；土屯千总，正六品；土屯把总，正七品；土屯外委，正九品。百长、土舍、土目等均不入品级。② 武职土司职衔和品级的变化有两点：一是清初把明代卫所官吏归附者授原官世袭，因此，明代卫所官吏摇身一变成为土司。二是以绿营弁衔授予归附或立功的民族首领设置土弁。如《大清会典事例》卷五百五十七载："国初定，遐陬僻壤，率属向北。承袭土司，分别授以指挥使、指挥同知、千总、把总、千户、百户职衔。"③ 清人余庆远《维西见闻纪》载：雍正七年维西地区

---

① （民国）赵尔巽：《清史稿》卷117《土司各官》，中华书局，第12册，第3414—3416页。

② 《钦定大清会典》卷46《兵部·武选清吏司》，清光绪二十五原刻本景印，新文丰出版公司1976年版，第481页。

③ 《钦定大清会典事例》卷557《兵部·各省土司世职》，清光绪二十五年原刻本景印，新文丰出版公司1976年版，第12429页。

"建城设兵,旧头目七,给土千总衔三、土把总衔四,分治其地而受约束于通判"①。《清朝文献通考》卷七十八载:乾隆三十年云贵总督杨应琚奏"土目倾心,相继输诚。所有猛勇头目召斋召溪喃给土千总衔,归普洱镇普洱府管辖;猛龙沙人叭狄给指挥同知衔,归临元镇元江府管辖;补哈头目噶第牙翁给土千总衔,整卖头目召斋约提、景线头目呐赛给宣抚司衔,景海头目召罕彪、六本头目召猛斋,均给土守备衔,猛撒头目喇鲜细利给土千总衔,均照例准令世袭"②。另外,清代在川西地区建立土屯,设置土屯守备、土屯千总、土屯把总、土屯外委等于土司相类似职衔。《清史稿》载:"各土司外,有理番廷之杂谷脑屯、乾堡寨屯、上孟董屯、下董孟屯、九子寨屯,懋功厅之懋功屯、崇化屯、抚边屯、章谷屯、绥靖屯等土弁,各设屯守备,暨所属屯千总、屯把总、屯外委,均世及接顶。"③

清代中央王朝对土司的治理,还特别规定了土官与流官之间的"仪注"。土官进入流官府城,要先禀报之后,才能步行进去。见知府行一跪三叩礼,不给坐,不待茶,有话跪禀。乾隆二年(1737),广西布政使杨锡绂稍改为:土官进城可以骑马,不得坐轿,"稍加礼貌":土司中的"卓异"之员,给坐待茶,列坐于众土司之上,以示优待。土官与流观相见,土官居于流官之下,土杂职居流杂职之下。文移往来,州县之间,流用照会,土用牒呈等。"论体统,流可先土,土不可先流;论抚取,则流官之处分严土官"④。

三 承担职责义务

众所周知,元明清时期各地土司必须向中央王朝保证承担一定的职责和义务。正如《明史》卷七十六《职官志·五》中说:"洪武七年,西南诸蛮夷朝贡,多因元官授之,稍与约束,定征徭差发之法。……皆因其俗,使之附辑诸蛮,谨守疆土,修职贡,供征调,无相携贰。有相仇

---

① 余庆远:《维西见闻纪》,参见《舟车所至》下册,朝华出版社2018年版,第429页。
② 《清朝文献通考》卷78《职官考·官制》,浙江古籍出版社排印本,第一册,第5579页。
③ (民国)赵尔巽:《清史稿》卷513,中华书局1977年版,第3414—3416页。
④ (清)羊复礼,梁万年:光绪《镇安府志》卷6,光绪十八年(1892)刊本。

者，疏上听命于天子。"① 这里的"附辑诸蛮，谨守疆土，修职贡，供征调，无相携贰"就是对各地土司提出的必须履行的义务。意思是说，土司应该管理好辖区内的百姓，认真地守护好国家的疆土（或者说土司自己的领地），按时向中央朝廷进贡方物和缴纳赋税，听从中央王朝的各种军事征调，不要对国家政权和中央政府存二心。具体来讲，元明清时期各地土司承担的职责义务主要在三个方面。

（一）谨守疆土

元明清中央王朝规定各地土司"谨守疆土"的义务，化为实际行动就是"守土保民"或"保境安民"。"守土"是各地土司的主要义务，从土司家族谱牒可见，他们无论是给皇上的奏折还是宗支图谱，都十分注重强调他们是"守土者"，这在《白山司志》《冉氏族谱》中不乏相关词语。如酉阳冉氏土司冉维屏夫人杨氏曾经以"守土责重，治民事繁。优柔靡断，则奸宄生，凉薄寡恩，则亲戚叛"等谆谆训诫其子冉跃龙（后承袭酉阳宣慰司职），可见，土司将"守土"作为自己的主要职责。当然，其缘由也在于元明清中央王朝对土司的约束与规定，这在当时的中央王朝的敕书中体现得尤为充分。《酉阳直隶州总志》开篇有明代成化元年（1465）六月二十三日一则敕书，其内容为：

> 皇帝敕谕：四川酉阳宣抚冉廷辅，近者四川叙州府戎县山都掌各处蛮人，勾引九姓长官管下土獠，四散出劫，甚为民患。朝廷已敕四川、贵州二处镇守总兵等官调官兵剿捕，必得土兵兼用，事乃克济。念尔素效勤能，多有成绩，今特起调尔处土兵前往彼处，协助杀贼。敕至，尔即调选照数土兵，整理器械，什物齐备，委的当头目管领，尔仍亲率前赴军前听调杀贼。若攻破贼巢，所得财物，俱听尔等收用。功成之日，仍加升赏，切不可软弱土兵凑数搪塞，亦不可托故不行亲率前去。尔尚勉思，输忠效劳，为国为民，以副朕奖劳之意。今特赐尔银十两、彩缎二表里，尔可收领。钦哉。故敕。②

---

① （清）张廷玉：《明史》，中华书局1974年版，第1876页。
② （清）冯世瀛：《酉阳直隶州总志》，巴蜀书社2009年版，第4页。

这则敕书明确地告诫酉阳冉氏土司，除了要履行"恪修贡职，勤奉征调"的义务之外，还必须"输忠效劳，为国为民"。

如果说内地土司的主要职责是"保境安民"，那么，沿边土司则有保卫国家疆土不至于被外国侵犯和占有的职责。在《滇南界务陈牍》之《照译车里宣慰司缅文禀》中表明车里宣慰司"谨守疆土"的拳拳忠顺之心，殷殷爱国之情，其禀文如下：

  世袭车里宣慰司刀承恩，率四大叭目暨十二版纳土弁等禀于厅宪陈大老爷阁前。缘土职荷蒙王恩深重，赏准承袭。自奉职以来，均体自己之职守，饬令各猛土弁小心保护各猛边界，不许外匪窜入滋扰地方。至猛腊、猛万、猛拿界连南掌、暹罗等属地，近猛拿土弁接获整欠叭目来信内云：二月间整欠司备礼专叭细提碗拉等前往猛南祭奠，其官事毕，于六月二十日转回到署，面称暹罗国王有公文行知猛南官，内开光绪十九年六、七、八、九月间法国洋人要进兵占据车里十二版纳地。因法皇与天朝皇上两国联为亲谊，世相和好，法国问讨十二版纳归法，天朝已经许口答应，是以六、七、八、九月间要来驻守十二版纳。此传系整欠专知猛拿土弁文内情节，该土弁当于七月初五日将欠目缅文持报到司。土职伏思此情正如俗语所说"鸟鼠鸣吉兆，獐麂叫不祥"。是以具禀思茅厅宪、普洱府道宪、省城督抚大宪查核。至洋人要来占据车里十二版纳，朝廷钱粮地土，我皇上可果许给与他否？如果许给，土职等一切情形已想得明晰。所以目今土职等齐同筹商，车里十二版纳归属中国版图，自顺治十八年至今光绪，已历九代圣主，每遇碍难遵办事件，具禀邀求均恩施格外，万民沾感大德。而今要给与洋人管束，犹如继父新来抵亲父，安置何事，做儿子的全不知晓。据商人贸易至缅都者言，洋人所占之地，就果树一项，每棵也取一文洋钱，刻薄万分，要如同皇上爱惜赤子，官民同乐，百姓受福无量，就不大能矣。我等食皇上水土，三天、五天，可以时常往来相会。至往法国路程，是从江口通出大海，由彼处到我境上，要十六个月水程；若由旱路，并无人烟，是以才把水来做路。我等如何归得洋人？归得洋人，纵有碍难事情求他，他也必不肯听可。大家齐同具禀于厅主各大宪前，如果将车里十二版纳给与洋人，祈请赏赐札谕饬知。各土弁等齐声同求，土职将情禀请厅宪，恳请转禀各大宪查核；如不赶紧赏示，诚恐不过八、九月时，洋人便来占领车里十二版纳地面。地方被他占去坐住，以后请勿怪责土职等众也。该洋人不畏风雨，以水为路，何日到来，已不可知。恳请速为转禀，在土职等本不愿离本乡故土归服他人。如上宪不派兵来边界弹压挡御，即南掌之地亦多丢去。南掌系我皇上疆土贡象之地，今十八年来已届敬贡之期，莫非皇上就要失此贡地不成？土职等实不愿从洋人，是要照旧归顺做皇上百姓，如九、十月间洋人上来，定要开放枪炮同他对战。恳请上宪星速示之。为此具禀。

计呈整欠司专致罗琢官暨叭目专致猛拿缅文各一扣。①

翻检历史文献可知，我国元明清时期的沿边土司主要存在于云南、广西及毗邻今缅甸、老挝、泰国、越南四国边境线内外计344家，其中有27家土司的领地已被划归（永平寨巡检司土巡检韦氏、猛梭寨土寨长刀氏、猛赖寨土寨长刀氏、猛蚌寨土寨长刀氏在今越南境内；木邦军民宣慰使司罕氏、孟养军民宣慰使司思氏、孟养长官司思氏、缅中军民宣慰司卜氏、缅甸军民宣慰司那氏、缅甸军民宣慰司莽氏、大古剌军民宣慰司、底马撒军民宣慰司、底兀撒宣慰司、孟密宣抚使司思氏、孟艮府土知府刀氏、蛮莫安抚司思氏、里麻长官司刀氏、东倘长官司新氏、茨竹寨土把总左氏以及小古剌长官司、底板长官司、勐伦长官司、八家塔长官司、麻沙长官司、沙勒长官司等在今缅甸境内；八百大甸军民宣慰使司刀氏在今泰国境内；老挝军民宣慰使司刀氏在今老挝境内），317家土司的领地仍在我国版图之内（广西境内59家土司，云南境内258家土司）。这与沿边土司是否认同王朝国家、元明清中央王朝处理沿边土司是否得当密切相关。绝大多数沿边土司受中华文化内聚力影响"内附"中国，可见，沿边土司"为朝廷藩篱，边外有事，即须调练防堵，而本境地方夷民人等，遇有为匪不法，重则送州县本

---

① （清）黄诚沅：《滇南界务陈牍》之《照译车里宣慰司缅文禀》，参见古永继《云南15种特有民族古代史料汇编（上）》，云南大学出版社2019年版，第290页。

管官究办，轻则自行惩处"①，一定程度上起到了"使夷民安业，地方安静"的作用。

据《南甸司刀龚氏世系宗谱》载，明正统十年（1445），兵部侍郎杨宁、侯琎筑腾冲城，征集今云南保山市、德宏州各土司助饷，南甸宣抚司刀乐硬遂与南甸宣抚司管源、干崖宣抚司刀怕便、干崖把文进管佐、陇川宣抚司多兴福、腾冲指挥使司管俊于同年三月十五日盟誓，其内容为：

> 以管、谢、刘、杨四姓从征有功，命同理司政，每姓给田二百箩……复以边境不靖，必需连防，遂约同三宣首长会于司属猛练寺后，歃血为盟，立誓词曰：盖闻连盟本义，颜真卿抱额吹血洒泪兴师，晋温峤勤王之略，况当离乱，誓言宜申。今属邻封，唇齿尤切，拨乱而返治，努力以同心，慨我各姓，自遭叛缅，或受其蹂躏，或经其夹持，莫不痛心疾首，共切誓仇，纠合同属。而城池未复，祸乱依然，惟恐结盟之生，莫收涣散之心，爰聚同人，重申旧约之好，一司有警，各司赴援，近则御城以冲锋，远则行途而截敌，捍患分灾，扶危救困，不待告急之文，不争报酬之礼，闻风即至，退后在革除之科，争先受优劳之礼，从此连众志以成城，进可攻而退可守，依辅车以为固，修地利兼修人和，不但保卫疆宇之永安、带砺之铭，或克服城垣，稍展屏藩之职，刑牲歃血，贻誓神明，垂训子孙，永守勿替，有逾此盟，神天鉴察，所愿一体相连，浑如手足，千金不易，照若日月毫光，无畛域之分，互为犄角之势，庶莫苞桑于磐石，而挽乱世于升平也。谨将规条列于后：
>
> 一、议义定盟之后，击贼上报国恩，下安民社，不准私通降贼，如有背盟私通贼匪及暗降者，消息泄露，四姓合共征伐，并奏闻。
>
> 一、各司设有警报，互相救援，以先到为首功，随后为次功，功之大小，众议酬劳，轻则酬以物，重则酬以村寨，不容偏袒。

---

① （清）胡启荣等辑：《滇事杂档》，《临安府任办理思陀土司卷（道光二十五六）》之"思陀司土舍李绍先禀"官府于十二月初三日"批"语，道光十三年至道光二十七年（1833—1847）抄本。

一、凡有兵革警报，各司即刻发兵，若有按兵不动，推诿观望而后至，以及见势不好先行退走，或阳奉阴违打仗不尽其力，只图虚张声名，与夫纵兵抄掠，乘乱渔利者，众议处治，轻则罚子药，重则罚其村寨以充赏，不得徇庇。

一、连结之后，各司祸福与共，休戚相关，不得各夹私见，趋利避害，不惟外侮同御，内事相安，倘有谋叛、反逆、藐法、欺官，勿论族、目、军、民，同心缉挐诛殄，不准收留坐视徇情。

一、乱亟之秋，人心风俗愈趋愈下，往往恃占人众，把持公件，抗勒银钱，如此倡乱奸民，理宜诛戮，倘一司力有未逮，各司助之，以儆后效，庶可剪刁风而除恶习。

一、自寻盟之后，各宜修和睦邻、息争讼斗殴，即有些微小怨，一切婚姻、田土，同商筹办，不得擅启兵端，败盟构衅，倘以大欺小、恃强凌弱，众议处罚。

以上规条开列分明，惟望金石同心，终始不二，一司之幸，各司之幸也。为此缮立盟书四张，各执一张，以贻子孙，永远共遵守勿替焉，可也。①

这是不同土司群体在面对外敌入侵之时同心协力、扶危救困，以"保卫疆宇之永安"的共同盟誓。从明代到民国时期，在面对英国入侵和抗日战争的形势下，傣族土司不畏强暴，守望相助，谨遵盟誓，共同御敌，为保卫中缅边境的大片领土作出了杰出的贡献。②

（二）按期朝贡

土司按期朝贡，是元明清中央王朝制度设计的具体体现。土司按期朝贡制度源于元代，完善于明代，衰微于清代。它既是中央王朝与各地交往的主要途径，也是以儒家思想为核心的中原文化对土司地区传播的重要媒介。元明清时期各地土司用朝贡的方式一直与中央王朝保持着密

---

① 德宏州史志办公室：《德宏历史资料·土司山官卷》，德宏民族出版社2012年版，第360—361页。

② 李良品：《地方行为与边疆治理：云南沿边土司盟誓研究》，《云南民族大学学报》（哲学社会科学版）2019年第3期。

切的互动联系，地方土司对中央王朝的按期朝贡，象征着土司对中央王朝统治、对儒家文化、对王朝国家的高度认同。元明清时期各地土司的积极朝贡既是一种政治行为，又是一种经济行为。中央王朝通过土司定期或不定期到京朝贡的方式，一方面是联络感情，了解各地土司的动向，考察土司对当地的治理情况及是否认同和效忠朝廷；另一方面，也从土司的进贡物品中，满足了中央王朝的物质需求。土司进京朝贡，表达了各地土司对中央王朝的效忠以及对明清统治者的认同，保持与中央王朝的密切联系，适时掌握王朝的政策变化，为争取中央王朝的政策倾斜抓住机遇，这从客观上促进了各地乡村社会的和谐稳定与经济发展。

关于元明清时期各地土司朝贡的问题，有几点值得注意：

1. 朝贡时间

这里分两种情况：

一是例贡。即各地土司的朝贡或一年一贡，或三年一贡，或五年一贡，一般为三年一贡。据《明会典》卷一百八《朝贡四》"土官"条载："湖广、广西、四川、云南、贵州腹里土官，遇三年朝觐，差人进贡一次。俱本布政司给文起送，限本年十二月终到京。庆贺限圣节以前。"① 三年一贡的惯例，早在明初确立。《明史》卷三百一十一载："洪武六年，天全六番招讨使高英遣子敬严等来朝，贡方物。……每三岁入贡。"②《明史》卷三百一十二载："（洪武）八年，（播州宣慰使杨）铿遣其弟来贡，赐衣币。自是，每三岁一入贡。"③ 这种"三年一贡"的规定，一方面体现了中央王朝对土司的关怀，减少他们来回奔波的频率；另一方面，是想通过"三年一贡"的规定，将土司牢固地纳入明朝政权体系中，从而防止土司不来归附的情况发生。清朝时，各地土司依然是"三年一贡"。《钦定大清会典事例》卷一百六十五"土司贡赋"条载：康熙五十一年覆准，四川化林协属各土司，三年一次贡马，照例折价交收。……雍正十二年覆准，四川阿胪等六枝夷民，拨归四川建昌镇管辖，照例三年一贡。

---

① （明）申时行等修：《明会典》，中华书局1989年版，第583页。
② （清）张廷玉：《明史》卷311，中华书局1974年版，第8031页。
③ （清）张廷玉：《明史》卷311，中华书局1974年版，第8040页。

乾隆二年谕，……至广西土司，每三年贡马一次，亦系折价十二两，所当一体加恩，使土司均沾惠泽，着照四川折价之例。①

二是不定期朝贡。这类朝贡具有谢恩和谢罪性质。据《明会典》卷一百八《朝贡四》"土官"条有"谢恩无常期。贡物不等"②之说。也就是说，中央政府除了规定各地土司"三年一贡"之外，还可以通过皇帝大寿、朝廷庆典、土司承袭、土司子弟入学等时机，要求土司朝贡，并与土司保持密切的联系。对于这类朝贡，没有具体的时间规定，至于庆贺，明廷规定只要不错过庆贺的日子即可。如四川播州杨氏土司："洪武二十三年（1390）五月，播州宣慰使司并所属宣抚司官各遣其子来朝，请入太学。"③ 宣德六年（1431）二月，播州宣慰使杨升遣副长官陈恕进马及方物，庆贺皇帝的生日，作为朝贡使者的陈恕还得到了朝贡赏赐的钞、彩币表里，金织袭衣。④ 此次朝贡，是杨升派人祝贺皇帝生日，距播州土司上次朝贡的时间（1430）仅一年左右。宣德八年（1433）二月，播州宣慰使杨升遣副使杨昌建等进京贡马，朝廷赐播州宣慰司土官副使杨昌建等钞、彩币、绢、布及金织袭衣。⑤ 此次朝贡距上次朝贡（1432）也是时隔一年。播州杨氏谢恩的朝贡也不乏其例，如：弘治六年（1493）正月，播州宣慰使司遣头目把事等谢恩庆贺，进贡马匹，赐彩缎、钞锭有差。⑥ 这次朝贡是谢恩及庆贺兼而有之，距上次（1492）也不到一年时间。在土司时期，如果土司违犯法律，中央王朝必然会对其依法进行惩处，但是惩罚的力度还是会视情况而定。有时，土司为了减少中央王朝对自己的惩罚，会主动派遣使者赴京朝贡，进献礼品，表达悔过之意，请求中央王朝对其宽恕，这种朝贡属于赎罪性朝贡。如万历二十四年（1596）紫禁城三殿遭灾，时值杨应龙有罪当斩，杨应龙与其子杨朝栋便献大木40根，遂免于死。⑦ 由于进献大木可以使土司赎免罪过，有罪之

---

① （清）昆冈等：《钦定大清会典事例》卷265"土司贡赋"条，中华书局1991年影印本。
② （明）申时行等修：《明会典》，中华书局1989年版，第583页。
③ 李国祥、杨昶主编：《明实录类纂（四川史料卷）》，武汉出版社1993年版，第739页。
④ 李国祥、杨昶主编：《明实录类纂（四川史料卷）》，武汉出版社1993年版，第783页。
⑤ 李国祥、杨昶主编：《明实录类纂（四川史料卷）》，武汉出版社1993年版，第790页。
⑥ 李国祥、杨昶主编：《明实录类纂（四川史料卷）》，武汉出版社1993年版，第868页。
⑦ 贵州通史编委会：《贵州通史》，当代中国出版社2003年版，第221页。

土司当然乐而为之。①

2. 朝贡物品

朝贡物品简称贡品。贡品是各地土司向中央王朝呈现的礼物，不仅能体现土司与中央王朝的和谐、互动关系，而且能让各地土司从朝贡中获取丰富的回赐，使自身的合法地位受到朝廷的认可。元明清时期各地土司往往将本地最好的土特产——方物当作贡品进献给朝廷。据《明会典》卷一百八"土官贡物"载：各地土司的主要贡物是：金银器皿、各色绒绵、各色布手巾、花藤席、降香、黄蜡、槟榔、马、象、犀角、孔雀尾、象牙、象钩、象鞍、象脚盘、蚺蛇胆、青红宝石、玉石、围帐、金绒索、珊瑚、氆氇、画佛、舍利、各色足力麻、各色铁力麻、各色氆氇、左髻、明盔、刀、毛缨、胡黄连、木香、茜草、海螺、毛衣等。② 当然，各地土司的贡品也不尽一致。据《广西通志》卷一百五十五载："洪武间，广西思明府贡消毒药五百三十四味，共三千八斤。内锦地罗一味重二斤，消食药十味，清毒药十八味重十九斤，大冲药一味重一斤，塞住药六味重四斤。"又岁以"零陵香进，费至二千金"。又贡"葛布二百匹"。又贡桂面、百合粉、葛仙米、龙脊茶、僮毯、龙须草席并衣包、肉桂、三七、千年健、金果榄、丁香、乳香、沉香、犀角、片脑、活鹿、翠毛、翎毛等。又田州、思州、南丹、忠州等十四州，罗白一县，迁隆洞、湖润寨二土司，每年贡马共六十一匹，折等银六百三十三两有奇。③ 可见，各地土司的贡品主要根据当地出产情况而定。

3. 朝贡人数

从明朝对各地土司朝贡人数的规定变化看，经历了从宽松到紧缩的过程。明初各地土司派遣朝贡人数很多。《明史》卷三百一十八载：洪武二十三年（1390），思明府土知府黄广平"遣思州知州黄志铭率属部，偕十五州土官"④入贡。《明史》卷三百一十载："嘉靖七年，容美宣抚司、

---

① 李良品：《明代西南地区土司进献大木研究》，《中南民族大学学报》（人文社会科学版）2008年第5期。

② （明）申时行等修：《明会典》，中华书局1989年版，第582—585页。

③ （清）谢启昆：《广西通志》卷164，嘉庆六年（1801）刻本。

④ （清）张廷玉：《明史》卷318，中华书局1974年版，第8234页。

龙潭安抚司每朝贡率领千人。"① 明代中期后，明廷严格限定了朝贡人数，控制朝贡的规模。据《明会典》卷一百八载："嘉靖七年议准，湖广土官袭授宣慰、宣抚、安抚职事者，差人庆贺，每司不许过三人。其三年朝觐，每司止许二人。大约各司共不过百人。起送到京者，不过二十人。余俱存留本布政司听赏。"② 这种紧缩朝贡人数的规定，能够大大降低朝廷因接待朝贡人员支出的成本，同时也使朝贡制度趋于规范。清朝时各地土司除部分珍奇物品需要土司赴京朝贡外，其余贡品，或以省集中解送，或将贡品折银。《大清会典事例》卷二百六十五载，乾隆二年谕："向来四川土司，旧有贡马之例，其不贡本色而交折价者，则每匹纳银十二两。朕因四川驿马之例，每匹止给银八两，独土司折价较多，蛮民未免烦费。比降谕旨，将土司贡马折价，照驿马之数，裁减四两，定为八两，以示优恤。至广西土司，每三年贡马一次，亦系折价十二两，所当一体加恩，使土司均沾惠泽，著照四川折价之例，每马一匹，减银四两，定为八两。永著为令。"③ 这些改变，一是减轻了各地土司进京朝贡的负担，二是免去了中央政府大量的回赐开支与礼仪费用。这是一项双向互利的改革。

4. 朝廷赏赐

元明清中央王朝为了笼络各地效忠皇帝的土司，对朝贡的土司都会给予赏赐。朝贡赏赐一般根据贡品多寡、价值高低等规定了的赏赐原则。明代中央王朝对土司朝贡有回赐的规定，据《明会典》卷一百一十三载：

> 云南徼外土官，进到象马金银器皿宝石等件，例不给价。其赐例各不同：车里，给赐宣慰使锦二缎、纻丝纱罗各四匹。妻，纻丝罗各三匹。差来头目，每人纻丝纱罗各四匹，折钞绢二匹，布一匹。通事，每人彩缎一表里，折钞绢一匹。俱与罗衣一套。象奴从人，每

---

① （清）张廷玉：《明史》卷310，中华书局1974年版，第7989页。
② （明）申时行等修：《明会典》，中华书局1989年版，第585页。
③ （清）昆冈等：《钦定大清会典事例》卷265"土司贡赋"条，中华书局1991年影印本。

人折钞绵布一匹、绢衣一套，俱与靴袜各一双。木邦，给赐宣慰使锦二缎、纻丝纱罗各三匹。妻，纻丝罗各二匹……孟密，给赐女土官及其子安抚，俱纻丝纱罗各三匹。安抚妻，纻丝罗各二匹。差来头目，陶孟、招刚、通事、象奴从人，赏例与木邦同……。湖广、广西、四川、云南、贵州，腹里土官，朝觐进到方物及中途倒死马匹，例不给价。到京马匹，每匹赐钞一百锭。其赐各不同：凡三品、四品，回赐钞一百锭，彩段三表里（惟播州、贵州二宣慰使，赐锦二段，彩段六表里）。五品钞八十锭，彩段三表里。六品、七品钞六十锭，彩段二表里。八品九品钞五十锭，彩段一表里。杂职衙门并头目人等自进马匹方物，钞四十锭，彩段一表里。……嘉靖元年（1522）奏准，朝觐到京，以马数多寡为差，进马一二匹者，准一人作差来名色，赏钞二十锭，彩段一表里，三、四匹者作二人，五六匹者作三人，彩段钞锭，照数递加。（嘉靖）二年（1523）题准，若所差系土官弟侄儿男进马四匹以上，与方物重者，照旧例，以衙门品级高下为差。其马少物轻者，照杂职例。若所差系通把头目人等，照新例，以马数方物多寡为差。①

根据上面的记载，这里应注意几点：一是中央王朝回赐给土司的物品主要有钞锭、彩币、文绮、纻丝、缎绢、袭衣等。名目虽然繁多，实则货币、丝麻等纺织品、衣物三大类。二是中央王朝回赐物品与贡品价格成正比。即土官进贡的物品越多、品质越好，得到的回赐就越多。三是根据朝贡官员的品级高低，其回赐有差别。如"凡三品、四品，回赐钞一百锭，彩段三表里（惟播州、贵州二宣慰使，赐锦二段，彩段六表里）。五品钞八十锭，彩段三表里。六品、七品钞六十锭，彩段二表里。八品九品钞五十锭，彩段一表里"②。四是对各地恭顺的土司，其回赐格外优厚，如《明史》卷三百一十六载：洪武十七年（1384），奢香率所属来朝，"愿效力开西鄙，世世保境。帝悦，赐香锦绮、珠翠、如意冠、金环、袭衣"。其后，奢香子安的袭职，帝曰："安的居水

---

① （明）申时行等修：《明会典》，中华书局1989年版，第597—598页。
② （明）申时行等修：《明会典》，中华书局1989年版，第598页。

西，最为诚恪。"① 明王朝一直采用优厚赏赐来笼络各地土司。

元明清时期，各地土司向中央王朝进贡地方特产，不仅是土司制度的重要内容，也是元明清中央王朝构建和完善国家治理体系和治理能力的重要举措，属于国家与土司间的"官方贸易"，是朝贡人员难得的"政治游历"，它体现了各地土司的国家认同、政治归附和地方臣服。元明清时期各地土司的朝贡，促进了民族间的交往交流交融，其成功经验和历史规律对新时代促进各民族交往交流交融和民族团结进步，强化中华民族、中华文化和中国特色社会主义道路等认同有借鉴和启示作用。

（三）服从征调

元明清时期各地土司必须服从封建中央王朝的征调，这是中央王朝要求各地土司必须履行的一种义务，任何土司不得违抗。军事征调政策本质上是封建王朝"以夷制夷""以蛮制蛮"政策的重要组成部分。应该说，供朝廷征调是元明清时期土司土兵最重要的活动。关于这个问题笔者将在第五章第三节"土兵征调制度"中从"土司征调的原因""土司征调的特点"和"土司征调的影响"三个方面作具体阐述。

第三节 土司制度的特点

尤中先生曾经指出："土司制度是中国历代封建王朝在多民族而发展不平衡的西南少数民族地区采取的一种民族政策。它最基本的特征是：封建中央统治阶级在政治上利用各少数民族中旧有的贵族分子进行统治；经济上让原来的生产方式继续保留而通过当地贵族分子进行贡纳的征收。"② 这就是实施六百年左右的土司制度的本质。元明清中央王朝实施的土司制度，作为那个特定时代的产物，无疑是中央政府从封建"大一统"出发对西南、中南和西北少数民族和少数民族地区加强管控而采取的"权宜之计"。在土司制度实施的过程中，无疑具有时代特点。

---

① （清）张廷玉：《明史》卷316，中华书局1974年版，第8169页。
② 尤中：《中国西南民族史》，云南人民出版社1985年版，第366页。

一 地域的广泛性

元明清时期，土司制度实施的地域范围主要在我国西南、中南和西北地区，行政区域包括今四川西北和川南、重庆市东南部、云南大部、贵州大部、湖北西部、湖南西部、广西大部、甘肃南部、青海大部、西藏昌都地区、广东和海南部分地区。元明清中央王朝在上述地区推行土司制度，其主要目的在于使各地土司代表中央政府对这些民族地区以及这些地区的少数民族实行间接统治。元明清时期土司制度实施的范围十分广泛，但也不尽相同。对于这个问题，《中国土司学导论》第六章之第二节"土司地理分布"①有过一些探讨。了解土司制度实施的地域范围，有助于理解元明清中央政府"因地制宜"政策的推行。

（一）元代土司制度的实施地域

有元一代，由于疆域过大，各行省辖境十分辽阔，中央王朝在离"行省"首府偏远的民族地区以及边境地区设置了"宣慰司""安抚司""宣抚司"等土司机构。这些土司机构是介于"行省"与"路、府、州"之间，主要起着上传下达的作用。因此，《元史·百官志七》云："宣慰司，掌军民之务，分道以总郡县，行省有政令则布于下，郡县有请则为达于省，有边陲军旅之事，则兼都元帅府，其次则止为元帅府。其在远服，又有招讨、安抚、宣抚等使。"有时，宣慰司、招讨司、安抚司、宣抚司等官府，还可以代表"行省"单独处理军政事务。②有元一代，我国西南地区已普遍实施了土司制度，正如《黔南职方纪略》卷七所载："元代土官有总管、宣抚司、安抚司、长官司、土府、土州、土县凡七等。其在顺元宣慰司者，有总管一、安抚使十三、土府六、土州三十七、土县十二、长官司二百七十二。又有乌撒乌蒙宣慰及播州沿边溪洞宣慰，皆在今贵州境。"③现根据多种文献资料整理出元代南方各省实施土司制度地域一览（见表4-2）。

---

① 李良品：《中国土司学导论》，中国社会科学出版社2018年版，第247—263页。
② 安介生：《历史民族地理》（下），山东教育出版社2007年版，第652页。
③ （清）罗绕典：《黔南职方纪略》卷七《土司》序，道光二十七年（1847）罗氏家刻本，第二册，第1页。

表 4-2　　　　　　元代南方各省实施土司制度地域一览

省份	职衔									
	土知府	土知州	土知县	宣慰司	宣抚司	安抚司	长官司	蛮夷长官司	其他	合计
湖广	0	7	0	5	7	19	11	2	8	59
四川	0	0	0	2	6	0	10	1	6	25
云南	0	2	0	4	6	2	0	0	11	25
贵州	2	0	0	3	0	17	197	140	46	405
广西	0	60	20	0	0	0	0	0	3	83
合计	2	69	20	14	19	38	218	143	74	597
说明	1. 表中"其他"类型的土司主要包括除元代设置的"土知府、土知州、土知县、宣慰司、宣抚司、安抚司、长官司、蛮夷长官司"等职衔以外的各级各类土司；2. 由于元代时贵州尚未建省，其各种资料是根据相关文献整理出来的。									

数据来源：1.（明）宋濂：《元史》卷61《地理志》，上海古籍出版社，二十五史本，1986年版；2.（明）刘大漠、杨慎：《嘉靖四川总志》卷14、15《土司》，北京图书馆古籍珍本；3.（明）刘文征：《滇志》卷30《羁縻志》，云南教育出版社，古永继点校本，1991年版；4.（明）彭泽修等：《广西通志》卷31、32，台湾学生书局，万历二十七年（1599）刊刻本，1986年版；5.（清）张廷玉：《明史·土司志》，上海古籍出版社 1986年版；6.（清）常明：《四川通志》卷96—98《土司》，巴蜀书社，1986年版；7.（清）郝浴等：《广西通志》卷31，康熙二十二年（1683）刻本。

从表4-2可见，元代中央王朝在西南、中南少数民族聚居地区已基本上实施了"皆设土官管辖"的民族政策。元代虽然属于土司制度的草创时期，但设置区域以及职官名称（如宣慰司、安抚司及招讨司等）一直沿用下来，且成为土司职官的专用名称，为明代土司制度的丰富完善奠定了坚实的基础。

（二）明代土司制度的实施地域

明代在南方不仅继续施行土司制度，而且还完善了土司制度。《明史》卷七十六《职官五》载："洪武七年，西南诸蛮夷朝贡，多因元官授之，稍与约束，定征徭差发之法。渐为宣慰司者十一，为招讨司者一，为宣抚司者十，为安抚司者十九，为长官司者百七十有三。其府州县正贰属官，或土或流，大率宣慰等司经历皆流官，府州县佐贰多流官。皆因其俗，使之附辑诸蛮，谨守疆土，修职贡，供征调，无相携贰。有相仇者，疏上听命于天子。又有番夷都指挥使司三，卫指挥使司三百八十五，宣慰司三，招讨司六，万户府四，千户所四十一，站七，地面七，寨一。"① 如果按照这个数字计算，明代土司就是571家。但笔者综合多种统计，除甘肃、西藏之外，就有584家。如表4－3所示。

表4－3　　明代西南地区各省实施土司制度地域一览

省份	职衔									合计
	土知府	土知州	土知县	宣慰司	宣抚司	安抚司	长官司	蛮夷长官司	其他	
湖广	0	6	0	6	5	7	28	3	0	55
四川	1	0	0	1	4	8	46	0	24	84
云南	13	28	5	4	4	9	45	0	91	199
贵州	3	1	1	3	0	8	112	25	27	180
广西	4	44	11	0	0	0	5	0	2	66
合计	21	79	17	14	13	32	236	28	144	584
说明	表中"其他"类型的土司主要包括除明代设置的土知府、土知州、土知县、宣慰司、宣抚司、安抚司、长官司、蛮夷长官司等职衔以外的各级各类土司。									

数据来源：1. （明）刘大漠、杨慎：《嘉靖四川总志》卷14、15《土司》，北京图书馆古籍珍本；2. （明）刘文征：《滇志》卷30《羁縻志》，古永继点校本，云南教育出版社1991年版；3. （明）彭泽修等：《广西通志》卷31、32，万历二十七年（1599）刊刻本，中国台湾学生书局1986年版；4. （清）张廷玉：《明史》卷311《四川土司》、卷40—46《地理志》，上海古籍出版社1986年版；5. （清）常明：《四川通志》卷96—98《土司》，巴蜀书社1986年版；6. 龚荫：《中国土司制度史》，四川人民出版社2012年版。

明代的广西、云南、贵州三省是当时西南地区少数民族人口最为集中之地，因此，中央王朝只有在这些地方继续实施土司制度。

（三）清代土司制度的实施地域

清初至雍正年间，中央王朝沿袭元明两朝的土司制度。有学者统计，清代土司总数与实施地域情况为："清代鸦片战争前曾经存在的土司，大约有八百多个。其分布区域，主要是湖广、云南、贵州、广西、四川和

---

① （清）张廷玉：《明史》，中华书局1974年版，第1876页。

甘肃，青海和西藏也有少数土百户、百长等。"① 可见，清代在各地推行土司制度的过程中，不仅进一步完善了土司制度，而且在雍正年间实施了大规模的改土归流。乾隆朝又在黔东南、川西等原土司地区实施改土归屯举措，这就使原来在西南地区实力较强、级别较高、管辖面积较大的土司不复存在。《清史稿·土司传》对湖广、四川、云南、贵州、广西、甘肃等地的土司建置与分布均有翔实的记载。笔者对清代全国各省实施土司制度地域一览（详见表4-4）。

表4-4　　　　　　　　清代全国各省实施土司制度地域一览

省份	职衔									
	土知府	土知州	土知县	宣慰司	宣抚司	安抚司	长官司	蛮夷长官司	其他	合计
湖广	0	3	0	3	0	7	24	1	5	43
四川	0	0	0	5	6	17	40	0	365	433
云南	2	4	1	0	1	0	7	0	46	61
贵州	0	0	0	1	0	0	111	1	103	216
广西	2	32	7	0	0	0	13	0	18	72
甘肃	0	0	0	0	0	0	0	0	27	27
青海	0	0	0	0	0	0	0	0	304	304
合计	4	39	8	9	7	24	195	2	868	1156
说明	表中"其他"类型的土司主要包括除清代设置的土知府、土知州、土知县、宣慰司、宣抚司、安抚司、长官司、蛮夷长官司等职衔以外的各级各类土司。									

数据来源：1.（清）常明：《四川通志》卷96—98《土司》，巴蜀书社1986年版；2.（清）郝浴等：《广西通志》卷31，康熙二十二年（1683）刻本；3.（清）卞宝第、李瀚章：《湖南通志》卷85《武备志八·废土司》，续修四库全书编委会：《续修四库全书》第661册《史部地理类》，光绪刻本，上海古籍出版社；4.（民国）赵尔巽：《清史稿》卷512—516《土司传》，上海古籍出版社二十五史本1986年版；5.龚荫：《中国土司制度史》，四川人民出版社2012年版。

---

① 张捷夫：《清代土司制度》，参见《清史论丛》第三辑，中华书局1982年版，第188—202页。

如果说明代是被动实施改土归流，那么，清代则是主动和有所作为的改土归流。可以说，清代自始至终将改土归流、实现"天下一统"作为一项基本国策在推行。经过清代的改土归流，土司制度在全国范围内已接近了历史的终点。① 有专家做过统计，清代雍正年间大规模改土归流前全国有土司1156家，到清光绪时期，尚存637家。② 随着清王朝的灭亡，土司制度也寿终正寝。到民国时期，土司制度已经不存在，但土司残存仍在继续。

总的来讲，元明清时期实行土司制度的地域十分宽广，包括现今的云南、贵州、四川、重庆、广西、广东、海南、湖南、湖北、甘肃、青海、西藏等省市区。据明代沈德符所著《万历野获编》补遗四"土教官"条载："土官之设，惟云、贵、川、湖及广西，而广东琼州府，亦间有抚黎之土县佐。若内地则绝无，惟江西赣州府、安远县、信丰县、会昌县内四巡司，各置流官一员，土副巡检一员，以土人李梅五等为之，亦宣德间事，从巡抚侍郎赵新之言也。又成弘间，赣州之龙南县又设土官主簿一员，则不忆何年间，容再考。成化间，广东琼州府感恩县有土官知县姜鉴。"③ 由于土司都是由元明清中央王朝册封的地方统治者，所以土司制度实施地域也十分复杂。但必须指出的是，实施土司制度的空间范围，基本上以《明史》和《清史稿》所列"土司传"为准。《明史·土司传》地域范围为湖广（今湖南、湖北）、四川（今四川、重庆）、云南（包括今云南省及缅甸、老挝北部）、贵州（今贵州省）、广西（包括今广西、广东、海南）。《清史稿·土司传》地域范围为四川、云南、贵州、广西四省再加上甘肃、青海和西藏。

二 民族的多样性

笔者曾经指出，元明清时期我国土司的地域分布的最大特征就是以岷江以西的大渡河、大娄山为纵向轴线，以及岷江汇入长江后的叙州府一直到宜昌以南，呈半月形的地理分布，这一半月形以西的土司分布最

---

① 胡耐安：《明清两代土司》，存萃学社编集《清史论丛》第六集，香港大东图书公司1980年版，第145页。
② 郭松义、李新达：《中国政治制度通史》，人民出版社1996年版，第289—291页。
③ （明）沈德符著：《万历野获编》补遗四《土司》，中华书局1997年版，第933页。

为密集,半月形以南逐渐向东的,土司分布渐次稀疏,这与元明清时期及当今我国少数民族的地理分布具有重合性特征。① 这一客观事实体现了元明清中央政府实施土司制度的民族多样性问题。成臻铭教授《群在时空之间:论明代土司的民族族系分布特点》是我国目前唯一研究土司制度实施地域的成果,具有开先河的学术价值,并且认为在我国实施土司制度的民族有 29 个之多。② 但该文仅对明代土司制度实施的族属、时间和空间分布做了一些基本分析和族系的断代清理,但没有指出土司制度实施的地域与当今民族构成之间的关系。翻检史籍我们就会发现,元明清时期四川土司,不仅分布在四川缘边地区,而且土司的民族构成与今也基本相同。川西北松、茂一带的土司以"西番"为主,即现在的藏族先民;川西南的乌蒙、东川、乌撒、镇雄四府土司以罗罗为主,即当今的彝族先民;南部永宁、播州一带的土司以土僚或苗、仲,也就是现在布依族和苗族的先民;分布在川东南的石砫、酉阳和秀山等土司,则是土家族的先民。元明清时期云南的土司分布全省,分布在滇西北的土司主要是当今的藏族、纳西族,分布在滇西的土司主要是当今的藏族、彝族,分布在滇西南的土司主要是当今的傣族、佤族和景颇族;分布在滇南的土司主要是当今的傣族、景颇族和哈尼族,分布在滇东南的土司主要是当今的苗族、壮族和哈尼族。由此可见,时至今日,元明清时期施行土司制度的这些区域,不仅仍然是我国当今少数民族聚居和杂居地区,而且土司的民族成分与现在的民族成分也基本相同。从民族的角度看,土家族土司主要分布在湘鄂渝黔交界的武陵山区,彝族土司主要分布在川黔滇三省交界区域,藏族土司主要分布在甘青川三省交界地区,这些土司处在临界、沿边的边缘地带,远离中央王朝在当地设置的省级中心区。明清及民国时期的壮族、傣族、布朗族、哈尼族和景颇族土司分布在今云南、广西两省边境,成为沿边土司,当帝国实力强大之时,他们就"内附"中央王朝,处于帝国版图之内;当帝国实力衰弱之时,他们就"外奔"其他王朝,处于帝国版图之外。如《明史·地理七》在阐释

---

① 李良品:《中国土司学导论》,中国社会科学出版社 2018 年版,第 253 页。
② 成臻铭:《群在时空之间:论明代土司的民族族系分布特点》,《青海民族研究》2011 年第 1 期。

云南政区设置时说：云南前期"领府五十八，州七十五，县五十五，蛮部六。后领府十九，御夷府二，州四十，御夷州三，县三十，宣慰司八，宣抚司四，安抚司五，长官司三十三，御夷长官司二"①。前后悬殊之大，可见一斑。如历史文献记载的元明清云南边境的一些土司，当时在我国版图内，现已在缅甸等四国版图内（详见表4-5）。

表4-5　　　　　　　　元明清时期云南边境土司一览

土官名称及姓氏	治所地	设置时间
木邦军民司宣慰使罕氏	今缅甸腊戌新维	元至元二十六年（1289）
孟密司宣抚使思氏	今缅甸掸邦蒙米特	元至顺二年（1331）
八百大甸军民司宣慰使刀氏	今泰国清迈	明洪武二十一年（1388）
缅中军民司宣慰使卜氏	今缅甸中部阿瓦	明洪武二十七年（1394）
孟养军民司宣慰使思氏	今缅甸克钦邦孟养	明永乐二年（1404）
老挝军民司宣慰使刀氏	今老挝琅勃拉邦	明永乐元年（1403）
缅甸军民司宣慰使那氏	今缅甸中部阿瓦	明永乐二年（1404）
孟艮府土知府刀氏（来属土司）	今缅甸掸邦景栋	明永乐三年（1405）
大古剌军民宣慰司	今缅甸南部勃固	明永乐四年（1406）
底马撒军民宣慰司	今缅甸南部勃固东南毛淡棉	明永乐四年（1406）
茶山长官司早氏	今缅甸克钦邦恩梅开江畔明	永乐五年（1407）
里麻长官司刀氏	今缅甸克钦邦迈立开江畔	明永乐六年（1408）
底兀撒宣慰司	今缅甸南部勃固西北	明永乐二十二年（1424）
东倘长官司新氏（来属土司）	今缅甸掸邦境内	明宣德八年（1433）
蛮莫安抚司思氏	今缅甸克钦邦曼昌	明万历初年
孟养长官司思氏	今缅甸克钦邦孟养	明万历十三年（1585）
猛梭寨土寨长刀氏	今越南北部封土	清顺治九年（1652）
猛赖寨土寨长刀氏	今越南北部莱州境	清雍正四年（1726）
猛蚌寨土寨长刀氏	今越南北部孟崩境	清雍正四年（1726）
猛乌土把总召氏	今老挝北部	清雍正七年（1729）
乌得土把总刀氏	今老挝北部	清乾隆六年（1741）

注：根据龚荫《中国土司制度史》（四川人民出版社2012年版）下编有关土司纂要整理。

---

① （清）张廷玉：《明史》，中华书局1974年版，第1171页。

表 4-5 在空间上反映了元明清时期我国边地的外扩或内缩，实际上体现的是国家实力和多种力量在疆域上的角逐与较量。

三 内容的丰富性

元明清时期，西南、中南和西北少数民族地区实施的土司制度，其内容丰富多彩，具体体现在三个方面。

(一) 宏观土司制度

元明清时期的土司制度，从宏观方面看，主要涉及如下问题：土司制度形成的历史原因、特点与分期；土司制度的流变、运行与利弊；土司制度与其他类似制度的异同；元明清时期土司的地域分布、类型与变迁；土司制度的历史地位、作用与影响；土司制度下中央政府与地方土司的关系（认同、互动、博弈、冲突）；土司制度的制度规定、运行、效能；土司制度与国家治理的预期目标、治策设计与施行效果；土司制度与中华民族共同体和统一多民族国家形成的关系；元明清时期中央与地方土司、内地与边疆、汉族与少数民族的关系；改土归流的原因、历史进程与作用影响；土司制度与统一多民族国家的发展、土司制度与国家统一和边疆治理的关系；"多制行政"与元明清时期"国家治理"、中华民族共同体"形塑"研究；土司制度与中华民族共同体从"自在"走向"自觉"的历史进程研究。此外，土司制度的各项规定、流变、运行、利弊、国家治理效能等内容，也是十分重要的内容。

(二) 微观土司制度

土司制度中蕴含的职官制度、承袭制度、朝贡制度、赋税制度、土兵制度、法律制度、分袭制度、安插制度、教育制度、礼仪制度等内容，甚至还包括专项制度的具体规定、运行、嬗变、利弊及国家治理的效能等，其内容相当丰富。如土司职官制度就有职衔、官阶、授职、机构、衙署等内容；朝贡制度包括朝贡日期、物品、朝贡人数、回赐、纳赋、徭役等内容；土司征调制度至少包括组织体制、领导体制、兵役制度、训练制度、粮饷制度、征调制度等内容；土司奖惩制度包括升迁、奖励、惩罚、宽贷、抚恤、禁例等内容；土司教育制度包括土司子弟入国子监学习、土司办学、开科取士及学校礼仪等内容。特别是土司承袭制度，其内容十分丰富，如土司承袭的程序就包括委官体勘查核、取具宗支图本、地方官吏保结、督抚具题请袭、授予土司职位等内容，土司承袭的文书不仅有土司制作的相关文书、邻封土司的结状文书，还有中央王朝的各类文书；土司承袭的次序就包括父死子继、兄终弟及、母女袭职、妻婿承袭、叔侄相袭等九种袭职次序；元明清不同时期土司承袭的信物就有诰敕、冠带、符牌、印信、号纸等类型；土司承袭也有不少相关法规，如收缴前朝信物、规定承袭年龄、完善承袭手续、限制承袭时间、规定袭替禁例；此外，还有一些针对土司承袭过程中的变通、弊端等处置应对的办法。

（三）某种具体制度

元明清时期中央王朝对土司的治理有"因俗而治"政策，也就是准依本民族的习惯法来处理土司，即以金、马、牛、粟等赎罪。如明朝隆庆年间，水西土司安国亨、安信相仇杀，朝廷遣官议罪，安国亨当死，于是以三万五千金自赎。① 明朝通过奖惩制度管理彝族土司，目的是要土司治理好本辖区，定时缴纳赋役，维护地方稳定，不敢背叛朝廷。但是，元明清中央政府对犯罪土司仍然必须绳之以法，且十分具体。《大清律例》卷五《名例律下》之"徒流迁徙地方"条对土司犯罪迁徙地方的内容十分丰富完善，规定如下：

> 各省迁徙土司，若本犯身故，该管地方即行文原籍，该督抚将该犯家口应否回籍之处酌量奏闻，请旨定夺。其本犯身故无子及虽有子而幼小者，其妻子并许回籍，不在此例。

> 凡土司有犯徒罪以下者，仍照例遵行外，其改土为流之土司，本犯系斩、绞者，仍于各本省分别正法监候。其家口应迁于远省者，系云南迁往江宁，系贵州迁往山东，系广西迁往山西，系湖南迁往陕西，系四川迁往浙江，在于各该省城安插。如犯军、流罪者，其土司并家口应迁于近省安插。系云南、四川迁往江西，系贵州、广西迁往安庆，系湖南迁往河南，在于省城及驻扎提督地方分发安插。该地方文武各官不时稽查，毋许生事，扰民出境。如疏纵土司本犯及疏脱家口者，交部分别议处。其犯应迁之土司及伊家口，该督抚

---

① 张廷玉：《明史》，中华书局1974年版，第8010页。

确查人数多寡，每亲丁十口带奴婢四口，造具清册，一并移送安插之省，仍具册并取该地方官并无隐漏印结，咨报刑部。其安插地方每十口拨给官房五间，官地五十亩，俾得存养获所。官地照例输课。于每年封印前将安插人口及所给房产数目造册，送户部查核。①

可见，元明清中央王朝在实施土司制度时，吸纳了历代封建王朝对边疆民族地区统治的经验与措施，推行"威德兼施"治理之术，取得一定的治理效果。

四　制度的差异性

元明清中央政府在推行土司制度按照"因俗而治"的民族政策，在维护土司地区社会稳定、民族和谐的同时，又不妨碍民族文化的包容与共处，真正体现了土司制度的差异性。

（一）行政体制方面

元明清时期的边疆地区和民族地区，中央王朝一直实行册封少数民族头人管理土地和人民的土司制度，让这些少数民族头人的家族世袭统治所辖区域的民众。在具体推行过程中，元明清三朝的行政体制也是有差异的。

元代土官土司机构的设置有两类：一是在边疆少数民族地区的边境地区、通衢要道和军事要地，一般设置有宣慰司、宣抚司、安抚司、招讨司和长官司。设置在边远民族地区的宣慰司，常常是宣慰司兼都元帅府或管军万户府。《元史》卷九十一志第四十一上《百官七》有载："宣慰司，掌军民之务，分道以总郡县，行省有政令则布于下，郡县有请则为达于省。有边陲军旅之事，则兼都元帅府，其次则止为元帅府。其在远服，又有招讨、安抚、宣抚等使，品秩员数，各有差等。"② 二是在靠近内地或经济社会较发达的地区，则设置路总管府或军民总管府、土府、土州、土县等行政机构。这两种行政机构，均参用土酋为官，由中央王朝直接任命，对西南、中南民族地区的土司机构和土职官员具有一定的

---

① 张荣铮点校：《大清律例》，天津古籍出版社1993年版，第140—142页。
② （明）宋濂：《元史》，中华书局1976年版，第8册，第2308页。

约束力。

明代中央王朝管理土司事务的机构主要有吏部、兵部、礼部等。吏部管理土司的机构主要是验封司，《明史》载："掌封爵、袭荫、褒赠、吏算之事，以赞尚书。……土官则勘其应袭与否，移文选司注拟。"① 吏部管辖的军民府、土府、土州、土县，其设官情况与经制府州县相同。② 兵部管理土司的机构主要是武选司。"掌卫所、土官选授、升调、袭替、功赏之事。……凡土司之官九级，自从三品至从七品，皆无岁禄。其子弟、族属、妻女、若婿及甥之袭替，胥从其俗。"③ 兵部管辖的有宣慰、宣抚、安抚、长官诸司领士兵的土司。其中，宣慰司设有宣慰使、宣慰同知、宣慰副使、佥事、经历、都事等职；宣抚司设有宣抚使、宣抚同知、宣抚副使、佥事、经历、知事、照磨等职；安抚司设有安抚使、安抚同知、安抚副使、佥事、吏目等职；招讨司设有招讨使、副招讨、吏目等职；长官司设有长官、副长官、吏目等职。其他未入流的有蛮夷长官司，设有长官、副长官等职；另设有蛮夷官、苗民官及千夫长、副千夫长等官。④ 明代在地方设置的管理土司的机构，既有布政使司、府州县，又有都指挥使司、行都指挥使司、羁縻卫所。一般情况下，布政使司管理设置在民族聚居地区的军民府和土府、土州和土县等土官机构；都指挥使司和羁縻卫所管理设置在靠近内地的土府、土州和土县等土官机构以及边疆少数民族地区的宣慰司、宣抚司、安抚司、招讨司、长官司、蛮夷长官司等土司机构以及蛮夷官、苗民官、千户长等官吏。明代在行政体制上，既有国家管理土司事务的机构，也有地方管理土司事务的机构；国家层面，既有兵部的管理，又有吏部的管理，还有礼部参与管理；地方层面，既有布政使司和府州县的管理，也有都指挥使司和羁縻卫所的管理，真正实现了土司管理机构的多头管理。

清前期，中央王朝基本上沿袭明代土司管理机构的多头管理。但不同的是，清王朝在中央设置了专门管理边疆少数民族事务的机构——理

---

① （清）张廷玉：《明史》卷七十二《职官一》，中华书局1974年版，第1735页。
② （清）张廷玉：《明史》卷七十六《职官五》，中华书局1974年版，第1876页。
③ （清）张廷玉：《明史》卷七十二《职官一》，中华书局1974年版，第1751页。
④ （清）张廷玉：《明史》卷七十六《职官五》，中华书局1974年版，第1875页。

藩院。理藩院本来是清朝统治和管理蒙古、回部及西藏等少数民族的最高权力机构，其职责之一就是掌蒙、回诸藩部王公以及甘青藏地区土司等官员的封袭、年班、进贡、随围、宴赏、给俸等日常事务，并且派遣理藩院的一些司员、笔帖式等人员到甘青藏少数民族聚居地区进行日常事务的管理。具体来讲，管理土司地区的是徕远清吏司。其职掌是实施四川土司之政令，并掌回城卡伦外各部落的朝贡、给衔等事务。在地方管理土司方面的变化是雍正三年（1725）在西宁设置了"钦差办理青海蒙古番子事务大臣"一职，进而全面强化对青海地区土司的控制。

（二）在管理制度方面

元明清中央王朝管理各地土司的制度多种多样，如藏族是政教合一制，白族、罗罗族（彝族）、傣族、僮族、土家族、苗族、水族、布依族等族是土官土司制，景颇族则是山官制等。即便是同一民族，土司制度也不尽一致，如藏族地区的土司制度，既有政教联合管理制、政教合一土司制，也有土千户土百户制、土屯结合管理制，还有土流并存管理制以及健全的土司管理体制等。土司制度方面，因朝代不同，制度不尽一致。如在建立和完善制度方面，元代主要包括承袭、升迁、惩处、贡赋及土兵等制度，明代则增加了宽贷、文教及礼仪等制度，清代则更加完善，增加了抚恤、分疆、分袭、限权及禁例等制度。明清两代注重确定各级各类土司的职级与隶属。在信物方面，元代赐给各地土司的信物有诰敕、印章、虎符、驿传玺书、金（银）字圆符等，明代中央政府赐给各地土司的信物主要有诰敕、印章、冠带、符牌，没有虎符、驿传玺书、金（银）字圆符等，清代中央政府赐给各地土司的信物有诰命、敕命、印信、号纸，省去了冠带、符牌等信物。

（三）在实施地域方面

元明清时期土司制度的实施地域的差异性，体现了土司制度的同中有异，因为一切事物都是同和异的统一体，土司的地域分布也不例外。[①]一是土司设置地点的差异性。在"蛮夷杂处"的云南，虽然流官与土官相辅，且每个流官政区机构中都有土官的存在，但流官所在政区与土司

---

① 李良品：《中国土司学导论》，中国社会科学出版社2018年版，第255—256页。

所在政区之间的差异十分明显。① 因此,《明史·云南土司传》在论及这个问题时说:"……统而稽之,大理、临安以下,元江、永昌以上,皆府治也。孟艮、孟定等处则为司,新化、北胜等处则为州,或设流官,或仍土职。今以诸府州概列之土司者,从其始也。盖滇省所属多蛮夷杂处,即正印为流官,亦必以土司佐之。"② 这是对云南流官政区与土司政区差异性的概述。二是土司职级分布的差异性。如明代广西东部和南部的土司地理分布呈现出级别的差异性,具体来讲就是,广西东部的土司多以土巡检司和土副巡检司为主,级别较为低下;广西南部的土司则以土州、土县为主,级别相对较高。三是文职土司和武职土司分布的差异性。明代文职土司主要分布在广西西部的壮族聚居地区、云南中部少数民族杂居地区等社会经济较发展的少数地区;宣慰司、宣抚司、安抚司、长官司、蛮夷长官司等武职土司则主要分布在湖广西部、川西北、贵州山地、云南沿边地带等社会经济较落后的少数民族聚居地区或边远地区;而土指挥使、土指挥同知、土指挥佥事、土千户、土百户、土总旗、土营长等武职土司则主要分布在西南少数民族地区的津要之地或国家屏障地方的卫所之中。③ 有学者在研究土司问题时否定土司有文武之分,这是一种不太正确的理解。因为在清代的学者编纂地方志时就早有文职、武职之分。如清代谢圣纶在《滇黔志略》卷之十四《云南土司》中说:"云南旧志载,土官一百五十余人,先后裁革七十余人。康熙二十九年续修《通志》,所存者土知府六,土同知三,土知州八,土通判一,土州同三,土州判四,土县丞七,土经历一,土知事一,土主薄二,土典史一,土巡检二十有一,土驿丞三,宣慰司一,安抚司二,宣抚司五,副宣抚司二,长官司二,副长官司三,计七十六人。圣纶按:土司官有武衔者,宣慰使同知,安抚司正长官、副长官,土千户、百户之类是也。有文衔者,土知府同知、通判,土州同,土县丞、主簿、巡检之类是也。"④ 此后,佘贻泽、凌纯声、江应樑、龚荫、成臻铭等专家学者均有类似分类。

---

① 安介生:《历史民族地理》(下),山东教育出版社2007年版,第692页。
② (清)张廷玉:《明史》,中华书局1974年版,第8063页。
③ 龚荫:《中国土司制度史》(上编),四川人民出版社2012年版,第135—137页。
④ (清)谢圣纶:《滇黔志略》卷之十四《云南土司》,乾隆二十八年(1763)刻本。

第四节　土司制度的构成

元明清时期土司制度的结构可以分为上、中、下三个层次，最上层的土司制度是有明清中央王朝代表国家制定并颁行的成文制度，中层的土司制度是各地土司根据当时当地的实际情况制定并颁布的文告、法令，下层是土司地区各族民众形成的一些民间制度。从宏观、中观和微观角度看，国家成文制度属于宏观的土司制度，各地土司颁布的文告、法令属于中观的土司制度，土司地区的民间制度属于微观的土司制度。从国家治理层面诠释元明清时期土司制度的三级构成，有利于揭示土司制度为人类文明的传承发展所起的历史作用。①

一　国家成文制度

国家成文制度是指中央王朝依据"齐正修教""因俗而治"的国家治理理念制定的适用于西南、中南及西北少数民族地区的土司制度。土司制度构成中涉及的"国家"是指明清时期"家天下"的王朝国家，是一个成长于社会之中而又凌驾于社会之上的、以暴力或合法性为基础的、带有相当抽象性的权力机构，在其管理的领土内拥有外部和内部的主权。在"朕即国家"的皇权时代，各种适用于全国性的制度均由朝廷制定，经皇帝批准后颁行全国，这就形成了王朝国家的成文制度。明清中央政府，根据不同时期、不同情况制定并颁行了一整套土司制度。

1. 明代国家成文制度

从现有资料看，土司制度一般包括中央王朝的典、律、例等形式之中。这些制度具有普遍的效力，并且系统化，形成了一个结构有序、较为完整的制度体系。② 在明代，国家成文制度主要汇集在《明会典》和《礼部志稿》中。如《明会典》卷之四《官制三》"外官"条对各宣慰使司、宣抚司、安抚司、招讨司、长官司、蛮夷长官司、蛮夷官、千夫长、

---

① 李良品、吴晓玲：《论明清时期土司制度的构成——学理层面的诠释》，《三峡论坛》（三峡文学·理论版）2016 年第 3 期。

② 刘笃才：《中国古代地方法制的功能结构与发展》，《北方法学》2012 年第 1 期。

百夫长、军民万户府经历司等土司机构正官、副官、首领官等官员人数的设置;①《明会典》卷之六《验封清吏司》对土官承袭的各种制度性的约束,其具体内容如下:

土官承袭、原俱属验封司掌行。洪武末年、以宣慰、宣抚、安抚、长官等官皆领土兵,改隶兵部。其余守土者,仍隶验封司。

凡各处土官承袭。洪武二十六年定,湖广、四川、云南、广西土官承袭,务要验封司委官体勘,别无争袭之人,明白取具宗支图本,并官吏人等结状,呈部具奏,照例承袭。移付选部附选,司勋贴黄,考功附写行止,类行到任。见到者,关给札付,颁给诰敕。

天顺二年奏准,土官病故。该管衙门,委堂上官,体勘应袭之人,取具结状宗图,连人保送赴部,奏请定夺。

弘治二年奏准,十年外,文书到部者,不准承袭。(弘治)五年,令十年内,曾在本处上司具告者,亦准袭。(弘治)十八年,罢土官纳粟袭职例,令照旧保勘,起送赴京袭职。

正德初,令极边有警地方,暂免赴京。余各照旧。

嘉靖九年题准,应袭之人,果系原册有名,覆勘无碍,除杂职妇女,就彼袭替外,其余限半年内连人保送赴部,如有违碍,即与辩明。一年以上,勘官住俸,立限完结。若有紧急军情,已奉调遣及嗣子幼弱,未可远出者,镇巡官斟酌奏请,暂令冠带,管束夷人。候地方宁息、年岁长成,仍照例保送赴京袭替,给凭管事。四十五年题准,各处土官病故后,勘报过一年者,行巡按官查究。二年以上者,听吏部径自查参。

隆庆四年奏准,今后土官袭替,除愿赴京者听,其余酌量。嘉靖年间事例,各照品级,输忠纳米。折银完日,布政司即呈抚按勘实具奏。吏部查对底册明白,照例查覆付选。万历九年,停止输纳事例。令该管衙门,作速查勘明白,取具亲供宗图印结,具呈抚按,勘实批允,布政司即为代奏,吏部题选。填凭转给土舍,就彼冠带袭职。如有情愿亲自赴京者,听。十三年题准,土官病故,应袭土

---

① (明)申时行等修:《明会典》,中华书局1989年版,第23页。

舍，具告该管衙门，即为申报。抚按勘明，照例代奏承袭，不得过三年之外。若吏胥勒索及承勘官纵容延榇，不行申报者，抚按官即据法参治。其土舍自不告袭，故违至十年之外者，即有保结，通不准袭。

凡土官册报应袭。正统元年奏准，土官在任，先具应袭子侄姓名，开报合干上司。候亡故，照名起送承袭。六年奏准，预取应袭儿男姓名，造册四本，都、布、按三司各存一本，一本年终类送吏部备查。以后每三年一次造缴。

嘉靖九年题准，土官衙门造册，将见在子孙尽数开报。某人年若干岁，系某氏生，应该承袭。某人年若干岁，某氏生，系以次土舍。未生子者，候有子造报。愿报弟侄若女者，听。布政司依期缴送吏、兵二部查照。①

该书卷之一百二十一《铨选四》对"土官袭替""土官就彼袭替""土官袭替禁例""夷人袭替"等均有制度规定。② 上述这些内容除了土官的职衔名称之外，其余都是讲的土官承袭的各项规定，诸如承袭程序、承袭文书、办理承袭事宜时间、预制土官、土官册报内容等。这种国家成文制度十分具体、明确，具有可操作性。

2. 清代国家成文制度

清代土司制度的规定更加具体、明确，这些制度主要集中在乾隆《大清会典》、嘉庆《钦定三部则例》和光绪《钦定大清会典事例》《钦定大清会典则例》《大清律例》等。

如在《大清律例》中《吏律·职制》之"官员袭荫"条对土官土司的承袭有如下成文制度：

应袭之人，若父见在，诈称死亡冒袭官职者，发近边充军。候父故之日，许令以次儿男承袭，如无以次儿男，令次房子孙承袭。

各处土官袭替，其通事及诸凡色目人等，有拨置土官亲族不该

---

① （明）申时行等修：《明会典》，中华书局1989年版，第31页。
② （明）申时行等修：《明会典》，中华书局1989年版，第626页。

承袭之人争袭、劫夺、仇杀者，俱发极边烟瘴地面充军。

凡土官袭职，由司、府、州邻具印、甘各结，并土司亲供宗图及原领号纸，详送督抚具题袭替。若应袭之人未满十五岁者，许令本族土舍护理印务，俟岁满日具题承袭。如有事故迟误年久方告袭者，宗图、号纸有据，亦准袭替。

凡土官故绝无子，许弟承袭。如无子弟而其妻或婿为其下信服者，许令一人袭替。

凡土舍嫡妻护印，止令地方官查明，出具合例印结咨部，准其护印。

凡土官病故，该督抚于题报之时，即查明应袭之人，取具宗图、册结、邻封甘结并原领号纸，限六个月内具题承袭。其未经具题之先，亦即令应袭之人照署事官例用印管事。地方官如有勒掯、沉搁、留难者，将该管上司均交部议处。其支庶子弟中有驯谨能办事者，俱许本土官详报督抚，具题请旨，酌量给与职衔，令其分管地方事务。其所授职衔，视本土官降二等。文职，如本土官系知府，则所分者给与通判衔；系通判，则所分者给与县丞衔。武职，如本土官系指挥使，则所分者给与指挥佥事衔；系指挥佥事，则所分者给与正千户衔。照土官承袭之例，一体颁给敕印、号纸。其所管地方，视本土官多不过三分之一，少则五分之一。此后再有子孙可分者，亦再许其详报督抚，具题请旨，照例分管地方，再降一等给与职衔、印信、号纸。①

明清中央王朝通过《明会典》《大清会典》《钦定三部则例》《大清会典事例》和《钦定大清会典则例》《大明律》《大清律例》等制度的颁行，由此构成了中央王朝完整的土司制度体系。明清中央王朝从"因俗而治"的国家治理理念出发，或适应土司地区的不同情况，或根据各地土司的不同要求，由中央王朝制定和发布了上述专门的制度或法规。

---

① 张荣铮点校：《大清律例》，天津古籍出版社1993年版，第163—164页。

二 各地土司成文制度

各地土司在长期的历史发展过程中,在体现国家意志和本民族实际的基础上,逐渐形成的法律体系、成文规章和行为准则,这些成文制度一般具有一定的民族性。

1. 土家族地区

作为朝廷命官的土家族土司有以各不相同的名义发布的文告、告示、法令等各种不同的制度。《冉氏族谱》中有酉阳土司冉御龙颁布的文告,内容如下:

> 仰惟祖宗,以汉唐勋戚,沐圣朝茅土,当全蜀干城。传世及今,名分不紊。我捐馆宗主君怀远将军,历任四十余载,而寿终正寝。今宗主诰封太夫人所诞育,以嫡以贤,分当承袭。其图册载在天府,诰章藏诸秘室者,炳若日星,轰然胪列,又就敢妄生睥睨。乃有妖孽冉应龙,以嬖人之子,谋为不轨。亡人仇邻,引兵构衅。赖宗主仁慈,不忍元黎糜烂,遂效去邠之行。一旦驾出重渝,而土民不舍,从之者如归市。其父老幼稚,有力不克匍匐从者,争相攀辕卧辙,终日引领望霓。徯后,于是民情上通九阊,荷圣天子亲洒宸翰,宠锡龙章,敕天吏而送之之国,休哉!光被四境,荣馨九族。莫不欣喜相告,谓中兴有主矣。今而后,凡为我族舍者,举皆逐户逐人书名载册,昭告五庙群神,共举忠义之盟,同心戮力,匡扶一主。若使中心携贰,背公交私,树党立异,与自负英能、期凌孤弱者,即上告祖庙,问以不忠不义之罪,加以显罚,锄而去之,毋使其乱我家法,玷我祖宗。倘异纵横倚势,凌逼我族众,亦必公告宗主,明理正法,然后家齐族睦,一德一心,可以垂荫庇于无穷,可以绍贤亲于不替。其利于邦家者,岂浅鲜哉。惟力行之,为幸!
>
> 右严官号一纸,付冉维桂收照。
>
> 万历二十七年(1599)三月二十一日①

---

① 谈建成等主编:《西南地区土司法治文献选编》,西南师范大学出版社2018年版,第98—99页。

明清时期在推行土司制度的过程中，西南、中南及西北各地区、各民族按照原有的民族身份、地位分化为不同的封建等级，并由此形成了十分严格的地方行政体制规范。上面这则文告在歌功颂德的基础上，不仅对"妖孽冉应龙"的"引兵构衅"予以斥责，并且对酉阳冉氏土司辖区内的土民不舍的行为等以制度的形式作了明确规定，对"背公交私，树党立异"者规定了"加以显罚，锄而去之"等处理办法。

2. 藏族地区

明清时期藏族地区的土司制度可谓形形色色，既有政教联合管理制、政教合一土司制、土千户土百户制、"特区"管理制、土屯结合管理制、额外副宣抚司制，也有土流并存管理制，还有比较健全的土司管理体制。如嘉绒藏区土司为了有效地控制该地区社会稳定，以吐蕃王朝法规为根据，在各土司地区变通后，形成了《嘉绒藏区十五律》：英雄猛虎、懦夫狐狸，地方官吏，听诉是非，逮解"法庭"，警告罚款，使者薪给，杀人命价，伤人抵命，狡狂洗心，盗窃追赔，亲属离异，奸污罚款，禁止狩猎，捕鱼伤生的山、水等十五律。以上法律始终贯穿着佛教的戒杀、戒盗、戒淫、戒妄、戒酒五条本戒。① 这些条款，虽然没有明确说明针对何人，但明显适用于嘉绒藏区土司辖区内的所有民众。

3. 傣族地区

明清时期的云南傣族地区，在实施土司制度的过程中，由于傣族社会与中央王朝的交往促使了社会生活各方面发生了较大变化，其成文制度历经从元代的习惯法到明代的成文制度的转变，如《茫莱法典》《西双版纳傣族的封建法规和礼仪规程》《孟连宣抚司法规》《西双版纳傣族封建法规》《西双版纳傣族法规》等傣族土司成文制度，不仅记载了傣族政治、社会生活、经济发展中的重大事件，而且也记载了傣族民众大量的生产和生活的资料，对我国制度文化的发展和人类文明的进步产生了十分重大且深远的影响。如傣族法律法规中有土司断案原则，其中杀人无罪有五：一是奸妇奸夫住行奸现场被杀；二是盗窃犹在作案过程中被杀；三是手持凶器杀人而被人所杀；四是夜半三更闯进他人屋里被主人所杀；五是破坏人家房子在进行中被杀，若事后寻机杀人报复，就必须依法治

---

① 雀丹：《嘉绒藏族史志》，民族出版社 1995 年版，第 227 页。

罪。对于重罪不能轻判的有十一条：一是械斗杀人；二是谋财害命；三是拆毁佛寺佛像；四是拦路抢人；五是霸占财物；六是留宿犯人；七是盗窃佛寺财物；八是盗窃佛像金身财宝；九是杀死父母；十是夫杀死妻；十一是妻杀死夫。应判处极刑的有三条：一是偷佛主的钱，折毁佛像佛塔；二是杀死召勐；三是杀死父母。犯第一、二条罪的，罪犯判处死刑，其子女罚为寺奴及召的家奴。犯第三条的罪犯，砍去手脚，赶出勐界，让其受一辈子活罪。① 上述土司断案原则虽然有一些不尽如人意之处，但对于维护土司地区社会稳定能够产生较好的作用。

4. 壮族地区

从现有历史文献可见，壮族地区土司的成文制度较多，且大多以碑文的形式勒石示民，如清朝乾隆年间，广西太平府安平土州李氏土司为了维护自己的地位，取悦于当地民众，在保护既得利益的基础上，对"每年规例银两、米谷以及长短夫役"进行了适当裁革，并以制度《安平土州永定例规碑》的形式"勒石晓谕"，企盼土司自身和当地民众"永远遵行"。全文如下②：

  广西太平府安平土州　为檄委查审事，本年七月二日，奉本府正堂李　奉
  驿盐道宪张　准　藩宪杨　奉
  督抚部院宪杨、鄂批准，本署司会同贵道呈详，安平土州每年规例银两米谷以及长短夫役，应革应留各项，理合逐一开列，镌石晓谕，永远遵行：
  一项、承袭银两永革。
  一项、每年准收七化田例共七色银一千二百五十二两六钱四分。
  一项、八化折柴炭银永革。
  一项、每年准收八化额例公用共七色银一千一百四十八两一钱

---

① 西双版纳傣族自治州地方志编纂委员会编：《西双版纳傣族自治州志》（下册），新华出版社2002年版，第626页。
② 广西壮族自治区编辑组：《广西少数民族地区碑文、契约资料集》，广西民族出版社1987年版，第19页。

五分。

一项、站马永革。

一项、每年准收八化额粮共七色银二百四十八两四钱零。

一项、三厢润月米永革。

一项、每年准照雍正十年之数，收六甲米共五十三石六斗，谷六石七斗。

一项、每年准收州判柴马七色银六十三两。

一项、夫役除。

钦差经临，南关启闭，应用人夫，六甲照旧供役外，其余人夫，六甲每年缴钱二百四十串；上、中、食三化，每年另缴七色银二十七两五钱。听本官自行雇用。

一婚丧两项，凡本官本身婚丧，每次准收七色银一千两；长男长女婚嫁，每次准收七色银一千两；至次男次女，概行禁革。

一项、每年上、中、食三化，准令纳谷八石，免其看马送羊。

一项、硝磺银永革。

一项、额设土兵五百名，轮流把守九处隘口，捍卫地方，防守边界，仍照旧例。

一项、瓦草银永革。

一项、每年领销府埠四季余盐二万斤，每盐一斤，收小钱二十八文，变价归府。

一项、鱼花银永革。

乾隆十二年（1747）七月□日立

在一定程度上讲，虽然这块《安平土州永定例规碑》属于"土法""土律"，却是国家成文制度在鞭长莫及的空隙地带的有效填补，是对国家成文的土司制度的补充和完善，有助于维护安平土州地区的社会稳定和乡村治理。

三 土司地区民间制度

明清时期的土司地区，人们根据事实和经验制定了一些具有一定社会强制性的民间制度，主要包括土司家族谱牒、乡规民约、习惯法以及社会组织的规章制度等,这些制度有类似于国家成文制度的要素,在一定程度上具备了成文制度的功能,能满足人们生活实践的需要。民间制度虽在不同程度上具备了法律的标记和功能,但它依据某种民间社会权威或家族组织来确立和变化,依靠非官方民众的力量或者社会组织来实施,主要通过书面、口头、行为、心理在民间进行传播和继承,由于这些制度的制定、传承、执行、监督都发生在民间,因此称为民间制度。

1. 土司家族谱牒

国有史,府州县有志,宗族有谱。在封建社会后期,维系宗族血缘关系且起纽带作用的是祠堂与族谱。作为地方势力强大的土司家族,谱牒中"宗祠规则""家规""家劝""家戒""家禁"等内容具有制度的功效,对族人起到思想引领、行为规范和约束的作用。在今广西西林岑氏土司后裔岑毓英撰写的《西林岑氏族谱》中四篇《祖训》二十六条,其中"从政篇"有五条,内容如下:

> 大学之教格致、诚正、修齐、治平,理原一贯,是非两截。圣门诸贤,平居问政,未尝不有志用世。幸无曰:"我处蓬茅,便可不讲经济也。"纪纲、风俗、疆域、山川、食货、兵刑,张弛得失,非先事讲求,何能泛应?曲当若漠不关心,一旦筮仕,当事者问我,委曰:"不知柄人者用。"我委曰:"不能可乎。"夫任聪明,不可以当盘错;旋安排不可以应仓皇。所贵随时随事,勤学好问,不厌迂缓,不嫌庞杂,以储待用之具也。
>
> 人生德器有偏全,才分有大小,居官品秩有尊卑,时势有难易,朝廷或不皆因材器使,人臣亦不能动罔、不臧要。在矢念不欺,随事尽职,则公可生明,勤可补拙,亦自攸往咸宜。设处害正之上官,奉厉民之政令,补救无术,诡随尤非,宁可终身不作官,不可一日不作人。宁可获谴于上台,不可贻害于百姓。
>
> 官有司兵事者,宜讲训练,而训尤要。练者,所以练习技艺、武勇、步伐止齐之节;训者,所以讲明朝廷养兵卫民、御侮安壤之道。今之称善将兵者,亦仅练而不训。故武夫悍卒不知尊君亲上、和众立功,每至犯法扰民,陷于大戾,皆不训之过也。平日宜将武

经百将传等书中忠义任勇道理为之浅近讲明,俾各点首会心庶几。道理明,心志定,得一智将胜得百勇将也。或谓武人难绳以礼义,不知礼义者御世之镳辔也。人各有良,日渐月摩,未必不入。若纵舍镳辔,彼将何所不至哉?所以爱三军者在此,即所以爱百姓者,亦在此也。

民不勤则生计废,士不勤则业荒于嬉。况为命吏所受者,朝廷之爵位所享者,下民之脂膏所司者,一方之民命,一或不勤,则职业堕弛,岂不上辜朝寄,下负民望乎?居官竟以酣咏酬酢为高,而以勤勉谨恪为俗,此仕途陋习也。陶侃有言:"大禹圣人犹惜寸阴,至于众人,当惜分阴。"故宾佐有以蒱博,废事则取而投之于江。今之费事,自诗酒、古玩、博奕而外至鸦片、而酖毒之祸益烈。我族从政者,职思其忧,力破积习,朝夕孳孳,惟民事是务。庶几,政平,讼理而不贻溺职之诮与!

显扬为孝,顾显扬者,谓令名,非谓显秩。先哲有云:"封赠父母,易事也;无使人詈骂父母,难事也。"今之膺簪组拥,驺从傲而自是者;惰而自逸者;相应以虚文而实之不务者;才短而智虑不足者;庸软而为左右所用者;识昏而为左右所蔽者;喜事而扰民者;侈大而耗财者;钻刺而走邪径者;谄媚以悦上结邻者;多私而庇护僚属者;倾险以害人者;贪无忌者;酷刑而不当其罪者;徇请托滥优免后兴作广馈送,喜建造而不恤民力者;耽诗酒,喜应接,穷嗜好而民务一不介怀者。即幸而免弹劾、博诰命,而其父母能免于人之詈骂,盖亦鲜矣。愿族人服官知所决择,其斯为尊祖敬宗之大者。与至于握符出治,投绂归田道,宜各尽居家能思居官之时,则不至干请把持而挠时政;居官能思居家之时,则不至狠愎暴恣而贻人怨。不能回思者,皆是也。故见任官每每称退休官之可恶,退休官亦多谈见任官之不韪。盖并与其善者而掩之也。①

上述祖训既有一般家训的内容,又有不同于一般家训的内容,如将土司从政方面的内容写得十分详细,这在其他"家训"中是绝无仅有的。

---

① (清)岑毓英:《西林岑氏族谱》,(清)光绪14年(1888),滇黔节署木活字本。

在明清时期国家不安定和国法不明确之际,土司家族的谱牒犹如法规制度一样,充分发挥了稳定社会秩序、规范族人行为的作用。

在《冉氏族谱·总谱》中,保留了众多明清时期冉氏土司的文告,或督理谱牒事,或饬理宗政事,或恩给田土事,或办理宗政事,其中,冉天育在酉阳宣慰使任上的一则文告,对团结冉氏家族具有十分重要的作用,全文如下:①

誓书

  本慰尝闻恩信重,而盟誓轻。然自恩信废,而明誓又重。本慰赖先人教泽,叨戴儒冠,凤愿已足,续以时事乖舛,魂梦皆惊,更思密勿深居,无复意外之想矣。岂期麒弟为政,甚不自爱,视我军民,草芥犬马。小则忌嫌,大则抄戮。以致人皆寒心,各忧性命,而良药苦口,不复进也。于是天厌其恶,因征流之役,揢尅军饷,嬖倖颛兵,遂激三江脱巾大变,长驱内讧,麒弟宵遁,宗社贻羞。尔合属舍把,委曲调停,人心克定。乃于三月朔日,翊戴本慰,缵承先统,以膺众望。本慰冰竞在念,未获固辞,惟有体我祖宗从来德意,与尔舍把人等,同患难,共安乐,手足腹心,视无异体。凡麒弟所行一切虐政,任意创造薄书会计,尽与尅除,侵取田产人口,除都祖爷在任时,到官众役不得妄请外,其余麒弟横取夺占,概行给还,决不爽负。昔人钜鹿之战,一饭尚且不忘;今我牛耳之盟,五内敢不镌刻。爰以诚悃,付于载书。倘有食言,翻覆无定,皇天后土,共襫其魄,富贵不得久长,立取亡秦之续。惟我坚守盟言,则我之子孙丽亿运祚绵延,世与尔舍把等,同享太平之福。如尔等携贰寒盟,朝君臣而暮仇敌,言则是而行则非,不惟戮及于身,抑且罚延于后,永体斯盟,勿怠勿坠,谨誓。

  右誓书给付亲舍天泽子孙收执

崇祯十四年(1641)三月初七日付(押)

---

① 谈建成等主编:《西南地区土司法治文献选编》,西南师范大学出版社2018年版,第100页。

又如湖北鹤峰县《容阳田氏族谱》"家规二十四则"中就包括族谱之作以序昭穆和正名分以及端风化、族人应知孝顺为先、兄弟之间宜敦友爱、夫妻为人伦之首、人之于妻宜防其萦子之过、教训子弟宜本忠厚、子弟须入校读书、朋友交流要知谨慎、祖辈遗产分析须均匀公正、兄婶叔嫂礼最森严、女人宜守节、族人须和睦乡里、正直而不为盗贼、清明祭祀祖先、须遵守祠堂规则、买卖田宅应纳中人费、慎选族长、族长不得徇情枉法①等，这些内容的主旨在于推崇传统的忠孝节义、教导人们注重礼义廉耻，提倡什么和禁止什么，在"家规"中规定得十分清楚与具体。

2. 乡规民约

董建辉先生认为，与国家成文制度或乡约制度相比，"乡规民约则要简单得多，它既没有定期的聚会、固定的活动场所，也没有烦琐的读约仪式，更没有一整套的组织机构。通常在规约制定出来并公布于众后，由该社会组织的成员共同遵照执行便是。只是在有人违反规约或遇到重大问题时，该组织的全体成员才可能聚在一起，共同商讨应对的办法"②。明清时期，土司地区以乡规民约为代表的民间制度是根据自身的规则、运行方式在调节和维护土司地区的社会秩序。云南江川县的《土官田永垂不朽种树护林碑》，是土司地区具有代表性的乡规民约，其全文如下：

> 从来有盛必有衰，有兴必有败。虽曰天数，岂非人哉。不有先人培植，何以见其盛，又何以见其兴；不有后人振作，则衰者将终衰矣，则败者不将终败乎。我土官田居旷野，人烟稀少，营头建立关圣宫，营后栽青松一岭，一以培植来脉，一以培植风水。人丁追思古人甚美也，但先前人心浑厚，共相护持而岭上青翠，村中人财兴旺，功名显达。近年人心不齐，互相践踏，而四野寂寥。树木一空，村中人烟稀少，贫苦难堪，所以合营老幼触目伤心，因而公同

---

① 五峰长乐坪：《容阳堂田氏族谱·教家》，民国三十三年（1942），五峰渔关朱东新石印本。

② 董建辉：《明清乡约：理论演进与实践发展》，厦门大学出版社2008年版，第29页。

妥议，庶几反衰为盛转败为兴，亦以体先人志焉。故勒石为志：

——买松种乙石，淹着银式拾两，每家捐掛乙两。

——请人看山，每年用谷子两石。

——松木成材之时，不准乱砍。若有砍伐者，一柯罚银壹两。

——有砍伐松枝者，罚小三十文。

——有人拿获砍树者，赏小五百文。见而隐讳者，罚银五小。

道光二十三年三月初十日土官田合营老幼同立①

这则乡规民约，主要内容包括两个方面：一是土官田种树护林的缘由。这里将盛衰、兴败以及"人财兴旺，功名显达"结合起来，针对"近年人心不齐，互相践踏"的情况，为了实现"反衰为盛，转败为兴"的目的，必须种树护林，这体现了土司地区民众对环境与"人财兴旺"、种树护林与风水之间关系的深刻理解。二是对相关事项的规定。这些条款具体明确，具有可操作性。由此可见，这则以民间制度为表现形式的乡规民约，虽然不具备成文制度的属性，但它根植于土司地区的民间社会，具有顽强的生命力。正因如此，各地土司利用乡规民约，能有效地维护地方社会秩序。

3. 习惯法

明清时期，土司地区的习惯法与国家制定的成文法的关系表现为，国家在"因俗而治"理念指导下对土司地区民众行为的调控能尽量考虑当地少数民族的习惯法，土司地区各民族的习惯法则通过土司的土规土律得以集中体现，这些土规土律虽然被国家制定的成文法所容忍，但各地土司根据当地少数民族制定的土规土律不能与国家成文法的主要精神和基本原则相违背。从现有文献看，各地土司制定的土规土律的很多内容都是该地区少数民族原有的习惯法，土司通过民间制度的形式而使之规范化、固定化，使相关问题出现后能够有章可循。② 如云南车里宣慰司关于罚款和赎罪规定就属于习惯法。

---

① 李荣高等：《云南林业文化碑刻》，德宏民族出版社2005年版，第360—361页。
② 李良品：《中国土司学导论》，中国社会科学出版社2018年版，第57—58页。

《关于罚款和赎罪的一些规定》

一、罚款的处理办法

罚勐或罚火西，照判罚十九两八钱，实际只收六两六钱（三分之一）。罚款的分配是：大头人是三两，中级头人适当分取，小头人得一两。如是"内理"（罪轻的），罚九两九钱的只罚三两三钱；如是"外理"（罪重的），罚九两九钱的应罚十九两八钱。如果应罚十九两八钱的罚三十七两，罚款是用九成银缴纳。

二、通奸罚款的规定

进入有夫之妇的寝室内去通奸，被发觉，应给被奸的丈夫银三两，拴线银五两；如果女的因而要离婚，要罚银三两三钱，拴线银三两。如果不进内室去奸淫未婚但已订婚的女子，所罚的钱有多有少，有的是三两三钱，有的是二十九两七钱，看是属于什么地位的人。

三、死刑的赎罪

犯死罪的人，得用银抵死罪。另外应出绳子银三两三钱；刽子手的刀银三两三钱；拴绳子的银五厘；解绳子的银三钱；"赛沙公"（一种像脚镣的刑具）银一两五钱；监狱银一两五钱。这份银波勐分得一半；火西分得一半。此外，送给议事庭银三两，槟榔一串，猪一口——猪要五卡大（用绳围猪腰计算），若没有猪，每卡折银六钱六分。

四、一般刑事赎罪

罪犯要赎罪的时候，要出"拔根"银。计议事庭长三两，文书一钱七分五厘，站抗七分五厘；其余分作三份：一份给土司，一份给议事庭，——这一份中，议事庭得一半之外，叭诰和叭陶得一半，如果这一半是三两，审判官得三钱三分——剩余的完全给其他的头人。还有一份给原告。

五、诉讼的礼金和礼品

最后事情完全解决，还要送给议事庭银三两，槟榔二串。这份礼品由议事庭分成二份，以一份送土司；以另一份分作二份：议事庭得一份，原告得一份。走时再要出酒一瓶，槟榔一串，猪一口。[①]

[①] 杨一凡、田涛：《中国珍稀法律典籍续编》（第九册），黑龙江人民出版社2002年版，第487—488页。

明清时期土司地区土规土律的大量涌现，标志着土司地区民间制度与国家成文制度之间进行了大规模的文化整合。在文化整合的过程中，由于土司势力逐渐膨胀时有与中央王朝的博弈与冲突，导致明中叶直至民国时期，土司地区的土规土律的性质有发生异化的现象，不仅土规土律在某些方面与国家成文制度相对抗，而且会有对少数民族习惯法的公开背叛。①

---

① 龙大轩:《历史上的羌族习惯法与国家制定法》,《现代法学》1998 年第 6 期。

第五章

土司制度的共性内容

土司制度是一种"齐政修教""因俗而治"的政治制度，是元明清王朝在国家治理观念下逐渐实现国家统一与地方自治的地方行政管理制度。土司制度既是地方行政管理制度，又是中央王朝的官制体系。元明清中央王朝在推行土司制度的过程中，通过确定土司职衔、土司授职、承袭、朝贡、征调、兴学办教、传播汉文化等形式，促使土司地区各民族在承袭、朝贡、征调、文化传播、贸易以及碰撞、冲突甚至兵戎相见后，交往范围不断扩大，融合程度不断加深，形成了与汉族及其他少数民族交融一体、繁荣一体的中华民族自在实体。作为一种推行600年的土司制度，虽然在不同时段、不同民族、不同区域有诸多差异，但各种分项制度存在着诸多共性内容。

第一节 土司承袭制度

元明清中央王朝为了实现自身利益最大化和建立统治秩序，必须具有强制性和主导性的支配力；各地土司政权为了自身利益的最大化以及维护地方社会稳定，也期望获得更多、更大的影响力和支配力。因此，元明清中央政府与各地土司政权之间的权力争夺，其最终结果是国家权力越来越大，土司权力越来越小，直至彻底废除包括土司承袭制度在内的土司制度。在土司承袭制度实施的过程中，中央王朝和地方土司无论怎样博弈和争夺权力，二者之间总有妥协的办法，也就是运用具有共性的承袭制度维护土司承袭的实施。也就是说，在土司承袭问题上，其共性内容至少包括六个方面：一是中央政府要委官体勘查核、取具宗支图本、地方官吏保结、督抚具题请袭、授予土司职位等土司承袭的程序；二是制作土司的相关文书、邻封土司的结状文书等多种土司承袭的文书；三是严格规定且执行父死子继、兄终弟及、母女袭职、妻婿承袭、叔侄相袭等土司承袭的次序；四是中央政府要赐予各地土司诰敕、印信、冠带、符牌、号纸等承袭信物；五是颁布收缴土司前朝信物、规定土司承袭年龄、完善土司承袭手续、限制土司承袭时间等土司承袭的相关法规；六是对土司承袭过程中的变通、弊端及处置办法。在此主要阐述三个方面的问题。

一　各地土司制作各种承袭文书

中央王朝要求各地土司制作承袭文书始于明代。明代中央王朝在管理西南、中南及西北各地土司承袭过程中，为了防止土司承袭过程中作弊假冒，制定了一些有效的管理办法，特别是产生了大量的土司承袭文书，这些承袭文书成为土司承袭的有效凭证。清代基本上沿袭明代的做法，只是在承袭文书的类别上有所调整。纵观明清时期各地土司制作的承袭文书，归纳起来，主要有两类。

（一）宗支图本与土司承袭人名册

这是各地应袭土司为了顺利承袭土司之职而制作的文书。宗支图本也叫"亲供册"，是土司承袭的主要依据。明人沈德符说：土官承袭"全凭宗支一图为据，今推云南布政司贮有各碟司宗支，以故袭替最便，而贵州、广西诸土官，竟自以所藏谱本上请，以致彼此纠纷，累年不决，称兵构难而不害，监司又借以取渔人之利，此最大弊事"①。方国瑜先生说："又明制，土官袭职，应袭者当系'亲供册'，载其先世事迹、职位、所领境界、人户及贡赋之数……"② 各地土司制作或撰写的宗支图本，除土司政权机构保存外，各行省布政司存有一份备案。明代中央王朝为了防止各地土司在承袭过程中发生争袭事件，每当土司承袭时，吏部和

---

① （明）沈德符著：《万历野获编·补遗》卷4，中华书局1997年版，第934页。
② 方国瑜：《云南史料目录概说》，中华书局1984年版，第458页。

兵部都要委派各行省地方官到土司辖区来"体勘",行省巡抚、督抚以及府州县流官均要为该土司具结作保。因此,"洪武二十六年定,湖广、四川、云南、广西土官承袭,务要验封司委官体勘,别无争袭之人,明白取具宗支图本,并官吏人等结状,呈部具奏,照例承袭"①。按照明代中央政府的承袭条例规定,土司承袭过程中,必须具备当地官员的"体勘"和作保以及应袭土司的"宗支图本"。如果不具备这两个必备条件,则不准土司承袭。明政府还规定预造土司承袭人名册的造册时间和土司承袭年限,"弘治二年,令土官应袭子孙,年五岁以上者,勘定立案。年十五以上,许令袭。如年未及,暂令协同流官管事"②。预造土司承袭人名册的主要目的是防止土司争袭,避免土司家族纷争以致引起内乱或战争。

顺治初,清政府规定:"土司承袭,由督抚具题,将该土司宗图亲供,司府、州邻印信、甘结及旧敕印、号纸送部,亲身赴京,兵部查验明确,方准承袭。"③《钦定大清会典事例》也有类似规定:"其应承袭之人,由督抚具题,将该土官顶辈宗图亲供、司府州邻印甘各结,及原领敕印,亲身赴部,由部核明,方准承袭。"④ 也就是说,凡土司承袭,承袭人须将顶辈宗图、亲供等文书详报督抚,由督抚具题请袭。清代土司承袭之时,应袭者必须开具历代祖宗的清册、亲供等,再由朝廷查验无异时,方给应袭土司发放号纸。土司应袭者领得号纸后才正式成为土司。清代的"宗支图册""亲供图册"等属于一种备查的档案文书,主要记载承袭人是否符合承袭条例、承袭资格的原始记录,主要包括职名、宗支图(自始祖至本身各世祖父及其事迹、职衔等)、亲供(即应袭土司的出身及身材面貌等)、户口(所管辖的户口)、居址(居处地方)、疆界四至(即东南西北四至里数)。土司衙署造具呈报袭职宗图册,连同切结并呈政府,请求准许袭职。

笔者在云南省图书馆抄有一份清代赵日宣撰写的《剑川州土官百户

---

① (明)申时行等修:《明会典》,中华书局1989年版,第31页。
② (明)申时行等修:《明会典》,中华书局1989年版,第626页。
③ 《清朝通典》卷39,上海商务印书馆,1937年影印本。
④ (清)昆冈等:《钦定大清会典事例》卷589,中华书局1991年影印本。

赵元将历代履历宗图结报》，其全文如下：

> 鹤庆军民府剑川州为行查事。
>
> 奉本府信牌，奉分守金沧道宪牌，数奉平西大将军平西王批，拟鹤庆府剑川州土官千户赵震具册启报承袭土官指挥事。緊奉赵震册报土官世袭千百户，查土官原无世袭千百户之例，仰署金沧道王。
>
> 查自崇祯年以前，剑川州土官有无此例，察确户报缴，数备行道牌，仰该府奉此，合就行催为此牌，仰该州官吏，仰唤土千户赵震，土巡捕赵天麟、百户杨日光、赵元将等拾壹名，列官查自崇祯以前曾否袭替千户之职，今应与承袭否，中间有无虚冒情弊，逐一备系查缺，取具宗图、户长印官结状贰套，连人起送，拟实详报本府，以凭查验，转报本道查验酌夺。启覆此敬，奉王上报事理，未敢轻虚饰词具覆，况今清朝严明，难以欺冒，如有徇庇，该州官吏，有干罪戾。为此，本州遵将世袭土官百夫长，兼试百户赵元将，历代履历宗图奉呈报，为此具册，须至册者。
>
> 计开：
>
> 百户赵元将，年三十岁，系鹤庆军民府剑川州甸壹图拾甲籍，系鹤庆军民府剑川州昭信校尉世袭土官百夫长兼试百户赵坚十代玄孙，于天启六年五月十日，顶替故父赵登职，状供有始祖赵坚十代玄孙，于天启六年五月初十日，顶替姑父赵登职，供状由始祖赵坚于洪武十八年内，管本州土官千户赵保下验甲，洪武二十年内，随赵保将叛贼知州杨奴并男杨功、杨坚等，就于本州西山脚下射死，杀获贼首那灰、阿寺等，斩获首级解官，郑指挥禀奉，跟随大理卫郑指挥，征进定边县，斩获首级三名，首级解官，本年三月二十日，获总兵官西平侯明文，仰令始祖赵坚暂管典刑，百夫长杨报职事。洪武十三年十月内，随千户段安征进永宁府。洪武二十五年内，随大理卫指挥李荣攻打佛光寨，大破贼巢。洪武二十七年内，管领土军趱运粮储，直到北胜等州，接济大军。本年九月内，又蒙云南布政司左参议范，委令始祖赵坚管领人夫一千八百名，趱运粮储，到于浪渠州交纳。洪武二十八年四月内，同本府土官同知高仲赴京进贡。本年九月二十一日，总兵官平西侯于奉天门奏，奉圣旨，送兵

部与他，世授百夫长职事。本月二十日，领到云字一百八十号勘合文凭一道，回还到任管事。洪武二十九年正月内，管领土军，前去澜沧卫修筑城垣。本年十二月内，随千户赵迪前去顺宁府并云龙州。洪武三十年十月内，跟随本府土官同知高仲议同官军，攻打贾哈喇寨回还。永乐三年九月，自备马匹。

二世祖赵宗袭替，赵京进贡。本年（即永乐三年——抄者注）十二月八日，钦赏缎匹衣靴，钞贯。永乐四年正月十四日，兵部官引奏，奉圣旨与号纸世授，敕命。本月十六日，于奉天门领到宿字一百八十号敕命一道，授昭信校尉，鹤庆军民府剑川州世袭土官百夫长，兼试百户职事回还。永乐六年十月内，部运本州秋粮，前赴顺宁粮仓交纳。永乐八年十月内，为劫抢官银事，擒获强贼阿官日等三十余名，解府。永乐九年八月内，奉本府贴文委令开设桥后盐井，佥设灶户，煎办盐课。永乐十二年十一月，部运本州秋粮，前赴澜沧卫交纳。永乐十九年三月内，赵坚年老，不能任事，二世祖赵宗系赵坚嫡长亲男，具告保勘明白，自备马匹，赴京进贡。永乐二十年三月十一日，兵部官引奏，奉钦准替职，赏钞。本年四月初三日，与同宁安卫指挥李征等四十七员，领到兵部云字一十四号文凭一道，照会云南都司，比对相同，销缴回还。本年八月内到任管事。本年十月内，始祖赵坚在任病故。洪熙元年内，为丧礼事，二世祖（高祖）赵宗自备马匹，赴京进贡。钦蒙赏赐缎匹衣靴钞贯。宣德十年九月内，在任病故。

三世祖赵安，系高祖赵宗嫡长亲男告袭。间正统六年九月内，蒙钦差总兵部兼大理寺卿王，榜文调用，祖赵安领兵征进麓川，前到金齿，拨与指挥牛真。本年十月二月到上江，初五日先守登岩，奋旁冲入贼阵，杀贼口众，赶至贼寨，口门守把。初八日攻破刀招罕寨，已将功次报官，又蒙拨付指挥□□，趱运粮储二十余次，一万二千余石。正统七年正月初三日，随军回至金齿，蒙赏赐银两、布匹。本年二月初□日，蒙尚书王准令袭职。本月二十一日冠带就彼，望阙谢恩。本年三月二十日到任管事。正统八年九月内，奉明文管领民兵前去麓川，守把干崖，杀败贼众，攻开立寨，捉获思季发兄功立并妻解官，获功造册缴报。正统十二年内，为边务事，拨与民兵二百名，征剿麓川，到潞江，拨与指挥张祥，运送那陇堡军储五百余石，跟副总兵田督司到孟养，攻开中左等寨，杀败贼众，获功报官。天顺七年八月内，奉明文调取，赵安管领民兵前去铁索菁等处征剿贼众回还。景泰七年八月初六日，赵安在任病故。

四世祖赵暹，系赵安嫡长亲男，应该承袭。弘治七年十一月内，又蒙本州差令赵暹管领民兵前去大罗卫筑城回还。弘治十一年七月内，备将应袭情由具告巡抚云南监察御史谢处批，仰本府查行贴，仰本州行拘里老、乡邻、亲族、收生人等到官查审无碍，取具供结回报本院。蒙批赵暹既查审无碍，仰本府照例起送等，因已蒙复查对明白回报间。弘治十五年正月初二日，蒙三堂三司钧牌起调大军，四世祖赵暹跟同本州土官千户赵延寿等领兵前到会城听调。本月二十六日，遣去嵩明到赶杀流贼劫乡村贼寇，奋勇向前，对敌杀，获贼人首级并牛马，解官。二月初一日前，平夷卫等营，蒙□跟随刘都指挥并土官指挥凤英等军，续接攻破矣。凤诺、东花椒、九克等寨，杀敌贼众，不次攻破阿纳粟、角岗、糯谷、烈石等寨，杀获贼人首级贼属，解官。二月二十一日，统至阿西陇寨，官兵分围二十三日，攻开本寨，斩获贼人首级，解官。二十四日至楼下南窝五寨，与同官军擒获叛贼福佑、米鲁等身尸，解官。四月初六日，统至马友龙寨，初九日会官军，擒获监生花龙清、张喜等，解官。五月初一日，攻搜里泥等寨，斩获贼首级一颗，解官。本月初九日，克复回还。蒙钦差云南按察司整理，澜沧姚安副使焦，按临赏赐宝钞三百贯，绢一匹，官布一匹，领回到家。正德七年四月内，又蒙本州遵奉明文，同千户赵延寿，前到四川交界澜沧卫，浪渠州等处把守，获流贼，回还。本年七月二十九日，在家病故。

五世祖赵文德，系赵暹嫡长亲男，当具告本州替职差遣。正德十年十一月十六日，本州奉明文为强贼劫抢官银文，跟随本州千户舍人赵文杰等前去螳螂古底母喜菁等处追捕回还。正德十五年内，跟赵文杰征进弥勒州十八寨，与同官军斩获叛贼阿勿，并擒获发果寨贼人男妇二十名，解官，讫后杀败贼众，宁息回还。嘉靖二十年，本府州贴文，奉云南按察司札付及奉守巡金沧兵备等道案验准，总引关奉钦差巡抚云南等处地方都察院右副都御史王案验申，申明旧例，设处土官轻觑，又为地方应议事通行查勘，但有事故未袭者作急取应袭之人，照例行令保勘，得土官百户已故，赵安故男赵暹正妻陈氏嫡长亲男赵文德身无过疾，并不系乞养异姓之于户内，亦无争袭之人，应该承袭祖职，保勘明白，具结起送间。嘉靖六年十二月内，蒙三堂三司钧牌为十分紧急军情事，仰本周调取土军五百名，征剿叛贼安铨等。高祖赵文德率领土军五十二名，前到会城听用。嘉靖七年正月二十五日，回土官千户赵文杰前往富民县与贼对敌。二十九日，被叛贼安铨、凤朝文攻村临城来，至杨宣坡有赵文德等与贼对敌，至二月初七日，奉钦差镇守云南总兵官征南将军黔国公沐出谕榜文为均惠以服人心事，依奉同千户赵文杰等汉任土官军前往武定府攻破武溪山石洞，又到寻甸府并沾益州，本年三月到起丘等寨，奋勇杀获首级一颗，擒获贼妇一口，解赴统军官胡，督载兵备审验明白，行至五龙雪山，三江口，首追叛贼，安铨、安折等擒获回还。四月十八日，又蒙赏赐银牌一面，红绢一匹，绒花一对，于南教场筵晏。本月二十四日，蒙赏赐冠带。五月初一日钦奉事，奉府州贴文，该奉云南等处承宣布政使司札付，奉钦差镇守云南总兵官征南将军黔国公沐案验前事，将仰土官土舍应该袭替者取具保结起送等，因蒙批行，拟该图里老、邻佑、亲族、收生人等，将高祖赵文德替袭保勘，明白具结，连人申送去后，已蒙云南布政司于嘉靖八年正月十八日给与冠带札付，准高祖赵文德承袭。祖土官百夫长兼试百户职事，听后奏请施行。嘉靖十年六月二十日，奉府州贴文，为云南等处承宣布政使司札付，兵房二科准勘合札付，奉兵部深序一千七十号勘合，照依前事备奉查，李清、赵文德、杨本达三名各依父祖授职袭替，来历查明，具结起送等因，有高祖赵文德于嘉靖九年内在任病故。

六世祖赵永清，系文德嫡长亲男，因该承袭父职，本年五月内，蒙掌州事丽江军民府同知吴仲善查得祖赵永清系文德亲男，应该承袭，拘集该图里老、邻佑、亲族、收生人等取具结状承袭管事。至嘉靖十七年三月十七日在家病故。

蒙本州署印经历张常查得七世祖赵元祯系赵永清嫡长亲男，于本年八月内替职管事。嘉靖二十九年四月内，蒙上司调兵征进沅江府叛贼那鑑，行至渔福寨，与贼对敌，擒获头目多宜等二人解赴监军兵备道郭处审验明白回家。至嘉靖三十一年三月内得患瘴疾病故。

蒙本州掌印知州鄢桂校，查得八世祖赵康，系赵元祯嫡子亲男，拘集里老、邻佑、亲族、收生人等逐一查勘明白，应该承袭祖职。嘉靖三十九年内，蒙钦差赞理军务都察院右副都御史调取本州土军五百名，康率领本部下土军七十名，征剿东川府叛贼阿堂、阿科，杀败贼众，赏银牌一面，银花一对，红绢一匹，得胜回还。嘉靖四十四年七月内，蒙钦差赞理军务都察院右副都御史陈调取土军五百名，康率领本部下土军七十五名，征剿武定府叛贼凤继祖，蒙三堂三司给赏银牌三面，银花三对，红绢三匹，得胜回还。万历三年正月内，蒙钦差赞理军务都察院右副都御史邹，调取本州土军五百名，康率领本部下土军七十名，征进临安府地方北者竜寨，昼夜攻剿成疾，染病瘴疠，告替回还，在任病故。

祖（九世祖）赵天爵，系康嫡长亲男，应该承袭父职。于万历十一年内奉文调取土兵征讨叛逆岳凤，天爵统领本部土兵同将军刘綎官兵，生擒岳凤父子解京。蒙赏银牌红花回还，在任病故。

祖（十世祖）赵武裔，系天爵嫡长亲男，应该承袭父职。

父赵登，系武裔嫡长亲男，应该承袭父职。于天启元年奉文调取土兵征讨刀俗叛逆夷人，登亲率土兵杀败贼众，得胜回还，于天启二年承授冠带，病故。

元将，系登嫡长亲男，因崇祯十六年七月，兰州夷人生变，元将倡率部军，擒贼有功，蒙署州事永宁府承陶详报抚院吴，并守巡兵三道奖励冠带；又于隆武元年十二月奉恩诏加衔土官千户。隆武二年内，沙逆造意，奉文调军，元将仗仪统兵迎接，沐国公又拨兵随土官千户统兵官赵民望，守把定西岭。又于戊子年九月内，景东僰夷罗遇魁叛服不常，奉文调取哨兵一百名，委元将通督，杀至贼巢，得胜回还。见今保障地方看守城池，但今元将年老风疾，艰于举止，应该替职与嫡长亲男赵敬昌承袭。今因奉本府转奉分守金沧道敬奉平西大将军平西王行查事理。为此，合将元将历代履历亲图至本身一一造册，呈报须至册者。

一世祖赵坚，任本州土官百夫长，兼试百户。

二世祖赵宗袭任，病故。

三世祖赵安袭任，病故。

四世祖赵暹袭任，病故。

五世祖赵文德袭任，病故。

六世祖赵永清袭任，病故。

七世祖赵元祯袭任，病故。

八世祖赵康袭任，病故。

九世祖赵天爵袭任，病故。

十世祖赵武裔袭任，病故。

父赵登袭任，病故。

本身赵元将袭任，管事。

男赵敬昌应该承袭。

鹤庆军民府剑川州一图十甲里长生员赵日宣、赵璧璋、赵珍、赵之翰，今于与保结依奉当堂保到本族宗官百户赵元将，果系始祖昭信校尉剑川州世袭土官百夫长兼试百户赵坚十代玄孙，百户赵登嫡长亲男，已经承袭父职，自幼习读诗书，操演弓马，尽心守职，并不系招养异姓之子，户内亦无争袭之人，保结是实。

顺治十六年四月某日保结

生员赵日宣、赵璧璋、赵珍、赵之翰①

这份洋洋洒洒、长达4500余字的"宗支图本"，在交代因何而撰写这份"宗支图本"之后，简单介绍了赵元将的基本情况，紧接着对一世祖赵坚至十一世其父的生卒情况、所任职衔、历史功勋、基本评价等作了详细阐述，最后是4位保结者对赵元将的世系的真实性、文字武功、人格操守以及族内是否有争袭之人等均作了保结。余贻泽在《中国土司制度》中保存了一份宗支图，全文如下②：

---

① （清）赵日宣：《剑川州土官百户赵元将历代履历宗图结报》，该文献藏于云南省图书馆。

② 余贻泽：《中国土司制度》，正中书局1944年版，第208—213页。

云南永北县属蒗蕖州土知州应袭阿鸿钧，为造报事：谨将土州顶辈宗图、年籍、出身、履历、亲供、居址、疆界、理合造具清册，呈请查核，为此谨册。

计开：

职名：云南永北县世袭蒗蕖州土知州应袭阿鸿钧。

宗支图：（略）

亲供。……今应照例呈请承袭父职。理合造具顶辈宗图、年籍、出身、履历、亲供、居址、疆界清册，呈报须至册者。

居址：世居普树凹，祖代承袭蒗蕖州土知州职，管理旧治地方。

疆界：东至格纳思一百里，与四川盐源县中所喇土司属交界；西至打底河一百八十里，与丽江县木土司属交界；南至站河一百二十里，与章土司改流属交界；北至卞西坡一百二十里，与永宁阿土司属交界。

这则应袭土司制作的宗支图，不仅清楚地交代了本人出身、年貌、前辈履历、资格等内容，并将辖区内的户口、居址、疆界等情况也交代得十分清楚，造具清册。明清时期宗支图本是各地土司承袭土司之职的主要依据。清代宗支图本要求制作七份，除土司政权机构保存外，行省布政司及中央王朝有关部门也需保存一份。按照清政府的规定，如果不具有宗支图本，则是不准承袭土司职务的。

（二）结状文书

土司承袭必不可少的结状文书分为两类：

一类是"甘结"文书，包括应袭土司本人、土司之下土目、里老、土司族人、收生妇、土民等制作的担保文书。明初，中央政府规定："湖广、四川、云南、广西土官承袭，务要验封司委官体勘，别无争袭之人，明白取具宗支图本，并官吏人等结状，呈部具奏，照例承袭"[①]。天顺二年（1458）又奏准，"土官病故。该管衙门，委堂上官，体勘应袭之人，取具结状宗图，连人保送赴部，奏请定夺"[②]。可见，明代各地土官承袭

---

① （明）申时行等修：《明会典》，中华书局1989年版，第31页。
② （明）申时行等修：《明会典》，中华书局1989年版，第31页。

时需履行两套手续，一套是土官承袭人的族人和邻近土官的作保结状，该类文书的作用在于证明应袭之人的真实性。清代土司承袭，同样要制作结状文书。如南甸宣抚司应袭土司刀樾椿自己制作的结状文书如下：

> 具亲供人刀樾椿，系云南永昌府腾越厅已故土官刀定国正妻罕氏亲生长男，现年十八岁，身中面白，无须，本土夷人，祖籍南京应天府上元县人，汉姓龚，随师征南，扎驻南甸，赐姓刀，由祖建功，世授土职，至三世祖刀乐硬，承袭父职，麓川思任发叛，大军来到，前往小路投奔总兵官沐，随同大军征进麓川，攻打高黎山等寨，获捷，复攻打鬼哭、南牙山等处有功，蒙靖远伯兼兵部尚书王，叙功具奏，奉旨将南甸州改升南甸宣抚司土职，管理南甸地方，递相承袭至今，发给号纸任事。前土职刀定国，老病故，遗缺毕，应袭系已故土职刀定国正妻罕氏亲生长男，于光绪十七年四月初七日巳时生，现年十八岁，例应承袭父职，中间并无乞养异姓、庶出、冒诈、违碍等弊，亲供是实。
>
> 光绪三十四年十月□日具亲供人土职刀樾椿①

按照明清中央政府的规定，应袭土司下属土官要对上级应袭土官土司作保结书，如：

> 具结状南甸宣抚司土职目把管绍唐、克三级、谢上福、刘湛然等，今于台前与结状，实结得南甸宣抚司土职应袭刀樾椿，系已故土官刀定国正妻罕氏亲生长男，于光绪十七年四月初七日巳时生，现年十八岁，例应承袭父职，管理地方，族无争竞之人，夷众悦服，并无乞养异姓、庶出、冒诈、违碍等弊，结状是实。
>
> 光绪三十四年十月□日具②

明清时期，土司辖区的里老也要对应袭土司撰写保结书，其内容与土司族人的保结书大同小异，如南甸宣抚司土职里老的保结书：

---

① （清）刀樾椿：《南甸宣抚司呈报袭职清册》，现存于云南省梁河县档案馆。
② （清）刀樾椿：《南甸宣抚司呈报袭职清册》，现存于云南省梁河县档案馆。

具结状南甸宣抚司土职里老尹甲、杨有、陈学仕、刀守上等，今于台前与结状，实结得南甸宣抚司土职应袭刀樾椿，系已故土官刀定国正妻罕氏亲生长男，于光绪十七年四月初七日巳时生，现年十八岁，例应承袭父职，管理地方，族无争竞之人，夷众悦服，并无乞养异姓、庶出、冒诈、违碍等弊，结状是实。

光绪三十四年十月□日具①

应袭土司的族人要为应袭土司作保结状书，其格式、内容如下：

具结状南甸宣抚司土职族舍刀樾蕃、刀镇国、刀安方、刀明国等，今于台前与结状，实结得南甸宣抚司土职应袭刀樾椿，系已故土官刀定国正妻罕氏亲生长男，于光绪十七年四月初七日巳时生，现年十八岁，例应承袭父职，管理地方，族无争竞之人，夷众悦服，并无乞养异姓、庶出、冒诈、违碍等弊，结状是实。

光绪三十四年十月□日具②

为应袭土司的收生妇同样要为应袭土司作保结状书，其格式、内容与土司族舍相同：

具结收生妇结状。南甸宣抚司土职夷妇线氏，今于台前与结状，实结得南甸宣抚司土职应袭刀樾椿，系已故土官刀定国正妻罕氏亲生长男，于光绪十七年四月初七日巳时生，临盆时，系氏亲手接生、洗浴，并无过继、乞养、异姓、庶出、冒诈、违碍等弊，结状是实。

光绪三十四年十月□日具③

应袭土司辖区内的土民要为应袭土司作保结状书，其格式、内容与土司族舍相同：

---

① （清）刀樾椿：《南甸宣抚司呈报袭职清册》，现存于云南省梁河县档案馆。
② （清）刀樾椿：《南甸宣抚司呈报袭职清册》，现存于云南省梁河县档案馆。
③ （清）刀樾椿：《南甸宣抚司呈报袭职清册》，现存于云南省梁河县档案馆。

具结状南甸宣抚司土职地方夷民裤勐、哄摆勐、丙盖勐等，今于台前与结状，实结得南甸宣抚司土职应袭刀樾椿，系已故土官刀定国正妻罕氏亲生长男，于光绪十七年四月初七日巳时生，现年十八岁，例应承袭父职，管理地方，族无争竞之人，夷众悦服，并无乞养异姓、庶出、冒诈、违碍等弊，结状是实。

光绪三十四年十月□日具①

可见，南甸宣抚司辖区的里老、应袭土司族人、辖区内的土民、应袭土司的收生妇等制作的保结状书，其格式、内容与应袭土司下属土官制作的结状文书基本相同。

清代中央政府规定土官土司承袭过程中必须有结状文书，这是承袭人的邻近土司为应袭土司撰写的证明文书，具有担保的作用，其主要目的在于防止假冒和混袭土司之职。总的来讲，"甘结"文书就是里老、应袭土司族人、辖区内的土民、应袭土司的收生妇等"向官府出具的保证书"②。

另一类是"印结"文书，主要是盖有印章的具结文书，它是土司地区地方官员（多为流官）或政府机构为应袭土司出具的证明书。除第一类人向官府出具的担保文书外，邻封土司也要撰写结状文书，以此证明应袭之人的真实性，这就是"印结"文书，其具体格式如下：

具邻封印结云南永昌府腾越厅干崖宣抚司土职刀安仁，今于台前与结状，实结得南甸宣抚司土职应袭刀樾椿，系已故土官刀定国正妻罕氏亲生长男，于光绪十七年四月初七日巳时生，现年十八岁，例应承袭父职，管理地方，族无争竞之人，夷众悦服，中间并无抚同隐匿、违碍等弊，所具邻封印结是实。

光绪三十四年十月□日具③

---

① （清）刀樾椿：《南甸宣抚司呈报袭职清册》，现存于云南省梁河县档案馆。
② 朱金甫、张书才：《清代典章制度辞典》，中国人民大学出版社2011年版，第152页。
③ （清）刀樾椿：《南甸宣抚司呈报袭职清册》，现存于云南省梁河县档案馆。

又如云南省耿马县罕氏土司周边土舍为其承袭所撰写的保证书。

  云南顺宁府属耿马宣抚司阖族土舍等为循例投具保结事，今于与保结，实结得现今循例报袭，耿马宣抚司土职罕华基，实系现任土司罕荣升正妻放氏于同治拾二年拾壹月初捌日酉时亲生长男，现年拾陆岁，俟后例应顶袭父职，族无争竞之人，夷众悦服，并无过继、乞养、冒名顶替、血脉不正、浮诈违碍等弊，倘有虚捏、掩饰、私情、异端，土舍等甘罪无辞，理合预先投具保结，俟后现任宣抚司恐有事故，以杜争端，所结是实。
       光绪拾肆年六月某日
  具保结土舍：罕恩康、罕恩泰、罕荣耀、罕荣彩、罕荣连、罕荣昌、罕荣鼎、罕荣秉、罕荣文、罕荣定、罕荣成、罕荣高、罕荣先①

该保证书对耿马宣抚司土职罕华基的承袭资格、出生时间、年龄、是否符合国家有关政策规定等均作了担保。

所谓"印结"，是指盖有印章的具结文书，主要是指官员或政府机构为应袭土司出具的证明书。"甘结"和"印结"则是对"宗支图册"和"亲供图册"所记载相关事实的担保和证明性文书。

二 中央王朝和地方政府制作的土司承袭文书

当元明清中央政权介入土司政治时，土官土司承袭制度就上升为国家制度，并随着中央政权的发展而逐步规范与完善。因此，元明清中央王朝处理土司政权体系更迭的过程中，中央王朝和地方政府制作的相关文书，不仅有助于维护土司政权的稳定以及中央王朝对土司政权的有效管控，而且也逐渐完善了土司制度，加强了国家管控土官土司和治理土司地区的能力。从元明清三朝看，中央王朝和地方政府制作的土官土司承袭文书主要有以下几种。

---

 ① 《土官承袭格式》，现存于云南省耿马县档案馆。

（一）告袭文簿

告袭文簿是四川、云南、贵州、广西、湖广等行省总督、巡抚、巡按等地方流官政府登记各地土官土司承袭相关事宜以备查考的底簿，这是明清时期地方流官政府为应袭土司制作的文书。明代中央政府对告袭文簿有明确规定，据《明会典》载："凡土司告袭，所司作速勘明，具呈抚按，核实批允，布政司即为代奏。该部题选，填凭转给，就彼冠带袭职……抚按仍设告袭文簿，将土舍告袭、藩司代奏日期，登记明白，年终报部备考。"① 清代《钦定大清会典事例》载："土官承袭……应袭职者，由督抚察实，先令视事，令司府州邻封土司具结，及本族宗图，原领号纸咨部具题请袭。"② 因此，各地督抚查实应袭土司的情况后，向朝廷奏明相关情况，仍然属于告袭文簿一类的文书。如经筵讲官少保兼太子太保、保和殿大学士兼管吏部户部尚书事加二级臣张廷玉等谨题《为土司承袭事》，全文如下：

> 该臣等议得，署理云贵广西总督高其倬疏称：广西思恩府白山司土巡检王维翰患病请休，并请以正室黄氏嫡生长子王之纯替袭。经臣批饬，委员验得，土巡检王维翰委系患病，并无捏饰。其王之纯果系维翰正室嫡生长子，应替袭父职，与例相符，且民悦服，并无搀越情弊。取具图结并原领号纸送部题请替袭。等因前来。查该署督既称土巡检王维翰委系患病请休，王之纯果系维翰正室嫡生长子，并无捏饰，应替袭父职，与例相符，且民悦服。等语。应如该督署所请，将王之纯准袭广西白山司土巡检。恭候命下之日，臣部照例换给号纸，令其任事可也。
>
> 臣等未敢擅便，谨题请旨。
>
> 雍正十一年五月初九日题。本月十一日奉旨："依议。"③

---

① （明）申时行等修：《明会典》，中华书局1989年版，第626页。
② 《钦定大清会典事例》卷145《吏部·土官》，清光绪二十五年原刻本景印，新文丰出版公司1976年版。
③ （清）张廷玉等：《为土司承袭事》，中国第一历史档案馆清代土司档案，图像编号：072—107。

由此可见，这种"告袭文簿"主要是登记各地土司告袭和藩司代奏的日期，其目的在于"年终报部备考"。

（二）敕书

敕，就是敕命、敕谕。敕书是皇帝任官封爵和告诫臣僚的文书。元明清时期土司承袭时，皇帝给应袭土司发放的任命书。敕书中一般要写明被任土司的官职、姓名、所列职权等内容。元代中央政府在任命土官时，必须授予"宣敕"。《元史》卷十载：至元十五年（1278）十二月，都掌蛮夷内附，以其长阿永为西南番安抚使、得兰纽为都掌蛮夷安抚使，"授宣敕"①；《元史》卷四十一载：至正六年（1346）七月，散毛洞蛮覃全在叛，招降之，以为散毛誓压等处军民宣抚使，"给宣敕"②。"宣敕"是元代中央王朝给各地土官的"任职证书"，是土官作为中央王朝朝廷命官的证件。

明代中央王朝要给土司颁发诰敕文书。一般来说，一品至五品的土司授予诰命；六品至九品的土司授予敕命。土司武职的宣慰使、宣抚使、安抚使、招讨使，文职的土知府、土同知、土知州等均颁发诰命，其余入流土官发给敕命。明代中央王朝的诰敕文书有"总诰""总敕"和"分诰""分敕"之分。

总之，在土司制度的历史发展过程中，明清中央王朝为防止土司承袭过程中有可能产生的各种弊端，逐渐完善了土司承袭的相关手续。无论是各地土司和邻近土官制作的文书，还是地方流官政府以及中央王朝制作的文书，这些承袭文书的作用不仅是土司承袭的有效凭证，而且也是避免土司家族争袭、维护地方稳定的有力举措。

三　中央政府赐予土司的信物

研究某个具体土司时，我们不能把土司的先世称为土官或土司，只有当这个地方首领或地方官在归附中央王朝之后，朝廷赐予该地方首领印章、号纸等信物作为朝廷命官的凭证、纳入中央政府的官制体系，才能称为土官或土司。按照这样一个惯例，中央王朝赐予世袭土官土司的

---

① （明）宋濂：《元史》卷17，中华书局1976年版，第365页。
② （明）宋濂：《元史》卷41，中华书局1976年版，第875页。

信物也是十分重要的表征。在中央王朝赐予信物方面，元代赐给各地土司的有印章、虎符、驿传玺书、金（银）字圆符等信物，明代中央王朝赐给各地土司的主要有印章、冠带、符牌等，清代中央王朝赐给各地土司的有印信、号纸等信物。

（一）印章

元代中央王朝任命土官时，除赐予各地土官"宣敕"外，还要赐予印章，用以号令辖地各族民众以及处理公务加盖印信。对此，《元史》作如下记载：泰定三年（1326）九月戊辰，"湖广行省太平路总管郭扶、云南行省威楚路秃剌寨长哀培、景东寨长阿只弄男阿吾、大阿哀寨主弟你刀、木罗寨长哀卜利、茫施路土官阿利、镇康路土官泥囊弟陀金客、木粘路土官丘罗、大车里昭哀侄哀用、孟隆甸土官吾仲，并奉方物来献。以昭哀地置木朵路一、木来州一、甸三，以吾仲地置孟隆路一、甸一，以哀培地置甸一，并降金符、铜印，仍赐币帛、鞍勒有差"①。印章是土官土司权威的象征，元明清中央王朝都要赐予各地土官土司印章，以确保各地土官土司能够在处理相关事务时方便、快捷。

（二）虎符

元代中央王朝赐予各地土官的金符，有一部分为虎符。虎符与虎符之间尚具有材质和外观上的区别："考之国初，典兵之官，视兵数多寡，为爵秩崇卑，长万夫者为万户，千夫者为千户，百夫者为百户。世祖时，颇修官制，内立五卫，以总宿卫诸军，卫设亲军都指挥使；外则万户之下置总管，千户之下置总把，百户之下置弹压，立枢密院以总之。遇方面有警，则置行枢密院，事已则废，而移都镇抚司属行省。万户、千户、百户分上中下。万户佩金虎符，符跌为伏虎形，首为明珠，而有三珠、二珠、一珠之别。千户金符，百户银符。"②

各地土官配备虎符，《元史》记载颇多。如《元史》卷十载：至元十五年（1278），都掌蛮夷及其属百一十八人内附，以其长阿永为西南番蛮安抚使，得兰纽为都掌蛮安抚使，"赐虎符"③；《元史》卷二十三载：至

---

① （明）宋濂：《元史》卷30，中华书局1976年版，第673页。
② （明）宋濂：《元史》卷98，中华书局1976年版，第2507—2508页。
③ （明）宋濂：《元史》卷10，中华书局1976年版，第207页。

大三年（1310），平伐蛮酋不老丁遣其侄与甥十人来降，升平伐等处蛮夷军民安抚司同知陈思诚为安抚使，"佩金虎符"①。从上述材料看，上自路总管下至安抚使，均可佩虎符。另从至元元年（1264）诏书所反映出来的"诸官非节制军马者，不得佩金虎符"②的信息看，中央王朝赐予土官虎符，应是节制军马的凭信。这是因为边陲土官有保境靖边的责任，故给予"节制军马"的权力。③中央王朝赐予各地土官的金符，仅限于元代，明清两代已不再赐予信物。

（三）冠带

明代土司一经除授，中央王朝就会赐予各土司冠带，作为朝廷命官的凭证。按照明代中央王朝的规定，无论是文职土司还是武职土司，他们与当时朝廷命官一样，按品级高低而授予规格不一的冠带。《明史》卷三百十四载：洪武十七年（1384）八月，思伦发遣使献方物，并上元所授宣慰司印，"诏改平缅宣慰使为平缅军民宣慰使司，并赐伦发朝服、冠带"④。中央王朝就是用冠带来表示不同级别土司的身份和地位。

（四）号纸

土司的职衔与职级代表了土司的不同等级，而能反映土司职衔和职级的是清代中央王朝颁发的印信与号纸。所谓"号纸"，就是中央政府给某一土司的任命文书，当然也是土司承袭文书中的重要凭证。顺治初年："定土知府、同知、通判、知州、州同、州判、吏目、知县、县丞、主簿、典史、经历、知事、巡检、驿丞等文职承袭，由部给牒，书其职衔、世系及承袭年月于上，名曰号纸。"⑤清王朝颁发给土司的号纸是土司承袭土司之职的根据。康熙十一年（1672）规定："每承袭世职之人，给予钤印号纸一张，将功次、宗派及职守事宜，填注于后。遇子孙袭替，本省掌印都司验明起文，或由布政司起文，并号纸送部。查核无异，即与

---

① （明）宋濂：《元史》卷23，中华书局1976年版，第529页。
② （明）宋濂：《元史》卷38，中华书局1976年版，第826页。
③ 龚荫：《中国土司制度史》，四川人民出版社2012年版，第118页。
④ （清）张廷玉：《明史》卷314，中华书局1974年版，第8111页。
⑤ 《钦定大清会典事例》卷145《吏部·土官》，清光绪二十五年原刻本景印，新文丰出版公司1976年版。

题请袭替，将袭替年月顶辈填注于后，填满换给。如遇有水火盗贼损失者，由所在官司告给执照，送部查明补给。如有犯罪革职故绝等事，部司、布政司开具所由，将号纸缴部注销。如宗派冒混，查出参究。"① 可见，清代中央政府颁发的号纸是土司享受荣禄的根据。关于土司号纸的颁发、填写规格、书写内容、换给、补给、注销、遗失以及争夺等，清政府都有专门规定。如川边倬窝（一名竹窝）安抚司之号纸内容，可见号纸的样式。

  兵部为给发号纸事：武选司案呈，内阁抄出，四川总督奎□片奏：建昌道属倬倭安抚司索诺木多布丹已故，遗缺以嫡子俄尔珠，年二十二岁，勘以承袭，夷众悦服，造具宗图册结，原领号纸被毁，无从咨缴送部。具奉硃批：该部议奏，钦此。查四川建昌道属倬倭安抚司索诺木多布丹已故，遗缺请以该安抚司嫡子俄尔珠承袭，与例相符，应如该督所奏，俄尔珠准其承袭倬倭安抚司之职等因。于光绪二十八年五月初五日，具奉旨：依议，钦此。相应给与该土司号纸，今其承领任事可也：须至号纸者。
  右号纸给四川建昌道属倬倭安抚司俄尔珠，准此。

光绪二十八年五月十一日
号纸××行②

  号纸是各地土官土司承袭得官、袭职的根本。因此，在清代土官土司承袭过程中，号纸是必不可少的重要一环。
  总之，明清时期，土官土司承袭制度在元代土官土司承袭制度的基础上得以逐渐发展与完善，充分体现了作为具有合法统治地位的中央王朝在土官土司承袭过程中的主导作用。更为重要的是，元明清时期，土官土司承袭制度不仅注重土官土司承袭的各级各类文书与信物，而且加强了土官土司承袭法规制度的建设，使土司制度逐渐从"因俗而治"向"依法而治"嬗变。明清中央王朝不断完善土官土司承袭制度，其目的在

---

① （清）昆冈等：《钦定大清会典事例》卷589，中华书局1991年影印本。
② 佘贻泽：《中国土司制度》，正中书局1944年版，第214页。

于加强对土司的国家治理,树立中央政府在土司权力结构及土司地区的绝对威望,使国家制度、国家治理体系进一步法制化,进而确保土司地区的社会稳定。

第二节 土司朝贡制度

土司朝贡既是中央王朝与少数民族地区交往的主要途径,也是以儒家思想为核心的中原文化对土司地区传播的重要媒介。土司朝贡制度源于元代,完善于明代,衰微于清代,具有十分重要的研究价值。元明清时期,各地土司向中央王朝朝贡,这是土司制度中一项共性内容。各地土司向中央王朝进贡本地的特产,不仅加快了物品的流动,换回了中央王朝的货币及工艺品等形式的赏赐,促进了土司地区的商品经济发展,而且这种文化交流促进了儒家文化在土司地区的快速传播。本节以明代西南地区土司朝贡制度为例,对此作探讨。

一 明代土司朝贡制度

朝贡制度是古代中央王朝处理国家与国家、国家与地方、国家与少数民族地区关系的一种政治经济制度。明朝在继承和发展前代朝贡制度的基础之上,根据内外环境的变化又赋予了新的内涵。土司国家认同的动力并不是由土司自发形成的,而主要在于元明清中央王朝的土司制度的规定。明王朝为了加强对土司的控制,强制土司对以明王朝为代表的国家的认同,将众多的土司凝聚到中央王朝的周围,于是对土司朝贡作了一系列的规定。

(一)朝贡时间

土司朝贡是土司与中央王朝互动往来的纽带,通过朝贡表达土司对中央王朝的臣属关系和统治的高度认同。明廷对土司进京朝贡的时间作出了规定,这其中又分为两种情况,一是例贡,二是不定期朝贡。

1. 例贡

明王朝为了加强对土司地区的管控,采取了一系列的措施,主要表现在要求地方首领要按时赴京朝贡。由于土司多在少数民族地区,距离都城路途遥远,于是早在明太祖朱元璋时期,规定土官三年朝贡一次。

对于三年一贡的规定，一方面体现了明王朝对土司的关怀，减少他们来回奔波的频率；另一方面，则主要是想通过"三年"的期限规定，将土司牢固地纳入明朝政权体系中来，从而防止土司不来归附的情况发生。通过定期的朝贡，土司与中央王朝保持了密切的关系，了解中央王朝的政策，使其在对本地区的治理更加符合王朝的意志，同时在朝贡的过程中，土司与土司之间、土司与汉族官僚之间，也加强了交流，最终实现由上至下的政令统一。

2. 不定期朝贡

三年一贡的规定只是中央王朝约束土司的基本要求，除此之外，中央王朝还通过其他的时机与土司保持着密切的联系，中央王朝的庆典仪式、土司要承袭、谢恩，等等，都要求朝贡，这就加强了对土司的管控。土司承袭、谢恩、子弟上学都要通过朝贡的机会，向中央王朝汇报审批，同时，皇帝的更替以及大寿，也都欢迎土司的积极参与，并给予优厚的赏赐。对于这类朝贡，没有具体的时间规定，至于庆贺，明廷规定只要不错过庆贺的日子即可。如："洪武二十三年（1390）五月，播州宣慰使司并所属宣抚司官各遣其子来朝，请入太学。"[①] 由此可见，土司的子弟想到京城学习汉文化，也是需要朝廷批准，距离上次（1388）进京有两年时间。宣德六年（1431）二月，播州宣慰使杨升遣副长官陈恕进马及方物，庆贺皇帝的生日，作为朝贡使者的陈恕还得到了朝贡赏赐的钞、彩币表里，金织袭衣。[②] 此次朝贡，是杨升派人祝贺皇帝生日的朝贡，距离播州土司上次朝贡的时间（1430）仅一年左右。至于谢恩的朝贡，中央王朝的规定中也说"谢恩无定期"。

（二）朝贡人数

从明朝对土司朝贡的规定变化情况来看，经历了从宽松到紧缩的过程，如土司朝贡的人数在明前期并未作详细规定，到了明代中后期，明廷通过限制进京朝贡者的品级和人数来控制朝贡的规模。

明太祖朱元璋统治时期，新政权成立不久，需要得到边疆土司的认同，对于朝贡的土司采取的是"来者不拒"的政策，对入京朝贡人数也

---

① 李国祥、杨昶：《明实录类纂（四川史料卷）》，武汉出版社1993年版，第739页。
② 李国祥、杨昶：《明实录类纂（四川史料卷）》，武汉出版社1993年版，第783页。

并无严格限制,故土官朝贡人数众多。据史料记载,四川朝贡的土司就达到50多家,如:乌蒙军民府、乌撒军民府、芒部军民府、金筑安抚司(后属贵州布政司)、卢山长官司(后属贵州宣慰司)、慕役长官司(后属贵州永宁州)、大华长官司、西堡长官司(后属贵州安顺州)、宁谷寨长官司(后属贵州安顺州)、顶营长官司(后属贵州永宁)、十二营长官司(后属贵州镇宁州)、安顺州(后属贵州布政司)、贵州宣慰司(后属贵州布政司)、平茶洞长官司、播州宣慰司、程番长官司(后为府设流官属贵州布政司)、龙州(后为宣抚司)、永宁州(后属贵州布政司)、镇宁州(后属贵州布政司)、康佐长官司(后属贵州镇宁)、建昌卫、建安州、礼州、柏兴州、酉阳宣抚司、方番长官司(后属贵州宣慰司)、木瓜长官司(后属贵州金筑安抚司)、黎州、邛部军民府、德昌府、普安军民府、东川军民府、长河西、天全六番招讨司、占藏先结簇长官司、阿昔簇长官司、蛤匝簇长官司、北定簇长官司、祁命簇长官司、阿昔洞簇长官司、勒都簇长官司、班班簇长官司、者多簇长官司、麦匝簇长官司、石砫宣慰司、泥溪长官司、雷坡长官司、沐川长官司、平夷长官司、蛮夷长官司、马湖府(后改设流官)、岳希蓬长官司、陇木头长官司、静州长官司、里州、建昌府、阔州、中县、碧舍县、会川府、武安州、永昌州、隆州、姜州、黎溪州、麻龙县等。[①] 另外还有来自广西、湖广、贵州、云南的几十家土司,总数就已经达到了上百家。每个地区的土司还要带大量的随行人员,可想而知朝贡人数之多、开销之大,不光在接待和赏赐上面明廷需要负担很大的财政支出,而且如此众多的人群流动,给沿途的社会治安也带来了诸多隐患。

鉴于以上因素,到了明朝中后期,为了降低成本、减少朝贡途中的安全隐患,明廷对土司朝贡作了进一步改革,限制土司进京的朝贡人数。从嘉靖元年(1522)开始,除了例贡允许品级较低的头目、把事、舍人进京贡献方物之外,其余不定期朝贡则只准品级高、权力大的土司朝贡,如宣慰使、宣抚使、安抚使。嘉靖以前,对于那些擅自朝贡的土司没有严格处理,仍然给赏,助长了土司不论大小都蜂拥而至,而嘉靖元年明确规定,如果土司不通过本布政司审核,派遣人员过多,不按照例贡的

[①] (明)申时行等修:《明会典》,中华书局1989年版,第583页。

时间安排提前来贡，礼部则不再收取贡品，赏赐也一分不给。二年议准，前数须及过限一月，俱属违例，止减半给赏。若违例多端者，不赏。到了嘉靖七年，对土司朝贡的单位人数规定是不超过 3 人，同时还进一步限制总人数不超过 100 人，这 100 人也并非都有机会见到皇上，只有 20 人可以进京，其余 80 人留在本省布政司等待。"所司辨验方物，造册给批，差官伴押到京，礼部验批相同，方与赏赐应付。"① 通过以上紧缩的政策，对朝贡人数加以限制，明廷所支出的成本大大降低，同时也使朝贡制度趋于规范。

（三）朝贡物品

礼尚往来是中华民族的传统，明朝统治者在与土司交往的过程中，非常注重礼仪规范，土司朝贡不可能空手而去，而需要进献贡品。贡品是土司向中央王朝呈现的礼物，既能体现土司与中央王朝的和谐关系，也能从中获取丰富的回赐，还能使自身的合法地位受到朝廷的认可。因此，土司往往将本地最好的物产当作贡品进献给朝廷。

土官进献何种礼物给皇帝，主要根据当地出产情况。按照《明会典》载，主要有马、药材、工艺品、饮食等。土司进献的贡品种类丰富，大多是各地的特产，对于财力雄厚的中央王朝来讲并不是渴求土司的贡品，因此明廷规定贡品的种类，并非想索取和压榨土司，而是想通过进献物品的形式，一方面增加土司对王朝礼仪和道德的了解，规范土司的行为习惯，按规矩办事；另一方面，也是对土司治理地方社会成绩的一个考核，地方经济发展得好与坏，从进贡的物品数量和质量上是可以得以体现的。

明代不同时期，土司朝贡物品的方式也有所不同。明朝初期，新政权立足未稳，地方管理还不够完善，因此土司进贡物品往往是将实物运送至京城。对此，明廷还专门设置了贡品的管理机构，御马监专门管理马的饲养，驯象所专门管理大象，内务府专门接受药材、金银器皿、奇珍异宝，还要专人负责包装等。而遥远的行程，大宗物资的运输本就是一件劳民伤财的事情，中央王朝管理起来也非常复杂，土司也多为贡品的运输犯愁。到了明朝中期，周边局势趋于稳定，地方管理日渐完善，

---

① （明）申时行等修：《明会典》，中华书局 1989 年版，第 584 页。

明朝对于土司进贡物品的方式作了改革，规定土司进贡，不管是一年一贡还是三年一贡，不论是进贡何种物品，通通折合成银两，贡品就存放在本布政司，进贡的数目则登记成册报送朝廷。贡品折银的实施，大大减轻了土司运输成本，提高了进贡的效率，只需要使者赴京即可，也增加了朝贡的乐趣。从以上制度规定可以看出，明朝中央政府为了更好地管理土司地区事务，制定了一套对于土司进贡细节完备的管理制度。

（四）朝贡回赐

中央王朝为了感谢土司的效忠，对于朝贡的土司都会给予赏赐。朝贡赏赐的规定，使朝贡与赋税有根本的区别，赋税的三大特性中，无偿性是非常重要的一点。朝贡制度则具有互惠性，具体就表现在对土司的朝贡行为，朝廷会给予赏赐，还根据贡品的多寡制定了专门的赏赐原则，以播州土司为例，在上百次的朝贡活动中，每次朝贡都有赏赐，这也是播州土司朝贡频繁的一个重要原因。根据《明实录》的记载，明廷对于来朝贡的土司赏赐的物品种类有：钞锭、彩币、文绮、纻丝、缎绢、袭衣等。名目虽然繁多，实则货币、丝麻等纺织品、衣物三大类。

1. 回赐标准

为了体现礼尚往来的礼仪传统，中央王朝接受土司进贡的物品之后，通通给予一定的回赐，而回赐的标准也有明确规定。对于马，御马监有专门的兽医，根据马的牙齿和毛色评估马的品质，明清中央王朝主要将贡马分为上中下三个等级，上等马每匹赏赐 1000 贯，中等马每匹赏赐 800 贯，下等马每匹赏赐 500 贯。对于药材、茶叶等地方特产，中央王朝也规定了赏赐的标准，按照方物的重量而定。总之，土官进贡的物品越多、品质越好，得到的回赐就越多。

对贡品按照一定的价格给予回赐，这并不意味着朝贡的本质就是商品的交换，中央王朝更重视的是对少数民族地方首领的管理，根据官员职位高低，明廷的赏赐也有所差别。"凡三品、四品，回赐钞一百锭，彩段三表里（惟播州、贵州二宣慰使，赐锦二段，彩段六表里）。五品钞八十锭，彩段三表里。六品、七品钞六十锭，彩段二表里。八品九品钞五十锭，彩段一表里。杂职衙门并头目人等自进马匹方物，钞四十锭，彩段一表里（弘治十四年，琼州、崖州起送土官，每人赏钞三十锭，绢二匹，绢衣一套）。差来通事、把事、头目各钞二十锭，彩段一表里，随来土官弟男并把事头目人等，钞二十锭，从人伴吏钞十锭（播州差来长官钞四十锭，一表里，通把头目人等各钞三十锭，贵州差来舍人，钞二百五十锭，二表里，把事十五锭，一表里，通事十锭，绢一匹，头目从人赏钞如例）。凡进马一二匹及方物轻者，止照杂职例赏。嘉靖元年（1522）奏准，朝觐到京，以马数多寡为差，进马一二匹者，准一人作差来名色，赏钞二十锭，彩段一表里，三四匹者作二人，五六匹者作三人，彩段钞锭照数递加。"不仅对土司的回赐厚重，中央王朝还特别关照土司的亲属，对于土司的兄弟儿男，同样也会给予赏赐。"凡谢恩差来人，与杂职赏同。贵州土官减钞二十锭，随来通把从人，给钞如朝觐例。凡庆贺，贵州差来舍人，赏钞五十锭，彩段二表里，把事钞十五锭，彩段一表里，通事从人钞如朝觐例。四川土官差来人进马者，钞二十锭，彩段一表里，降香茶蜡等物者，钞二十锭，绢二匹，随来人钞十锭。"①

土司朝贡，是进贡物品，获得中央王朝的赏赐，同时中央王朝还会举办宴席，款待土司，为土司之间以及与汉族官员的交流提供平台。对于接待的宴席，中央王朝也有详细的安排，包括宴席的流程、饮食品类、接待人员等。总之，体现了中央王朝对土司的重视。

2. 回赐时间

贡使入京后，接受赏赐的时间无定制，或在朝贡当天，或间隔几天，或十几天，最长间隔一个月受赏赐。播州土司朝贡受赏赐时间多为当天。如《太祖实录》卷93记载："洪武七年九月乙酉（1374年10月28日），播州宣慰使杨铿前来朝贡，赐绮、帛各五匹。"② 土司朝贡除了当天即时受到赏赐外，有时由于各种原因会间隔几天接受明廷的封赏。如《宣宗实录》卷17记载："宣德元年五月乙卯（1426年6月27日），播州宣慰使杨升遣长官杨福通来朝贡马"，播州土司此次朝贡是在15天之后得到赏赐的，"宣德元年六月庚午（1426年7月12日），

---

① （明）申时行等修：《明会典》，中华书局1989年版，第597页。
② 李国祥、杨昶：《明实录类纂（四川史料卷）》，武汉出版社1993年版，第728页。

赐播州宣慰司长官杨福通等钞、币有差"①。总之，虽然中央王朝没有具体规定朝贡赏赐的时间，但是，从以上材料可以看出，朝廷十分重视自己的承诺，每次都及时兑现了对朝贡土司的赏赐，且让史官详细记录其赏赐时间。

二 各地土司积极朝贡的原因

元明清时期，各地土司进献何种贡品给皇帝，主要视当地的出产情况而定。当时各地土司无论距离京城的路途多么遥远，他们均不会放过既表明忠心，又获封赏的入京朝贡之机。如水西安氏土司，朝贡十分积极，著者曾对明代水西安氏土司朝贡的情况作过梳理，在119次朝贡中，除有20次朝贡的贡品属于不详之外，其余99次或为贡马，或为进贡方物，详细情况见表5-1。

表5-1　　　　　明代水西土司朝贡情况一览②

时间	朝贡者	朝贡物品	回赐情况
洪武年正月	郑彦文、霭翠	马、方物	文绮袭衣、仍世袭宣慰使
洪武七年九月	霭翠	马	袭衣、文绮十匹
洪武九年十月	霭翠	马	绮、帛六匹、人衣、靴
洪武十一年十一月	霭翠	不详	锦仁二匹、金龙文绮人二匹
洪武十五年闰二月	霭翠	马二十七匹、毡、衫、环刀	衣帽、衣服、钞锭、复加赐衣、钞
洪武十六年正月	霭翠	马	不详
洪武十六年正月	霭翠	不详	钞百锭、锦十五匹、金带一
洪武十六年六月	霭翠	马	文绮、钞锭
洪武十六年九月	霭翠	马	不详

---

① 李国祥、杨昶：《明实录类纂（四川史料卷）》，武汉出版社1993年版，第764页。
② 贵州民族研究所：《明实录·贵州资料辑录》，贵州人民出版社1983年版，第5—1084页。

续表

时间	朝贡者	朝贡物品	回赐情况
洪武十六年九月	沙溪	马、方物	织锦、文绮及衣服、帽、带、靴、袜、钞锭有差
洪武十七年二月	奢香	方物	文锦、绮、帛及珠翠、如意瑁、金环、文绮袭衣
洪武十八年正月	霭翠	马、方物	不详
洪武二十年十月	奢香	马二十三匹	不详
洪武二十一年六月	宋斌	马	赐钞有差
洪武二十一年九月	霭翠	马	不详
洪武二十一年九月	霭晖	马	钞三百四十锭
洪武二十二年三月	奢香	马	赐钞有差
洪武二十二年十一月	奢香	马	赐使人、把事、通事钞有差
洪武二十四年六月	安的	马二十匹	厚赏其使及其从人钞有差
洪武二十四年十二月	安迪	马	不详
洪武二十五年五月	安的	马	三品公服并纱罗袭衣、□花金带，白金三百两、钞五十锭、锦、绮各十匹，把事从人等绮、钞有差
洪武二十五年十月	奢助	马	银四百两、锦、绮各十匹、钞五十锭，另赐奢助等锦、绮、钞有差
洪武二十五年十一月	安的	马六十六匹	绮、帛、钞锭。置贵州宣慰司儒学，设教授一员，训导四员
洪武二十六年正月	奢香	方物	诏赐宴于会同馆，仍各赐文绮、钞有差
洪武二十六年正月	安的	方物	冠带、袭衣、文绮、钞有差
洪武二十六年三月	谢阿梭	马	绮、帛
洪武二十六年十一月	阿夷、阿库	马六十五匹	不详
洪武二十六年十二月	安的	马	绮、帛及钞
洪武二十七年正月	安的	马十二匹	不详
洪武二十七年十一月	安的	马二十六匹	免其积岁补租
洪武二十八年正月	安的	方物、马	不详
洪武二十八年七月	安的	马	白金三百两、钞二百五十锭
洪武二十八年九月	安的	马	文绮、钞锭

续表

时间	朝贡者	朝贡物品	回赐情况
洪武二十九年八月	安的	马	不详
洪武三十年正月	阿沙	马	袭衣、金带、文绮、钞锭各有差
永乐元年正月	安卜葩	方物	白金、钞、文绮有差
永乐元年十月	安卜葩	马	赐赉有差
永乐四年正月	安卜葩	马十四匹	白金、锦绮
永乐六年正月	安卜葩	马	赐之钞币
永乐七年正月	安卜葩	马	赐安卜葩白金、锦绮。金织衣,赐长官及兼从有差
永乐十年正月	安卜葩	马	赐之钞币
永乐十三年正月	安卜葩	马九十匹	赐钞币,遣还
永乐十九年正月	安卜葩	马	赐钞币,遣还
永乐二十二年正月	安中	马	钞二百五十锭、锦二缎、彩币八表里,仍给其马直,赐所遣人钞、彩币表里有差
洪熙元年十二月	阿路等	马、方物	不详
宣宗宣德元年三月	王志彬等	马、金银器皿等物	不详
宣宗宣德元年三月	王志彬等	不详	钞、彩币表里、金织袭衣有差,别给钞酬其马直
宣宗宣德二年三月	安武子瑛	马	不详
宣宗宣德二年三月	安瑛	不详	钞、彩币、绢、布有差
宣宗宣德二年三月	徐名	不详	钞、彩币、袭衣有差
宣宗宣德三年四月	蒋贵林	马、方物	不详
宣宗宣德三年七月	阿关	不详	钞、彩币表里有差
宣宗宣德四年二月	安怯	驼、马等	不详
宣宗宣德五年二月	安嘉	马、方物	不详
宣宗宣德五年二月	安嘉	不详	钞、彩币表里及绢有差
宣宗宣德五年三月	安比	马、金银器皿、方物	不详
宣宗宣德五年四月	安比	不详	钞、彩币表里及绢有差
宣宗宣德六年二月	袁英	马、方物	不详

续表

时间	朝贡者	朝贡物品	回赐情况
宣宗宣德六年二月	袁英	不详	钞、彩币表里、金织袭衣有差
宣宗宣德六年三月	何敬	马	不详
宣宗宣德六年三月	何敬	不详	彩币表里、钞有差
宣宗宣德七年四月	安中	不详	钞、锦绮、彩币表里有差
宣宗宣德九年三月	胡珉	马	不详
宣宗宣德九年三月	胡珉	不详	钞币有差
宣宗宣德十年十一月	安中	马、方物	彩币等物有差
英宗正统三年五月	安聚等	马	钞锭、彩币表里有差
英宗正统四年正月	者凤	马、方物	彩币、钞、绢有差
英宗正统四年十二月	安聚	马	彩币等物有差
英宗正统六年四	阿意	马、方物	钞币有差
英宗正统七年二月	石得新	马、方物	彩币等物有差
英宗正统八年八月	王玄明	马	赐宴并赐彩币等物有差
英宗正统九年七月	何澄	马	钞、币、缎有差
英宗正统十年六月	阿朔	马、方物	赐宴,并彩币表里有差
代宗景泰元年	安陇富	不详	织金财币有差
代宗景泰三年八月	安克	驼、马、方物	赐宴,并赐彩币表里,青红布绢等物
英宗天顺二年闰二月	阿鲁	马、方物	赐宴并彩币表里有差
英宗天顺四年五月	阿约	马、方物	赐宴并彩币等物有差
英宗天顺七年正月	不详	马、方物	赐宴并钞币有差
宪宗成化元年八月	安观	马、方物	衣服彩缎等物有差
宪宗成化二年正月	舍人等	马、金银器皿、香蜡等	彩缎表里等物有差
宪宗成化三年三月	周冕	马	彩缎、宝钞有才差
宪宗成化四年十月	王源	马	彩缎、钞锭有差
宪宗成化五年二月	安觉	象、马	衣服、彩缎等物有差
宪宗成化七年正月	安观	马	彩缎表里等物有差
宪宗成化十一年二月	安贵荣	马、银器	彩缎等物有差
宪宗成化十二年七月	安贵荣	马	彩缎、钞锭有差
宪宗成化十二年十二月	陈昂	马	彩缎、绢、钞有差

续表

时间	朝贡者	朝贡物品	回赐情况
宪宗成化十九年四月	头目把事等	马	彩缎、绢、钞有差
宪宗成化二十一年二月	安沐	马、方物	彩缎、宝钞有差
宪宗成化二十二年六月	安得	马	赐宴并彩缎、钞锭有差
孝宗弘治四年三月	安贵荣	马	彩缎、钞锭有差,仍赐锦缎等物如例
孝宗弘治六年三月	安贵荣	马	彩缎、钞锭有差
孝宗弘治八年六月	安贵荣	不详	彩缎等物如例
孝宗弘治十一年九月	把事	不详	彩缎、钞锭有差
孝宗弘治十二年二月	安亨	不详	锦缎等物并赐安亨彩缎、钞锭如例
武宗正德元年四月	安诚	马、方物	赐宴并衣服、彩缎等物有差
武宗正德三年四月	安宗	马	锦缎表里等物及赐安宗等彩缎、钞锭有差
武宗正德四年闰九月	安居	马	彩缎、宝钞有差
武宗正德五年十一月	安贵荣	马	彩缎、钞锭有差
武宗正德六年正月	安仁	马	彩缎、纱绢有差
武宗正德十年十月	安万钟	马	彩缎、钞锭
世宗嘉靖二年十一月	安然	马	锦缎、彩缎、绢、钞有差
世宗嘉靖四年八月	安元	马	钞币有差
世宗嘉靖十九年九月	安边	不详	宴赉如例
世宗嘉靖二十一年四月	安义	马	给赏如例
世宗嘉靖二十三年二月	安仁	马	以过期给半赏
世宗嘉靖二十四年十二月	委克	马	宴赏如例
世宗嘉靖二十七年二月	安乐	马	给赏如例
世宗嘉靖三十一年二月	安万铨	马	以过期给半赏
穆宗隆庆二年正月	安河	不详	宴赉如例
穆宗隆庆二年二月	安国亨	马	宴赉如例
穆宗隆庆四年二月	安国亨	不详	赏如例
穆宗隆庆五年正月	安国亨	马	赏如例
神宗万历元年九月	舍人	不详	钞锭、彩缎衣服等物如例
神宗万历二十九年二月	安疆臣	马三十匹	锦缎、彩缎六表里
神宗万历三十二年二月	安疆臣	不详	给赏如例

续表

时间	朝贡者	朝贡物品	回赐情况
神宗万历三十三年十月	安瑞汉	马	彩缎表里、钞锭如例
神宗万历三十八年二月	安德	马	表里缎绢
神宗万历三十八年八月	蔡应富	马	钞、锭、彩、缎如例

水西安氏土司积极朝贡引发我们必须思考一个问题：元明清中央王朝与各地土司为什么都十分重视朝贡之事？佘贻泽在《中国土司制度》中给出了答案，他认为："朝贡一事，为土司直接与中央政府接触之机。朝廷之所以重视朝贡者，一则足以表其归化之心，二则亦可藉使瞻天子之威严、中原之富庶、礼教之敦厚，使之油然向化。至于其所贡礼物，朝廷非爱其财！且每次给赏甚厚，以表天子之恩也。"① 明清时期各地土司为什么乐于向中央王朝朝贡呢？是自愿？是为了讨好皇上？抑或是为了得到回赐、领取奖赏？笔者后来翻检史料认为：各地土司积极朝贡除了"家国一体"这个大道理之外，其原因有四个：②

（一）土司制度的制约

土司制度自元朝建立后，到明朝有了迅速的发展，制度完备是其重要特征。《明史·职官》："洪武七年（1374），西南诸蛮夷朝贡，多因元官授之，稍与约束。……皆因其俗，使之附辑诸蛮，谨守疆土，修职贡，供征调，无相携贰。"③ 这里的"修职贡"，也就是土司必须向中央王朝进贡。按明初定制："湖广、广西、四川、云南、贵州腹里土官，遇三年朝觐，差人进贡一次。俱本布政司给文起送，限本年十二月终到京。"④ 朝贡限在圣节以前，贡品为当地土产、特产及稀有之物。西南地区土司朝贡的物品很多，包括马、象、水银、朱砂、黄连、黄蜡、麝香等物，而以马为大宗。但正德以来，由于兴建寺庙皇陵，加上明代皇室几次火灾，大木之需甚为急迫，一时之间，采办大木成为某一阶段压倒一切的中心任务，而

---

① 佘贻泽：《中国土司制度》，正中书局1944年版，第26页。
② 李良品：《明代西南地区土司进献大木研究》，《中南民族大学学报》（人文社会科学版）2008年第5期。
③ （清）张廷玉：《明史》，中华书局1974年版，第1876页。
④ （明）申时行等修：《明会典》，中华书局1989年版，第583页。

大木所生长的地区许多都是明代西南地区土司所在地，所以大木等土特产也就成为当时西南地区土司的主要贡物之一。对各地土司进献大木等物品之事，《明史》《世宗实录》等均有一些记载。当中央王朝需要大木的时候，土司进献大木等物品既可以抵所应该缴纳的贡赋，又是土司忠于朝廷的一种表现形式。土司通过向中央王朝进贡以表示对中央的臣服。

（二）中央政府的鼓励

明清时期，西南民族地区各地土司为了巩固其统治地位，守护祖先创下的基业，积极投靠中央王朝，不仅按照规定的时间准时赴京接受中央王朝的考核，还通过各种机会赴京朝贡，保持与中央王朝信息交流的畅通，固守着紧密的君臣关系。有学者认为："朝贡的宗旨是让民族地区受封土司，以定期或不定期向明中央政府贡方物的形式体现政治隶属关系的政治制度，实质上是各土司对明中央政府承担的一种特定的政治义务。"① 事实上，明清时期各代皇帝均鼓励西南民族地区的土司进京朝贡，而各地土司也抓住皇帝生日、皇帝登基、立太子、正旦等机遇对皇上进行庆贺性朝贡，同时，还充分利用归附、子弟入学、承袭、谢恩、谢罪等时机进行事务性朝贡，于是构成了各地土司朝贡的主要大类。

（三）各地土司的效尤

明清时期西南民族地区的土司，无论是庆贺性朝贡，还是事务性朝贡，他们都是争先恐后。因为进献马匹、方物或大木的土司能得到中央王朝一定的经济和名誉上的奖励。各地土司不仅争先恐后，而且为了朝贡，特别是献大木而不择手段，爆发采木争夺。如万历十三年（1585），四川播州宣慰使杨应龙进献大木等物品获得了中央王朝的赏赐，贵州宣慰使安国享见状，不顾自己当时没有大木也声称有大木进献朝廷，同样获得了中央赏赐的飞鱼服。土司有时也通过商人获得木材。大木是一种特别的资源，可以得到土司之间矛盾的最后裁决者——皇帝的赏识，这也难怪各地土司进献方物会趋之若鹜，争先效尤。

（四）中央王朝的赏赐

中央王朝为了笼络各地土司效忠，对朝贡的土司都会给予赏赐。朝

---

① 洲塔、贾霄峰：《试析明代藏区土司的朝贡制度》，《西藏大学学报》（汉文版）2006年第3期。

贡赏赐一般根据贡品多寡、价值高低等规定赏赐原则。中央政府对西南地区恭顺的土司，其回赐格外优厚，如《明史》卷三百一十六载：洪武十七年（1384），奢香率所属来朝："愿效力开西鄙，世世保境。帝悦，赐香锦绮、珠翠、如意冠、金环、袭衣。"其后，奢香子安的袭职，帝曰："安的居水西，最为诚恪。"洪武二十五年（1392）安的来朝，"赐三品服并袭衣金带、白金三百两、钞五十锭"①。明王朝一直采用优厚赏赐来笼络西南地区土司。中央王朝除赏赐之外，还要举办宴席，款待土司，为土司宴请做出详细的安排，包括宴席的流程、饮食品类、接待人员等，这一切均体现了中央王朝对土司的高度重视。虽然各地土司朝贡马匹与方物、进献大木等物品与接受中央朝廷的赏赐仅是象征性和程式化的，但它却是各地土司表示忠顺中央王朝的一种表象，也是中央政府治理各地土司的一种有效举措。

三 各地土司朝贡的影响

各地土司向中央王朝贡献方物既是一种政治行为，又是一种经济行为。明清中央王朝通过各地土司的朝贡，不仅可以考察各地土司是否认同和效忠朝廷，而且可以从各地土司的进贡物品中满足物质需求。明清时期，各地土司进京朝贡，表达了他们对明清中央王朝的效忠以及对其治统的高度认同。从各地土司朝贡的情况看，其影响有积极和消极两个方面。

（一）积极影响

无论是从历史文献记载还是从中央王朝与各地土司之间的实际政治作用看，土司朝贡与接受中央朝廷的赏赐都是一种象征性的活动。一方面表示各地土司忠顺中央王朝，另一方面表示各地土司愿意接受中央王权的治理。就积极意义看，各地土司朝贡不仅加强了土司地区与内地、地方与中央、民族地区与汉族之间在政治、经济、文化各方面的联系，加强了明清中央王朝对土司地区的有效治理，而且进一步促进了边疆地区社会经济文化的快速发展。

1. 在政治方面

各地土司向明清中央王朝积极朝贡，加强了明清中央王朝对土司地区

---

① （清）张廷玉：《明史》，中华书局1974年版，第8169页。

各民族的管控与治理。土司地区与内地在诸多方面都存在着或多或少的差距，历代王朝对其统治的方法也有别于其他地方。《明史·土司》："西南诸蛮，……迨有明踵元故事，大为恢拓，分别司郡州县，额以赋役，听我驱调，而法始备矣。然其道在于羁縻。彼大姓相擅，世积威约，而必假我爵禄，宠之名号，乃易为统摄，故奔走惟命。"① 可见，明清中央王朝只有继续保留土司地区原有的政治、经济结构，利用其本族中的上层人物，授以世职，对这些地区进行间接统治。在土司制度下，土司朝贡是各地土司与明清中央王朝保持联系的特殊方式。当各地土司或其使者历尽艰辛抵达京城，并进行朝拜、献贡等礼节仪式时，一方面表明了他们互相之间的君臣关系，另一方面表明了各地土司所代表的民族与明清中央的隶属关系。明清中央政府十分重视朝贡，把它看作各地土司是否臣服中央的重要表现，一旦有变，轻则质问，重者动兵。明清中央王朝就是通过朝贡牢牢控制了各地土司，达其"额以赋役，听我驱调"的目的。各地土司也通过朝贡"假我爵禄，宠之名号"而得到中央王朝的特权和实惠，进而巩固和加强自己在土司地区的统治地位，在地方权力的行使中，不断获取最大利益。可以说，各地土司向明清中央王朝朝贡的政治意义远远大于经济意义。各地土司朝贡类型包括庆贺性朝贡和事务性朝贡，其中事务性朝贡就涉及土司的承袭。中央王朝规定土司承袭必须赴京，这一制度有别于元朝优抚羁縻之策，以严控土司承袭凸显中央王朝对土司的驾驭权威。各地土司承袭职位而朝贡，体现了中央王朝的权威，同时也利于各地土司家族内部的有序运转，虽然在某些时期存在着嫡庶争夺土司之职，但在中央王朝的直接管控和治理下，也很少有如思州、思南田氏土司那么严重的后果，这是各地土司能够立足数百年的原因之一。

2. 在经济方面

各地土司向中央王朝积极贡献方物，这无疑是明清中央王朝对土司地区索取物质的一种方式。但就各地土司朝贡看，其经济作用有四个方面②：第一，为经济交流提供了条件。各地土司通过向中央王朝进献方物，而中央王朝则将中原地区的货币、丝绸和书籍如"飞鱼服""冠带、袭衣、

---

① （清）张廷玉：《明史》，中华书局1974年版，第7981页。
② 李伟：《乌江下游明清时期贡赋制度考略》，《贵州社会科学》2005年第2期。

文绮、钞锭"等回赠各地土司或朝贡特使,这为双方经济上的交流开辟了道路,提供了条件。第二,土司朝贡刺激了土司地区各族人民的经济意识。由于明清中央王朝规定各地土司或特使进献方物之后,会同馆可为他们开放三五日,馆外各铺行人携带货物入馆,双方可以公平交易,这些活动都不断刺激和提高土司地区各族人民的经济意识。第三,促进了土司地区与周边地区交通的发展。土司地区山高水深,与外界交往历来不便,各地土司朝贡往返于京城和土司辖区,首先必须有便捷的交通,因此,明清时期由西南各省城向外遍设驿站,形成了四通八达的交通网络,这与方便各地土司进京朝贡不无重要关系。第四,加速土司地区的经济发展。土司朝贡与朝廷回赐物品的相互流通,加上贡使在京和沿途的所见所闻,使土司地区各族民众能了解到中原地区先进的生产工具、生产技术、生产方式,这对土司地区经济的发展具有一定的推动作用。

3. 在文化方面

土司朝贡的作用在于:一是通过各地土司及其使者进京,能深入中原地区,通过亲眼所见、亲耳所闻,对汉族及汉族地区的生活、生产、思维方式、民族性格、风俗习惯等产生许多感性认识。而随着朝贡次数的增多不断强化、加固,最终对中原文化逐渐形成了认同感,并对中华民族逐渐产生了归属感,这种由文化的认同最终形成民族认同和国家认同,并在思想和行动上与中央王朝保持一致,最终巩固各地土司在辖区内的基业,其作用不可小视。二是通过各地土司及贡使们在京逗留或沿途所见,对汉族先进的政治、经济、文化及风俗礼仪等必然有所接触和了解,这为土司地区各族民众对不同民族之间的相互学习以及自身提高,都提供了有利条件。

(二) 消极影响

这里主要以明清时期各地土司进献大木等物品谈其消极意义。因为土司进献大木使土司辖区各族民众承担了繁重的负担和深重的灾难。

1. 生态破坏

明清时期各地土司批量地向中央王朝进献大木,导致土司地区生态环境遭受极大破坏。明代统治者为了自己过着奢侈糜烂的生活,他们不仅无休止地挥霍国家资源,而且丝毫不体恤民情,由此造成了四川森林被毁、楠木绝迹的现象。清朝康熙初年四川巡抚张德地在《题报勘采遵义地方楠木疏略》中说："据遵义府据正安州申称：遵郡原系播彝旧地，改土设流，山瘠土薄，从未产有长大楠木，即间有产者，并不堪大工之用。"① 这说明清初时遵义地区的楠木已砍伐殆尽。明清时期，西南地区生态破坏严重的罪过既包括土司进献大木等物品，又包括明清时期西南地区历代官员采办大木。

2. 劳民伤命

规定土司给朝廷进献大木等物品，给土司辖区民众带来深重的灾难。土司向中央王朝进献大木必须经历勘察、采伐、拖运及运解交收等诸多艰辛的过程，而各地土司为了进献大木，根本就不会考虑和体恤辖区民众勘察之艰、采伐之难、运输之苦、运解交收之繁。我们可以从明万历三十五年（1607）负责采办"大木"的乔璧星在上疏中历数采办大木之艰难可见土司进献大木等物品给民众带来的灾难："以茕茕孑遗之民，任此艰难重大之役，其何以堪？"② 在采办大木的四川等地形成了"十室九空，赤子委于沟渠，白骨暴于林莽"③ 的悲惨境地，蜀语的"入山一千，出山五百"④ 就是真实的反映。明清时期，西南地区究竟有多少无辜的庶民百姓为了土司进献大木而葬身于林海和江中，谁也无法统计。明清中央王朝要求各地土司进献大木，给西南民族地区乡村社会民众带来繁重的负担。当我们今天读到明代黄辉《采木记》中的"采木，国之巨役也，费至重，力至劳，是天下之所无奈何而不可以已者也"⑤ 的时候，就会自然而然地想到西南地区各地土司进献给西南民族地区民众带来的深重灾难及对后世造成的严重后果。⑥

---

① （清）张德地：《题报勘采遵义地方楠木疏略》，参见（清）郑珍、莫友芝《遵义府志·木政》（点校本），遵义市志编纂委员会办公室1986年版，第540页。

② （清）郑珍、莫友芝：《遵义府志·木政》（点校本），遵义市志编纂委员会办公室1986年版，第536页。

③ （清）常明、杨芳灿：《四川通志·木政》，巴蜀书社1984年版。

④ （清）郑珍、莫友芝：《遵义府志·木政》（点校本），遵义市志编纂委员会办公室1986年版，第534页。

⑤ （明）黄辉：《采木记》，参见（清）郑珍、莫友芝《遵义府志·木政》（点校本），遵义市志编纂委员会办公室1986年版，第537页。

⑥ 李良品、彭福荣：《明清时期四川官办皇木研究》，《中国社会经济史研究》2009年第1期。

总之，从明清时期各地土司朝贡情况看，土司国家认同的形成是一个渐进而漫长的过程，在这个过程中，中央王朝扮演着重要的角色。首先，明清中央王朝对各地土司朝贡的制度设计和制度安排以及进行制度调整（如限定土司朝贡的人数、身份、贡品等），其目的在于对各地土司的管控，加强土司首领与朝廷命官和中央王朝的交流，减少彼此隔阂，增强政治互信，把土司的表面臣服内化为对中央王朝的高度认同。其次，明清中央王朝对各地朝贡土司以礼相待，用一系列礼仪去感化土司，并给予土司丰厚的赏赐，让土司忘掉旅途的劳累，牢记中央王朝对他们的恩泽，使其不至于叛乱，有利于中央王朝对土司地区的治理。其次，明清中央王朝规定各地土司朝贡，体现了国家治理的策略性，逐渐使土司的国家认同具有主动性。如明代播州杨氏土司朝贡138次，远高于其他土司，一方面是履行中央王朝规定的朝贡任务，另一方面体现了播州杨氏在杨应龙之前的历代土司高度的国家认同，他们除了在规定的时间赴京朝贡之外，还千方百计向中央王朝靠拢，春节、万寿、登基、立太子、承袭等都成为播州杨氏土司朝贡的良好时机，频繁的交往加强了播州杨氏土司与中央王朝的联系，得到了中央王朝的认可，这也是"平播之役"爆发前明王朝一再宽宥杨应龙的原因之一。最后，明清时期各地土司赴京朝贡，体现了土司与中央王朝的和谐互动关系，增强中央王朝对各地土司的信任。贡品丰富多样，体现了各地土司对中央王朝的高度认同与效忠，不仅要礼尚往来，还要体现自己贡品的独特与珍贵，各地土司针对统治者的喜好和需要而进献不同的贡品。土司朝贡的历程，就是各地土司国家认同形成发展的历程。通过各地土司朝贡的表征，践行了各地土司国家认同的主观意识，这不仅加快了土司地区儒家文化的传播，而且缩短了土司地区民族文化融入全国主流文化体系的历史进程。

第三节　土司征调制度

明清时期各地土司土兵由于具有强大的战斗力，他们服从中央王朝的征调，参加了诸如"征蛮""征贼""平叛"、援辽、抗倭等军事征调活动。各地土司服从中央王朝的征调，这是土司的一种义务，任何土司不得违抗。各地土司服从中央王朝的军事征调，这种制度实际上是封建王朝"以夷制夷""以蛮治蛮"政策的重要组成部分。"以夷制夷""以蛮治蛮"是明清时期土司被军事征调的实质。本节以各地土司征调为中心来探讨土司征调制度。

一 土司征调的原因

明清时期，西南民族地区一直是中央王朝重点治理的地区。明清中央王朝在官军实力难以征服"叛乱"或平定"义军"的情况下，他们就需要借助土司军队——土兵的力量来达成统一祖国、安定边疆的目的，当然，土司也需要得到中央王朝赐予的信物等来有效管辖自己的封地，因此，中央王朝与各地土司之间形成了相辅相成的关系。综合各种情况分析，明清时期各地土司土兵服从征调主要有几种原因。

（一）政治上：统治阶级需要

土司制度是明清中央王朝在边疆民族地区实施的一种带有一定程度自治性质的管理制度。因此，明清时期，各地土司土兵服从中央王朝的征调与土司制度的实施密不可分。明清时期（尤其是明代），各地土司土兵是一支非常重要的地方武装力量。土司土兵作为土司所属的武装，他们一方面服务于土司的统治，另一方面也是明清中央王朝军事力量的一个特殊的重要组成部分。明清时期的土司土兵在我国统一的多民族国家发展过程中具有巩固国家政权、稳定社会治安、维护边疆稳定的作用。

"以蛮攻蛮"是历代中央王朝用以对付少数民族反抗的惯用手法。而有明一代，各地少数民族反抗不断，"以蛮攻蛮"就成为明朝政府处理少数民族事宜的主要手段之一。永乐定制之后，"以蛮攻蛮"成了明朝的基本国策。正是这项基本国策，促进了各地土司土兵的迅速发展。面对不服从中央王朝的少数民族地区，中央王朝在再三诏谕无效的情况下，只有付诸武力。但中央王朝军队对少数民族地区的地形、环境等不熟悉，加大了中央王朝征剿"叛乱"的难度，所以，中央王朝利用反叛地区附近熟悉地形、环境的且服从中央王朝征调的土司土兵来征讨反叛土司就显得顺理成章了。清人毛奇龄曾对明朝"以蛮攻蛮"的方式评价道："以蛮制蛮，即以蛮攻蛮。溪洞之间，窃发进起，则彼我征调，颇易为力，因之设土兵相制之法。而其后辗转假借，凡议大征者，无不借俍兵、土兵，远为调遣。"① 可见，明代"以蛮攻蛮"的政策已深入中央王朝统治者和朝廷命官的内心深处。正是凭借着这一政策，各地土司才能逐步发展土兵的规模，以随时适应朝廷的征调。

古往今来，边疆民族地区的统治都是统治阶级的一个难题，维护边疆民族地区的安定迫在眉睫。明王朝每每承认和设置一代土司，对其缴纳赋税的多少都有明确的规定，据《明史》记载："（洪武）七年，中书省奏：'播州土地既入版图，当收其贡赋，岁纳粮二千五百石为军储。'帝以其率先来归，田税随所入，不必以额。"② 正因为包括播州杨氏在内的各地土司受到中央王朝的统治，必须朝贡纳赋、服从征调，中央王朝对土司土兵的调动也就是土司应尽的本分义务了，再加之各地土司本身肩负着管理少数民族地区的职责。各地土司的武装力量——土兵必须充当镇压少数民族反抗、平定土司叛乱的急先锋，以达到中央王朝"以蛮制蛮"的政治目的。明中期以后，西南地区土兵日渐成为官军之外的重要军事力量，多次奉调参与"平叛""援辽""征贼"等军事征调，很好地维系了朱明王朝的统治。但随着"平播之役"的胜利、"奢安之乱"的平定，"这时土兵的主要职责是维护土司自身的利益，成为土司的私人武装，已不再是清王朝所依靠的对象，土司制度已走到尽头了"③。到"改土归流"的结束，清朝八旗兵和绿营兵驻防各地，强化对地方的控制，又因矛盾缓和而少战事，各地土司土兵遂走向衰亡。

（二）经济上：节省经费开支

宋元以降，以西南地区为主的各少数民族有参加"乡兵"性质的土丁、壮丁、川峡土丁等情况，有的土丁或壮丁还担任各级首领。这些义军的土丁、壮丁、川峡土丁等一般不远戍，主要在当地起"镇守"作用。明清时期，中央王朝喜好调用土司土兵征战或戍守边关的一个十分重要的因素，是节省中央政府的开支——即"省县官之费，减输饷之劳"。明朝中后期经历世宗、穆宗、神宗的三朝重臣葛守礼在《与郭一泉论边事》中针对官兵"经年坐费，已难为度支"的情况，提出了练土兵之优势：

---

① （清）毛奇龄：《蛮司合志·卷首·序》。
② （清）张廷玉：《明史》，中华书局1974年版，第8040页。
③ 石亚洲：《土家族军事史研究》，民族出版社2003年版，第160页。

"则有妻子乡土之安,无逃亡躲避之患。无事则耕,有警则备。万全之长计也。"① 明中期兵部尚书李承勋曰:"愚计省行粮以雇游食,何忧工役之乏,以行粮而募土人,何虑边旅之寡?"② 从战时费用来看,"汉兵有安家行粮,而土兵止给行粮,省费一倍。每兵一日,仅白金一分二厘耳"③。可以说,西南地区土兵奉调打仗,与官军相比,中央政府节省了一半的开支。这在明代土兵的功劳赏赐方面也有所体现。《明会典》卷一百二十三"番贼功次"款"凡南方蛮贼"条有"宣德九年定,斩首三颗以上及斩获首贼者,俱升一级。斩首二颗、俘获一二人、斩从贼首一颗以上及目兵兵款有功者,俱加赏"之规定。又"嘉靖十二年题准,不分官军、汉、土、达、舍,头目各色报效人员,但二人以上共擒斩四名颗以上者,给赏。二名颗以下者,量赏。其功微者,抚按衙门、动支无碍官银犒赏"④。可见,明政府对于土司、土兵来讲,其待遇着实与汉军官、汉官兵有严格区分。且在《明会典》卷一百二十三"功次通例"款"凡土官有功无升例"条中重申:"成化十四年申明,各照地方例,升散官、至三级而止。其余功次,与土人俱厚赏不升。"⑤ 由此可见,明代土司兵在征战的阵亡、伤亡等赏赐中,与官兵相比,存在着一定差异,这主要体现在升级上。清初土兵得到的抚恤待遇也仅为官军步兵的一半,如康熙十七年(1678)题准:"土兵助战阵亡者,照步兵例减半给赏;阵前受伤者,照各等第减半给赏。"⑥

(三)军事上:卫所制度的瓦解及土兵战斗力强

明朝"卫所制度"的瓦解成为明代中央王朝频繁征调西南地区各地土兵的一个重要因素。明代卫所制度瓦解的根本原因在于卫所制度所依

---

① 葛守礼:《与郭一泉论边事》,《明经世文编》(卷278),中华书局1962年版,第2944页。
② (明)张萱辑:《西园闻见录(第七册)》卷七十九《土兵》,哈佛燕京学社1940年版,第749页。
③ (清)汪森:《粤西丛载》卷二十四《土兵》,参见《四库全书史部》(第1467册),上海古籍出版社1987年版,第706页。
④ (明)申时行等修:《明会典》,中华书局1989年版,第632页。
⑤ (明)申时行等修:《明会典》,中华书局1989年版,第634页。
⑥ (清)昆冈等:《光绪朝大清会典事例》(卷五八九),《土司议恤》,中华书局1991年影印本。

赖的军屯遭到了破坏。明朝初期，中央王朝在西南地区广设卫所，以监视、控制少数民族起义或土司叛乱。如洪武年间在贵州设置有卫14个、直隶千户所1个；万历二十九年（1601）后又置卫2个，其卫所军队人数超过30万人。后来，卫所军队或逃亡，或战斗力较弱。据有关研究表明，明朝中后期，土地兼并越发严重，军屯的土地作为重要的生产资料也变成了地主豪强侵占的对象。地主豪强侵占军屯田地的方式有占夺、转佃、买卖、军屯转民田等，其中以"占夺"最为常见。据王毓铨先生统计，明代仅见于文献的占夺军屯事件就达138起①，没有见于文献的占夺军屯事件就更不胜枚举了。到了明代末期，军户手中所持的田地已寥寥无几。卫所之中军士的生活来源在军屯被破坏的情况下被截断，再加上明代的军户是世袭制，没有生活来源就意味着军士将世代生活在饥寒交迫之中，这就导致卫所中军人大量逃亡。到了明朝中后期，有的卫所中军士已是"偷情成风，一遇清窍选练则起讹言，使任事者疑畏，中止乞命……"②中央王朝军队迅速衰落，已经不可能担负起国家维护社会稳定的重任。而西南地区虽然所有土地都在土司等上层贵族手中，但土司把土地租给土民耕种，土民由于耕种土地而对土司人身依附相当强，他们能够"自耕其土"，至少有最基本的生活保障，比起已经没有土地、朝不保夕，而且可能要世代没有生活保障的卫所兵，显然要好很多。在这种生活状况下，以西南地区各地土民为基础组建的土兵比明朝以军屯制为基础组建的卫所士兵，其战斗力要强大许多，再加上朝廷经常因战功对土司加官晋爵或减免土司区的粮税，土司土兵的战斗积极性很高。所以，明朝政府面对"各卫军士十亡八九"的情况，便一改元代土司只守土安民，不出境远调的政策，而执行"凡有征调，全依土兵"的新政策。这是明代西南地区土司土兵频繁被中央王朝征调的一个主要因素。

西南地区土兵强悍善战，战斗力强，也是频繁征调的一个重要因素。民族传统文化的熏陶是西南地区土兵强悍善战的根本原因。西南地区各地土民自古以来生活在险恶的地理环境之中，铸造了当地土民"强悍刚

---

① 王毓铨：《明代的军屯》，中华书局2009年版，第307、320页。
② 《明世宗实录》（卷八百九十五），国立北平图书馆红格钞本，微卷影印本。

烈"的民族文化精神①。如湖广永顺土民"恒带刀、弩、长枪，性强悍、猜疑、轻生、好斗、狠仇杀"②的性格，正是其民族"强悍刚烈"性格的体现。基于此，明王朝在面临倭寇的侵扰和南方少数民族叛乱的双重压力下，为应付卫所军户制败坏的局面，明朝充分发展和利用土兵，将土兵纳入其军事系统之中。于是，各地土司土兵得以发展并逐步成为明王朝的一支主要军事力量。特别是明后期，随着海防倭寇侵扰，北方后金崛起，内部农民大起义，明朝穷于应付，更是大肆征调各地土司兵，西南地区土兵经常奉调前往各地。《蛮司合志》卷七载，隆庆、万历年间（1567—1620）"川兵弱，每征调只调土司（兵）"③。可见，卫所制度的崩溃是西南地区土兵得以发展的基础。在这种情况下，各地土司加强土兵的训练，成为大明王朝倚重的重要力量。如石砫"白杆兵"在秦良玉时期，具有十分强的战斗力。分析其原因，主要有二：一是秦良玉训练有素，特别注重"罗汉"兵的培训。白杆兵大都是亲连亲、友连友而召集组织起来，加以严格训练后，战斗力非常强。秦良玉组织的500"罗汉"兵，打仗非常勇敢。④ 500"罗汉"兵的训练场地在距离三教寺约三华里的泡母沟、蛟蛇溪。从三教寺到泡母沟要过河，河上的石桥为"罗汉兵"修建。俗名倒石桥，桥墩遗址犹存。"罗汉"兵的带兵头目为4个长老和尚，分驻4个庙宇。大师兄智先为三教寺长老，二师兄智发为东林寺（在忠县）长老，三师兄智睿是石峰寺长老，师弟智启是南城寺长老。⑤ 二是石砫"白杆兵"的武器特别与精良。石砫"白杆兵"因执钢矛带钩、尾有小铁环，以硬杂木为杆的白杆枪，而称白杆兵。秦良玉农隙与千乘训练土兵，精劲冠诸部，兵器用长矛，后带钩环，登山涉水，前后相连，皆白木为之，不装饰，厥后屡立战功，石砫白杆兵遂著名海内。可见，西南地区土兵充当了明代封建王朝的统治工具。

---

① 胡炳章：《土家族文化精神》，民族出版社1999年版，第5页。
② （清）黄德基：《乾隆永顺县志》（卷四）《风土》。
③ （清）毛奇龄：《蛮司合志》卷7《四川》四"播州杨氏"条，西河合集本，清乾隆三十五年（1770）刻本，第10页。
④ 秦良玉史研究编纂委员会：《秦良玉史料集成》，四川大学出版社1987年版，第83页。
⑤ 秦良玉史研究编纂委员会：《秦良玉史料集成》，四川大学出版社1987年版，第84页。

（四）组织上：土兵组织的严密

众所周知，土司制度是一种军政合一的制度，在土司统治境内，上自宣慰司，下至长官司，他们不仅是地方最高行政长官，而且是最高军事长官，都各自拥有一支数量不等的军队。而军队有着严密的组织，如土家族土兵的编制单位有营和旗两种，土兵分为营兵和旗兵两种。营是土司的正规部队的编制，依其势力大小，土司拥有"营"的多少不等。宣慰司一般拥有五营土兵，称为前后中左右营。其中以中营最为重要，为土司的御林军，其装备和战斗力均强于其他各营，通常由应袭长子或胞弟率领，其他四营则由境内大姓或土司亲属、心腹担任首领。营兵皆须经过严格挑选，每营兵员一两百人，并有一定的俸禄："其兵丁每名领工食银三两六钱，米三斗六升，皆民间派。"旗是土司寓兵于农的一种军政合一的武装力量，相当于今天的民兵组织，凡境内居民均编入旗内。旗与营之间没有明确规定的隶属关系，营的多少是以人数确定①。在战争中，土兵如战前脱逃，则斩其手足；如畏缩不前，则斩其首。各地土兵均有一定的阵法。如土家族土兵一般以二十四旗排列为阵，各旗精选二十五人，以一、三、五、七、九人数排列五排组成尖队，其余土兵跟随其后欢呼助阵。如第一排有人倒下，则第二排马上补上来，三、四、五排及后面助阵者也作相应调整补充，以保证队形完整不乱。队形的严谨和随后土兵们的呐喊助阵以及不断地补充调整队形，有力地提高了士气。与此同时，各地土司治军有方。如石砫土司秦良玉"温文娴雅，士乐为之用"。由于她整饬土政，培训军伍，训练了一支戎伍肃然、所过秋毫无犯、为远近所惮的石砫土兵。《蜀龟鉴》对秦良玉的治军严明十分赞赏："良玉一妇人，而军行有纪，秋毫不犯，诸镇帅视此，能无愧乎？"（《蜀龟鉴》卷之一，第五页）秦良玉在军政管理上，制定有严格的条文。比如不管什么人，凡犯有奸、淫、烧、杀罪之一者，杀无赦。②顺治二年（1645），当秦良玉七十二岁时，明朝已经灭亡，而秦良玉在发布的《固守石砫檄文》中对石砫土兵仍然要求十分严格："临阵身必先，杀贼志必果。勿奸淫，勿劫掳，勿嚣张，勿浮动。遵所约则赏有差，悖所约则杀

---

① （清）鄂尔泰等：《硃批谕旨》第28册，雍正八年（1730）11月28日鄂尔泰奏。
② 秦良玉史研究编纂委员会：《秦良玉史料集成》，四川大学出版社1987年版，第84页。

无赦。本使令出法随,虽亲不贷。檄至之日,其各凛遵!"①

明清时期是中国封建制度的晚期,虽然统治者想尽一切办法在维持这套体系的合理运转,但由于封建制度本身的衰落,一系列社会矛盾在这一时期尖锐地体现了出来,这些矛盾所带来的最直接后果就是明清各个时期各个区域大大小小不断地战乱。面对这种态势,明清王朝不得不依靠利用西南地区土兵武装进行平乱战争,使得各地土司土兵在这一时期迅速发展壮大起来。基于上述原因,成就了明清时期各地土司土兵在中国战争史上的辉煌战绩。

二 土司征调的特点

明清时期,各地土司必须服从封建中央王朝的征调,这是土司必须履行的义务,各地土司不得违抗。明清时期(特别是明代)是各地土司土兵发展的鼎盛时期,呈现出四个特点。

(一) 征调次数多

明清时期各地土司土兵参加各种军事征调的次数很多,不仅有平定少数民族起义、平定土司叛乱的战争,还有抗击倭寇、抵御外辱等,在很大程度上为维护国家的统一与政治的稳定作出了重要贡献。如永顺土兵从洪武十二年(1379)到永历元年(1647)的269年里,参与战争达56次,平均不到5年就有一次战争,最为甚者是正德七年(1512)中央王朝曾4次征调永顺土司土兵进行军事活动,这样的征调频率在各地土司土兵的征调史上极为罕见。另据《明史》《石砫厅志》《补辑石砫厅志》《石砫县志》《石砫土司史料辑录》《秦良玉史料集成》等史料记载,明朝时期石砫土兵先后参加的大的军事征调达19次。特别是明末秦良玉执掌时期,石砫土兵参加的战争多,人数动辄上千、上万,最多时达到3万。② 又如唐崖长官司多次参加各种战争。据唐崖《覃氏宗谱》记载,唐崖土司被中央王朝频繁征调,仅有确切记载的战事就有十多次。③ 主要参与的军事征调有:洪武四年(1371),

---

① 秦良玉史研究编纂委员会:《秦良玉史料集成》,四川大学出版社1987年版,第296页。
② 李良品:《石砫土司军事征调述略》,《军事历史研究》2007年第4期。
③ 刘文政、吴畏:《唐崖土司概观》,国际文化出版公司2001年版,第39—40页。

覃值什用奉调,率领土兵随左将军廖永忠奉旨平蜀;正德三年(1508),覃文铭奉调率领土兵征四川江津曹甫;正德九年(1514),覃天富奉调率领土兵征剿川寇麻儿六;嘉靖二十五年(1546),覃万金奉巡抚刘调,率领土兵征麻阳苗民起义;隆庆四年(1570),覃柱奉调率领土兵征剿金峒土叛覃壁;天启二年(1622),覃鼎奉总兵薛调,率领土兵授渝城,生擒樊龙、樊虎;天启二年(1622),覃杰率领土兵征水西安邦彦,平息苗民起义;天启三年(1623),覃鼎奉调率领土兵征奢崇明、奢世辉,血战报功大捷;崇祯三年(1630),奉分巡道调,率领土兵平卫乱;崇祯三年(1630),随军门邵调,率领土兵御张献忠,兵本部督兵督战。特别是明中叶以后,土兵参加的战争更多,人数日增。如播州杨氏土司在明代积极服从征调,详细情况见表5-2。

表5-2　　　　　明代播州杨氏土司参加军事征调一览

时间	主要内容	类型	资料来源
洪武十四年	明廷要求杨铿派兵跟随明朝廷军队南征作先锋以表忠心。	征蛮	《太祖洪武实录》,139卷第1—2页
洪武十五年	城播州沙溪,以官兵一千人、士兵二千人戍之。	戍守	《太祖洪武实录》,141卷第3页
洪武十五年	遣使敕谕杨铿:"朕以至仕武官分守云南,每官一人志,备甲兵五十五人卫送之。"	卫送	《太祖洪武实录》,142卷第1页
永乐六年	命镇守贵州镇远侯顾成率贵州都司官军,及泗城州土兵征剿播州等处叛蛮。	征蛮	《太宗永乐实录》,56卷第13页
永乐十一年	敕贵州总兵官镇远侯顾成等曰:"……征讨蛮寇,兵力不足……命杨升选调士兵……听尔调用……必以今冬平除此冠……"	征蛮	《太宗永乐实录》,90卷第1页
宣德八年	"……番蛮叛服不常……择所领壮兵守备而以其老弱运粮……量调进剿……"	卫送	《宣宗宣德实录》,102卷第6页

续表

时间	主要内容	类型	资料来源
正统十四年	"镇远等府洪江等处苗头苗金台等纠集苗类伪称天王等号……缘贵州都司卫所官军并土军前来会同剿杀。"	征蛮	《英宗正统实录》，178卷第2页
正统十四年	令升四川成都前卫指挥同知陈贵为蜀都指挥佥事，仍于播州地方捕苗贼。	征贼	《英宗正统实录》，181卷第22页
正统十四年	命辽东都指挥佥事刘深充参将，在播州调度官军、士兵剿贼。	征贼	《英宗正统实录》，186卷第6页
景泰元年	"四川都司官军调拨二万二千六百人往贵州、播州听调杀贼。"	征贼	《英宗实录》，189卷，景泰附录，第7—16页
景泰三年	……杨辉等奏："贵州所管辖臻剖五岔等处苗贼……流劫人财，又复叛逆……乞调兵剿杀，以除民患。"	征贼	《英宗实录》，213卷，景泰附录31卷，第12页
天顺二年	"……东苗十三番贼首……攻劫都匀等处……并播州等处原调官军、士兵……一同进剿……以除边患。"	征贼	《英宗天顺实录》，290卷第5页
天顺二年	敕谕……四川播州宣慰使杨辉……曰："近因贵州东苗……聚众截路……尔等即便选集精壮士兵各带器械……听调杀贼……"	征贼	《英宗天顺实录》，293卷第7页
成化十一年	命四川播州宣慰使杨辉子爱袭父职……上乃命爱袭职，仍敕爱与宏率士兵从总兵官剿贼。	征贼	《宪宗成化实录》，140卷第1—2页
成化十二年	敕巡抚四川右副都御史张瓒抚捕播州苗贼，起播州致仕宣慰使杨辉暂管事……请起辉俾选调本司土兵，俟湖广、贵州征剿诸苗之际相机夹击。	征贼	《宪宗成化实录》，151卷第3页
成化十五年	贵州黑苗赉果等叛，命起致仕播州宣慰使杨辉会兵讨之……而以川、贵二镇兵为助。	平叛	《宪宗成化实录》，194卷第1—2页

续表

时间	主要内容	类型	资料来源
成化二十二年	"……乞量调四川、湖广、播州等处近卫官军、士兵……协力进剿（苗贼）……"	征蛮	《宪宗成化实录》，277 卷第 7—9 页
成化二十二年	……乞调播州兵五千，期今年九月内会合剿之（苗贼）。	征蛮	《宪宗成化实录》，281 卷第 9—11 页
弘治元年	增设贵州重安守御千户所，命四川播州宣慰司岁调土兵一千以助戍守。	戍守	《孝宗弘治实录》，11 卷第 11 页
正德六年	贼方四等既败于江津，散入贵州思南、石阡，复入四川境攻劫。镇巡官议令播州宣慰使杨爱（斌）等进讨，破之。	征贼	《武宗正德实录》，79 卷第 5 页
正德六年	贼方四等四千余人自贵州石阡逾马脑关复入四川境劫掠……仍令总制及各巡抚官协谋以靖地方……	征贼	《武宗正德实录》，80 卷第 6 页
明代弘治十三年	贵州普安州土判官隆畅后妻米鲁反明。拥众十余万，逼近贵阳。明廷调大军进讨。播州派精兵五千，助官军镇压少数民族。是役历时一年，共杀苗族老幼 5013 人，平千余寨，烧房万余间，掠牛、马、猪、羊 3 万余只。	平叛	（清）张廷玉：《明史》，中华书局标点本 1974 年
明代万历十四年	四川松潘地区少数民族起兵反明，播州宣慰使、骠骑将军杨应龙领播军 7000 人为前锋。	平叛	（清）张廷玉：《明史》，中华书局标点本 1974 年版

据不完全统计，播州杨氏土司土兵仅在明朝就参加了军事征调达 30 次左右。从洪武五年（1372）杨铿归顺明朝，播州宣慰使司土地入明朝版图后直至"平播之役"结束的二百多年间，播州杨氏土司土兵几乎平均六七年就有一次被征调的记录。杨氏土司土兵最频繁的时候是连年参加军事征调甚至一年被征调几次。从表 5-2 可见，中央王朝征调各地土司土兵协助作战的频率很高，只要有需要，各地土兵就准备上战场。特

别是各地土司土兵在征战中连连获胜,为中央王朝立下汗马功劳,这也使得朝廷对土司土兵更加依赖,其被征调的次数与频率也就相应增多。

(二) 战争取胜多

各地土司土兵参与军事征调主要是协助中央王朝抗倭、勤王和参加镇压土司反叛,这些行动无论是对封建中央王朝来讲,还是对人民来讲,都属于正义的战争,因此,每次战争都是获胜而归。各地土司土兵积极参加抗倭军事行动,表现出崇高的爱国主义精神,在正义的战争中取得了重大胜利。随着倭寇侵扰日重,土兵奉召投入抗倭战争,如容美土司田世爵年逾六旬,亦不辞劳苦,随军出征,指挥战斗。石砫土兵在勤王战争中,"浑河血战,首功数千,实石砫、酉阳二土司功",赐良玉三品服,祥麟指挥,授邦屏都司佥事,民屏守备;在第三次勤王时,崇祯皇帝闻报立即在平台召见秦良玉,赐采币羊酒,亲赋诗四章;在平定杨应龙的播州之乱中,秦良玉及石砫土兵"为南川路战功第一";在平定"奢安之乱"中,秦良玉因功被"封夫人,赐诰命"。在秦良玉担任石砫土司职务时,除了在夔州镇压农民起义时有一次败绩之外,其余征调可谓百战百胜。由此可见,当石砫土兵处于正义战争之时,就取得胜利;当处于非正义战争之时,就打败仗。这是秦良玉及石砫土兵不识时务、逆历史潮流而出兵打仗必然的结果。也正基于此,石砫土兵将领秦良玉之所以受到以皇帝为代表的封建王朝的嘉奖,当然因为她"奋勇竭忠朝廷",维护了封建统治阶级的利益。

各地土司土兵在历次征调战争中大多取胜,其原因有三:一是每次征蛮的对象实力不雄厚,与训练有素的土司土兵相比较,"蛮"的力量显得比较薄弱。二是各地土司土兵参加镇压土司反叛的军事行动,无论是对封建中央王朝来讲,还是对人民来讲,镇压土司叛乱都是属于正义战争,因此,每次都是获胜而归。三是每次征调或与中央王朝军同时行动,或与其他土司土兵一同作战,或既与中央政府军又与其他土司兵一道,自然是声势浩大、无坚不摧,容易取胜,少有败绩记载。

(三) 战争"征蛮"多

这里的"征蛮"既包括镇压少数民族的反抗,也包括镇压少数民族土酋、土司的叛乱。在明清时期,许多忠于封建皇帝封建王朝的土司,他们既在本民族遭遇外来侵略或骚扰面前表现出民族气节,也在服从中央王朝征调镇压农民起义时主张血腥。如秦良玉及石砫土兵，面对如火如荼的明末农民大起义，在镇压农民起义中扮演极不光彩的角色。如果我们说石砫土兵在抗倭、勤王和参加镇压土司叛乱的军事行动中为了维护祖国的统一，赴汤蹈火，不惜牺牲，功勋卓著的话，那么，在明初的征蛮和明末的镇压农民起义中，就犯下了不可饶恕的罪恶。当然，我们也应看到，明王朝为了维护在民族地区的利益，必然要利用秦良玉这位在抗清中显赫一时的名将，而秦良玉作为统治阶级的一员，她在这一地区的统治利益和她与明王朝的特别关系，驱使她必然充当明王朝镇压四川农民起义的打手。① 石砫土兵在"征蛮"中表现最为出色的是在平定播州（今贵州遵义）土司杨应龙叛乱和平定"奢（崇明）安（邦彦）之乱"所作出的贡献。根据播州杨氏土司土兵参加军事征调的类型看，他们参与战争更多的是镇压"苗贼"。例如正统十四年（1449）"镇远等府洪江等处苗头苗金台等纠集苗类伪称天王等号……缘贵州都司卫所官军并土军前来会同剿杀"；成化二十二年（1486）"……乞量调四川、湖广、播州等处近卫官军、士兵……协力进剿（苗贼）……"；成化十二（1476）"敕巡抚四川右副都御史张赞抚捕播州苗贼，起播州致仕宣慰使杨辉暂管事……请起辉俾选调本司土兵，俟湖广、贵州征剿诸苗之际相机夹击"② 等。湖广永顺土司土兵从正统到弘治七十年的时间，被征调参与战役 19 次，而参与"征蛮"战争就达 15 次，占所有征调战役近 80%。在这一时期，永顺土兵奉调参与战争的范围也有所加大，不再是明朝前期仅限于永顺土司区附近的征调，而开始朝广西、四川等国家边境民族地区参战，这一方面是国家对永顺土兵的了解有所加强，另一方面，也体现了永顺土兵的发展壮大使之开始适应长途行军作战，是其军事体系成熟的表现。正德至嘉靖短短 67 年的时间，永顺土兵被征调参与了 23 场战役，而征蛮战争有 11 次，占参与战争的近 50%，这也充分证明了明王朝对永顺土兵的依赖和信任逐步加强。由此可见，明王朝借各地土司表明忠心的名义征调土司军队为其效力，大肆残杀少数民族人民，以巩固其统治。

明清时期，中央王朝征调各地土司土兵均多达十数次"征蛮"，究竟

---

① 李良品：《石砫土司军事征调述略》，《军事历史研究》2007 年第 4 期。
② 王正义等：《明实录·播州资料辑录》，贵州省遵义市政协宣教文卫委员会 2006 年版。

是什么原因呢？① 笔者以土家族地区秀山杨氏土司为例分析，其原因在于：一是由秀山杨氏土司所处的地理位置决定的。秀山杨氏土司地处湘鄂川黔四省交界地区，武陵山的北端。这一地区是古代中原到西南的军事要道，湖湘进入川黔的交通咽喉。秀山杨氏土司无论是奉调征讨贵州苗乱、土司叛乱，还是征讨湖广苗乱，出征便利，既可以减少将士的车马劳顿之苦，也可以降低朝廷的军事开支之费。二是由秀山杨氏势力决定的。秀山杨氏与黔东南、黔东（包括德江、沿河、松桃等）杨氏均是杨再思的后裔，同播州杨氏均为弘农杨氏支系，因此，杨氏在武陵山区是一个豪族。以秀山杨氏在当地的军事实力去应付规模不大的苗乱应该绰绰有余。三是由土司应尽的义务决定的。封建朝廷为了达到"以蛮制蛮"的目的，就不得不征调土司土兵。因此，明清时期土司土兵服从中央王朝的征调，从尽义务的角度讲，任何土司不得违抗，包括秀山杨氏在内的各地土司尽力"征蛮"就不难理解了。当然，我们也应当看到，各地土司土兵之所以多次受到以皇帝为代表的封建王朝的嘉奖，一方面是因为他们效忠朝廷，维护了封建统治阶级的利益；另一方面是因为明王朝为了维护民族地区的利益，必然要利用土司的军事力量——土司土兵，而西南地区各地土司作为统治阶级的一员，他们在这一地区的统治利益和他们与明王朝的特别关系，驱使各地土司必然要充当明王朝镇压少数民族的反抗的得力打手。从这个意义上讲，西南地区各地土司土兵在明王朝镇压少数民族反抗的战争中，就犯下了不可饶恕的罪恶。

（四）异地作战多

翻检史籍，我们就会发现，明清时期各地土司土兵在参与各种军事征调时，很少是在本地作战，大多是被调遣到异地作战。如明代王阳明平大藤峡之乱，调湖广永顺、保靖土兵远征广西；嘉靖年间抗击倭寇，调湖广的容美、永顺、保靖等地土司土兵，调四川的酉阳、秀山等地土司土兵，调广西的东兰和那地等地土兵；抗击后金入关，调四川石砫土兵；平定播州杨应龙叛乱，调四川建武、高珙等县都蛮羿兵3000名，马湖蛮夷长官司土兵1000名，叙州马湖降夷500名，黄郎马氏土兵1000

---

① 李良品：《关于秀山杨氏土司的几个问题》，《湖北民族学院学报》（哲学社会科学版）2009年第2期。

名,永宁土妇辖区内土兵7000名,酉阳宣抚司土兵10000名,平茶长官司土兵3000名,邑梅长官司土兵1000名,石砫宣抚司土兵3500名,石砫司土同知土兵500名;调云南镇雄府土兵1000名,乌蒙军民府土兵1000名,建昌各卫应召募兵500名;调贵州乌撒军民府土兵1000名,水西土兵30000名;调湖广建始县土兵500名。① 就某个具体土司而言,征调其麾下土兵异地作战也司空见惯。在此,笔者以广西土兵入黔参与征调为例予以说明。明洪武九年(1376),罗甸县布依族人民在王乃的领导下起义,占据罗甸,并以仙女山为营垒,各县各族人民纷纷响应。独山、平塘、惠水、安龙和广西南丹等处,均在起义军势力范围之内,声势十分浩大。他们一直坚持斗争达5年之久,直到洪武十四年(1381)才在贵州、广西两省的官军和土司土兵联合镇压下失败。② 据《明实录》载:天顺二年(1458)八月,"广西总兵官武进伯朱瑛等奏,乞调征进贵州总兵等官与己协同杀贼。不从。至是,贵州总兵等官南和侯方瑛等移文广西起调泗城等州狼兵。瑛等以闻。兵部议请命两处总兵各将所部军马,剪除所在贼寇,毋得互相推调。从之"③。弘治十一年(1498),普安龙土官之妻彝族妇女米鲁率众反明,明朝调云南"广南土官侬泰"和广西"泗城土官岑辉率富户王、陆、周三姓戡乱有功,裂龙氏属地为土司"④。天启二年(1622),安邦彦、奢崇明反明。同年二月,贵州水西土官奢崇明、安邦彦率领川南、黔西、滇东北等地彝族先民各部,联合黔中地区的宋氏土官反明。据《明史》卷249《张㯹传》载,安邦彦等叛军统领"罗鬼、苗、仲数万,东渡陆广河,直趋贵阳"。先后占毕节,破安顺、平坝、龙里,围攻贵阳十月余。当时贵阳"外援既绝,功益急,城中粮尽,人相食"。贵阳城通常住户10万,被围困300天,仅留存1000多人。这次反叛坚持了将近10年,明王朝调集周边邻省官军数万镇压,直至明崇祯四年(1631)才基本平定。据《明熹宗实录》卷29载,其间,广西巡抚何士晋奉朝廷之命,派遣泗城土官岑云汉、田州土官岑懋仁等率领

---

① (明)李化龙:《平播全书》(点校本),大众文艺出版社2008年版,第264—265页。
② 黄义仁:《布依族史》,贵州民族出版社1999年版,第163页。
③ 翟玉前、孙俊编著,罗康隆审订:《明史·贵州土司列传考证》,贵州人民出版社2008年版,第84页。
④ 田玉隆:《贵州土司史》,贵州人民出版社2006年版,第276页。

土兵进军助剿"奢安之乱"的"夷兵"。由此可见，明清时期，土兵异地作战已是家常便饭。

三　土司征调的影响

明清时期，各地土司虽然对辖区内的土民具有绝对的统治权，但在中央王朝的统治之下，他们必须服从于中央王朝的调遣，驱使麾下的土兵参与相关的军事征调。作为全国的统治者，最大的需要是属下效忠朝廷，而各地土司为了表明自己的忠诚，对中央王朝的军事征调活动自然是有诏必调，用参加诸如"征蛮""平叛""征贼""援辽""抗倭"等军事征调来表明自己的忠心耿耿。同时处于"核心圈"与"外圈"的这种特殊身份和地位的西南地区各地土司，是中央王朝"以夷制夷"策略的重要体现，其麾下的土兵自然充当了明清中央王朝的主要打手。尤其是明代各地土司土兵参加中央王朝组织的军事征调，不仅维护了封建王朝的统治，促进了国家的统一、政治的稳定，而且间接地促进了边疆民族地区经济文化的发展。从各地土司土兵参加军事征调的有关情况看，其影响分为积极影响和消极影响两个方面。

（一）积极影响

明清时期，各地土司土兵参与中央王朝的各种征调是非常积极和十分勇敢的，为维护国家领土完整作出过重要贡献，发挥过积极作用。

1. 政治上：维持王朝统治，维护国家统一和领土完整。

总的来讲，明清时期，各地土司土兵受国势强弱的影响，他们参与中央王朝的征调，成为明清中央王朝维护国家统一和领土完整的重要依靠力量。因此，土司土兵参与军事征调实际上起到了保障西南边疆地区的社会安宁、维护国家统一与国家领土完整的重要作用。

明清时期，中央政府与各族土司之间、土司与土司之间、土司与辖区民众之间、汉族与少数民族之间、少数民族与少数民族之间难免产生利益冲突，矛盾尖锐时甚至激化为影响国家统治的战争，如明初的"麓川之乱"、明末的"杨应龙之乱""奢安之乱"，清代中期的"金川之乱"等，均是影响巨大的中央王朝与土司之间的战争。当战争发生之时，中央王朝不得不征调效忠朝廷的土司参与维护国家统治的征讨。如万历年间的"平播之役"，在总督李化龙麾下的二十余万明军中，来自各地的土兵居然占七成。天启元年（1621），西南地区诸如酉阳、石砫等多地土司亦率领土兵参与平定震动川黔等地的"奢安之乱"。

明末清初之际，西南地区土兵武装在"援辽""勤王"等战事中表现优异，有力地维护了明朝在西南地区的政治统治。酉阳土司冉跃龙奉调派遣 4000 土兵远"赴辽阳"以抵御后金军队的南下；土司夫人白氏于万历三十四年（1606）亦在北上"援辽"中"以女兵数百人为诸子殿"。石砫土司率领"白杆兵"不断征战，坚决维护明朝的统治秩序。自马定虎进入石砫"世袭节制九溪十八峒、施州卫大田所，外驭三川洞源、石渠、溪源三里户口"以来，石砫土司马良因正统十四年（1449）土木之变而请求"征兵救援"；马千乘因万历播州之乱而率土兵"破金筑七寨，扼贼于海龙囤"；土司夫人秦良玉亦数度"自裹餱粮"以"援辽""勤王"，有力地迟滞了清兵的南下步伐；她还于崇祯年间（1634）率土兵"破张献忠于夔州""大破流贼罗汝才"等，有力地支撑了明朝的封建统治。

明清时期各地土司为了维护辖区内的统治地位，在封建王朝的支持和认可下，建立了一整套封建统治机构，设立衙门、土兵等。土司衙门是各地土司的政权机构，兵、刑、钱、谷各项都管。土司之下设千总、把总等职，这些土兵平时主要为土司看家护院，维护统治秩序。中央王朝一旦调遣，土司、土兵便随军作战，多次立下赫赫战功，很受中央王朝的赏识，有的土司还委以重任，调往边防重地镇守一方。明清时期各地土司都具有地方实权，他们积极效忠中央政府，在西南地区发挥了维持王朝统治、维护国家统一和领土完整的重要作用。

2. 军事上：土兵军事力量增强，朝廷顾忌土兵实力，官军借鉴土兵战法。

明朝中后期，由于官军实力衰微，各地土司武装却成为明王朝军事力量的精锐。这些土兵因为训练有素、纪律严明、作战勇猛、善于山地和短兵相接作战。当时各地土司之所以兵源不竭，是因为土司掌握辖区民众的"生杀予夺"大权，故土兵唯土司之命是听，能拼命效忠。"土兵既是土司相互厮杀的工具，又是土司向中央王朝提供镇压各族人民反抗的兵源。"[①] 由于战斗能力突出，各地土司土兵被明代封建王朝用作戍边

---

① 石亚洲：《土家族军事史研究》，民族出版社 2003 年版，第 106 页。

御敌、辑蛮镇乱的战争工具。明代播州杨氏土司在参加中央王朝组织的军事征调活动增强了自己的军事武装力量，其具体做法是：播州杨氏土司在协助中央王朝镇压少数民族起义和反叛之时，往往将一些投降受俘的官兵充盈军队，发展壮大为自己的队伍。所以，到"平播之役"时，播州土兵达到15万左右。官军用长达152天的时间才将杨应龙叛乱予以平定。又如滇南阿迷州土司普名声、其妻万氏在从征"奢安之乱"后实力大增，于崇祯年间与安南土司沙定洲发动叛乱，至顺治二年九月，元谋土司吾必奎反，于康熙四年（1665），"据王弄、安南，纠教化张长寿、枯木龙元庆、八寨李林、牛羊侬德功……诸酋同反"，虽于同年（1665）被吴三桂平定，但"沙普之乱"前后持续长达36年之久，足见其势力之强大。

明代中后期，各地土司土兵虽然被中央王朝纳入军事体系的一个部分，但土司土兵的本质并未改变，中央王朝在运用土兵进行一系列战争时，对战斗力强大的土司土兵有所顾忌。如刑部尚书郑晓云也上奏道："调至湖、广土兵，贼颇畏忌，然亦犷悍难训……求之则易骄，弃之则生怨。调兵之危害，莫胜于今日者也。"① 这里固有官员对土司土兵的主观歧视，但从另一个侧面看出，嘉靖年间倭乱之时，朝廷已有官员对征调以永顺土司土兵为代表的客兵已有所顾忌。除中央政府的官员之外，就连势不可当的农民起义领袖对有的土兵也有所顾忌。清代乾隆年间石砫直隶厅同知王萦绪在为秦良玉撰写的《秦宫保庙碑记》中有言：

> 有明末造，贼民群兴。四出蹂躏，中原鼎沸。惟夫人以女子身，远起边陲，率师征剿。所之披靡，屡立战功，具载《明史》，其救护川省之功尤多。厥后督师杨嗣昌驱贼入川，川抚邵捷春怯懦，两违夫人议，贼乃入川大掠去。又四年，献贼再谋入寇。川抚陈士奇复不听夫人守隘之计，蜀地遂全陷。贼杀戮之惨，亘古未有。夫人发兵守隘，贼惮其威名，罔敢窥伺，一境晏然。附近涪、丰、忠、万居民逃避境内得免献忠屠割者，不知几千万人也。呜

---

① （明）郑若曾、李致忠：《筹海图编》（卷十一下）《经略二》，中华书局2007年版，第730页。

呼，计自征播至寿终四十余年，所建树岂一身一家之私计，一手一足之微劳哉？①

这里强调张献忠等人虽然"杀戮之惨，亘古未有"，但是，秦良玉却"发兵守隘，贼惮其威名，罔敢窥伺，一境晏然"。这足以说明张献忠等农民起义领袖畏惧石砫土司土兵。

如前所述，土家族土司土兵的阵法和技术在明朝官军中广泛传播，并不断被官军将领用来提高明朝官军的战斗力。如明代嘉靖年间后期抗倭英雄戚继光根据土家族土兵阵法改造为著名的"鸳鸯阵法"，并载入兵书《纪效新书》。清代魏源对鸳鸯阵法有详细记载：

> 谭纶、戚继光之鸳鸯阵法，即土兵之法。如一参将领三千人为一营，十人为队，队有长，百人为哨，哨有长，五百一把总，六总一参将。倘一营全退，斩参将；一总全退，斩把总；一队一哨全退，斩哨长、队长。如是则将与长无敢不奋死矣。如军退而参将不退，战死，则斩五把总；把总不退，战死，斩十哨长；哨长不退，战死，斩十队长；队长不退，战死，斩九卒。若一军不退，则主将虽死绥，其下不连坐。如此则士卒无敢不奋死矣。所诛者常不过十人，则其法必行。故斗乱而阵不乱，可死而不可败。是土兵之法，即古者节制之法也。②

由此可见，戚继光的"鸳鸯阵法"与土家族土司土兵阵法十分相似，都是由一定数额的士兵组成一级级小队，每个小队均由负责的队长，再由小队组成中队，中队组成大队，并最终组成一支完整的部队阵型。而且"鸳鸯阵法"如土家族土兵阵法一样，也在战斗时使用连坐法，每队队长对自己所辖小队的士兵负责，士兵退缩队长斩之，队长退缩哨长斩之，哨长退缩把总斩之，一级级负责，直至最高指挥，即营长。这样，

---

① （清）王萦绪：《秦宫保庙碑记》，见王槐龄《补辑石砫厅新志》之《艺文上》，道光二十三年（1843）刻本。

② （清）魏源：《圣武记》（附录卷十四），岳麓书社2011年版，第567—568页。

在战斗中无疑提高了全军的战斗积极性,加大了战斗胜利的成功率。而在阵型上,"鸳鸯阵法"也和土家族土兵阵法有着异曲同工之妙。"鸳鸯阵法"是戚继光根据浙江沿海水网密布、陆路狭小、大型野战军无法自由穿行等地理特点所创。再加上倭寇善用倭刀,近身战强悍,伏击为主,常小股部队进行游击战骚扰。故将大型部队化整为零,各成一支小股部队,运用稳定的阵型各个击破是最好的战术策略。①

3. 经济上:稳步发展农业生产,快速发展矿业生产,适度发展商业贸易。

明代各地土司土兵参加中央王朝组织的军事征调促进当地经济的发展。由于各地土司领导的土兵都是各地土司的自养军队,一般情况下不需要中央王朝的粮饷、武器等方面的接济,然而又要随时满足中央王朝征调作战的需要,所以,后方必须有稳定的经济力量为西南地区各地土司参加军事征调做强大的经济支撑。因此,各族土司必须采取一系列的有效措施来发展自己的经济。

自古以来,任何人都知道"民以食为天"的道理。稳步发展农业生产,满足土民、土兵吃饭是各地土司的第一要务。土兵是各土司所辖之地方武装力量,是亦兵亦民,"有事调集为兵,以备战斗,无事则散处为民,以习耕作"②。土兵既要参与军事征调,又要从事农耕生产。明清时期,西南地区各地土司非常重视农耕生产的发展,如石砫司在元代时就"尽力农亩","富庶为川东冠"(石柱《马氏家乘》),农耕生产得到继续发展。播州杨氏土司为了发展经济,不仅修建了采石场、养马城、猎场、鱼池、茶园、蜡崖、田庄,还兴修了水利和交通,积极发展手工业和农业、商业。其中水利建设最大的成就为修筑太平庄大水堰(即今遵义县共青湖)。据大水堰《万世永赖碑》载:"凡州内所属钱粮,永为杨姓供费,以故命修四十八庄,此系太平一庄。"播州的水利设施,除大水堰外,还有雷水堰、军筑堰、白泥堰、双仙堰、菱角堰、常舒堰、千工堰、官庄堰、螺蛳堰、八幅堰、官坡堰等;这些水库塘堰,均可灌田土数千亩,至今仍有许多还在蓄水灌田;水利设施的建设,为以后遵义成为"黔北

---

① 张凯:《明代永顺土兵军事活动研究》,硕士学位论文,吉首大学,2012年,第40页。
② (清)张天茹等,顾奎光纂:(乾隆)《永顺府志》(卷12)乾隆二十八年抄刻本。

粮仓"奠定了坚实的基础。① 明清时期,各地土司十分重视区域内渔猎、采集生产的开发。贵州思南府在弘治年间以前就"渔猎易于山泽",弘治年间后"负弩农暇,郎以渔猎为事";思南府属朗溪司"以猎为业"②。在云南丽江,木氏土司为维护土兵的开销,其经济来源之一是庄园经济,丽江木氏土司有直属的官庄。《徐霞客游记》中写道"木公之次子居此"的七和,"坞盘水曲,田畴环焉"。这里有村寨、税所、丘塘关哨所,是典型的木氏庄园。这样的庄园,还有丽江石鼓、生罗、桥头、巨甸、塔城、处可瓦、北浪沧、剌宝、大具、你罗、九河、江东、江西等十四处,另有明王朝赏赐的沙桥、沙兰两庄。据史载,丽江木氏的官庄田达2453亩,约占明正德年间官民田总数的7%,丽江木氏官庄田年收租米1385石,拥有庄奴500余户、2344人。除庄园外,木氏还控制大量的山地,向百姓收租收税。丽江木氏土司庄园经济主要是农业种植和畜牧饲养。木氏十分重视农田水利,先后开挖了大型的三思渠、漾弓江和中海蓄水库,又在丽江坝水渍地开挖大排水沟,使水渍地变成农田,使农业收成日丰。

快速发展工业生产,这是西南地区各地土司维系土兵经济开支的主要依靠。明清时期,西南土司区的工业生产发展是不平衡的,存在工业发展的地区差异。即是说,同一种手工业在不同历史时期的空间分布不尽相同,总的发展趋势是:随着时间的推移,手工业生产的分布范围逐渐扩大。以土家族地区汞矿的开采和冶炼为例,思南府、渝东南各土司均产水银,当时形成相对集中的产地,采矿和冶矿基本上存在这种情况。不同的手工业生产在土家族地区各有其相对集中的生产地,在部分地区内集中了多种手工业生产,形成手工业生产相对集中的地域。各地区在不同的历史时期手工业的部门结构存在较大的差异,在集中了较多手工业生产的地区,手工业种类有十多种,在手工业种类相对较少的地区,仅有一二种。由于各种手工业在各地的分布存在一定的差异,使地区之间手工业的总体分布情况也存在一定的差异:手工业种类较多的地区为

---

① 史晓波:《浅议杨氏治播的积极影响》,《贵州文史丛刊》2002年第4期。
② (明)洪价:《嘉靖思南府志》(点校本),思南县志编纂委员会办公室2002年版,第66—67页。

思南府、酉阳司、平茶司等地，主要手工业有纺织、采矿与矿冶、制蜡、榨油、煮盐、硝制皮革、制漆、陶瓷制作、手工编织、制靛、烧炭、造纸、制香等。在云南丽江木氏庄园经济中，也包括手工业经济，主要制作毛毡等羊毛织品、丽江锁等铜器具、皮靴等皮革制品。丽江木氏经济的另一支点是开采金银矿。在丽江木氏领地内，不仅金矿银矿多，铜矿、盐矿也不少，丽江木氏经营采矿业，成果丰硕，这就保证了每年向明王朝输金纳银和土兵战争花销的双重需要。

适度发展的商业贸易为西南地区土兵提供了一定的经济支持。播州杨氏土司引进牛、马、羊、猪等进行饲养和交易，特别是兴建养马城，可养马数万匹。这些马匹除进贡朝廷外，其余的马匹可买卖赚钱。在土家族地区，虽因"崎岖万状，商贾不通"，但外销产品也逐渐增多。明清时期，该地区的部分产品也运销境外，以茶、药材和木材为多。土家族地区深山中盛产药材，明清时期药材也是重要的商品。当时施州卫商人于城中设点收购药材，贩运出境以谋利。乌江流域土家族地区明清时期销往境外商品还有朱砂、水银、蜡、硝、桐油、漆等。此外，民间的商品贸易却比较活跃，民众利用土特产进行交易，土产也就成为当地的商品。这些民间贸易活动基本上为以物易物，极少用银。也有少数地区以某种土特产作为一般等价物的特殊商品起货币作用，如思南府盛产的朱砂、水银曾作为等价物在民间市场上流通。当时各地的土产不尽相同，土家人以有易无，推动了商品贸易的发展。西南地区各地土司就是通过商业贸易为前线作战的土兵提供源源不断的充足资源。

（二）消极影响

明清时期，封建中央王朝频繁征调各地土司土兵从事各种军事征调，在维持王朝统治、维护国家统一、维持地方稳定等方面起到积极作用的同时，也在一定程度产生消极影响。

1. 政治制度方面

明清中央王朝实施土司制度，让各地土司建立强大的武装力量，这种以政治制度的形式确立的土司土兵征调制度，其负面影响如下：

在中央王朝层面，明清中央王朝在土司制度框架下利用土司土兵来实现王朝国家"以夷制夷"的目标。就规定土兵单个人来讲，他们是受剥削受压迫阶级中的一员；但就一种地方武装力量而言，土司麾下的土兵却是剥削阶级的统治工具，他们是中央王朝用以镇压地方农民起义、维护统治的工具。可以说，明清时期中央王朝都利用各种矛盾，使甲土司与乙土司相互冲突，削弱其力量。

在地方土司层面，各地土司利用麾下的土兵争权夺地，成为维护土司在辖区内的军事力量，甚至成为土司反叛中央王朝的斗争工具。无疑使各地土司逐渐成为割据一方的土皇帝，跟中央王朝在统一与割据的问题上，始终存在着控制与反控制、治理与反治理的斗争。每当封建中央王朝新旧更替、无力控制时，各地土司就趁机起兵，力图摆脱控制，扩大自己的范围，一旦中央王朝控制过严，侵犯土司的权利过大，土司就起兵抗命，反对中央王朝的控制。明朝建立以后，对土司地区控制极其严格，镇压十分残酷。随着明朝政府对土司地区统治的加强，土司反控制亦趋激烈。如洪武十四年（1381），湖广水浞源通塔坪和散毛诸土官反抗明廷控制。土官覃芳等进攻施州，施州守军粮尽力穷，城被攻破，知州李才，州同孙明用，州判王杰等被杀死。① 明朝廷派遣周德兴镇压后，移师施州，立施州卫以加强控制。明嘉靖中，支罗洞土官黄中与施南土司覃宁、散毛土司覃榮、容美土司田世爵等联合反抗明朝的控制，活动在施州、建始、忠州、丰都等地。当时明朝政府命令湖北巡抚谷虚中征讨，并调施州、辰州、重庆、沔阳等地军队与永顺、五寨、石砫等土兵进行镇压。黄中凭险固守山寨，明军围攻数日不下，于是改变策略，派施州卫经历汪泽德入黄中寨作人质，诱其出降。隆庆二年（1568），黄中受骗被擒，惨遭杀害。其部虽也杀死人质、坚持斗争，但终于失败。黄中族党与散毛宣抚覃榮、施南宣抚覃宁均遭杀害。土兵作为土司的一种私人武装，他们更愿意为土司浴血奋战，在所不惜。所以，导致这种自不量力的反叛，不仅最终以失败而告终，而且造成了本民族大量的人员伤亡和财产损失。同时，各地土司在不断利用土兵的征战中，增强了自己的军队实力，这也促进了一些土司日渐膨胀的反叛之心，在与中央王朝、周边土司及其辖地土民的相处中，难免会引发各种冲突矛盾，从而加速了土司自身灭亡的历史进程。

---

① （清）王协梦、罗德昆：道光《施南府志人物志》，嘉庆《恩施县志》卷3。

2. 财政经济方面

各地土兵经常参与中央王朝征调的各种战争，明显加重了中央政府和西南地区各省地方政府的财政负担。明代土司土兵在战时情况下，可以享有支给"行粮"的待遇，并且参照官军"居有月粮，出有行粮""班军本处有大粮，到京有行粮，又有盐斤银"的标准；清代土司土兵奉调出征至少有出征行装粮、月支盐菜银和日支口粮。立下军功，还有赏赐；若是土司土兵伤亡，家属还有"安家银"等抚恤。更有甚者，有的土司在征调过程中敲诈和勒索中央王朝。明代湖广总督张岳在《论湖贵苗情并征剿事宜疏》中指出：①

> 湖、贵节年用兵，俱调土兵。各该土官挟贼为利，邀索无厌，曲意从之，愈加放肆。且如军兵行粮，每月例只四斗五升；两广土兵，只支三斗。惟湖广土兵，于四斗五升之外，又多索一倍，每斗折银五分，该银二钱五分。若兵一万，每月该银二千五百两。湖广上年调土兵三万六千名，每月该银九千两，自进山至散兵，共十五个月，共该银一十三万五千两。是于行粮每名四斗五升之外，又无故多费此一十三万五千两以与土官也。湖广如此，推知川、贵可知。土官高坐营中，计日得银，只愿贼在，岂肯灭贼？臣到地方，即追究其所以所以冒破钱粮、纵贼不杀之故，示以国法，亦颇悚惧……
>
> 节年调土兵以剿贼，而土官即私募苗贼以充兵数，所支行粮，分给各贼。且如贼首龙老课，原系奏内有名恶贼，上年平茶长官司杨和招其党五十名以为兵。以龙老课而征龙老课，欺蔽至此！近闻臣至，乃纵回，又伙合别贼为恶。若复调兵，则又招去抵数。如此，贼岂有可尽之期？土官之中，亦有素修行止者，如永顺宣慰彭明辅之类。

由此可见，明朝中央王朝征调湖广土兵进行围剿苗寇的战役已给予一定的钱粮，这笔钱粮较一般士兵多近乎一倍。土兵的首领土司得到这笔粮饷后，并未积极进剿苗寇，反而消极怠战，以敲诈中央王朝的粮饷。

---

① （明）张岳著：《小山类稿》（卷四），福建人民出版社2000年版，第54页。

更令人气愤的是，湖广土司还召集本要围剿的苗寇来充当土兵，以得到朝廷更多的粮饷。这就造成了当时一个奇怪的现象：中央王朝花费大量的人力物力进行平乱战争，土司堂而皇之地收取国家的粮饷，而被围剿的苗寇却有增无减。这就是张岳所说的土司"只愿贼在，岂肯灭贼？"这不仅颠覆了一些文献中记载土司对中央王朝"威勇忠顺、惟命是从"的形象，而且还反映出明朝中后期的土司及麾下土兵自恃军事实力强大，已成为利用中央王朝对其的征调而漫天叫价的雇佣兵，① 这势必加重中央政府的财政负担。

土司土兵征调，无疑也增加了地方财政的负担。史称："两广主计之吏，谓自用兵以来，所费银两已不下数十万，梧州库藏所遗不满五万之数矣；所食粮米已不下数十万，梧州仓廪所存不满一万之数矣。由是言之，尚可用兵不息而不思所以善后之图乎！"② 频繁征调土司土兵造成地方财政经济的耗费，由此可见一斑。

土司土兵被中央王朝征调，也加重了土司地区各族人民的负担。明清两代，土司土兵远征足迹遍布四川、云南、贵州、湖广、广西、江西、江苏、浙江、福建、辽东、越南、缅甸。他们在出征过程中大多是自备行粮、武器，尽管中央王朝有时对土兵远征有一定补给，但多为土司土官私吞。土司土兵出征参与战争，使土司地区大量劳动力流失，每户仅留一二丁耕作，田间劳作基本上由妇女承担，造成了土司地区的长期贫困与落后。

3. 社会危害方面

从历史上看，无论是正义战争还是非正义战争，对当时的社会都会造成一定的危害，甚至是巨大的危害。从明清时期西南地区土兵参与征调看，无疑也对当时的社会造成了一定的危害。③

土兵参与征调，对社会生产力的发展造成严重的影响。据史载，嘉靖二十年（1541），广西田州知州岑芝奉命率领俍兵赴海南岛镇压当地少

---

① 张凯：《明代永顺土兵军事活动研究》，硕士学位论文，吉首大学，2012年，第38页。
② （明）王守仁：《赴任谢恩遂陈肤见疏》，《王文成公全书》（卷十四）。
③ 蓝武：《从设土到改流——元明时期广西土司制度研究》，广西师范大学出版社2011年版，第260—261页。

数民族的反抗斗争,"杀贼数千人,以外援不至而死,其土兵同时死者亦数百人"①;又如明代万历三大征之一的"平播之役",播州杨氏首领、土目、土兵被俘1124人,被斩首22687人,杨氏族属被俘5539人,招降播民1262111人。平播大军伤亡3万—5万人,其中官军阵亡将军78人、士兵4645人,重伤969人、轻伤2458人,其余伤亡均为土兵。② 这无论是对调入土兵的地区来说还是对输出土兵的地区来说,都是对社会生产力的极大摧残。

土兵参与征调容易产生一定的社会问题。中央王朝频繁征调土司土兵在助长他们的桀骜之气的同时,造成一定的社会问题,进而导致社会混乱和人民群众生活更加贫困。在明代朝廷官员看来,导致土司土兵渐生桀骜的原因是源于土司土兵自身,"若夫土兵之强虽盗贼之所畏,然其俗尚犷悍,未易控御,不奉军令,不服点闸,虚数实支,受贿纵盗,而其所过残虐,不减盗贼"③,"在彼则谓为军门倚用,承调之际,遂渐次迟回桀骜,每损其数而愆其期。故先年闻调即行,今则旗牌催促至三至四而后出矣。先年兵皆实数,今则每报一千而实数不及三四百人矣。近如田州土官岑太禄奉调目兵七千,官舍交驰五次,彼乃偃蹇不至,止以虚数一千名前来抵搪,即可知也"④。尤其需要指出的是,封建王朝为了鼓励土司土兵勇敢作战,常把他们夺得的人口与财物作为犒赏,以资其欲,导致土司土兵征战过境大肆劫掠,致使百姓大遭其祸。在广西,明代丘浚也曾称:"所调各处土官既至,宜厚加犒赏,俾其各认地方,从所径便。自抵贼巢,所得贼财盖以与之,官军人等不许抽分科夺,及所俘获贼属,许得变卖。则人自为战,勇气百倍矣。"⑤

土司土兵参与征调,对基层社会秩序造成一定程度的破坏。由于土

---

① (嘉庆)《广西通志》(卷268),《列传十三·土司》。

② 遵义市汇川区高坪镇志编纂委员会:《遵义市汇川区高坪镇志》,方志出版社2012年版,第576页。

③ (明)应槚:《申明赏罚以励将士以图治安疏》,《苍梧总督军门志》(卷24)《奏议二》,全国图书馆文献缩微复制中心1991年版,第274—277页。

④ (明)吴桂芳撰:《请设两广游击官疏》,《苍梧总督军门志》卷24《奏议二》,全国图书馆文献缩微复制中心1991年版,第279页。

⑤ (明)丘浚:《两广事宜议》,《粤西文载》(第五册·卷56),广西人民出版社1990年版,第197页。

司土兵自身的局限性，从而给过境地区的社会秩序带来一定程度的破坏性影响。据史载，弘治年间，"会江西华林峒贼反，都御史陈金檄猛从征，猛兵沿途剽掠，民皆徙村避之，为之谣曰'华林贼，来亦得；土兵来，死不测'"①。从历史上看，西南地区土兵在行军过程中对社会秩序造成一定程度的破坏的例子较多。以广西狼兵为例，明政府征用土兵之初至正德初年这种负面效果逐渐显现。《明武宗实录》"正德五年三月甲申"条载：

> 巡按两广御史江万实上言边务：……一、顷因林贵逋诛，调用狼兵，所过剽掠劫杀，鸡犬不遗，谋之不藏，莫甚于此。然事已无及，愿自今勿轻调用，兵部议覆。
>
> 从之。

《明武宗实录》"正德七年闰五月戊子"条载：

> 南京御史周期雍奏：江西调至狼兵，所在辄肆荼毒，奸污妇女、劫掠财物、毁坏屋宇，良民横罹锋刃者不可胜数。至于士族，亦有阖门受戮之惨，且载所掠妇女金银抵南京贸易，违禁货物，此皆总制都御史陈金纪律欠严故也。乞赐敕切责并戒谕狼兵头目，严加约束，其越境者令法司鞫治，良民被害者令有司加意宽恤。会南京守臣亦奏所获狼兵韦晃等三十人，且请治巡捕官耿辉等失察之罪。得旨，金写敕且责，晃等令江西巡按三司会问，被掠男女给还其家。辉等宥之。

《万历野获编》卷4《夷兵》云：

> 土司兵最不宜调，其扰中国甚于胡虏。嘉靖间倭警，调阳麻兵，调瓦氏狼兵，俱贻害东南最惨，而终不得其用。顷救朝鲜，又敕播

---

① （明）田汝成撰：《岑猛》，见《苍梧总督军门志》卷29《集议》，全国图书馆文献缩微复制中心1991年，第390页。

州杨应龙之罪，调其兵五千，半途不用遣归，以此恨望再叛。正德间，流贼刘六刘七之乱，亦调永顺、保靖两宣慰兵协剿，一路聚劫，人不能堪。流贼戏谓我民曰：吾辈来，不过为汝梳；彼土司兵乃为汝篦矣。盖诮其搜剔之愈密也。①

上述引文讲的就是土司土兵参与征调对基层社会秩序造成破坏的情况。毋庸讳言，明清时期，各地土司土兵在致力于防卫地方土司的反叛分裂活动、巩固西南地区边防和参与东南抗击倭寇、维护多民族封建国家的统一和保卫祖国的疆土完整发挥了一定的积极作用，作出了一定的贡献。但是，各地土司土兵是明清中央王朝武装力量的重要组成部分，在征调过程中为中央王朝所利用，在镇压各族农民起义与反抗斗争的过程中充当了封建王朝的帮凶和刽子手，明显表现出土司土兵征调制度的反动性，严重阻碍了边疆民族地区的经济发展和社会进步。

第四节　土司教育制度

明清时期是我国从"亚洲的中国"走向"世界的中国"的十分重要时期。当时的王朝国家从文化教育方面治理土司地区，其主要策略就是通过教育以达到从心灵上征服少数民族，主要举措就是推行文教政策。在这个历史时期，中央王朝在土司地区逐渐形成了土司教育制度。这里所论述的土司教育制度，不仅指学校教育，而且也包括家庭家族教育和社会教育。

一　学校教育

王朝国家治理是否有效，一定程度上主要取决于学校教育的发展程度和质量高低。明清时期，学校教育是中央王朝对各地土司实现"心治"的有力举措。正如明代景泰年间云南按察司提调学校副使姜濬所言："学校乃育材之地，国家致治之源，古今所同重也。臣自受命以来，遍历云南各府、司、州、县儒学，见生员多系僰人、罗罗、摩些、百夷种类，

---

① （明）沈德符著：《万历野获编》卷4《夷兵》，中华书局1997年版，第926页。

性资愚鲁，不晓读书，不知礼让。廪膳、增广俱不及数，或缺半者有之，或缺三之一者有之，欲将增广，考补百无一二，唯恐虚费廪禄，因循日久，学政废弛。其各卫所军生，多有人物聪俊，有志于学，缘不得补廪，无人养赡，难于读书。乞不拘常例，军、民生员相兼廪膳，庶使生徒向学，不负教养。"（《英宗实录》卷一百九十二）① 明清中央王朝针对"中国历代以来，对西南羁縻地域，甚少推行文教，久之蛮夷与内地人民智识差别尤殊"的实际，担忧"隔阂日深，向化日难，一旦中原变乱，则蛮夷尽皆背弃朝廷"的现象出现，于是"逐渐开设儒学，施行教化"，进而实现变"蛮夷为夏"② 的目的。明清中央王朝为了强化对土司和土司地区的治理，一个主要的举措就是推行教育。

（一）强制土司应袭子弟入学读书

明朝建立初期，中央王朝对土司应袭子弟作出了强制性规定。这种规定有的源于朝廷命官的奏议。据《太祖实录》卷二三九载：洪武二十八年（1395）六月壬申，户部知印张永清言："云南、四川诸处边夷之地，民皆啰啰，朝廷与以世袭土官，于三纲五常之道懵焉莫知，宜设学校以教其子弟。"上然之。谕礼部曰："边夷土官，皆世袭其职，鲜知礼义，治之则激，纵之则玩，不预教之，何由能化？其云南、四川边夷土官，皆设儒学，选其子孙弟侄之俊秀者以教之，使之知君臣父子之义，而无悖礼争斗之事，亦安边之道也。"③ 于是，当年（1395）朱元璋下令"诸土司皆立县学"；继此诏之后未及数月，监察御史斐承祖又言："四川贵、播二州，湖广思南、思州宣慰使司及所属安抚司州县，贵州都指挥使司平越、龙里、新添、都匀等卫，平浪等长官司诸种苗蛮，不知王化，宜设儒学，使知诗书之教，立山川社稷诸坛场，岁时祭祀，使知报本之道。"从之。（《太祖实录》卷二四一）这则建议较张永清的奏书更为具体，且学校教育对象限于土官子弟。其后，对应袭土司及土司子弟入学读书要求更加明确与强硬。成化十七年（1481）二月癸酉，巡抚云南右

---

① 参见方国瑜《云南史料丛刊》（第四卷），云南大学出版社1998年版，第498页。
② 黄开华：《明清时期土司制度设施与西南开发》，参见《明清时期土司制度》，台湾学生书局1968年版，第166页。
③ 参见方国瑜《云南史料丛刊》（第四卷），云南大学出版社1998年版，第493页。

副都御史吴诚奏："乞令土官衙门各遣应袭子于附近府分儒学读书，使知忠孝礼义，庶夷俗可变而争袭之弊可息；仍禁约学校师生，不许索其束修馈送。"礼部覆奏以为有益风化，事在可行。如地远年幼者，督令开一社学，延邻境有学者以为之师，仍听提学官稽考。上曰："然。云南土官世修职贡，无敢违越，但争袭之弊往往有之，盖虽由于政而未化于教也。其令土官各遣应袭子就学，如巡抚官及尔礼部所言，使蛮貊乖争之风潜消，而华夏礼义之化远暨，顾不美欤。"（《宪宗实录》卷二百十二）① 弘治十六年（1503）对应袭土司入学读书的规定更加严格："以后土官应袭子弟，悉令入学，渐染风化，以格顽冥。如不入学者，不准承袭。"②《明会典》载："成化十七年，令土官嫡子，许入附近儒学。正德十六年奏准，归顺土官子孙，但经一次送顺天府学食廪者，不论事故及中式，俱不许再补。嘉靖二十六年题准，归顺土官子孙，照旧例送学食廪读书。"③对于土司应袭土舍入学的年龄，中央政府采取了贵州巡抚汤沐的建议："严饬土学。凡土合应袭者，年三十以下，俱饬入学习礼，否则不许起送袭替，其族属子弟愿入学者，听；凡一切补廪课科贡，与军民武生一体。则礼教可行，夷俗可变。"④ 在明中央王朝的强制政策下，很多土司、土官及其子弟被送往附近州县求学，如永顺土司子弟"彭象乾寄学于酉阳司学"，"儒学有才名"。

清康熙五年（1666），朝廷令各土司子弟愿习经书者，许在附近府县考试，文义通达，每县额取2名。顺治十八年（1661），云南巡抚袁懋功奏请"滇省土酋，既准袭封，土官子弟应令各学立课教诲，俾知礼义"。其操作方法是"地方官择文理稍通者开送入泮应试"⑤。又"顺治十八年题准：云南省土司应袭子弟，令各该学立课教训，俾知礼义。俟父兄谢事之日，回籍袭职。其余子弟，并令课读。该地方官，择文理通者，开

---

① 参见方国瑜《云南史料丛刊》（第四卷），云南大学出版社1998年版，第499页。
② （清）张廷玉：《明史》，中华书局1974年版，第7997页。
③ （明）申时行等修：《明会典》，中华书局1989年版，第452页。
④ （清）毛奇龄著，杨东甫、杨骥校注：《蛮司合志校注》，广西人民出版社2015年版，第37页。
⑤ （清）乾隆官修：《清朝文献通考》卷六十九《学校考七·直省乡党之学》，浙江古籍出版社2000年版。

送提学考取。康熙二十二年题准：贵州、云南各土官族属子弟及土人应试，贵州附于贵阳等府，云南附于云南等府。各三年一次，定额取进。俱另行开列，附于各府学册后。照例解部察核。其土司无用流官之例，考取土生不准科举及补廪、出贡。如不愿考试，亦不必勒令应试。康熙二十五年议准：各土司官子弟，有愿读书者，准送附近府、州、县学，令教官训课。学业有成者，该府查明，具题奖励。"① 康熙二十五年（1686），朝廷又令各土官土司有意愿送子弟就近府、州、县学读书者，命当地儒学教官收纳教诲。至此之后，除应袭土司送到学校学习文化知识和习礼外，土司其他子弟只要文理稍通者也可以通过考试入学。如乾隆二十九年议准："土司未经袭职之先，原许其读书应试。既有生员袭职，如能不废课读，亦可造就成材。若平日混厕生员，袭职之后，又藉口地方事务繁多，屡行欠考，有名无实，殊非慎重名器之意。嗣后，土司由生员袭职者，如事务繁多，自揣不能应试，准其告退。其愿应试者，饬令如期应试，不得托故避考。违者，该学政查照定例斥革。其边省凡有土司地方，均行一体遵照。"②

明清中央王朝对应袭土司必须学习儒家文化的规定，除了要求努力学习并使用汉文化之外，同时也是为了提高土司在辖区的治理能力，增加自身威望。

（二）土官土司子弟入国子监读书

明清时期官办学校有国学和府州县学两种。所谓国学，就是国子学、国子监，这是明清时期的最高学府，也是中央王朝掌管国学政令的最高官署，其教学科目有礼、乐、律、射、御、书、数等。当时凡谋求仕途发达的文人学士们最大荣耀莫过于毕业于国子监以及殿试时金榜题名、考取进士并刻名于孔庙。③ 明政府规定，土官土司及其子弟和全国汉族子弟一样，通过特恩、岁贡、选贡三种途径也可进入国子监深造。洪武十八年（1385）、永乐元年（1403）和永乐十八年（1420），先后令云南、

---

① （清）素尔讷纂修，霍有明、郭海文校注：《钦定学政全书校注》，武汉大学出版社2009年版，第267页。

② （清）素尔讷纂修，霍有明、郭海文校注：《钦定学政全书校注》，武汉大学出版社2009年版，第269页。

③ 贾霄锋：《藏区土司制度研究》，青海人民出版社2010年版，第196页。

广西、湖广、四川、贵州土官衙门所属学校，"生员有成材者，不拘常例，从便选贡"，"选贡送监"①，这些通过选贡入学的土司子弟，享有当时最好的学习条件，并直接受到京城先进文化的熏陶。《国榷》卷七载："洪武十五年六月戊寅朔辛卯，云南北胜州酋长高策甫七岁，率所部降。后十年，入朝，送大学，及长，还为土官，令所历土官视效之。莅事之日，即禁通把事毋置田宅，以渔于民。边境赖之以宁。"②云南虽然地处边陲，但土官土司子弟进入国子监学习的兴趣较浓，如"洪武二十三年秋七月戊申，云南乌撒军民府土官知府何能，遣其弟忽山及啰啰生二人请入国子监读书"。(《太祖实录》卷二百三) 同年九月辛卯，"云南乌蒙、芒部二军民府土官遣其子以作、捕驹等请入国子监读书"。(《太祖实录》卷二百四)③ 云南土司子弟读书之举不仅为其他地区土司子弟入国子监读书树立了榜样，而且使明王朝对发展边疆民族地区儒学更具信心，使各族土官土司也更加向服中央王朝。因此，明初土司送子弟入国子监就读者趋之若鹜。如《明史》载：洪武二十一年，播州宣慰使司并所属宣抚司官，各遣其子来朝请入太学，帝敕国子监官善训导之。(《明史·四川土司·二》)《明史》又载：洪武二十三年，建昌土官安配遣子僧保等四十二人，入监读书。永乐二年，天全招讨使高敬让来朝，遣其子虎入国子学。(《明史·四川土司·一》) 同时，明初中央王朝不仅优待土官子弟进入太学，而且对此等远夷监生时有赏赐，这更加显示朝廷提倡蛮夷儒学的宗旨。据《明实录》载：永乐三年二月丁卯朔辛卯，赐国子监云南（应作四川）天全六番招讨司等处官民生高虎等五十人夏衣。(《成祖实录》卷三十三) 由此可见，明初中央王朝对西南民族地区兴办儒学之提奖与扶掖，可谓不遗余力。④

清朝一统天下后，一面对西南边地加强军事控制，另一面又大力推行学校教育，开化百姓以稳定边疆，使土司地区封建官学得到长足发展。《清朝文献通考·学校考》有《康熙圣谕十六条》，其内容为："一敦孝

---

① （明）申时行等修：《明会典》，中华书局1989年版，第446页。
② （明）谈迁：《国榷》（卷七），中华书局1958年版，第621页。
③ 参见方国瑜《云南史料丛刊》（第四卷），云南大学出版社1998年版，第492页。
④ 黄开华：《明清时期土司制度设施与西南开发》，参见《明清时期土司制度》，台湾学生书局1968年版，第166页。

弟以重人伦,一笃宗族以昭雍睦,一息乡党以息争讼,一重农桑以足衣食,一尚节俭以惜财用,一隆学校以端士风,一黜异端以崇正学,一讲法律以儆愚顽,一明礼让以厚风俗,一务本业以定民志,一训子弟以禁非为,一息诬告以全良善,一戒窝逃以免株连,一完钱粮以省催科,一联保甲以弭盗贼,一解仇忿以重身命。"清廷历代皇帝均崇尚儒经,大力倡导程朱理学。于是,"四书"五经"和《性理大全》等成为儒生土司子弟习诵之书,地方官学的课程也主要为经、史、理学及时文等。特别是清初以来,在土司子弟入国子监读书的问题上,没有沿袭明代制度,而是对立有军功而身故土司子弟赐予监生资格。如云南土巡检杨可昌早年奉调出征,在平定"云南普思元新等处逆贼"中立有三等军功,后来病故,由兵部奏请,准许其子获八品监生。

(三)各地土官土司积极创办学校

明清时期,各地土司在中央王朝的大力提倡下,他们配合中央王朝在其辖地创办各类学校,使儒学教育成为明清中央王朝对土司和土司地区民众进行儒学教化的最重要、最有效的工具。

朱元璋建立明朝后,十分强调学校对社会移风易俗的教化作用,并针对元末"上下之间,波颓风靡,学校虽设,名存实亡"的弊端,提出"治国以教化为先,教化以学校为本"的主张,并于洪武二年(1369)发布《命郡县立学校诏》,令包括土司地区在内的天下郡县"并建学校"。① 于是,"土司地区的儒学教育如雨后春笋般地快速发展起来"。如表5-3所示。

表5-3　　　　明代西南地区部分土司创办儒学一览②

儒学名称	学址	兴建经过	资料来源
五寨司学	湖广保靖司	万历年建	湖南通志卷65
播州宣慰司学	四川播州司	洪武三十三年为播州长官司学 永乐四年升播州宣慰司学	太祖实录卷241
九姓长官司学	四川永宁司	洪武四年建	明一统志卷72

① 钱伯城等主编:《全明文》,上海古籍出版社1992年版,第355页。

② 黄开华:《明代土司制度设施与西南开发》,参见《明清时期土司制度》,台湾学生书局1968年版,第179—204页。

续表

儒学名称	学址	兴建经过	资料来源
杂谷司学	四川杂谷司	洪武中建	嘉庆重修一统志卷42
酉阳司学	四川酉阳司	永乐六年设	成祖实录卷56
乌蒙军民府学	四川乌蒙府	宣德八年设	宣宗实录卷100
乌撒军民府学	四川乌撒府	永乐十二年设	成祖实录卷91
黑井司学	云南黑井司	天启中建	嘉庆重修一统志卷480
琅井司学	云南琅井司	天启中建	嘉庆重修一统志卷480
白井司学	云南白井司	崇祯年建	嘉庆重修一统志卷480
贵州宣慰司学	贵州宣慰司	洪武二十六年改建	太祖实录卷222
平浪长官司学	贵州平浪	洪武二十八年设	太祖实录卷241
普安司儒学	贵州普安州	永乐十四年建	成祖实录卷106

播州土司杨升其至还"请开学校荐士典教，州民益习诗书礼义"①。这从一个层面反映了明代土司推进儒学教育迅速发展之一斑。从黄开华《明代土司制度设施与西南开发》中看，当时土司地区设置儒学主要集中在洪武（30所）、永乐（13所）、嘉靖（16所）、万历（13所）等四个时间段。据黄开华统计，明代土司地区建立官学120所，其中湖广1所、四川14所、云南65所、贵州31所、广西9所。② 明代土司地区建立的书院有49所，其中云南33所、贵州14所、广西2所。③

清代中央王朝也十分重视土司和朝廷命官创办学校。《钦定学政全书》卷69《土苗事例》和卷73《义学事例》中可见清王朝对少数民族地区土司土民教育的一系列教育政策。《土苗事例》载："顺治十五年题准：土司子弟有向化愿学者，令立学校一所，行地方官，取文理明通者一人充为教读，以训督瑶童，其瑶童中有稍通文理者，听土官具申本县，转申提学收试，以示鼓舞。入学名数，提学凭文酌定。其教读，每年给饩银

---

① （清）郑珍、莫友芝：《遵义府志》（点校本卷二十二），遵义市志编纂委员会1986年版，第583页。
② 黄开华：《明代土司制度设施与西南开发》，参见《明代土司制度》，台湾学生书局1968年版，第179—204页。
③ 黄开华：《明代土司制度设施与西南开发》，参见《明代土司制度》，台湾学生书局1968年版，第179—204页。

八两,灯油、纸笔银二十四两,地方官动用钱粮支给。"① 总的来看,清政府在土司地区设立官学、社学及义学,都是鼓励土司、土民子弟学习儒家文化的有力举措。如顺治八年(1651)在清王朝都察院制定的《申严学臣考试及约束教官生员之法》中就有"令地方官选取教读,训督土司子弟,有向化愿学者,令地方立学一所,行地方官,取方理明通者一人充教读,以司训督,岁给银八两,膏火银二十两,于正项钱粮支给"②的规定。这是清政府规定朝廷命官应该肩负的开办义学、教化土司土民子弟的责任。

从清政府在土司地区实施教育的情况看,自清王朝入主北京之后,就在土司地区鼓励土司、土民学习儒家文化。其主要内容是:"有愿意学习汉文字、文化的土司子弟,地方政府应设置义学,聘请一名文章和德行兼优的人担任教师。瑶人中有稍通文理者,土官要报告县官,县官应禀报省级提学予以招收入府、州、县学,以示鼓励。"③如《钦定学政全书·土苗事例》载:"康熙五十九年议准:广西土属共五十处,各设义学一所,教读土属子弟。如有文理精通者,先令就近流官州、县附考取进。其名数,俟该抚酌量人文多寡,具题定议。雍正元年议准:广西太平土州,设立学校,令生童就近肄业。以养利州训导移驻,专司督课。其建学之资,祀典之费,俱出该土州,不得派累土民。"④在《义学事例》中又载:"顺治十五年题准:土司子弟有向化愿学者,令立学一所,行地方官,取文理通明者一人,充为教读,以司训督。岁给饩银八两,膏火银二十四两,地方官动正项支给。""康熙四十四年议准:贵州各府、州、县设立义学,将土司承袭子弟送学肄业,以俟袭替。其族属人等,并苗民子弟愿入学者,亦令送学。该府、州、县复设训导,躬亲教谕。""康熙四十五年议准:黔省府、州、县、卫,俱设义学。准土司生童肄业,

---

① (清)素尔讷纂修,霍有明、郭海文校注:《钦定学政全书校注》,武汉大学出版社2009年版,第267—270页。

② 张廷玉、嵇璜、刘墉:《皇朝文献通考·学校考七·直省乡党之学一》,参见纪昀(校订)《清文渊阁四库全书(影印本)》(第663册),上海古籍出版社1987年版,第644页。

③ 苍铭:《从〈钦定学政全书〉看清前期西南土司土民教育政策》,《民族教育研究》2015年第2期。

④ (清)素尔讷纂修,霍有明、郭海文校注:《钦定学政全书校注》,武汉大学出版社2009年版,第268页。

颁发御书'文教遐宣'匾额奉悬各学。"① 根据这些规定，各土司地区将其落实，据《贵阳府志》载："土苗之有义学、社学也，起于顺治十五年（1658）。其时令天下土司子弟有向化愿学者，令立学一所，地方官取文理明通者一人充教读，岁给饩银八两，膏火银二十四两，皆地方官动正项支给。"②

如陈宏谋在云南任职期间，除了肩负发展地方经济重任之外，主动承担并严格执行清朝中央政府的兴学政策，相继撰写《查设义学檄》《查设义学第二檄》《查设义学第三檄》《义学规条议》等文，加快云南义学推广，使云南包括土司地区在内的所有地区无论是成人、儿童，还是汉人、夷人，逐渐形成了向学之风。如《查设义学第二檄》全文如下：

> 为查设义学，以兴文教、以变夷风事。人性皆善，无不可化诲之人；汉夷一体，无不可转移之俗。有地方之责者，果能因土制宜，随方设学，而又区画长策，垂诸久远，加意振兴，不致徇名鲜实，有始无终，则化导既久，观感必多，文教渐兴，风俗渐易，裨益地方非浅鲜也。滇省夷多汉少，鲜事诗书，义学之设，视他省为尤急；在乡义学，又视在城为尤急。本司莅任以来，访知各属原有义学未尽举行，义学原有公田多被侵隐，是以通查各属旧设义学之处，旧有义学之田。如原无义学，即将应设地方、应需费用，通盘筹画，或拨公项，或查隐垦，或由捐给。如无公项、隐垦，又力不能捐，亦即将需费确数详候核夺。今据各属陆续复到，其通盘筹画议定成规者，寥寥无几，而潦草率复，掩饰一时者，则指不胜屈，有复称夷多汉少，无庸设学者；有复称公项不敷，举行不继，并不将公项如何不敷之处议及者；有复称旧无公项，现在量捐，并不将应设几处，捐给若干，作何经久之处议及者；有复称旧无公项统俟核夺，并不将何处应设，需费若干，声明请示者；有复称膏火不继，不能

---

① （清）素尔讷纂修，霍有明、郭海文校注：《钦定学政全书校注》，武汉大学出版社2009年版，第287页。

② （清）周作辑纂，贵阳市地方志编纂委员会办公室校注：《贵阳府志·学校志略》，贵州人民出版社2005年版，第872页。

设立，反将束脩设学之处，全不议及者。并不抽绎原行，不过奉行故事，如以此事为迂阔，不近人情，不妨据实回复；或以为烦琐，有累地方，尤不妨立请停止。如止为无力捐设起见，原行令无项可动，即将应设之处，所需之费详俟核夺，并非令该属人人捐设也，何乃支吾躲闪答非所问，令人不可解说。除饬驳外，合再明白通饬，为此仰该官吏遵照来牌内事理。即将该属在城义学几处，每处需费若干，原有公费若干，田亩若干，田亩坐落何处，何人经收，除条粮外，年收租息若干，或市石曾否敷用，或城乡可以通融敷用。如原无义学，何处应设，需费若干，何项可以拨充，如无项可充，作何捐置，公产如不能捐，即将置产需费若干报夺。至于学舍，或附近空屋，或公所庵院皆可开设，何庸另建。乡间蒙师，即本地生员，皆可教读，何事远访。在城者，固宜实力举行；在乡者，更宜广为设立。成材之学，固宜勤为会课；蒙童之馆，亦宜设法振兴。已经赴学者，作何振作奖励；未知向学者，作何引诱招徕。务须筹画善后，不徒粉饰一时。仍将设学地名，馆师姓名注明，汉童夷童若干，书舍间数，开馆日期，田亩租数，造册申报备案。其从前已经议复批定者，毋庸复详；其未经议复及已复未协，饬驳另议者，再绎节次批檄，逐一议覆。不必仍以无力捐建，便尔草率回复，立等汇核，请院示夺，毋再率忽。至于知府，耳目切近，何处应设，何项可充，如何振兴，如何善后，就近稽察，设法更便，逐处经理，筹画不难。乃奉到止一转行，详到止一据转，徒烦案牍，于事何益。总之，夷方化导，非旦夕之可期，边俗振兴，舍司牧其何赖。不听其夷于夷，惟使之人自为教，起化于今日，而收效于将来，斯边地之急图，而扶夷之本务也，思之勉之！勿忽！①

从这则檄文看，陈宏谋十分重视义学在包括土司地区的云南省的广泛推广。为了使云南义学能持续发展，他制定了严格、周密且具有可操作性的管理规定——《义学规条议》，并以政令的形式予以颁布。其内容

---

① 此檄在广西乡贤丛书甲编第一种：《陈榕门先生遗书》第三册，《培远堂文檄》卷二，第26—27页，广西省乡贤遗嘱编印委员会编印，1943年8月。

第五章 土司制度的共性内容

主要为：

窃惟人才之兴，惟资教育；风俗之易，端赖诗书。盖师道立则善人多，士习端则民风厚。实积渐之使然，而非旦夕可致也。

滇居边末，汉夷杂处，仰沐圣化之涵濡，无远弗届，固已声教日隆，文明渐启矣。而乡寒子弟犹苦无力延师，夷保乡愚或苦不知向学。教泽未广则士习难以变迁，化导未周则民风终于乔野。故边省义学视中土为尤急，而乡村义学视城市为尤急。案查滇省义学，荷蒙宪仁加意作养，设法振兴。义学之设，所在多有。而于改土归流之处，俱奉题明设立义学。或动公件，或拨官庄。其为化海边民之计，诚足以树之风声。而各属之仰体德意者，亦各捐建学舍，置买学田。只以地方辽阔，或止于城市而未及于农村，公费无多；或只行于目前而未经于久远。即其原有公田，而或被隐占，或被侵收。地方官以度支不敷经理为难，不无因陋就简之意。本司到任以来，时承两宪谆谆提命，留心教养。曾经通檄行查，将现在开设者为某处，应行增设者为某处，目下修脯作何出产，从前公项有无侵占，如无公项，即将所需之费核定具覆，往返驳查，不遗余力，经今二载。据云南等府属及各提举陆续造册，详报前来，本司逐加查核。如云南府属昆明县等共四十九属册报，城乡设立义学共二百八十一所，或旧有学田，或新经添置，或于官庄余谷并判产公租内拨给，均已足敷束脩。其云南府属之呈贡等十一属所设义学五十二所，或称田租不敷，或称现在捐给。本司窃念，义学之设，必使费有常经，庶几事可垂久。因逐加酌核，按其所缺之数及买田之费，于本司养廉内捐银一千二百五十二两，饬令各该属买田收租，永供修脯。至于设学既久，必须详立规模，始可永行无弊，谨拟条例四则，恭候宪夺。

一、馆师宜慎也。成材之学，取法宜上；经馆之师，选择宜严。地方官留心采访，无论本地举贡生员及外来绅士，必须立品端方，学有根底者延之为师。至于城乡蒙馆，即于本地附近生员儒士内慎选诚朴自好，不与外事者为之。地方官不时稽查勤惰，并令教官按期协查。如能克端师范，实心训课，该州县优其礼貌，时加奖励。

果有成效，于年底报明本司，量行优奖。如虚糜修脯，惰于督课者，查明另延。有不安本分，于设学之村寨唆讼生事，愚弄夷民者，是不得义学之益，反滋汉奸之扰，立即另行延请，仍将所犯查审详究，以示惩戒。每岁开馆以正月为期，散馆以十二月为期。开馆时，地方官将某馆延请某人为师，于何日开馆之处具报。至岁底散馆，将某馆生徒若干，成材若干，幼童若干，注明汉人夷人，申报查考。不得迟开早放，有名无实，虚糜馆谷。

二、化诲宜广也。成材之士，务在敦勉实学，习读佳文，不可仍踵陋习，专工浮靡。请将宪台所刊书院条规及斯文精萃分发成材各馆，令师生人等专心传习，并令馆师将存心立品、居家治事之道随时指点，切加劝戒。至于蒙童，则课读而外必训以拜跪坐立之礼仪，君亲节孝之大义。每逢朔望，馆师率领各徒以次序立，拜谒至圣，次拜馆师，次令各徒交相拜揖。馆师于该地方敬将《圣谕广训》明白讲贯，令各学徒环立听讲，并许该处耆老民人齐集听讲。上年，本司详请印发《圣谕广训》及本司恭绎圣谕，均宜按馆补发。又本司前岁重刊《朱子治家格言》、《四礼》、《四礼翼》，原为兴行礼教起见，均请按馆分发。以上分发圣谕及各书，均交馆师递相交代，毋使遗失。

三、学徒宜分别递升以示鼓励也。在城义学，成材为多；在乡义学，蒙童为多。然亦有蒙童而尽可造就渐至成材者，是不可不递加甄别。如蒙馆义学内有资性聪颖，勤于课业，可以学文者，即升之在城经馆。此等远来就学，薪水维艰，该地方官量给青火，以示奖励。即城中蒙馆童子，能晓经书，学为文者，本即升之成材经馆。如经馆中有成材生员，文笔可造而人材又复可观者，仍许遵奉宪檄，量给盘费，给文送至省城，候两宪考取，送入书院读书。如是层递进取，犹是古者由乡而国之意。而乡僻生徒各知奋志观光。将来于此中提拔数人，转相传授，士习文风均有裨益。至村寨蒙馆，夷傈子弟鲜通官语，不识汉字，其始必以读书为苦。是在地方官加意引诱，设法奖励，并令馆师用心开导，俾先通汉音，渐识汉字，并即训以习礼明义。不得以夷傈而忽之，更不得以夷傈而拒之。如有土目头人阻挠、不许向学者，立即究处。

四、田租归官经理以杜私隐也。从前学田,州县并不管理,或教官经收,或馆师自收,易致盘踞,渐多侵隐。今拨给各馆田亩,有一处而分给数馆者,有数处而同给一馆者。零星分收,完欠更难稽察。嗣后均应归地方官经收,分给馆师。不许馆师私收,不许胥役分肥。或租田附近学馆,地方官即令老成乡约人等催令租户眼同就近上纳,并将纳过数目报明地方官查考。如有拖欠,立即追比。倘秋成尚远,馆师不能枵腹课读,地方官量行捐垫,取领存案,于秋收时还项。并将此田地租息另给佃户执照,于执照内填明田亩、坐落、丘数、租斗数目,取具佃户租约。如佃户逞刁抗欠,追照,另行招佃。将来新旧官交代,一并另造清册交代可也。

以上所陈,如蒙宪裁核定,通行饬遵。则既有一定之经费,又有一定之事宜,庶不致有名无实,有初鲜终。从此星罗棋布,处处有弦诵之声;耳濡目染,人人亲诗书之泽。行之既久,礼义足以化椎鲁;习之既深,学问即以变气质。不特可造之俊士有所淬励以观成,抑且难易之夷风皆可渐摩而胥化。圣朝乐育之深仁,宪台训行之至教,必且永无极矣。

所有原设、新设各义学,馆师姓名,田亩,坐落,丘段,条粮,租息等项,相应备造简明清册,详请宪台查核。至驳查未覆之二十二属,俟覆到,另请造报。如现已设有义学之州县,尚有应行添设者,亦令随时继设,另文报查。暂就庵观之学舍,亦陆续建造。是否有当,相应详请宪台批示遵行。①

陈宏谋的这份《义学规条议》为云南各地义学制定了十分系统的规制:一是府州厅县各级政府以及土司衙门必须主持馆师的选聘,把握好义学馆师的选拔。馆师作为各地义学教学的重要承担者,对他们的素质要求是品学端方、德才兼备。二是加强义学的管理。规定义学开馆、散馆的时间和期限,必须让各民族学生接受足够学时的教育。三是规范了包括土司地区在内的各地义学的教学内容、教学方式、教学活动,特别是将社会伦理纲常和社会礼仪作为义学的主要教学内容。四是《义学规

---

① 陈宏谋:《义学规条议》,参见清李熙龄《道光广南府志》卷四《文艺志》,道光刻本。

条议》规定了因材施教、分层级培养的教学方式,要求云南省各府州县及土司地区义学严格执行。

从土司地区学校教育的历史进程看,大多是由封建王朝为巩固其对土司地区实施"儒化"统治策略的结果,也就是通过对包括各地土司在内的少数民族进行儒家思想的教化,使其得到国家治理、维护土司地区社会稳定的目的。元明清时期,土司地区学校教育的内容以封建儒学为主,提倡汉语文和汉族封建礼教,以"四书五经"开科取士。明初的"诸土司皆立县学""土官应袭子弟悉令入学,渐染风化,不入学者,不准承袭"以及"土官应袭子弟悉令入学,不入学者,不准承袭"等措施不仅有利于土司、土官及其子弟提高儒学文化水平,而且使儒学在少数民族地区的中上阶层得以深入。

二 家族教育

元明清时期,土司地区的家庭和家族教育属于传统教育的范畴,它就像一条红线,连接物质文化、制度文明和精神文明。人类文化和社会进步在一定程度上是通过家庭和家族教育的作用而代代相传。笔者曾经指出:"所谓家庭教育,是指在家庭范围内由父母或家庭其他成员中的成年人自觉地有意识地按一定的目的和要求、通过自己的言传身教和家庭生活实践,对其子女及其晚辈施以一定影响的社会实践活动。家庭教育的内容主要包括日常生活知识的教育、劳动技能的训练、本民族宗教风俗习惯的传承、伦理道德品质的培养、婚育性知识的传授等。"[①] 在土司地区,通过制定严格的家规家训向土司家庭或家族下一代普及本家族伦理道德规范也是土司地区家庭教育的重要方式。

(一)家规家训教育

从笔者收集到的一些族谱中可见,很多土司家庭的家训家规内容主要有:奉祖先、孝父母、睦兄弟、和夫妇、严闺阁、亲宗族、敬师长、信朋友、力耕织、勤诵读、存忠厚、尚勤俭、习礼仪、戒谣恶、戒为非、戒赌博、戒争讼等。这对于从小培养土司家庭和家族下一代良好的素质十分重要。鄂西《覃氏家谱》对伦理关系和道德规范特别重视,有所谓

---

① 李良品:《明清时期西南民族地区传统教育述论》,《教育文化论坛》2015 年第 1 期。

"家中有规，犹国之有制。制不定，无以一朝廷之趋；规不立，无为子弟"①的记载；"家规"中记有"存心""修身""敬祖先""父母""敦手足""正家堂""务耕读""和族邻""择师友""维风俗"十规，其中"务耕读"的内容为："君子当尽其在我，不义而富且贵，于我如浮云。若勤耕而得富，则非不义之富也。若读而得贵，则非不义之贵也。古昔盛时有井田，以安天下之野人，故衣食足而国无游惰。有学校以教天下之士子，故礼义兴而朝多圣贤。秦汉而后田由民置，学尚虚文。然既生于世，即不得不勤耕苦读也。吾族朴者，宜归农，毋辞胼胝之劳，将仰足以事，俯足以畜，不期其富而自富矣；秀者，宜归学，毋畏就将之苦，则太上立德，其次立言，不期贵而自贵矣。"②又如"和族邻"规定了如下内容："祖宗，父母之本也；父母，吾身之本也；兄弟，吾身之分也；族人，兄弟之分也。不可以不思也，思则饥寒而相娱，不思则富贵而相攘；思则万叶而同根，不思则同母而化为胡、越。思不思之间而已矣。凡我族人谁非一脉？务宜同心一德，万勿尔诈我虞。即有不平，亦鸣族赴祠辨明则止。而居尊者，须举公断直，不应依阿致讼。令途人大笑，以为同室操戈也。若夫邻与吾共居兹土，自当喜相庆忧相吊，有无相通，患难相扶。倘坐视不顾，闭户自高，则为无良之民，而相怨一方矣。"③

元明清时期，一般情况下，土司家族基本上是当地大族或望族，且往往是聚族而居，因此，土司家庭教育，均十分重视家规教育。所谓家规，就是传统中国的治家规约，明清时期，土司在编纂族谱中就十分重视利用族谱的家规对其家族成员进行教育，如湖广容美田氏土司的家规就有如下内容：④

---

① 《中华覃氏志·利川卷》（未刊稿），《中华覃氏志·利川卷》编纂委员会2005年，第72页。
② 《中华覃氏志·利川卷》（未刊稿），《中华覃氏志·利川卷》编纂委员会2005年，第73页。
③ 《中华覃氏志·利川卷》（未刊稿），《中华覃氏志·利川卷》编纂委员会2005年，第73页。
④ 《善化田氏族谱新编》编纂委员会：《田氏宗族与容美田氏》（第1部），三峡电子音像出版社2018年版，第104—105页。

凡我族人，须知孝顺为先，必得亲顺亲，方可为人为子。但孝衰于妻子，恩于妇言，斯言不谬也。陵桴亭云，以身孝父母，不若以妻子孝父母。以身孝父母，容有不尽之时；以妻子孝父母，则无不到之处，斯言更可味也。今人多有不知孝为何事，为之族长者，对于此等之人，姑为教之。教之不改从而责之。凡子孙忤逆不孝祖父母及父母者，小则听族长处治，大则送官治罪，决不姑宽。

凡我族人，须知夫妇为人伦之首，不准嫁卖生妻，以致斩宗绝祀。倘不肖子弟，嫌妻丑陋视若仇敌，本无可出之条而掠卖无忌，大乖夫扶妻齐之道。为父兄者，必严责不贷。若妇有不贤为翁姑者，宜唤子媳至前，正言教导。教之不改，而后责之。不得听彼夫妇离异，有伤风化。

教训子弟，宜本忠厚，忠厚二字人每忽视，特以为朴实之意。不知圣贤千言万语，大抵多发明斯义，人能体此二字，即是希贤希圣之基。族中无论秀朴，其存心制行，果能忠诚浑厚，无机变之巧，无溪刻之意，将上不贻玷祖先者，固在此。下能培养子孙者，亦在此。若欺而不忠，刻而不厚，心不正、行不端，岂受福于天，种德于后者，之所宜乎。

凡子弟七八岁时，无论敏钝，俱宜入校读书，使之粗知义理。至十五六，然后观其质之所近，与其志向，为农为士始分其业。则自幼不习游闲，入乎非匪，庶易于为善焉。孟子云，古者易子而教，后世负笈从师，要无不教其子者。

朋友交游，要知谨慎。与正人交，则能益我之德。与小人交，则即增我之恶。故交游不可不慎也。或偶一不慎，为恶朋匪友所引诱，则必败家丧身，甚至贻累全族，尔时悔之晚矣。平时父兄，均宜戒其子弟，时行检察。有不受教者，家长携同入祠，引至祖宗之前，大为申饬。

凡我族人，如父祖所遗财产，兄弟分析，须宜均匀公平，不可轻重偏私，亦不可因弟幼小，辄起欺蒙之念。如有少年弟侄，未能自立者，可将所分家业存贮，待其成立，照分与之，只以不欺为主。神鬼默佑，定卜家道世世昌隆。俗言祖公最爱长孙，爹娘偏私少子。至于分家，总要公心。

陶唐先雍睦之化，成周首同姓之盟。良以宗族虽繁，均属一体。譬如人之有身，一体受伤，众体亦为之不快。倘若各存猜疑，不相顾恤，将汝族之谓何。万一有同族相争者，须邀入祠堂，公论曲直，勿得擅入公廷，自遭越族之过。

凡我族人，须知和睦乡里，一乡一邑非新戚即古亲，非父执即友谊，礼貌必恭，言语必信，尊长则敬之，贤俊则亲之，贫穷则怜之，孤独则矜之。倘族中子弟，小而口角争长，大而捏故索诈，父兄必以家法治之。

凡我族人，须知族长户首，责任重大，宜择选公正老成，勿得随意乱派，致令无故侵蚀或籍公肥己，而毫无寸功者，亦应裁汰。

条规不过列其大概。至若变态百出，何能逆揣而备纪。但族长户首有家庭之责，须令一族平时各安本分，有事各使平允，方能解化。至于九族既睦，家风庶近古焉。

(二)"家劝""家戒""家禁"教育

土司家族的"家劝""家戒""家禁"教育，具有逐渐加大教育力度的作用，使土司家族子弟充分认识到家族力量之强大、家族教育之全面、家族规定之严格。

《中华覃氏志·利川卷》中的"家劝"，包括"劝积善""劝孝父母""劝友兄弟""劝睦宗族""劝重丧祭""劝务本业""劝慎冠婚礼""劝训子弟""劝肃姆教""劝早完粮"等"十劝"的内容，其中"劝孝父母"云："孝为百行之原、万事之首也。故五行之属三千罪，莫大于不孝。奈何人少则慕父母，长则慕妻子。倘能以爱儿女之心爱父母，则毋不孝之名矣。世俗所谓不孝者，五孟氏已有明训，有一于此严加责备。而今之人不孝者，每不能几谏父母其有不足处，阳奉阴违，陷亲不义，悔何及也。故家有诤子，虽无道，不失令名若羊跪乳、鸦反哺。凡物且然，何以人而不如物乎。陆续怀桔，黄香扇枕，童稚且然，何以成人而反悖之乎。"[①] 又如"劝睦宗族"条云："宗族连枝共干，万派同宗，自

---

① 《中华覃氏志·利川卷》（未刊稿），《中华覃氏志·利川卷》编纂委员会 2005 年，第 74 页。

祖宗视之,原无厚薄也。奈何今之人,妒其富而凌其贫,仗其势而欺其懦,非所以待宗族以养忠厚之风。凡族中人,不得等为陌路,当定其分别坐次,其先后怡怡恂恂。孔圣之言行,诚为万世法矣。若夫争长竞短,阳是阴非,则为浅薄之习,子孙具宜凛之。"① 这是一种讲明事理,以理服人,劝阻、规劝家族成员多做好事,别做坏事。

在该书"家禁"里,有"禁紊尊卑""戒乱闺门""禁废先业""禁滥交游""禁惯非为""禁欺孤寡""禁凌卑幼""禁欺贫穷""禁同姓为婚""禁充隶卒"等十戒十禁的内容,如"禁紊尊卑"规定:"族中之伯叔祖辈及伯叔辈,皆尊长也,宜遵偶疾徐行之节。若以毛发之色辨长幼,为坐次,则以外人视之矣。甚至以富而凌尊,以贵而傲长,因仍成习,何以序昭穆也。祖孙相质,父子不对,礼则在然。天潢玉牒,尚有尊亲,况土庶乎?自此声明,族人切禁紊尊卑之序,以为乡党所笑。"② 而"禁同姓为婚"较有意思,其内容为:"古人制婚姻所以重人道,正三纲,明有别也。今人不顾伦理,竟娶同姓。乃自释曰不同宗。凡我族苗裔,于吾固有亲疏,自祖宗视之,均是子孙也。不同宗族之说,胡来哉。况同姓不婚,周礼则然。同姓为婚,其生不蕃,历有明鉴矣。族有犯者离异,罚修断不虚设。"③

此外,该书还有"家戒"的规定,诸如"戒占葬""戒淫欲""戒嗜酒""戒多言""戒好勇斗""戒专利""戒赌博""戒媚佛""戒健讼气""戒纵"④ 等内容,其中"戒专利"规定:"利与义相反,见利忘义,斯为君子?非其有而取之,非义也。小人垄断,独登较馏铢,狡计网罗,敲肤及髓,而不顾卖男鬻女而忍受。不顾人言,唯利是视,魏家铜雀石,崇金谷不其明鉴欤?范公好施,而子孙荣贵;冯煖市义,而孟尝全身。

---

① 《中华覃氏志·利川卷》(未刊稿),《中华覃氏志·利川卷》编纂委员会2005年,第74页。
② 《中华覃氏志·利川卷》(未刊稿),《中华覃氏志·利川卷》编纂委员会2005年,第76页。
③ 《中华覃氏志·利川卷》(未刊稿),《中华覃氏志·利川卷》编纂委员会2005年,第76页。
④ 《中华覃氏志·利川卷》(未刊稿),《中华覃氏志·利川卷》编纂委员会2005年,第76页。

放利多怨，族人戒之。"①

无论是"家劝"教育，还是"家禁""家戒"教育，这些都有利于土司家族兴旺、和睦相处以及为元明清统治阶级服务，维护地方稳定。

（三）宗祠教育

宗祠不仅是一个家族的象征，也记录了一个家族的历史。宗祠是宗族的象征和中心，它象征着有同源祖先的血缘关系和宗族的团结。在明清时期，西南地区土司家族的宗祠具有三大功能：一是同一宗族祭祀祖先的场所。所以，宗祠里供奉着全部或部分宗族的祖先的灵位。内部设有神主龛，供奉祖先的神主牌，而且龛前都有香炉、烛台等祭器。每逢春秋祭祀，全族聚会，沐浴斋戒，齐聚宗祠，由族长带领族人一同祭祀。在祭祀过程中，参加者不仅要依长幼、尊卑的次序站立，而且还不得嬉戏、打闹，以免亵渎祖先。二是宗族共同体讨论族中事务的会场及宗族的法庭。凡是族中的各种事务，均由族长邀集族人于宗祠公商解决；族长要在宗祠给族人宣讲族规、乡约和家训；凡族人违犯族规者，必在宗祠当众处罚，族长酌其轻重当庭裁决。三是宗族的管理机构和接待场所。宗祠有专人负责宗族公共财产的保管、使用以及来往宾朋、族人的接待等公共事务。②

宗祠是一个宗族死去的祖先的"家"，是他们神灵所聚之地。也就是说，宗祠是安放先灵和族人祭祀祖先或先贤的场所。祠堂内都有覆竹状的祠联或行第序列；横梁或四周墙壁上悬挂有牌匾。外部一般都有三个门：中门为大门，门上一般写有"某氏宗祠"，左右两边为仪门，门上通常写有"入孝""出悌"等字样。祠堂每隔一段时间均进行大规模的拜谒祖先的祭祀活动；每过几年或几十年组织族人专修族谱。在西南一些土司地区，宗祠是族长行使族权的地方，凡土司家族的族人违反族规，则在这里被教育和受到处理，直至驱逐出宗祠，所以土司家族的宗祠是封建道德的法庭；宗祠也可作为土司家族的社交场所；明清时期西南的一

---

① 《中华覃氏志·利川卷》（未刊稿），《中华覃氏志·利川卷》编纂委员会 2005 年，第 75 页。

② 李良品、李思睿：《明清时期西南民族地区宗族组织的结构、特点与作用》，《广西民族研究》2015 年第 1 期。

些土司宗祠还附设学校，如南甸安抚司衙署就设有私塾。土司宗祠建筑规模大、质量好，就成为土司家族光宗耀祖的一种象征。

为了维护本家族宗祠的神圣和庄严，保持祠堂的整洁和香火，很多土司家族对祠堂都有一套管理规则。《中华覃氏志·利川卷》的"宗祠规则"十分详尽，兹摘录部分内容：①

  祠宇乃祖宗凭依之所，理宜肃静，平日不许族人驻扎、寄放器物。雇一老成照守香灯，洒扫庭除，倘有闲人在此喧哗、骚扰、寄物等弊者，责罚不贷。

  祠宇所供神主，昭穆次序无容或紊，若主多龛窄，五世则祧渐入夹室，惟始祖之主，永远供奉，世世不迁。

  修谱建祠，置众祭田，族众捐金或多或寡，悉载于谱，所以著仁孝之心，其祠田出息，只与族中捐金有名之人作公，至未曾捐金者，本主不准入祠，亦不得沾祠中利惠。

  祠中春季每岁定期于清明前五日，远近尊卑务要齐集，沐浴身体，整洁衣冠，至诚至敬，以安先灵，但祭品勿得简亵以轻。祖宗酒席，不可太丰，致伤财用。凡每年与祭助费征与不征，至期时酌议，若征费多寡，俟出贴时附帖声明，但无论富贵贫贱，均宜一体，始免嫌隙滋议。

  祠中每岁公议，值年二人，经理祠事，承办祀典，若徇私刻漏公项，合族斥责，照数赔还，决不姑宽。

  值年首人，经理祠田租稞，务须商筹族首，随时发卖，其钱除祠中公用外，仍交掌金首人生息，至每岁于冬至日，将公用帐目清算明白，始行交替，若有遗漏及一切无名之费，该值年赔出不恕。

  祠金务择殷实之人掌放生息，其利随时酌议借放，由掌金人自便，族众勿得妄生訾议，逐年于冬至日凭众族人等清算头利，总共登簿，若有脱漏，该掌金人赔出，至迁替时务要交卸明白。如甲交于乙，而乙有不妥仍唯甲是问，俟乙交于丙而甲始无事。须依此例，

---

① 《中华覃氏志·利川卷》（未刊稿），《中华覃氏志·利川卷》编纂委员会2005年，第70—72页。

则迁替慎重妥实，庶免侵蚀之弊。

合族议立族长一人，族正一人，每房各立房长一人。无论尊卑，只择公正贤能者当之，倘若徇私偏党，当凭众另迁。

族人置买田地厘金，卖业者，每万元捐洋 50 元；买业者，每万元捐洋 100 元入祠，以作祖宗香灯之资。定于祭祀及算帐目，如数纳出，交于首人掌存，若有隐匿，日后查出，加倍算利。

祠宇田地祖宗坟山，务须永传勿替，倘有不肖子孙持横恃强，将祠业左掉、当卖、霸占、侵葬者，合族公治，决不姑宽，或遇异姓侵占亦然。

祠堂祭祀，所以敬先灵训后嗣，勿得沉湎于酒，嗣后祭毕，设宴每席约用酒二斤，瓶罄定不准上壶，恕不致丧德失仪，贻笑乡邻。

族人众贫富不等，贤愚不齐，至于子女不许纳人作妾填房，吾族夫死亦不许大伯小叔填房。倘有犯此禁者，族长协同亲支送官究治。

送主入祠，每年清明祭祀，子孙务须与祭，倘有支吾不到者，罚洋五百入祠，以赎忘本之罪。

祠中祭器、磁器、锡器、铜器，平日锁贮柜中，一概不许假借他用。

总簿存在族长族正手，以凭稽察，至五年大祭日，务将各领之谱捧至祠堂，核验一番。倘有点污风雨虫鼠毁坏者，罚洋 2000 元入公祠，致有失落者，即属不孝，众共彻底责罚，凡领谱者慎之。若遭兵燹、水火意外之变，又当别论。

首人因祠中之事，万不得已呈官，理合支用祠金，然必须着意撙节。倘有挟怨好事与滥用祠金者，我族衿耆公处之。

族中节孝之妇，理合敬重。读书入大学，理合资给贫乏。嫁娶丧葬，理合帮助。

鳏寡孤独，理合赒恤。右列各项，务予酌量，由祠公项资给，以示鼓励和体恤。

族中知事人在祠断理，无非替祖宗阐扬是是非非，必须大彰公道，斯获祖宗眷佑，即有委婉曲折处，实系为两造体恤周全，均不失为忠厚。

除了上述内容之外，土司宗祠还有以诅咒或神判的形式维护土司家族的和谐稳定，如《中华覃氏志·利川卷》有载："族中务敦和睦，此小事件含忍为佳。如有万不得已之事，要在祠中理说，须亲身向族中投明，酌定日期，写单预知，至期早集，为事者当备疏饭招待各执事人员，以免空乏。至讲理时，当击馨代鼓，在神前焚香礼拜，毕后两造皆祝曰：'今嗣孙某，凭祖先在上，族中长幼在旁，吾与某人为事，俱要实讲情节，以便族中理处，倘有枉言曲语，先祖鉴察，祈加显戮。'两造祝毕，即面对神主恭立，依次实讲。俟族中知事人听明是非曲直，再由当事人调解。所定规矩，勿容陨越。"

总之，明清时期，在西南的一些土司区，其土司均注重对本族的教育。如云南新兴州东山土司第五代土司王潮编纂《世职劝惩录》，其内容主要分为劝和惩两大部分，再细分为忠顺、忠烈、孝行、睦族、邢于、贻谋、务学、寡欲、知人、抚民、交邻、御边12篇章，这些内容大多是维护土司统治地位和训诫后人的准则。[①] 又如广西忻城莫氏土司家族编印的《莫氏宗谱》中记载：莫氏历代土官先后著有《力田箴》《官箴》《分田例仪》《训荫官》《遗训》《劝官族示》《教士条规》等。这些作品的内容主要是"修身、齐家、治国、平天下"，提倡"忠孝仁爱"，强调"道统伦常"，弘扬"尊儒重道"等哲理，认识"武定祸乱，文致治平"的道理。总之，明清时期，西南地区土司家族教育除了加强儒家文化的学习外，其主要内容是"尽忠护国"思想的教育，这有利于维护土司地区社会稳定和加强国家治理。

第五节　土司优抚制度

《辞海》对"优抚"的解释："优抚：优待和抚恤的简称。在我国，包括褒扬革命烈士，优待抚恤革命烈士家属和革命残废军人，优待革命军人家属，安置复员退伍军人和军队退休干部，开展拥军优属活动及对牺牲、病故、残废的革命工作人员的优抚等。目的是加强群众的国防观念，提高群众的革命觉悟，密切军民关系，帮助烈属、军属和残废军人

---

① 陈宝贵：《东山土司》，云南人民出版社2014年版，第123—124页。

等解决生活困难,鼓舞部队士气,增强国防力量。"① 我国古代的优抚与现代的优抚在内涵和外延上不尽相同。在古代,"优抚"一词是指国家给予在战争中伤亡病故的将士及其家属、现役将士及其家属以及致仕、退伍将士的一种特殊经济待遇和精神奖励。其实,无论是官方还是西南地区土司,一直十分重视优抚,并在土司地区逐渐形成了一种制度,那就是土司优抚制度。这既有国家层面对各地土司的优抚制度,也有各地土司对土兵的优抚。如四川阿坝地区的土司,既是本部落的统治者,又是军事指挥者。凡为中央王朝征战,输诚国家,立战功,朝廷赐封,官位俸禄优厚,子孙世袭冠带,久享俸禄;凡土兵立功,论功行赏,战死伤残,优待抚恤。凡土兵为部落征战,以土司言出法随而定奖罚。② 这实际是一种论功行赏和献金劳军的优抚制度。在明清及民国时期,四川阿坝地区的土兵在械斗中死伤,土司头人约定俗成予以抚恤,甚至抚恤死伤破禁规,即准允妇女招郎抚子,孤老招继赡养。③ 这些举措无疑有利于稳定军心、确保土兵能够效命沙场。

一 土司土兵优抚内容

一般而言,优抚分优待和抚恤。优待主要指对现役将士及家属以及致仕、退伍将士给予的经济待遇和精神奖励。抚恤是指对阵亡病故将士、伤残将士及家属给予的经济帮助和精神奖励。④ "死则善葬,伤则医抚"是我国一种传统的优抚思想。历代统治者无不把做好军人及其家属的优抚工作视为稳定军心、安邦定国的良策予以重视。明清时期,统治者为了安定军心、保障兵源、维系军队的战斗力,同样也制定了一套政策来优待和抚恤那些在战争中著有功勋或为国捐躯的官兵及受难者家属。明清两代对土司土兵的优抚有一些相关规定,如《钦定大清会典事例》卷五百八十九"议叙"条载:

---

① 《辞海》,上海辞书出版社1989年版,第569页。
② 阿坝藏族羌族自治州地方志编纂委员会:《阿坝州志》,民族出版社1994年版,第701—702页。
③ 阿坝藏族羌族自治州地方志编纂委员会:《阿坝州志》,民族出版社1994年版,第707页。
④ 陈友力:《明前期优抚政策研究》,硕士学位论文,西南大学,2007年,第29—36页。

顺治初年定，土官效力勤劳，并投诚之后能杀贼拒逆，平定地方者，督抚具奏，优加升赏。康熙十一年题准，土官征解钱粮全完者，督抚奖赏银牌花红。二十二年议准，滇黔土官，无论逃人逃兵叛属，擒获六十名者，加一级，数多者递准加级，不及六十名者，督抚量加奖赏。雍正四年覆准，土官土目有随师效力应议叙之人，止就原职加衔，如宣慰使司、宣抚使司、安抚使司，则有各司使副使同知佥事等衔，招讨使司、副招讨使司、长官司，则有招讨使长官副长官等衔，指挥使司、则有指挥使同知佥事正千户副千户百户等衔，照原官品级以次升授递加，至宣慰使指挥使而止，如有余功，准其随带，仍令以本职管事，及袭替时，亦止以原世职承袭。又议准，土官能约束土众，擒剿盗贼，一应案牍于一年内全结者，督抚具奏加一级，一年内完结过半者，督抚量加奖赏。五年覆准，各省土官，有实心效力、擒获奸匪者，照内地文武官擒获盗首之例加级纪录，其立有军功、奉法守职者，均照原题以次加衔，赏给朝衣。乾隆二十九年奏准，不拘本省邻省之凶手盗首、逃匿土司地方，该土司能查解五名以上者，纪录一次，十名至十四名者，纪录二次，十五名者，加职一级，三十名者，加职二级，如一年不敷议叙之数，准并次年接算议叙，不准三年合算。三十九年奏准，土司土职，军功保列出者，方准加衔一等，头等者加一级，二等者纪录二次，三等者纪录一次，其土兵列为出众者，赏银三两，头等者赏银二两五钱，二等者赏银一两五钱，三等者赏银五钱。四十九年奏准，土司土职，奉旨从优议叙，将保列出众土司加衔一等，再加一级，头等者加衔一等，二等者加一级，三等者纪录二次，土兵于应得例赏之外，各按所列等第应得银数，加赏三分之一。又奏准，委署屯土官弁，随征出力，交部议叙者，仍照土兵例给予赏银，毋庸议给加级纪录。①

尤其是清代《钦定兵部军需则例》中的"土司军功议恤"条例，则是将土司、土兵战时待遇、军功赏赐、阵亡伤残、出征病故以及对其家属赐钱物和免役等规定明确，这是保障土司兵能够在战场上不惧血染沙

---

① （清）昆冈：《钦定大清会典事例》卷589之"议叙"条，中华书局1991年影印本。

场、马革裹尸的关键环节。但是，对于土司优抚制度，究竟如何执行，这是我们值得探讨的一个问题。元明清时期西南地区土司土兵的优抚是中国古代军事优抚制度发展中的重要一环。在具体实施过程中，其内容主要包括两个方面。

(一) 现役将士与家属

大明王朝为增强西南地区土司土兵的战斗力，朝廷特别注意对现役将士的优待，以激励他们效命沙场。一般来讲，土官是明代土司军队的中坚力量，关系到明朝武装补充力量战斗力的强弱，因此，朝廷重视对现役土司土兵的优待，给予战时待遇、军功赏赐、武职获罪从轻等优待。

1. 奉调优待

按照明代土司制度的有关规定，土司无月俸，土兵平时无军饷。但从石砫土司兵援辽"应照关宁步兵之例，每兵一两四钱，而将官月禀亦照一体之例，不敢有异同"① 的情况看，土司土兵在战时情况下，至少可以享有支给"行粮"的待遇。土司兵参照官军"居有月粮，出有行粮"② "班军本处有大粮，到京有行粮，又有盐斤银"③ 标准，土司兵出征俱有行粮口粮等，至少应享受与官兵同等待遇。其列表如表5-4所示。

表5-4　　　　　　　　　明代土司土兵出征年饷

类别		粮饷（石）	饷盐（斤）	
			有家小	无家小
军士	马军	24	24	12
	总旗	18	24	12
	小旗	14.4	24	12
	步军	12	24	12

资料来源：此表根据《明史》卷82《食货志六》及《明会典》卷29《户部十四》整理。

值得说明的是，土司兵行粮的支给标准，或因时、因地、因事而异。

---

① 《续修四库全书》编纂委员会：《续修四库全书·史部》卷0485《度支奏议·新饷司》卷十七《题定秦兵饷例不准盐菜布花疏》，上海古籍出版社2002年版，第333页。

② （清）张廷玉：《明史》卷182，《刘大夏传》。

③ （清）张廷玉：《明史》卷90《兵志二》，中华书局1974年版，第2231页。

如《覆秦翼明川兵欠饷缘繇疏》中针对石砫土司兵援辽的待遇，就有"官支廪银不等，兵丁各月支银一两四钱，米五斗，不愿支米者折银四钱，不支盐菜"①的说明。到了清代，对于土司兵在征调过程中的待遇规定得更加具体、明确。

在《钦定大清会典事例》卷五百八十九"议恤"条，对土司土兵助战阵亡的优抚制度更加明确：

> 康熙十七年题准，土兵助战阵亡者，照步兵例减半给赏，阵前受伤者，照各等第减半给赏。乾隆三十七年谕，自上年征剿小金川以来，其派调随征土司等，踊跃从公，与官兵一体出力，自宜优加渥泽，以示鼓励，惟向例土兵土练于接仗时遇有阵亡受伤者，照绿营兵丁减半赏恤，至土职部中向无议恤之条，但念同属尽瘁戎行，不得并邀恩恤，其情殊为可悯，所有土司土职遇有阵亡受伤，应如何酌定加恩赏恤之处，着该部即行详悉定议具奏，钦此。遵旨议定，土司土职阵亡伤亡者，三品土官赏银二百五十两，四品土官赏银二百两，五品土官赏银一百五十两，六品土官赏银一百两，七品八品土官赏银五十两，俱加衔一等，令伊子承袭一次，仍以本身应得土职照旧管事，俟再承袭时，将所加之衔注销，空衔顶戴，照八品土官例赏赉，毋庸给与加衔。三十九年奏准，土司土兵打仗受伤，列为头等者给银十五两，二等者给银十二两五钱，三等者给银十两，四等者给银七两五钱，五等者给银五两，此内阵亡伤亡兵丁应给之银，并无妻子亲属承受者，给银二两，该总督巡抚提督总兵官委员致祭。又奏准，出征病故三品四品土官赏银二十五两，五品六品土官赏银二十两，七品八品土官赏银十五两，其打仗奋勉，屡着劳绩，立功后病故，经该将军保列等第报部者，即照该土司应得议叙之加衔加级纪录分别令伊子承袭土司时，随带一次，土兵赏银八两。四十九年奏准，土司土兵打仗受伤，例给期限，头等伤予限半年，二等伤予限五个月，三等伤予限四个月，如限内因伤亡故，仍照阵亡例议恤，其有限外因伤亡故者，头等伤再与限六个月，

---

① 《续修四库全书》编纂委员会：《续修四库全书·史部》卷0486《度支奏议·新饷司》卷二十六《覆秦翼明川兵欠饷缘繇疏》，上海古籍出版社2002年版，第122页。

二等伤再与限五个月，三等伤再与限四个月，俱令该管官出具印甘各结，报部议恤，至向例尚有四五等伤给银之例，今四五等伤名目，遵旨概行删除。五十八年谕，向例出征阵亡兵丁，绿营步兵赏恤银五十两，屯练降番祇赏银二十五两，此次进征廓尔喀，屯练降番登山陟险，甚为劳苦，所有阵亡之屯练降番，俱着加恩改照绿营步兵之例，赏恤银五十两，以示体恤，兵丁舍命阵亡，岂可分别厚薄，此后永以为例。又谕，向来绿营阵亡官弁，俱给与世职，俟袭次完时，给与恩骑尉世袭罔替，原以轸恤勋劳，特加优典，至屯土官弁，遇有征调，无不踊跃争先，着有劳绩，而临阵捐躯者，向止给与赏恤银两，分别加衔，并未一体议给世职，该屯土员弁，与绿营同一效命疆场，而恤典各殊，究未免稍觉向隅，嗣后屯土官弁设遇调发，有随征阵亡者，均着照绿营之例，按照实任职分给与世职袭次，俟袭次完时，再予恩骑尉世袭罔替，至此等承袭世职人员，遇有该处屯土备弁缺出，着先尽此项人员酌量拔补，如此逾格加恩，永为定例，该屯土官弁等，益当倍加感激，尽力戎行，以副朕一视同仁励忠荩之至意，钦此，遵旨议定，阵亡屯土员弁，均照绿营副将以下经制外委以上之例，给与云骑尉世职，袭次完时，给与恩骑尉世袭罔替，一体办给敕书，遇有该管屯土员弁缺出，先尽补用，至屯土职任等官，向不送部引见，此项世职人员，即令该督抚查明应袭之人，具题请袭，毋庸送部。①

笔者现根据《钦定户部军需则例》卷之三"盐菜口粮"之"土目土兵盐菜口粮跟役名数"的相关内容整理如表5-5所示。

表5-5　　　　　　　　　　清代土司土兵出征行粮定例

土司官兵类别	出征行装粮（两）	月支盐菜银（两）	日支口粮	跟役人数（人）
世系土司官	无	2.4	八合三勺	4
土副将	6	1.8	八合三勺	3

---

① （清）昆冈：《钦定大清会典事例》卷589之"议叙"条，中华书局1991年影印本。

续表

土司官兵类别	出征行装粮（两）	月支盐菜银（两）	日支口粮	跟役人数（人）
土参将	6	1.8	八合三勺	3
土游击	6	1.8	八合三勺	3
土都司	6	1.8	八合三勺	3
土守备	6	1.8	八合三勺	3
土千总	6	1.4	八合三勺	2
土把总	6	1.4	八合三勺	2
土外委	6	0.9	八合三勺	1
土兵	3	0.9	八合三勺	无

资料来源：阿桂《钦定兵部军需则例》，见《续修四库全书》第857册《史部·政书类》，上海古籍出版社2002年版，第148页。

不仅如此，清代《钦定户部军需则例》卷之四："骑驮马驼"之"屯土官兵夫马"中对四川改土设屯地方的屯土官兵夫马的待遇均有明确规定：

> 川省屯土官兵遇有邻省调派土司与土副将以上，各给骑马三匹；土舍与大头人、土参游等各给骑马二匹；小头人与土都（司）、守（备）、千（总）、把（总）等各给骑马一匹；土外委、兵丁每二名合给驮马一匹；土司头人、官弁之跟役，照绿营官员跟役例，每五名合给驮马二匹，如马匹不敷或山路崎岖，马不得力之处，按每兵百名给夫八十名，跟役按应得马数，每马一匹，折夫二名（现在酌拟）。如遇本省地方派调剿捕贼匪，仍照旧例，毋庸支给。①

2. 军功赏赐

军功赏赐是激励一支军队奋勇作战的首要条件。虽说当兵吃粮，天经地义，但只支给行粮有谁愿意心甘情愿的替中央王朝卖命呢？还得有功劳赏赐。《明会典》卷一百二十三"功次通例"款"凡土官有功无升

---

① （清）阿桂：《钦定户部军需则例》，见《续修四库全书》第857册《史部·政书类》，上海古籍出版社2002年版，第111页。

例"条中重申:"成化十四年申明,各照地方例,升散官、至三级而止。其余功次,与土人俱厚赏不升。"① 由此可见,明代土司、土司土兵在征战的阵亡、伤亡等赏赐中,与官兵相比存在一定差异,这主要体现在升级上。明政府对伤亡将士家属的优恤主要采取亲属俸禄的优给、优养等形式。所谓"优给",《明会典》云:"凡故官子孙、妻女,皆送入优给,后乃分子孙应袭年未及者曰优给。"② 这里指的是对故官子孙、妻女给予的优恤。如洪武元年颁布的《优恤将士令》指出:

> 凡武官军士,两淮、中原者,遇有征守病故阵亡,月米皆全给之。若家两广、湖湘、江西、福建诸处,阵亡者,亦全给;病故者,初年全给,次年半之,三年又半之。其有应袭而无子及无应袭之人,则给以本秩之禄,赡其父母终身。③

这是分地区、分阵亡、病故等而给予的优恤。此后,有的优恤制度不仅对武职官员的优恤有明确规定,而且还划分阵亡、病故等多种情况,对普通军士家属的优恤也有具体规定。所谓"优养",《明会典》中规定:"子孙废疾故绝,止遗母若妻若女及年老无承袭者,曰优养。"④ 也就是指对武官和军士老疾后的抚恤和官军身故后无子可袭职,对其遗留父母、妻、女的抚恤。笔者查阅了大量文献资料,对明代土司兵伤亡将士与家属的抚恤除了在一些奏折中提及"安家银"等之外,其余如《明会典》等重要历史文献均无记载,笔者估计,土司土兵在征调过程中的阵亡、伤亡及伤残等,可能是参照官军将士的抚恤规定执行。

清政府对征调中伤亡土司土兵的抚恤有了明确的规定。最初土司土兵得到的抚恤待遇仅有官军步兵的一半,如康熙十七年(1678)题准:"土兵助战阵亡者,照步兵例减半给赏;阵前受伤者,照各等第减半给赏。"⑤ 乾隆三十七年(1772),清王朝出台了第一个土司土兵抚恤条例,

---

① (明)申时行等修:《明会典》,中华书局1989年版,第634页。
② (明)申时行等修:《明会典》,中华书局1989年版,第627页。
③ 《明太祖实录》(卷37)"洪武元年十二月壬辰条"。
④ (明)申时行等修:《明会典》,中华书局1989年版,第627页。
⑤ (清)昆冈:《光绪钦定大清会典事例》卷589,中华书局1991年影印本。

其中"土司阵亡伤亡恤赏"条规定:"土司土职阵亡伤亡者,三品土官赏银二百五十两,四品土官赏银二百两,五品土官赏银一百五十两,六品土官赏银一百两,七品、八品土官赏银五十两,俱加衔一等,令伊子承袭一次,仍以本身应得土职照旧管事,俟再承袭时,将所加之衔注销,空衔顶戴。照八品土官例赉赏,毋庸给与加衔。乡勇土兵赏给银二十五两。至天水土兵打仗受伤列为头等者,给银十五两,二等者给银十二两五钱,三等者给银十两。"① 乾隆三十九年(1774),清政府又作出了土司土兵"打仗受伤"及"出征病故"的抚恤规定。受伤抚恤分为五等,分别赏银"十五两""十二两五钱""十两""七两五钱""五两"。如系出征病故,其抚恤标准为:"三品四品土官赏银二十五两,五品六品土官赏银二十两,七品八品土官赏银十五两。其打仗奋勉,屡著劳绩,立功后病故,经该将军保列等地报部者,即照该土司应得议叙之加衔加级纪录,分别令伊子承袭土司时随带一次。其乡勇土兵赏银八两。"② 清王朝在"土司军功议恤"之"官兵阵亡未出及因公被掠分别恤赏"条对于殉难阵亡官兵的恤赏也作了相应规定:"提督给银八百两,总兵给银七百两,副将给银六百两,参将给银五百两,游击给银四百两,都司给银三百五十两,守备给银三百两,守御所千总给银二百五十两,卫千总给银二百两,营千总给银一百五十两,把总给银一百两,外委官员照把总例给与,马兵给银七十两,步兵给银五十两,乡勇土兵阵亡者照步兵例减半给赏。其官兵阵亡者,头等伤给银三十两,二等伤给银二十五两,三等伤给银二十两,乡勇土兵阵伤者照比例减半给赏。其受伤未分等第,官兵俱照三等伤给银二十两。若阵亡及伤发亡故,兵丁应给之银并无妻子亲属承受者,给银二两。……至官兵于打仗时失足滚崖落水等项以及未出官兵,后经查明实系殉命无疑者,俱照阵亡例议恤。因公差遭遇贼被掠者,减半恤赏。因放马、割草等项私出被遮者,于阵亡例减半之中再行减半恤赏。"③ 此外,赋役优免是朝廷给与土司土兵家属的一种经济

---

① (清)阿桂:《钦定户部军需则例》,见《续修四库全书》第857册《史部·政书类》,上海古籍出版社2002年版,第148页。
② (清)昆冈等修:《钦定大清会典事例》(卷589),中华书局1991年影印本。
③ (清)阿桂:《钦定户部军需则例》,见《续修四库全书》第857册《史部·政书类》,上海古籍出版社2002年版,第149页。

特权。

(二) 伤亡将士与家属抚恤

所谓抚恤，就是安抚体恤。它是指在战争中牺牲以及因公牺牲和导致病故的人员，对其家属付给一定数额的抚恤金，对其致伤致残的人员，按期付给一定数额的伤残抚恤金。同时，对伤残人员和家属给以精神上的安抚。按照常理，政府在将士伤亡问题上处理是否得当，将直接关系到军队将士的情绪和社会的稳定，从而在一定程度上关系到军队战斗力的强弱。因此，明清中央王朝采取多种形式抚恤嘉勉伤亡土司土兵。

《大明熹宗哲皇帝实录》卷之十二记载如下：

> 加四川酉阳宣抚司冉跃龙实授宣慰职衔，及妻舒氏诰命，仍恤阵亡千七百余家。跃龙于万历四十七年，令男冉天胤及文光等领土兵四千赴辽劄虎皮、黄山等处三载，解奉集之围，再援沈阳，以浑河失利，冉见龙等战死千余人，撤守辽阳，又以降夷纵火，冉文焕等战死七百余人。兵部张鹤鸣言，跃龙遣弟万里勤王，见龙杀身殉，跃龙又自捐金二千两，运军器十杠至山海关，赈苦招魂，有足多者。臣在贵州时，跃龙亦自捐粮饷，征红苗屡建奇功。题准加衔副宣慰司，妻舒氏诰命，今又著节于辽，宜优恤见龙等，而实授跃龙宣慰，仍封舒氏以风忠义。从之。

笔者以为，在我国军事史上，出征打仗，阵亡或受伤，乃军人常有之事。但是，无论是官兵还是土兵，按照军功之等差，受伤之轻重，给予不同程度的奖赏，这却是历代封建王朝均在认真思考之事。如《钦定兵部军需则例》对清代土司土兵丧亡将士与家属抚恤规定十分详尽。如《土司军功议恤》卷之《议叙土司军功》规定：

> 土司土职随师效力者，有军功应行议叙者，止就原土职品级以次递加至三品及宣慰使、指挥使而止。如有余功，准其随带，仍以本土司职管事及袭替时亦止。以原世职承袭，其军功保列出众者，方准加衔一等。头等着加一级，二等者纪录二次，三等者纪录一次。

其乡勇土兵列为出众者，赏银三两；头等者赏银二两五钱；二等者赏银一两五钱；三等者赏银五钱（此系现行条例）。①

在封建社会早期，朝廷往往按官兵将士军功的大小，给予他们相应的土地房屋等优待。同时为战亡者和已故战将修筑纪念设施，这是我国早期的烈士褒扬活动。唐朝实行府兵制，规定对府兵本人免租庸调，但家属要缴税服徭役；对因战争阵亡或失踪的士兵的家属及残疾士兵本人实行"不减少或不收回均田制下国家所受之田"的优抚制度。对阵亡将士以礼祭葬，依例抚恤家属，在医护救治方面重视对伤病将士的救治和照顾。宋朝时优抚制度得到进一步发展，在伤亡抚恤方面制定了一些制度，对伤残和死亡将士的抚恤区分开来，并对其家属给予不定量的赏钱，作为临时补助和抚慰费用。对兵士复员安置也采取了一些有效措施。明清时期是中国封建制度下优抚制度的完善时期，同时也是中央政府经常征调土司及土兵轮戍、征贼、平叛、援辽、抗倭等最为频繁的时期。明代不仅对伤亡病故官兵将士及其家属给予抚恤，而且对现役将士及其家属以及将士的退伍安置都作了具体规定，这使我国军队的优抚制度进一步发展。正是在这种背景之下，清王朝在乾隆年间出台了《钦定兵部军需则例》，其中在"卷之五"的"土司军功议恤"中，就对包括土司兵在内的土司土兵的军功、阵亡、伤亡、出征病故、在途殒命、因公被掠等均作出了明确的规定，这无疑是我国封建制度下第一部（也是唯一的一部）完整的有关土司、土兵的优抚条例。从这个优抚条例我们可以看出，尽管我国古代优抚与现代优抚在内涵和外延上不尽相同，但我们可以从清王朝所施行的具体优抚措施中总结出"优抚"一词在土司时期的含义：优抚是指国家给予在战争中伤亡病故的将士及其家属、现役将士及其家属以及退伍将士的一种特殊经济待遇和精神奖励。当然，土司时期土司土兵的优抚也从属于其中，它是中国古代优抚制度发展中的重要一环。

---

① （清）阿桂：《钦定户部军需则例》，见《续修四库全书》第857册《史部·政书类》，上海古籍出版社2002年版，第148页。

二　优抚制度执行程序

明清时期，优抚制度的施行，有着严格的既定程序①。

（一）土司土兵优给优养程序

土司时期，西南地区土司及土兵亡故，其家属要想获得优给优养，必须具备一定的条件，即土官亡故遗下的长子女年龄未满十五岁，或母亲年老，或没有长子长孙次及庶子或弟或侄符合条件者。对符合优给条件的亡故军官家属，朝廷在"优给优养"例条中规定："须凭各卫保结起送到部，审取故官从军角色，一体委官齐赴内府比对贴黄相同，具奏，如是奉旨钦与优给，随即于御前附写钦与优给文簿，扣算出幼年分，明白开写岁数，至某年住支，或奉特旨升等优给及流官特与世袭，亦须随即明白注写，通行抄出缘由立案，行移锦衣卫作数放支，其征进阵亡、伤故、病故总小旗儿男，一体引奏定夺。"② 这些规定同样也适应于土司土兵。如果说明代尚无明确针对土司土兵优抚规定的话，那么，清代对于土司兵的优抚程序就清楚明白了。《钦定兵部军需则例》卷之五："土司军功议恤"之"办理议叙恤赏限期"条规定：

> 出征官员兵丁，凡有议叙恤赏之案，兵部即行办理。若有应行驳查者，止将应查之人扣除，不得因一二人而将众人应得之议叙恤赏一并稽迟（此系现行定例）。在办理期限如军营送到册籍，在一千名内外者，限四十日办结；二三千名，限六十日办结；四五千名，限七十日办结；六千名以上，限八十日办结。逾违参处。如一时连到数案实在不能完结者，临时奏请展限。其将军、参赞等官均随时办理，毋庸另定限期（此拟增）。③

这是清王朝对立有军功的土司在执行机构办理议叙的恤赏时间限期。

---

① 李良品、李思睿：《明清时期西南地区土司优抚制度研究》，《西南民族大学学报》（人文社会科学版）2014年第8期。
② （明）申时行等修：《明会典》，中华书局1989年版，第627页。
③ （清）阿桂：《钦定兵部军需则例》，见《续修四库全书》第857册《史部·政书类》，上海古籍出版社2002年版，第150页。

这里主要涉及因军功人员的多少而规定了办理期限的长短，如"在一千名内外者，限四十日办结；二三千名，限六十日办结；四五千名，限七十日办结；六千名以上，限八十日办结"。在同卷的"伤亡官兵准恤定限"条又有规定：

> 出征打仗受伤，续经伤发亡故官兵：如受头等伤者，予限六个月；二等伤者，予限五个月；三等伤者，予限四个月。限内实系本身故者，照阵亡例议恤。若因病亡故者，不准请恤。至伤亡官兵，从前给过受伤银两，应于所得恤赏银内照数扣除，其前因打仗受伤续又打仗阵亡者，从前应得受伤银两仍行议给，毋庸扣除。至限外亡故官兵，头等受伤，再予限六个月；二等伤，再予限五个月；三等伤，再予限四个月。如在余限内伤发亡故者，一二品大员，荫子弟一人，以六品官用；三品以下官弁受头二等伤者，荫子弟一人，以七品官用；三等伤者，荫子弟一人，以八品官用。均按品食俸，服满后该督抚就近留于本省学习，期满照原荫品级酌量以千把总等官补用。其年未及岁者，给予半俸，俟当差时再行按品支食全俸。其应荫之人，其有未仕而故者，应准其补荫。此内如无子弟承荫，或虽有子弟而官职均在应荫品级以上者，应照伊等受伤等第再行照例赏给银两，毋庸议给官职。兵丁照原伤等第再行赏给受伤银两，其余限外亡故者，为期既久，应毋庸置议。①

上面内容是清王朝在对土司应征调伤亡官兵之受头等伤、二等伤、三等伤的准恤时间规定。至于在这个期限内的"身故者，照阵亡例议恤"。至于在这个规定期限外的亡故官兵、头等伤、二等伤、三等伤等有其时间规定。此外，还有准其子弟荫袭、赏给受伤银两等特殊政策的规定。

（二）亡故将士抚恤程序

按照明代的规定，凡亡故将士抚恤程序，需经过请恤、议恤和赐恤三个环节。请恤环节主要是由各卫所对阵亡将士名单进行核实、造册，

---

① （清）阿桂：《钦定兵部军需则例》，见《续修四库全书》第857册《史部·政书类》，上海古籍出版社2002年版，第149—150页。

上报兵部，为殉难将士请恤；议恤环节是由兵部、内府等相关部门审查，察例议恤；赐恤是上报名单，经审查合格并确定抚恤等级后，由朝廷颁布谕旨钦与抚恤。对有官阶的武官亡故的抚恤，朝廷命礼部根据亡故武官官阶大小给予不同的抚恤。礼部派人领亡故武官家属到内府领取布匹、米等物质，并与工部协商造办棺椁、造坟、安葬等事宜；在丧葬期间，礼部派官员到亡故武官家致祭。对一般的军士亡故，仅支给丧葬一石，对家境贫困军士亡故给予棺椁安葬。明朝尚无对土司土兵抚恤程序的相关规定。清朝《钦定兵部军需则例》卷五"土司军功议恤"之"伤亡官兵准恤定限"中，对土司土兵"出征打仗受伤，续经伤发亡故官兵"的优抚程序规定：

> 限内实系本身故者，照阵亡例议恤。若因病亡者，不准请恤。至伤亡官兵，从前给过受伤银两，应于所得恤赏银内照数扣除，其前因打仗受伤续又打仗阵亡者，从前应得受伤银两仍行议给，毋庸扣除。①

(三) 土兵优抚待遇与时限

据《钦定大清会典事例》卷589《土司议叙》之"议恤"条载：

> 向来绿营阵亡官弁，俱给与世职。俟袭次完时，给与恩骑尉世袭罔替。原以轸恤勋劳，特加优典。至屯土官弁，遇有征调，无不踊跃争先，着有劳绩。而临阵捐躯者，向止给与赏恤银两。分别加衔，并未一体议给世职。该屯土员弁，与绿营同一效命疆场。而恤典各殊，究未免稍觉向隅。嗣后屯土官弁设遇调发，有随征阵亡者，均着照绿营之例。按照实任职分给与世职袭次。俟袭次完时，再给予恩骑尉世袭罔替。至此等承袭世职人员，遇有该处屯土备弁缺出，着先尽此项人员酌量拔补。如此逾格加恩，永为定例。该屯土官弁等，益当倍加感激，尽力戎行，以副朕一视同仁，励忠盖之至意。

---

① （清）昆冈等修：《光绪朝大清会典事例》（卷589）《土司议恤》，中华书局1991年影印本。

乾隆五十八年（1793）针对土司及土司兵的相关规定，强调土司兵"与绿营同一效命疆场"，理应"一视同仁"，"均着照绿营之例"，这无疑是一个相对公平的优抚制度。对于"出征打仗受伤"的时限，同样有明确的规定："如受头等伤者，予限六个月；二等伤者，予限五个月；三等伤者，予限四个月。"①

这无疑是要求具体办理人员能够急优抚人员之所急，只有这样，才能对得起在战场上奋勇作战的土司、土兵将士。

三　土司优抚制度的执行机构与效用

明清时期，中央政府，针对土司土兵的实际制定了优抚制度，并充分运用兵部、户部和礼部，相互协作，予以执行，这无疑确保了优抚制度的执行力，对明代、清代官兵和土兵战斗力的增强、政权的巩固和经济的恢复和发展起了重要作用。

（一）优抚制度的执行机构

众所周知，明清中央王朝的优抚制度主要是针对包括西南地区土司土兵在内的武官和军士制定的，朝廷设有优抚制度的执行机构，由于各部的职责所限，优抚制度主要推行机构为兵部、户部和礼部。

1. 兵部

明朝时，兵部是优抚制度的主要制定机构。兵部的主要职责是掌天下武卫、官军、选授、简练、镇戍、厩牧、邮传、舆皂之政令。兵部下属武选、职方、车驾、武库四清吏司，其中武选掌卫所、土官选授、升调、袭替、功赏之事。②也就是说，兵部几乎囊括了吏部四司的职能。伤亡、病故的土司、土司土兵的抚恤标准、优给优养、武职袭替、军功赏赐等主要优抚制度大都由兵部制定和执行，故《明史·职官志》叙述其职能为"以贴黄征图状，以初绩征诰敕，以效功课将领，以比试练卒徒，以优养恩故绝，以褒恤励死战，以寄禄驭恩幸"③。清沿明制，

---

① （清）阿桂：《钦定兵部军需则例》，见《续修四库全书》第857册《史部·政书类》，上海古籍出版社2002年版，第149页。
② （清）张廷玉：《明史》，中华书局1974年版，第1750—1751页。
③ （清）张廷玉：《明史》，中华书局1974年版，第1752页。

前期的兵部主要掌管武职官弁的任免、考核、奖惩以及有关兵籍、武器制造、马匹饲管、武科考试等事务，并兼管邮驿事宜；① 雍正元年（1723）之后，兵部下属机构有武选、车驾、职方、武库四清吏司以及会同馆、捷报处、档房、本房、司务厅、督催所、当月处、稽俸厅等，分别掌管各项事务。② 可见，明清时期西南地区土司土兵的优抚制度大多为兵部制定。

2. 户部

户部是优抚制度提供物质资源保障的机构。《明会典》卷十四载，户部设尚书、左右侍郎，其主要职责为掌天下户口田粮之政令。其属初曰民部、曰度支部、曰金部、曰仓部，后改为十三清吏司、曰浙江、江西、湖广、福建、山东、山西、河南、陕西、四川、广东、广西、云南、贵州。这十三司各设郎中、员外郎、主事等职，分掌钱谷诸务。③ 从国家财政体系看，组织军事保障的主要机构是户部，优抚土司土兵的经费主要由户部管理。户部分总部、度支部、金部、仓部等四属部。其中度支"主会计夏税、秋粮、存留、起运及赏贵、禄秩之经费"。如石砫土司秦良玉麾下的土司土兵的开销均在《度支奏议》奏折中。在西南地区，四川清吏司、云南清吏司、贵州清吏司、广西清吏司及湖广清吏司则各掌其分省之事，兼领诸司、卫所禄俸，边镇粮饷之事。清代的户部，与明代大同小异，主要职掌全国财政出入之政令以及户口、土地、疆理、盐务、钱币铸造、库储、关税等事权。户部下设的广西清吏司主要掌核广西之钱粮奏销，梧厂、浔厂之税收，兼管全国矿政及钱法和内仓之出纳事。云南清吏司主要掌核云南之钱粮奏销及各厂之税课，并管理漕政事务。四川清吏司主要掌核四川之钱粮奏销，夔关、打箭炉之关税，并稽查草厂出纳、纸朱银两之奏销以及入官各款事宜。贵州清吏司主要掌稽贵州之钱粮奏销事，并管理全国关税及贡进貂皮事。④ 由此可见，明清时期土司土兵征调时的行粮、盐菜银以及征战过程中阵亡、伤亡、出征病

---

① 朱金甫：《清代典章制度辞典》，中国人民大学出版社2011年版，第120页。
② 朱金甫：《清代典章制度辞典》，中国人民大学出版社2011年版，第328页。
③ （明）申时行等修：《明会典》，中华书局1989年版，第85页。
④ 朱金甫：《清代典章制度辞典》，中国人民大学出版社2011年版，第128页。

故等优抚均在户部掌管之列。

3. 礼部

礼部是拟订优抚制度精神奖励方案的机构。明代礼部下属的祠祭清吏司则"分掌诸祀典及天文、国恤、庙讳之事","勋戚、文武大臣请葬祭赠谥,必移所司,核行能,傅公论,定议以闻"。清代礼部职掌全国各项礼仪制度的制定与执行,包括朝仪、册封、祭祀、庆典、出征以及婚丧嫁娶、冠服、车舆、文书、印信、外交等仪礼典制等。① 也就是说,但凡土司土兵在优抚制度的精神奖励方面,大多由礼部拟订方案并执行。

兵部、户部和礼部三部,分工明确而又相互关联,各个执行机构有力地确保了明清两代对西南地区土司土兵相关优抚制度的制定和实施。

(二) 优抚制度执行的效用

明清中央王朝对各地土司优抚制度的有力执行,其效用是多方面的。②

1. 调动各地土司服从征调的积极性

土司优抚制度的执行,在一定程度上讲,极大地调动了土司土兵的积极性,激发了少数民族地区地方武装力量的战斗力。在"平播之役"时,平播主帅李化龙为了能早日完成中央王朝交办的"平播之役"历史重任,他拟定了一篇《悬购规则疏》,对平播缘由、赏罚事因、赏罚要求、赏格层次、赏银数量、升官等级、军功计数、酌量优恤以及军事处罚等规则规定得十分具体、明确,有利于实现"以图全胜"的目标。其中有"不论汉土官兵、军民人等,有能奋勇先登,入娄山关、崖门关、大滩关、苦竹关、板角关、三渡关、黄滩关、乌江关者,升三级,赏银一千两。有能奋勇先登,打破播州城者,升五级,赏银三千两。有奋勇先登,打破海龙囤,虽本身不能擒斩应龙,而大众验系真正当先者,升七级,赏银五千两"③ 的规定。这激励了官军和土司土兵的战斗力,故能

---

① 朱金甫:《清代典章制度辞典》,中国人民大学出版社2011年版,第195页。
② 李良品、李思睿:《明清时期西南地区土司优抚制度研究》(人文社会科学版),《西南民族大学学报》2014年第8期。
③ (明) 李化龙:《平播全书》(点校本),大众文艺出版社2008年版,第57—59页。

仅用152天就结束了"平播之役"的战斗。

2. 维护中央王朝统治和边疆稳定

土司优抚制度的执行，有利于明清时期中央王朝政权的巩固、地方社会的稳定和西南地区经济的发展，促使西南地区土司土兵肩负着守卫祖国边疆、巩固封建统治的重任。不可否认的是，在土司及土司兵优抚制度执行过程中也存在着诸多问题，如军官腐败的日益加深、邻省银两因路途遥远不能按时送抵、优抚钱粮不能及时兑现等，这就使较好的优抚制度在执行过程中大打折扣，弱化了优抚制度对西南地区土司土兵带来的实惠，降低了土司土兵对中央王朝的信任度和认同感，导致许多不该发生的事情时有发生，并酿成一些大的内乱。这无疑是我国军事史上留给人们的最大教训。

总之，土司制度作为元明清王朝逐渐实现国家统一与地方自治的管理制度，它在执行的过程中，其承袭制度、朝贡制度、征调制度、教育制度、优抚制度等方面的一些制度必然有其共性的内容，目的在于有助于王朝国家的有效治理。

第六章

土司制度与国家治理下的地区差异

　　元明清时期中央王朝在实施土司制度的过程中，虽然在土司职官制度、承袭制度、征调制度、朝贡制度、奖惩制度、抚恤制度等内容上有诸多共性的地方，但在不同时段、不同地区、不同民族中或因为"因俗而治"的民族政策导致各地有些许差异，这在一定程度上有利于中央王朝维护土司地区的社会稳定。如元朝在土司地区"因俗而治"的一大举措就是设置民族型政区，且路、府、州、县的官员大多由土司担任，土官如果犯了罪，采取罚而不废的处置办法，其职位可世袭。时至明代，中央王朝在接近内地的土司地区，则设置土府、土州、土县，强化中央政府对土司的控制功能，并且在土司衙门中安插汉官（即佐贰官），如果是汉官为正职者，则土司为副职，以达到互相牵制的作用。到了清代，土司制度更加完善和严格，实权在不断下降，中央王朝对土司采取分其地、降其职、限其权、虚其衔等举措，使国家对土司地区治理能力不断增强，有效地维持了土司地区的社会稳定。又如在行政制度方面，藏族实施的是政教合一制，白族、彝族、傣族、壮族、土家族、苗族、水族、布依族等族是土官土司制，景颇族则是山官制等。即便是同一民族，土司制度也不尽一致，如藏族地区的土司制度，既有政教联合管理制、政教合一土司制，也有土千户土百户制、土屯结合管理制，还有土流并存管理制以及健全的土司管理体制等。同时，元代与明清的土司制度也有一定差别。本章拟以元明清三个不同朝代对湖广、四川、云南、贵州、广西、甘肃六省及自治区为例，探讨元明清时期土司制度与国家治理下的地区差异。

在此想说明的是，为什么我们不以设置土司多、实力雄厚、广土巨族的土家族、壮族、藏族、彝族、傣族为例研究不同民族土司制度与国家治理的差异？这里主要强调两点：第一，作为记载明清土司制度实施情况的《明史》《清史稿》中的《土司传》以及《土官底簿》和《蛮司合志》，都是按照行政区划来叙述明清两朝疆域内少数民族的历史，以体现明清王朝国家对土司地区治理的重视。明清两朝作为封建社会后期的统一多民族国家，对边疆少数民族的治理更加深入和彻底，边疆少数民族自觉或不自觉地都纳入了明清中央政府有效管辖的政区内，他们或者接受流官的治理，或者接受土司的统治。第二，从《旧唐书·南蛮西南蛮传》《宋史·蛮夷传》到《明史·土司传》《清史稿·土司传》，表面上反映的是西南地区少数民族传记从"西南蛮夷传"变成"土司传"，这种对少数民族称呼的变化，其内在蕴含的是唐宋时期羁縻制度嬗变成为元明清时期土司制度、中央王朝治理西南少数民族策略嬗变的客观事实，以及西南地区少数民族逐渐融入中华民族大家庭的历史进程，佐证和彰显了我国自古以来就是统一的多民族国家和各民族共创中华的宏大叙事。① 也就是说，《明史》《清史稿》的《土司传》按照当时的行政区划来记录各政区内的民族发展历史、民族关系和土司承袭，它彰显了明清时期中华民族"自在"共同体已经发展到了一个前所未有的高度，并逐渐向"自觉"共同体演化发展。《明史》《清史稿》中《土司传》以及《土官底簿》和《蛮司合志》的书写范式，表现出了中华民族共同体意识。只不过，明清两代对土司及土司地区的治理在多方面存在差异。本章拟以中华民族共同体建设的视角来探讨元明清时期土司制度与国家治理，并试图凸显不同地区之间的差异。

第一节　湖广地区

总的来讲，元明清中央王朝对湖广地区土司的治理策略是：土流分治、以卫制土。无论是从正史，还是从方志、谱书、碑刻等官方或民间

---

① 王琨、李良品：《土司制度与中华民族共同体建设初探》，《广西民族研究》2021年第1期。

文献看，湖广地区土司家族踪迹源远流长，有的可追溯到先秦或秦汉，而具备完整世系的则从唐宋时期起就沿袭下来，一直没有中断。如覃氏土司是先秦时期巴人后裔；保靖、永顺土司均将始祖追溯至五代晋天福五年（940）就任楚静边都指挥使、溪州刺史的彭士愁。从湖广地区土司家谱的记载来看，湖广地区土司从任职地方首长到清雍正年间改土归流止，湖广地区土司世袭从未间断，有的沿袭地方首长或八九百年，或四五百年之久。久远的历史注定了他们对当地的社会发展起着十分重要的作用。

湖广地区土司在与元明清中央王朝的交往、互动过程中，逐渐完整与深化对王朝国家认同的内涵。明代中叶以后，湖广地区土司对王朝国家的认同逐渐成为生存策略，建构起维护国家统一的国家认同观。因此，元明清时期湖广地区土司作为朝廷秩官，在履行朝贡纳赋、服从征调、守土安民等义务的同时，基本上能够肩负"忠君护国"的政治使命，形成了与中央王朝的良好互动关系。因此，元明清中央王朝面对保持高度国家认同的湖广地区土司，虽然不乏"剿抚并施"之策，但最主要的治理策略是都司统卫（卫所）土（土官土司），土卫（流官）参治，以土为主。有明一代，湖广土司地区在都司统辖之下，土司与卫所截然分开，自成体系。特别是明初在湖广地区设置羊山、永定、九溪、崇山、施州5个卫，设置大庸、平添、麻寮、安福、大田等5个所，这些地处湖广地区土司腹心地区的卫所，与围绕在该地区周边所设立的为数更多的卫所一起，屯戍相连，彼此呼应，形成了明王朝针对湖广地区土司的一张军事控制网络。①

一 湖广土司地区国家治理的历史进程

在今湘鄂西地区，元明及清前期均实行过土司制度，设置过各级土官，史称湖广土司。元明清时期的土司制度，对于今湘鄂西地区各族人民的经济、政治、文化等各个方面，都发生过重大影响。五代时期直至宋朝，中央王朝在这一地区先后设置了一些羁縻州，其首领允许承袭，这为元明清中央王朝在这一地区设置土司制度奠定了基础。从元代开始

---

① 田敏：《明初土家族地区卫所设置考》，《吉首大学学报》（社会科学版）2004年第4期。

在湘鄂西地区推行土司制度，可分为三个阶段。①

（一）元代湖广地区土司制度与国家治理

元代为中国土司制度的初创期，无论是从土司制度本身，还是从国家治理的角度看，当时都还很不完备。南宋宝祐元年（1253），忽必烈率兵攻占云南大理，西南各少数民族首领纷纷归附。于是，忽必烈在包括今湘鄂西地区设置土官。《元史》记载："宣慰司，掌军民之务，分道以总郡县，行省有政令则布于下，郡县有请则为达于省。有边陲军旅之事，则兼都元帅府，其次则止为元帅府。其在远服，又有招讨、安抚、宣抚等使，品秩员数，各有差等。宣慰使司，秩从二品。每司宣慰使三员，从二品；同知一员，从三品；副使一员，正四品；经历一员，从六品；都事一员，从七品；照磨兼架阁管勾一员，正九品。"②《元史》对宣慰使司都元帅府、宣慰使兼管军万户府、宣抚司、安抚司、招讨司、诸路万户府、巡检司以及诸蛮夷长官司等土官机构的机构名称、秩品、人员数量等也均有明确记载。③在湖广地区，元朝至元年间就先后设置荆湖北道宣慰司（今湖北武昌）、湖南道宣慰司（治今湖南衡阳）、湖广桑植等处地方军民宣慰使司（治今湖南桑植）、柿溪宣抚司（治今湖南桑植）、慈利军民安抚司（治今湖南慈利）、常德安抚司、潭州安抚司、宝庆安抚司、澧州安抚司、沅州安抚司、靖州安抚司、衡州安抚司、道州安抚司、永州安抚司、郴州安抚司、武冈军安抚司等土官机构。此后，永顺蛮夷长官彭胜祖自称安抚司，旋又自升为宣抚司，并改原保靖州为安抚司。元王朝对这些土官机构的设置、任命、职级、世袭、义务、升迁、惩处、信物等均有一定规定，这表明湖广地区的土司制度已基本建立。这里强调说明两点：一是元代中央王朝规定有的土官土司要"掌军民之务"，这并非专为少数民族地区而设。二是在土官土司官名的称谓上，"宣抚使"始于宋，其事权极为重要，"安抚使"次之。元代虽然是"远服之官"，但不一定全部是土官。从元朝在湖广地区土官机构的设置、土官职衔的任命、土官职务的世袭、土官义务（主要包括朝贡、纳赋、组织土兵服

---

① 张雄、彭英明：《湖广土司制度初探》，《江汉论坛》1982年第6期。
② （明）宋濂：《元史》卷91，中华书局1976年版，第2308页。
③ （明）宋濂：《元史》卷91，中华书局1976年版，第2308—2312页。

从中央王朝征调）的规定、土官的升迁与惩处、土官信物的颁发等，均表明元代已初步具有国家治理土司和土司地区的基本原则、方法与举措。

（二）明代湖广地区土司制度与国家治理

明代的土官土司制度逐渐完善，且机构设置、土官任命、职衔职级、世袭职位、土官土司应尽义务、职务升迁、惩处等规定十分明确。在湖广地区，中央王朝也是根据各土司"劳绩之多寡，分尊卑之等差"①，规定了各地土官土司的品衔、承袭、贡赋、征调、升降等。明代湖广地区的所有土官土司均隶属于湖广都指挥使司，下辖永顺军民宣慰使司、保靖州军民宣慰使司、施州卫军民指挥使司和九溪卫军民指挥使司。明代在湖广地区设置的土官有宣慰司、宣抚司、安抚司、长官司、蛮夷长官司等，这些职名在明代均成为土官职名的专称。根据《明史·地理志》《湖广总志·方舆五》《读史方舆纪要·湖广八》等历史文献，可见湖广地区土官土司的设置十分复杂。明代湖广都指挥使司所辖卫所、土司，施州卫军民指挥使司除了管辖大田千户所之外，还管辖施南宣抚司、散毛宣抚司、忠建宣抚司、容美宣抚司、镇南长官司和唐崖长官司；其中施南宣抚司又管辖东乡五路安抚司、忠路安抚司、忠孝安抚司、金洞安抚司四个安抚司；散毛宣抚司管辖龙潭安抚司、大旺安抚司两个安抚司；忠建宣抚司下辖忠洞安抚司、高罗安抚司两个安抚司；容美宣抚司又辖椒山玛瑙、五峰石宝、石梁下洞、水尽源通塔坪以及长茅、盘顺、上爱茶峒、下爱茶峒等多个长官司。

有专家学者研究表明，明代湖广地区土官土司设置的最大特点是"卫土结合"，也就是卫所与土司的结合。② 明朝在行省一级设都指挥使司，下设卫所。《明史》载："天下既定，度要害地，系一郡者设所，连郡者设卫。大率五千六百人为卫，千一百二十人为千户所，百十有二人为百户所。所设总旗二，小旗十，大小联比以成军。其取兵，有从征，有归附，有谪发。从征者，诸将所部兵，既定其地，因以留戍。"③ 明代在湖广地区的卫所纯属军事性质。但由于施州卫、九溪卫以及下辖的田

---

① （清）张廷玉：《明史》卷310，中华书局1974年版，第7982页。
② 张雄、彭英明：《湖广土司制度初探》，《江汉论坛》1982年第6期。
③ （清）张廷玉：《明史》卷90，中华书局1974年版，第2193页。

军民千户所、安福千户所、添平千户所、麻寮千户所都设在军事要地，加之这些军事要地在少数民族地区，因此这些卫所的民政多与防务有关，这些卫所对当地土官土司具有节制的功能和作用。终明一代，湖广地区的大小土司均隶属于湖广都指挥使司，其下施州卫军民指挥使司和九溪卫军民指挥使司与宣慰司级别相当，大田千户所、安福千户所、添平千户所、麻寮千户所则与宣抚、安抚等土官土司级别相当。正如《明史》所言："卫指挥使司，设官如京卫。品秩并同。……所，千户所，正千户一人，正五品；副千户二人，从五品。……凡千户，一人掌印，一人佥书，曰管军。千户、百户，有试，有实授。其掌印，恒以一人兼数印。凡军政，卫下于所，千户督百户，百户下总旗、小旗，率其卒伍以听令。……明初，置千户所，设正千户，正五品。……（洪武）二十三年，又设军民指挥使司、军民千户所……自卫指挥以下其官多世袭，其军士亦父子相继，为一代定制。"① 从《明史》记载以及湖广土官土司的设置情况看，明代湖广地区的土官土司制度与卫所制度紧密结合。所以，有专家学者认为："湖广都司所属军民卫所和各级土司，正是明代卫所土司制度的产物。"② 从这个层面讲，明代湖广地区的土司制度，无论是建置规模，还是制度严密程度，都远超元代，表明明代土司制度已十分完备。

（三）清代湖广地区土司制度与国家治理

清王朝入主北京后，在湖广地区继续推行土司制度，从顺治年间开始，一直维持到乾隆时期。从历史文献记载看，清代湖广地区的土司设置最早是在顺治四年（1647）。《清史稿》云："清顺治四年，恭顺王孔有德至辰州，宣慰使彭宏澎率三知州、六长官、三百八十峒苗蛮归附。十四年，颁给宣慰使印，并设流官经历一员。康熙十年，吴三桂叛踞辰龙关，授永顺宣慰使彭廷椿伪印，廷椿缴之。奉旨赏其子宏海总兵衔，令率土兵协剿，有功，授宣慰司印。"③ 可见，永顺宣慰司下辖的土司以及旗、洞诸"苗蛮"当时已全部归附清王朝。施州卫所辖各土司于康熙三年（1664）才归附清朝，《清史稿》对此有记载："清康熙三年，施州

---

① （清）张廷玉：《明史》，中华书局1974年版，第1873—1875页。
② 张雄、彭英明：《湖广土司制度初探》，《江汉论坛》1982年第6期。
③ （民国）赵尔巽：《清史稿》，中华书局1977年版，第14213页。

始归顺。四年,改沙溪宣慰司为宣抚司,改剑南长官司为建南长官司,而施南宣抚司、忠孝安抚司、忠路安抚司如故。"① 清代土司制度下的职官制度与明代差别不大,只是土司数目有所减少。土司制度方面有一些补充与完善,基本上沿袭明代湖广土司制度。

清代中央王朝对湖广地区土司制度的国家治理之关键是在雍正年间全部改流。湖广地区土司改土归流后实施了与汉族地区一体化的郡县制,这是封建社会后期王朝国家对湖广地区最好、最彻底的国家治理。笔者曾指出:清代推行的改土归流,从国家制度建设层面看,它是土司制向郡县制的发展,是清政府土司地区实施国家治理的提档升级。从中华民族共同体建设的角度看,清王朝改土归流的源动力来自"大一统"国家政治构想,这是中华民族共同体建设的政治前提;清代大规模改土归流事实上破除了汉族与少数民族之间的交流障碍,多民族交往交流交融日益频繁,成为推动中华民族共同体建设的关键环节;改土归流后包括湖广地区在内的土司地区各民族对中华文化的认同,促进了中华文化内聚力的形成;改土归流后包括湖广地区在内的土司地区社会经济发展,为中华民族共同体建设奠定社会经济基础。历史文献和历史事实反复证明,改土归流的实施,是中华民族共同体建设历程由"自在"共同体向"自觉"共同体发展的关键步骤和主要举措。②

二 湖广土司地区国家治理的具体举措

元明清中央王朝在湖广地区推行土官土司制度的过程中进行国家治理,采取了一些具体举措,概而言之,主要有以下几个方面。

(一)元明清中央王朝将湖广地区土司纳入王朝国家的官僚体系以司其职

元朝至元二十三年(1286),通过土司制度的推行,在今湖广地区设置宣慰司、安抚司、招讨司、军民府、诸蛮夷长官司等官职,在四川行中书省之下设四川南道宣慰司(治今重庆)、施南道军民宣抚司(治今湖北宣恩)、忠孝安抚司(治今湖北恩施)、金峒安抚司(治今湖北咸丰)、

---

① (民国)赵尔巽:《清史稿》,中华书局1977年版,第14208—14209页。
② 廖钰等:《改土归流与中华民族共同体建设》,《贵州社会科学》2019年第9期。

散毛宣抚司（治今湖北来凤）、龙潭安抚司（治今湖北咸丰）、卯峒宣抚司（治今湖北来凤）、容美宣抚司（治今湖北鹤峰）、五峰石宝安抚司（治今湖北五峰）、石梁下峒长官司（治今湖北五峰）、永顺等处军民宣抚司（治今湖南永顺）、保靖安抚司（治今湖南保靖）等机构，将湖广地区土司纳入王朝国家的官僚体系。元朝元祐七年（1320）设立了"永顺等处军民宣抚司"，下设腊惹洞、麦着黄洞、施溶溪、驴迟洞长、田家洞等长官司，明朝改设永顺军民安抚司和宣慰司。① 保靖土司则由宋元时期的安抚司在明代升为宣慰使，直至清代改土归流前。尤其是洪武六年（1373）上命礼部大臣会议，钦赐勘合一道，铜印一颗"安抚边疆"四字，上记兴字八十三号，加封保靖州军民安抚使司为保靖州军民宣慰司，并授予彭万里为宣慰使，准保靖彭氏家族世袭，且下诰命一道敕封彭万里为怀远将军。② 皇帝敕谕原文如下：

  原任湖广保靖州安抚使今升宣慰使司：宣慰使彭万里。
  朕以谅德丕承大统，净扫胡元之腥膻重光大明之日月，其所以拔采石、定京都、擒伪汉、歼强吴，长驱入燕，克复中原者，惟是各藩土官夹辅之力也。尔彭万里本江西诗书之裔，为湖广忠义之藩，首能倡率义师竭款献馈，纳土归顺，不辞百战之劳，共建统一之业，劂功伟矣！兹特照昔日表功之典，行今日懋赏之宜，钦赐尔铜印一颗、勘合一道，开设保靖州军民宣慰使司，加授尔宣慰使进阶怀远将军，轻车都尉。尔妻曾氏封太淑夫人，仍赐以世袭诰命，谕尔子孙世世传守，勿替引之。凡所属长官、舍把等职，悉听节制调度，其各寨夷民峒老俱从尔安抚保厘。居常则贡赋宜先，遇警则调征毋后，如有事与永顺、酉阳附近等司相关者，务宜各一心、彼此筹度，期奏朕功，不得尔我执拗，自相矛盾，致误事宜。亦毋结怨构怨，持强仇杀。但当讲信修睦，以缔邻好。设遇苗民不律，亦宜相机刺杀。勿令滋蔓，于戏！赐以券符，用昭恩典于藩国；分之胙土，共期带励于河山。故兹敕谕。毋或作事乖方，自罹罪戾，尔其慎之！

---

① （清）张廷玉：《明史》，中华书局1974年版，第7991页。
② （清）张廷玉：《明史》，中华书局1974年版，第7995页。

钦哉！故谕！

皇帝　洪武六年十二月一日

保靖彭氏土司在洪武六年（1373）由安抚司升为宣慰使，这对湖广地区土司触动很大，使大多数的湖广地区土司认识到效忠中央王朝的重要性。与此同时，归顺明王朝的湖广安福千户所千户、桑植土司以及鄂西的散毛、施南、忠建、镇南、大旺等湖广地区土司在洪武末年爆发了反抗活动。《明史·湖广土司》有载：洪武二十二年（1389），明太祖任命忠建宣抚田思进的儿子田忠孝代替其父亲的职务。因此时田思进年纪八十有余，乞求辞官，所以才有这项任命。洪武二十三年（1390），凉国公蓝玉攻克散毛洞，活捉了刺惹长官覃大旺等1万多人，朝廷便设置了大田军民千户所，隶属于施州卫。因为蓝玉上奏皇帝说散毛、镇南、大旺、施南等峒的蛮族人一会儿叛变一会儿又顺服没有常规，而黔江、施州卫的军队离这些地方又远，很难应急救援，散毛洞又与大水田相连，应该在这些地方设置千户所来守卫，于是便改散毛为大田，任命千户石山等统领1500名土兵，在大田设置千户所镇守该地域。此时忠建、施南反叛的蛮族在龙孔结寨，蓝玉派遣指挥徐玉带兵攻打，活捉了宣抚覃大胜，其余的蛮族都撤退逃走。蓝玉又分兵搜捕他们，杀死俘获男女达1800多人。他们把覃大胜及其党徒820人一起戴上桎梏解送到京城，在闹市中车裂了覃大胜，其余的人则发给他们一定的粮食衣服派他们去戍守开元。① 从上面史实看，诸多湖广地区土司虽然没有参与这次反抗，但明王朝的镇压以及大量土司被废除，使湖广地区土司深刻认识到忠顺中央王朝对维护自身统治以及辖区稳定的重要性。在《明史·湖广土司》中，作者高度赞永顺、保靖土司："诸土司初无动摇，而永、保诸宣慰，世席富强，每遇征伐，辄愿荷戈前驱，国家亦赖以挞伐，故永、保兵号为虓雄。嘉、隆以还，徵符四出，而湖南土司均备臂指矣。"② 直至雍正年间改土归流的实施，湖广地区土司基本维持了自身的权力和利益。

纵观元明清时期湖广地区土司的分布，按当今行政区划可分为湘西、

---

① （清）张廷玉：《明史》，中华书局1974年版，第7985—7986页。
② （清）张廷玉：《明史》，中华书局1974年版，第7983页。

鄂西两个地区。虽然元明清三代各区土司建置时有变化与调整，但大部分土司的分布基本固定。

在湘西地区，主要有永顺、保靖、桑植3个宣慰司，有柿溪宣抚司，有慈利、茅冈2个安抚司，有南渭州、施溶州、上溪州、安定州、龙潭州、化被州6个土知州，有麦着黄洞、腊惹洞、驴迟洞、施溶溪、白岩洞、马罗峒、两江口、五寨、竿子坪、上峒、下峒计11个长官司。① 其中，永顺等处军民宣慰使司领州南渭、施溶、上谿3个土知州，领腊惹洞、麦著黄洞、驴迟洞、施溶溪、白崖洞、田家洞6个长官司。② 其余职级不同的土司或在保靖宣慰司下辖，或为王朝直管，不相隶属。

在鄂西地区建置有容美宣慰司，有施南、散毛、忠建3个宣抚司，有东乡五路、忠路、忠孝、金峒、龙潭、大旺、忠峒、高罗8个安抚司，有摇把峒、上爱茶峒、下爱茶峒、剑南、木册、镇南、唐崖计7个长官司，又有镇远、隆奉、西坪、东流、腊壁峒5个蛮夷长官司，又有容美宣抚司（后升为宣慰司）者境内之椒山玛瑙、五峰石宝、石梁下峒、水尽源通塔平4个长官司。③ 这些职级不同的土司均在明清两代施州范围内。

无论是最高职级的宣慰司，还是最低或不入流的长官司及吏目，均属于中央王朝职官体系，是具有一定品位的行政建制。因此，《明史》及《清史稿》的《职官志》均按照明清王朝的职官体系纳入其中。④ 当时土官土司的结构主要有宣慰司、宣抚司、安抚司、长官司、蛮夷长官司、蛮夷官、苗民官及千夫长、副千夫长等。所有具有土司性质的军民府、土州、土县，设置职官与府州县的职官体系相同。

在湖广地区宣慰司、宣抚司、安抚司、长官司和蛮夷长官司中，元明清中央王朝均设置有品位不同的行政建制，诸如宣慰使，宣慰同知、宣慰副使、宣慰佥事、宣慰经历、宣慰知事、宣抚使、宣抚同知、宣抚副使、宣抚佥事、宣抚经历、宣抚知事、宣抚照磨、安抚使、安抚同知、

---

① 王承尧等：《土家族土司史录》，岳麓书社1991年版，第2页。
② （清）张廷玉：《明史》，中华书局1974年版，第7991页。
③ （清）张廷玉：《明史》，中华书局1974年版，第7984页。
④ （清）张廷玉：《明史》，中华书局1974年版，第1876页。

安抚副使、安抚佥事、安抚吏目、长官司、副长官、长官吏目、蛮夷长官司、蛮夷副长官、土知州、土州同、土州判等，设置这些职级不同的土司，从中央王朝的角度讲，主要是"假我爵禄，宠之名号，乃易为统摄，故奔走惟命"①，换言之，这些不同职级土司的设置，主要是促使包括湖广地区土司在内的各地土司进入王朝国家的官僚体系，让他们在各自辖区内司其职，便于王朝国家对土司及土司地区的国家治理。

（二）中央王朝强求湖广土司土兵服从征调，成为王朝的重要支柱

土司时期，一方面中央王朝需要借助土司军队的力量来达成统一祖国、安定边疆的目的，另一方面是土司也需要借助中央王朝的力量管控其辖区，维护在当地的权威；因此，中央王朝既与各地土司之间形成了互助的关系，又促使包括湖广土司在内的各地土司履行作为朝廷命官的职责。湖广土司土兵服从中央王朝征调，这既是一种军事行动，更是一种政治行为，是湖广土司国家认同的一种表征。从明代湖广土司看，明代土司土兵服从征调，履行规定义务，成为明王朝的重要支柱。

1. 统治阶级需要湖广土司服从明王朝的征调。

明代湖广土司麾下的土兵是一支非常重要的地方武装力量，他们既服务于土司的统治，也是明王朝军事力量的一个特殊的重要组成部分，他们在我国统一多民族国家的发展过程中具有巩固国家政权、稳定社会治安、维护边疆稳定的作用。由于明代各地少数民族反抗不断，"以蛮攻蛮"就成为明王朝处理少数民族事宜的主要手段之一。永乐定制之后，"以蛮攻蛮"成了明朝的基本国策。正是这项基本国策，促进了湖广土司土兵的迅速发展。面对不服从中央王朝的少数民族地区，明王朝在再三诏谕无效的情况下，只有付诸武力。因为明王朝军队对少数民族地区的不熟悉加大了征剿的难度，所以利用反叛地区附近熟悉其地形地貌，且服从中央王朝统治的少数民族土司来征讨反叛土司就显得顺理成章了。清人毛奇龄曾对明朝这种"以蛮攻蛮"的方式评价："以蛮制蛮，即以蛮攻蛮。倘溪峒之间，窃发时起，则彼我征调，颇易为力，因之设土兵相制之法。而其后展转假借，凡议大征者，无不藉狼兵、土

---

① （清）张廷玉：《明史》，中华书局1974年版，第7981页。

兵，远为驱遣。"① 可见，明代"以蛮攻蛮"的政策已深入中央王朝统治者和百官内心。正是凭借着这一政策，湖广土司才能逐步发展土兵的规模，以随时适应朝廷的征调。湖广土司土兵在镇压少数民族反抗、平定土司叛乱中充当急先锋，以达到明王朝"以蛮制蛮"的政治目的。特别是明中期以后，"倘溪洞之间，窃发时起，则彼我征调，颇以为力。因之，设土兵相制之法。而其后辗转假借，凡议大征者，无不借俍兵、土兵，远为调遣"②。也就是说，明代中后期，包括湖广土司在内的土兵日渐成为官军之外的重要军事力量，多次奉调参与"平叛""援辽""征贼"等军事征调，很好地维系了明王朝的统治。但"平播之役""奢安之乱"后，"这时土兵的主要职责是维护土司自身的利益，成为土司的私人武装，已不再是清王朝所依靠的对象，土司制度已走到尽头了。"③ 到清代雍正年间改土归流在湖广地区的实施，清朝八旗兵和绿营兵驻防各地，强化对西南少数民族地区的控制，又因矛盾缓和而少战事，湖广土司麾下的土兵随着土司制度的消亡而不复存在。

2. 土司土兵服从征调的特点

明代各地土司服从封建中央王朝的征调，其主要特点有四个。第一，征调次数多。土司时期湖广土司参加各种军事的次数很多，不仅有平定少数民族起义、平定土司叛乱的战争，还有抗击倭寇、抵御外辱等，在很大程度上为维护国家的统一与政治的稳定作出了重要贡献。如永顺土兵从洪武十二年（1379）到永历元年（1647）的269年里，参与战争达56次，平均不到五年就有一次战争，最有甚者为正德七年（1512）中央王朝曾4次征调永顺土兵进行军事战争，这样的征调频率在湖广土司土兵的征调史上是为罕见。第二，战争取胜多。湖广土司土兵参与的军事战争主要是抗倭、勤王和参加镇压土司反叛，这些行动从中央王朝看，属于正义的战争，因此每次战争都是获胜而归。湖广土司积极参加抗倭军事行动，表现出崇高的爱国主义精神，在正义的战争中取得了重大胜利。随着倭寇侵扰日重，湖广土司奉召投入抗倭战争，容美土司田九霄

---

① （清）毛奇龄：《蛮司合志·序》，西河合集本，乾隆三十五年（1770）刻本。
② （清）毛奇龄：《蛮司合志·序》，西河合集本，乾隆三十五年（1770）刻本。
③ 石亚洲：《土家族军事史研究》，民族出版社2003年版，第160页。

的父亲田世爵皆年逾六旬，亦不辞劳苦，随军出征，指挥战斗。永顺土司土兵基本都是积极奔赴前线并取得了一定的胜利，明朝廷也给了各代土司应有的嘉奖。如彭世麒就因其征讨郴桂叛乱有功而被"加升公散官品级，授龙虎将军上护军，赐诰命正一品服色"。同时，兵部复题，奉圣旨："是彭世麒，身率兵士，为国剿贼，所过地方民不知扰。忠勤仁厚，良可嘉尚。庚辰十五年内，该礼部会勘，题请圣旨是坊名，与做表劳。即行辰州府给工价银三十两，差官赍送到司，造竖牌坊，以彰圣典。"①而彭翼南更是由于抗倭战功，被明朝廷"升云南布政使司右参政，更赐银五十两、纻丝四表里，以旌茂功"②。嘉靖四十四年秋九月，彭翼南在平定湖广支罗洞土寇黄忠叛克破险寨而立功，谷抚臣奖云："宣慰彭翼南久在营中，今又冒雪进哨，尽忠效勤，理应奖金币之赐。""寻赏银一千两、花红彩币。"③永顺土司在参与的战斗中，冲锋陷阵，前仆后继，英勇杀敌，不少的土兵将领如彭翅、田丰等还献出了生命。这种为祖国捐躯勇于反抗侵略的爱国主义，是湖广土兵能取得抗倭斗争胜利的根本保证。土兵踊跃参加抗倭战争，为抵抗外来侵略所作的努力和牺牲，是应予以肯定的。

（三）土司建置多以土流参治，以土为主

元明清中央王朝在湖广地区实施土司制度最基本、最重要的原则是"夷"汉共治、土流参用，使之"文武相维"。湖广地区各级土司的"正贰属官，或土或流，大率宣慰等司经历皆流官，府州县佐贰多流官。皆因其俗，使之附辑诸蛮，谨守疆土，修职贡，供征调，无相携贰。"④按照中央王朝的规定，凡宣慰司及以下的宣抚司、安抚司、长官司和蛮夷长官司的"经历"一职都是流官，军民府、土知府、土知州、土知县等土司机构，其佐贰官大多为流官。明代朱国桢曾对土官文武职衔中的"夷"汉关系作过分析："武衔，土官与属宣慰长官专用目把、汉把，夷而夷者也；文衔，土官与属、府州县长官事统于守、州守、县令，夷而汉者也"⑤。在湖广

---

① 游俊：《历代稽勋录笺正》，贵州人民出版社2013年版，第22—23页。
② 游俊：《历代稽勋录笺正》，贵州人民出版社2013年版，第26页。
③ 游俊：《历代稽勋录笺正》，贵州人民出版社2013年版，第27—28页。
④ （清）张廷玉：《明史》，中华书局1974年版，第1876页。
⑤ （明）朱国桢：《涌幢小品》，文化艺术出版社1998年版，第182页。

地区以宣慰、宣抚、安抚等土司辖区，虽然少数民族首领居于主要地位，但在各级机构中又必须有"流官参用"。如《永顺县志》载："《土司旧志》三州、六司、光明，各设土职知州，长官给以印信，并设流官吏目及土吏一名，头目、洞老十名，隶兵八名。正德间，始裁吏目，嘉靖时，土官又自添马罗长官，国朝仍为三州、六司，每司有土百余里，分地子民而统辖于总司宣慰使，亦犹内地之郡县也。"① 明代湖广土司"夷汉共治、土流参用"的具体形式也不尽一致。如永顺宣慰司领3个土州及6个长官司；施州卫作为汉指挥司，领属1个土千户所、4个宣抚司、2个长官司。湖广各级土司均在汉族领属下（湖广都司）的土司，形式比较单一，土司均为武职土官。施州卫军民指挥使司和九溪卫军民指挥使司均为汉族官员，不世袭，而大田千户所、安福千户所、添平千户所、麻寮千户所为土官，且为世袭职务。

清代湖广地区土司"率属向化"，承袭土司，分别授以指挥使、指挥同知、千总、把总、千户百户职衔。据《钦定大清会典事例》载，湖广地区改土归流前，同样设置了很多土官：

> 原设湖广容美前营副总兵官一人，容美后营副总兵官一人，容美中营副总兵官一人，容美左营副总兵官一人，容美右营副总兵官一人，容美副总兵官掌备征千户一人，容美长毛关指挥使一人，容美水尽源通塔平安抚使司安抚使一人，容美备征千户所百户一人，容美玛瑙寨龙长官司长官一人，容美石宝深溪长官司长官一人，容美下冈平茶长官司长官一人，忠建宣抚使司宣抚使一人，忠峒宣抚使司宣抚使一人，忠路安抚使司安抚使一人，金峒安抚使司安抚使一人，大旺安抚使司安抚使一人，龙潭安抚使司安抚使一人，茅冈安抚使司安抚使一人，椒山安抚使司安抚使一人，五峰安抚使司安抚使一人，石梁安抚使司安抚使一人，东乡五路安抚使司安抚使一人，高罗安抚使司安抚使一人，兴宁县雷连峒猺千户一人，添平千户一人，百户一人，添平所走避隘百户一人，麻寮千户一人，百户一人，麻寮所千户一人，麻寮所曲溪隘副千户一人，麻寮所九女隘

---

① （清）黄德基编，关天申纂：《永顺县志》卷1《沿革》，乾隆五十八年（1793）刻本。

百户一人，九溪卫麻寮千户所百户一人，忠峝木寨前峝长官司长官一人，忠峝红鸾后峝长官司长官一人，忠峝戎角左峝蛮彝长官司长官一人，忠峝勇陛右峝长官司长官一人，安福所上峝长官司长官一人，安福所下峝长官司长官一人，驴迟洞长官司长官一人，腊惹洞长官司长官一人，田家洞长官司长官一人，施溶洞长官司长官一人，麦著黄长官司长官一人，五寨蛮彝长官司长官一人，腊壁蛮彝长官司长官一人，东流蛮彝长官司长官一人，唐崖长官司长官一人，通塔长官司长官一人，木册长官司长官一人（以上后均裁）。保靖军民宣慰使司宣慰使一人，桑植等处军民宣慰使司宣慰使一人（以上二人于雍正五年裁）。永顺等处军民宣慰使司宣慰使一人（雍正七年裁），容美等处军民宣慰使司宣慰使一人（后改为宣抚使，雍正十三年裁），散毛宣抚使司宣抚使一人，施南安抚使司安抚使一人（以上二人，于雍正六年裁）。白崖洞长官司长官一人（雍正七年裁），又设麻寮所清军隘千户一人，麻寮所巡捕千户一人，麻寮所山羊隘百户二人，麻寮所靖安隘百户二人，麻寮所黄家隘百户三人，麻寮所梅梓隘百户三人，麻寮所樱桃隘百户三人，麻寮所青山隘百户一人，麻寮所拦刀隘百户三人，麻寮所镇抚司百户四人，麻寮所贴堂百户一人。①

有地方志载："《土司旧志》三州、六司、光明、各设土职知州，长官、给以印信，并设流官吏目及土吏一名，头目、洞老十名，隶兵八名。正德间，始裁吏目；嘉靖时，土官又自添马罗长官。国朝仍为三州、六司，每司有土百余里，分地子民而统辖于总司宣慰使，亦犹内地之郡县也。"② 可见，永顺宣慰司的权力机构中确实设置有流官。同时，在湖广土司中还设有儒学、教授、训导等职务，一般为进入该地区的汉族有文化者担任，他们都是流官。

国家治理是清代中央王朝在湖广地区实施土司制度的一个主要目标，

---

① （清）昆冈等修：《钦定大清会典事例》卷557《兵部·官制·各省土官世职》，新文丰出版公司1976年版，第12429—12430页。

② （清）黄德基编，关天申：《永顺县志》卷1《沿革》，乾隆五十八年（1793）抄本。

这一目标从元代的模糊到清代已经十分清晰。当国家实力尚未达到一定程度的时候，就只能维持原有制度；当国力强盛之时，就必须用一种新的更有利于发展社会经济的新制度代替旧制度。对湖广土司地区而言，就是全面实施改土归流。通过元明清500余年在湖广土司地区实施以土官为主的土司制度证明，虽然元明清三代对湖广土司地区治策和方式不尽相同，但无不体现中央政府国家治理的目标与任务。

三 湖广土司地区最高形式的国家治理为改土归流

李世愉先生曾经指出："土司制度的建立，体现了国家对西南少数民族地区的治理。改土归流作为土司制度中的一项重要内容，表现出国家对少数民族地区治理的进一步加强。首先，改土归流的出发点是要确保土司地区的稳定，不仅通过革除一部分土司，以解决'尾大不掉'的弊端，还对革除土司进行异地安插，防止再生事端。其次，改土归流强化了对西南少数民族地区的管控，一是通过改流，与内地体制划一；二是加强了原土司地区的'流土并治'。同时，通过改土归流，国家进一步完善了对土司地区的管理措施，包括对各族民众的控制与管理、对新设流官的选用、对少数民族地区的开发。"① 这对改土归流与国家治理作了很好的评价。事实上，元明清三朝推行土司制度的核心思想就是中央政府对少数民族地区的进行的一种有效治理。只不过，在推行的过程中，出现了诸多问题和弊端，因此，就有改土归流的实施。李世愉先生认为："改土归流作为土司制度中的一项重要内容，伴随着土司制度而出现，成为一种长期推行的措施，并且在不断的实施中将土司制度送上终结。"②

元明清中央王朝在湖广地区推行土司制度，只是在当时条件下不得不采取的一种"权宜之计"，推行改土归流，实施"比于中土"且"一劳永逸"③的郡县制，才是国家治理少数民族地区的必然结果和终极目标。明清两代推行数百年的改土归流充分体现了王朝国家对土司地区的不断治理，无论是土司嗣绝、土司家族争袭、土司之间仇杀或土司叛乱

---

① 李世愉：《改土归流与国家治理》，《遵义师范学院学报》2018年第2期。
② 李世愉：《改土归流与国家治理》，《遵义师范学院学报》2018年第2期。
③ （民国）赵尔巽：《清史稿》，天津古籍出版社2012年版，第4974页。

的被动改流,还是土司"识时务"的自请改流,无不体现国家职能的充分发挥,无不彰显"国家治理"的无时不在。因此,笔者认为,清代湖广土司地区最高形式的国家治理表征就是改土归流。

(一) 湖广土司地区改土归流的缘起

任何一种政治制度,只有适应当时社会经济的发展才能存在,土司制度也不例外。元明两代及清前期在湖广推行的土司制度,发展到清朝康熙年间,已经不适应湘西、鄂西地区的社会经济发展,因此,到雍正年间,土司制度进入了衰落期。

1. 湖广土司的行为严重影响湖广地区社会经济发展

清初至康熙年间,随着湖广土司地区与中原地区经济文化联系的加强,该地区社会经济有了很大发展,但推行数百年的土司制度却阻碍着时代的前进和社会的进步。湖广土司向当地民众巧立名目,征收重租的情况也可能存在,或许如魏源所说的"其钱粮不过三百余两,而取于下者百倍。一年四小派,三年一大派,小派计钱,大派计两。土司一取子妇,则土民三载不敢昏。土民有罪被杀,其亲族尚出垫刀数十金,终身无见天日之期"① 也极有可能。更有甚者,永顺彭氏、保靖彭氏、桑植向氏、容美田氏四大土司,自唐宋至元明,在湖广地区瓜剖豆分,自为君长。到雍正年间,保靖土司彭御彬、桑植土司向国栋,更是"狼戾不仁,夺爵削地"②。因此,这些无疑严重阻碍着湖广土司地区社会经济的发展。

2. 湖广土官之间相互仇杀严重影响该地区的社会安定

《清史稿》对湖广土司"仇杀"之类的事多有记载,如雍正年间湖广总督迈柱指出:"窃照各属土司,从前构怨兴兵,彼此杀掠,习以为常,故桑植土民向被容美土司掳去男妇千有余口。"③ 又如"保靖宣慰司"载:"雍正元年,泽虹死,子御彬幼,泽蛟欲夺其职,为御彬所遏。迨御彬袭职,肆为淫凶,泽蛟与其弟泽虬合谋,互相劫杀。二年,御彬以追缉泽蛟为名,潜结容美土司田旻如、桑植土司向国栋,率土兵抢虏保靖

---

① (清)魏源:《圣武记》卷7《雍正西南夷改流记》,岳麓书社2011年版,第287页。
② (清)张天如、顾奎光:《永顺府志》卷首《序二》,乾隆二十八年(1763)抄刻本。
③ (清)迈柱:《湖广总督迈柱奏》,参见《容美土司史料文丛》(第一辑),中国文史出版社2019年版,第53页。

民财。七年，御彬安置辽阳，以其地为保靖县。"① 在"桑植宣慰司"载："清顺治四年，宣慰司向鼎归附，授原职。鼎子长庚调镇古州八万。长庚子向国栋残虐，与容美、永顺、茅冈各土司相仇杀，民不堪命。"② 湖广土司与当地民众的矛盾十分尖锐，民众要求废除土司制度的斗争时有发生。

3. 湖广土司的腐朽性和反动性严重影响清政府推进"大一统"的历史进程

时任湖广总督的迈柱于雍正八年（1730）四月二十四日的一份奏折说：

> 窃照职司附近容美，时遭田旻如侵凌暴虐，俱已隐忍。近来行止愈乖，谋为不轨。新造鼓楼三层，拱门三洞，上设龙凤鼓、景阳钟。门内凿沼一道，清流环绕，名曰玉带河。架石桥三拱，名为月宫桥，住居九重，厅房五重，僭称为九五居。更于私垣建筑观星台，著令门客异人，昼夜观望星斗。尤可异者，本年正月十五日，密差太监一名侯有之至职司地方。查取脱回被拘女口，时经舍目田邦华回报前来，旋据土妇韦氏禀报伊子覃连，于雍正二年被容美司拿去，改名三星，割做太监。适才听说，现在宫内，乞恩取回等情。又据土民庚生儿禀称：小的儿子田玉美也被容美司拿去，割做太监。职司随唤侯有之查询，据称："现在宫内伺候的太监有二三十个，田玉美、三星亦在其内"等语。似此种种不法，揆其动静，莫可测度，职司切近其地，不敢含默，理合据实密陈，连太监侯有之差舍把田邦华解赴永顺协，转解院宪亲讯等情，并据永顺副将杨凯差兵同舍把等，将净身人侯有之押解到臣，随经密发两司会询确供去后，兹据该司等询据侯有之供称："小的等被割之人共有三十三个，那龙凤楼、景阳钟、玉带河、月宫桥，住房九重，庭房五重，都是实的。观星台在衙门傍边，有一姓徐的是荆州人，时常同司主上台去看星。兵马数目，我不知道，有一二百座炮，并有鸟枪、兵器、盔甲"等

---

① （民国）赵尔巽：《清史稿》，天津古籍出版社2012年版，第4979—4980页。
② （民国）赵尔巽：《清史稿》，天津古籍出版社2012年版，第4980页。

供回报前来。臣查土司田旻如，从前僭越狂暴，过恶多端，蒙皇上洪恩宽贷，据伊自称："遵革从前积习，倘雍正七年十二月以后，有不奉公守法，静听参处"等语。今忠峒土司田光祖所详旻如种种狂妄，虽系以往之事，但奉恩宥之后，将净身之人仍复留用，并违制各项，不即改除。既据忠峒土司详解前来，难以姑息。臣现在批司速饬旻如将净身之三十余人追出给亲完聚，并勒令将违制僭越之处，立即改除，仰体皇仁，开其自新之路，倘敢抗违，臣另具折请旨。所有现在情由，合先奏闻。谨奏。①

对此，雍正皇帝批曰："此事若言已奏于朕，则国法不容稍缓矣，另有命大学士密传之旨，汝其遵行施行可也。"从这份奏折可见，容美土司俨然就是割据一方的土皇帝。永顺彭氏土司对辖区民众可以"刑杀任意，抄没鬻卖，听其所为"；土官审理辖区民众词讼"不分曲直，只以贿赂为胜负"；凡永顺土司新任，当地民众必"派送礼物，名曰贺礼"；凡土司下乡，则"令民间妇女歌舞侑觞"②。更有死者，在土司辖区，"土司杀人不请旨，亲死不丁忧"。

(二) 湖广土司地区改土归流的进程

清朝统一全国后，加强了专制主义中央集权，对具有割据性质的各地土司实行"改土归流"，湖广土司地区自然在废除土司制度、推行"改土归流"、加强郡县制建设的范畴。

清朝对湖广土司实施改土归流，始于雍正五年（1727），最终完成于十三年（1735），前后经历了八九年时间。据史载，雍正四年（1726），云贵总督鄂尔泰奏请"改土归流"，并经雍正皇帝批准。《清史稿》载："至雍正初，而有改土归流之议。四年春，以鄂尔泰巡抚云南兼总督事，奏言：'云贵大患，无如苗蛮。欲安民必先制夷，欲制夷必改土归流。而苗疆多与邻省犬牙相错，又必归并事权，始可一劳永逸。'"③ 鄂尔泰在奏

---

① （清）迈柱：《湖广总督臣迈柱谨奏》，参见《容美土司史料文丛》（第一辑），中国文史出版社 2019 年版，第 60—61 页。

② （清）袁承宠：《详革土司积弊略》，见（清）张天如、顾奎光，《永顺府志》卷 11《檄示》，乾隆二十八年（1763）抄刻本。

③ （民国）赵尔巽：《清史稿》，天津古籍出版社 2012 年版，第 4974 页。

折中还历数各地土司的罪恶："一年四小派，三年一大派。小派计钱，大派计两。土司一取子妇，则土民三载不敢婚。土民有罪被杀，其亲族尚出垫刀数十金，终身无见天日之期。"① 有学者根据史实研究表明："雍正五年（1727），桑植宣慰使被革职，永顺宣慰司及所属南渭、施溶、上溪三土州和腊惹洞、麦著黄洞、驴迟洞、施溶溪、白崖洞、田家洞等六长官司'献土投诚'；雍正七年，保靖宣慰使被革职；十年，东乡土司'呈请改流'；十一年，容美宣慰使自杀，不许承袭；十二年，忠建土司'拟罪改流'；十三年，施南土司'议罪归流'；接着，忠峒、散毛等十五土司纷纷纳土'呈请归流'。至此，湖广土司全部'改流'。"② 湖广土司改土归流有两种情况：一是"奉旨"改流，如保靖、桑植、容美、忠建等司。如"桑植土司向国栋、保靖土司彭御彬暴虐不仁，动辄杀戮，且骨肉相残，土民如在水火，朕闻之深加悯恻，既有被害男妇纷纷来归，情愿编入版籍，以免残虐，若拒而不纳，则结怨之士民必致无遗类矣。"③ 可见，桑植土司、保靖土司都是因为"暴虐不仁，动辄杀戮，且骨肉相残"而被清朝革职，顷刻改土归流。二是迫于全国改土归流的形势和周边土司已被改流的大势所趋而"呈请"改流。如永顺土司彭肇槐率其子"献土投诚"。雍正皇帝上谕：

  永顺土司彭肇槐，恪慎小心，恭顺素著，兼能抚辑土民，遵守法度，甚属可嘉。据湖广督抚等奏称，彭肇槐情愿改土为流，使土人同沾王化。朕意本不欲从其所请，又据辰沅靖道王柔面奏，彭肇槐实愿改土为流，情词恳切。朕念该土司既具向化诚心，不忍拒却，特沛殊恩，以示优眷。彭肇槐着授为参将，即于新设流官地方补用，并赐以拖沙喇哈番之职，世袭罔替，再赏银一万两，听其在江西祖籍地方，立产安插，俾其子孙永远得所，著该部定议具奏。④

---

① （民国）赵尔巽：《清史稿》，天津古籍出版社 2012 年版，第 4974—4975 页。
② 张雄、彭英明：《湖广土司制度初探》，《江汉论坛》1982 年第 3 期。
③ （清）林继钦、袁祖绶：《保靖县志》卷 1《天章志·诏谕》，同治十年（1871）刻本。
④ （清）张天如、顾奎光：《永顺府志》卷首《上谕》，乾隆二十八年（1763）抄刻本。

永顺土司彭肇槐自请改土归流，返回江西，不仅"赐以拖沙喇哈番之职，世袭罔替"，还得到"赏银一万两"，为自愿改土归流树立了一个典范。到雍正十三年（1735），改土归流已是大势所趋，于是有"湖北忠峒等十五土司要求改流"之请，当时上谕如下：

> 忠峒宣抚司田光祖等十五土司齐集省城，公恳归流。缘土民见永、保、桑诸处改土以来，抚绥安辑，莫不望风归响，愿入版图。在土众既不甘土弁之鱼肉，而土弁又不能仍前弹压，且舍把向来擅作威福，所以激切呈请归流，倘蒙俞允，则土官土民各遂其生等语。楚省各土司如永、保、桑诸处，前经改入内地安辑抚绥，各得其所。而容美一司又现议改隶，今忠峒等十五土司复望风归响，愿入版图，同向该督衙门恳切呈请。朕俯念舆情，准其一并改设，其设官定制，移营安汛，并一切善后事宜，着总督迈柱详筹妥酌，定议具奏。①

雍正十二年（1734）九月十五日，湖广总督迈柱又向清政府奏上峒长官司向玉衡、下峒长官司向梁玉、茅冈土司覃纯一"响化归诚""呈请改流"一事，其全文如下：

> 为土司响化归诚仰祈睿鉴事。本年八月初八日，据湖南九溪协付将李椅详称：据上峒长官司向玉衡、下峒长官司向梁玉呈称："职等年来实难弹压土众，久欲呈请改土，只因从前下峒司土司向鼎晟恳请归流，未蒙皇上俞允，是以不敢冒渎。今闻湖北忠峒等十五土司，得遂所请，不但职等仰邀仿例，而土民望风响化之念，较职等尤为激切。为此披肝沥胆，纳土投诚，伏乞曲体舆情，转请题达。"又于八月二十二日据岳常澧道孙元、永定营都司金书郭从虎各详称，据茅冈土司覃纯一呈称，卑司久欲呈请改流，以免汉土淆杂，前因下峒土司向鼎晟不准改土，迁延至今。兹土众闻湖北忠峒等土司俱蒙皇上恩于归流，土民得遂其所。卑司土众不肯自甘化外，卑司亦

---

① 《关于湖北忠峒等十五土司要求改流朱批奏折》，参见《容美土司史料文丛》（第一辑），中国文史出版社2019年版，第68—69页。

难照旧管束。为此沥陈下悃,纳土归流,吁恳转详题请各等情前来。除查明该土司等版图、户口,并该土司各本身田地顷亩数目详覆到日核题外,臣查各处土民,深受土司残虐,急于归流而不可得。今蒙我皇上恩威并用,教养兼至,如悖逆土弁田旻如畏罪自缢,忠峒等十五土司默化潜消,宜乎上、下洞暨茅冈各土司情词恳切,悉愿改土,且土众观感响化,归流念切,自应俯顺舆情,归入内地,俾得共沐皇仁。所有上、下峒及茅冈各土司呈请归流缘由,理合缮折奏明。①

湖广地区土司在改土归流过程中既没有出现改流复土的现象,也没有出现朝廷军事征剿的事件,是一次不流血的社会改革。与此同时,朝廷对"和平"离任的土司,除少数不法者朝廷予以拿办以外,其余土司都作了妥善的安置,如"散毛土司司覃烜赐予千总世袭,拨给汉阳、孝感田房;唐崖土司司覃世培、金峒土司覃廷建均迁汉阳,任千总或参将。忠孝土司田璋徙汉阳,授云骑尉世职"。

(三) 湖广土司地区改土归流的成效

湖广土司地区改土归流的成效十分显著:一是改变了原湖广土司地区"不相同属""各长其部,割据一方"②的局面,实现了国家疆土"大一统"。元明清时期实施的土司制度由于各地土司自成体系、条块分割、交通阻塞,严重影响着统一多民族国家的建设和国家的"大一统"完全实现。清朝雍正年间鄂尔泰实施改土归流,湖广的一些土司"望风归响,愿入版图",如永顺、黄蜊、忠岗、松坪等土司自请改流,缴印献土③。使湖广土司辖地自此之后完全纳入国家版图,为奠定我国的版图,促进国家"大一统"作出了应有贡献。二是建立了"比于内地"的郡县制。《清史稿》载:"雍正六年,从湖广总督迈柱之请,裁施州卫,设恩施县,改归州直隶州,原管之十五土司并隶恩施县。十二年,忠孝安抚司田漳

---

① 《湖广总督臣迈柱奏》,参见《容美土司史料文丛》(第一辑),中国文史出版社 2019 年版,第 69 页。

② (民国) 赵尔巽:《清史稿》,天津古籍出版社 2012 年版,第 4974 页。

③ 余贻泽:《清代之土司制度》,《禹贡》1936 年第 5 期。

纳土，其地入于恩施县。十三年，施南宣抚司覃禹鼎以罪改流，于是忠峒土司田光祖等并请归流，乃以十五土司并原设恩施县，特设施南府，领六县。"①容美土司辖地改土归流后，"改司为鹤峰州，隶宜昌府"②。永顺彭氏土司元辖区"改永顺司为府，附郭为永顺县，分永顺白崖峒地为龙山县"；南渭州土知州，于"雍正五年，彭宗国纳土，以其地入永顺县"。③ 这一系列的州县制的建立，大体上奠定了当今湘鄂西地区行政区划的基础。三是促进了湖广地区各民族之间以及外地各民族之间的交往交流交融。改土归流的推行，打破了原湖广土司割据的局面，革除了"蛮不出境，汉不入峒"的旧规，加强了中央王朝与湖广土司地区的关系，推动了湖广土司地区各族民众的交往交流交融。正如笔者指出的那样："改土归流后各民族隔阂逐渐消减、人口不断流动、族际相互通婚，是形成中华民族共同体的三种形式。改土归流打破了壁垒、破除了藩篱，使各民族更加频繁地交往交流交融，从而形成了改土归流后中华民族的'搅拌式交融'。"④ 四是加强了湖广地区各民族对中华文化的认同。湖广地区改土归流后，通过办儒学、设义学、社学，传授中华传统文化，推动各民族民众对以儒家文化为主的中华文化的认同。同时，永顺府知府袁承宠还制订了《详革土司积弊略》，废除了原永顺土司时期的"二十条"陋规，提高各族民众生产生活和学习的积极性，促进了当地经济社会文化的快速发展。

第二节 四川地区

从《中国历史地图集（清时期）》的四川地图看，四川土司的地理分布就像一个半月形，准确一点说，更像一个大写的"C"字。黄开华在《明代土司制度设置与西南开发》中说："四川诸土司，多处于沿边一带。如东南之石柱宣慰司，酉阳宣慰司；南部之永宁宣抚司，以及乌蒙、乌

---

① （民国）赵尔巽：《清史稿》，天津古籍出版社2012年版，第4977页。
② （民国）赵尔巽：《清史稿》，天津古籍出版社2012年版，第4979页。
③ （民国）赵尔巽：《清史稿》，天津古籍出版社2012年版，第4979页。
④ 廖钰等：《改土归流与中华民族共同体建设》，《贵州社会科学》2019年第9期。

撒、东川、芒部等军民府；西南之马湖府、建昌、越巂、盐井、宁番等卫；西部之邛部，天全、黎州；西北之松潘龙安地带，土司接壤连绵、地形错纵，逐成一向北囊括之袋形包围。就其种族言之，则东南边地为苗蛮杂处，而苗种较少；西南部则多为乌蛮僇㑞獽爨之属；西北部则多各种番类。东南沿边土司，归附于平蜀之初，而石柱、酉阳二土司，此后屡从征伐，功在国家，终明之世，迄能保有禄位。石柱土司系直辖部蛮，其下别无类属，故调度一致，易成劲旅。酉阳土司地接湖广永顺土司境地，其于朝命虽遵奉惟谨，然常因伐木不免与永顺相仇杀。"① 四川地区土司在与元明清中央王朝的交往、互动过程中，逐渐深化对王朝国家的认同。四川土司作为元明清中央政府任命的地方官，在履行朝贡纳赋、服从征调、守土安民等义务的同时，虽然不乏"奢安之乱""都掌蛮之乱""大小金川之乱"等土官土司"叛乱"的事件，但绝大多数土司基本上能够肩负"忠君护国"的政治使命，与中央王朝形成良好的互动关系。因此，元明清中央王朝对四川地区土司采取的治理策略是：土流分治、剿抚兼用、裁大留小。元代中央王朝对四川土司采取的"土流分治"之策，在此不必赘述。从明清中央王朝对四川藏族土司和彝族土司的治理以及改土归流的过程中看，其基本治策可以归纳为"剿抚兼用""裁大留小"。即对于叛乱或为非作歹的土司，采取"雕剿"的方式；而那些归附中央王朝的土司，就属于"抚"的对象。"裁大留小"就是中央王朝将裁革广土巨族的土司，而采取"众建土司"的策略，留下一些无力与中央王朝作对的土司。本节拟从三方面予以探讨。

一 四川土司地区国家治理的历史进程

元明清时期，在今四川省和重庆市，与云南、贵州、广西土司地区一样，同样实行过土司制度，设置过各级各类土官或土司，史称四川土司。在四川土司中，主要有几个大姓：一是安氏，如马湖府土司、建昌卫指挥使等土官；二是陇氏，如怀德、威信、归化和安静4个长官司等土官；三是杨氏，如安宁宣抚司、天全六番招讨司副使、石耶洞、邑梅

---

① 黄开华：《明代土司制度设置与西南开发》，参见《明史论集》，诚开出版社1972年版，第264页。

洞、平茶洞、溶溪芝麻子坪4个长官司等土官；四是奢氏，如永宁宣抚司土官；五是冉氏，如酉阳宣慰司、麻兔长官司等土官；六是马氏，计有石砫宣慰司、黎州千户所等土官；七是王氏，如泥溪、平夷两个长官司土官；八是高氏，如天全六番招讨司土官。① 元明清时期的土司制度，对于今四川省和重庆市少数民族地区各族民众的政治、经济和文化等方面都发生过重大影响。从元代开始在今四川省和重庆市少数民族地区推行土司制度，可分为四个阶段。

（一）元代四川地区土司制度与国家治理

元朝统治四川少数民族地区后，总结了唐宋以来治理少数民族地区的经验，为了加强对少数民族首领和头人的管控，施行了"土流兼治"之法，《元史·地理三》"戎州"条载："元至元十三年，以昝顺为蛮夷部宣抚司，遣官招谕。十七年，本部官得兰纽来见，授以大坝都总管。二十二年，升为戎州。叛服不常，州治在箐前。所领俱村囤，无县邑乡镇。"② 又载：至元十五年（1278）十二月己卯，川南"都掌蛮夷及其属百一十人内附，以其长阿永为西南番蛮安抚使，得兰纽为都掌蛮安抚使，赐虎符，余授宣敕、金银符有差"③。《元史》对四川设置土官记载较为详细，《元史》卷六十《地理三》之"碉门鱼通黎雅长河西宁远等处宣抚司"载：

至元二年，授雅州碉门安抚使高保四虎符，高保四言："碉门旧有城邑，中统初为宋人所废，众依山为栅，去碉门半舍，欲复戍故城，便于守佃。"敕秦蜀行省："彼中缓急，卿等相度，顺得其宜，城如可复，当助成之。"三年，谕四川行枢密院，遣人于碉门、岩州西南沿边，丁宁告谕官吏军民，有愿来归者，方便接纳，用意存恤，百姓贫者赈之，愿徙近里城邑者以屋舍给之。④

---

① 黄开华：《明代土司制度设置与西南开发》，参见《明史论集》，诚开出版社1972年版，第353页。
② （明）宋濂：《元史》卷60，中华书局1976年版，第1446页。
③ （明）宋濂：《元史》卷10，中华书局1976年版，第206—207页。
④ （明）宋濂：《元史》卷60，中华书局1976年版，第1433—1434页。

又《元史·地理三》"筠连州"条载：

> 至元十七年，枢密院言："四川行省参政行诸蛮夷部宣慰司昝顺言，先是奉旨以高州，筠连州腾川县隶安抚郭汉杰立站，今汉杰已并蛮洞五十六。有旨昝顺所陈，卿等与中书议，臣等以为宜遣使行视之。"帝曰："此五十六洞如旧隶高州、筠连，则与郭汉杰立站，否则还之昝顺。"①

"叙州路"条载："元至元十二年，郭汉杰挈城归附。十三年，立安抚司。未几，毁山城，复徙治三江口，罢安抚司，立叙州。十八年，复升为路，隶诸部蛮夷宣抚司。"②"马湖路"条载：元至元十三年内附后，立总管府，迁于夷部溪口，濒马湖之南岸创府治。其民散居山箐，无县邑乡镇。领军一、州一。初，马湖蛮来朝，尝以独本葱为献，由是岁至，郡县疲于递送，元贞二年敕罢之。③《元史》对"上罗计长官司"和"下罗计长官司"记载详细。如：

> 上罗计长官司……元至元十三年，蛮夷部宣抚昝顺引本部夷酋得赖阿当归顺。十五年，授得赖阿当千户。十八年，黎州同知李奇以武略将军来充罗星长官。二十二年，夷人叛，诱讹上罗星夷，行枢密院讨平之。其民人散居村箐，无县邑乡镇。④
>
> 下罗计长官司，领蛮地。其境近乌蛮，与叙州、长宁军相接，均为西南夷族，与上罗计同。至元十二年，长宁知军率先内附。十三年，昝顺引本部夷酋得颜个诣行枢密院降，奏充下罗计蛮夷千户。二十二年，诸蛮皆叛，惟本部无异志。⑤

特别是"四十六囤蛮夷千户所"条还罗列了四十六囤的名称：黄水

---

① （明）宋濂：《元史》卷60，中华书局1976年版，第1441页。
② （明）宋濂：《元史》卷60，中华书局1976年版，第1444—1445页。
③ （明）宋濂：《元史》卷60，中华书局1976年版，第1445页。
④ （明）宋濂：《元史》卷60，中华书局1976年版，第1446页。
⑤ （明）宋濂：《元史》卷60，中华书局1976年版，第1446页。

口上下落骨、山落牟许满吴、麽落财、麽落贤、腾息奴、屯莫面、落搔、麽落梅、麽得幸、上落松、麽得会、麽得恶、落魂、落昧下村、落岛、麽得享、落燕、落得虑、麽得了、麽腾斛、许宿、麽九色、落搔屯右、麽得晏、落能、山落寡、水落寡、落得搔、麽得具、麽得渊、腾日影、落昧上村、赖扇、许焰、腾郎、周头、卖落炎、落女、爱答落、爱答速、麽得奸、阿郎头、下得辛、上得辛、爱得娄、落鸥。① 另有"诸部蛮夷"提及今"石耶洞"。

翻检历史文献可见，元代四川地区设置宣慰司 2 家、宣抚司 6 家、长官司 10 家、蛮夷长官司 1 家、其他 6 家，合计 25 家。② 龚荫先生研究表明，元朝统治四川 80 余年，先后在四川少数民族地区设置"土流兼治"或"全用土人"的土官政权是：在川西北有吐蕃等处宣慰司都元帅府、长河西宣抚司、鱼通宣抚司、宁远宣抚司、礩门宣抚司、天全招讨司、松潘客迭威茂等处宣抚司等；在川西南有罗罗斯宣慰司、叙南等处蛮夷宣抚司、泥溪长官司、平夷长官司、蛮夷长官司、夷都长官司、沐川长官司、雷波长官司、长罗计长官司、下罗计长官司、九姓蛮罗氏党蛮夷长官司千户所等；在东部有石耶顺德军民府、石砫、南平綦江长官司等。明玉珍及其子明升统治四川 11 年（1361—1371），又增设或改置的土官有：酉阳沿边溪洞宣慰司、邑梅沿边溪洞军民府、溶江芝子平茶等处长官司、佛多洞长官司等。③

总的来讲，元朝推行"土流兼治"政策，使中央政府对四川少数民族地区的统治有了进一步的加强，并开创了王朝国家对土官土司地区的"一代之治"。

（二）明代四川地区土司制度与国家治理

明王朝定鼎南京后，开始对四川少数民族地区进行治理，仍然沿袭元王朝施行的土官土司制度。在前元基础上作了进一步的完善，使之成为较为完备的"土司制度"。设置宣慰司、宣抚司、招讨司、安抚司、长官司等武职土司，隶属于行省都指挥使司；土府、土州、土县、土巡检

---

① （明）宋濂：《元史》卷 60，中华书局 1976 年版，第 1447 页。
② 李良品：《中国土司学导论》，中国社会科学出版社 2018 年版，第 249 页。
③ 龚荫：《中国土司制度史》（下编），四川人民出版社 2012 年版，第 217—218 页。

等文职土司,隶属于行省承宣布政使司。虽然在《明史·四川土司志》中仅载有明代四川境内的马湖、建昌卫、宁番卫、越巂卫、盐井卫、会川卫、茂州卫、松潘卫、天全六番招讨司、黎州安抚司、永宁宣抚司、酉阳宣抚司、石砫宣抚司等土官,但笔者从历史文献比对后得知,明代四川地区设置土知府1家、宣慰司1家、宣抚司4家、安抚司8家、长官司46家、其他24家、合计84家。① 明朝洪武年间,凡"西南夷来归者,即用原官授之。其土官衔号曰宣慰司,曰宣抚司,曰招讨司,曰安抚司,曰长官司。以劳绩之多寡,分尊卑之等差,而府州县之名亦往往有之"②。也就是说,明王朝对于凡来归附的民族酋领,不是完全按其领地之大小、人口之多少分别授予土官职衔,而是按照各地土官土司对国家贡献的大小来决定其地位的尊卑与职级的高低。这是明王朝一项收复各地土官土司服从心与爱国心的政策。③ 从《明史·四川土司志》序言中可见,明代四川土司往往"夷性犷悍,嗜利好杀,争相竞尚,焚烧劫掠,习以为恒。去省窵远,莫能控制,附近边民,咸被其毒。皆由规模草创,未尝设立文武为之钤辖,听其自相雄长。虽受天朝爵号,实自王其地。以故终明之世,常烦挞伐"④,这无疑给明代中央政府的治理增加了很大的社会成本。

(三) 清代四川地区土司制度与国家治理

清朝作为少数民族入主中原,统一全国后,逐渐巩固在四川的统治地位,随即对四川西部(包括西北、西南)、南部及东南部少数民族地区进行了有效治理。

龚荫先生认为,清朝对四川少数民族地区采取的治理办法,仍是因袭明代施行的土司制度,凡投诚归附的民族首领,皆仍以原官授之。清初四川归附的土司,有职衔品级的为130余家。⑤ 清代乾隆年间后这个数量发生了重大变化,计设置宣慰司5家、宣抚司6家、安抚司17家、长

---

① 李良品:《中国土司学导论》,中国社会科学出版社2018年版,第251页。
② (清)张廷玉:《明史》卷310,中华书局1974年版,第7982页。
③ 黄开华:《明代土司制度设置与西南开发》,参见《明史论集》,诚开出版社1972年版,第353页。
④ (清)张廷玉:《明史》卷311,中华书局1974年版,第8001页。
⑤ 龚荫:《中国土司制度史》(下编),四川人民出版社2012年版,第219页。

官司40家，以及土屯守备、土屯千总、土屯把总、土屯外委及土目等365家，合计433家。① 这无疑是清朝乾隆年间在川西地区实施改土设屯的结果。数量众多的小土司，是四川省府、州、县地方政府或当地驻军设置的，是为了便于统辖、征收赋役而在当地民族中设置的"代理人"。后来经过清末赵尔丰等人的强行改土归流，这个数量大为减少。在《清史稿·四川土司志》之"成绵龙茂道松潘镇辖"的拈佐阿革寨土百户、热雾寨土百户、瑾眉喜寨土千户、羊峒踏藏寨土目等各土司，皆颁有号纸；另有一些诸如上撒路木路恶寨土百户、作路生纳寨土百户等各土司，清王朝对其颁有印信号纸；又有如中羊峒隆康寨首、下羊峒黑角郎寨首等各土司，他们既无印信也无号纸；还有像大黑水寨土百户等各土司，清王朝仅发给委牌。② 有的土司设置后未能发挥多大作用，有的土司甚至设置后由于清政府疏于管理处于自生自灭的现象。

从四川土官土司的发展历程看，元代初创土司制度，治理成本不高；明代四川土司时有不服从朝廷节制，甚至"叛乱"的现象，给中央政府治理土司及土司地区带来巨大的难度。清前期，四川土司抗官抗赋、作威作福、残害人民，严重影响中央政府治理的现象时有发生，但大小"金川之役"后，四川土司已无割据一方的实力，国家治理土司的难度和社会成本明显降低。

（四）民国时期四川残存土司与国家治理

中华民国建立后，民国政府没有授予各地土司旧职以及印信、号纸等信物，但四川各地依然存在，只不过已不是民国政府所任命。③ 正如佘贻泽先生在《中国土司制度》所言：

> 土司统治其地，已根深蒂固；土民之崇拜畏服不敢反抗者，因彼系世官，而己则为其世民，世代相传，子孙永为奴隶，故停止承袭为取缔土司之治本办法。现今各有土司省份，对于土司承袭，有两种态度，如四川、西康、青海，则听其自己继承。此各省份因对

---

① 李良品：《中国土司学导论》，中国社会科学出版社2018年版，第252页。
② （民国）赵尔巽：《清史稿》，中华书局1977年版，第14227—14233页。
③ 李良品：《中国土司学导论》，中国社会科学出版社2018年版，第155—159页。

土司无一定官职及名称，多仍沿用清代名称。若其子孙承继，经省府许可并给予执照，是不啻承认土司制度之存在。但若不认识地方情形，土司在本地仍有最大权力，或将引起纠纷。故最善办法，厥惟省府对于承袭之事，不给任何官方执据，但事实上承认其"自己承袭"之成立。云南情形不同。各土司承袭，一一依照清例，开具宗支图、亲供、各邻封土司具结，照管县府具结，由省府给以委状。是以川、康、青各土司之承袭，虽事实上仍成立，但并无法律根据；云南则有法律地位。……民国时代，职不得遗传。凡现存之土司，于其死后，其土司职位名称，即随其灭亡。一切公文案件，官及报告交涉，其子孙不得沿用其官衔名称。官方既否认其承袭，土民自亦渐渐消失其世官世民之观念，逐渐可使世代统治之思想废除。各土司子孙令其入学读书，使受近代智识，各就相当职业，将以前专赖承袭得官之习惯打破，则土司制度，自然日就消沉。①

这段文字告诉我们，民国时期的四川、西康等省虽事实上仍存在土司，但并无法律根据，且民国时期包括四川土司在内的各地权力极为有限。如民国二十三年（1934）后，原西康省的土司除了给予团务监督长职衔以外，其余土司仅为土兵营长或土兵队长，如表6-1所示。

表6-1　　　　　　　西康各县土兵营长调查表（1934）②

县别	原有土司头人姓名	现委职务	潜伏势力	备注
道孚	大头人其扎	土兵独立第一队长	有枪十余支，能调百余支	
道孚	大头人骂母多吉	土兵独立第二队长	有枪二十余支，能调百五十支	由弟沃亲大吉代理
炉霍	大头人易西次德	土兵营长	有枪四十余支，能调枪八九十支	曾为匪，不到县

---

① 佘贻泽：《中国土司制度》，正中书局1944年版，第192页。
② 佘贻泽：《中国土司制度》，正中书局1944年版，第180—181页。

续表

县别	原有土司头人姓名	现委职务	潜伏势力	备注
甘孜	孔撒土司德钦沃母	土兵营长	有枪三百支，能调枪五百支	
	白利土司工布沃登	土兵营长	有枪二三支，能调枪五六十支	由大头人那德杰负责
	东谷土司赐儒登子	土兵营长	有枪二十余支，能调枪百余支	私生子，人民不满，依喇嘛统率
	绒坝岔土司翁噶	土兵营长	有枪百余支	勇敢有为
邓科	林葱土司彭错热格乃登	土兵营长	能调枪百余支	
德格	土司泽沃登登	土兵营长	有枪四百支，能调枪六七百支	权操于大头人之手
	玉隆土司高中卜松	土兵营长	能调枪三百支	所辖多牛厂
白玉	赠科大头人丁古白和	土兵营长	有枪二三十支，能调枪百余支	田德格土司
瞻化	河东千户沃青	土兵营长	能调枪二百余支	
	河西千户巴登多吉	土兵营长	能调枪二百余支	亲藏分子
	上瞻千户夺吉郎加	土兵营长	能调枪二百余支	
	下瞻千户杜呷	土兵营长	能调枪三百余支	
	通口千户更庆	独立队长	能调枪百余支	
	古路头人藏巴拿	独立队长	能调枪八九十支	
雅江	崇喜土司阿曲	雅里团务监督长	能调枪一百余支	
理化	毛垭土司张根生	团务监督长	能调枪千二百支	异常顽强
	曲登土司然登沃巴	团务监督长	能调枪三百余支	

从表6-1可见，民国时期四川省（包括西康省）各地土司已无守土职责，没有向民国政府进贡方物、无军事征调等义务。

二 四川土司地区国家治理的具体举措

元明清中央王朝在四川地区推行土司制度的过程中进行国家治理，

针对不同地区或不同民族,采取的治理举措也是具有很大差异性的。

(一)川西北藏族地区

1. 川西北藏族土司建置

根据历史文献记载,元明清时期川西北藏区土司主要分布在今四川甘孜、阿坝两州。由于中央王朝在土司设置、裁革、改土设屯、裁大留小等方面,体现了王朝国家在川西北藏区实施土司制度和国家治理的灵活性。有专家学者对甘孜州土司作过统计,甘孜有土司133家(这些数据时有变化),其中宣慰司4家、安抚司15家、宣抚司4家、长官司14家、土千户和土百户等有100家左右,如明正宣慰司、巴底宣慰司、巴旺宣慰司、德尔格忒宣慰司、革什咱安抚司、丹东安抚司、喇滚安抚司、喇滚副安抚司、霍耳竹窝安抚司、霍耳章谷安抚司、霍耳章谷副安抚司、瓦述余科安抚司、霍耳孔撒安抚司、霍耳甘孜麻书安抚司、霍耳咱安抚司、春科安抚司、春科副安抚司、林葱安抚司、下瞻对安抚司、里塘宣抚司、里塘副宣抚司、巴塘宣抚司、巴塘副宣抚司、纳林冲长官司、瓦述色他长官司、瓦述更平长官司、霍耳白利长官司、霍耳东科长官司、春科高日长官司、蒙葛结长官司、上瞻对茹长官司、中瞻对茹色长官司、瓦述毛丫长官司、瓦述曲登长官司、瓦述咽陇长官司、瓦述祟嘉长官司、木里安抚司以及一些土千户和土百户。①

阿坝州有藏族土司188家(这些数据时有变化),如瓦寺宣慰司、杂谷宣慰司、梭磨宣慰司、董卜韩胡宣慰司、勒都长官司、阿昔洞长官司、北定长官司、牟力结长官司、蛲匝长官司、祈命长官司、山洞长官司、麦匝长官司、者多长官司、占藏先结长官司、包藏先结长官司、班班长官司、马路长官司、思囊儿长官司、阿用簇长官司、潘斡寨长官司、别思寨长官司、卓克基长官司、松冈长官司、党坝长官司、达思蛮长官司、沈边长官司、冷边长官司、八郎安抚司、阿角寨安抚司、麻儿匝安抚司、芒儿者安抚司、思囊日安抚司、黎州安抚司、鄂克什安抚司、天全六番招讨司、天全六番副招讨司、绰斯甲布宣抚司以及100余家土千户、土百户、土守备。②

---

① 贾霄锋:《藏区土司制度研究》,青海人民出版社2010年版,第96页。
② 贾霄锋:《藏区土司制度研究》,青海人民出版社2010年版,第89—91页。

2. 川西北藏族土司地区的治理举措

元明清中央王朝为了增强川西北藏族地区土司制度和土司社会的治理功效，根据这些地区的历史经验和当时社会现实状况，主要根据"政治神化"准则构建起"政教合一"的土司制度作为川西北藏区土司政治体制构造的基本原则与行政模式。这种以政治、宗教、军事相互结合的方式构建的集权统治网络，为藏区土司制度的推行、发挥其社会和政治功效，起到了非常重要的政治作用。

川西北藏区土司政权的"政教合一"制度，无论是政教的首领是同一个人，还是政教合到一个家族或一座寺院，只要是二者合而为一，都是"政教合一制"。历史上川西北藏区不仅有本教、藏传佛教，而且也有道教、基督教、伊斯兰教。虽然川西北藏区各地文化与宗教差异大，土司对各种文化与宗教的态度不尽一致，但是藏传佛教是对川西北藏区社会和土司政治影响最大的宗教。

自元明以降，在今川西北藏区境有很多寺院的活佛、大喇嘛或部落首领诚服中央王朝，被册封为"国师""禅师""安抚使司""长官司"等职衔。川西北藏区政教合一制度形成后，很多土司既是部落首领，又是寺院活佛，有的弟兄中一人承袭土官，其他弟兄为该地寺院活佛或小土目，使政教合一制度世代相袭。寺院内设机构中有分管民事、司法的管家，有带兵官的职位。特别是随着政教合一制度的不断发展，每个寺院都有自己所领辖或隶属的部落。僧兵被包含在部落土兵之内，形成平时为民、战时由寺院召集出征为兵的状况。由于藏族封建统治的特点是由大喇嘛兼土司，实行集政权、宗教、军权为一体的"僧侣政治"，川西北藏区与汉区的政权组织截然不同。据《木里政教史》记载：藏历第十二饶迥之火鸡年，清康熙五十六年（1717）木里第五代大喇嘛洛桑宁扎执政期间，就有兵丁6000，并有了较为完备的军事机构和指挥系统。随着木里"政教合一"制度的逐步完善和疆土的不断扩大，清末时期基本上形成了以大喇嘛、活佛为首领，以土司衙门、三大寺权力机构为依托的地方政权机构。① 为了巩固当时的"政教合一"制度和保卫辖区安全，

---

① 中国人民解放军四川省木里县军事志编纂委员会：《木里藏族自治县军事志》，西南交通大学出版社2009年版，第55页。

木里土司在境内实行抽兵制度，并加强武器装备的购置和制造。在寺庙统治地区，寺庙享有政治、经济和司法等特权。这种以寺庙掌权的政教合一制度，有其严密的行政和宗教组织系统。寺庙占有大量土地、牧场、森林、牲畜，设有武装、监狱、法庭和各种骇人听闻的刑具，占有大量农奴和奴隶，实质上土司是雄踞一方的封建领主。事实上，川西北藏区土司的这种政教合一制度，它体现了封建统治者以政护教、用教护政的基本原则来处理政教关系，这是藏区土司制度的一个主要特点。有专家认为，川西北藏区实施的政教合一制度，对于川西北土司地区和藏传佛教寺院的发展，是一个双赢模式，藏族土司利用寺院增强了土司在该地区的统治，寺院在土司扶植下推动了本教派的发展，增强了土司在当地民众的威望。[①] 这种"政教合一"制度是元明清中央王朝为了维护藏区社会稳定，巩固政权而采取的制度。这种制度有效维护了川西北藏区的社会稳定，加强了清朝政府与该地区的关系，维护了国家统一。

（二）川西南彝族地区

1. 元明清时期彝族土司建置

元代川西南彝族土司主要为罗罗斯宣慰司。罗罗斯宣慰司之下设有：土官宣慰使、安抚招讨使，此外还设有万户、千户、管民千户等官，统辖各地。罗罗斯宣慰司下设3个万户府，其官皆世袭。每府设经历1员从七品，知事1员从八品，提控案牍1员。罗罗斯宣慰司还下辖建安州二千户、礼州千户、里州千户、阔州千户、隆州千户、德州千户、武安州千户、永昌州千户、麻龙州千户计10个千户。元朝在罗罗斯地区的政治体系是以罗罗斯宣慰司都元帅为主，下有总管、万户、千户等各级土官。此外，在今四川省西昌市设置建昌路，因建都女子沙智在治道立站诸方面有功，由元王朝授予虎符，任命为建昌路总管。

明洪武四年（1371），罗罗斯宣慰使安配率部归顺明朝，授土指挥使职，仍守建昌卫，管辖昌州、普济、威龙3州。同年（1371）置马湖府，设雷波长官司。洪武十五年（1382）在今四川凉山州境内设建昌、德昌、会川、柏兴4府，并兼置建昌卫。建昌府辖建安、永宁、里州、阔州、泸州、隆州、苏州、礼州、邛部州9个土州，并设置建昌土卫。永宁土

---

① 贾霄锋：《藏区土司制度研究》，青海人民出版社2010年版，第280—282页。

州领碧舍、中县2县。洪武十七年（1384）中县改属苏州，苏州领泸沽、中县2县，洪武二十一年（1388）苏州兼置卫。德昌府辖德州、昌州、威隆、普济4州。柏兴府辖闰盐、金县2县。洪武十七年（1384）撤金县，二十四年（1391）降柏兴府为州，将闰盐县并入柏兴州。洪武十五年凉山州境内原属会川路所辖姜州、会理州、麻龙州改属云南东川府。洪武二十五年（1392），建昌卫指挥使月鲁贴木儿联合诸部叛乱，占据凉山州境内。同年十一月，凉国公兰率师平定叛乱，废府设建昌卫军民指挥使司、越巂卫军民指挥使司、苏州卫军民指挥使司、会川卫军民指挥使司。洪武二十七年（1394）增设建昌前卫，并设四川行都指挥使司于建昌，管理六卫行政事务。永乐元年（1403）邛部州改设长官司。永乐二年（1404），昌州、普济、威龙3州改设长官司。万历三年（1575）撤建昌前卫并入建昌卫，并撤建昌土卫。到明朝末年，行政建置再无大的变化。四川行都指挥使司辖5卫、8所、4长官司。建昌卫领礼州后、礼州中、打冲河中前、德昌4千户所及昌州、威龙、普济3长官司。宁番卫领冕山桥千户所。越巂卫领镇西后千户所、邛部长官司。盐井卫领打冲河中左千户所、马剌长官司。会川卫领米易千户。

顺治十六年（1659），清军进兵建昌，同年改四川行都司为总镇府。康熙元年（1662）改设建昌监理厅，主管五卫政事。康熙二十年（1681），清朝复建昌诸卫。雍正六年（1728），平凉山诸部落叛乱，裁撤建昌监理厅，设置宁远府，管辖3县、1州、1厅、土司11。建昌卫改置西昌县，宁番卫改置冕宁县，盐井卫改置盐源县，会川改置会理州，越巂卫改置越巂厅。土司有威龙长官司、昌州长官司、普济州长官司、河东长官司、阿都正长官司、阿都副长官司、沙马宣抚司、马喇副长官司、瓜别安抚司、木里安抚司、邛部长官司。①

总的来讲，明清时期四川彝族土司主要有马湖府土知府及其所属的雷波长官司土长官、泥溪长官司、夷长官司、沐川长官司、蛮夷长官司，建昌卫军民指挥使司所辖的守御礼州后千户所、守御礼州中千户所、守御打冲河中前千户所、守御德昌千户所；昌州长官司、威龙长官司、普

---

① 凉山彝族自治州地方志编纂委员会：《凉山彝族自治州志》，方志出版社2002年版，第85页。

济长官司，另有环部长官司、永宁宣抚司。这些土司的设置、隶属，时有变化，有时某个土州、土县或土卫所，或规云南管辖，数年后又隶属四川。土司裁革或改土归流的时间也不尽一致，如雍正六年（1728）二月，除建昌河东长官司仍由土司掌管外，其余河西宣慰司、阿都宣抚司、宁番安抚司等共56处改土归流。① 但后来因流官遭到彝族土司及黑彝奴隶主的反抗，又重新任命土官。据嘉庆年间统计，凉山彝族土司、土官共有宣抚司2名、长官司10名，土千户47名、土舍3名、土目64名、土千总6名、土把总5名、土乡总7名、头目21名，土1名，总计166名。其中邛部宣抚司、沙马宣抚司、阿都长官司、雷波千万贯长官司为最大，号称凉山4大土司。辛亥革命后，凉山仍保留清代的土司制度，但在黑彝奴隶主家支势力的排挤下，土司权势地位日渐衰弱。中华人民共和国成立前，凉山地区土司有：利利土司、斯兹土司、沙马土司、阿都土司、阿卓土司以及披砂土千户、黎溪州土千户、昌州长官司、守御打冲河中前千户所、守御德昌千户所、宁御州中千户所、守御州后千户所、镇西千户所、冕山千户所等土千户，还有众多的土百户。直到中华人民共和国成立后，经过民主改革、摧毁奴隶制度，土司制度才被彻底废除。②

2. 川西南彝族土司地区的治理举措

元代中央王朝对四川彝族地区土司采取了"以夷制夷"的土官制度，即通过彝族地区土官对当地各族人民实行统治，从元代的实际情况看，这是一种明智之举。由于历史地理原因，彝族地区不发达，彝族土官世代据有一地，势力根深蒂固，元朝统治者就通过"录用土官以统其民"的方式，使彝族地区土官的原有特权和地位得到王朝国家的承认和保证，他们接受朝廷统摄，成为元朝统治彝族地区的强大支柱。

明清时期中央王朝对彝族土司采取的重要治理策略是"土流参治"。明代中央王朝从彝族地区全部改设流官不太现实的情况下，对部分彝族

---

① 凉山彝族自治州地方志编纂委员会：《凉山彝族自治州志》，方志出版社2002年版，第27页。

② 凉山彝族自治州地方志编纂委员会：《凉山彝族自治州志》，方志出版社2002年版，第693—695页。

土司地区实行"土流合治"。一方面任命原有彝族土司为土知府、土知州、土知县，利用他们"以夷治夷"，起招抚和安定其辖区内民众的作用；另一方面，由中央王朝派流官任副职，对土司起辅助和监督作用，很多土司衙署设流官通判、经历、照磨各1员，以达到"土流参治"彝族地区的目的。"土流参治"是明清王朝采取的土司统治向流官治理的过渡形式，其主要目的在于加强对彝族土司的控制与彝族地区的治理，并在条件成熟时废除土司统治，全面实现流官治理。[①] 其实，在四川彝族土司地区"土流参治"制度未能始终如一得到贯彻，在明代主要还是土司统治。即便到了清代改土归流后，该地区还是"土流参治"。如《乾隆四十二年八月冕宁县清册》载：冕宁县原系宁番卫，雍正六年改卫设县，管辖酥州土千户、苗出土百户、大村土百户、糯白瓦土百户、窝卜土百户、大盐井土百户、热即瓦土百户、中村土百户、架州土百户、三大枝土百户、墟郎土百户、白路土百户、河西土百户、阿得桥土百户等土千户、土百户十四员，他们于康熙四十九年（1710）报明招抚土司番蛮等事案内，投诚归顺授职；于雍正六年（1728）改土归流，所有应纳粮石，招于各土千百户名下，赴冕山营完纳，夷粮请归文员征收案内，将各土千户粮石详归文员管理。其部落户口仍听各土司约束，未入编审，并无土产，俱系务田，每岁纳粮石。其服食居处，与汉人无异。[②] 由此"夷粮归文员征""各土千户粮石详归文员管理""部落户口仍听各土司约束"可见，这仍然是一种"土流参治"，只不过明代和清前期的"土流参治"是以彝族土司统治为主，流官为辅；清代改土归流后则是以流官为主，土司为辅了。

有学者认为，土司统治与流官治理是元明清封建王朝实现对土司地区统治的两种手段和统治之术，这既可以充分利用土司了解其辖区内的民风民情，便于进行直接管理，从而减少各种反抗性活动的发生，维护当地安定的社会秩序，又可以利用流官加强对土司的监督和制衡，迫使彝族土司按照朝廷的意旨行事，从而加强中央王朝对土司统治地区的管

---

① 王天玺等：《中国彝族通史》（第二卷），云南人民出版社2012年版，第393页。
② 四川省编辑组：《四川彝族历史调查资料档案资料选编》，民族出版社2009年版，第211—212页。

控,为最终改土归流准备条件。①

(三) 川东南土家族地区

1. 川东南土司建置

今重庆市酉阳县、石柱县、秀山县在元明清时期都属于四川省。据史籍记载,早在宋代,该地区已有羁縻建置。《明史》载:"酉阳……宋为酉阳州,元属怀德府。洪武五年,酉阳军民宣慰司冉如彪遣弟如喜来朝贡。置酉阳州,以如彪为知州。八年改为宣抚司,仍以冉如彪为使。置平茶、邑梅、麻兔、石耶四洞长官司,以杨底纲、杨金奉、冉德原、杨隆为之,每三年一入贡。石耶不能亲至京,命附于酉阳。二十七年,平茶洞署长官杨再胜,谋杀兄子正贤及洞长杨通保等。正贤等觉之,逃至京师,诉其事,且言再胜与景川侯谋反。帝命逮再胜鞫之,再胜辞服,当族诛,正贤亦应缘坐。帝诛再胜,释正贤,使袭长官。酉阳宣抚冉兴邦以袭职来朝,命改隶渝州。"②又载石柱:"石砫……宋末,置石砫安抚司。元改石砫军民府,寻仍为安抚司。洪武七年,石砫安抚使马克用遣其子付德与同知陈世显入朝,贡方物。八年,改石砫安抚司为宣抚司,隶重庆府。"③可见,至少在元代,该地区就进入土司统治时代。明朝洪武五年(1372)和洪武七年(1374),川东南土家族土司分别归附明朝,到明成祖永乐年间,明王朝在川东南土家族地区共计设置酉阳、石砫、平茶、邑梅、石耶、地坝6土司,直至清代雍正十三年(1735)和乾隆二十五年(1760)改土归流之前,基本上保持了较为固定的格局。

2. 川东南土司地区的治理举措

明清时期对川东南土司地区主要采取"土主流辅、土流参治、卫所节制"的治理模式。从历史文献可见,川东南土司的职官体系有两大类:一类是朝廷所任命的官员,另一类是土司自署的官员。朝廷命官既包括土官,也包含流官④(诸如酉阳宣慰司中的经历,志书中载有范如梓、刑

---

① 王天玺等:《中国彝族通史》(第二卷),云南人民出版社2012年版,第393页。
② (清) 张廷玉:《明史》卷312,中华书局1974年版,第8057页。
③ (清) 张廷玉:《明史》卷312,中华书局1974年版,第8059页。
④ (清) 冯世瀛、冉崇文:《酉阳直隶州总志·职官志一》(卷12),同治三年(1864)刻本。

维谷、姚继崇、周延卿等，儒学教授有张文、王之蕃以及训导），从而形成土主流辅、土流参治的政治结构。在土司自署的职官体系中既包括土舍、把事、通把等原生性的土职，也含有副将、守备等仿明朝军事组织所设的官职，体现出"土汉杂糅"的特点。在土司机构中任职的自署官员主要以土官土司同姓为主，他们是土官土司统治当地各族民众以及与朝廷打交道的核心力量，体现出土司家族的政治色彩。而对于土司辖区内其他优秀的异姓精英，土官土司也会将其吸收到土职机构，为己所用。明代中央王朝管理川东南土司的机构有兵部、吏部、四川布政司、四川都司、重庆府、重庆卫、夔州府。明王朝往往根据政治形势的变化在不同时期调整统辖诸司的地方机构。由于川东南土家族土司所属区域与贵州、湖广两省部分地区接壤，且该区域多次发生动乱，嘉靖年间明朝以贵州总兵、贵州思石兵备、铜仁守备节制酉阳、平茶、邑梅、石耶土司；湖广荆夔兵备节制石砫土司，形成川贵、川湖共同治理和管控川东南土司的格局。张万东博士研究指出，作为具有代表性的酉阳土司冉玄，石砫土司马千乘、秦良玉，他们都率兵参与明朝的征调，立下赫赫战功，受到朝廷的嘉奖，但他们也不乏吞并其他土司、贿赂地方官员、指使苗民劫掠州府，或意图武力对抗地方官府，或在战争中观望不前，或虚报土兵数字以获取王朝银两，呈现出与他们"忠君爱国"形象完全不同的面向。事实上，川东南土家族土司在与朝廷互动过程中，自身利益的考量始终是其政治抉择的重要出发点。在国家利益与自身利益出现冲突之时，捍卫自身利益往往是他们的首要选择。① 清代，川东南土家族土司分别于顺治十五年（1658）和顺治十六年（1659）归附清朝。在土司建置上，清朝沿袭了明朝在该地区的机构设置。但在继续实施土司制度的过程中，酉阳冉氏土司冉广烜"加派贪饕，奸恶残暴"，因此，酉阳土司辖区内部"族目人等，情急叠控，俱愿改归内地，众口同声"，加之"酉阳司属地方，与楚黔接壤，风俗情形，与内地无异。土民等，苦其虐累，久已离心，颙望改归，如出汤火，请改土归流"，在这种情况下，清政府"以顺民情而振声势"将酉阳司以及"尚有石耶、邑梅、地坝、平茶四小

---

① 张万东：《明清王朝对渝东南土司统治研究》，博士学位论文，吉林大学，2016年，第1—2页。

土司……乘机改流，以收全局"①。可见，随着清朝统治者在土家族地区强化中央集权统治战略的推行以及酉阳土司的为非作歹，清政府于雍正年间对酉阳冉氏土司和秀山杨氏土司实施改土归流。石砫土司马孔昭于乾隆十九年缘事革职，其后乾隆二十六年（1761）实施改土归流。

三　四川土司地区的改土归流

明清两代施行数百年的土司制度，在四川行省推行的过程中，遇到不少阻碍，出现了诸多问题，因此，自明代开始至民国，一直在不断地改土归流，这充分体现了王朝国家对四川土司及土司地区的不间断治理。四川土司地区除川东南土家族土司一直比较安稳之外，川西北藏族土司地区、川西南彝族土司地区都是明清中央王朝治理难度较大、治理成本较高的土司地区。其中不乏中央王朝与土司兵戎相见的案例，如明代平"奢安之乱"，清代平"大小金川之乱"，前者的奢崇明为四川永宁土司，后者则在四川金川和小金两县。从历史文献看，四川土司地区的改土归流十分复杂。除明代有对彝族马湖府土司和永宁宣抚司的改土归流以及藏族龙州土司的改土归流之外，其余大规模的改土归流基本上在清代完成，至于有的土司在中华人民共和国成立之后才废止，那已经是残存的土司，并非严格意义上的土司制度。

（一）四川土司地区改土归流的缘起

任何一种政治制度，只有适应当时社会经济的发展才能存在，土司制度也不例外。究其四川土司地区改土归流的原因，主要有两个方面。

第一，土司随着实力的增长，甚至与中央政权分庭抗礼，严重影响明清政府推进"大一统"的历史进程。如永宁土司奢崇明于天启元年（1621）以"援辽"的名义，请调马步兵二万，并"遣其婿樊龙、部党张彤等，领兵至重庆，久驻不发。巡抚徐可求移镇重庆，趣永宁兵。樊龙等以增行粮为名乘机反，杀巡抚、道、府、总兵等官二十余员，遂据重庆"②。更为严重的是，奢崇明后来又攻合江、破泸州、陷遵义，建立所谓的"大梁"国，设置丞相、五府等官，与明王朝分庭抗礼，直接影

---

① 《清世宗实录》卷143，"雍正十二年五月甲辰"条。
② （清）张廷玉：《明史》卷312，中华书局1974年版，第8055页。

响明政府的权威。又如乾隆皇帝第二次平定大小金川土司之乱,也有"实不得已"之苦衷,说白了,就是维护中央王朝的权威,不允许各地土司违抗王命。他在圣训中说:

> 至于征剿金川,并非朕有意穷兵黩武。念朕平定西域,拓地二万余里,武功已赫濯矣,岂复不知足,矧此蕞尔蛮陬,久授土职,即尽划平其地,较之开辟西陲,不及万分之一,何足言功?朕又有何贪冀,而必欲不吝帑金,不恤士卒,不惮焦劳,决计为此乎?总因从前莎罗奔、狼卡侵扰邻疆,其罪已不可逭;及命将申讨,两酋即穷蹙乞降,朕特格外包容,宥其一死,仍令备职土司,乃狼卡野性难驯,未及十年,即与近境土司时相侵夺,屡经督臣等调停完事,朕亦概免深求,不欲复因蛮触相争,劳师动众。即此次两逆酋滋事之始,经阿尔泰等奏闻,朕仍听督提等往彼诫谕息争,不肯轻烦兵力。及至前岁夏间,阿尔泰始将僧格桑不受教约,复攻占克什官寨,掳其人户,并侵明正土司境壤,而索诺木亦占据革布什咱之地,戕其土司各情节奏闻。并称两逆酋狼狈为奸,鸱张无忌,非复能以口舌化导,不可不慑以兵威。乃逆酋党恶梗化,公然抗拒王师,实难再为迁就,朕方深悔此之姑息贻患,若复置之不问,必至众土司尽为蚕食,流毒无穷。此实不得已而用兵之苦心,军机大臣日在朕左右承旨,皆所深知。①

这里的"公然抗拒王师,实难再为迁就""必至众土司尽为蚕食,流毒无穷",其实就是不允许大小金川土司阻碍清王朝推进"大一统"的历史进程。因此,大小金川在乾隆年间被清王朝改土设屯。

第二,四川土司与辖区内民众的矛盾不断激化,为改土归流奠定了社会基础。凡四川土司统治的地方,归其所有,"尺寸土地,悉属官基","地方水土,一并归附"。土司掌握着当地民众所必需的主要生产资料——土地所有权,土司以"份地"的形式把土地分给辖区内民众耕种,领"份地"的民众被束缚在土地之上,与土司之间存在着极大的人身依

---

① 《清高宗实录》卷938,"乾隆三十八年七月丁卯"条。

附关系，听任土司剥削和压榨。如酉阳土司冉广烜"加派贪饕，奸恶残暴"。土民缴纳规定数量的银两，负担一定的差役。土民无人身自由权利，被土司驱使奴役，或令其为之冤家械斗，等等，极为残暴的手段，直接危害人身安全，阻碍社会生产发展。① 至于四川土司为乱之事，更是史不绝书。如雍正三年十二月乙酉日上谕：

> ……夫土司非比内地，凡所遣调目兵，皆预定名数，按名随师，无从虚冒。其功绩等第，必当详确稽查。如四川属之瓦斯、杂谷二土司部下目兵，与三寨包坐之头目所部番兵，皆屡年效力，战功尤多。小金川土司汤鹏、陕西土司鲁华龄，于攻取桌子山时，其目兵亦能戮力用命。似此边远番众，知效忠诚，则其寸功，必宜尽录。尔部查照领兵官所报各土司功册，除各土兵已给赏赐外，其官目应各加以职衔，仍予恩赏，阵亡带伤者，照依绿旗兵丁，一体优恤，务期均沾实惠。仍将此旨，下与该管督抚提镇，转饬各土司。自兹以往，尤宜益矢忠勤，各安驻牧，严束部落，不得滋事生非；和睦族邻，不可恣行仇杀。尺地莫非王土，率土莫非王臣，番苗种类固多，皆系朕之赤子。或有强悍不平，各土司只宜赴该管上司陈告，岂得任意戕杀，以背朕好生保赤之念。各该土官，果能凛遵训诫，则世守职土，朕自加恩。若敢恃功骄肆，阳奉阴违，则国法俱在，亦断不因今日之功赏，更从宽贷也。②

至于包括四川在内的各地土司"肆为不法，扰害地方，剽掠行旅"以及"彼此互相仇杀，争夺不休""任意残害，草菅民命"③的现象，这在清朝前期似乎已成家常便饭。这无疑加速了各地土司裁革、灭亡以及明清中央政府改土归流的进程。

（二）四川土司地区改土归流的进程

元明清时期四川土司职级不同、地区差异、情况复杂，因此四川土

---

① 贾霄锋：《藏区土司制度研究》，青海人民出版社2010年版，第349页。
② 《清世宗实录》卷39，"雍正三年十二月乙酉"条。
③ 《清世宗实录》卷64，"雍正五年十二月己亥"条。

司改土归流的具体情况、时间差异较大。在此，笔者以不同民族改土归流予以简述。

1. 四川彝族土司的改土归流

四川彝族土司的改土归流十分艰巨，分为明代和清代两个时期，中央政府主要采用"剿抚兼用"之策。

（1）明代四川彝族土司的改土归流，主要有马湖府安氏土司的改土归流和永宁奢氏土司的改土归流。土司制度在明初已经暴露出诸多问题，致使彝族土司马湖府安氏土司改土归流。研究表明：马湖府安氏土司的改土归流是因为土知府安鳌地方横行、罪行累累被处死，而马湖府辖区被明王朝改流。据史载：洪武四年（1371），马湖路总管安济马湖府土知府后，世袭其官，并领泥溪、平夷、蛮夷、沐川4个长官司。安氏土司传至第五世安鳌，他生性残忍，暴虐土民，在地方横行20余年，罪行累累：加倍索取辖区民众、奸污婚前土妇、杀害岳父随从、掘僧人之墓且焚其骨、杀害朝廷官员、迫害周边土司致死、强掳他人妻子并强令改嫁、杀害周边土司辖区各族民众数百人、焚毁数百家房屋、私造武器以抗拒官府拘捕……弘治八年（1495）八月，安鳌被擒获，凌迟处死。同年九月，马湖府改设流官。①

永宁奢氏土司发动"奢安之乱"而该地区被改土归流。永宁宣抚使由奢效忠的亲弟奢尽忠的儿子奢崇明受命承袭之后，奢崇明及子奢寅"久有异志"，于天启元年（1621）借请调二万兵授辽东的战事，集结数万土兵反明，占据重庆。天启二年（1622），进围成都达百日，潛号"大梁"，后受挫。于天启三年（1623），明王朝废除了永宁宣抚司。崇祯元年（1628），奢崇明联合水西土舍安邦彦土兵，声势浩大，自号"大梁王"。崇祯二年（1629）兵败，被明军总督朱燮元所部包围，战死。

（2）清代四川彝族地区的改土归流，因为情况十分复杂，计分三个阶段进行。②

一是雍正年间的大规模改流。康熙年间，中央政府准备对四川部分

---

① 王天玺等：《中国彝族通史》（第二卷），云南人民出版社2012年版，第407—408页。
② 王天玺等：《中国彝族通史》（第三卷），云南人民出版社2012年版，第98—109页。

土司剿灭或革职，但有顾忌。如康熙二十年（1681）八月，云南贵州总督赵良栋疏："建昌卫土司（建昌宣慰司）安泰宁招聚贼众，逆迹显然，请行剿灭。上谕：建昌地关重要，川陕总督哈占、将军王进宝、四川巡抚杭爱等，多方招抚土司安泰宁，勿致生事，若抗拒不服，该将军酌拨官兵，速行剪除。"① 康熙五十八年（1719）五月，兵部议覆："四川总督年羹尧疏言，越巂地方，尽属崇山峻岭，今建昌邛部宣抚司土司岭安盘革职，若一旦改土归流，恐别生衅端。岭安盘所辖地方，宜暂令其弟岭安柱护理，俟岭安盘子岭天长年岁合例之日，另请承袭。应如所请。从之。"② 直至雍正四年（1726）春，鄂尔泰在西南土司地区推行改土归流得到雍正皇帝认可后，四川彝族地区才进行了大规模改土归流。

首先是镇压普雄、冕山夷倮金格、关寿、阿租等，镇压宁番三渡水黑麻溪、腊汝窝等寨番蛮，在凉山大规模改流。这些土司多滋事不法，骚扰边境，如建昌冕山土千户糯咀所管夷倮金格等依恃险僻，以劫夺为生，煽惑普雄一带番苗，负隅抗拒，为地方百姓之害，为时已久。雍正六年（1728）二月，兵部议覆川陕总督岳钟琪条奏川省苗疆善后事宜，其具体内容如下：

> 川陕总督岳钟琪条奏川省苗疆善后事宜："建昌土司。惟河东、河西宣慰司、宁番安抚司，三处地方最广；而河东半近凉山，半近内地。请仍授安承爵之女安凤英为长官司，约束凉山一带。其附近内地者，俱改隶流官管辖。至河西宁番，逼近内地，悉改归流。其阿都宣抚司、阿史安抚司及纽结、歪溪等土千百户共五十六处，一并改流。近卫者归卫管辖，近营者归营管辖，并择番苗之老成殷实者，立为乡约保长，令其约束；一，建昌旧设通判应行裁去，改置一府，设知府一员、经历一员。裁建昌卫，及左、中、前三所。礼州守御所，改置一县。其宁番、盐井二卫，俱行裁去，改置二县各设知县一员、典史一员。会川卫改并会理州移会川营千总，带兵一百名，分防州属之会理、苦竹、者保三寨。以上一州、三县，俱隶

---

① 《清圣祖实录》卷97，中华书局1985年，第1213页。
② 《清圣祖实录》卷284，《清实录》第6册，中华书局1985年，第73页。

新设之府管辖。一，建昌为边疆重地，请于越嶲所属之柏香坪，添设守备、千总、把总各一员，驻兵三百名。冕山贴近乾县，添设游击一员，中军守备一员、千总二员、把总四员，驻兵五百名。移冕山营中军守备，驻宁番卫城，添兵二百五十名。宁越营原设守备，应改为都司，添设千总一员，兵一百五十名。盐井卫，添设游击一员、千总二员、把总一员、兵二百五千名。其原设守备，改为中军守备，带把总一员、兵一百名，移驻河西会川所属文披砂，添设游击一员、中军守备一员、千总二员、把总四员、兵五百名。再拨建昌镇标中营守备一员，带兵八十名，移驻建昌东之木托，拨建昌镇标右营游击一员、千总一员、带兵二百五十名，移驻建昌西北之热水，各与该地方之原设弁兵，协同防守。一，苗民顽蠢性成。地方文武官员，如有勒索科派等弊，应计赃治罪。上司失察，亦一并究拟；一，各卫所汉、苗杂处，田土交错，多有欺隐，致相评告。地方官应于农隙之时，履亩亲勘，务俾各守已业，永杜争端。一，苗保等类，每为汉人奴婢，应令地方客查明，概行发还，如果有身价，酌量追给赎回，违者治罪。一，汉、番交界之处，每月立定场期三次，彼此公平交易，该管官选差兵役稽查，不许汉民用强短价，及兵役借端掯勒，其或私入夷穴交易，别有勾结情弊，从重治罪。地方官失察者，一并议处。有一苗民既知向化，即与齐民无异，令该管流官，一体编入保甲，互相稽查。一，禁止汉民，诱骗蛮人什物，倘被控告讯实，照例追赃治罪外，如有凶蛮、无故将汉民绑掳，以及被汉民诱骗，不告官司，肆行绑掳者，将恶蛮从重治罪。一，苗蛮散处边方，每有此处土司所辖，而居住彼处者，遇有事故，每多隐漏。应令该管官，编造户册，分清往址。倘有事犯，即于该地方追究。一，苗保旧俗，多以利刀随身。口角细故，逞凶残杀。今既改土归流，应饬地方官，转饬该管头目人等，严行查禁，不许带刀出入，并不许私藏鸟枪违禁等物。一，苗民散处山箐，易于逃遁，如遇地方失事，汛官带兵巡捕，地方官差役严拿，并移会邻汛，协力穷追务获。如有徇庇疏纵，及牵累良苗者，将该管官弁分别议处，均应如所请。"从之。寻定建昌新设府曰：宁远。建昌新设县曰：西昌。宁番新设县曰：冕宁。盐井新设县曰：盐源。①

改流土司有河东、河西宣慰司，宁番安抚司，加上阿都宣抚司、阿史安抚司及纽结、歪溪等土千百户，另有建昌坝南路革职安抚司赵定国、曲母土百户咩咱，共61处。除曲母土百户、建昌坝南路革职安抚司外，其余改流的59处土司中，这些土司改流后有的设为土目、乡总、土千总、长官司。在凉山边缘附近内地，俱改隶流官管辖，与汉民一体编甲输纳。其次是凉山部分彝族土司支持米贴反抗清政府，被镇压后土司辖区被改流。如雍正七年（1729）六月，将雷波长官司杨明义革职改流，黄螂土司国保主动输诚献土归流，给国保守备职衔。雷波、黄螂不设州县，设直隶雷波卫守备1员，驻扎雷波；设黄螂所千总1员，驻扎黄螂。雷波长官司所在的千万贯以下地方，由杨明义妻土妇沙氏管理，委任沙氏为千万贯土千总。最后是其他土司的改土归流。会川营拨归永定营属披砂土千户禄瞿氏，于雍正五年（1727）犯罪，解滇审究，迁江西安插，原辖区改土归流。

二是乾隆年间的改土归流。雅州府清溪县（今汉源县）大田土千户马氏因传至马浚，于乾隆七年（1742）八月马浚故后绝嗣，无亲支袭替。四川巡抚硕色奏请，将大田土千户员缺裁汰，其民悉归清溪县管辖。乾隆十七年（1752）马神姐卒，仿流官例，以土舍马文玉承袭，乾隆十九年（1754）改为土百户。

三是嘉庆、道光年间的改土归流。嘉庆年间，岭夷、赤夷改流，主要原因是彝区受灾缺粮，处于奴隶制形态下的彝族掠夺人口和财物，引起官府派兵镇压，随后改流。同时，岭夷十二地原是宁越营都司所辖，煖带密土司冷金玉管属。岭夷改土归流是将原由土官统治、未被流官统治、未纳粮赋的彝族改由流官统治，升科纳粮，改属峨边厅。嘉庆十三年（1808）五月，马边熟夷、峨边岭夷结连凉山生番扰川，后经四川总督勒保、提督丰绅饬令建昌道郑成基、嘉定府宋鸣琦、峨眉知县范绍泗、峨边游击玉林率所属兵，与阜和协副将马元所率兵500名进剿，将12支滋事岭夷地方全行扫荡。勒保抵归化汛办理善后，奏请改设峨边厅治，

---

① 《清世宗实录》卷66，中华书局1985年版，第1003—1004页。

以马边通判移驻，析峨眉县太平堡及峨边一甲地隶峨边厅。嘉庆十六年（1811）九月，岭夷夷目约列等，以川省所辖各路土司，向有改土归流之例，情愿一心向化，永作盛世良民，并请升科纳粮，更名易姓，一体当差改土归流。① 此后于嘉庆十九年（1814），通判杨国栋、游击唐文淑，会同建昌道曹分兵进攻凉山夷区，夷人慑服，13支愿归流，更为边、字、齐、来、归、向、时、和、海宴、祝、华、封13姓，纳荞粮23石5斗。清廷予以正千户、副千户、正百户、副百户、夷约、夷兵之名，赐夷饷以羁縻。领饷之期，即纳粮时。道光十二年（1832）冬月至十二月，因松坪土千户马林率夷民烧抢白岩河、大树堡等处，次年（1833）正月，马林、大田土百户马奇英、副土百户罗木则3土司合谋，烧抢皇木厂等处，接着焚烧复兴场。后被官军镇压，马林、罗木则等被擒处死，马奇英革去世职，发遣甘肃省。后将3土司所管夷民改土归流。

清末光绪、宣统年间的改土归流。光绪时，赵尔巽督川时基本完成平凉山夷以利边务的任务。光绪三十四年（1908）八月，派建昌镇总兵凤山、建昌道马汝骥等，率兵暨民团剿宁远吉狄马加、拉斯等支保夷。宣统年间，凉山彝族土司大多纳入流官统治之下。

2. 四川藏族土司的改土归流

四川藏族土司改土归流的过程复杂、任务艰巨，尤其是清政府采用了"剿抚兼用""裁大留下"的策略。回溯历史可见，四川藏区改土归流情况比较复杂，除明王朝对四川龙州土司进行改土归流之外，其余地区的改土归流基本上是在清代进行。有关清代四川藏区的改土归流，《清史稿·职官志四》"土司各官条"有一定记载：四川松潘，雍正九年改流；天全，雍正七年改流；打箭炉，雍正七年改流。光、宣之际，四川巴塘、里塘、德尔格忒、高日、春科、瞻对、察木多，置吏一依古事。② 此外，宣统三年（1911）民政部奏各省土司拟请改设流官也载："……乾隆以后，大小金川，重烦兵力，遣改设比官以后，永远底定。比值筹备宪政，尤宜扩充民治。近年各省，如云南之富州，镇康，四川之巴安等处，均经各该疆臣，先后奏请改土归流。……此外，则四川之瞻对、察木多等

---

① 《清仁宗实录》卷248，中华书局1986年版，第35页。
② （民国）赵尔巽：《清史稿》，天津古籍出版社2012年版，第1609—1610页。

处尚未实行,德尔格忒、高日、春科等处甫经核准。伏维川滇等省,僻处边陲,自非一律更张,不足以巩固疆圉。惟各省情形不同,办法亦难一致。"① 该奏折还有"四川则未改流者尚十之六七"一句。可见,四川藏族土司地区改流基本是雍正年间、乾隆年间、清末光绪宣统年间这三个时间段,并且直至清末也未能完成改土归流的任务。

一是雍正年间改土归流。雍正年间四川藏区的改土归流规模并不是很大,主要是针对天全六番招讨司高氏和天全六番招讨副司杨氏的改土归流,时间是在雍正五年(1727),因招讨使高若瑶、副招讨使杨自唐贪婪残暴,为民所怨,川陕总督岳钟琪奏请改流。雍正五年(1727)正月二十九日岳钟琪奏:"查川省土司较之他省为多,而其中鸷骜成性,每有恃其世职悖恩狂肆,逞志虐民,无所不至者雅州属之天全高、杨二土司……该土司高若瑶、杨自唐此二人者,骄奢淫佚,残暴贪婪,罪恶多端,民怨若沸,实功令之所难容,而神人相为痛恨。查二处土民俱属素守法度,久愿归流,并非顽梗者可比,俟参案归结之后,改土归流甚属便宜。其安设州县,编查户口,起征钱粮,一应事宜,容臣逐一酌议。"② 于是,雍正六年(1728),高、杨二土司被改土归流。雍正七年(1729),经清政府批准,于打箭炉设同知一员,隶雅州府,管理冷边、沈边、明正诸土司地,添设流官人员。雍正九年(1731),于松潘卫设抚民同知,隶龙安府,实则改土归流。

二是乾隆年间的改土归流。乾隆年间在四川藏区的改流主要是因杂谷事件和金川之役之后针对嘉绒藏区和康区部分地区的改流。杂谷土司灭亡后,策楞、岳钟琪在杂谷土司辖地实施改土归流。乾隆年间在四川藏区发生的重大事件无疑是"金川之役",导致的结果是清政府在大小金川地区推行改土归流(或"改土设屯")。据史料记载:金川之役前后计两次,时间长达近30年。清乾隆十二年(1747),莎罗奔发兵围攻革布什扎正地寨,进而攻占明正土司的鲁密章谷,逼及川藏通道中的军事重镇打箭炉(今康定县)。清廷进军大金川,第一次金川之战开始。直至乾隆十四年(1749)正月中旬,莎罗奔具禀请降,岳钟琪允准代奏。并于

---

① 《清朝续文献通考》卷一百三十六《职官》二十二《直省土官》,第二册,第8964页。
② 中国第一历史档案馆:《硃批奏折》民族事务类,第1674号卷。

农历二月初四日除道设坛,次日,莎罗奔、郎卡顶佛经立誓入傅恒营降悉听约束,遂赦其死罪,仍为土司职,第一次金川之战结束。到乾隆中期,莎罗奔已老,由其兄子郎卡主持土司事。郎卡日益恣肆,屡侵邻境。郎卡病死后,其子索诺木主持金川土司的日常事务,与小金川土司僧格桑结好益坚。乾隆三十六年(1771),索诺木诱杀革布什扎土司色楞敦多布,僧格桑再攻鄂克什及明正土司。清廷命阿尔泰率部进军两金川,第二次金川之战拉开帷幕。直至乾隆四十一年(1776)二月初四日,索诺木于噶拉依官寨出降,第二次金川之战才宣告结束。战后,清廷于大小金川实行改土归流,设镇安营。在大金川置阿尔古直隶厅,下设阿尔古粮务、噶拉依粮务、马尔邦粮务,小金川置美诺直隶厅,进行直接治理。乾隆四十四年(1779),裁撤阿尔古直隶厅,并入美诺直隶厅,改阿尔古粮务为绥靖屯务,裁撤马尔邦粮务,将其并入噶拉依粮务,更名崇化屯务。乾隆四十八年(1783),改美诺直隶厅为懋功屯务厅,隶属四川省,下辖五屯二司,即懋功屯、抚边屯、绥靖屯、崇化屯、章谷屯、鄂克什安抚司、绰斯甲宣抚司。清政府通过第二次金川之战的强大军事打击后,能安定平服,尊崇王朝教化,遂以绥靖、崇化命名,于是金川之名不复存在。① 贾霄锋教授认为,清政府对金川地区的改土归流,重要采取的举措有五个:一是将杂谷、大、小金川三个土司所辖的土地都收归清朝国有,实行屯田制;二是建立屯官制度,规定屯官的职责;三是在大小金川的河西、河东、底木达、八角碉、僧格宗、汉牛等地设置番屯以及招募内地百姓,设立民屯;四是打击本教,扶植黄教;五是对嘉绒藏区的风俗习惯进行规定和限制。这些善后措施以及改流,不仅使嘉绒藏区的局势很快稳定下来,并在较长时期内没有再发生大规模的变乱,而且加强了藏区和内地各民族的交往交流。特别是改土归屯后,嘉绒藏区的练兵、屯兵、土兵在维护祖国统一、边疆安全、抵御外来入侵的斗争中,起到了特殊的历史作用。②

  三是清末四川藏区改土归流。清末四川藏区的改土归流主要集中在川边,这是在英俄列强觊觎、侵略西藏的国际背景和清末新政的国内背

---

① 张海清:《金川历史文化览略》(中册),中央民族大学出版社2012年版,第11页。
② 贾霄锋:《藏区土司制度研究》,青海人民出版社2010年版,第358—364页。

景下进行的，直接诱因是瞻对土司问题导致川边土司改土归流。川边藏区改土归流本有鹿传霖、凤全的改土归流，但他们的改流或遭失败，或身遭杀害，可以说都是失败的改流。所以，四川藏区真正的改土归流主要集中在赵尔丰的改土归流。赵尔丰于光绪三十二年（1906）担任川滇边务大臣后，将原定的《改土归流章程》（又作《巴塘善后章程》）作为改革的基本法令。该《章程》① 全文如下：

一，改革：巴塘大、二土司业经正法，从此永远革除土司之职，改土归流。无论汉人、蛮人，皆为大皇上百姓。

一，设官：巴塘从此改设汉官，管理地方汉、蛮百姓及钱粮词讼一切事件。

一，裁撤：土司以前所设马琫、协厂、更占、百色、古噪等名目，一概裁撤不用。

一，小差：闻从前每遇大差一次，而马琫、协厂等皆向百姓需索支应，名为"小差"。民间苦累无穷，所以有"汉差易支，蛮差难支"之语。现在马琫等虽已裁撤，而供办差使不能不用人役，一概由官发给盘费，不准丝毫扰及百姓。倘有仍前需索者，准百姓随时喊控，地方官惩究。

一，公举：每村令百姓公举公正者一人为头人，管理村事。小村或合数村、十数村公举一人为头人。公举后禀报地方官存案，每年百姓按贫富分别多寡共摊青稞三十克与本村头人，作为办公薪水之费，此外不准需索分文。头人三年一换，仍由百姓公举。如从前头人办事公正，百姓愿将此人再留三年，亦可准行，仍须报明地方官存案；如头人办事不公，准百姓随时禀知地方官另行公举更换。凡公举头人，汉官文武衙门不准有丝毫使费。

一，保正：地方官衙门设汉保正三名，蛮保正三名。所有汉民、蛮民钱粮、词讼等事，统归汉、蛮保正合管。汉、蛮保正工食、薪费、纸张等项，由官筹给，不准向乡间需索规费。惟此汉、蛮语言

---

① 四川省民族研究所：《清末川滇边务档案史料》（上），中华书局1989年版，第95—103页。

不通，殊多窒碍，以后汉保正必能通蛮语，蛮保正必能通汉语，方为合格。

一、正粮：巴塘全境皆大皇上地土。凡种地者，无论汉、蛮、僧、俗皆应纳正粮。何谓之粮，民收为租，官收为粮也。惟地有好坏，即粮有多寡。今将地亩分为上、中、下三等：上等按四成纳粮，中等三成，下等二成。如种地一块，一季收青稞十克，即应纳粮四克，是谓四成，三成，二成照此类推。

一、差粮：查差粮原为支应大差而设。从前章程，或出乌拉而不纳租，或出青稞而不出乌拉，头绪纷繁不一。今既一切改归地方官管辖，自宜变通办理，以期简便易行。以后差粮概收入官，与租粮同等同时交纳。各村牧养驮牛、骑马之家，遇大差来时，由官饬该管保正预先告知用数多少，届时到站当差，由官按站给予脚价，仍照从前分何处乌拉应支何项差使，进出一律，勿任混乱。至围马、纤夫、马、步明亮、汤役、打役等差，一照从前，何项差使归何处支应，并由官发给工价。其围帐、床垫、锅灶、炉盆等项，官为制备待用，不扰百姓。

一、僧粮：凡在巴塘全境喇嘛寺院，皆属大皇上地土。凡喇嘛无论自种、佃种之地，皆应与百姓一律按等完粮，不得以庙地稍有歧异。

一、粮限：直纳粮必有一定期限，方能整齐。巴塘四乡寒暖不同，有种两季者，有种一季者。两季者，春季之粮，统限六月内交纳；秋季之粮，统限九月内交纳。其余各乡种一季者，统限十月内交纳。如到限不交，或交不齐者，即派保正往催。春季七月初十派人，秋季十月初十派人。所有该保正食用盘费，皆由欠粮人供应。若催后不交，传案严惩。派人催粮，则不免扰累，劝尔百姓总以按限及早完粮为是。

一、纳银：该百姓等每年于应征税银，须用纹银、藏元，不准以首饰等件抵消。

一、逆产：查抄丁林寺正、副土司及各匪首逆产，由官招人佃种。其粮皆五成上纳，不在三等之例。如佃户懒惰，或有别故，官即起佃另招。

一，垦田：查巴塘及乡间荒地甚多，自三十二年起，皆归官招垦，无论汉、蛮、僧、俗不准私自垦种。如有愿垦此荒地者，无论汉、蛮、僧、俗皆准到官府承领执照，方准耕种。如由官日给工食者，其地垦熟，并所出稞麦一概归官；第二年若能自备口食，官只借给籽种，准照五成纳粮外，再将籽种还官，平出平入，不取利息，第三年后即照章按等完粮；其自备口食开垦者，第一年免其纳粮，第二年后，即照章按等完粮。惟此项垦田，作为官佃，准其世世耕种。若犯有不法等事，官即立时追佃驱逐。

一，杂支：查巴塘百姓及丁林寺佃户，每年有与土司、喇嘛交纳猪、羊、鸡子、酥油、葱、姜、蜂蜜、核桃、石榴、缰绳、毛绳等项，实属烦扰。自三十二年起，百姓除应纳正粮、差粮外，此项杂派，永远裁免。无论何人不准妄行需索。嗣后各衙门如有所需，皆照市价购买，丝毫不令民间供应。

一，佃户：百姓者，大皇上之百姓，他人不得而有也。即当日土司，亦系大皇上命其代为管理百姓耳。尔蛮不明此义，遂谓尔等系土司之百姓，已属胡涂可笑，更有谓为喇嘛百姓者，尤属荒谬不知事理。喇嘛乃出家僧人，家既不能有，又安有百姓。即尔等有种喇嘛田地者，只得谓为该庙之佃户，不谓为喇嘛之百姓。嗣后凡有种喇嘛庙地者，只云某庙佃户，不得称为某庙百姓。除与喇嘛纳租外，所有一地差粮、词讼仍归地方官管理，不得向喇嘛诉讼。

一，干预：喇嘛有佃户，只准向佃户收租，不准管理他项事务，如词讼、帐项等项，更不准干预地方公事。即其佃户与人争讼，是非自有地方官为之审理，该喇嘛不得过问，并不得向地方官衙门求情等事。

一，词讼：凡汉、蛮、僧、俗、教民人等大小词讼，皆归地方官申理，无论何人不得干预其事。

一，命案：蛮俗杀人，向以赔银、赔茶了事。人命至重，岂能若此轻易了结，以后杀人必须抵命。其中或有情节不同，轻重之间，听官审断，自能为之剖白，断不准私自赔银了案。

一，劫案：凡有夹坝抢人者谓之劫，拿获即予正法，无论其有无杀人也。

一，窃案：夜间乘人睡熟，或爬墙，或挖洞，或撬门，入人家偷物者谓之窃。被人拿获送官，除追还原赃外，初犯者杖，犯二次者责枷，犯三次者罚永远为人奴，犯四次者充军。

一，奸案：男女有别，一夫一妇谓之正，若与他人妇女苟合谓之奸。犯奸者，男女皆有罪。男杖责一千，罚银两秤25；女掌嘴五百，罚银两秤。无银者，罚作苦工三年。犯两次者，男女责罚皆加倍；犯三次者，责罚递加后，仍予充军。如女不愿而男子强奸者，男子正法，女子免罪。

一，常案：凡因户婚、田土买卖、帐项控案者，谓之常案。官为审判曲直，以理开导。如无理者，过于狡诈，即予杖责示惩。

一，案费：百姓词讼，每案原、被告各给汉、蛮保正银三元，以为纸笔之费，不准再有丝毫勒索。如有格外需索者，准百姓喊禀，或当堂面诉。索少者，立予责革；索多者，并将该保正充军。

一，传票：原告控案，被告必待传而后到，然传案则不免有需索扰累之弊。今设一法，极为简便。原告递禀后，本官即为出票，按道里远近，限定日期，将票即交原告带回，付给被告所住之村保、头人。该头人当日将票交给被告，催其按票限日期来案报到，将票当堂呈缴，原告亦必于是月到案。官即立为审断，不准迟延。如被告逾限不到，然后派保正催传，所有食用盘费，一切皆由被告支应，原告不出分文。惟保正盘费，一站只准向被告索银二元，两站索银三元，三站以后，只准递加半元，只算去站，不算回站。如有多索，准被告当堂禀官惩治。如被告实系有故不能如限到案，准该头人将其情由具禀交原告代呈。该被告亦具限状于某日到案听审，届期不到，再饬保正往传。凡头人传票，原、被告各给银半元，以为饭食之费。

一，限期：传审票限日期，离巴塘一站者，限四日到案，两站者限六日，照此每多一站加限两日，皆以出禀之第二日起限。

一，展期：传审之票交与原告，难免不有意延压，以害被告。该头人接票时，须与原告当面将接票日期注明票上。如原告迟延日久，仍按票到该村之日起限。如离一站者限四日，初一日出票，初二日起限，原告应初二日送票到村，被告应初五日到案。今原告乃迟至初四日始送票到村，则以初四日起限，以四日计，被告应展至初七日到案，余可类推。

一，销案：传审后，被告按限投到，而原告不来案候审，过三日后，即将案注销，饬被告回村。原告再控，不准，以防诬控之弊。

一，换票：原告如实系有故不能到案，应先具禀呈明，并具限某日来案投审。如限在三日内者，被告即在此等候，如限期遥远，被告即先回村，候原告到日，另行换票传讯。惟保正纸笔费及头人传案饭食费，一案只准一次。换票传审，不能再索。

一，纸张：凡传案出票、送审堂单以及录供等纸张，皆由保正预备，即在纸笔费内摊出，不得再向原、被两家需索。

一，修建：丁林寺现已铲除，巴塘地面自应由官建立载在祀典庙宇，其余无稽之庙，概不准修建，亦不准再有喇嘛在内居住。其各乡村之喇嘛，并未滋事，自应照旧，如喇嘛有愿还俗者听之。

一，僧额：查定例，一庙喇嘛不准过三百人。今各庙多已违例逾格，若遽令其裁撤，势亦为难。惟有将各喇嘛名数，年龄注册存案。已过三百者，以后不准再行续添。数十年后，有日减无日增，自能适符三百之数也。

一，学堂：蛮民于事不知道理，不知轻重。若能明道理，审轻重，亦无杀害凤大臣及法司铎之事，安能遭此次大兵，重者害及身家性命，轻亦伤损财物粮食，此皆由于不学之故。俟将来筹有余款，官为立一小学堂，无论汉、蛮，凡小儿至五、六岁，皆送入学堂读书。不惟明白道理，将来并可为官，荣及父母，荫及妻子，岂不美哉！将来立学堂时，再定详细章程示知。

一，葬亲：汉人于父母之死，必殓之以棺，埋之于地，不忍见其父母之尸损坏也。蛮俗则或弃其尸而听犬食；或焚其身而谓火葬；或舂碎其骨扬洒以喂鸟雀，且谓天葬。此等恶俗，实堪痛恨。凡人犯大罪，乃有碎尸锉骨之刑。今其父母无罪，而为子者乃火其尸，而舂其骨，以喂犬、喂鸟，汝于父母有何仇恨，而用此极刑也。试思人生幼小之时，其父母何等爱惜保护，惟恐其被火烧也，惟恐其为犬咬也，惟恐其磕碰伤损其骨也。今父母死，而其子乃使火烧、犬食，且舂碎其骨，何于父母爱子之心大相反也。嗣后尔蛮民务宜改此恶习，亲死则以礼殡葬，庶有别于禽兽之行也。尔等但知念经，以为求福。夫念经何能有益于人，若果有益，丁林寺喇嘛终日念经，何以遭此杀戮；西藏达赖称为活佛，被洋人打败，各处逃命。彼身且不保，安能保佑尔等为之加福哉！汝等之愚，实觉可怜，故本大臣不惜反复开导也。

　　一，剃发：巴塘全境百姓，既为大皇上百姓，应遵大皇上制度，以后人人皆须剃发梳辫，不得再似从前之披头散发似活鬼一般也。

　　一，净面：人以洁净为主，所以每日早起，人人必须梳头洗脸，再去做事，办吃食，方称洁净。若终日囚首垢面，不免辜负此生为人也。

　　一，冠服：巴塘既经改革，汉、蛮不分，冠服亦不宜独异。但立法之初，断难强同。凡尔蛮民有愿改汉人冠服者听之；不愿者，亦从其便。

　　一，着裤：人之所以异于禽兽者，知羞耻、明礼义也。尔等男女皆不穿裤，自问是何形象。易于犯奸，亦实由于此。嗣后尔等如能穿裤更妙，否则于儿女小时即令穿裤，彼自幼习惯，久则且知不穿裤为可耻，自不作犯奸之事，尔作父母者，脸上亦有光彩，此即为知羞耻、明礼义之人。本大臣爱之，喜之，自当与汉民一样看待，又何有汉、蛮之分哉！

　　一，辨族：蛮民向无姓氏，往往曾、玄而不知高、曾，宗族而联为甥舅，大乖古人辨族之义。兹议定百字，令百姓等承认为姓。尔百姓等各将现在所知之宗族人等共认一字为姓，以便世世遵守。庶后世有启发为官者，不能不自详其世系也。

　　　　巴塘百家姓
　　　　巴康于古初　　黄苗汤沐国
　　　　强梁夏商周　　游牧习广泽
　　　　通贡盛汉京　　班范纪陈籍
　　　　唐宋暨元明　　沙门满戎狄
　　　　宁边劳王师　　高张寿金石
　　　　武侯管乐曹　　文翁经史席
　　　　丁钱别甘辛　　蓬麻区黑白

第六章 土司制度与国家治理下的地区差异

胡服易牛马　　风雷凌松柏
吴楚晋诸姬　　安危计万叶
岳公盖代双　　平成贺魏阙

一，平等：蛮地旧俗，无论大、小头人皆有小娃子，如奴仆之类。一世为奴，即世世为奴，殊非持平之道。试思汉民与蛮民此时尚视为平等，蛮民与蛮民岂有不平等之理，以后永除此例。凡有小娃者，与佣工同。

一，戒烟：鸦片烟之害最深，能吸人精血，故吃烟无不瘦；能软人筋骨，故吃烟者无不懒；能耗人银钱，故吃烟者无不穷。此等真是毒药，汉人受之最多、最甚。本大臣见尔蛮民多不吃烟，心甚喜之。但愿尔等不沾染此种气习，乃是大皇上真好百姓，即汉民亦当深以此为戒也。

一，粪除：街道道路，最宜洁净。且牛马骨殖，猪羊粪草，尤宜焚化收捡，用以肥田。以后责成汉、蛮保正，随时督率街坊百姓扫除街道，免致秽气中人，染生疾病。

一，坟墓：巴塘汉人义冢，多在甲炮顶一带，一望累累，殊不雅观。以后无论汉、蛮百姓埋葬棺木，须在低凹僻静之处，免致有所窒碍，其已葬者勿迁。

一，中厕：凡蛮民无论男女，随便出恭、解手，不择地，不避人，最为恶习。以后大街小巷皆立中厕，分别男女，按日打扫收拾，既免污秽，且可蓄积粪水以肥田。如有不在中厕大、小便者，从重责罚。

依据上述章程，赵尔丰在光绪三十四年（1908）八月奏请将巴塘改为巴安府、盐井改为盐井县、乡城改为定乡县、理塘改为理化州、稻坝改为稻城县、贡嘎岭设县丞、中渡改为河口县、打箭炉改为康定府。另设炉安盐茶道，驻扎巴安府，统辖新设各府州县。宣统三年（1911），奏请罗科朱窝土司改流，暂行归并为炉霍县。应孔撒、麻书、白利、东科、灵葱等土司改土归流之请，收回5土司印信号纸，将上述土司地方归并设甘孜县。后又将白利、朱窝两土司改为千总世袭；将东科、灵葱2土司系改为把总世袭。同年又将明正土司改流、沪定桥巡检改为沪定县、九龙改为九龙县、道坞改为道孚县、巴府和巴旺改为丹巴县；又将俄洛、色达、卓斯甲改流，将俄洛改为果罗县、色达改为达威县、卓斯甲改为同来县。赵尔丰在川边地区改流设治者 30 多区，从而为以后西康建省打下了基础。①

自 1935 年 5 月起至 1936 年 8 月，中国工农红军长征经过阿坝地区，给四川藏区各族人民带来了光明的希望。1950 年至 1953 年，人民解放军进军川西北追剿国民党残军，平息国民党残余势力的叛乱，使四川藏区获得解放。1954 年 7 月，在四川省藏区首届第二次各族各界人民代表会议上通过了在岷江以东地区进行民主改革的决定和通过会议协商正式宣布废除土司制后，直至 1959 年年底，四川藏区全面完成了民主改革和社会主义改造，从根本上摧毁了土司制度的经济基础，封建土司制度被彻底废除。

3. 川东南土家族土司的改土归流

清朝对酉阳、平茶、邑梅、石耶、地坝 5 土司的改流时间均为雍正十三年（1735）。推进改土归流的过程中，首先是剥夺酉阳土司对平茶、邑梅、石耶三个土司的管辖权，其次是设重庆府同知管理酉阳等诸土司事务、移重庆府同知驻扎黔江就近约束酉阳等土司，再次是在川东南地区设黔彭直隶厅控制诸土司。《清世宗实录》载②：

> 吏部等衙门议覆：四川总督黄廷桂，条奏酉阳安设官弁事宜：
> 一，酉阳土司旧治，请设知县一员、典史一员，分管西北二路；所属之龙潭镇，设县丞一员；龚滩镇，设巡检一员，以资稽察；酉阳三合场地方，请设知县一员、典史一员，分管东南二路；所属之石堤，设巡检一员，专司查缉。
> 一，请设游击、千总各一员、把总三员、马步兵五百名，在三合场驻劄；拨把总二员，分防邑梅、洪安；外委二员，分防石堤、滥泥湾；设守备、千总、把总各一员，马步兵三百名，在酉阳司治驻劄；拨千总一员，分防龙潭；外委二员，分防龚滩、大溪口。俱隶重庆镇统辖。

---

① 贾霄锋：《藏区土司制度研究》，青海人民出版社 2010 年版，第 376—378 页。
② 《清世宗实录》卷 158，"雍正十三年秋七月戊戌朔"条。

一，重庆镇属黔彭营，另设都司一员，管辖千总一员；把总二员，兵三百名。

一，石耶、邑梅正长官司，请各给土千总职衔；地坝副长官司，给土把总职衔。

在《清史稿》中对酉阳和秀山土司改土归流的情况有这样的记载："酉阳宣慰使司，其先受明封，传至奇镳，于顺治十五年归附，仍授原职，颁给印信号纸。雍正十二年，土司元龄因事革职，以其地改设酉阳直隶州。原管有邑梅峒、平茶峒、石耶峒、地坝四长官司，均于乾隆元年改流。"① 最后实施改土归流后设置酉阳直隶州，建立秀山县。

石柱土司改土归流是一个渐进的过程，清初在不革除石柱土司的前提下，首先派流官入驻当地、接管土司权力，其次是清查户口、推行保甲制度，逐步实现以"汉制"代替"夷制"，最后改土归流，设石砫直隶厅，保留石砫土通判一个虚职，直至1946年才废止。如《清史稿》所言："乾隆二十一年，以夔州府分驻云安厂同知移驻石砫。二十五年，设石砫直隶厅，改土宣慰使为土通判世职，不理民事。"② 川东南土司改土归流后，地方官府建立新的赋税征收体系、社会保障系统、官学教育体系以确立了经制州县行政体制。③

可见，川东南土家族土司在改土归流过程中既没有出现改流复土的现象，也没有出现朝廷军事征剿的事件，是一次不流血的社会改革。

(三) 四川土司地区改土归流的成效

四川土司地区经过明代的局部改流和清代的大规模改流，中央政府加强了对土司地区的管控，推动了土司地区社会经济的发展，其成效十分明显，体现在几个方面：

一是改土归流消除了千百年来四川土司"自相君长""自王其地"的分裂割据局面，削减了由于土司之间的自成体系、条块分割、相互争夺

---

① (民国) 赵尔巽：《清史稿》，中华书局1977年版，第14250页。
② (民国) 赵尔巽：《清史稿》，中华书局1977年版，第14250页。
③ 张万东：《明清王朝对渝东南土司统治研究》，博士学位论文，吉林大学，2016年，第2页。

所带来的社会动乱，有利于巩固和发展统一多民族国家相对安定的局面。改土归流使元明清时期土司林立所带来的交通阻塞、民族隔阂相对有所减弱，有利于各民族之间的交往交流交融，有利于加强四川土司地区各民族之间的团结。尤其是在清代雍正年间的川东南土家族土司和清末时期的川西北藏族土司、川西南彝族土司自愿改流，如今重庆市秀山的平茶、邑梅、石耶、地坝4土司"献图缴印"，自请改流；峨边厅彝民情愿改土归流等，完全自觉自愿纳入国家版图，为促进国家"大一统"作出了应有贡献。

二是改土归流打破了四川土司地区原有的社会结构，促使土司地区发生变化，这些变化表现在人口、建置、社会习俗等方面。如人口数量的变化，四川凉山彝族人口在清代增长较快。"雍正六年奉行清查丈量，宁远府属四州县四卫所新旧实在承粮花户 14750 户，……自嘉庆元年至十九年止，府属一州三县一厅原额新增土著夷蛮共 315638 户，汉民男妇共 915535 丁口。夷民丁口未详，而改土归流夷民之数不算者，以其在前夷民项下已总包矣。"① 行政建置发生重大变化，建立了"比于内地"的郡县制。如酉阳土司地于雍正十三年（1735）设县，乾隆元年（1736）升县为州，直隶四川省，领秀山、黔江、彭水3县，不再领属秀山县。"乾隆元年，酉阳改土，邑梅杨再相、石耶杨再镇、平茶杨正乐、地坝杨胜均相率献土，因设县治，并割酉之晚森、南洞、九江、苗江、小江、日旗、月旗诸里益之。"② 在《设立酉阳直隶州部议》中，记载了酉阳土司改流后官员设置情况：

设立知州一员，分管西北二路，忠孝、感坪等地方，并令兼辖。三合场新设一县，并黔江、彭水二县，一切刑名、钱谷、命盗案件俱由该州汇核审转，仍隶川东道统辖。其直隶州自理案件，循照该道所属忠州、达州之例，饬令径行，所司毋庸由道审转。其原议设立典史一员改为吏目同驻。州治前议县丞一员，改设州同分驻龙潭，

---

① （清）何东铭：《邛巂野录》卷29《赋役类》，四川图书馆抄本。
② （清）冯世瀛、冉崇文等纂，酉阳自治县档案局整理：《酉阳直隶州总志》，巴蜀书社2009年版，第6页。

佐理民事。龚滩一镇，仍照前议设立巡检一员，专司稽察。再于州治添设州判一员，供任委用。庶员无冗滥，统摄得宜。其酉阳东南三合场地方议设知县、典史、巡检等官，业奉部覆，无庸另行更改等语。查雍正十三年七月内臣部等部会议，原任四川总督黄等奏称敬筹酉阳安设事宜一折，酉阳司治准其添设酉阳县知县一员，典史、县丞、巡检各一员。其重庆府同知改为直隶同知，管辖黔江、彭水二县。酉阳等五土司即以该同知兼辖新旧四县。①

酉阳土司辖区在习俗方面变化很大："然自改土来，沐浴四十年之教，农安稼穑，士习诗书，风气断断乎一变。"② 这一系列变化，为中华民族共同体奠定了坚实的社会基础。

三是加强了四川土司地区各民族对以儒家文化为代表的中华文化的认同。如《德格地方章程》第六条规定：

> 汉蛮语言不通，设汉官仍须用通事传话，一有无心之误，则民情不能上达，若再有文字错译，则民冤更无从伸矣。欲以官民不相隔阂，惟有先设学堂一法。各家男女小儿皆送入学校习读汉书，不惟可以与汉官汉人直接说话，并可以知道礼义廉耻，孝顺父母，尊敬长上，和睦兄弟，一家和蔼，人人敬服。且读书有成者即可作官，次者即可教书，为人之师，或自行贸易，不受人欺侮。且小儿入学读书，除自备两餐外，余皆毫无花费。其教习修金，以及书籍、纸张、笔、墨皆由公家出钱办理，不须其家中费一文也。③

四川土司地区改土归流后，通过创办各种形式的教育和学习汉语，传授中华传统文化，推动四川土司地区各族民众对中华文化的认同。特别是废除了原土司地区的陈规陋习，提高了各族民众的学习积极性，促

---

① （清）冯世瀛、冉崇文等纂，酉阳自治县档案局整理：《酉阳直隶州总志》，巴蜀书社2009年版，第288—289页。
② （清）冯世瀛、冉崇文等纂，酉阳自治县档案局整理：《酉阳直隶州总志》，巴蜀书社2009年版，第508页。
③ 四川省民族研究所：《清末川滇边务档案史料》，中华书局1989年版，第617页。

进了当地社会文化的快速发展。

四是通过改土归流，使四川土司地区维持了较为长期的社会稳定。一方面是改土归流后，原四川土司地区不但没有发生大规模的变乱，而且在维护祖国统一、防御外来入侵的斗争中，起到了特殊的历史作用。如川西北藏区的练兵、屯兵，土兵成为清王朝的一支劲旅，对维护清朝的统治起了巨大的作用。① 另一方面是改土归流后，土司地区各族民众社会地位得到提高，正如《德格地方章程》所言："改土归流，设置汉官……从此以后，尔等同为大皇上百姓，享受太平之福。本大臣已派员前往勘界，查粮定赋，清理户口。尔等以后应纳粮赋，向汉官处上纳，遇有冤屈，向汉官控告，汉官必定与尔等作主，持平判断，再不像从前土司制度，尔等有所冤屈，无处申讼。"② 四川土司地区各族民众成为王朝国家的编户齐民，使他们的社会处境和生活状况得到改善，促进了土司地区社会生产力的提高。

第三节　云南地区

云南是我国西南多民族的边疆省份，自汉代以降，历代中央王朝就对云南边疆地区实施了一套特殊的羁縻政策，这种政策与云南边疆地区多民族的社会历史实际情况相结合，历经魏晋直至唐宋。时至元代，中央王朝在云南地区推行土司制度，经明清两代延至民国时期。在数百年推行土司制度的历史进程中，云南地区土司在与元明清中央王朝的交往、互动中，不断深化对王朝国家的认同。云南地区土司在履行朝贡纳赋、服从征调、守土安民等义务的同时，虽然明清中央政府有"三征麓川""五征武定"以及"沙定洲之乱"等事件，但绝大多数土司基本上能与中央王朝形成良好的互动关系。因此，元明清中央王朝对云南地区土司采取的治理策略是：剿抚兼施、卫所节制、文武相维、土流共治。本节拟从三方面予以探讨。

---

① 贾霄锋：《藏区土司制度研究》，青海人民出版社2010年版，第394页。
② 四川省民族研究所：《清末川滇边务档案史料》，中华书局1989年版，第615—616页。

一 云南土司地区国家治理的历史进程

元明清时期,云南土司地区与四川、贵州、广西、湖广和甘青藏土司地区一样,实行过土司制度,设置过职衔、职级各异的土官土司,史称云南土司。在云南土司中,主要有几个大姓:一是刀氏,主要有镇沅土司、车里土司、八百大甸土司、老挝三军民宣慰使司,云州土司,南甸、干崖2宣抚司,孟艮、孟定2御夷府,威远、湾甸、镇康3御夷州,孟连、里麻、者乐甸3长官司、芒市御夷长官司等土司;二是安氏,如沾益州土官;三是高氏,如鹤庆、姚安2军民府,北胜、通安、姚州等3州,大姚县等土官土司;四是罕氏,如木邦军民宣慰使司,耿马安抚司等土官土司;五是普氏,如阿迷州、宁州、纳楼茶甸长官司等土官土司;六是思氏,计有孟养军民宣慰使司,孟密、蛮莫二安抚司等土官;七是木氏,丽江军民府土官。此外,还有顺宁府土司段氏、景东府土官陶氏、广南府土官侬氏以及姓氏不固定和先后不同的土官土司。① 元明清时期施行的土司制度,对云南边疆民族地区各族民众的社会经济文化等各方面都产生过重大影响。云南地区土司制度与国家治理可分为三个阶段。②

(一) 云南地区早期的土司制度与国家治理

元朝统治云南少数民族地区后,总结了唐宋时期治理少数民族地区的经验和教训,为了加强对云南少数民族首领和头人的管控,施行了比较草创的土司制度。也可以说,元朝实行的土官制度是云南历史上土司制度的第一阶段。元朝入主中原后,赛典赤治理云南,建立云南行省,这是云南行政体制上的一大变革,也是云南能够顺利推行土司制度的十分重要的基础条件。行省建立,撤销元初设置的万户府、千户所、百户所。先后设置路、府、州、县以及甸、寨、军民府等行政建制。由于大理段氏、统矢高氏、麓川思氏、丽江木氏、阿迷普氏、撒里刀氏、元江

---

① 黄开华:《明代土司制度设置与西南开发》,参见《明史论集》,诚开出版社1972年版,第353—354页。

② 林荃:《云南土司制度的历史特点及分期》,《云南民族学院学报》(哲学社会科学版)1993年第1期。

那氏、武定凤氏、景东陶氏、广南侬氏、乌蒙禄氏、芒部陇氏，以及其他少数民族首领拥有相当大的势力，因此，元朝在立国之初，以政治上招抚为主，推行土官制度，在很多路府州县任命少数民族首领为世袭土官，有的甚至还到省城任职。有元一代，云南土官不仅拥有行政权力，还有军事权力，并在其统治范围内，以不同的方式还拥有一定的经济权益。元王朝承认云南土官的各种权益，并通过土官制度将各地土官纳入中央王朝的政权系统内。所以，土官制度是各地少数民族首领在中央王朝土司制度名义下，基本享有旧有地方权力的世袭官制。① 翻检历史文献可见，元代云南地区设置宣慰司4家、宣抚司6家、安抚司2家、土知州2家、其他11家、合计25家。② 龚荫先生研究表明，元朝统治云南的80余年，先后在云南实施土官制度。因此，元代云南土官土司级别较高，数量较多。据《元史·地理四》之"云远路军民总管府"载："大德中，云南省言：'大彻里地与八百媳妇犬牙相错，势均力敌。今大彻里胡念已降，小彻里复控扼地利，多相杀掠，胡念日与相拒，不得离，遣其弟胡伦入朝，指画地形，乞别立彻里军民宣抚司，择通习蛮夷情状者为之帅，招其来附，以为进取之地。'乃立彻里军民总管府。"③ 可见，在元成宗时期（1297—1306）在今云南西双版纳地区就已经建立了土官制度。在"金齿等处宣抚司"条载："中统初，金齿、白夷诸酋各遣子弟朝贡。二年，立安抚司以统之。至元八年，分金齿、白夷为东西两路安抚使。十二年，改西路为建宁路，东路为镇康路。十五年，改安抚为宣抚，立六路总管府。二十三年，罢两路宣抚司，并入大理金齿等处宣抚司。"④ 其下的柔远路、茫施路、镇康路、镇西路、平缅路、麓川路，均隶属于金齿等处宣抚司。木连路军民府、蒙光路军民府、木邦路军民府、孟定路军民府、谋粘路军民府、南甸军民府、六难路甸军民府、陋麻和管民官、云龙甸军民府、缥甸军民府、孟隆路军民府、木朵路军民总管府、金齿孟定各甸军民官、孟爱等甸军民府、通西军民总管府、木来军民府等也

---

① 林荃：《云南土司制度的历史特点及分期》，《云南民族学院学报》（哲学社会科学版）1993年第1期。
② 李良品：《中国土司学导论》，中国社会科学出版社2018年版，第249页。
③ （明）宋濂：《元史》卷61，中华书局1976年版，第1463—1464页。
④ （明）宋濂：《元史》卷61，中华书局1976年版，第1482页。

同样为土官建置。其余的诸如广南西路宣抚司、丽江路军民宣抚司、曲靖等路宣慰司军民万户府、临安广西元江等处宣慰司兼管军万户府、大理金齿等处宣慰司都元帅府、蒙怜路军民府、蒙莱路军民府等地均设置有不同职级的土官。如《元史》载：

> 曲靖等路宣慰司军民万户府……元宪宗六年，立磨弥部万户。至元八年，改为中路。十三年，改曲靖路总管府。二十年，以隶皇太子。二十五年，升宣抚司。领县一、州五。州领六县。本路屯田四千四百八十双，岁输金三千五百五十两、马一百八十四。①
>
> 元贞元年二月丁亥载：云南行省平章也先不花言："敢麻鲁有两夷未附，金齿亦叛服不常，乞调兵六千镇抚金齿，置驿入缅。"从之。复以拱卫司为正三品。②
>
> 元贞二年十二月戊戌，立彻里军民总管府。云南行省臣言："大彻里地与八百媳妇犬牙相错，今大彻里胡念已降，小彻里复占扼地利，多相杀掠。胡念遣其弟胡伦乞别置一司，择通习蛮夷情状者为之帅，招其来附，以为进取之地。"诏复立蒙样刚等甸军民官。③
>
> 至大二年十一月庚辰朔，云南行省言："八百媳妇、大彻里、小彻里作乱，威远州谷保夺据木罗甸，诏遣本省右丞算只儿威往招谕之，仍令威楚道军千五百人护送入境。而算只儿威受谷保赂金银各三铤，复进兵攻劫，谷保弓弩乱发，遂以败还。匪惟败事，反伤我人，惟陛下裁度。"帝曰："大事也，其速择使复赍玺书往招谕，算只儿威虽遇赦，可严鞫之。"④
>
> 泰定三年春正月戊申，元江路总管普双版，命云南行省招捕之。诸王薛彻秃、晃火帖木儿来朝，赐金、银、钞、币有差。⑤
>
> 泰定四年闰月甲午，八百媳妇蛮请官守，置蒙庆宣慰司都元帅府及木安、孟杰二府于其地，以同知乌撒宣慰司事你出公、土官招

---

① （明）宋濂：《元史》卷61，中华书局1976年版，第1467页。
② （明）宋濂：《元史》卷18，中华书局1976年版，第391页。
③ （明）宋濂：《元史》卷19，中华书局1976年版，第407页。
④ （明）宋濂：《元史》卷23，中华书局1976年版，第518—519页。
⑤ （明）宋濂：《元史》卷30，中华书局1976年版，第667页。

南通并为宣慰司都元帅,招谕人米德为同知宣慰司事副元帅,南通之子招三斤知木安府,侄混盆知孟杰府,仍赐钞、币各有差。①

总的来讲,元代中央王朝在云南推行土官土司制度,对云南少数民族地区的统治有了进一步的加强。

(二)云南地区中期的土司制度与国家治理

明代至清代前期,云南土司制度得以发展并不断完善,这一时期是云南土司制度的第二阶段。《明史·土司传》载:

> 西南诸蛮……历代以来,自相君长。原其为王朝役使,自周武王时孟津大会,而庸、蜀、羌、髳、微、卢、彭、濮诸蛮皆与焉。及楚庄蹻王滇,而秦开五尺道,置吏,沿及汉武,置都尉县属,仍令自保,此即土官、土吏之所始欤。
>
> 迨有明踵元故事,大为恢拓,分别司郡州县,额以赋役,听我驱调,而法始备矣。然其道在于羁縻。彼大姓相擅,世积威约,而必假我爵禄,宠之名号,乃易为统摄,故奔走惟命。然调遣日繁,急而生变,恃功怙过,侵扰益深,故历朝征发,利害各半。其要在于抚绥得人,恩威兼济,则得其死力而不足为患。……尝考洪武初,西南夷来归者,即用原官授之。其土官衔号曰宣慰司,曰宣抚司,曰招讨司,曰安抚司,曰长官司。以劳绩之多寡,分尊卑之等差,而府州县之名亦往往有之。袭替必奉朝命,虽在万里外,皆赴阙受职。天顺末,许土官缴呈勘奏,则威柄渐弛。成化中,令纳粟备振,则规取日陋。孝宗虽发愤厘革,而因循未改。嘉靖九年始复旧制,以府州县等官隶验封,宣慰、招讨等官隶武选。隶验封者,布政司领之;隶武选者,都指挥领之。于是文武相维,比于中土矣。②

明朝设置土司的标准就是"以劳绩之多寡,分尊卑之等差",其名称为宣慰司、宣抚司、招讨司、安抚司、长官司等土司为武职,在中央为

---

① (明)宋濂:《元史》卷30,中华书局1976年版,第682页。
② (清)张廷玉:《明史》卷310,中华书局1974年版,第7982页。

兵部武选司管辖，在地方隶属于行省都指挥使司；土府、土州、土县、土巡检等为文职土官，在中央为吏部验封司管辖，在地方隶属于行省承宣布政使司。这说明土官土司制度发展到明代，其规章制度、治理举措、权责隶属等已趋完备。对于明代云南土司的情况，在《明史·云南土司传》序言中有记载：

> 明洪武十四年，大军至滇，梁王走死，遂置云南府。自是，诸郡以次来归，垂及累世，规制咸定。统而稽之，大理、临安以下，元江、永昌以上，皆府治也。孟艮、孟定等处则为司，新化、北胜等处则为州，或设流官，或仍土职。今以诸府州概列之土司者，从其始也。盖滇省所属，多蛮夷杂处，即正印为流官，亦必以土司佐之。而土司名目淆杂，难以缕析，故系之府州，以括其所辖。①

《明史》卷46《地理七》中载，云南省的管理机构有云南都指挥使司和云南等处承宣布政使司，从蛮部六、御夷府二、御夷州三、宣慰司八、宣抚司四、安抚司五、长官司三十三、御夷长官司二②的记载看，明代云南土官土司为63家。但综合其他各类历史文献看，明代云南设置土知府13家、土知州28家、土知县5家、宣慰司4家、宣抚司4家、安抚司9家、长官司46家、其他91家，合计199家。③清朝沿袭明朝的土司制度，在云南大力推行土司制度，雍正年间改土归流前，土司数量虽然因为川滇黔交界地区改土归流而有一定变化，但影响不是特别大。明代和清前期，中央政府已推行了一套较为完备的土司制度，特别是对于包括云南土司在内的各地土司的隶属、授职、承袭、朝贡、征调、升迁、分袭、安插、教育等，都以制度的形式予以执行。明清时期，云南地区在推行土司制度的过程中，又在一定区域实行了"改土归流"，如明朝正统八年（1443）鹤庆高氏土府的改流，雍正四年（1726）对东川、乌蒙、镇雄各土司以军事手段的改土归流，以及后来对澜沧江下游以东地区土

---

① （清）张廷玉：《明史》卷310，中华书局1974年版，第8063页。
② （清）张廷玉：《明史》卷46，中华书局1974年版，第1171页。
③ 李良品：《中国土司学导论》，中国社会科学出版社2018年版，第251页。

司的全部改流。由于明清中央王朝在云南经历有"三征麓川""五征定""沙定洲之乱"等事件以及清初以军事手段改流川滇黔边的彝族土司，所以，明清中央王朝治理云南地区土司的社会成本巨大。

（三）云南地区后期的土司制度与国家治理

清代中后期及民国时期，是云南地区土司制度与国家治理的晚期。清代中后期云南设置土知府2家、土知州4家、土知县1家、宣抚司1家、长官司7家、其他46家，合计61家。①《圣武记》认为，"凡土司之未改流者……云南宣慰使一，曰车里。宣抚使四，曰耿马、曰陇川、曰干崖、曰南甸。副宣抚使二，曰遮放、曰盏达。安抚使三，曰路江、曰芒市、曰猛卯。副长官司三，曰纳楼、曰亏容、曰十二关。土府四，曰蒙化、曰景东、曰孟定、曰永宁。土州四，曰富州、曰湾甸、曰镇康、曰北胜。"②仅为21家，土司数量的出入较大。

在清代后期，由于清王朝在内忧外患的困境中已无力对土司制度进行根本性的变革，只能做局部调整或对少数土司予以改土归流。

清朝灭亡后，云南土司仍然残存于江外地区，由民国地方政府治理。这一时期，由于土司制度的根基已不复存在，沿边土司仅为残存。当时的土司或者由殖边委员、弹压委员、行政委员、县佐来管理，或者由各设治局来分管各土司，处于"局""土"同城的状态。民国时期，云南边地残存的土司主要有车里宣慰使司、南甸安抚司、干崖安抚司、户撒副安抚司、陇川安抚司、猛卯安抚司、腊撒长官司、芒市安抚司、遮放副安抚使司、猛板长官司以及纳楼、瓦渣、恩陀等土司。中华民国建立后，云南地区各地虽然有土司残存，但民国政府没有授予各地土司明清时期的职衔以及印信、号纸等信物，也就是说，云南西部和南部的一些土司不是民国政府所任命。③正如佘贻泽先生在《中国土司制度》所言："对于土司承袭，云南情形不同。各土司承袭，一一依照清例，开具宗支图、亲供、各邻封土司具结，照管县府具结，由省府给以委状。……云南则

---

① 李良品：《中国土司学导论》，中国社会科学出版社2018年版，第252页。
② （清）魏源：《圣武记》卷7《雍正西南夷改流记下》，岳麓书社2011年版，第298—299页。
③ 李良品：《中国土司学导论》，中国社会科学出版社2018年版，第155—159页。

有法律地位。……民国时代，职不得遗传。凡现存之土司，于其死后，其土司职位名称，即随其灭亡。"① 这段文字告诉我们，民国时期的云南地区虽然事实上残存着土司，也有一定的法律根据，但其权力极为有限。云南土司残存于民国时期，直至中华人民共和国成立后的1956年被彻底废除。

二 云南土司地区国家治理的具体举措

在土司制度实施的过程中，"以夷治夷"是元明清中央王朝治理西南、中南及西北等地土司及土司地区的惯用手法。当中央王朝面对不服从的少数民族首领或土司，在再三诏谕无效的情况下，只有付诸武力。但官军对少数民族地区的生态环境不熟悉，无疑加大了征剿的难度，所以，中央王朝利用反叛地区附近熟悉该地区环境，且服从中央王朝统治的少数民族土司来征讨少数民族首领或反叛土司就显得顺理成章了。故清人毛奇龄对明"以蛮攻蛮"的方式评价道："以蛮制蛮，即以蛮攻蛮。倘溪峒之间，窃发时起，则彼我征调，颇易为力，因之设土兵相制之法。而其后展转假借，凡议大征者，无不藉狼兵土兵，远为驱遣。"② 可见，明清两代"以夷治夷"的手段已深入统治者和各级官吏的内心。他们在治理云南土司及土司地区时，无不采取"以夷治夷"的政策。具体来讲，元明清中央王朝在云南地区"以夷治夷"究竟有采取了哪些举措呢？

（一）剿抚并施

元明清中央王朝在处理包括云南地区土司问题的基本对策是恩威并用、剿抚兼施，也就是历代中央王朝一直提倡的"国家设列土官，以夷制夷，逆则动兵剿之，顺则宜抚之"③。征剿和招抚同时使用，这是历代封建王朝惯用的伎俩。史家在总结历代王朝驾驭土司之法时说："其要在于抚绥得人，恩威兼济，则得其死力而不足为患。"④ 明清中央王朝在剿抚并施前提下，在对各地土司实行征剿、抚驭策略的过程中，其本身既

---

① 佘贻泽：《中国土司制度》，正中书局1944年版，第192页。
② （清）毛奇龄著，杨东甫、杨骥校注：《蛮司合志校注》，广西人民出版社2015年版，第15页。
③ 严从简著，于思黎点校：《殊域周咨录》卷9《云南百夷》，中华书局2000年版，第348页。
④ （清）张廷玉：《明史》，中华书局1974年版，第7981页。

有不乏失之偏颇的一面，也有令最高统治者担忧的一面。正如明太祖所言："抚之而过在太宽，剿之而过在太严。"① 笔者搜索《明史》《清史稿》"土司志"后发现，涉及对明清时期土司的剿、抚词语较多，但主要侧重于或"剿"或"抚"，将两个词语连用者为数不多，仅限于"抚剿""剿抚"和"相机剿抚"三个词语；对于各地土司表现出来的不满或反抗，明清中央政府就会采取"招抚"策略，在《明史》《清史稿》的"土司志"中常常出现"往抚""招抚""抚之""抚谕""抚散""收抚""镇抚""抚绥""抚捕""抚定"等词语，这些词语的背后体现的是中央政府对各地土司"抚"的行动、方式、过程及结果。从《明史》《清史稿》的"土司志"中又可见一种常见的现象，当明清时期某个土司反抗或反叛中央王朝时，中央王朝派朝廷命官前往"屡抚不听"或"屡抚不退"之时，中央王朝就会露出心狠、残暴的一面，即展开对该土司实施"剿"，其中，凸显"剿"的行动、过程、方式的词语有"征剿""赴剿""进剿""攻剿""回剿""搜剿""会剿""分剿""排剿""协剿""助剿""防剿""合剿""追剿""擒剿""雕剿"等；从"剿"的程度上看，则主要用"大剿""尽剿"等词语；从中央王朝"剿"土司的结果看，则主要用"剿之""剿治""剿捕""剿降"等词语，其最残忍的莫过于"剿除""剿灭""剿平"。② 在此以明王朝川滇黔交界之地的彝族土司为例予以探讨。

明代乌蒙即今云南昭通，东川即今云南东川，芒部即今云南镇雄。元初在这里置乌蒙路，于是以东川、芒部皆隶于乌蒙、乌撒等处宣慰司。后来在东川设置万户府。因这一地区为蜀、滇、黔三省相接之地，"皆据险阻深，与中土声教隔离"③。明政府在这一地区针对"乌蒙、乌撒、东川、芒部、建昌诸部长犹桀骜不朝"④的现象以及相邻土司"蛮情未服""遂生叛乱"之时，常用"剿抚并施"之策。如嘉靖七年（1528），"川、贵诸军会剿，败沙保等，擒斩三百余级，招抚蛮罗舅妇以千计。捷闻，

---

① 《明太祖实录》，"中研院"历史语言研究所校印本，1962年版。
② 李良品：《中国土司学导论》，中国社会科学出版社2018年版，第141页。
③ （清）张廷玉：《明史》，中华书局1974年版，第8002页。
④ （清）张廷玉：《明史》，中华书局1974年版，第8002页。

设镇雄流官如旧"①。一面是"会剿",一面是"招抚",统治者将二者玩于股掌之间。《明史·四川土司传》中,多有"便当剿杀""相机进剿""令剿贼自赎""并力剿寇""当剿""诸军会剿""宜剿诛以折其骄气""请专意进剿,为地方除害""遴调土汉兵五万余进剿"等语句,于是,嘉靖四年遂有"时政已为官军擒于水西,追获芒部印信,前后斩首六百七十四级,生擒一百六十七人"②的"战绩";当然,在有的情况下,明代中央政府对这一地区的土司或彝族民众又假以"抚"的成分,其该传中有"同知刚正抚字有方,蛮民信服""招抚白乌石等四十九寨""有司抚循失策"语句,还有这样的记载:嘉靖四十一年(1562)"铸给四川东川府印。初,阿堂既诛,索府印不获,人疑为安万铨所匿,及是屡勘,印实亡失。而禄位近派悉绝,惟同六世祖有幼男阿采。抚按官雷贺、陈瓒请以采袭禄氏职,姑予同知衔,令宁著署掌,后果能抚辑其众,仍进袭知府。"③ 这就是"打一巴掌给一颗糖"的做法。其实,明代的朝廷命官对这一举措以及对该地区的重要性应该有相当的认知:万历四十三年,云南巡按吴应琦言:"东川土官禄寿、禄哲争袭以来,各纵部众,越境劫掠。拥众千余,剽掠两府,浃旬之间,村屯并扫,荼毒未有如此之甚者。或抚或剿,毋令养祸日滋。"下所司勘奏。贵州巡按御史杨鹤言:"乌撒土官,自安云龙物故,安咀与安效良争官夺印,仇杀者二十年。夷民无统,盗寇蜂起,堡屯焚毁,行贾梗绝者亦二十年。是争官夺印者蜀之土官,而蹂践糜烂者黔之赤子。诚改隶于黔,则弹压既便,干戈可戢。"又言:"乌撒者,滇、蜀之咽喉要地。臣由普安入滇,七日始达乌撒。见效良之父安绍庆据沾益,当曲靖之门户。效良据乌撒,又扼滇、蜀之咽喉。父子各据一方,且坏地相接,无他郡县上司以隔绝钤制之,将来尾大不掉,实可寒心。盖黔有可制之势,而无其权;蜀有遥制之名,而无其实。诚以为隶黔中便。"④ 只要我们翻检明清的历史文献就会发现,在中央王朝与以云南土司在内的土司利益博弈中,明清中央王朝虽然有时会在一

---

① (清)张廷玉:《明史》,中华书局1974年版,第8008页。
② (清)张廷玉:《明史》,中华书局1974年版,第8007页。
③ (清)张廷玉:《明史》,中华书局1974年版,第8010页。
④ (清)张廷玉:《明史》,中华书局1974年版,第8012—8013页。

些问题上做出让步与妥协，但更多的是要求各地土司的归附与服从。只要反叛，绝没有好下场，诸如平定云南的武定、麓川土司叛乱和"沙普之乱"等无不如此。可以说，明清时期中央王朝的剿抚并施，是一种以剿为主、以抚为辅之策，如明代正统年间中央王朝的"三征麓川"，就凸显了从抚到剿、由弱渐强、以剿为主的过程，其目的在于维护中央王朝的统治。但从另一方面看，这也是土司制度实施过程中王朝国家治理与土司及土司地区习以为常的矛盾。

（二）土流共治

元明清中央王朝对于始终处于远离政治中心的云南土司地区，因为鞭长莫及，其控制和治理能力往往力不从心。正是在这种情况下，王朝国家不得不接受一些朝廷命官的建议，采取"土流并治"的举措。"土流并治"这一举措是元明清时期国家治理的一种制度性安排。从元明清时期土司制度的设计看，这一制度性安排，始于元代的"参用其土人"[①]的制度。元代中央王朝在施行土官制度时，在土司地区设置的地方政权中多采用"参用其土人"的原则，并对六品以下的官员才实施"土流兼治""土流并用"。在《元史》中对"土流共治"现象的记载不乏其例。如《元史》卷三十载：泰定四年（1327），八百媳妇蛮请官守，置蒙庆宣慰司都元帅府，"以同知乌撒宣慰司事你出公、土官招南通并为宣慰司都元帅，招谕人米德为同知宣慰司事副元帅"[②]。又据《元史》卷三十五载：至顺二年（1331）五月，"立云南省芦传路军民总管府，以土官为之"[③]。元代在云南地区的地方政权中基本上是以"土人"为官。特别是在元世祖忽必烈平云南后，在云南少数民族地区"各设土官管辖"[④]。这就是元朝在云南边疆少数民族地区地方政权中实行"参用土人"的实例。

明清中央王朝在云南地区大力实施"土流并治"（又叫土流参治、土流参用、土流兼用）等举措。特别是王守仁在《处置平复地方以图久安疏》中提出"特设流官知府以制土官之势"的建议，则将"土流并治"

[①] （明）宋濂：《元史》卷九十一《百官七》，中华书局1976年版，第2318页。
[②] （明）宋濂：《元史》卷三十《泰定帝二》，中华书局1976年版，第682页。
[③] （明）宋濂：《元史》卷三十五《文宗四》，中华书局1976年版，第785页。
[④] （明）钱古训撰，江应樑校注：《百夷传》，云南人民出版社1980年版，第50页。

的举措提炼成为明清中央王朝治理土司地区的一大贡献。明清时期中央政府为了有效地治理包括云南在内的全国各土官土司地区,便在土司衙署内附设流官机构,在一些以流官为主的政府系统内又附设土官机构,以共同治理流官区,实行"土流共治"。

所谓"土流并治"其实就是明清中央王朝在少数民族地区实施的土司统治与流官管辖或治理相结合的一种治理举措,这种举措在明清时期治理包括云南在内的土司地区运用得十分广泛。明初,朝廷从云南边疆地区所处的战略地位出发,在云南地区全部改设流官还不可能完全实现的情况下,对部分地区实行"土流并治"。一方面以土司为主,任命土司地区原有少数民族土司为宣慰使、安抚使、长官司、土知府、土知州、土知县,利用这些少数民族土官土司"以夷治夷",起到招抚和安定土司辖区内各民族的作用。另一方面由明代中央王朝派出流官任府、州、县的正职或副职,对土司起辅助和监督作用;还有一些由中央王朝派来的流官,诸如县丞、典史、主簿、儒学教谕、训导等官职。据万历年间《滇志》记载:嶍峨县中设"知县一,土官知县一,典史一。主簿一,土官。儒学教谕一,训导一"①。楚雄县中设置"知县一,县丞一,土官。典史一"②。镇南州设"知州一,同知一,土官。吏目一,儒学学正一,训导一"③。定远县设置"知县一,主簿一,土官。典史一,儒学教谕一"。定边县设"知县一,县丞一,土官。典史一,定边驿驿丞一,新田驿驿丞一"④。鹤庆府设置"知府一,通判一。经历司经历一,知事一,土官。司狱司司狱一,儒学教授一,训导一,致阜仓大使一,副使一;宣化关巡检司巡检一。观音山巡检司巡检二,流官一,土官一;在城驿驿丞二,流官一,土官一;观音山驿驿丞二,流官一,土官一。阴阳学正术一,医学正科一,僧纲司都纲一,副都纲一"⑤。"土流并治"是明朝在云南地区采取的一种地方土司治理土司地区向中央王朝派遣流官治理土司地区的过渡形式,目的是加强对云南地区各族土司的控制,并争

---

① (明)刘文征撰、古永继校点:《滇志》卷5,云南教育出版社1991年,第190页。
② (明)刘文征撰、古永继校点:《滇志》卷5,云南教育出版社1991年,第194页。
③ (明)刘文征撰、古永继校点:《滇志》卷5,云南教育出版社1991年,第195页。
④ (明)刘文征撰、古永继校点:《滇志》卷5,云南教育出版社1991年,第196页。
⑤ (明)刘文征撰、古永继校点:《滇志》卷5,云南教育出版社1991年,第201页。

取在有条件的情况下废除土司统治，全面实现中央王朝派遣流官直接治理云南各府州县。如《滇志》中有"蒙化府设知府一，土官世袭，掌印同知一"① 的记载。另据《新纂云南通志》（第七册）载：明洪武蒙化土著左禾款附后，于"洪武十七年，以禾为蒙化州判官。永乐九年，禾入朝贡马，赐予如例。其子伽从征麓川，战于大侯，功第进秩临安知府，掌蒙化州事。正统中，升州为府，以伽为知府诸部江内诸蛮，性柔驯，江外数枝，以勇悍称。每应征调，多野战，无行伍。伽卒，孙琳袭。琳卒，弟瑛袭。瑛传铭，铭传正。先是，左氏世袭知府，正统间，设流官通判，而印仍掌于土官。正德间，印归通判，而别给左氏知府钤记。万历间，改通判为同知，给衔曰'蒙化府掌印同知'。印之归官，自正始也"②。《巍山彝族回族自治县志》同样有载：正德三年（1508），土知府左正主动让权，"强辞印信归流官通判掌"，明王朝又"别给左氏知府钤记"。自此，流官掌印，土官管钤记。③ 这种"印归通判，左氏知府钤记"现象从明代正统年间一直沿袭到清代雍正年间。因为在《蒙化左土官记事（抄本）》中有"左世瑞年老患病，不能理事，将土知府职替与十三世祖左嘉谟承袭。于康熙四十二年二月初七日祗领部颁号纸，到任管理地方。于康熙五十三年十二月初十日在任病故。祖麟哥系祖嘉谟庶长亲男，例应承袭世职，因年方七岁，不合袭例。据族舍里老公举嫡祖母高氏抚幼，协理地方事务。嗣于雍正二年，左麟哥年满十七岁，蒙院司道府查取宗图册结，咨部具题，蒙吏部颁给号纸"④ 的记载。至于蒙化左氏土司辖区的这种"土流并治"方式到何时结束，笔者没有看到相关史料记载。

笔者翻检历史文献发现，明清时期云南地区的大多数流官虽然是中央政府派遣而来，但在滇西、滇南的一些土司地区并无多大话语权，治

---

① （明）刘文征撰、古永继校点：《滇志》卷5，云南教育出版社1991年，第195页。

② 牛鸿斌等：《新纂云南通志》（第七册）点校本第7卷，云南人民出版社2007年版，第702页。

③ 云南省巍山彝族回族自治县志编纂委员会：《巍山彝族回族自治县志》，云南人民出版社1993年版，第11页。

④ 云南省巍山彝族回族自治县志编纂委员会：《巍山彝族回族自治县志》，云南人民出版社1993年版，第968—969页。

理当地的大权大多掌握在土司手中，除了极少数流官如芒部同知刚正"抚字有方，蛮民信服"①，善于与当地彝族土司相处外，绝大多数外来流官，遭受土司势力排挤，很难在该地区插足。据《广南县志》记载，明朝初年，中央王朝在广南设流官控制土司。在保留土司制度的同时，改侬氏土司贵族土官为广南府同知，实行土流并存制度。虽然中央王朝以流官署广南府，力图在云南广南地区扶持地主经济以巩固流官政权的统治，但由于广南地区长期的土司统治结成了一个强烈排斥外来力量的地方集体势力，土司统治的权力难以瓦解，因而侬氏土司统治势力仍很牢固。明万历四十三年（1615），中央政府派遣的流官知府廖弦以"道险多障"为借口，不敢亲临广南，而"避瘴临安"（今云南建水）遥控指挥。因此，广南地区统治权仍然掌握在侬氏土司手里，流官及流官政府形同虚设。直至清王朝建立后，随着清政府统治全国的实力不断增强，对云南地区的统治日渐深入，流官势力才随之得以加强。清朝初年，中央政府派遣的流官知府亲临广南府执政，并在广南、富州等地设汛卡，派遣军队到广南地区屯守。再加之汉族人口大量流入垦殖，带来了先进的生产技术，打开了广南地区与内地各民族的交往，经济文化交流日趋频繁，使原来广南地区土著民族中旧有的生产和生活方式发生变化，给侬氏土司经济以很大冲击，土司统治基础发生了动摇，清朝后期才逐渐形成了以流官为主的统治局面。②

明清时期，中央政府虽然对"土流并治"有着强烈的愿望，但一些汉族官吏却不愿到云南土司地区任职，《请巡抚兼制东川疏》载："旧制蜀中虽设通判一员管府事，实未亲履其地，土官专制自如。"③ 这势必导致东川地区流官未能真正发挥治理东川地区的作用。直至清朝雍正年间，东川之地还存在"故改土三十年，仍为土酋所有"④ 的现象。"土流并治"举措是明清中央王朝实现地方治理的两种手段，二者之间存在着很

---

① （清）张廷玉等：《明史》卷311，中华书局1974年，第8006页。
② 云南省广南县地方志编纂委员会：《广南县志》，中华书局2001年版，第800—801页。
③ 邓洖：《请巡抚兼制东川疏》，参见梁晓强《东川府志·东川府续志》校注本，云南人民出版社2006年，第363页。
④ 鄂尔泰：《请添设东川府流官疏》，参见梁晓强《东川府志·东川府续志》校注本，云南人民出版社2006年，第371页。

大的差异，有的专家学者将其归纳为四个方面：第一，土司由当地少数民族首领充任，"世袭其职，世守其土，世长其民"，而流官则由明清中央政府随时委任，职不世袭，官不常留，可以随时调任、升降、任免；第二，在土司统治区域内，一切内事务任凭土司决断，朝廷很少过问，而流官治理区域内的各项政事都按朝廷的法令处理；第三，土司统治区的土地和人民，实际上都属于当地土司所有，粮食、差役、银两在土司名下进行征收，而流官地区则要"编户齐民，计亩升科"；第四，流官制度一般实行于汉族地方、"汉夷杂居"地区或经济比较发达的少数民族地区，土司制度则用于经济不发达的少数民族地区。明清时期云南地区土司统治最大特点是"因俗而治"的举措，它是根据一定的原则在施行。所谓的"因俗"仅限于一些具体的行政事务以及少数民族的历史传统、宗教信仰、风俗习惯、生产生活方式可以继续保留、传承与发展的内容。至于行政制度的兴革、职官的任用、重大事情的决策等则是"不因俗"的，也就是说，明清中央王朝掌握和控制着各地土司的授职、承袭、升迁、奖惩、优抚等重大事项的决定权和主导权，各地土司还必须按期缴纳贡赋、听从中央王朝征调。各地土司若不遵从中央王朝的这些规定，就要被裁革或改土归流。[①]

明清中央王朝为了从制度上强化对云南地区土司的管控与治理，以防土司因权势的膨胀而日益坐大，皆实施"土流并治"的举措。专家认为：明清时期在云南地区实施的以土司为主、流官为辅的统治之术，"既可以充分利用土司了解其辖区内的民风民情，便于进行直接管理，从而减少各种反抗性活动的发生，维护当地安定的社会秩序，同时又可以利用流官加强对土司的监督和制衡，使土司按照朝廷的意旨行事，从而加强朝廷对土司统治地区的控制，为最终改土归流准备条件"[②]。

（三）以文治边

明清时期土司制度是一种"国家主导"的管理包括云南地区少数民族在内的政治制度，其根本目的在于国家从间接统治边疆地区变为直接

[①] 李良品、谈建成：《"因俗而治"：明清时期土司地区的国家治理政策》，《西南民族大学学报》（人文社科版）2017年第9期。

[②] 王天玺等：《中国彝族通史》（第二卷），云南人民出版社2012年版，第393页。

统治。在这一过程中，中央王朝与云南地区土司之间达成了互动关系，逐步构建起命运共同体和利益联合体，并通过以文治边的形式让云南地区土司达成中央王朝的目的。明清中央王朝要主宰被统治阶级的意识形态和当地民众的行为，只能通过控制文化内容来统一当地民众的意志来达到治理边疆民族地区的目的。云南地区各地土司在中央政府让渡一定权力的过程中强加给他们的意识形态，是土司集团与当地民众形成统治关系和被统治关系的"共生体"之后才能很好地发挥应有的文化统治功能。云南地区土司依靠王朝国家授予他们的诰敕、印信、号纸等信物并取得合法统治权之后，通过多种举措，在夺取各族民众文化领导权的前提下，顺利成为当地的文化权力主体，使各族民众成为他们的"文化俘获"，彻底掌控当地各族民众的精神意志和文化支配权。在一定程度上讲，云南地区土司是披着意识形态的合法外衣，而实施着王朝国家治理边疆需要的文化统治权，以实现"以文治边"的目标。① 这里主要以两大举措予以说明：一是中央王朝在土司地区大力兴办儒学，据黄开华研究表明，元明两朝云南土司地区创办有乌蒙军民府学、乌撒军民府学、乌撒卫学、镇雄府学、罗次县学、禄丰县学、易门县学、五华书院、大理府学、玉泉书院、邓川州学、象山书院、宾川州学、太和县学、苍山书院、源泉书院、桂林书院、云南县学、青华书院、五云书院、浪穹县学、宁州书院、龙华书院、云龙州学、临安府学、建水州学、石屏州学、阿迷州学、宁州学、通海县学、河西县学、蒙自县学、崇正书院、龙泉书院、楚雄府学、镇南州学、南安州学、楚雄县学、广通县学、定远县学、姚安军民府学、大姚县学、黑井司学、琅井司学、白井司学、栋川书院、日新书院、龙泉书院、南峰书院、龙冈书院、南中书院、汲泉书院、徵江府学、新兴州学、江川县学、河阳县学、路南州学、澄心书院、点苍书院、顺宁府学、曲靖府学、南宁县学、霑益州学、平夷卫学、陆凉州学、罗平州学、马龙州学、兴古书院、寻甸军民府学、鹤庆军民府学、顺州学、剑川州学、复性书院、金华书院、元江军民府学、新平县学、北池书院、永昌军民府学、腾越州学、保山县学、永平县学、保山书院、

---

① 廖钰:《论道光年间滇南地区土司"文化治边"之举措——以〈滇事杂档〉史料为中心》,《民族学刊》2019年第4期。

永保书院、见罗书院、博南书院、广西府学、师宗州学、武定府学、元谋县学、禄劝州学、文峰书院、武阳书院、镇沅府学、景东卫学、景东府学、新城书院、蒙化府学、明志书院、北胜州学等 100 所学校。① 这就实现了天下郡县"并建学校"的目标以及"治国以教化为先,教化以学校为本"② 的主张,促进云南土司地区尚学之风的逐渐形成。这正如明代天启《滇志》所言:"本朝列圣,喜意文教,庙学之盛,六十有余,士出其门斌斌焉,得于广厉者深,而奋于郁纾者久矣!"③。二是开科取士,提高云南土司地区各族民众的文化水平。据《滇志·学校志》载,明代景泰年间至天启年间,永昌府所辖范围内,产生张杲等举人 245 人,在这些举人中有 21 人后来中了进士,金齿司人张志淳后来官至南京户部右侍郎;潘一柱官至御史,石应嵩官至南京兵部郎中。④ 这些人才的大批涌现,促进了土司地区的社会稳定和各族民众社会生活习惯的改变,有利于王朝国家对云南土司地区的治理。

(四) 沿边土司治理

云南"沿边土司"主要是指澜沧江以西,普洱至元江、建水直至富宁以南地区的土司,即包括靠近云南边境地区以及云南边境之外的土司。具体来讲,或许主要指《滇志·羁縻志》中的"属夷",即车里军民宣慰使司、木邦军民宣慰使司、八百大甸军民宣慰使司、老挝军民宣慰使司、孟养军民宣慰使司、缅甸军民宣慰使司、孟定府、孟艮府、南甸宣抚司、干崖宣抚司、陇川宣抚司、耿马宣抚司、猛密宣抚司、蛮莫宣抚司、威远州、湾甸州、镇康州、潞江安抚司、芒市长官司、孟琏长官司、茶山长官司、里麻长官司和钮兀长官司等 23 个土官土司。⑤ 明代史家何以称这些土官土司卫"属夷",《滇志》认为:"自永昌出塞,南际大海,诸夷自相君长。本朝芟锄梁、段,以武临之,皆稽首而奉正朔。革其昭纲、昭录之旧称,授以宣慰、宣抚之新号。叶文通于银台,象马陈于阙廷,

---

① 黄开华:《明代土司制度设施与西南开发》,参见《明史论集》,诚明出版社 1972 年版,第 378—392 页。
② 钱伯城等主编:《全明文》,上海古籍出版社 1992 年版,第 355 页。
③ (明) 刘文征撰,古永继校点:《滇志》,云南教育出版社 1991 年版,第 275 页。
④ (明) 刘文征撰,古永继校点:《滇志》,云南教育出版社 1991 年版,第 312—315 页。
⑤ (明) 刘文征撰,古永继校点:《滇志》,云南教育出版社 1991 年版,第 985—993 页。

版章设于职方纲纪之司属在行省。夫自汉以来,侈舆图之广者,莫若李唐,乃姚、嶲诸州,仅属羁縻,而今按籍所载,不啻斥地数千里,折箠所使,并在迩封。此亦声教之极盛哉!前志有西南夷司志,夫诸司隶行省,如滕、薛、邿之役宋焉。则阿瓦江头,吾南土也,奚剡以西南而令自为夷司耶?故更之曰'属夷'"①。清人王崧又将这些土官土司称为"边徼十八土司",并认为这些土司"在省城西南,附近永昌、顺宁、普洱三府"②,包括车里军民宣慰使司、木邦军民宣慰使司、八百大甸军民宣慰使司、孟养军民宣慰使司、老挝军民宣慰使司、南甸宣抚司、干崖宣抚司、陇川宣抚司、猛密宣抚司、蛮莫安抚司、直隶耿马宣抚司、孟艮土府、湾甸土州、镇康土州、芒市安抚司、孟琏长官司。明代的诸如缅甸军民宣慰使司、孟定府、威远州、湾甸州、茶山长官司、里麻长官司、钮兀长官司③等土官土司或因已属他国,或已并入其他土司,已不再沿边土司之列。因此,王崧说:"凡此十八土司,明初,置宣慰司六:曰车里、曰缅甸、曰木邦、曰八百大甸、曰孟养、曰老挝,俗谓之六慰;宣抚司三:曰南甸、曰干崖、曰陇川,俗谓之三宣。其后置猛密、耿马二宣抚司,共为五宣。而蛮莫、芒市则曰安抚司,孟琏则曰长官司,是皆号为土司者也。其孟定、孟艮皆曰府,湾甸、镇康皆曰州,以其附于诸司之列,故统曰十八土司。"④ 时至民国,沿边土司情况在《新纂云南通志·土司考》记载:"万历《志·羁縻志》、天启《志·土司官氏》所载略同。三宣六慰,最为著名。三宣在滇西南边境,曰陇川、曰南甸、曰干崖;六慰在三宣之外,曰缅甸、孟养、八百大甸、车里、木邦、老挝。又属于顺宁者有三猛,曰猛缅、猛撒、猛猛。更西与永昌相错者有二土州,曰湾甸,曰镇康。永昌西北则茶山、里麻二长官司在焉。逮及清代,陇川、南甸、干崖、车里、猛缅、猛甸、猛撒、猛猛、湾甸尚

---

① (明)刘文征撰,古永继校点:《滇志》,云南教育出版社1991年版,第985—986页。

② (清)王崧著,刘景毛点校:《道光云南志钞》,云南社会科学院文献研究所1995年,第69页。

③ (清)王崧著,刘景毛点校:《道光云南志钞》,云南社会科学院文献研究所1995年,第69—75页。

④ (清)王崧著,刘景毛点校:《道光云南志钞》,云南社会科学院文献研究所1995年,第76页。

存。"① 又说:"乾隆三十四年,缅甸叛变,诏傅恒征之。初大胜,嗣因病与和,划孟拱、孟养、木邦、蛮暮诸土司属缅,因缅为藩,虽分其地与缅,不啻仍为吾属。……光绪十一年,英灭上缅甸,缅甸遂全人于英。二十年《中英续议滇缅条约》,二十三年《中英续议缅甸条约》签订后,照此划界,凡孟拱、孟养、蛮暮、大古剌、孟密、木邦、孟艮、景海、猛勇、猛奈、猛欲诸土司尽失,而南甸土司南段之地亦失地数百里。……(光绪)二十二年《续订界务专条附章》,猛梭、猛赖、猛蚌、猛约、猛浑、猛洗、猛悻诸土司尽失,而猛乌、乌得两土司地,又因法与俄助索辽地,让与法人。惟当猛乌、乌得出让时,该地土司曾至镇边厅署号泣,并有怨言。……缅甸、孟养、木邦既为英有,老挝又为法属,八百亦相继沦入暹境,茶山、里麻,久经湮没,猛缅改设缅宁厅,镇康改镇康州。按:猛猛入民国后,改隶双江县,其余边地及内地各土司,在明、清两代沿袭不绝者,固居多数,因故被废者,亦时有之。"② 总之,这些沿边土司"或经划分,或系新置,或自动解除"等原因,沿边土司变化太大,难以尽述。

从明清中央王朝对云南沿边土司的治理策略看,主要采取恩威并施、军事征剿的举措,一旦招抚之策失效之后,中央王朝势必采取征剿。如明朝正统年间"三征麓川"就运用了恩威并施、兵威镇压、分而治之的方式,并且呈现出从抚到剿、由弱渐强、层层加码的过程。因此,麓川平缅宣慰司"数被征剿、官军欺压、大量田地被屯军移民占夺、许多人被迫转入深菁大山、生存条件恶化,使得西南地区的民众对移民和政府官员,充满着仇恨和畏惧之心"③。并且经过"三征麓川"之后,木邦土司、缅甸土司的势力日趋加强大,在中国西南边疆形成了"减一麓川而生二麓川"的局面。特别是"三征麓川"之后,明朝的王骥等人将原属麓川的大片土地划给木邦和缅甸,从而最终丧失了从潞西的芒海、中山以南及瑞丽以西直达伊洛瓦底江以及伊洛瓦底江以西的大片土地,导致我国疆域的内缩。时至清代,云南沿边土司地区因为王朝边疆治理体系

---

① 龙云等纂,牛鸿斌等点校:《新纂云南通志》,云南人民出版社2007年版,第660页。
② 龙云等纂,牛鸿斌等点校:《新纂云南通志》,云南人民出版社2007年版,第661页。
③ 岳精柱:《明代西南边疆社会心态探析》,《社会心理科学》2005年第2期。

存在弊端，加之土司乘机制造事端和"奸""匪"破坏社会稳定而引发的社会乱象，清王朝基于"固卫边圉""征收钱粮"和"就近管理"三方面考虑在沿边土司地区继续推行土司制度，采取多管齐下的诸如土司制度框架下"因地制宜"、力促土司"谨守疆土"、强力推进征收钱粮、尝试创新边疆治理模式等举措，并从政治体制与土司权力一体性、地方流官与沿边土司的共治性、团练乡约与宗族组织的联动性三条进路践行国家治理，推动中央政府权力控制社会的底层化和基层社会日常事务的国家权力场域化，以促使沿边土司积极"内属"以减少"外附"，加速各民族共同开拓祖国疆域的历史进程。

三　云南土司地区的改土归流

明清两代土司制度在云南推行的过程中，遇到不少阻碍，出现了诸多问题，因此，明清中央政府对于云南土司及土司地区的治理，一方面是继续加强对土司的有效管控，对土司地区和边疆民族的社会治理，同时有对土司制度进行相应的变革以及改土归流，以适应当地的各种情况的变化。特别是改土归流的不断推进，这充分体现了王朝国家对云南土司及土司地区的不间断治理。

（一）云南土司地区改土归流的进程

元明清时期云南土司职级不同、地区差异、情况复杂，因此云南土司改土归流的具体情况、时间差异较大。在此，笔者以云南地区不同时段的改土归流进行阐述。

1. 明代云南地区土司的改土归流

明政府在云南的改土归流，《蛮司合志》有记载："成化十四年，寻甸知府安晟死，兄弟争袭，改寻甸土知府为流官知府，广西亦如之（即云南广西府也同样改为流官知府）。弘治十七年，增设宁州流官知州。隆庆初，以武定凤氏屡叛，讨平之。改设武定府流官知府，增守御所。（隆庆）二年，增设邓川州流官知州。万历十三年，平罗雄州土酋者继荣乱，改罗雄州为罗平州，调曲靖中左所为定雄所。（万历）二十五年，平顺宁知府猛廷瑞乱，改设顺宁府流官知府；改大侯州为云州，设流官知州。（万历）四十二年，以云龙州知州段进忠杀土官段嘉龙受诛，改云龙州土知州为流官知州，裁革五井提举以盐课并归之。"① 从这段文字可见，明代云南地区的改土归流起于成化十四年（1478），终于万历四十二年（1614），前后历经 136 年。另据《新纂云南通志》（第七册）所载改流土司有："在明代，如昆明赤水鹏、宜良汤池、大理楚场等土司，皆系先设后废；阿迷王弄山土司，为沙氏所并，蒙自阿土司、路南秦土司，皆系改流除职；江川关索岭土司，缘殉难而亡；广西普土司，因肆恶被革；南宁白水关土司，因乏嗣消灭；陆凉阿土司，因犯罪削除。"② 在这 136 年的历史长河中，虽然仅有 8 次改土归流之举，却有三种不同的情况。③

一是直接将土官土司改为流官。明朝对于反抗中央王朝的云南土司，就利用平定反抗的历史契机推进改土归流。如成化十二年（1476），寻甸土官舍人安宣聚众杀掠，加之成化十四年（1478）寻甸土知府安晟死，兄弟之间为承袭争斗，中央政府朝廷改设流官知府。正德八年（1513），蒙自土舍禄祥为了争夺承袭父职，用毒酒杀死了嫡兄禄仁，由此引发动乱，中央政府讨平之后也乘裁革蒙自土官，"改长官司为新安御守千户所，调临安卫中所关军戍之"④。

二是明代中央王朝改大留小。明王朝为了维护云南土司地区的社会安定，将一些具有反抗中央王朝实力的土司实施改土归流后，仍然保留其下属且级别较低的土官土目，使其不具备反抗实力，这是一种不完全的改土归流。如洪武十五年（1382），征南左将军蓝玉和右将军沐英率师攻下大理，乘势进行改土归流，但仍在大理地区白族民众聚集之地设了一些级别较低的土官，当时设置的土官有：命品甸（即洱海坝子）土酋杜惠担任千夫长，命阿这为邓川土知州，阿散为太和府正千夫长，李朱为副千夫长，杨奴为云南县土县丞等。又如，明洪武十七年（1384）设置临安府之后，任命土官和宁担任阿迷土知州、弄甥担任宁州土知州、陆羡担任蒙自土知县、普少担任纳娄茶甸副长官⑤。这是明王朝

---

① （清）毛奇龄著，杨东甫、杨骥校注：《蛮司合志校注》，广西人民出版社 2015 年版，第 131 页。
② 龙云等纂，牛鸿斌等点校：《新纂云南通志》，云南人民出版社 2007 年版，第 661 页。
③ 王文光、李吉星：《论明代云南的改土归流》，《思想战线》2014 年第 6 期。
④ （清）张廷玉：《明史》卷 313，中华书局 1974 年版，第 8071 页。
⑤ 王文光、李吉星：《论明代云南的改土归流》，《思想战线》2014 年第 6 期。

根据云南当地情况尽量满足地方的要求，以此达到维护土司地区稳定的做法。

三是地方流官支持改土归流。如明中叶以后，武定凤氏土司多次作乱，明央王朝将其平定后，行省官员和武定同知高度重视并支持云南地区的改土归流，云南巡抚吕光洵于隆庆元年（1567）撰写了《请改土设流疏》，全文如下：

> 为垦乞圣明俯顺舆情，改土设流以图长久治安事。武定府土酋凤继祖乱已经剿平，据士民杨世荣等告，议将该府并元谋一县，改添流官，原属州县士民，编入有司统摄，及将凤索林免罪安置，凤思尧降授该府经历，及添设流官，即于就近升调。
>
> 为照土官凤氏，世专地方，擅肆骄逆。今酋首凤继祖又复倡乱，已经殄戮，土民各思向化，愿属流官，以免遗累。所据改土设流事宜，既该各官审察民情，勘议详悉，且查先年鹤庆、寻甸等府，亦系改设事体相同，诚可为地方久安之计。①

"光洵入奏，免凤索林罪，授其支属凤历子思尧为土经历，事既允行。"② 邓世彦撰写的《武定府改土设流记》内容如下：

> 云南，古靡莫地，自哀牢内附不常。我国家混一区宇，中国其地，赤子其人，如武定设军民府，流同知佐焉，因俗易政，相忘于治。凤氏守官乐土，与国同休可也。凤英谋孽朝文煽乱，索林窃位酿祸，继祖再叛据城，杀官夺印，厪朝廷远虑，大兵剿灭，法当族诛。当道悯思尧稚年，先逃省会，冠带之议改未决，民夷听抚前诉，激者、谄者、叱者、吸者，小恐惴惴，大恐缦缦，其发若机括。因吁众悉造于庭曰："巨魁戮余党附众生矣，若此者何居。"咸仰天嘘嗟不言。势重莫反，当先之如改设何？造庭者叩地震曰："旦暮得此，

---

① 杨成彪：《楚雄彝族自治州旧方志全书》（武定卷），云南人民出版社2005年版，第264—265页。

② 李春龙，牛鸿斌等点校：《新纂云南通志》，云南人民出版社2007年版，第707页。

其所由以生乎？"彦亦惴惴自任，若有真宰而不得其朕，夜草二十事，胥此意也。当道悉允行，上其议于朝，钦升刘公宗寅知府事，添设推官谭君经。降思尧袭经历，给庄田一百所，庄户以次编入图籍。不期月，遐迩交贺，曰："而今后知流官之便于民也。"夫川竭而谷虚，邱夷而渊实，改设行而宁谧，亦势也，难乎其议矣。此议生于人心，陈以臆见，谋于各官，主之者前院吕公光洵、刘公思问、今院陈公大宾、刘公应贤也。四公不自有其功，归之朝廷，吁亦奂功。纯璞不残，孰为牺樽？白玉不毁，孰为珪璋？土治相安，孰为改设？今日之功，凤氏积累之罪也，罪罪而功名焉。二十事其侈说与，以为是而必行，则俗惑于辩，以为非而必去，则政敝于矫。今种种之民，训行乡约，亲亲长长，甘食易服，乐俗安居，将至老死而不惑，且知法之无所用也。呜呼！星星之焰，涓涓之流，毋决防而扑易，因勒二十事于石。时隆庆元年十有一月也。①

据历史文献载，凤思尧已经辞经历一职之后，而当地民众每到府中，必须去拜谒凤思尧如尚未改土归流前的土官一样。凤思尧的父亲凤历，"以不得知府怨望，阴结四川七州及贵州水西宣慰安国亨谋作乱。刘宗寅遣人谕之，不听。三年，凤历纠众，称思尧知府，夜袭郡城，城中备严，不能入，退屯鲁墟。宗寅夜出兵斫其营，贼溃走，至马剌山，擒凤历，伏诛。"②从上面文献可见，明代隆庆初年，授凤思尧为武定土经历后，凤氏土司逐渐退出了武定土司活跃的历史舞台，日渐走向了衰落。但是，凤氏土司对失去昔日显赫的土司职位和土司权威不甘心，多次进行反抗，不断发生叛乱，但都以失败告终。

总的来讲，明政府在云南的改土归流既没有强制性的改土归流，也没有纵容土官土司为非作歹，而是从有利于土司地区社会稳定和经济发展的需要，因势利导逐步推行改土归流，这不仅符合当时王朝治理国家的需要，而且也符合统一多民族国家发展与建设的需要。

---

① 李春龙，牛鸿斌等点校：《新纂云南通志》，云南人民出版社2007年版，第707—708页。

② 李春龙，牛鸿斌等点校：《新纂云南通志》，云南人民出版社2007年版，第708页。

2. 清代云南地区土司的改土归流

土司制度在云南地区推进的过程中，由于各种原因，积弊已久。清朝初年，虽然吴三桂治滇进行过改土归流，但此时的云南土司多为明朝土司势力，依然威胁着云南的社会稳定，因此吴三桂奏请对乌撒等彝族土司进行改流。事实上到康熙年间云南土司的治理效果不佳，以致雍正时期土司势力膨胀，目无国家法纪，严重威胁云南地区社会的稳定。在这种极不利于清朝政府对云南地区的国家治理的情况下，必须进行改土归流。据《新纂云南通志》（第七册）载：

> 雍正间，鄂尔泰巡抚云南，倡议改土归流。则乌蒙、东川、镇雄三土府，因地近滇省会，以归云南节制为宜，入奏请改隶云南。相机改流，设三府一镇，永靖边氛。又，滇边西南界，以澜沧江江外为车里、缅甸、老挝诸土司，其江内之镇沅、威远、元江、新平、普洱、茶山诸夷，巢穴深邃，出没鲁魁、哀牢间，无事近患腹心，有事远通外国，自元迄明，代为边害。论者谓江外宜土不宜流、江内宜流不宜土云。旋得旨，即以东川、乌蒙、镇雄三土府改隶云南，并任命尔泰为三省总督，先革东川土司，相次以兵力迫乌蒙、镇雄两土司，或降或遁，或降而后叛，又复敉平，遂以乌蒙改府，镇雄改州，又设镇于乌蒙，控制三属。又沾益土州安于蕃、镇沅土府刁瀚及赭乐长官土司，威远州、广南府各土目，先后劾黜，亦设流官。又进剿澜沧江内孟养、茶山土夷，先檄车里土兵截诸江外，直抵孟养，惟江外归车里土司，江内地全改流。……在清代，鄂尔泰改土事已如上述，余如昆明清水江、罗次炼象关、禄丰南平关、会泽木期古寨、赵州定西岭、浪穹蒲陀崆、镇南镇南关、广通回蹬关、云龙箭杆场、鹤庆观音山、建水猛丁等土司，多因改流而取销。若开化王氏、镇沅刀氏、邓川阿氏、嵋峨王氏、元江那氏各土司，亦多因故削职。云州土司、澂江安置土司、普思沿边普藤土司，又系因停袭被裁、绝嗣而革除。①

---

① 李春龙，牛鸿斌等点校：《新纂云南通志》，云南人民出版社2007年版，第660—661页。

从清代改土归流的主要时间看，一是清朝初年，吴三桂在滇东北的改土归流；二是雍正年间鄂尔泰对乌蒙、东川、镇雄、沾益土、镇沅、赭乐、威远州、广南、孟养、茶山、昆明清水江、罗次炼象关、禄丰南平关、会泽木期古寨、赵州定西岭、浪穹蒲陀崆、镇南镇南关、广通回蹬关、云龙箭杆场、鹤庆观音山、建水猛丁等土司的改流、裁革、设流而取消；或开化、镇沅、邓川、嶍峨、元江各土司的因故削职；或云州、澂江、普思沿边等土司改土归流。从改土归流的方式来看，一种是和平方式改土归流，如东川禄氏土司家族内争，主动献土改流。于康熙三十七年（1698），改土设流。次年（1699），东川府设流官知府、经历司。康熙六十年（1721），设儒学，知府兼摄教授。雍正四年（1726），以四川东川府与云南寻甸州接壤，改隶云南，就近管辖。① 由于禄氏献土缴印，东川土府的改土归流表面上结束了，但是东川土府所辖范围内治下各营，仍然在各营长、土目的控制之下，东川流官知府的号令不出府城，由此埋下了雍正六年和八年进一步改土归流的伏笔。但值得肯定的是，禄氏献土归流，为以后清政府云贵总督鄂尔泰在滇东北，乃至整个中国西南地区的改土归流奠定了雄厚的基础。② 又如，光绪三十三年（1907），由于镇康土府族内土目多次争袭，而争袭土目刀上达因禁省城，在位土司刀闷纯兴、护印妇刀闷线氏相继病亡后，于是决定改土归流。改流时，土司府内又与当地各族民众约法三章：一是除国家钱粮正供外，毫不苛派分文；二是大丛为总团，经猛、圈猛改为团长，伙头、郎目改为甲长；三是缅寺、稷神悉仍其旧。所有移交、改建的相关事情由继任护印妇刀罕氏亲自办理，原土州印允许刀罕氏留作纪念。因此，镇康土司府的改土归流是在"土""流"之间达成新的协议后以"不用一兵一卒，不杀一人"的和平方式完成的。二是武力方式改土归流。雍正五年（1727）正月，鄂尔泰与岳钟琪，调遣将士分路擒剿，乌蒙沿途土民，俱各投顺。不久，吏部议覆同意镇雄地方改土为流，归并云南就近管辖。同年，乌蒙土司禄万钟以匿奸抗质，发配江西，乌蒙府改归滇辖，设流官。镇雄土司陇庆侯也以藏匿奸究革职，发配江西。

---

① 王天玺等：《中国彝族通史》（第三卷），云南人民出版社2012年版，第80—81页。
② 梁晓强：《东川府志·东川府续志》（校注本），云南人民出版社2006年版，第71页。

总的来讲，清朝统一云南后的改土归流，对云南土司采用了"招抚"与"征讨"的双管齐下之举，这是清王朝与地方流官和云南各地土司等政治势力博弈的策略表现。

3. 民国时期云南地区的改土归流

民国时期，云南土司地区改土归流的总原则是"改土归流"与"存土置流"同时并举。主要分为两个阶段：

第一个阶段：民国初期柯树勋在车里地区的改土归流和李根源在滇西地区的改土归流。据相关史料记载，1912年7月，云南边防督办柯树勋提出"治边十二条"①，要求在保留土司制度的同时增设流官，这一建议被云南军都督府允准。西双版纳地区即由柯树勋负责推行"不改之改"政策，具体说来，主要包括"改流""筹款""官守""诉讼""交涉""实业""国币""通商""学堂""邮电""招垦""练兵"②等内容，这一整套改革，一方面悉数保留了车里宣慰司辖境内及其以下一整套原有土司行政机构，另一方面在一定程度上打破了车里宣慰司一统天下的局面，削弱了土司的职权。李根源在滇西地区的"改土归流"与柯树勋在思普沿边的改土归流相比，滇西（即今怒江、保山、德宏、临沧一带）的"改土归流"情况却较为复杂纷乱。在云南军都督府决定采取"缓进"办法后，李根源在滇西开展了不同情况的"改土归流"：一是废除了十二关土司和自请改流的兰州土舍；二是在英帝国主义觊觎已久、战略地位非常重要而土司统治势力较为薄弱的怒江上游和独龙江流域，设置"怒俅殖边督办公署"，相继抽调国民军编组成四支"殖边队"，武力进驻该地，削弱了维西叶枝土司、康普土司等外地土司在该地的统治；三是在土司势力强大，一时难以直接改流的澜沧江以西、怒江下游地区，实行了"存土置流"政策。可见，民国初年，在滇西和滇南地区的"存土设流"是改土归流的最主要方式。这种举措，既保留了土司制度，又全面设置了一整套自成系统的流官政权。

---

① 柯树勋：《普思沿边志略》，参见马玉华主编《中国边疆研究文库·西南边疆卷一》，黑龙江教育出版社2013年版，第54—56页。

② 柯树勋：《普思沿边志略》，参见马玉华主编《中国边疆研究文库·西南边疆卷一》，黑龙江教育出版社2013年版，第54—56页。

第二阶段：民国中期到中华人民共和国成立前后，在云南土司势力强大的地方建立与土司政权机构并立的流官政权——设治局。设治局是民国时期政治体制更替、多种政治力量激烈博弈的特殊历史阶段的产物，也是民国政府治理云南土司和土司地区的一种重要举措，它为最终在云南推行改土归流奠定了坚实的行政基础和社会基础。云南设治局主要建立在边疆土司地区，创建于20世纪30年代，终结于中华人民共和国成立初期。作为土司统治与全国统一行政之间过渡性的行政机构，设治局在云南历史发展进程中担负着十分重要的历史使命。云南设治局设置情况详见下表（表6-2）。

表6-2　　　　　民国时期云南省设治局设置情况一览[①]

局名	辖区	治所今地址	设置时间	改县时间
威信	今云南省威信县	扎西（云南省威信县扎西镇）	1932.4	1934.9
宁蒗	今云南省宁蒗彝族自治县	大村街（云南省宁蒗县大兴镇）	1936.11	1950.5
德钦	今云南省德钦县	阿墩子（云南省德钦县升平镇）	1932.	1952.5
贡山	今云南省贡山独龙族自治县	打拉（云南省贡山县北丙中洛乡打拉）	1932.3	1952.9
福贡	今云南省福贡县	上帕（云南省福贡县上帕镇）	1932	1949.12
碧江	今云南省泸水县、福贡县部分地区	知子罗（云南省福贡县匹河怒族乡知子罗村）	1932	1949.11
泸水	今云南省泸水县	鲁掌上寨（云南省泸水县鲁掌镇）	1932.4	1951.2
潞西	今云南省芒市	猛戛（云南省芒市猛戛镇）	1932	1949.8
瑞丽	今云南省瑞丽市及陇川县腊撒	弄岛（云南省瑞丽市弄岛镇）	1932	1951.12

---

① 李燕：《设治局：民国云南边疆建设的新举措》，云南大学出版社2013年版，第38—39页。

续表

局名	辖区	治所今地址	设置时间	改县时间
陇川	今云南省陇川县	杉木笼（云南省陇川县护国乡杉木笼村）、章凤街（云南省陇川县章凤镇）	1932	1952
盈江	今云南省盈江县一部分及陇川县户撒	旧城（云南省盈江县旧城镇）	1932	1951.12
莲山	今云南省盈江县一部分	莲花山（云南省盈江县平原镇莲花山乡）	1932	1952.1
梁河	今云南省梁河县	大广街（云南省梁河县大广镇）	1932.6	1952.5
耿马	今云南省耿马傣族佤族自治县	耿马城（云南省耿马县耿马镇）	1942.12	1952
沧源	今云南省沧源佤族自治县	勐董（云南省沧源县勐董镇）	1937.9	1951
宁江	今云南省勐海县勐往、勐阿	勐往城子（云南省勐海县北勐往）	1932.4	1949.4
龙武	今云南省石屏县龙武、龙朋、哨冲三镇	勐鲜伍（云南省石屏县西北龙武镇）	1935.6	1949.12
金河	今云南省金平苗族瑶族傣族自治县城关、铜厂等地	王布田镇（云南省金平县金河镇）	1932	1934.9
平河	今云南省金平苗族瑶族傣族自治县老勐、营盘及铜厂一部分	勐榭（云南省金平县铜厂乡勐榭村）	1932	1934.9
靖边	今云南省屏边苗族自治县	大窝子（云南省屏边县玉屏镇）	1932	1933.5
砚山	今云南省砚山县	江那（云南省砚山县江那镇）	1933.5	1935.7

云南设治局虽然缺乏国家机器强有力的支持和施政的群众基础，并且在机构设置、权力配置、运行机制、官员任用和局长任期等方面存在诸多缺陷，但是，设治局的建立一定程度上削弱了云南边地土司的势力，

强化了国家政权对边地的控制，促进了云南边疆地区社会经济的发展，并且在保卫边疆、巩固国防方面发挥了积极作用。①

（二）云南土司地区改土归流的成因

任何一种政治制度，只有适应当时社会经济的发展才能存在，土司制度也不例外。究其云南土司地区改土归流的原因，主要有三个方面。

第一，土司随着实力的增长，甚至与中央政权分庭抗礼，严重影响明清王朝推进"大一统"的历史进程。元明清时期云南土司与缅甸、越南、老挝、泰国四国的边界有着千丝万缕的联系以及国人那种挥之不去、割舍不断的情愫。元明清时期云南西部和南部的一些土司历史时期在王朝国家版图之内，但后来一些土司的辖区逐渐移出帝国版图之外，究其原因，主要有两个：一是明朝处理云南边地土司辖地的失误以及明代后期实力的衰减。元代至明代正统年间的"三征麓川"这个时期，元明中央政府实际上控制了大金沙江（今缅甸伊洛瓦底江）以西地区，特别是通过"析麓川地"设"三宣一长官司"的举措，帝国力量有效地控制了今缅北及滇西南的大片领土。但明代天顺以后，由于明朝"抚绥失宜"，处置不当，云南西南部边地土司叛服无常，木邦、孟密、孟养等土司之间，虽或因世仇，或为领土争端而仇杀不断，但仍在明朝版图之内。嘉靖末年，缅甸东吁王朝兴起，迅速消灭了缅甸宣慰使司（阿瓦），统一了缅甸，并不断骚扰和侵占云南西部边地土司辖地，打破了云南西部边地土司地区的力量平衡。这一时期，明代中央王朝虽尽力试图控制该地区，使之成为云南内地与缅甸的藩篱，但因明朝国势衰落等原因，已无暇顾及云南边境土司去留，所以，云南边地土司或内属，或外奔，最终导致云南边地土司逐渐分属于缅甸东吁王朝和明朝。虽然在明朝万历年间击退缅甸后，在三宣之外设置八关九隘，且屯田防守缅甸，但在这之后，明朝只能控制"关内"土司，已不能控制"关外"曾经属于云南管辖的边地土司，滇西边境土司"朝滇暮缅，朝缅暮滇"的局面已一去不复返。至此，滇西疆域已内缩许多。二是以明清中央王朝为中心的藩属体系与以西方世界条约制度为核心的世界体系的冲突。特别是清代后期，在中

---

① 李燕：《设治局：民国云南边疆建设的新举措》，云南大学出版社2013年版，第208—228页。

国历史发展与西方列强入侵的双重作用下,滇西南的木邦罕氏、孟密思氏、孟养思氏、孟艮刀氏等土司彻底成为"云南边外土司",完成了从"边地"向"国界"的最后转换,我国仅保住了"八关九隘"之内的土司疆域,最终自八关至遮放土司为界之内的国土划给清国,"八关九隘"之外的国土划给缅甸。这证明在清缅划界问题上大清国的完败。历史文献表明,在乾隆时期,缅甸曾经奉表纳贡,成为清朝属国,乾隆皇帝认为缅甸已为我"版籍",已在国家"区宇之内",在乾隆皇帝及大清帝国的意识里,清缅之间的界线已不存在。然而,光绪十一年(1885),缅甸沦为英国殖民地后,清缅藩属体系轰然崩溃,大英帝国将近代民族国家的模式用于清缅划界。大清帝国与大英帝国虽然经过多次交涉和商谈,但最终还是签订了丧权辱国的《中英续议滇缅条约二十款》,将"八关九隘"之外的土司疆域划归缅甸[1],从而使象征着"领土实力结构的契约线"形成。滇西南部分土司成为云南"边外土司"的事实说明,由于清朝没有强大的实力作后盾,不仅藩属国缅甸未能保住,而且滇西南土司大片疆域也丧失,藩属体系是无力抵挡西方世界条约制度为核心的世界体系的冲击。可以说,自明洪武年间在云南实施改土归流直至中华人民共和国成立后彻底废除土司,在长达600年左右的历史进程中,改土归流成效巨大,特别是在云南边疆地区土司的改土归流,推进了王朝国家"大一统"的历史进程,并且为统一的多民族国家奠定了坚实的政治基础和疆域基础。

第二,云南地方流官积极支持改土归流,为云南土司地区改土归流奠定了行政基础。不仅如此,凤氏之乱被平定后,武定同知邓世彦撰写了《武定府改土设流议二十事》,奏请改土设流,该文保留在康熙《武定府志》中,全文如下:

> 一,便宜行事以处地方。乱离之际,人心无归,事变时出,或有当诛而未奉明文,或有当宥而罪在不赦,泥于其法,无以招揽乎,人必于请详,或至事机已失,又无专权,人难信服。合假之以生杀之权,托之予夺之柄,归附者宥之而不疑,执迷者雕剿而不纵,可

---

[1] 北洋洋务局:《约章成案汇览》甲编卷三,清光绪三十一年(1905)抄本。

以鼓舞人心，赏及恶党，不以为滥；可以革除故习，罚及新附，不以为酷。军饷出入要明，赏罚轻重由已，姑准便宜行事，期月则一应举动，不顾利害，不恤是非，为谋必周，所行无滞。武定之方，不至大定者，合以身当之，不复辞也。

一，大开招抚，以安反侧。阿遮原系补知马火头；阿托，撒甸马火头；者虚，土色马火头；鸡苴，缴摆马火头；鲁章，半果马火头。阿色无马，逆祖立为曲觉，阿托又立为总管，其余皆曲觉、遮古大头目也。的多阴龙、老额乌改虽已听抚，此辈有一不出，为地方害，其头目名色，尽行革去，如不准其仍充火头，彼必惧其不能自全。阿遮已经投见，余皆观望不出者，以此也。若许其管理地方，于法难容；不许，恐其负固。合无革去总管、曲觉、遮古名色，仍许为马火头，亦使过之意，庶可经理地方，兵不必添，而余党自出。大过既宥，而反侧自安矣。

一，改土设流，以绝祸本。仰仗天威，削平久叛之邦，当更版图之化。前因逆贼始诛，人心汹汹未靖，议给冠带与凤思尧，使民彝有主，一时仓卒之见也。既赏，不可复追，但一得冠带，其久恣肆，渐不可长，况凤氏已叛四次，法典难容，乞比照鹤庆事例，奏设流官知府。其凤思尧议与经历等官，庶几彝民知凤氏职卑权削，诱之不从，祸本可绝也。

一，分割地方，以削彝势。元谋十马自来属县，故不从贼，惟禄劝二十七马、和曲十马之总管，节次倡乱，今蒙德意，立郑韶为总管，张顺为曲觉。若殉旧套，立三曲觉为总管所统，其势莫制。合无革去二曲觉，将地方分而为二，使总管、曲觉互立，并持割禄劝二十七马与郑韶、和曲十马与张顺，彼此不相统属，以分其势，止许补盗从征，不得滥受词状及擅勾人役，常时在府听用。其势一分，而奸谋可绝也。

一，尽革头目，以剪羽翼。土官设有曲觉三名，分管地方；遮古三名，管理庄田；更资三名管理刺误，一应调遣，各领步兵从征；扯墨一名，管六班快手；管家十二名，管理庄田租谷。此等头目彝马，庄民受害已极，今不痛革，民彝畏之如虎，仍知有土衙之势，求其不为盗贼劫掳，以偿头目之索取，不可得也。郑韶、张顺既立，不可复革,此等头目名色,尽行革去,则总管、曲觉之势自孤,羽翼既剪,纵有异志,无能为也。以后则尽行之。

一,添立总协把事,以挟持法纪。总管、曲觉各据地方,其势难分,其权尤重,无人挟持,一有异谋,莫能先测。合选把事,有身家忠实者四人,立为二州总协、捕盗。把事督同总管,曲觉分管地方,一应捕盗从征,彼此同事,其委用同列牌票,其举动同为出入,彼无忌惮,此必制之,庶彝民知势不独专,权非彼出,倘有异谋,知之必先,制之实易,而法纪得行也。

一,佥选火头,以张新治。各马彝民俱听马火头调用,前此只知总管统之,属于土衙,钱粮、差役俱系管甸通事代征,有终身不见汉官者,以各役出于土衙并总管也。今既招抚,即当新其耳目,其旧为马火头,见存堪立者,不必改佥;其不堪者,责令各小火头保举,不拘新旧,俱令赴府投见,给与下帖管事。各村彝民,每月初一日,率领各村村长应卯,仍赴该州点查,使知马火头之役出自流官,又不时往来州府,庶晓法度,观望略久,而治化可新也。

一,正各村长,以寓保甲。各村彝民,立有火头,只知土衙法度,钱粮公务,虽上纳于官,管甸通事求之总管,各头目方得完纳,且纵其出没劫护,习以为常。今马火头既经佥选给帖,则村长不可不立。查原为火头者,即改佥为村长,遍给下帖,便知为流官。百姓每村各置木牌一面,备写本村男妇若干,其有外出生理,俱要在于村长处告假,回销,即查有无别故。每月初一,听马火头率领应卯,仍赴该州查点,此保甲之意也。

一,永立管马通事,以寓保甲。二州一县,一马佥、一通事管甸,前此未乱,彝民不肯出官,以一科二人,皆乐为。近因叛乱,马分、钱粮、公务多不完纳,管甸通事倾家荡产,以至无人充当,一佥管甸,纷纷哀告不为设处,有误公务。况彝民多疑,一年换一通事,在彝人决不信服,在通事难免侵欺,无可查对,若遇不才官吏卖放,遂假为囊橐,以致废弛。合无择取州县之民,有身家,忠实,为某马彝人信服者,就立为此马通事,子孙世克,则彝人以主事之通事、以家人待之,子孙往来,各相亲爱,钱粮公务,不致拖欠,逆衅自可消磨。通事即中州之里长,火头村长即中州之甲首矣。

一，量行赈济，以布德惠。城市乡村，有被逆贼抄掳杀害者，有近城居住烧毁房屋者，有为大兵经过驻扎被伤者。重者将贼党田产量行补给，轻者将没官租谷量行赈济，仍查各马钱粮一石，给与种谷一斗，以便耕种，使民彝感德惠而咸附矣。

一，严禁报复，以安人心。本府多方开谕抚辑，胁从陆续投见，随宜安插，地方渐次稍宁。恐一应军民人等，怀恨旧日仇隙，报复告扰，不无拘提，彝民狐疑，复行逃窜。合无严行禁谕，除以往前罪，不准告理，庶人心得安，地方底宁，府城、村、马，俱得充实矣。

一，豁免钱粮，以苏民困。所属地方，春为逆贼抄掳，不得耕种；秋成又为攻城作践，至于大兵经过无收，委果不堪。若不查豁，家业既尽，衣食不充，又加之追征之苦，其不逃者鲜矣。民彝既逃，不惟当年无征，明年田地又芜，其无征犹今也。合无豁免，或议减征，使民困得舒，不复逃窜，亦收拾人心之大机括也。

一，赎取索林，以防拥立。近访得凤索林在七州阿找地方，有党恶吴志才、鸡且鲁章、段章相从，恐日久聚众，拥立过江，为祸不小。今差郑韶取回，禀称：须得银货二百余两，方可赎取，告乞官银相助。合无动军饷银一百两助之赎回府，又恐人心皆思故主，势不可制。本府催促上省，乞羁留养赡，使不得煽惑人心，而祸端可绝也。

一，分拨庄田，以安甸户。凤氏田产，应该没官，拨给张顺，以为充赏。凤历、郑韶皆循旧规占吝，今又查入官庄，民惶惶无所适从。乞示赏各名下若干庄，余皆没官备赏，以凭分拨，使庄有定业，民有定主，而不致复行激散也。

一，建立学校，以广王化。学校未立，故彝习莫改。今当速建学校，集民彝子弟，送学习礼。收录其子弟，正所以羁縻其父兄，集数十之彝生，盖有胜于百万之精兵也。又照无人训诲，乞将本州原寄云南府学生马仕等拨回分训。又照建学本以化彝，非为他方士子出身而设也，乞严行禁谕，止许所属州县各马彝民，并本所官军亲男，不许冒引户族军余及外府州县冒籍告扰。

一，迁移州治，以实府城。和曲州乱离之后，当建城垣以固国本。但查离府一十五里，百姓住居府城者过半，迁入府城，使州府体统相承，而城池不必另建。至于旧治，则改为捕盗馆，以本府通判驻扎于斯，则地方镇定，亦无他虞矣。

一，便移府治，以厚根本。本府坐向不正南北，固限于地势，而衙门独居乎污下，实阻于人谋，以致叛乱屡作，官民罹祸。今既改土设流，事当先其根本，土衙之上，地势明爽，左可建府，右可建学，坐巽向乾，文星前秀，后依独隆，龙虎俱降，官民皆吉。其修建之费，尽查土官没官各项银两以充之，不敢仰给于布政司也。

一，添设驿铺，以速往来。改土设流，则上司不时按临住扎，且通四川，往来皆为通衢，合当于小甸关设一驿并一堡，府城又设一堡，十五里设一铺，于金沙江元谋县白花山、石板沟等处，酌量远近建立，庶答应速，而文移不至稽延也。

一，建立民哨，以防盗贼。改土设流，则商贾贸易可通，反侧尚未尽安，盗贼难免出没。合于鸡街子立一哨，一碗水立一哨，白花山立一哨，由武定至元谋、金沙江至黎溪，皆武定地方也，十里一哨，旧有者查复，未有者添设。庶几有所责成，盗贼为可弭也。

一，选练民壮，以备调遣。既设御矣，该军八百名，可足参将各官军威之用。近议调土兵二千名，不过为明岁半年之计。土兵不服水土，非病既逃，岂可贸戎？顽悍难制，为地方害者，多矣。又费粮饷甚多，何以维之？合无将土衙、皂隶，并养马柴草各项，汉人约有精壮者五百名，编为民壮，分为上下二班，一班二百五十名；一班立一百夫长，共二名；每五十名立一小甲，共十名。每一月一换上班，小则即调追捕，势重即调下班同剿。上班者常川听操；下班者回家耕种，此寓兵于农之意。况一年所费，较之屯兵孰甚？且缓急听我调度，亦赈济一方，收拾人心之一策也。至于兵粮之费，查本府地方，芹菜沟铜矿兴旺，布政司有行查开，准报国课，递年可足兵粮之费，以地方之利养地方之兵，似宜俯从。况可聚集人民，地方亦可充实矣。①

---

① 杨成彪：《楚雄彝族自治州旧方志全书》（武定卷），云南人民出版社2005年版，第265—269页。

这是目前见到的明代后期改土归流善后事宜难得的奏议文章，逻辑严密，条分缕析，有独到见解。因此，王清贤在编纂康熙《武定府志》时有如下按语："是议通详去后，奉巡抚吕批：一应事情，悉听便宜行事。随上其议于朝，因改土设流焉。余来守，询诸父老当日改土归流故，佥曰：'逆祖扑灭，巡抚吕公请于朝，有是举。而赞成之者，则方伯邬公也，至先生弗及焉。'考郡乘，则又湮没无存。不意于残碣中得先生改土归流记及二十议，诵至'纯朴不残，孰为牺樽白玉不毁？孰为圭章土治相安？孰为改设？'遽兴起，曰：'武非改设孰沮其乱？改设非公，孰发其谋？是改设之举，非先生倡之，邬公孰从而赞之？吕公孰从而成之也哉？'吁！先生可谓社稷臣矣。余去先生百二十年，其夙节犹可想见，因附数言以深忾慕云。"① 邓世彦将这篇议文给吕光洵，志在武定地区强力推进改土归流。地方流官大力支持中央王朝的做法，无疑加速了各地土司裁革、灭亡以及明清中央王朝改土归流的进程。

第三，云南土司地区各族民众积极支持改土归流，为云南地区改土归流奠定了坚实的社会基础。土司制度随着云南地区社会经济的快速发展，其落后性和残暴性在明代初期就开始暴露，故有"三征麓川"之举后的"众建土司"（即改大留小）的推行。土司制度发展到清朝康雍时期，已逐渐成为封建经济和多民族统一国家发展的重大障碍。由于土司世有其土、世有其民、世有其政，俨然是独霸一方的土皇帝，对土司辖区内民众肆意进行政治压迫和经济掠夺。正如蓝鼎元在《边省苗蛮事宜论》所言："土司多冥顽不法，坐纵其行凶杀夺，而因以为利。……苗民受土司荼毒，更极可怜。无官民之礼，而有万世奴仆之势。子女财帛，总非本人所自有。"② 刘彬在《永昌土司论》中言："彼之官，世官也；彼之民，世民也。田产子女，唯其所欲；苦乐安危，惟其所主。草菅人命，若儿戏。然莫敢有咨嗟叹息于其侧者！以其世官世民，不得于父，必得于子于孙，且数倍蓰。故死则死耳，无敢与较者。嗟此夷民，何辜而罹此惨耶！汉人苦于所司，动辄鸣于土官。此则不敢鸣，即鸣之矣！

---

① 杨成彪：《楚雄彝族自治州旧方志全书》（武定卷），云南人民出版社2005年版，第270—271页。

② （清）蓝鼎元：《边省苗民事宜论》，《小方壶斋舆地丛钞》（第八帙）。

彼固有所恃而不恐。岁时馈献，不过差目具文。一有提调，则闭匿深藏，负嵎以待，其洋洋然山头望廷尉。良以平日无事，宽容太过，及其有事，虽有谴罚之名，曾无惩创之实。彼固视为故事，自谓土官世职。莫可如何！以致骄纵滋蔓，尾大不掉，所由肆屠虐而不悛，玩法纪若罔闻者。故曰其为恶最深也。"作者在该文末尾感叹道："噫！岂独永为然哉！全滇之土司皆然也，天下之土司皆然也。"① 正是由于上述情况的出现，明清中央政府为了满足土司辖区各族民众改土归流的强烈要求，废除土司制度、实施改土归流就成为一种历史的必然。

此外，有的地方土司自请改土归流，这方面的内容在前面的一些章节中有论述，此不赘述。

(三) 云南土司地区改土归流的成效

云南土司地区经过明代的局部改流和清代的大规模改流，中央王朝加强了边疆土司地区的管控，推动了土司地区社会经济的发展，其成效主要体现在几个方面：

第一，明清时期云南地区改土归流，有利于统一多民族国家的巩固和发展。改土归流消除了云南各地土司分散割据的封闭局面，各土司地区完全纳入了中央王朝的直接管辖之下，交通道路的畅通，加强了各民族地区人民之间的来往。各地土司被废除后，清政府可以对原土司辖区民众进行户籍清查、登记编册，在清政府直接控制之下，并将原土司的庄奴释放为自由农民，原来的那种依附关系瞬间消失，成为清政府的直接编民，这对缓和社会矛盾，促进社会经济发展起了一定作用，也有利于多民族统一国家的发展和巩固。

第二，明清时期云南地区改土归流，革除了一些旧制陋规。首先是革除土司的苛派和特权剥削，诸如"火坑钱""锄头钱""烟户钱""年岁钱""鞋脚钱""修衙门钱""破收银"等一律予以革除。然后税收由清政府统一管理，按亩进行征收，并在一段时间内"科粮从轻"，减轻了人民的负担，农民的生产积极性有了提高。革除一些土司长期统治造成的流弊，对于改流前土司自定的刑律、私设的公堂一律废除，还禁止土

---

① (清) 刘彬：《永昌土司论》，参见 (清) 贺长龄《皇朝经世文编》(卷八十六)《兵政十七·蛮防上》，中华书局1992年版，第2132—2133页。

目擅管地方，禁止仇杀、掠抢人畜和勒索抢掠商人财物等。这些措施有利于土司辖区的安定和发展生产、繁荣商业。革除了诸如苗族、彝族、哈尼族等少数民族的陈规陋俗，如"禁止端公邪术""禁轻生"等。这些措施虽难以被当地各民族所接受，但却有利于原土司地区各民族的繁荣和发展。

第三，明清时期云南地区改土归流，促进了原土司地区社会经济的发展。由于土司制度的废除，使奴隶制和封建领主制得以彻底瓦解，土司地区各族民众从土司的束缚下解放出来，获得了较多的自由，再加上明清中央王朝在改流过程中比较重视恢复和发展生产，土司辖区民众的生产积极性高涨起来，促进了改流地区的社会经济发展。改流后，清王朝允许土地自由买卖，鼓励民众开荒和招农开垦，使大量有主土地得以耕种，大量无主土地得以开垦，耕地面积大幅度增长。尤其是改土归流后，原土司地区的水利建设有较大的发展，清王朝根据各地的不同情况，对以往常造成灾害的江河湖泊进行了治理，并修建许多新的水利工程。清政府鼓励改流地区民众从事多种经营，促进工商业的繁荣发展。特别是云南土司地区各族民众成为王朝国家的编户齐民，使他们的社会处境和生活状况得到改善，促进了土司地区社会生产力的提高。

第四，明清时期云南地区改土归流，促进了土司地区文化教育的发展。改流前土司往往以"恐土民向学有知，不便于彼之苛政，不许读书"，"向来土官不容夷人应考，恐其入学，与之抗衡"。改流后清政府下令废除"禁部中夷人不许读书"的旧规，提倡在各改流地区广设学校，凡有条件办学的地方，均设立学校和教职，还规定取士名额。为了扩大云南土司地区各族民众子女有入学机会，在新改府州县均设置儒学、书院、义学、社学，允许土司地区少数民族子弟参加科举考试。清政府为了笼络人心，还在一些州县专设和增加苗童名额。学校的建立，使许多少数民族民族子弟有机会上学，文教事业的发展，促进各民族子弟皆有向学之心。

第四节　广西地区

广西是我国西南地区最早实施土司制度的地区。宋末以降，历经元明清。在数百年推行土司制度的历史进程中,广西地区土司不断深化对王朝国家的认同,绝大多数土司基本上能与中央王朝形成良好的互动关系。因此,元明清中央王朝对广西地区土司采取剿抚兼施、众建土司、设流治土的治理模式。本节拟从三方面予以探讨。

一 广西土司地区国家治理的历史进程

元明清时期,广西土司地区与四川、贵州、云南、湖广等土司地区一样实行土司制度,虽然有职衔、职级各异、辖地大小不同的土官土司,但均称广西土司。在广西土司中,主要有几个著姓:一是岑氏,包括思恩军民府、镇安府、归顺州、田州、恩城州、上隆州、泗城州、利州以及上林、安隆二长官司等土官。二是黄氏,包括思明府、上思州、归德州、忠州、左州、思明州、思同州、陀陵县、罗阳县、上林县、奉议县、下石西州、向武州、江州、富劳县等土官。三是韦氏,设有东兰、思陵二州,永定、永安二长官司等土官。四是赵氏,包括果化、养利、思城、镇远、龙英、上下冻、龙州七州及崇善县等土官。五是李氏,设有太平、安平、茗盈、凭祥四州土官。六是许氏,设有下雷、万承、全茗计三州土官。七是莫氏,设有南丹州、忻城县等土官。此外还有冯氏、杨氏、罗氏等,也是明清时期广西土官。因为这些大姓为当时的土官土司,时人有谚语云:"思播田杨,两广岑黄。"这表明这些著姓是明代西南地区实力雄厚的土司著姓。[①] 元明清三个王朝共同的治国方针就是继承与弘扬前代的政治宏观调控传统。具体来讲,主要是通过强化中央集权和经制州县的公共管理、在少数民族聚居地区实施土官土司制度,理顺中央与地方、地方与民族地区之间的关系来实现有效治理。从中央到地方的分级事务中,又贯彻政教合一和政治、经济、军事、司法、文化教育等具体政策,使之配套,形成一个严密的机制体系。仅就包括广西在内的民族地区而言,元明清王朝无不"后承前制"并因况损益,确定稳定大局的制度以促进少数民族地区的社会经济发展。元代初创土官土司制,既是对唐宋时期羁縻制度的扬弃,又是对新入版图的宣政院辖地和云南行

---

① 黄开华:《明代土司制度设置与西南开发》,参见《明史论集》,诚开出版社1972年版,第353—354页。

省进行有效治理。总的来讲，元明清时期在广西施行的土司制度，对广西土司地区各族民众的社会经济文化等各方面都产生过重大影响。广西地区土司制度与国家治理可分为三个阶段。

（一）元代广西地区土司制度与国家治理

元代广西土司制度属于封建领主制，与汉族地区的经制州县政区实行的行政、军事、司法、文化教育同级分置和官员统一享受国家俸禄的状况不同，广西土司政区的土官虽有官职，但并不享受国家俸禄，实行辖区内"依土而食"，土官机构的权力运作，具有军政司法合一的体制特征。因此，广西土司制度本质上是一种封建领主制。同时，又由于广西地区土司制度大多在流官一级政区和二级政区之下推行，这种特定区域下的社会制度，是元明清时期封建制度体系的有机组成部分。

元朝统治广西少数民族地区后，在宋代实施土官制度的基础上予以改进，实施了广西历史上第一阶段的土官制度。《元史》载："宣慰司，掌军民之务，分道以总郡县，行省有政令则布于下，郡县有请则为达于省。有边陲军旅之事，则兼都元帅府，其次则止为元帅府。其在远服，又有招讨、安抚、宣抚等使，品秩员数，各有差等。……宣慰使司，秩从二品。每司宣慰使三员，从二品；同知一员，从三品；副使一员，正四品；经历一员，从六品；都事一员，从七品；照磨兼架阁管勾一员，正九品……。广西两江道，静江路置。……右五府，宣慰使都元帅三员，副都元帅、佥都元帅事各二员，余同上。"① 元代广西地区设置土知州60家、土知县20家、其他3家，合计83家。② 可见，广西土官的设置呈现出两个特点：一是土官职级低，级别较高的土知府尚未设置，二是未设置宣慰司、宣抚司、安抚司、长官司、蛮夷长官司的等武职土官。元朝统治广西80余年，一直在实施土官制度，并且数量较多，但级别较低。据《元史·地理六》之"广西两江道宣慰使司都元帅府"载："大德二年，广西两江道宣慰司都元帅府言：'比者黄圣许叛乱，逃窜交趾，遗弃水田五百四十五顷，请募溪洞徭、獞民丁，于上浪、忠州诸处开屯耕种，

---

① （明）宋濂：《元史》卷91，中华书局1976年版，第2308—2309页。
② 李良品：《中国土司学导论》，中国社会科学出版社2018年版，第249页。

缓急则令击贼，深为便益。'从之。"① 可见，在元成宗大德二年（1298）在今广西就已经建立了土官制度。在"静江路"条又载："元至元十三年，立广西道宣抚司。十四年，改宣慰司。十五年，为静江路总管府。元贞元年，并左右两江宣慰司都元帅府为广西两江道宣慰司都元帅府，仍分司邕州。"② 在"南宁路"也载："元至元十三年，立安抚司。十六年，改为邕州路总管府兼左右两江溪洞镇抚。泰定元年，改为南宁路。"③ 在"庆远南丹溪洞等处军民安抚司"条载："元至元十三年，置安抚司。十六年，改庆远路总管府。大德元年，中书省臣言：'南丹州安抚司及庆远路相去为近，所隶户少，请省之。'遂立庆远南丹溪洞等处军民安抚司。"④ 在容州、象州、宾州、横州、融州等条中，均清楚记载在至元十三年（1276）和至元十四年（1277）设置了土官。元代在广西开始设置土路、土州、土县、长官司等政区机构，其下还有峒、溪、哨、亭等最基层机构，这些政区机构和基层机构代表国家统管地方土官土司政区行署的道和行省。据文献记载，元代在今广西境内设12路、1府、4州、48县、5土司路、1安抚司、1土司府、73土司州、11土司县、17土司峒、3土司寨和4土司团。⑤ 可见，元代中央政府在广西大力推行土官制度，使元代中央政府对广西少数民族地区进行了一定程度的治理。

（二）明代广西地区土司制度与国家治理

明代，广西土司制度得以发展并不断完善，因此，这一时期是广西土司制度的第二阶段。土官土司制度发展到明代及清前期，其规章制度、治理举措、权责隶属等已趋完备。对于明代广西土司的情况，在《明史·广西土司传》序言中有记载：

> 广西瑶、僮居多，盘万岭之中，当三江之险，六十三山倚为巢穴，三十六源踞其腹心，其散布于桂林、柳州、庆远、平乐诸郡县者，所

---

① （明）宋濂：《元史》卷63，中华书局1976年版，第1532页。
② （明）宋濂：《元史》卷63，中华书局1976年版，第1532页。
③ （明）宋濂：《元史》卷63，中华书局1976年版，第1533页。
④ （明）宋濂：《元史》卷63，中华书局1976年版，第1533—1534页。
⑤ 《广西大百科全书》第1卷《历史》上卷，中国大百科全书出版社2008年版，第310页。

在蔓衍。而田州、泗城之属，尤称强悍。种类滋繁，莫可枚举。蛮势之众，与滇为埒。今就其尤著者列于篇。观其叛服不常，沿革殊致，可以觇中国之德威，知夷情之顺逆，为筹边者之一助云。①

《明史》卷45《地理六》"广西"条载："元置广西两江道宣慰使司，治静江路。属湖广行中书省。至正末，改宣慰使司为广西等处行中书省。洪武二年三月因之，六年四月置广西都卫，与行中书省同治。八年十月改都卫为都指挥使司，九年六月改行中书省为承宣布政使司。领府十一，州四十有八，县五十，长官司四。"② 这段记载，让人觉得广西的土官土司较少，但明代广西土官土司设置的一个特点是府州下辖土官土司和土巡检，同时有些州县也是土州县，如永宁州"有桐木镇、又有常安镇、西南有富橼镇三土巡检司"③；平乐县"有水泠营土巡检司，东有龙平寨巡检司、昭平堡土巡检司，后废"④。恭城县"有白面寨、西岭寨二土巡检司"⑤。田州"东有床甲、拱甲、婪凤，西有武隆、累彩，北有邕马甲、篆甲，东北有下隆，东南有砦桑，西北有凌时，西南有万冈阳院，又有大甲、子甲，又有县甲、怕河、怕牙、思郎、思幼、候周十九土巡检司"⑥。明代广西土官土司究竟有多少，不同的文献统计数量是不同的。按《明史·广西土司传》《明史·地理志·广西建置》《读史方舆纪要》《土官底簿》《蛮司合志》以及谢启昆《广西通志》、苏浚《广西郡县志》等所载史料看，明代广西土司前后设置220处左右，其中广西土司估计约200处。《明会典》及清毛奇龄《蛮司合志》卷12等所载内容，也基本上是200家左右的土官土司。

明代及清前期，明清中央王朝不仅从制度构成方面理顺制度的结构及关系，而且也完备设置了广西土司区的管理机构，纵横关系的管理程序和管理规章都较元代更加明确而严密，中央王朝对广西地区实施的土官土司制度日臻完善。一是土司职官、职衔、职级以及承袭等方面更加

---

① （清）张廷玉：《明史》卷310，中华书局1974年版，第8201页。
② （清）张廷玉：《明史》卷45，中华书局1974年版，第1148页。
③ （清）张廷玉：《明史》卷45，中华书局1974年版，第1150页。
④ （清）张廷玉：《明史》卷45，中华书局1974年版，第1150页。
⑤ （清）张廷玉：《明史》卷45，中华书局1974年版，第1150页。
⑥ （清）张廷玉：《明史》卷45，中华书局1974年版，第1164页。

制度化。明代土官土司职官不仅分文职和武职，而且对职衔名称、土官土司职级、土司机构职数以及隶属于兵部或吏部等均作了明确的规定。从明代广西土官土司的设置看，大多属于文职土司，如军民府、土府、土州、土县等，其设官和职掌与经制府州县大同小异。如土府或军民府，一般编制官员7人，其中，土知府1人，正四品，负责掌管全府的行政、风化、狱讼、赋役，教养百姓等；土府同知1人，正五品；土府通判1人，正六品。同知、通判的职责是分掌清军、巡捕、管粮、治农、水利、屯田、牧马等行政事务。土府还设有推官、经历、知事、照磨等各1人，他们主要负责收发上下文移、磨勘六房宗卷等事宜。明代中央政府为编织地方基层统治秩序网络，还设有正、副土巡检司和土驿丞，他们主要负责缉捕盗贼、盘诘奸伪以及邮传、迎送等方面的工作。土巡检司的职衔虽低，但有的土巡检司所管辖的地域和人口，甚至超过有的土州县，如嘉靖七年（1528）思恩府分割出来的9个土巡检司，每个巡检司额征调土兵数目和缴纳的赋税都远超一些土州县。二是土司承袭制度的程序更加严密化。土司承袭必须履行委官体勘查核、取具宗支图本、地方官吏保结、督抚具题请袭、授予土司职位等程序。土司承袭必须具有四个方面的文书，即应袭土司制作的相关文书、行省官员的题请文书、中央政府的各类文书。土司承袭必须遵守父死子继、兄终弟及、母女袭职、妻婿承袭、叔侄相袭等次序。同时，明王朝改变元代以来土司承袭隶吏部的规矩，以土府、土州、土县等文职土司隶属吏部验封司，以宣慰司、招讨司、安抚司、长官司等武职土司隶属兵部武选司。中央王朝还对土官，即十五岁以上才准袭替土官土司，如果还不到十五岁，只准暂时协同流官管事。应袭土司之人还必须到京城学习儒学礼仪，否则不准承袭。三是建立了严密的流官佐贰制度。即中央王朝在土司政区内的职官配置上，以土官为正，以流官为佐，形成了土流相配的制度。明人苏浚《土司志》记载，洪武时期，广西土司归顺明政府后，中央王朝在广西土司普遍建立了土司机构中的流官佐贰制度。如思明府"以流官同知佐之"。南丹州、那地州、镇安州、都康州、归德州、果化州、忠州、下雷州、太平州、恩城州、安平州、万承州、上下冻州、镇远州、都结州、全茗州、茗盈州、思同州、龙英州、结安州、结伦州、下石西州、江州、利州、龙州、思陵州等土州，均"以流官吏目佐之"。罗阳县、陀陵县、上林县等土县，则"以流官典史佐之"①。明代及清前期佐贰流官的设置，一方面可以沟通土官土司与明清中央政府之间的联系，另一方面可以监视土官土司的各种不轨行为，对广西土司地区的社会稳定起到了积极作用。

（三）清代广西地区土司制度与国家治理

据《清史稿》卷107《职官志四》"土司各官"条载："广西长官司：长官二人。庆远府属永定、永顺各一人。副长官司：二人。"②又载："广西土知州二十有五人。归顺直隶州属一人：上映，顺治元年许国泰袭。庆远府属二人：南丹，是岁莫自乾袭；那地，九年罗德寿袭。并古蛮地。南宁府属三人：归德，莫道袭；果化，赵国鼎袭；忠州，黄光圣袭。镇安府属三人：下雷，许文明袭；向武，黄嘉正袭。俱元年授。都康，冯太乙袭，九年授。太平府属十有六人：下石西，闭承恩袭；田州，岑廷铎袭。俱元年授。万承，许嘉镇袭；思陵，韦懋迁袭；凭祥，李维藩袭；太平，唐波州地，李开锦袭；茗盈，李应芳袭；全茗，许家麟袭；结安，张邦兴袭；佶伦，冯家猷袭；龙英，赵廷耀袭；都结，农廷封袭；江州，黄廷杰袭；上下冻，赵应锢袭；镇远，赵秉业袭。俱十六年授。其田州，光绪元年改流，置恩隆县。土州同一人。东兰州，顺治九年韦光祚袭知州。雍正七年，朝辅缘事降普安州。康熙四十一年废。土知县四人。百色厅属一人：上林，顺治元年黄国安袭。庆远府属一人：忻城，九年莫猛袭。太平府属二人：罗阳，黄启祚袭；罗白，梁徵甝袭。俱十六年授。土州判一人。旧土田州地。乾隆七年析置阳万，一人。光绪五年改流。置恩阳分州。土巡检九人。太平府属上龙司，思恩府属白山司、兴隆司、定罗司、旧城司、安定司、都阳司、古零司，百色厅属下旺司，各一人。从九品土官一人。思恩府辖。其不管理土峒者，正六品土官二人，从六品、正八品、正九品土官各一人，从九品土官一人，未入流土官二人。"③可见，广西武职土司4人，土知州25人，土州同1人，土知县4人，土

---

① （明）苏濬：《土司志》，载汪森编辑、黄盛陆等校点《粤西文载校点》（一），广西人民出版社1990年版，第296—319页。
② （民国）赵尔巽：《清史稿》，天津古籍出版社2012年版，第1612页。
③ （民国）赵尔巽：《清史稿》，天津古籍出版社2012年版，第1613页。

州判1人，土巡检9人，从九品土官1人，不管理土峒者6人，未入流土官2人。清代在广西前后设置过各类土司合计53家。清代广西部分土司在雍正和乾隆年间被改流，但有的土司清末时期才被改流，因清王朝后期由于内忧外患，已无力对广西土司进行有效治理，只能做局部调整或改流。

从清代广西土司的设置及改土归流的情况看，当时在继续实施土司制度的同时，还进一步规范了土司制度，加大了对广西土司的监管和改流的力度，且没有再出现复土的现象。

二 广西土司地区国家治理的具体举措

在广西实施土司制度的过程中，中央王朝与广西土司之间有过无数次的博弈，其关涉的核心要害是资源配置权和利益最大化。特别是在明代及清前期，广西土官土司与流官的设置，广西土司的改置与否，跟王朝国家行政区划、国防成本以及统治成本与效益等密切相关。明代在广西地区发生规模性的王朝国家与以土官土司为代表的地方封建领主的资源配置权争夺和双方寻求利益最大化的博弈，虽然在土司改置中都是强势的王朝国家获取胜利，但却不乏地方封建领主反对改土归流而完成改流复土的很多案例，并且先后得到中央政权的认可。留土与改流、改流与复土，从表面上看，它是一个涉及生存与发展的资源配置权的争夺问题，其实，它至少还涉及三个带有根本性和决定性的问题。第一，国家行政区划的框架及国家疆域主权的维护是完全收归王朝国家，还是充分利用地方封建领主的人力资源优势。第二，王朝国家对少数民族及民族地区的统治成本，采取什么形式才最为低廉，获得效益最大化。第三，王朝国家的综合实力以及文化教育能否有效治理土司地区、改变土司地区各族民众的风俗习惯，达到心甘情愿全面改流。正是由于这些问题未能处理妥当，虽然明代有一些广西土官土司被改流，但是均以武力征剿而实现；清朝到乾隆时期也有一些土司被改流且相对顺利，但到清末仍有40余处未能改流。直到中华民国后期，才实现全面改流。因此，在少数民族聚居且民族文化固守、王朝国家的文治教化尚未达到一定程度的土司地区，改土归流的难度相对较大，国家治理的成本相对较高。但总的来讲，明清中央王朝在治理广西土司及土司地区时，在"以夷治夷""因俗而治"的政策指导下,采取了一些行之有效的治理举措。

(一) 剿抚兼施

明清中央王朝在处理包括广西地区土司问题的基本对策仍然是剿抚兼施。史家在总结历代王朝驾驭土司之法时说:"其要在于抚绥得人,恩威兼济,则得其死力而不足为患。"① 明清中央王朝在剿抚并施前提下,在对各地土司实行征剿、抚驭策略的过程中,其本身既有不乏失之偏颇的一面,也有令最高统治者担忧的一面。正如明太祖所言:"抚之而过在太宽,剿之而过在太严。"② 征剿和招抚同时使用,这是明清中央王朝在土司地区国家治理过程中惯用的伎俩。尤其是明代,大凡土司反叛朝廷、土司之间仇杀、土司内部争袭,危害广西地区社会稳定时,中央政府往往通过武力征剿的形式以达到镇压和平定土司的目的。如《明史纪事本末》中《诛岑猛》就是针对广西田州府土官岑猛的叛乱实施的征剿。历史文献记载,明朝嘉靖五年(1526),田州府同知岑猛起事,中央王朝派遣提督都御史姚镆征讨,最后岑猛"窜于归顺州自杀,传尸南宁,磔于市,其子邦彦亦窜死山中,斩获四千余级"③。明代广西土官土司叛逆屡见不鲜,有的叛逆规模很大,因此,明政府常以征剿为手段进行"平叛"或改土归流,其征剿活动有三次:一是征剿奉议、龙州、南丹等地土官叛乱;二是征剿思恩土官岑浚叛乱;三是征剿田州土官岑猛之乱。此外,中央王朝针对广西小规模的土司叛乱和土司之间仇杀的情况则不可胜数,诸如田州府、思恩军民府、上思州、利州、南丹州、奉议州、崇善县、永康州、养利州、向武州、太平府、永安长官司等12家无不如此。当然,中央王朝在征剿前后也有招抚的情况。这就是"打一巴掌给一颗糖"的做法。明代朝廷命官对这一举措以及对广西土司地区的重要性有相当的认知:如王守仁在《处置平复地方以图久安疏》中针对"剿"与"抚"的问题,他提出"可抚则抚,当剿即剿"。他在《奏报田州思恩平复疏》中对田州、思恩土司的"剿"后的"罢兵而行抚"提出过"十

---

① (清) 张廷玉:《明史》,中华书局1974年版,第7981页。
② 《明太祖实录》,"中研院"历史语言研究所校印本,1962年版。
③ (明) 应檟辑,赵克生等校点:《苍梧总督军门志》,岳麓书社2015年版,第203—204页。

善"。他认为：

> 故为今日之举，莫善于罢兵而行抚；抚之有十善。活数万无辜之死命，以明昭皇上好生之仁，同符虞舜有苗之征，使远夷荒服无不感恩怀德，培国家元气以贻燕翼之谋，其善一也。息财省费，得节缩赢余以备他虞，百姓无椎脂刻髓之苦，其善二也。久戍之兵得遂其思归之愿，而免于疾病死亡脱锋镝之惨，无土崩瓦解之患，其善三也。又得及时耕种，不废农作，虽在困穷之际，然皆获顾其家室，亦各渐有回生之望，不致转徙自弃而为盗，其善四也。罢散土官之兵，各归守其境土，使知朝廷自有神武不杀之威，而无所恃赖于彼，阴消其桀骜之气，而沮慑其僭妄之心，反侧之奸自息，其善五也。远近之兵，各归旧守，穷边沿海，咸得修复其备御，盗贼有所惮而不敢肆，城郭乡村免于惊扰劫掠，无虚内事外，顾此失彼之患，其善六也。息馈运之劳，省夫马之役，贫民解于倒悬，得以稍稍苏复，起呻吟于沟壑之中，其善七也。土民释兔死狐悲之憾，土官无唇亡齿寒之危，湖兵遂全师早归之愿，莫不安心定志，涵育深仁而感慕德化，其善八也。思、田遗民得还旧土，招集散亡，复其家室，因其土俗，仍置酋长，彼将各保其境土而人自为守，内制瑶、僮，外防边夷，中土得以安枕无事，其善九也，土民既皆诚心悦服，不须复以兵守，省调发之费，岁以数千官军，免踣顿道途之苦，居民无往来骚屑之患，商旅能通行，农安其业，近悦远来，德威覃被，其善十也。①

可见，王阳明对田州、思恩土司的"剿"后之"抚"有比较清醒的认识。翻检历史文献可见，在中央王朝与西南土司的利益博弈中，明清王朝虽然有时会在一些问题上做出让步与妥协，但更多的是要求各地土司的归附与服从。只要反叛，绝没有好下场，诸如广西思恩、田州土司叛乱等无不如此。可以说，明清时期中央王朝的剿抚并施，是一种以剿为主、以抚为辅之策，其目的在于维护中央王朝的统治。

---

① （明）王阳明：《王阳明全集·顺生录之六·奏疏六》，上海古籍出版社1992年版。

(二)众建土官

明朝前期和中期,因为广西土官土司经常叛乱导致中央王朝在广西用兵,其间,丘浚在经筵讲官任上,随行两广,撰写了《广西众建土官议》一文,很有见地,其主要内容如下:

> 两江地方,二三千里。其所辖狼兵,无虑十数万。今设府者四,为州者三十有七。其府州正官,皆以土人为之。而佐贰幕职,参用流官。故今百余年间,未闻有屯聚侵略者。而所以为州县害者,皆是不属土官管束之人,错杂州县间者。其间,虽或亦有有司带管,及设土官巡检者,然流官无权,彼知其不久而轻玩之。而所谓土巡检者,官卑力薄,不足以相钤制。臣愚以为,今日制驭驯服之策,莫急于立土官,请用左右两江之例,而微寓夫设立军卫之意。盖左右两江府州之设,专以其地属之一姓。臣所谓微寓设立军卫之意者,众建官而分其权也。凡今瑶僮与编民,杂居州县之间,但彼依山箐以居耳。今特敕内外大臣躬临其地,召集其酋豪,谕以朝廷恩威,将授以官,如左右两江土官例,俾其子孙世享之。其有能率其种类五百名以上内附者,即授以知州之职。四百名以下,量授同知、判官、吏目等官。其官不拘名数,亦如卫所之制。既受其投词,不烦勘实,官给以官服,遣官属以驱从,鼓乐送归所居,徐俾其择地立为治所,合众力成之。既成,具奏请印,俾推其中一人为众所信服者掌印,则彼受朝廷爵命,必知所感慕,而其同类咸尊敬之。有不伏者,彼仗国威,并力除之,不难矣。积久成俗,彼皆慕华风,习礼教,而知杀掠之为非。况众设其官,势分力敌,自足相制,不能为乱。而其中不能无自相争讼者,须至申上司,奏朝廷,则国家之势益尊,不劳兵戈而一方安靖矣。①

其中"众建官而分其权"的观点不但得到明王朝最高统治者的高度认可,而且也为史学家极度赞赏。丘浚认为:"众设其官,势分力敌,自

---

① (明)丘浚:《广西众建土官议》,载汪森编辑、黄盛陆等校点:《粤西文载校点》(四),广西人民出版社1990年版,第197—198页。

足相制，不能为乱"，无形之中就实现了"国家之势益尊，不劳兵戈而一方安靖"之目标。嘉靖年间，时任总督两广兼巡抚的王守仁，面对思恩、田州的叛乱实际，在《议处思恩田州事宜》中提出了"分设土官巡检以散各夷之党"的观点，全文如下：

> 土官知州既立，若仍以各土目之兵尽属于知州，则其势并力众，骄恣易生，数年之后必有报仇复怨、吞弱暴寡之事，则土官之患犹如故也。且土目既属于土官，而操其生杀予夺之权，则彼但惟土官之是从，宁复知有流官知府者！则流官知府虽欲行其控御节制之道，施其绥怀抚恤之仁，亦无因而与各土目者相接矣。故臣等议以旧属八甲割以立州之外，其余四十甲者，每三甲或二甲立为一巡检司，而属之流官知府；每司立土巡检一员，以土目之素为众所信服者为之，而听其各以土俗自治。其始授以署巡检司事土目；三年之后，而地方宁靖，效有勤劳，则授以冠带；六年之后，而地方宁靖，效有勤劳，则授以为土巡检。其粮税之入则径纳于流官知府，而不必转输于州之土官，以省其费；其军马之出亦径调于流官知府，而不必转发于州之土官，以重其劳；其官职、土地各得以传诸子孙，则人人知自爱惜而不敢轻犯法；其袭授予夺皆必经由于知府，则人人知所依附而不敢辄携贰。势分难合，息朋奸济虐之谋；地小易制，绝恃众跋扈之患。如此，则土官既无羽翼牙爪之助，而不敢纵肆于为恶；土目各有土地人民之保，而不敢党比以为乱。此今日巡检之设所以异于昔日之土目而为久安长治之策也。至于思恩事体，悉于田州无异，亦宜割其目甲，分立以为土巡检司，听其以土俗自治，而属之流官知府。其办纳兵粮与连属制御之道，一如田州。则流官之设，既不失朝廷之旧，巡司之立又足以散土夷之党，而土俗之治，复可以顺远人之情，一举而两得矣。①

这则奏疏的目的就是众建寡力、分而治之，也就是将广土巨族的田州、

---

① （明）应槚辑，赵克生等校点：《苍梧总督军门志》，岳麓书社2015年版，第274—275页。

思恩两大土司广阔的辖地划分为若干小土司，这就是王守仁针对广西田州、思恩两个土司衙署势力过大、事端频起而采取的设置土巡检司分而治之的举措。他不仅提出"分设土官巡检，以散各夷之党"的观点，而且设置了众多的土巡检司，让这些土巡检司属流官知府直接管辖，这就做到了"土官既无羽翼爪牙之助，而不敢纵肆于为恶；土目各有土地人民之保，而且不敢党比以为乱"①。最终实现了削弱土知州和土知县实力的目的。

（三）土流兼顾

明清时期，广西土司地区始终是远离王朝国家政治中心的地区，中央王朝对广西地区的控制和治理能力有时力不从心。因此，明清中央王朝不得不接受朝廷命官的建议，采取以流制土与以土制土并举——"土流兼顾"的举措。这种国家治理的制度性安排的举措，对维护广西少数民族地区的社会稳定起到了重要的作用。王守仁在《议处思恩田州事宜》中有两条建议，则将"土流兼顾"的举措提炼成为明清中央王朝治理土司地区的一大贡献。

一，特设流官知府以制土官之势。思田初服，朝廷威德方新，今虽仍设土官，数年之间决知可无反侧之虑。但十余年后，其众日聚，其力日强，其志日广，亦将有纵肆并兼之患。故必特设流官知府以节制之。盖舍洪恒易以顺其俗，而委曲调停以制其乱，此今日知府之设所以异于昔日之流官而为久安长治之策也。田州故地宽衍平旷，堪以建设流官衙门，但其冲射凶恶，居民弗宁。今拟因其城垣略加改创修理，备立应设衙门，地僻事简，官不必备，环府之田二甲，皆以属之府官。岁收其入三分之一以廪官吏，而其余以食佃人。旧有商课仍许设于河下薄取其税，以资祭祀、宾旅、柴薪、马夫之给。凡流官之所须者，一不以及于土夷。如此，则虽草创之地，而三四年后亦可以渐为富庶之乡。

一，仍立土官知州以顺土夷之情。臣等议得：岑氏世有田州，其系恋之私恩久结于人心。今岑猛虽诛，各夷无贤愚老少莫不悲怆

---

① （明）应槚、刘尧诲：《苍梧军门总督志》，全国图书馆文献微缩复制中心 1988 年版，第 262 页。

怀思，愿得复立其后。故苏、受之变，翕然蜂起，不约而同。自官府论之，则皆比以为苗顽逆命之徒；在各夷言之，则皆以为自以为婴、白存孤之义。故自兵兴以来，远近军民往往亦有哀怜其志而反不直官府之为者。岑氏先世伯颜归附之后，如岑永通、岑祥、岑绍、岑鉴、岑镛、岑溥皆尝著征讨之绩，有保障之功。猛之暴虐骄纵，罪虽可戮，而往岁姚源之役、近年刘召之剿，亦皆间关奔走，勤劳在人。今官兵未进之先，猛尚遣人奉表朝贺贡献，又遣人赍本赴京控诉；官兵将进之时，猛率众远遁，未尝敢有抗拒。以此言之，其无反叛之谋，踪迹颇明。今欲仍设土官以顺各夷之情，而若非岑氏之后，彼亦终有未服，故今日土官之立，必须岑氏子孙而后可。臣等看得田州府城之外西北一隅地形平坦，堪以居民，议以其地降为田州，而于旧属四十八甲之内割其八甲以属之，听以其土俗自治。立岑猛之子一人，始授以署州事吏目；三年之后，地方宁靖，效有勤劳，则授以判官；六年之后，地方宁靖，效有勤劳，则授以为同知；九年之后，地方宁靖，效有勤劳，则授以为知州，使承岑氏之祀，而隶之流官知府。其制御之道，则悉如臣前之所议。如此，则朝廷于讨猛之罪、记猛之劳、追录其先世之忠、俯顺其下民之望者，兼得之矣。此今日知州之设所以异于昔日之土官而为久安长治之策也。臣又惟岑猛之子存者二人，其长者为岑邦佐，其幼者为岑邦相。邦佐自幼出继武靖州为知州，前者徒以诛猛之故，有司奏请安置于漳州，然彼实无可革之罪。今日田州之立无有宜于邦佐者，但武靖当猺贼之冲，而邦佐素得其民心，其才足能制御。迩者，武靖之民以盗贼焰炽，州民无主之故，往往来告，愿得复还邦佐为知州，以保障地方。臣等方欲为之上请，如若更一人，诸夷未必肯服，莫若仍以邦佐归之武靖，而立邦相于田州。用其强立有能者于折冲捍御之所，而存其幼弱未立者于安守宗祀之区，庶为两得其宜。至于思恩，则岑濬之后已绝，自不必复有土官之设矣。①

---

① （明）应槚辑，赵克生等校点：《苍梧总督军门志》，岳麓书社2015年版，第273—274页。

嘉靖五年（1526），改任广西右布政使，协助王守仁征剿思恩、田州土司"叛乱"的地方大吏林富，在《议处思田事宜》中提出"特设流官知府以制土官之势"，也就是主张降等削权与分权杀势相结合的方针，他认为：

> 特设流官知府以制土官之势。臣等查勘得田州府自洪武元年岑伯颜归附，世袭土知府，传至岑猛，骄纵不法，遂下天诛。一时莅事之人因见元凶授首，群恶离散，议改流官，如往时思恩之例。此其意固在为国辟土开疆，而不知夷夏之界不可隳，驾驭之机不可失，刑诛之章不可滥，贪幸之阶不可启也。夫田州界居南宁、泗城、奉议、东兰之间，猺獞土夷散部错布，椎髻跣足，鸟言侏僸不可化诲，招徕久矣。衣冠礼乐之教既率无所施，而其疆境险远，旁通云贵、交趾，关梁津隘为备非一。若改设流官，则边防之守我独当之，撤戍则兵争莫御，多备则财力不支，故曰夷夏之界不可隳者，此也。……臣切意今日田宁府可以裁革，但当循土夷相传旧俗，降为州治，以岑邦相为土官知州，使统属其头目；不必再设流官知府，止照土官衙门事体，选吏目一员；而又如新建伯王守仁所议，推选头目，设为土巡检，使分管而世守之，各照原额出办兵粮。夫降为州治，以削兵权；分设土巡检，以杀其势。无事则犄角而守，有事则彼此相防。而岑邦相当奔荡罪废之余，其感恩怀报，自不容已矣。夫有边事者，边臣之福；无边事者，国家之福。①

明清时期，中央王朝为了有效地治理广西土官土司地区，便在土司衙署内附设流官机构，以共同治理土司地区，实行"土流共治"。据明代黄佐在《广西通志》卷8载：田州知府为土官，吏目为流官，凌时巡检司巡检、砦马巡检司巡检、大田巡检司巡检、万峒巡检司巡检、阳院巡检司巡检、思郎巡检司巡检、累彩巡检司巡检、怕何巡检司巡检、武龙巡检司巡检、拱甲巡检司巡检、床甲巡检司巡检、樊凤巡检司巡检、下

---

① （明）应槚辑，赵克生等校点：《苍梧总督军门志》，岳麓书社2015年版，第280—281页。

降巡检司巡检、县甲巡检司巡检、篆甲巡检司巡检、砦桑巡检司巡检、伯牙巡检司巡检、思幼巡检司巡检、侯周巡检司巡检全部为土官。恩承州知县为土官，吏目为流官。思明府知府为土官，同知、经历司经历、知事、照磨所照磨、检校为流官。镇安府知府为土官，经历司经历、知事、照磨所照磨、胡闰寨巡检司巡检为流官。据清代谢启昆撰写的嘉庆《广西通志》卷36载：那地土州清代设那地土知州一人，汉州判一人。南丹土州设南丹土知州一人，汉州同一人。忻城土县设忻城土知县一人，汉典史一人。[①] 明清中央王朝为了从制度上强化对广西地区土司的管控与治理，实施了"土流兼顾"的举措，在加强中央王朝对土司统治地区控制的同时，为后来的改土归流作必要准备。

三 广西土司地区的改土归流

元代以降，封建领主土地所有制在广西土官土司地区得到快速发展，从而促进了土司制度的发展。但随着时间的推移，土司制度的腐朽性充分显露出来，民间的土地私有、土地买卖、土地租佃等现象不断发生，因此，建立在封建领主经济基础之上的土司制度严重地阻碍社会生产力的发展，于是，一些地方大吏提出改土归流，解放广西土司地区的农业生产力，逐渐成为一种历史趋势。

（一）广西土司地区改土归流的进程

明清时期广西土司地区差异大、情况十分复杂，因此，广西土司改土归流分为明代、清代和民国三个不同时段。

1. 明代广西土司的改土归流

明代在广西地区实施改土归流始于明初对钦州七峒地方的改流，前后一直与土司制度相并行。明王朝在广西改土归流原因、举措也不尽一致。

明朝中央王朝对广西土司进行改流的原因主要有三点：一是改土归流是土司与封建王朝之间的矛盾日益尖锐化的结果。特别是土司势力坐大之后，私欲膨胀，甚至煽动叛乱："奸雄日长，渐不可制，乃遂擅动干

---

① 广西壮族自治区通志馆编：《广西古代职官资料汇编》，广西人民出版社2000年版，第96—155页。

戈，连兵树党，攻州夺印，阉割无禁，粮饷不供，驱逐知府，招纳叛亡，阴助逆谋，意将待变面动。阳承调遣，每多称病不行，构成乱阶已余十岁。恣行威福，自雄一方。"① 于是，终于成为明朝出兵剿灭的借口，最终被改流。二是广西各地土官土司的劣根性，在土司制度下恶性发展。土司承袭制度是导致土司家族内部频发争袭战争的重要因素。由于土官土司官族内部为了争袭，子弑父、子弑母、亲兄弟互相残杀者，史不绝书。中央王朝利用土官内部争权夺利的斗争而将其改流。三是商品交换的逐步发展，使土官土司大量变卖或典当官田，由此引发社会矛盾。特别是民间的土地私有、土地买卖、土地租佃等现象的出现，严重阻碍社会生产力的发展，于是一些流官提出改土归流，解放该地区的农业生产力渐成趋势。

明王朝针对广西各地不同土官土司的改土归流采取了不同的举措。一是武力征剿之后将其直接改流。明代广西地区土官土司的叛逆事件很多，明政府以征剿为手段，将该土官土司剿平之后予以改土归流。二是改大设小。明政府在广西一些土司地区实施改土归流，仍然保留或设置级别较低的土官（如土巡检司），使其不具备反抗实力。如弘治年间征剿思恩土官岑浚叛乱之后改土归流，将其地设置为9个土巡检司。又如嘉靖年间征剿田州土官岑猛之乱后被改土归流。即将田州原来有48甲，以8甲置新土田州，另将40甲分设19土巡检司，这是明王朝制衡右江土司力量的重要举措。此外，众建土官、迁土入流、以流代土等也是改土归流的一些重要举措。从明代广西地区改土归流的情况看，明王朝对广西土司采用了"征讨"与"招抚"、"裁大"与"设小"的具体举措，这是明王朝、地方流官与广西土司等不断博弈的结果。

2. 清代广西地区的改土归流

土司制度在广西地区推进的过程中，由于各种原因积弊太多。清朝在广西都有改土归流。据《清史稿》卷107《职官志四》"土司各官"条载："广西镇安、旧为土府，康熙二年改流。泗城，旧为州，顺治十五年

---

① （明）姚镆：《请讨田州府土官岑猛疏》，载汪森编辑、黄盛陆等校点《粤西文载校点》（一），广西人民出版社1990年版，第134—135页。

升府，寻为土府，雍正五年改流。"① 同条又载："光、宣之际……广西忠州、南丹、万承、茗盈、全茗、结安、镇远、江州、下石西、上下冻、下雷、那地各州，罗白一县，古零、定罗、安定、下旺诸巡司，永定长官司，永顺副司，迁隆峒土官，停其袭职。向武、都康、安平、凭祥、思州诸州，上林、忻城、罗阳诸县，东兰、凤山州同，上龙、白山、兴隆诸巡司，代以汉官。"② 从这里可见，广西地区的改土归流，康熙年间对镇安土府、王弄山长官司、开化三部长官司、上林长官司等地土司进行改土归流。雍正年间，又对泗城田州、东兰、龙州等少数几个土司实施改土归流。乾隆七年（1742），土田州主动请求分置阳万土州，通过缩小自己的领地，以寻求维持土司统治时间更长一点。据有关资料统计，清代广西共有31个土司被改土归流。主要在今广西、云南。其中教化三部、王弄山、牛羊寨、维摩乡、富州5个大小不同的土司在今云南省文山州各县，其余26个土司在今广西境内。从时间上看，可分前、后两个时期。前一个时期，集中在康熙、雍正期间，改土归流土司计18个。后一个时期，重点在光绪、宣统年间，被改流土司约10个。乾隆、嘉庆、道光、咸丰、同治年间的139年，仅对小镇安、湖润、那马3个土巡检司进行改流。因此，到清朝末年，广西巡抚张鸣岐还向清政府奏请让广西各地土司变通承袭土司之职，奏折全文如下：

奏为酌拟造就土官办法并请变通承袭旧例以资治理而重地方恭折仰祈圣鉴事。

窃广西庆远、思恩、南宁、太平、镇安、上思、百色、归顺等府厅州，所辖土州县、州同、巡检，凡43缺，综其疆域，几占全省四分之一。幅员既广，形势尤胜，如庆远府属之忻城土县、永顺土司、永定土司，思恩府属之古零、白山、兴隆、安定等土司，皆居全省之中央，为四陲之绾毂。归顺直隶州属之下雷土司，太平府属之上龙、太平、上下冻、凭祥、思陵、下石、思州、迁隆等土州土司，皆与越南接壤，沿边千余里，隘卡百余处，实为南服之屏藩。

---

① （民国）赵尔巽：《清史稿》，天津古籍出版社2012年版，第1610页。
② （民国）赵尔巽：《清史稿》，天津古籍出版社2012年版，第1611页。

凡此要区，皆关全桂。各土属地方，又复气候温和，土性沃衍，植物则茶桐、桑棉、八角以及五谷果实之类，无不皆宜。矿物则煤、铁、五金，俯取即是。综观各土属，其地势既为政治上最要之区，其物产亦实业上可为之地，诚能得人而理，不难臻富庶而固边陲。乃各属土官贤能者，固亦有人。然大多数皆赋性昏庸，罔知礼法；其无能者，则冥冥昧昧，如睡如梦，四境之事，懵然不知；其不肖者，则任性妄为，鱼肉土民，暴戾贪婪，靡所不至，而土民亦复榛榛狉狉，不识不知，慑于土官之威严，而莫敢或诉坐。是之故，民生日以况瘁，地方日以凋残，腐败情形不复堪问。虽经将不职土官随时撤任，改委官员署理，或委汉员弹压，而土属情形仍不能稍有起色，盖署理之官员，其不学无术，固无以异乎？前之土官弹压之汉员，则人地生疏，官非久任，亦难有所整顿。其仁柔者，且受土族之挟制，而无如之何？夫土属之重要也！如彼而土官之难其人也！又如此不有挽救而振兴之。来日方长，后患何堪设想？昔缅甸强盛之时，云南土司私通款曲，以致英缅一役，枝节横生，前事不忘，可为殷鉴。议者或谓，宜将土属一律改为流官，不特沿袭，日久变革为难。彼土官之先，亦皆有功于民，乃得世守土宇，今举千余年承袭之土职，取而尽夺之，所以待土属者，亦殊不仁，且治土属之道，得贤汉官，尤不如得贤土官。盖土官之于属地，其情形较汉官为亲，土民之待土官，其服从视汉官为笃。有所兴革，推行必易，而收效必多。臣愚以为，今日整顿土属，必先造就土官；而造就土官，必先被以教育。拟饬各该管府厅州督同承审州县就土官兄弟子侄中择其年龄、资质略合高等小学程度者，按年选送四人或六人来省就学，近支无人，再择旁支，所需学费，即责成土官筹解，并饬提学司，特立一学堂，专教土族，小学毕业升入中学，中学毕业授以法政一科课程，分别厘定，择其最要者教之，不急者略之。其要旨在使有普通之知识、有政治之思想、有道德之观念，各级毕业年限较定章稍短，每日教授钟点教定章稍多，以期从速得人，将来各属土官即以毕业最优等者，分别承袭，其支派之嫡庶，服属之亲疏，皆请无论应否。明定任期，以及递年毕业，各土生应如何分派职事，届时再妥拟章程，奏咨办理。总期任贤，使能俾土属有大治之时，土民有复苏之日。所有现在各属土官，其未病故而未请承袭者，如忠州土州、南丹土州、万承土州、茗盈土州、全茗土州、结安土州、镇远土州、江州土州、下石西土州、上下冻土州、下雷土州、那地土州、罗白土县、永定长官土司、永顺副土司、迁隆峒土官、古零土巡检、定罗土巡检、安定土巡检、下旺土巡检、凡十二缺，均停止请袭，其已承袭而因案撤任者，如归德土州知州黄庭玉、向武土州知州黄承业、都康土州知州冯成翼、安平土州知州李德普、凭祥土州知州李树培、思州土州知州黄笃培、东兰凤山土州州同韦杰勋、上林土县知县黄永桢、忻城土县知县莫绳武、罗阳土县知县黄均政、上龙土司巡检赵德教、白山土司巡检王政立、兴隆土司巡检韦国器、凡十三员、均不准回任，一律暂由汉员弹压，统俟将来各土生毕业后择贤请袭，以免庸劣尸位，再误地方。事关变通旧例，合无仰恳天恩饬部先行立案，一切办理情形，容随时妥筹奏报，除分咨外，所有整顿土官变通袭职各缘由，谨会同两广督臣张人骏恭折具陈，伏乞皇太后皇上圣鉴训示，谨奏。

光绪三十三年十一月十一日奉
朱批：该部知道。钦此！①

从清代广西土司改土归流的情况看，中央王朝基本上采取的策略均是改大设小。镇安土府、思明土府、泗城土府被改土归流后，广西地区再无势力强大、可与中央王朝较量的土司官署。清朝光绪、宣统年间，广西土司已逐渐进入寿终正寝的阶段，土司辖区民众的觉醒，要求摆脱土司统治已成为历史趋势。宣统三年（1911）民政部奏各省土司拟请改设流官称："西南各省土府州县及宣慰宣抚安抚长官诸司之制，大都沿自前明。远承唐宋，因仍旧俗，官其酋长，俾之世守，用示羁縻。要皆封建之规，实殊牧令之治。……康熙、雍正年间，川、楚、滇、桂各省，迭议改土归流。如湖北之施南，湖南之永顺，四川之宁远，广西之泗城，云南之东川，贵州之古州、威宁等府、厅、州、县，先后建置，渐成为内地。乾隆以后，大小金川，重烦兵力。追改设民官而后，永远底定。

---

① 张鸣岐：《奏酌拟造就土官办法并请变通承袭旧例折》，《政治官报》1907年第56期。

比值筹备宪政，尤宜扩充民治。近年各省，如云南之富州、镇康，四川之巴安等处，均经各该疆臣，先后奏请改土归流。而广西一省改革尤多，所有土州县均因事奏请停袭，及撤任调省，另派委员弹压代办。……广西土州县，贵州长官司等，名虽土官，实已渐同郡县，经画改置，当不甚难。"① 该奏章将清朝的改土归流情况作了总结性的叙述，其改流过程、改流方法、改流特点、存在问题及注意事项等均十分详尽，清楚明白。但由于清政府很快就灭亡，改土归流是在民国时期才最终完成。

3. 民国时期广西土司的改土归流

据文献载，到清王朝寿终正寝时，广西"土州二十四，土县四，土司十三"②。当时广西土司数量不少，但部分土司地方早已"停止请袭"，如南丹、那地、忠州、万承、茗盈、全茗、结安、镇远、江州、下石西、上下冻、下雷 12 个土州，罗白土县，永定、永顺等长官司，以及迁隆峒、定罗、古零、安定、下旺等土巡检司。另有 13 处土司虽然承袭土司一职，但因辖区内发生各种案件而被撤任。仅余结伦、龙英、都结、果化、太平、上映、旧城、都阳、思陵 9 处土司仍在维持等地方行政秩序。从张鸣岐的《奏酌拟造就土官办法并请变通承袭旧例折》可以看出，广西地区土司制度在清末已经式微。在清王朝统治的最后一年，民政部《奏各省土司拟请改设流官折》中提出全面推进改土归流，即使一时难以改流的土司地方，也要"收回法权，并将地理夷险、道路交通详加稽核，绘制图表，以期稍立基础，为异日更置之阶"③。这是王朝国家对土司制度在策略上的转变，由原来的局部改流向全面废止推进，广西地区土司制度也走到尽头，民国时期为土司残存时期。1912 年，土忠州改流；1915 年，定罗巡检司、果化、归德 2 土州、旧城、白山、兴隆、古零、都阳、安定 6 巡检司改流；1916 年，思州、思陵、佶伦、结安、都结、镇远、茗盈、全茗、龙英等土州改流；1917 年，都康、向武、上映、南丹等土州改流；1918 年，下旺巡检司、上林土县改流；1919 年，东兰土州同改流。这一时段改流共达 26 处，占广西仅存土司数目之大半。1931

---

① 民政部：《又奏各省土司拟请改设流官折》，《政治官报》1911 年第 1216 期。
② （民国）赵尔巽：《清史稿》，天津古籍出版社 2012 年版，第 1041 页。
③ 民政部：《又奏各省土司拟请改设流官折》，《政治官报》1911 年第 1216 期。

年,那地土州并入南丹县后,在今广西境内土司的改土归流已画上句号。

(二)广西土司地区改土归流的举措

广西土官土司的改土归流,自明代洪武年间开始,到民国时期截止,前后持续560年左右。在这一长时段的历史发展中,土司制度与改土归流基本上处于两条平行线,一边是土司制度在运行,一边是改土归流在推进。当土司制度在运行过程中不适应当时社会经济的发展,就必须进行改土归流。广西的改土归流持续时间长,其举措较多。

1. 设流官制土官

明清中央王朝在广西民族地区实施"以夷制夷"的民族政策,经过"设流官以制土官"的举措,加强对广西土司的控制。明代黄佐在《广西通志》卷8中载:思明州知州为土官、吏目为流官;忠州知州为土官、同知、吏目俱为流官;上石西州知州为土官、吏目为流官;奉议州知州为土官,同知、判官、吏目俱为流官;江州知州为土官、同知、判官、吏目俱为流官;龙州知州为土官,吏目、龙游驿驿丞、镫勒驿驿丞、叫叠驿驿丞俱为流官;利州知州为土官,判官、吏目俱为流官。这种例子不胜枚举。在清代大规模改土归流前,与明代的设置也大同小异。嘉庆《广西通志》卷36载:那地土州设土知州一人,汉州判一人;南丹设土知州一人,汉州同一人;忻城土县设土知县一人,汉典史一人;田州土州设土知州一人,汉州同一人。还有很多土州均设置土州知州一人,汉州同一人;或设置土知州一人,汉州判一人;或土知州一人,汉吏目一人。① 明清中央王朝推行的国家治理的制度性安排,能有效维护广西民族地区的社会稳定。

2. 调整隶属关系

改土归流过程中,明清中央王朝通过调整土司的行政隶属关系,有助于很好地控制改土归流地区土司的权力,使国家权力能够更好地在改土归流地区推行。一是将土府土州划归中央王朝直接管辖。明朝政府对广西泗城土州、向武土州、都康土州、龙州土州、江州土州、思陵土州、凭祥土州等土官土司全部调整为广西布政使司直辖。这种做法既能控扼

---

① 广西壮族自治区通志馆编:《广西古代职官资料汇编》,广西人民出版社2000年版,第96—155页。

边关、防御安南，又能使广大土司不相统属、相互制衡，以强化对广西土司地区的管理和控制。二是流官遥领土司。明清中央王朝将新改流地区，划归流官遥领，而不隶属于临近土司。西隆州就属于这种类型，据《广西通志辑要》载：西隆州在明代为安隆长官司，洪武间置，隶属泗城州，后直隶布政司。清朝康熙五年（1666）改流官，升州，隶思恩府。雍正十二年（1734），升为直隶州，领西林县。乾隆七年（1742）复为州，属泗城府管辖。① 这种隶属关系的改变，一方面解决了西隆州的遥领问题，另一方面可增强新改流后泗城府的治理实力。三是流官就近管理。明清时期，土司地方改流后革去土官土司，隶属于流官政府管辖，但中央政府却没有派遣流官正官赴任，只能以官卑职小的佐贰流官留任，但留任的佐贰流官未能尽职尽责，导致地方社会不稳定，于是，中央王朝以就近原则安排流官管理。思明土州就是属于这种情况。据《广西通志辑要》载，明江厅（即原思明州）明代为思明府、上石西州地；清雍正七年（1729）改思明府为宁明州，以同知兼管州事。十一年（1733），设宁明州知州，改思明同知为太平府明江理土督捕同知，兼管上石西州事，驻思明土府旧城。乾隆元年（1736）移宁明府旧治。② 广西巡抚甘汝来所言："广西太平府属之思明州自土官革除，归并知府衙门管理，止留吏目一员，仍驻其地，官卑职小，又难得实心任事之人"，加之"知府王恭尧贪庸昏懦，不能管辖约束"③，导致地方社会极不稳定。

3. 设置苗疆

这一举措是清王朝将改土归流的土司作善后安置的重要措施。广西地区的苗疆分为两种。一是直接从原土司政区分析出来的苗疆，如从土田州地分出的百色厅、从原东兰土州析出的凤山土州等；二是大多数广西苗疆，在新的改土归流地方设立。如乾隆三十一年（1766）广西布政使淑宝在奏折中提到，永宁、养利、永康、宁明、东兰、天保、归顺、

---

① （清）苏宗经辑，半复礼、夏敬颐增辑，马玉华等点校：《广西通志辑要》，黑龙江教育出版社2016年版，第572页。

② （清）苏宗经辑，半复礼、夏敬颐增辑，马玉华等点校：《广西通志辑要》，黑龙江教育出版社2016年版，第977页。

③ 张书才主编：《雍正朝汉文朱批奏折汇编》第十册，江苏古籍出版社1989年版，第49页。

奉议、凌云、西隆、西林11个州、县的苗疆，都已经设保分甲，妥与办理。光绪二年（1876），清王朝又增设田州、奉议、百色3地苗疆。这14个苗疆地区，是清王朝在广西改流地区设立的最重要的苗疆管置区。这是一种因地制宜、因势利导的管理措施，彰显了清代民族政策的灵活性和国家治理的有效性。

此外，改土归流的举措还有众建土官、改大留小、迁土入流、改置新置、以流代土等，有的内容在前面的章节中有一定论述。

（三）广西土司地区改土归流的成效

广西土司地区经过明代的局部改流和清代的大规模改流，中央王朝加强了广西土司和土司地区的管控，推动了广西地区社会经济的发展。虽然在改土归流的过程中有诸多问题与不足，但总的来讲，成效十分显著。①

一是政治变化。改土归流后，广西原土司地区施行的各种特殊制度一律改为全国统一的制度。明清时期的广西土司，无论是被中央王朝平定而改土归流，还是献土内附、主动改土归流，各民族在这一过程中都将原广西土司割据的辖区全部纳入统一的多民族国家的行政版图。特别是在中国近代史上，广西各民族在抗击法国侵略广西以及日本侵略全中国的战争中，广西土司地区各民族或奔赴疆场，痛歼顽敌；或劈山开路，抢运军需；或节衣缩食，完税纳粮；或劳军献金，支援前线，中华民族共同体意识逐步增强而成为政治共同体。

二是经济变化。广西土司地区各族民众在改土归流前后不断引进中原地区各种物产和先进的栽培技术；中央政府派遣的各地流官劝民农桑，鼓励加强商贸往来，组织民众开垦荒山荒地，改善交通条件；改土归流后汉族移居广西土司地区，通过垦殖、商贸、经济交往、物资流动，各民族是形成了分工天然、相互依存的经济关系；特别是改土归流将广西土司地区的封建领主经济和农奴制经济"一统"到封建地主经济时代，促使中华民族共同体逐渐成为经济共同体。

三是文化变化。改土归流后，不仅儒家文化被广西土司地区各民族

---

① 李良品、祝国超、廖钰：《中华民族共同体建设视阈下改土归流的历程、原因及作用》，《民族学刊》2020年第3期。

吸收、应用、传承和高度认同，而且广西土司地区各少数民族文化被汉族流官以及广大民众吸收，丰富了汉族文化；同时，广西土司地区各民族勤劳勇敢、热爱和平、不屈不挠、自强不息等精神彰显了中华民族文化。改土归流后，中华文化内聚力不断增强，使中华民族逐渐成为文化共同体。

四是社会变化。王朝国家通过改土归流，使广西土司地区社会失序现象强力变革为逐渐有序运行。改土归流后广西土司地区在中央政府的主导下、地方流官的贯彻执行下、广西土司地区各族民众的积极配合下，通过多种方式共同推动广西原土司地区政治、体制、经济、文化、习俗、社会保障等一系列社会发展。改土归流地区，官方和官民共建基层组织、民间宗族组织和绅士阶层，他们共同形成了一个纵横交错、相互作用的社会网络，共同参与广西地区的社会治理，中华民族共同体文明程度增强，逐渐成为社会文明共同体。

第五节　贵州地区

贵州是因为土司问题而设置的省份，因此，贵州省与土司制度、王朝国家治理关系十分密切。明朝永乐十一年（1413），明政府在二思地区进行改土归流，废除思州宣慰司、思南宣慰司，至此，田氏在思州、思南的统治终结。改土归流后，明王朝以思州之地置思州、黎平、新化、石阡四府，以思南之地置思南、镇远、铜仁、乌罗四府，设贵州布政使总辖，任命蒋廷瓒为贵州第一任布政使，翌年又置贵州按察使司，从此，贵州成为明朝十三行省之一，结束了川、滇、湖广分治贵州的历史。思南、思州地区的改土归流是建立贵州行省的助推器，不仅结束了思南、思州两大土司长期割据纷争的局面，维护了黔东地区的统一与稳定，而且将黔东地区纳入了全国政治一体化建设之中，缩短了黔东地区融入全国"大一统"体系的历史进程。从贵州地区土司制度与国家治理的角度看，元明清中央王朝对该地区主要采取剿抚兼施、设省治土、以卫制土的国家治理模式。本节拟从三方面予以探讨。

一　贵州土司地区国家治理的历史进程

元明清时期，贵州土司地区与湖广、四川、云南、广西等土司地区一样实行土司制度，虽然贵州境内的土官土司有职衔职级、辖地大小、实力强弱等方面的差异，但都称为贵州土司。在元明清时期，贵州土司主要有几个著姓：一是安氏，包括贵州宣慰使司、偏桥、葛彰葛商，蛮夷长官司等土司；二是宋氏，包括贵州宣慰使司、麻哈州、乐平、剳佐、大平伐、小平伐、新添五长官司等土官；三是杨氏，计有平州六洞、丰宁、凯里、杨义、提溪、省溪、大万山、乌罗、平头著可、邛水十五洞、石阡十一长官司、乖西、曹滴洞、古州、欧阳、中林验洞，龙里六蛮夷长官司等土官；四是程氏，包括程番、小程番二长官司土官；五是龙氏，计有卧龙番、小龙番、大龙番、罗番四长官司以及亮寨蛮夷长官司等土官；六是蔡氏，包括青山、底寨、养龙坑三长官司土官。此外还有韦氏、石氏、何氏、罗氏、刘氏、谢氏、张氏、阿氏、方氏、顾氏、庐氏等，均为长官司之长官。① 贵州历史上的这些土司著姓，到明代乃至清朝雍正年间大规模改土归流之前虽然有侥幸存在的著姓，但其中与中央王朝作对或叛乱被剿灭者，也不乏其人。即便当时谚语所说的"思播田杨，两广岑黄"的所谓土司著姓且实力雄厚者，也概莫能外。元明清三个王朝在贵州施行的土司制度，对贵州地区的社会经济文化等各方面都产生过重大影响。贵州地区土司制度与国家治理同样分为三个阶段。

（一）元代贵州地区土司制度与国家治理

元代贵州土官土司制度，在本质上是一种封建领主制。据《元史》载：元朝时在今贵州省内设置的土官土司机构有宣慰使司都元帅府，如八番顺元等处；有宣慰使兼管军万户府，如罗罗斯；有宣抚司，如顺元、思州等处，当时隶属湖广省，播州隶属四川行省；有安抚司，如程番武盛军、卧龙番南宁州、小龙番静蛮军、大龙番应天府、新添葛蛮，当时隶属湖广省；有招讨司，如沿边溪洞。此外，还有诸蛮夷长官司等土官

---

① 黄开华：《明代土司制度设置与西南开发》，参见《明史论集》，诚明出版社1972年版，第353—354页。

机构，也是"参用其土人为之"。① 元代在今贵州地区设置土知府 2 家、宣慰司 3 家、安抚司 17 家、长官司 197 家、蛮夷长官司 140 家、其他 46 家，合计 405 家。② 元代在贵州设立的这些大小土官分属于八番顺元宣慰司都元帅府、播州军民安抚司、新添葛蛮安抚司、亦溪不薛宣慰司、乌撒乌蒙宣慰司、普安路、普定路等几个大的行政单位。因元代土官较为杂乱，设置及隶属关系时常变动，甚至有设置重复、辖地交叉、属地不明等情况，所以，元代贵州土官只能从大的方面去把握。

元代贵州土官设置呈现出两个特点：一是文职土官多，武职土官少；二是武职土官中诸如宣慰司、宣抚司等高级别的土官少，安抚司、长官司、蛮夷长官司等级别较低的武职土官多。据《元史·地理六》在"岭南广西道肃政廉访司"载："贵州地接八番，与播州相去二百余里，乃湖广、四川、云南喉衿之地。大德六年，云南行省右丞刘深征八百媳妇，至贵州科夫，致宋隆济等纠合诸蛮为乱，水东、水西、罗鬼诸蛮皆叛，刘深伏诛。"③ 在"八番顺元蛮夷官"条载："至元十六年，潭州行省遣两淮招讨司经历刘继昌招降西南诸番，以龙方零为小龙番静蛮军安抚使，龙文求卧龙番南宁州安抚使，龙延三大龙番应天府安抚使，程延随程番武盛军安抚使，洪延畅洪番永盛军安抚使，韦昌盛方番河中府安抚使，石延异石番太平军安抚使，卢延陵卢番静海军安抚使，罗阿资罗甸国遏蛮军安抚使，并怀远大将军、虎符，仍以兵三千戍之。是年，宣慰使塔海以西南八番、罗氏等国已归附者，具以来上，洞寨凡千六百二十有六，户凡十万一千一百六十有八。西南五番千一百八十六寨，户八万九千四百。西南番三百一十五寨，大龙番三百六十寨。二十八年，从杨胜请，割八番洞蛮，自四川行省隶湖广行省。三十年，四川行省官言：'思、播州元隶四川，近改入湖广，今土人愿仍其旧。'有旨遣问，还云，田氏、杨氏言，昨赴阙廷，取道湖广甚便，况百姓相邻，驿传已立，愿隶平章答剌罕。"④ 该条下明确载有罗番遏蛮军安抚司、程番武盛军安抚司、金

---

① （明）宋濂：《元史》卷 91，中华书局 1976 年版，第 2308—2309 页。
② 李良品：《中国土司学导论》，中国社会科学出版社 2018 年版，第 249 页。
③ （明）宋濂：《元史》卷 63，中华书局 1976 年版，第 1536 页。
④ （明）宋濂：《元史》卷 63，中华书局 1976 年版，第 1539 页。

石番太平军安抚司、卧龙番南宁州安抚司、小龙番静蛮军安抚司、大龙番应天府安抚司、木瓜犵狫蛮夷军民长官、韦番蛮夷长官、洪番永盛军安抚司、方番河中府安抚司、卢番静海军安抚司、卢番蛮夷军民长官等土官机构。在"顺元等路军民安抚司"载:"至元二十年,四川行省讨平九溪十八洞,以其酋长赴阙,定其地之可以设官者与其人之可以入官者,大处为州,小处为县,并立总管府,听顺元路宣慰司节制。"① 其下有雍真乖西葛蛮等处、葛蛮雍真等处、曾竹等处土官机构。该条载:"大德七年,顺元同知宣抚事阿重尝为曾竹蛮夷长官,以其叔父宋隆济结诸蛮为乱,弃家朝京师,陈其事宜,深入乌撒、乌蒙,至于水东,招谕木楼苗、犵,生获隆济以献。"② 又"思州军民安抚司"明确标明在婺川县。当时播州杨氏土司为"沿边溪洞宣慰使司",该条载:"至元二十八年,播州杨赛因不花言:'洞民近因籍户,怀疑窜匿,乞降诏招集。'又言:'向所授安抚职任,隶顺元宣慰司,其所管地,于四川行省为近,乞改为军民宣抚司,直隶四川行省。'从之。以播州等处管军万户杨汉英为绍庆珍州南平等处沿边宣慰使,行播州军民宣抚使、播州等处管军万户,仍虎符。汉英即赛因不花也。仍颁所请诏旨,诏曰:'爰自前宋归附,十五余年,阅实户数,乃有司当知之事,诸郡皆然,非独尔播。自今以往,咸奠厥居,流移失所者,招谕复业,有司常加存恤,毋致烦扰,重困吾民'。"③ 领属播州军民安抚司、沿河佑溪等处土官机构。另有新添葛蛮安抚司等土官机构。因为元代疆域辽阔,所以在包括今贵州境内的许多民族地区设置宣慰使、宣抚使、安抚使等职。又由于中央王朝在最基层设立长官司、蛮夷长官司等机构,成为元朝少数民族地区基层政权组织,因设置较为混乱,地界不甚明确,所以《元史》中常有"等处"之称。元朝对包括今贵州在内的各地土官的治理方法主要有三个方面。

第一,设立各种土官职务,任用各民族中的豪酋为各级土官土司。元朝广泛任用少数民族的豪酋为土官,从宣慰使、宣抚使、安抚使、长官司到路、府、州、县的长官大多由各民族中的豪酋担任,诸如宣慰使

---

① (明)宋濂:《元史》卷63,中华书局1976年版,第1544页。
② (明)宋濂:《元史》卷63,中华书局1976年版,第1545页。
③ (明)宋濂:《元史》卷63,中华书局1976年版,第1551页。

或宣慰使司都元帅、宣抚使、安抚使、长官司长官，路、军民总管府、总管府的土官，府、州、县土官等。

第二，规定了土官的义务，主要包括朝贡和纳赋两项内容。元朝对土官贡物的品种、数量也有定额，金、银、丹砂、雄黄、象、马、虎，豹、毡、刀等，土官须按规定数额缴纳，并令不许超过限额。贵州土官纳赋多以金银、粮、布为主。土官纳赋是一种隶属关系的表现，它象征着土官对中央王朝的臣服，意味着土官辖区归属中央王朝的版图。

第三，规定了土官的信物、承袭、升迁、惩罚的制度。元朝对土官的管理，从土官的任命、承袭、升迁到对土官的惩罚等都有明确的规定。上述三个方面是今贵州土官接受元政府统治的重要标志。元代土官制度未尽完善，主要表现在四个方面：一是土与流虽然分置，但却往往互相渗透，行省至州县参用土人，宣慰、宣抚、安抚等司亦有流官，有时不免相混；二是土官名号虽已粗定，也有卑尊等差，并授予信符、敕令，但执行多不严格；三是设置极不稳定，随时局而常有变更，显得十分混乱；四是土官虽有贡赋制度，但往往无常例可依。

总之，元代中央政府在今贵州地区大力推行土官制度，使元代中央王朝对今贵州地区少数民族进行了一定程度的治理。

(二) 明代贵州地区土司制度与国家治理

明代贵州土官土司制度在实施过程中得以不断完善，因此，明代是贵州土官土司制度的第二阶段。对于明代贵州土司的情况，在《明史·贵州土司传》序言中有记载：

> 贵州……及洪武五年，贵州宣慰霭翠与宋蒙古歹及普定府女总管適尔等先后来归，皆予以原官世袭。帝方北伐中原，未遑经理南荒。又田仁智等岁修职贡，最恭顺，乃以卫指挥佥事顾成筑城以守，赋税听自输纳，未置郡县。
>
> 永乐十一年，思南、思州相仇杀，始命成以兵五万执之，送京师。乃分其地为八府四州，设贵州布政使司，而以长官司七十五分隶焉，属户部。置贵州都指挥使，领十八卫，而以长官司七隶焉，属兵部。府以下参用土官。其土官之朝贡符信属礼部，承袭属吏部，领土兵者属兵部。其后府并为六，州并为四，长官司或分或合，厘

第六章 土司制度与国家治理下的地区差异 517

革不一。

其地西接滇、蜀,东连荆、粤。太祖于《平滇诏书》言:"霭翠辈不尽服之,虽有云南不能守也",则志已在黔,至成祖遂成之。然贵州地皆崇山深菁,鸟道蚕丛,诸蛮种类,嗜淫好杀,畔服不常。霭翠归附之初,请讨其陇居部落。帝曰:"中国之兵,岂外夷报怨之具。"及仁智入朝,帝谕之曰:"天下守土之臣,皆朝廷命吏,人民皆朝廷赤子,汝归善抚之,使各安其生,则汝可长享富贵。夫礼莫大于敬上,德莫盛于爱下,能敬能爱,人臣之道也。"二十一年,部臣以贵州逋赋请,帝曰:"蛮方僻远,来纳租赋,是能遵声教矣。逋负之故,必由水旱之灾,宜行蠲免。自今定其数以为常,从宽减焉。"二十九年,清水江之乱既平,守臣以贼首匿宣慰家,宜并罪。帝曰:"蛮人鸱张鼠伏,自其常态,勿复问。"明初御蛮之道,其后世之龟鉴也夫。①

这段文字,不仅简述了贵州的地理位置、建省原因、行政建制、土官隶属等内容,而且还叙述了贵州土官土司"嗜淫好杀,畔服不常"的特点以及明王朝的"御蛮之道"。

《明史》卷46《地理七》"贵州"条载:"洪武十五年正月置贵州都指挥使司,治贵州宣慰司。其民职有司则仍属湖广、四川、云南三布政司。永乐十一年置贵州等处承宣布政使司。与都指挥司同治。领府八、州一、县一、宣慰司一、长官司三十九。后领府十、州九、县十四、宣慰司一、长官司七十六。"② 这里表明,明代贵州的土官土司一共77家。但著者曾做过不完全的统计,明代在今贵州地区设置土知府3家、土知州1家、土知县1家、宣慰司3家、安抚司8家、长官司112家、蛮夷长官司25家、其他27家,合计180家。③

明代土司制度中有关土司的设置、授职、承袭、奖惩、贡赋、征调等一系列具体内容,在元代土官土司制度的基础上,更加详细、具体、

---

① (清)张廷玉:《明史》卷316,中华书局1974年版,第8167页。
② (清)张廷玉:《明史》卷46,中华书局1974年版,第1197页。
③ 李良品:《中国土司学导论》,中国社会科学出版社2018年版,第249页。

有针对性；同时，在驾驭、控制包括贵州在内的土官土司方面，也采取了一系列政策与措施。明王朝通过健全土官土司制度，采取"以夷治夷"手段，找到了治理边疆民族地区土官土司的法宝，这正是土司制度在明代得以迅速发展的原因。明初土司制度的完备以及国家治理较为有效，主要体现在三个方面：

一是土司职衔的确立。元代虽然创立了土官土司制度，但并没有单纯为土官土司设置的官职，土官土司担任的官职，流官也可以担任。明政府完善土官土司制度的关键就是分别流土，专门设置了区别于流官的土司职衔，这在《明史·职官五》中有明确的记载，其中明确规定土官土司的职衔、人数及品阶。土官土司职衔、人数及品阶的确立，是土司制度成熟的标志。从此，作为一项严格的制度，土司制度正式列入《明史》的《职官志》和《地理志》中，而且从《明史》开始设《土司传》，彻底改变了元代以前正史中将少数民族传记书写为"西南蛮夷传"，历史文献对西南诸多少数民族称呼的改变，既反映了国家制度从羁縻制度到土司制度的变化、中央政府治策的嬗变，佐证了土司制度的实施推动了"西南蛮夷"成为"中华民族共同体成员"的客观事实，而且蕴含着西南地区少数民族逐渐融入中华民族共同体、成为中华民族共同体成员的历史进程。①

二是加强对包括贵州在内的土官土司的控制。元代创建土司制度，对少数民族首领采取的是怀远、安抚政策，旨在通过土司对土民的管理，达到对边疆地区统治的目的。而明代完善土司制度后，则一改安抚政策为对土官土司的管控与驾驭，以加强对各地土司的控制，牢固掌握对土官土司地区的统治权。

三是在通过土司衙门安插流官，以便对土司进行监视、制约。这些流官均属佐贰官，他们实际上是中央政府设在土司身边的耳目，可以随时将贵州等地土官土司的情况向中央政府派遣的地方流官汇报。尽管这些流官职低位卑，但仍不失为对贵州土官土司的一种钳制力量。

（三）清代贵州地区土司制度与国家治理

据《清史稿·职官志四》"土司各官"条载：贵州长官司长官六十有

---

① 王琨、李良品：《土司制度与中华民族共同体建设初探》，《广西民族研究》2021年第1期。

五人,副长官司十有九人,贵州土同知二人,土推官二人,土县丞五人,土主簿二人,土吏目一人,土巡检二人,其不管理土峒者七人,这些土司的承袭、革除、升迁、降调隶属于吏部。贵州土千总十人,土把总一人,武土官六人,这些土司的承袭、革除、升迁、降调,隶属于兵部。① 按照这个数字统计,清代贵州土司计112家。但笔者曾做过不完全的统计,清代贵州地区设置宣慰司1家、长官司111家、蛮夷长官司1家、其他103家,合计216家。② 从清代贵州土司的设置和实施情况看,清王朝在继续实施土司制度的同时,还加大了对贵州土司的监管和改流的力度,且没有再出现复土的现象。

如果说明王朝在贵州省施行土司制度的过程中推行的"土流并治"是被动改土归流的话,那么,清代贵州实施土司制度的最大变化就是大规模的改土归流。明朝时期,将元代数以百计的蛮夷长官司分别加以归并、改置,设立贵州宣慰司、思州宣慰司、思南宣慰司、播州宣慰司等广土巨族的土司。但自永乐以来,思州、思南、播州等宣慰司先后改流,明末安邦彦事件平息后,贵州省宣慰司基本消除。即便后来有安世担任过"宣慰使",仅是一个空衔,并没有相应的机构,习惯上就称为"水西宣慰使",它与贵州宣慰使司和贵州宣慰使已不存在任何实质上的关系。

清康熙五年(1666),清王朝革陈了贵州宣慰司;雍正年间又进行了大规模改土归流。贵州土司在革除、削弱和分化的过程中,清王朝将贵州余留土司分属不同的府、州、县管辖。如贵阳府亲辖地有中曹长官司、中曹副司、养龙长官司、白纳长官司、白纳副司、虎坠长官司;定番州领程番、小程番、大龙番、小龙番、卧龙番、金石番、方番、卢番、洪番、韦番、罗番、上马桥、木瓜、麻响、大华、卢山16个长官司。

清代贵州土司制度的实施,是清王朝对贵州少数民族进行国家治理的一种手段,它通过少数民族中的上层人物来体现"王化",把权力伸向贵州省各土司地区,其目的是加强对贵州省土司地区的统治。清代中央王朝与贵州土司之间,既有联合,也有斗争。一方面,清王朝借助贵州各地土司之力"抚夷民、守疆土、谙边情、防止下民作乱",以求加强统

---

① (民国)赵尔巽:《清史稿》,天津古籍出版社2012年版,第1612页。
② 李良品:《中国土司学导论》,中国社会科学出版社2018年版,第252页。

治、维护王权、安定边疆，贵州各地土司则借助清王朝之权"统慑地方、驾驭夷民"，确认其统治的合法性，两者在利害一致的基础上加强联合；另一方面，清王朝的中央集权与贵州土司地区分权的矛盾长期存在，当清王朝的中央集权进一步加强而损害贵州各地土司的利益，或者土司坐大而妨碍中央集权，两者之间的矛盾和冲突也就势在难免，有时甚至酿成战祸。所以，清代土司制度是清王朝与贵州土司统治阶级互相联合、互相斗争、彼此博弈的结果。

二 贵州土司地区国家治理的具体举措

在明清贵州实施土司制度的过程中，中央王朝与贵州土司之间有过无数次的博弈，其实质都是双方寻求自身利益最大化。特别是在明代，贵州建省、土官土司与流官的设置、卫所的设置与节制土司、贵州土司是否改土归流，均与王朝国家高度关注贵州密切相关。明清中央王朝在管控贵州土司和治理土司地区时，主要采取三种国家治理举措。

（一）剿抚兼施

明王朝在治理贵州土司的基本举措是剿抚兼施。由于明代贵州土司发生了"杨应龙之乱"和"奢安之乱"，明廷对付这两次叛乱的方策为"抚剿并施""或抚或剿"。正如《明史》所言："其要在于抚绥得人，恩威兼济，则得其死力而不足为患。"[①] 明代中央王朝在对待贵州这两次叛乱时同样采用的是"剿抚并施"策略。笔者查阅李化龙的《平播全书》，在"剿"的方面，不乏"进剿""捣剿""督剿""剿杀""防剿""行剿""共剿""征剿""夹剿""行剿""剿荡""奋剿""雕剿""擒剿""会剿""攻剿""剿处""追剿""大剿""剿除""搜剿""剿捕""跟剿""攻剿""兵剿""防剿""诛剿""剿贼""剿叛""剿灭""剿逆""剿房"等词语；在"抚"的方面，也有"招抚""安抚""安抚诸苗""安抚胁从""抚绥""抚戢""抚摩""抚降""抚驭"等词语；"剿抚"兼而用之的有"改剿为抚""抚剿无常""时剿时抚""抚剿已定""旋抚旋叛""抚剿兼行""剿抚任尔""抚而不剿""议抚议剿"等词句。明代中央王朝针对贵州土司反叛朝廷、土司之间仇杀、土司内部争袭，危害

---

① （清）张廷玉：《明史》，中华书局1974年版，第7981页。

贵州社会稳定时，都是通过武力征剿的形式以达到镇压和平定土司的目的。如《明史纪事本末》中《平杨应龙》《平奢安》就是针对贵州这两次大的叛乱实施的征剿。笔者曾经针对"平播之役"的事实认为，明代万历年间的"平播之役"付出的代价可谓很大，特别是死伤很大。这场"平播之役"，播州杨氏首领、土目、土兵被俘1124人，被斩首22687人，杨氏族属被俘5539人，招降播民126211人，另缴获诰命3道、敕书1道、播州宣慰司铜印1颗、诸葛铜鼓12面、大皮盔4顶、大皮甲4领、马鞍4副、铁剑2口、倭刀1把、苗刀30把、花枪20根、大弩12张、箭筒6个（内箭共70支）。① 平播大军伤亡3万至5万人，其中官兵阵亡将军78人、士兵4645人，重伤969人，轻伤2458人，其余伤亡均为土兵。② "平播之役"虽然取得了胜利，但无论是对于官军，还是对播州地区的土兵来讲，都付出了巨大的代价，对社会生产造成了极大的摧残。③ 当然，我们也应该看到，任何一个政府都不允许地方叛乱，作为王朝国家要治理土司地区，必须对叛乱予以征剿和平定。

明代中央王朝除了"征剿"之外，也不乏"招抚"之功。如思南宣慰司被改土归流后，仍然让其后裔作"随府办事长官"，据万历《黔记》载，田宏佐原隶宣慰司正长官，永乐九年（1411）革宣慰司，改为思南府，但田宏佐仍授予随府办事长官一职。其后代田大纪、田守琦、田希颜、田秘、田应恩，田时茂一直承袭该职，直至明代万历年间。④ 另据民国《贵州通志》载："思南随府办事六品长官田氏，不管村寨……洪武五年，改授思南宣慰使。传至宗鼎，永乐十一年'改土归流'，以其地为思南府，授宗鼎子（田宏佐）为随府办事长官。又数传至仁溥，顺治十七年归附。仁溥传子洪国，洪国传子大禧，大禧传弟大祎，数传至又新，见袭职，无印。属思南府。"⑤ 在"平播之役"前后，无论是中央王朝还

---

① 贵州省遵义县志编纂委员会：《遵义县志》，贵州人民出版社1992年版，第771页。
② 遵义市汇川区高坪镇志编纂委员会：《遵义市汇川区高坪镇志》，方志出版社2012年版，第576页。
③ 李良品等：《播州杨氏土司研究》，华中科技大学出版社2015年版，第299页。
④ 贵州省文史研究馆：《续黔南丛书》（第一辑），贵州人民出版社2011年版，第2595页。
⑤ 贵州省文史馆：《贵州通志·土司土民志》，贵州人民出版社2008年版，第115—116页。

是李化龙，对播州杨氏土司以及播州土司地区民众也有"招抚"的一方面。如《平播全书》有"酋自招抚以来，气日骄，威日炽"①，说明明王朝对杨应龙进行过"招抚"，只是未能起到应有的作用。该书中提及明王朝"招抚"播州杨氏土司辖区内民众的句子很多，如："据快手徐廷美报称，婺川县民方腾虹，招抚过板角青龙囤夷头施阿记等十名，带领男妇一百三十七名口出来投降，安插于地名洋水居住。又据防守南川原任都司叶当春呈称：羊墩、大里、两河等箐，招抚未出播民甚众"②；又"据参将王一桂报：据标下千户孙应朝、钱子惠，把总黄明儒、周世禄等，各招抚过播地夷民刘朝东、宋正湖、刘仲和、董国相、彭宠、杨文秀、罗俊甫等一百三十七户，男妇四百零五名口"③；"又据总兵陈磷册报，自三月十九日渡乌江起，至二十九日止，陆续招抚过苗民一百九十一家，男妇共计六百八十名口。"④"又据参将王一桂报称，招抚过播目杨统下弟杨海，并妻妾子女一百零三名口。"⑤"又据按察使杨寅秋报……招抚过高坡箐、张王坝、西坪……等六百三十二户，男妇共二千一百三十六名口。"⑥"招抚囤民男妇六百房，计一千四百三十五名口。"⑦"又据安疆臣报称：三月二十二日，汉把刘景贵、陈阿九等招抚过陇都猴场把事石尽忠等一百零七房。同日，汉把罗一龙、陈应龙同协捕指挥白璋等，招抚过高玻箐、张王坝苗头阿满、鄢承爵等六百三十二房。"⑧ "平播之役"

---

① （明）李化龙：《平播全书》（遵义市地方志编纂委员会点校本），大众文艺出版社2008年版，第14页。

② （明）李化龙：《平播全书》（遵义市地方志编纂委员会点校本），大众文艺出版社2008年版，第82页。

③ （明）李化龙：《平播全书》（遵义市地方志编纂委员会点校本），大众文艺出版社2008年版，第97页。

④ （明）李化龙：《平播全书》（遵义市地方志编纂委员会点校本），大众文艺出版社2008年版，第107页。

⑤ （明）李化龙：《平播全书》（遵义市地方志编纂委员会点校本），大众文艺出版社2008年版，第108页。

⑥ （明）李化龙：《平播全书》（遵义市地方志编纂委员会点校本），大众文艺出版社2008年版，第115页。

⑦ （明）李化龙：《平播全书》（遵义市地方志编纂委员会点校本），大众文艺出版社2008年版，第151页。

⑧ （明）李化龙：《平播全书》（遵义市地方志编纂委员会点校本），大众文艺出版社2008年版，第152—153页。

结束时,在海龙囤上"投降、招抚共九千六百四十八名口"①。特别是李化龙在《播地善后事宜疏》中"顺夷情"条中对"招抚"有详细的叙述:

> 播州,皆夷也,大兵之后,为贼用力者,芟夷蕴崇,已无遗种。今见在者,曰各司土官,曰七姓秦氏,曰投降夷目,皆宜安插得所。顾就中情事不同,亦宜分别。如八司,曰播州、真州、白泥、余庆、草塘、黄平、重安、荣山,内安抚二,长官六;又一司,瓮水,原无印信,亦称长官;又有宣慰司同知罗氏,此皆世有官号,与播并建者。播州长官王积仁,以附播被擒献俘,与杨氏俱灭;真州附播多年,綦江之破,助兵三百,著在耳目;同知罗氏,与江外五司具疏改流,挑怨速祸,至有今日之事,海内震动,流血千里。则诸司者,罪之魁也。故说者谓:真州,宜正其附播之罪;江外诸司,宜以起衅绝之。第王道如天,罚宜从轻,赏宜从重。真州当进兵之初,率先归附,正副长官各以千人从军;江外诸司,各招兵聚义,充黔楚乡导。合将真州长官即为该州土同知,副长官即为土判官;江外诸司安抚与正长官即为该县土县丞,副长官即为土主簿;同知罗氏,为新府土知事。此外尚有投降夷目,原非长官,本无冠带,但赏格曾坐名开谕,辄尔先事归诚,亦宜少示眷酬,以明恩信。如上赤水里头目袁年,父遭酷祸,投降最早,宜授以所镇抚职衔。下赤水头目袁鳌,仁怀里头目王继先,安、罗二村头目罗国明、罗国显、安銮,以上五名,念其返诚归正,量授冠带总旗。诸人田产,止将本身者照册拨给,应纳税粮,通附州、县官处上纳;其余里人,俱令附籍纳粮当差,不许仍以家人为名,恣行霸占。违者治其前罪。至于七姓秦氏,始助杨氏之恶,继倾杨氏之族,尤为祸首。今蒙王仁宽宥外,如仍蹈故习,豪横害民,该道径行拿问发落。地方人民指称前事告害者,亦如之。②

---

① (明)李化龙:《平播全书》(遵义市地方志编纂委员会点校本),大众文艺出版社2008年版,第165页。

② (清)郑珍、莫友芝纂,遵义市地方志编纂委员会:道光《遵义府志》(点校本),巴蜀书社2013年版,第833—834页。

从上面诸多例子可见，明王朝对"平播之役"的"剿"与"抚"有比较清醒的认识。明朝无数次土司反叛中央王朝，绝没有好下场，"杨应龙叛乱"和"奢安之乱"等无不说明这个问题。又如水西安氏土司在明末清初两次改土归流后，虽然中央王朝权力在该地区不断深入，并取得了原水西土司辖区的控制权，但中央王朝仍然让该地区48土目保留其基层权力，利用他们实际控制地方秩序，以形成"网格化"的权力空间，维护水西地区的社会和谐稳定。

（二）建省治土

贵州省因思南思州二土司被裁革而建省，因播州杨氏土司平定将遵义划归贵州而奠定今日贵州之版图。可以说，贵州因土司而建省，因土司而兴盛。土司问题对贵州影响太大，贵州与土司的关系尤为密切。因此，笔者认为，在一定程度上讲，明王朝建立贵州省就是为了管控土司和治理土司地区。

据《明史纪事本末》载："至永乐初，思州宣慰使田仁智子琛，思南宣慰使田茂安子宗鼎，各嗣立，以争沙坑故，日寻兵。上遣行人蒋廷瓒往勘之，琛从廷瓒入见上白事，自言思南故思州地，当归之，又数宗鼎罪状。上曰：'思南旧归明玉珍时，汝何不取以自属，乃今言耶？且罪恶在彼，汝何与焉。亟归守尔土，靖尔封疆，慎勿构衅起兵端，再犯，吾磔汝矣！'琛归与宗鼎仇杀如故，屡禁之不能止。至是，上密遣镇远侯顾成率校士数人，潜入二境执琛、宗鼎去。二人既就执，城中犹寂无知者。忽一日使出，揭榜谕诸罗曰：'朝廷以二凶日构杀，荼苦百姓，故特遣使执问状，首恶既擒，余一无所问，敢哗者族。'诸罗帖然。琛、宗鼎至京师，俱斩之。乃命户部尚书夏原吉等曰：'思州、思南苦田氏久矣，不可令遗孽复踵为乱，其易为府治，改思州宣慰司为思州府，思南宣慰司为思南府，易置诸官僚。'遂设贵州布政司，立三司等官，治贵州宣慰司本司及思州、思南、镇远、石阡、铜仁、黎平六府，普安、永宁、镇宁、安顺四州，金筑安抚司及普定、新添、平越、龙里、都匀、毕节、安庄、清平、平坝、安南、赤水、永宁、兴隆、乌撒、威清十五卫，普市千户所，皆属焉。改蒋廷瓒为左布政使，以廷瓒曾勘思州事，谙夷情也。十四年，设贵州提刑按察司。户部、刑部各增贵州一司，其乡贡附于云南。"① 明朝建立贵州省之后，沿袭元代土司制度，在其基础上对土司制度加以调整、规范，从政治、军事、经济、文化、思想等方面把土司进一步纳入国家统一制度。贵州建省之后，明王朝为了有效管控土司和治理土司地区，将土司隶属分为六类。

一是基本保持土官土司原有的政治体制。② 如水西安氏土司，上下一体，亲辖13则溪、48目，皆由彝族家支统领。水西土司所辖地区只设宣慰使司一级，下面不设其他土司机构。

二是按土司制度由上而下分级设置。如播州杨氏土司，宣慰使司之下又分设若干安抚司、长官司、副长官司等。虽然这些土司的族属各不相同，但都以土司行政机构划分。

三是经制府州县管辖土司③：如府辖土官土司，如"贵阳军民府"领贵竹、金筑、程番、小程番、上马桥、卢番等16个长官司；安顺军民府领宁谷寨、西堡等6个长官司；都匀府领都匀、邦水、平浪、平洲六洞等8个长官司；平越军民府领黄平安抚司、余庆长官司等土司；黎平府领湖耳、亮寨、欧阳、新化、中林验洞、龙里6个蛮夷长官司；思南府领沿河祐溪、朗溪等3个长官司；思州府领都坪峨异溪、都素、施溪、黄道溪4个长官司；镇远府领偏桥、邛水十五洞、臻剖六洞横坡3个长官司；铜仁府领省溪、提溪、大万山、乌罗、平头著可5个长官司；石阡府领石阡、苗民、葛彰葛商3个长官司。又如州辖土官土司，如镇宁州领十二营、康佐2个长官司；永宁州领慕役、顶营2个长官司；麻哈州领乐平、平定2个长官司；独山州领清平等2个长官司。值得说明的是，这种设置也是不断在发生变化，如清代前期"贵阳军民府"改为"贵阳府"领3州、4县、19个长官司（包括白纳、中曹、养龙、新添、平伐、大平伐、小平伐、大谷龙、小谷龙、羊场、底寨等处、程番、大龙番、小龙番、韦番、罗番、木瓜、麻响、卢番计）。④

四是卫军民指挥使司辖土官土司，如龙里卫军民指挥使司领大平伐，

---

① （明）谷应泰：《明史纪事本末》，中华书局2018年版，第309—310页。
② 胡进：《土司述略》，贵州人民出版社2012年版，第36页。
③ （清）张廷玉：《明史》卷46，中华书局1974年版，第1197—1215页。
④ （清）穆彰阿等纂，马国君等点校：《嘉庆重修一统志》（贵州志），贵州大学出版社2019年版，第81—83页。

新添卫军民指挥使司领新添、小平伐、把平寨、丹平、丹行等5个长官司。

五是直接隶属贵州布政使的土官土司，如合江洲陈蒙烂土、丰宁、瓮水、容山、凯里、杨义以及贡宁安抚司。

六是宣慰使司辖土官土司，如贵州宣慰使司领水东、青山、中曹、白纳、龙里、底寨、扎佐、养龙坑、乖西9个长官司；思州宣慰使司领有福禄永从、潭溪、八舟、古州、洪州、新化、欧阳、亮寨、湖耳、中林、曹滴洞、西山阳、赤溪洞、都坪峨异溪、黄道溪、施溪、龙泉坪、石阡、葛彰葛商、苗民等长官司；思南宣慰使司领有印江长、沿河溪、朗溪、偏桥、偏桥左、偏桥右、省溪、提溪、大万山、乌罗、平头著可、水德江、蛮夷、铜仁、邛水、施秉、镇远溪洞金容金达、答意、治古、覃韩、都儒等土司。①

上述六种类型的土官土司，都是由中央王朝派遣的封疆大吏贵州布政使、贵州按察使、贵州都指挥使的直接管辖之下。由此可见，明代中央政府不仅理顺了土司制度的结构及关系，丰富与完善了贵州土司纵横关系，而且体现了王朝国家直接管控土司、治理土司地区的强烈意志，对贵州土司地区的社会稳定起到了积极作用。

（三）以卫制土

陈国安和史继忠两位先生的研究表明，明代先后在今贵州省境内设卫30个，设所140余个，另置关、哨、屯、堡若干，与近贵州境内的土司有着十分密切的关系。② 明王朝在贵州设置的这些卫所是以贵阳为中心，有拱卫贵阳、以卫制土的功能。贵州卫和贵州前卫，羽翼都司。贵阳以西有威清卫、平坝卫、普定卫、安庄卫、安南卫、普安卫计6个卫，史称"上六卫"。贵阳以东有龙里卫、新添卫、平越卫、清平卫、兴隆卫、都匀卫6个卫，史称"下六卫"。黔西北有乌撒卫、毕节卫、赤水卫、永宁卫计4个卫，史称"西四卫"。湖南都司在贵州境内共偏桥卫、平溪卫、镇远卫、清浪卫、铜鼓卫、五开卫计6个卫，称为"外六卫"。另外，万历年间还设置了威远卫，崇祯年间设置了敷勇卫和镇西卫。明

---

① 胡进：《土司述略》，贵州人民出版社2012年版，第48—58页。
② 陈国安、史继忠：《试论明代贵州卫所》，《贵州文史丛刊》1981年第3期。

王朝在今贵州省境内设置这么多卫，必然是与云南和贵州的军事有密切关系。翻开谭其骧先生的《中国历史地图集》就会发现，明王朝设置的这些卫所处于贵州少数民族聚居区或杂居区。如贵州卫和贵州前卫在贵州宣慰司城内，四周都是土司管辖；龙里卫原来是新添葛蛮安抚司的辖地、新添卫原来是新添长官司的辖地、兴隆卫原来是重安长官司的辖地、都匀卫原来是都云安抚司的辖地。其他各个卫的情况也大体如此。所以《徐霞客游记》说："土司与卫所相搀，军伍并苗僚杂处。"明代的贵州，不仅是新建的行省，而且是远离王朝国家政治中心的行省，中央王朝对贵州的控制和治理能力常有鞭长莫及、力不从心的感觉。因此，明王朝不得不采取以卫所节制土官土司的举措。明王朝采取的这种国家治理举措，不仅有利于维护当时贵州少数民族地区的社会稳定，而且对明末清初播州杨氏土司地区和水西安氏土司地区"改土归流"起着十分重要的作用。

三 贵州土司地区的改土归流

改土归流是明清两代对土司制度进行政治改革的重要措施，其目的就是削弱或消除各地土官土司的自治权利，从而强化中央集权的封建统治，维护中央政府的权威，实质上也是中央政权与地方割据势力的权力博弈与政治斗争。然而，这是一场具有进步意义的政治改革和社会变革，集中体现的是以中央王朝为代表的封建制度取代消极落后的封建领主制度，从而有力地推动少数民族地区的社会进步，维护国家的统一，这是历史发展的必然趋势。明清两代贵州都进行过大规模的改土归流，且各有特点。

（一）贵州土司地区改土归流的进程与举措

明清时期贵州土司地区差异大、情况十分复杂。直至清王朝灭亡之时，尚有数十家级别不高的土司尚未改土归流。根据贵州改土归流的实际，可分明代和清代两个不同时段。

1. 明代贵州土司地区改土归流的进程与举措

明代贵州改土设流始于洪武十八年（1385）废除普定土府，紧接着是对思州、思南两宣慰使为乱被平定之后的改原土司辖区为八府，终结于明末平定"奢安之乱"之后将其地设为三府。明王朝在贵州的改土归流大多为土司叛乱平定之后进行的，可以说是被动改流。

最早研究土司问题的佘贻泽先生认为："明代改土归流之最有效者，莫如贵州。盖贵州立省，始自明时。明以前，其地皆为蛮夷长官统治地。永乐八年（1410）思州、思南两宣慰使为乱，平定之，乃改为思州、思南、镇远、铜仁、石阡、乌罗、新化、黎平八府设贵州等处承宣布政司，是为贵州成为内地之始。其后，万历间，播州杨应龙为乱，平之，以其地改为遵义、平越二府，隶属贵州。于是贵州行省乃得成立。故明代对改土归流虽无坚定策略，然其对于贵州立省之功，则不可淹没也。"① 这段文字虽然未提及水西安氏叛乱平定之事，但翻检史籍可知，明代对贵州思州和思南两宣慰司、播州杨氏土司、水西安氏土司实行改土归流，都是由于土司不听朝令或叛乱所引起的。换言之，清代贵州改土归流实质上是对贵州四大土司在平定后的具体处置。在当时，明王朝并未因为一些土司的反叛而导致朝廷对土司制度的怀疑及对土司的否定，甚至对挑起事端、造成重大损失的安邦彦反叛平定之后，无论朝野，主张对水西实行改土归流者并不多。笔者认为，明代贵州改土归流是明代中央集权与地方分权斗争的过程，如《明实录》载：

> 兵科都给事中顾九思等疏言：贵州抚按官舒应龙、毛在谓贵州会城有藩臬而无府县，隆庆间设有贵阳府、县，犹未备。今议改程蕃旧治为州，就彼弹压诸司，及以贵竹、平伐二土司，并归化、新哨二里，改入会城为县，率以流官治之。程蕃改府为州、改通判为知州等官，虽名色稍变而事体无更，又城池、学教、公廨等项依然具在，无烦改作，彼中人情似亦相安。是计之得者，若贵竹、平伐二司，昔以土司世世相承，而今流官矣；昔以土司雄长一方，而今丞簿矣！规制一更，其情或有所不便；体统少杀其心，或有所不堪。而番苗杂处，狼子野心，未必人人贴服遵我文告，可为土人虑者一；县之设于会城也，尊官大吏环而临之，不下数十辈，而地当滇南孔道，轮蹄络绎，土司各分其疆，而县官拥一虚位，供亿繁冗，何以应之？此为县官虑者二；库贮之钱价有限，营运之费用不赀，能不

---

① 佘贻泽：《中国土司制度》，正中书局1944年版，第161页。

那借官帑取办民财乎？可为全省虑者三。①

明代贵州改土归流的主要举措，设置府州县，施以流官之治。所谓流官之治，也就是将原土司辖区设置府县之后，中央王朝派遣流官到这些地方为官治理，与内地郡县的治理方式相同。李化龙的《播地善后事宜疏中》中有复郡县、设屯卫、设兵备、设将领、急选调、丈田粮、限田制、设学校、复驿站、建城垣、顺夷情、正疆域②等十二条具体举措。朱燮元在《督黔善后事宜疏》中提出"制夷之法，必先内固"的对策，他认为："水西自河以外，六目九司之地，亦颇广衍，业已悉入版图；大渡要隘，俱筑建新城，列兵据守。既有扼项附背之势，当为深根固本之谋。"并提出设建卫所、久任世守、监临提调、官俸兵食、更易新名等"各款事宜"③。从这些建议可见，"由土官改为流官之治，其中最紧要者，乃为丈量田地，额定赋税，设兵防守，选官治理"④。明代贵州改土归流的举措主要有几点：⑤ 一是建立贵州行省。永乐十一年（1413）废除思州、思南二宣慰使司，设立思州、思南、铜仁、镇远、石阡、黎平、乌罗、新化八府，并设置贵州承宣布政使司管辖新设立的八府，又拨贵州宣慰使司及安顺、镇宁、永宁三州归属。永乐十八年（1420）建立贵州等处提刑按察使司。贵州布政使司作为一个省级行政机关，秉承执行和宣布朝廷各项政令，并负责管理贵州省各府、州、县及大小土司官民行政事务，从此贵州作为一个独立的行政区开始推行改土设流。特别是贵州布政使司和贵州都指挥使司等机构都与贵州宣慰使司同在贵州城，从而有效地管控贵州宣慰使司。万历二十九年（1601）升贵阳府为贵阳军民府，有效地将贵州宣慰使安氏和宋氏挤出贵阳城而回到各自的领地，就将贵州宣慰使司的很多地方控制在贵阳军民府手中。同时，中央王朝

---

① 《明神宗实录》卷170，"万历十四年一月辛酉"条。
② （清）郑珍，莫友芝纂，遵义市地方志编纂委员会：道光《遵义府志》（点校本），巴蜀书社2013年版，第830—834页。
③ （清）郑珍，莫友芝纂，遵义市地方志编纂委员会：道光《遵义府志》（点校本），巴蜀书社2013年版，第839—841页。
④ 余贻泽：《中国土司制度》，正中书局1944年版，第162页。
⑤ 胡进：《土司述略》，贵州人民出版社2012年版，第87—96页。

又在一些安抚司、长官司的地盘上设置州、县，这些做法实质上是明王朝在贵州改土设流的重要部署。二是李化龙、朱燮元废除播州杨氏宣慰使司和水西安氏宣慰使司。李化龙"平播之役"后，将播州杨氏土司所辖之地盘设置遵义军民府和平越军民府，虽然当时遵义军民府尚属四川管辖，但为后来的遵义入黔奠定了基础。朱燮元剿灭安奢之后将原来的"贵州宣慰司"贬为只余空衔的"水西宣慰司"。崇祯四年（1631），朝廷革除水东宋氏贵州宣慰使职衔，其亲领地全部改土归流。三是设流官制土司。首先是永乐年间设立贵州布政使司，使贵州成为明王朝的第13个行省，从而使贵州省改土设流能够有效进行；其次是明末，贵州设置10个府以及一些州县，使贵州土司完全纳入府州县的行政管辖之下；再次是将乌撒军民府从四川划归贵州。经过明代贵州改土归流的治理之后，其府州县的治理与内地流官治理完全相同。

从明代贵州地区改土归流的情况看，明王朝对贵州土司采用了"征讨"与"平定"、"改流"与"设治"的具体举措，这是明王朝与贵州土司不断博弈的结果，也是贵州土司以失败而告终的结果。

2. 清代贵州土司地区改土归流的进程与举措

土司制度在贵州地区推进的过程中，由于积弊太多，不得不实施改土归流。清代贵州改土归流是在巩固明代贵州改土设流成果的基础上对土司地区进行整体性、综合性的国家治理。清朝贵州的改土归流主要集中在康熙、雍正两朝。《清史稿》卷117《职官志四》"土司各官"条中有"明代土司，淫昏暴戾，播州、水西、蔺州、麓川，边患如栉。清鉴前辙，迭议归流"①一句，特别强调了播州和水西在明代的表现。具体到清代贵州的改土归流，其中说"贵州威宁，旧为水西宣慰司。康熙元年置黔西府，改比喇塔为平远府，大方城为大定府，四川乌撒为威宁。来隶后，改黔西诸府为州，并隶威宁。郎岱，雍正九年改流。归化、康佐及仲苗地，雍正十二年改流。永丰、安笼长官司地，雍正五年改流。因时损益，遍置流官"②。可见，清代贵州的改土归流，康熙年间对乌撒土司和水西土司进行改土归流。雍正年间，又对郎岱、归化、康佐、永丰、

---

① （民国）赵尔巽：《清史稿》，天津古籍出版社2012年版，第1609页。
② （民国）赵尔巽：《清史稿》，天津古籍出版社2012年版，第1609页。

安笼等几个土司的改土归流。宣统三年（1911）民政部奏各省土司拟请改设流官称："康熙、雍正年间，川、楚、滇、桂各省，迭议改土归流。如湖北之施南，湖南之永顺，四川之宁远，贵州之泗城，云南之东川，贵州之古州、威宁等府、厅、州、县，先后建置，渐成为内地。……贵州土州县，贵州长官司等，名虽土官，实已渐同郡县，经画改置，当不甚难。"① 从清代贵州土司改土归流的情况看，清王朝仍然采取的策略是改大设小，并且还"遍置流官"，以达到监控这些职级较低、实力很弱的土司。

清代贵州土司地区改土归流的整体措施是限制土司、加强管理、削弱事权、化大为小，并委任许多不入品级的土千总、土把总、土外委、土目、土舍以分散土司权力，使土司势力极度式微，且全部纳入府州县的行政体制治理之下。清代贵州未改流的土司，完全听命于流官，成为管理少数民族地区的工具。②

《清史稿》卷117《职官志四》"土司各官"中清代贵州设置土司的情况看，雍正年间之后，贵州未改流的土司数量较大，其中长官65人，副长官司19人，土同知2人，土通判1人，土推官1人，土县丞5人，土主簿2人，土吏目1人，土巡检2人，不管理土峒者9人，他们的"承袭、革除、升迁、降调，隶吏部"③；土千总10人，土把总1人，武土官6人，他们的"承袭、革除、升迁、降调，隶兵部"④。魏源《圣武记·雍正西南夷改流记下》附录载：土司未改流者，贵州长官司六十有二，曰中曹，曰白纳，曰养龙，曰虎坠，曰程番，曰上马，曰小程，曰卢番，曰方番，曰违番，曰罗番，曰卧龙，曰小龙，曰大龙，曰金石，曰大平，曰小平，曰大谷龙，曰小谷龙，曰木瓜，曰麻向，曰新添，曰平伐，曰羊场，曰慕役，曰顶营，曰沙营，曰杨义，曰都匀，曰邦水，曰思南，曰丰宁上，曰丰宁下，曰烂土，曰平定，曰乐平，曰邛水，曰偏桥，曰蛮夷，曰沿河，曰郎溪，曰都坪，曰黄道，曰都素，曰施溪，曰潭溪，

---

① 民政部：《又奏各省土司拟请改设流官折》，《政治官报》1911年第1216期。
② 胡进：《土司述略》，贵州人民出版社2012年版，第98页。
③ （民国）赵尔巽：《清史稿》，天津古籍出版社2012年版，第1612—1614页。
④ （民国）赵尔巽：《清史稿》，天津古籍出版社2012年版，第1615页。

曰新化，曰欧阳，曰亮寨，曰湖耳，曰中林，曰八舟，曰龙里，曰古州，曰洪州，曰省溪，曰提溪，曰乌罗，曰平头，曰乖西，曰抵寨，曰岩门。副长官司三。曰西堡，曰康庄，曰石门。① 这一数字与其他历史文献有一定出入。《清史稿·贵州土司传》云：无论是乾隆六十年的松桃苗变，还是及咸同年教匪之乱，贵州土司都没有肇事。所以，直至清末，贵州尚有84家长官司没有改土归流，这个事实是可信的。

笔者根据《清史稿·贵州土司传》所载，除了某个土司明确"改土归流"或"改流官"之外，有诸多土司"仍准世袭"，说明终其清末，贵州尚有86个正副长官司（其中副长官司22个），以及土巡检、土吏目、土县丞、土主簿、土同知、土通判、土推官、随府办事长官司计13个不同职衔的土司尚未改土归流。他们是中曹、养龙、白纳、白纳（副）、虎坠、程番、上马桥、小程番、卢番、方番、韦番、卧龙番、小龙番、金石番、罗番、大龙番、木瓜、木瓜（副）、麻乡、乖西、乖西（副）、大谷龙、小谷龙、平伐、大平伐、小平伐、新添、羊场、底寨、底寨（副）、西堡（副）、康佐（副）、顶营、募役、沙营、杨义、岩门、都匀、都匀（副）、邦水、乐平、平定、丰宁上、丰宁下、烂土、偏桥、偏桥（左副）、邛水、邛水（副）、蛮夷、蛮夷（副）、沿河祐溪、沿河祐溪（副）、朗溪、郎溪（副）、石阡（副）、苗民、都坪、都坪（副）、都素、都素（副）、黄道、黄道（副）、施溪、省溪、省溪（副）、提溪、提溪（副）、乌罗、乌罗（副）、平头、平头（副）、潭溪、潭溪（副）、八舟、龙里、中林、古州、新化、欧阳、欧阳（副）、亮寨、湖耳、湖耳（副）、洪州、洪州（副）。此外还有盘江土巡检、重安司土吏目、草塘司土县丞、瓮水司土县丞、馀庆土县丞、馀庆土主簿、独山土同知、镇远府土同知、镇远土通判、镇远土推官、思南府随府办事长官司、安化土县丞、印江土县丞。② 不同文献的记载，统计数字有一定出入，这也是正常现象。

有学者研究表明，从贵州一些府州县的地方志中还可以找出清代在一些民族地区大量增设土弁、土屯、土舍、土目。这些小土司虽为土官，但事权极小，完全听命于流官，实际上相当于基层行政的保甲长，一直

---

① （清）魏源：《圣武记》，岳麓书社2011年版，第298—299页。
② （民国）赵尔巽：《清史稿》，天津古籍出版社2012年版，第5012—5019页。

残存到民国时期，最终消除于新中国成立之初。①

（二）贵州土司地区改土归流的成效

贵州土司的改土归流，本质是在政治上剥夺土司的世袭制，在经济上取消封建领主制。换言之，改土归流是土司统治地区各民族政治、经济制度上的一种变革，对各民族地区社会政治、经济、文化有着较大影响，成效极其显著。

第一，有利于统一多民族国家的巩固和发展。无论是播州杨氏土司，还是水西安氏土司，他们在土司制度下，虽然属于中央王朝的直接管控，但他们一旦实力强大，有与中央王朝较量的实力，就势必有叛逆之心，割据一方，自立为王，是统一多民族国家建设过程中的最大障碍。明末清初的改土归流消除了贵州土司分散割据的封闭局面，各土司地区完全纳入了中央王朝的直接管辖之下，交通道路的畅通，加强了各民族交往交流交融。土司被废除后，清政府可以对贵州原土司统治下的人民进行户籍清查、登记编册，转到清政府的直接控制和治理之下，并将土司的原有庄奴释放为自由农民，解除原有的依附关系，成为中央王朝的直接编民，这对缓和贵州民族地区的社会矛盾、促进生产力的发展起到一定的作用，也有利于多民族统一国家的发展和巩固。

第二，风俗习惯逐渐得到了改变。贵州省在土司时期存在诸多旧制陋规，改土归流过程中中央政府对土司地区一些旧制陋规作了改革，贵州基层社会的风俗习惯得到了一定的改变。如遵义地区"自明万历二十八年（1600）后，土辟民聚，俗易风移。蚕桑殊少专事耕农。士愿而好学，女贞而克勤。及入本朝，士风尤盛，人才间出。士质而有文，民朴而易治，崇尚气节，不耻贫贱，勤耕织，敦礼让云"②。又如元水西土司统治区域的变化："大定习俗部陋，性格朴野。不事商贾，惟务农业。"此改土归流之时的风俗习惯。又曰："人多勤俭，文武风略，渐有可观。"这是康熙年间的情况。又曰："地多土目错居，夷性好争喜斗。近知畏法，亦渐革心。"这是雍乾年间原水西土司辖区的风俗习惯。《大定志稿》

---

① 胡进：《土司述略》，贵州人民出版社2012年版，第115页。

② （清）郑珍、莫友芝纂，遵义市地方志编纂委员会：道光《遵义府志》（点校本），巴蜀书社2013年版，第318页。

又云:"大定自康熙三年(1664)平定以来,土民皆外省流寓,土著旧民不数户焉,犹是汉多夷少。雍正、乾隆之时,民皆愿约俗,尚敦庞。士人读书,崇重师儒,砥砺名节,冠、婚、丧、祭如古礼。力耕稼。事商贾者,衣不过苎卉,食不嫌野蔬。居多茅屋、柴壁,器用陶匏。宾客宴会,豆不过五。嘉庆以来,此风浸异。富豪子弟,视纨素若楮素。市侩贱役,被文绣、履锦彩如剧褐;妇女竞饰珠翠;宴会穷极水陆,而雕墙峻宇,渐渐相望。士有廉隅自饬者,指为迂拘;民有俭约自将者,诋为鄙陋。亦大可慨矣。"① 改土归流后还革除了贵州土司在长期统治过程中形成的流弊,如改流前土司自定的刑律、私设的公堂一律废除,还禁止土目擅管地方,禁止仇杀、掠抢人畜和勒索抢掠商人财物等。这些措施有利于贵州原土司地区社会和谐稳定。

  第三,促进了贵州原土司地区经济的发展。由于土司的废除,使奴隶制和封建领主制得以彻底瓦解,土民从土司的束缚下解放出来,获得了较多的自由,再加上中央政府在改流过程中比较重视恢复和发展生产,土民的生产积极性就高涨起来,促进了贵州农业生产极大的转变。一是耕地面积不断扩大。如康熙时期耕地面积为九十五万九千七百一十一亩,嘉庆二十五年(1820)则为二百七十万三千一百六十七亩五分有奇②。改土归流后贵州地区耕地面积得到快速增长。二是移民进入贵州地区带来先进的生产技术和诸多农作物,诸如小麦、高粱、花生、小米、黄豆、豌豆、芝麻、荞麦开始移植贵州,"种稻而外,坡杂植粟、荍、高粱、大小麦以补其缺"③。如贵州思南府"有包穀杂粮等项,足敷民食,无须他处接济"④;威宁州"温饱鲜贫,人以苦荍为常食,包穀、燕麦佐之"⑤;"施秉地属苗疆,山多田少,田亩除治城稍肥沃外,余俱硗瘠。同光以还,

---

① 贵州省文史研究馆:民国《贵州通志·舆地志风土志》,贵州大学出版社2010年版,第381页。
② 《嘉庆重修一统志》卷499之《贵州统部·田赋》,上海书店影印本,1984。
③ (清)萧琯纂修,徐鋐主修,龙云清校注:《松桃厅志·风俗》卷6,贵州民族出版社2006,第111页。
④ (清)爱必达:《黔南识略》,参见《中国地方志集成·贵州府县志辑》,巴蜀书社2006,第447页。
⑤ (清)爱必达:《黔南识略》,参见《中国地方志集成·贵州府县志辑》,巴蜀书社2006,第505页。

苗疆底定，夷汉归农，农产以黏米为大宗，除敷本地日食外，运销外县，年约数百余石。杂粮如麦莜、高粱苞谷、黄豆、豌豆等类，亦有种者，第不及米粮之多"①；贵定县"药品中之天麻，贵定所产特佳，质白而肥嫩。春二、三月采取晒干，可运至湘之常德、蜀之重庆贩卖，或兑换药品来黔，均能获利"②。三是人地关系发生重大变化。清政府重新丈量和分配土地，将土地分配给人们，一方面解放了劳动力，另一方面解决了土司与清政府之间土地与劳动力争夺的问题。如贵州南笼府，"自改土以来，其公田已入粮册，而私田存于土目，为口食之资。苗民耕种粮田，输纳而外，出谷一、二斗于土目，是主佃之名犹存也。怀德、永化二里之情形如此。至安仁一里为屯田，汉民主之，苗民耕之，其完租输纳又与二里稍异"③。农民身份转为自耕农、佃农、半自耕农、半农与雇农等，其中自耕农最多。可见，改土归流促进了原土司地区社会经济的发展。

第四，促进了原土司地区文化教育的发展。贵州土司地区改土归流前土司往往认为土民读书后不便于控制而不让土民读书，即"向来土官不容夷人应考，恐其入学，与之抗衡"的思想作祟。改流后中央王朝提倡在各改流地区广设学校，扩大民间子女入学机会。学校的建立，使原土司地区各民族子弟人人向学，社会风俗习惯变化很快。如明代贵阳府的风俗在方志中的记载，或是"俗尚朴实，敦重礼教，士秀而文，民知务本"；或"崇儒术，重气节。处者，耻为污下之事；仕者，多著廉洁之称"；或为"悃恒无华，至道尤易。礼宗考亭，不随夷俗；文教丕扬，人才辈出"以及"渐渍文明之化，易兵戎为城郭，变刁斗为桑麻。民不喜争，士皆彬雅"。到了清代，方志的记载是"风土近刚，习尚从俭。性情率多质直，器用绝少奇淫"；"民务稼穑而鲜贸易，士敦诗书而多彬雅"④。清末及民国初年，风俗习惯为之大变："士束修自爱，笃彝伦，

---

① 朱嗣元修，钱光国纂：《施秉县志》卷1之《农桑》，民国九年修，贵州省图书馆一九六五年油印本。
② 贵定县采访处辑：《贵定县志稿》，民国初年修，一九六四年贵州省图书馆油印本。
③ （清）李其昌纂修：《南笼府志》卷2之《地理志·苗类》，乾隆二十九年（1764）刻本。
④ 贵州省文史研究馆：民国《贵州通志·舆地志风土志》，贵州大学出版社2010年版，第372页。

崇气节，无干谒之事，无乖僻之行。百余年沐国家教泽涵濡，礼让风行，廉隅互饬，世族子弟下帷诵读，不染浮华；乡曲寒畯，党庠州序，絃歌相闻。大比之年，登贤书者居全省什之四五；入馆分曹者，科有其人。处则共敦廉让，出则茂著勤劳；一官一邑，无不思饬箎篆而切拊循。盖由地处会垣，士习最醇，文风最茂，上官之陶成培植又最先也。"① 文化教育事业的发展对贵州改土归流地区社会经济文化的发展有着深远的影响。

第六节 西北土司地区

本节为西北土司地区，而不是西北地区，是因为本节只涉及土司制度、改土归流以及国家治理等相关问题，与其他问题无关，故用"西北土司地区"。西北土司地区是一个自然环境恶劣、民族成分复杂、战略地位重要的地区。元代中央王朝在西北地区设置土司职衔，明代开始推行土司制度，经明清两代延至民国时期。在数百年设置土司职衔和推行土司制度的历程中，西北地区土司在与元明清中央王朝的交往、互动与博弈中，不断深化对王朝国家的认同。西北地区土司在国家治理的进程中，通过朝贡、纳赋、征调等义务的履行，与中央王朝形成既互动，又博弈的关系。因此，明清中央王朝对西北地区土司采取的治理策略是：众建土司、土流参治、流土分治。本节拟从三方面予以探讨。

一 西北土司地区国家治理的历史进程

元明清时期，西北土司地区与四川、云南、贵州、广西等土司地区一样，设置土官职衔，推行土司制度，这些职衔名称不同、职级各异的土官土司，史称西北土司。笔者认为，元代中央王朝在西北土司地区设置过土官职衔，这些土官并未像元明时期西南地区土司一样履行朝贡、纳赋、征调、守土安民等职责，也就是说，当时的西北地区并未完全形成土司制度。《元史·地理三》卷六十之"巩昌等处总帅

① 贵州省文史研究馆：民国《贵州通志·舆地志风土志》，贵州大学出版社2010年版，第372页。

府"条有至元"六年，以河州属吐蕃宣慰司都元帅府"一句；同卷又有"土蕃等处宣慰司都元帅府"条目。在元帅府职衔中提及朵甘思、洮州路；且有"土番"专条。在《元史》卷八十七中的"甘州路""西宁州"涉及西北地区土官土司。在同卷"吐蕃等处宣慰司都元帅府""十八族元帅府""吐蕃等处招讨使司""吐蕃等路宣慰使司都元帅府"等条中述及职衔、职品时有所涉及。王素英在博士学位论文《明清西北土司制度研究》中梳理了《元史》中的"土官"记载计73条，涉及西北土官仅有一二条，并且西南地区土官多有朝贡等记载，西北土官却没有。元代西北土司地区的"土官"之名仅是对本土官员的一个称谓呼而已，并不能说明元代在西北土司地区就已经形成和存在着土司制度。武沐和王素英在《元代只有土官之名没有土官之制》文中论述了元代只有土官之名，没有土官制度的问题，他们认为理由有四个：一是元代虽有土官，但元代史籍中很少使用"土官"一词；二是元代流官与明代流官名同实异，元代流官指的是流内官，与土官无关。与土官相对称的流官是在明朝开始流行的；三是元代没有明代那种专门针对土官的职官体系和土官制度，元代土官在册封、承袭、任用、升迁、惩罚等方面均与非土官无大的区别；四是元代有针对土官世袭的制度，但并非为元代独有，仅凭这一点不足以断定元代有土官制度。[①] 笔者认为，元代在西北土司地区只设置过土官职衔。本节在此需要探讨的明清时期西北土司制度与国家治理的问题。明清时期西北土司地区施行的土司制度，对西北民族地区各族民众的社会经济文化等各方面都产生过重大影响。西北地区土司制度与国家治理主要分为两个阶段。

（一）西北地区明代土司制度与国家治理

明代西北土司制度在西南地区土司制度的基础上得以发展并不断完善，这对于西北土司地区来讲，明代是西北地区实施土司制度的第一阶段。《明史·职官五》之"土官"中说："又有番夷都指挥使司三，卫指挥使司三百八十五，宣慰司三，招讨司六，万户府四，千户所四十一，

[①] 武沐、王素英：《元代只有土官之名没有土官之制》，《中国边疆史地研究》2015年第1期。

站七，地面七，寨一，并以附寨番夷官其地。"① 这其中就有相当一部分是西北土官土司。《明史》没有为西北土司立传，而是将土官的相关内容记载在《西域传》之中。

如《明史·西域三》"朵甘"条载：

> 洪武二年，太祖定陕西，即遣官赍诏招抚。又遣员外郎许允德谕其酋长，举元故官赴京。摄帝师喃加巴藏卜及故国公南哥思丹八亦监藏等于六年春入朝，上所举六十人名。帝喜，置指挥使司二，曰朵甘，曰乌斯藏，宣慰司二，元帅府一，招讨司四，万户府十三，千户所四，即以所举官任之。……锁南兀即尔者归朝，授朵甘卫指挥佥事。以元司徒银印来上，命进指挥同知。已而朵甘宣慰赏竹监藏举首领可为指挥、宣慰、万户、千户者二十二人。诏从其请，铸分司印予之。乃改朵甘、乌斯藏二卫为行都指挥使司，以锁南兀即尔为朵甘都指挥同知，管招兀即尔为乌斯藏都指挥同知，并赐银印。又设西安行都指挥使司于河州，兼辖二都司。已，佛宝国师锁南兀即尔等遣使来朝，奏举故官赏竹监藏等五十六人。命增置朵甘思宣慰司及招讨等司。招讨司六：曰朵甘思，曰朵甘陇答，曰朵甘丹，曰朵甘仓溏，曰朵甘川，曰磨儿勘。万户府四：曰沙儿可，曰乃竹，曰罗思端，曰列思麻。千户所十七。以赏竹监藏为朵甘都指挥同知，余授职有差。自是，诸番修贡惟谨。②

从这里可见，明代在保留元代土官称谓的基础上产生了土司制度。《清史稿·土司六》中"甘肃"条，说得十分清楚："甘肃，明时属于陕西。西番诸卫、河州、洮州、岷州、番族土官，明史归西域传，不入土司传。实则指挥同知、宣慰司、土千户、土百户，皆予世袭，均土司也。清改甘肃为省，各土司仍其旧，有捍卫之劳，无悖叛之事。"③ 明代在西北地区推行土司制度，主要是针对那些地属边塞的土司，其职衔主要有

---

① （清）张廷玉：《明史》卷76，中华书局1974年版，第1876页。
② （清）张廷玉：《明史》卷331，中华书局1974年版，第8587—8588页。
③ （民国）赵尔巽：《清史稿》，天津古籍出版社2012年版，第5025页。

指挥使司、宣慰司、元帅府、招讨司、万户府、千户所等。所以，王素英认为，明代西北地区土司主要有两类：一类是参设于流官卫所之中的土司，为武土司，属兵部管辖；另一类是明代设置于嘉略关内外的安定、阿端、曲先、罕东、妙州、赤斤蒙古、哈密等"关西屯卫"，属于羁縻卫所性质。① 明代中央政府为了管控西北地区土官，规定他们必须履行朝贡、输赋、征调、屯田等职责。如明朝对西北土官土司朝贡时间、朝贡人数、朝贡物品等规定得十分详细。据《大明会典·朝贡四》之"朵甘思"条载："洪武七年，升朵甘卫为西安行都指挥使司，给银印。十八年，改朵甘思宣慰使司及万户府、招讨司、东道万户府、塔尔千户所、每年一贡。给与勘合，于四川比号，雅州入境。每贡止许五六十人，多不过一百人。后三年一贡，每贡一百人，多不过一百五十人。直管招讨司，本朵甘思宣慰司部落。初附本司进贡袭职。成化以后，乃分为二。贡期人数，与本司等。后因人数渐多，隆庆三年定俱三年一贡。每贡各一千人，内五百人全赏，五百人减赏，于全赏内起送八人赴京。余留边听赏。"② 按照明政府要求，各地所贡方物包括各色足力麻、各色铁力麻、各色氆氇、左髻、明盔、长刀等。"洮岷等处番僧"条对朝贡记载简单："每寺许四五人，每年终遇大节，一次赴京朝贡。""洮岷等处番族"同样设计土官朝贡，据载："旧二年一贡，后三年一贡。大族起送为首者四五人，小族起送一二人。留边听赏者，大族不过十五人，小族不过七八人。"其贡物有铜佛、画佛、舍利子、马、驼酥油、青盐、青木香、足力麻、铁力麻、氆氇、左髻、毛缨、明盔、明甲、腰刀等。可见，明代西北地区土司所贡之物一般为马匹、方物、羊驼、金银器及其他物件。明王朝对西北地区土官土司朝贡人员赏赐丝衣、彩缎等回赐物品。

明王朝对土司的管理，不仅有承袭、朝贡、考核等制度，而且有一套与之对应的奖惩与赏罚制度，使土官土司制度能够张弛有度。只有对土官土司有所约束，才能使土官土司能够恪守本分、保边安民。如对违法犯罪的土司予以量刑定罪加以惩处；对土司内讧造成兵乱以及无辜百姓死亡则予以重处；对土司之间的争斗争袭等予以惩处或不准承袭土司。

---

① 王素英：《明清西北土司制度研究》，博士学位论文，兰州大学，2015年，第50页。
② （明）申时行等修：《明会典》，中华书局1989年版，第582—583页。

明王朝在西北地区设置土官土司并制定一套有别于内地郡县的行政制度，其目的在于政治上维护西北地区的领土完整，军事上防范外族入侵，民族关系上维护统一的多民族国家的团结。

(二) 西北地区清代的土司制度与国家治理

清代西北土司制度经过明代200多年的发展变化而来，特别是土司的授职、承袭、考核等制度以及土司应履行的纳贡、征调等义务更加丰富与完善，清代对西北地区土司能够更加强力管控，对土司地区能够更加有效地治理。

《清史稿·地理十一》载，甘肃行省中的土司分布广泛，如巩昌府有麻童、百林口堡2个土司；洮州厅有著逊、卓泥杨氏、资卜马氏3个土司，并且"诸土司皆贫弱"；西宁府属之西宁卫有陈氏、吉氏、祁氏、李氏4个土司；碾伯县有九家港、胜番沟、老鸦堡3个土司；大通卫属有起塔镇、虮迭沟、大通川、王家堡、砝家堡、美都沟计6个土司。凉州府内有古城、连城、大营湾3个土司。《清史稿·地理二十六》明确记载青海所属土司有40家。也就是说，甘肃、青海的土司加在一起，计有60余家。在《清史稿·土司六》中则是将今甘肃、青海的土司合在一起叙述。据《清史稿·职官志四》"土司各官"条载：西北地区土司官职的构成情况如下：土指挥使8家，土指挥同知10家，土指挥佥事12家，土千户28家，土副千户2家，土百户128家，土百长131家，总计319人。其中甘肃31人，青海288人。此外还有未入流土司16人，主要在青海。① 笔者对清代甘肃、青海的土司曾做过不完全的统计，清代甘肃设置土司27家，青海设置土司304家，合计331家。② 资料来源渠道不同，统计数字也不尽一致。但有一点是清楚的，那就是清王朝在西北地区继续实施土司制度的同时，还加大了对西北地区土司的监管和治理力度。清代在西北地区虽然保留了土司制度，但并不意味着清廷允许土司势力的恶性膨胀，相反，清廷对西北地区土司采取了诸多限制措施，其国家治理成分更加突出：③

---

① (民国) 赵尔巽：《清史稿》，天津古籍出版社2012年版，第1610—1615页。
② 李良品：《中国土司学导论》，中国社会科学出版社2018年版，第252页。
③ 高士荣：《西北土司制度研究》，民族出版社1999年版，第164—170页。

第一，管理机构的设置。清廷为了有效管理少数民族事务，中央政府设理藩院，西北边疆地区设大臣。理藩院是清朝设置的管理蒙古、新疆、西藏地区少数民族事务的中央机构。西北民族地区设置大臣，以便专门监督甘肃、青海的土司，使国家权力能够渗透到土司管理的辖区。土司地区主要由西宁办事大臣管理。西宁办事大臣手握重兵，享有特权，遇事可就近处理，级别较低的诸如千百户的承袭、任免及奏请上报之权都掌握在西宁办事大臣手里。

第二，活动区域的划定。给土司划定活动区域，使土司势力受到限制，以便管控土司和国家有效治理土司地区。清朝将甘肃农业土司地区的土地、户口予以清查，将牧区各部落土司的固定地域予以划定，不允许土司越过疆界。如有追牧者，土千户、土百户、土百长可以对其处罚。另外，不允许土司随意外出，防止私下串通。

第三，承袭法规的严格。清王朝对土司承袭制度有更加严格的规定，诸如规定宗支嫡庶次序和年龄、完善承袭手续、实施土司分袭举措。具体来讲，如土司承袭的程序包括委官体勘查核、取具宗支图本、地方官吏保结、督抚具题请袭、授予土司职位等内容；规定土司承袭的次序主要有父死子继、兄终弟及、母女袭职、妻婿承袭、叔侄相袭；同时，还制定了土司承袭必须收缴前朝信物、完善承袭手续、限制承袭时间、袭替禁例处罚等相关法规。西北各地土司只有遵循了这些法规，土司承袭才具有合法性。

第四，奖赏处罚的规定。清朝雍正年间对土司奖励的条件与流官相同，主要以政绩而论。如《钦定大清会典事例》卷589"议叙"条规定："顺治初年，定土官效力勤劳，并投诚之后，能杀贼拒逆，平定地方者，督抚具奏，优加升赏。康熙十一年题准，地方官征解钱银全完者，督抚奖赏银牌花红。……又议准，土官能约束土众，擒剿盗贼，一应案牍于一年内全结者，督抚具奏加一级。一年内完结过半者，督抚量加奖赏。（雍正）五年覆准，各省土官，有实心效力，擒获奸匪者，照内地文武官擒获盗首之例，加级记录，其立有军功，奉法守职者，均照原题以次加衔，赏给朝衣。乾隆二十九年奏准，不拘本省邻省之凶手盗首，逃匿土司地方，该土司能查解五名以上者，记录一次；十名至十四名者，记录二次；十五名者，加职一级；三十名者，加职二级。……三十九年奏准，土司土职，军功保列出众者，方准加衔一等，头等者加一级，二等者记录二次，三等者记录一次，其土兵列为出众者，赏银三两，头等者赏银二两五钱，二等者赏银一两五钱，三等者赏银五钱，四十九年奏准，土司土职，奉旨从优议叙，将保列出众土司加衔一等，再加一级，头等者加衔一等，二等者加一级，三等者记录二次，土兵于应得例赏之外，各按所列等第应得银数，加赏三分之一。"①土司有功可记录、加级，照原官品级依次升授递加，最多可达到宣慰使、指挥使级别。对土司犯罪也有明确规定。土司犯小罪，处分为罚俸、降级等，西北地区的一些土司无俸，其收入全凭对土民的剥削，这类土司获罪，一般是进行改土归流。土司如果犯下大罪，其处罚就十分严重。如《钦定大清会典事例》卷589"议处"条规定："雍正四年议准，土官不遵法度，故纵苗猓为盗，劫杀掳掠男女财物，扰害土民者，该督抚查出，即题参革职，别择应承袭之人，准其承袭；至有养盗殃民怙恶不悛者，该督抚据实题参，严拏治罪，或应改土为流，及别立土官，均请旨施行。十三年议准，土官土人，因公远赴外省。许呈明该管官转报督抚给咨知会所到地方之督抚查核，于事竣日，给咨知会本省督抚，均许程立限，毋许逗留，有不行申报，擅自出境者，该土官革职；土人照无引私渡关津，杖八十；若潜往外省生事为匪，别经发觉者，除实犯死罪外，从罪以上，皆照军人私出外境掳掠，不分首从发边远充军律、治罪，其本境及所到汛守官失察者，罚俸降调用有差。"②这里的惩罚手段众多，不仅有革职、治罪、改流，而且还有杖打、充军等残酷手段。

清王朝对西北地区土司的国家治理是长期的、一贯的，且管控日趋严苛、治理更加有效。清代已从明代对各地土司的安抚转向了对土司的严格管控和对土司地区的有效治理。到民国时，西北地区土司势力得到控制，大多数土司已"名存实亡"，所以，本节不再探讨民国时期西北地区土司的国家治理问题。

---

① （清）昆冈等：《钦定大清会典事例》卷589"土司袭职"条，中华书局1991年影印本。
② （清）昆冈等：《钦定大清会典事例》卷589"土司袭职"条，中华书局1991年影印本。

二 西北土司地区国家治理的具体举措

"以夷治夷"始终是明清中央王朝治理西北地区土司的惯用政策，并且深入历代统治者和各级官吏的内心。明清时期统治者在治理西北土司及土司地区时，无不采取这种政策。明人王廷相就对"以夷治夷"之策作出过这样的评价："况汉唐以来，中国之待远夷，每每推其酋长，为众所顺服者立之，亦未尝必求其族属之正而后授之也？盖以夷治夷、羁縻之道，当如是耳！又何必论其枝派亲疏？"① 王廷相在《制夷》中说得更加明确："我朝以夷治夷，皆设土官，兼以军卫。"② 那么，明清两代"以夷治夷"之策在西北土司地区究竟时如何实施的呢？

（一）众建土司

明朝成化元年（1465），中央王朝两广用兵，其间丘浚在经筵讲官任上，随行两广，撰写了《广西众建土官议》，其中有"众建官而分其权"的观点不但得到统治者的高度认可，而且也为史家和学界极度赞赏。丘浚以广西左右两江为例，建议"有能率其种类五百名以上内附者，即授以知州之职；四百名以下，量授同知、判官、吏目等官。其官不拘名数，亦如卫所之制"。如此一来，"众设其官，势分力敌，自足相制，不能为乱"，无形之中就实现了"国家之势益尊，不劳兵戈而一方安靖"③ 之目标。如前所述，清代西北地区土司计有319家，其中甘肃31人，青海288人，还有未入流土司16家。④ 明清中央政府在西北地区设置这么多土司，其实就是众建寡力、分而治之。如一个循化厅，就管辖有口外珍珠族土司、口内乩藏族土司、撒拉族二土司（其下还有都司一员、土守备一员、土千总五员、土把总五员）、外向化族土司、口外边都沟土司、口内沙马族土司计6个土司。清代甘肃土司设置见下表（表6-3）：

---

① 王廷相：《与胡静庵论芒部改流革土书》，参见《明经世文编》卷149，中华书局1962年版，第1486—1487页。
② 王廷相：《制夷》，参见《明经世文编》卷149，中华书局1962年版，第1488页。
③ （清）汪森辑，黄盛陆等校点：《粤西文载》（四），广西人民出版社1990年版，第198页。
④ （民国）赵尔巽：《清史稿》，天津古籍出版社2012年版，第1610—1615页。

表6-3　　　　　　　　　甘肃诸土司种族、地址一览

县名	土司	种族	地址	户口
西宁县6土司	祁土司之先贡哥星吉，本元裔，封金紫万户侯，任甘肃省里问所官。明洪武元年归附，授世袭副千户，俗称西祁土司。	土司系蒙古种，所管土民，明时分四族，清初分南七族、北一族、东沟大族、西沟大族、角加大族等。	土司世居县南90里寄彦才沟等处。	户：800
	李土司之先赏哥，元都督指挥同知。子文以功封高阳伯。	土司本系番族，管土民963户，分48庄，与屯吐番回杂处。	土司世居西宁县南30里乞塔城。	户：963
	陈土司之先陈子明，元淮南右丞，明洪武七年随李文忠北伐有功，授随征指挥佥事，子义龙。永乐间从耿秉文驻防甘肃，授西宁卫指挥使。	陈氏江南山阳县人。管土民112户。	土司世居县北50里陈家台，土民散处各庄。	户：112
	纳土司之先纳沙密，明洪武四年投诚，授总旗，永远年卒。子速喇袭，以功授左所副千户。	土司系番族，所辖土民150户，散处各庄。	土司世居县南10里纳家庄，土民散处。	户：150
	汪土司之先南木哥，明洪武四年归顺，以功累除金吾左卫中卫副千户，加指挥佥事俸。	土司《通志》作番人，或云蒙古种。管民90户。	土司世居县西60里乩迭沟，土民散处各庄。	户：90
	吉土司之先吉保，明洪武四年归顺，授百户。	土司《通志》作番人或云蒙古种。管民90户。	土司世居县西60里乩迭沟，土民散处各庄。	户：90

续表

县名	土司	种族	地址	户口
乐都县10土司	祁土司之先朵儿只失结,元甘肃行省右丞,明洪武四年降附,六年授西宁卫指挥佥事。传至祁震,始以祁为氏。俗呼东府祁土司。	土司蒙古种,管土民700余户。	土司世居乐都县北4里胜番沟,土民散处各庄。	户:700
	李土司之先南哥,元西宁州同知。明洪武初归附,授世袭指挥佥事。俗称西府李土司。辖土千户1员,百户2员。	土司《通志》云系西番种,又云唐晋王李克用之裔,果尔应为沙陀种。辖土民4000余户。	土司世居县东南120里上川口,土民散处各庄。	户:4000
	赵土司之先朵儿只,元招藏万户,明洪武三年归附,以功授岷州中所百户。孙胜从李英讨[安]定、曲先二卫贼,以功晋正千户。	土司原系岷州番族。辖乐都土民一120余户。	土司世居乐都县北40里之赵家湾,土民分住各庄。	户:120
	阿土司之先失剌,元甘肃省郎中,明洪武初归服,选充小旗。至孙阿吉始以阿为氏,以功授百户,后晋千户。	土司蒙古种,辖土民150余户。	土司世居县东50里白厓里。	户:150
	甘土司之先帖木录,元百户。明洪武四年降附,子大都袭,以功迁千户,永乐七年卒。子甘肃袭,始以甘为姓。	土司系西宁卫土人。辖土民300余户。	土司世居县东南230里美都川,土民散居各处。	户:300
	朱土司之先乩铁木,明洪武四年投充小旗,永乐三年卒。子金刚保袭,以功擢千户,寻卒。子朱荣袭,始以朱为氏。	土司系西宁州土人。辖土民62户。	土司世居县东南240里朱家堡。	户:62
	冶土司之先薛都儿丁,元甘肃省佥事,明洪武四年降附,授小旗,子也里补役,洪熙元年以功擢所镇抚。子也陕舍袭职,陕舍子也荣,荣子祥,更姓冶,其后晋至正千户。	土司系西域缠头回人,辖土民70余户。	土司世居县东南120里米拉沟。	户:70余

续表

县名	土司	种族	地址	户口
乐都县10土司	辛土司之先朵力乩，明洪武四年投充小旗。子七十狗袭役，以功升总旗，子辛庄奴袭役，始以辛为姓。其后以功授西宁卫百户。	土司系西宁州土人。辖土地100余户。	土司世居县东南280里各地。	户：100余
	喇土司之先哈喇反，明洪武四年投充小旗。子薛帖黑加替役，以功授百户，子喇苦袭，以功授副千户。遂以喇为氏。	土司系西宁州土人。	土司世居县东南280里喇家庄。	缺
	李土司之先化鳌，明西宁卫指挥同知化龙之弟也，清顺治二年投诚，以功授世袭百户。	土司沙陀种。	土司世居乐都县城九家巷。土民分居各处。	户：100余
循化县	韩土司之先韩宝，明洪武三年归附，以功授管军百户。正统元年升副千户，管土兵120名。	土司系河州卫右所军籍缠头回种。管上四工撒拉回。	土司世居县西街子工。	户：197 户：542 户：471 户：299
	韩土司之先韩沙班，系韩宝之裔，明嘉靖间授百户。	籍贯同上。管下四工撒拉回。	下四工分住各地	户：310 户：440 户：311 户：210

说明：本表根据刘郁芬《民国甘肃通志稿》之《民族三·族姓三》，1931原稿本，第53—59页相关内容整理。

这种"众建土司"的举措在清代十分盛行，因为它不仅符合清王朝对土司地区国家治理的指导思想，而且也有利于维护西北土司地区的社会稳定。

（二）流土参治

是"土流参治"还是"流土参治"的问题，说到底就是明代中央王朝在西北土司地区实施国家治理时是以土司统治为主，还是以流官治理为主的问题，这里涉及国家治理的主导权和日常事务的管辖权"谁说了算"的抉择权，针对西北土司地区国家治理的实际，笔者更倾向于用"流土参治"。明代西北地区国家治理土司和土司地区的模式为"流土参治"，但它与西南地区的治理模式有明显区别：西南土司地区的国家治理是"以土为主，以流为辅"的"土流结合"治理模式，而西北土司地区的国家治理则采取的是"以流为主，以土为辅"的"流土结合"治理模式。

正是因为明代西北地区实行了"流土参治"的国家治理模式，所以明代西北地区土司没有出现西南地区尾大不掉、难以控制的局面。综观明代西北地区的"流土参治"模式，西北地区的土司制度设计呈现两个特点：第一，明代西北地区没有设置文职"土官"，也没有设置高级别的武职"土官"，只是在各卫所中设置了土指挥使、土指挥同知、土指挥佥事、土千户、土百户等级别较低的武职"土官"，且这些土官职衔是"美其名""虚其衔"，在卫所中只担任副职，他们的行动始终受所在卫所的制约和监督。第二，西北地区的"土官"一般不参与流官事务，明代一些谕敕对此多次有强调。如永乐年间有"不管卫事，只管原管土军"[①]的规定；天顺年间有"今特命尔照旧管束土官、军余，指挥高旻等四百员名操守庄浪地方"[②]的规定；成化年间有"今命尔照旧管束庄浪土官军、土人，马荣等并家眷"[③]的规定；正德年间有"尔自祖父以来，管束庄浪地方土官、土人，并各家口，人心信服。……照旧管束前项土官、土人、家口……一应军机重务，悉听甘肃镇、巡等官节制调度"[④]的规定；嘉靖年间有"一应军机重务，仍听镇、巡等官节制调度。……其钱粮、词讼、军政事属兵备，管粮等官掌理者，不许干预"[⑤]的规定；万历年间，又增加了"至于本管土人户婚、田土、争讼等事，悉听尔处分。其余官军更

---

① 李勇锋：《广武鲁氏世谱辑校》，甘肃人民出版社2016年版，第54页。
② 李勇锋：《广武鲁氏世谱辑校》，甘肃人民出版社2016年版，第57—58页。
③ 李勇锋：《广武鲁氏世谱辑校》，甘肃人民出版社2016年版，第65页。
④ 李勇锋：《广武鲁氏世谱辑校》，甘肃人民出版社2016年版，第69页。
⑤ 李勇锋：《广武鲁氏世谱辑校》，甘肃人民出版社2016年版，第70页。

委、地方防御，仍会该道查处施行"①的内容。清朝顺治年间，其谕敕也有"命尔世袭，照旧管束土官、土军，并各僧俗家口……一应军机重务悉听甘肃镇、巡等官节制，有功一体升赏"②的规定。虽然"土流参治""流土参治"都是明代国家治理土司和土司地区的一种制度性安排，但"以谁为主"却是一个制度安排上的顶层设计，它关系到土司地区基层治理和社会稳定的问题。对于西北土司地区国家治理的问题，王素英博士有过深入的研究，在此就不赘述了。

（三）以流制土

清代中央王朝为了从制度上强化对西北地区土司的国家治理，以防止土司日益坐大，则实施了"以流治土"的治理模式。由于明王朝对西北地区土司实施"流土参治"的模式，这就决定了西北地区土司一直在流官管控和监督之下，不可能发展成为独霸一方的割据势力。并且由于明末清初西北地区土司在遭遇李自成农民军沉重打击之后，他们业已衰败，此时受到清政府的抚绥。从清初朝廷对待西北地区土司的政策看，西北地区各土司对清政府均存感激之情，每遇地方靖难，西北地区土司都会主动协助清政府绥靖地方，抚番联回，保一方安定。如《李氏世袭宗谱》中顺治五年闰四月二十七日《敕陕西西宁卫指挥同知李天俞》的诰敕中说："自尔土司归诚向化，故历代授官管束本地土官人等。兹尔家惨被贼祸，尔即倾心本朝，特仍依先例，命尔世袭，照旧管束土官、土军并各该家口。蒙开国之殊恩，须加意抚绥，务令得所，联属众志，禁捕寇盗，遇有边警，听调杀贼，一应军机重务，悉听甘肃镇、巡官节制，有功一体升赏。尔宜益殚忠勤，用图报称，毋得私占科扰及纵容别官侵渔剋害，以致众情不附。责有所归，尔其勉之。"③这里不仅赞扬李氏土司历代"归诚向化""管束地方"有功，而且也承认了李土司家"惨被贼祸"的事实，因此"命尔世袭"，同时，也对李土司提出明确的职责要求，强调接受节制，最后提出了希望。本宗谱还有类似的内容："值我皇

---

① 李勇锋：《广武鲁氏世谱辑校》，甘肃人民出版社2016年版，第75页。
② 李勇锋：《广武鲁氏世谱辑校》，甘肃人民出版社2016年版，第226页。
③ （清）李天俞等，（民国）李芳时等纂：《李土司家谱三种》，青海人民出版社2020年版，第53页。

清定鼎,率众归附,安抚河西五镇。归降后征剿叛徒米剌印,生擒元凶伪都司马胡牙等二十七名,斩首八十余级。上嘉其忠勋,授世袭土司指挥,颁赐敕印,管束土官、土军、土民,世守西土,代延其绪。"① 正因为李土司"忠勤"于清王朝,所以,清王朝对李土司家族予以抚恤,期敕书云:"顺治十一年六月内,甘肃巡抚周咨为抚恤边臣,大沛新恩,以昭旷典事。十二年十月初六日,兵部尚书李题前事,本月初七日奉旨依议。十二年十一月内,礼部造西宁卫土官指挥同知印顺字八千四百三十五号,礼部仪制司十三年二月三十日给。顺治十三年五月初一日授印。"由此可见,清王朝对元气大伤的西北土司是予以扶绥,而西北地区土司则对清政府在恢复地方秩序中不遗余力地鼎力相助。如《李氏六门家谱》卷三"皇清代十二世"载:

> 祖讳天俞,即化龙公之嫡子,乃从龙之子也,袭世职,配未详,生子二。明怀宗十五年,寇贼李自成,遣其将贺锦攻西宁。冬,西宁副总兵李天俞讨贺锦斩之,贼将辛恩忠陷西宁,副总兵官天俞被执,不屈,贼囚之西安。夫人王氏、匡氏,及其弟天命、天禽皆死之。英王释天俞于西安,嘉其忠勇,敕授世袭,帝命天俞安抚河西诸土司。五年,甘肃回叛,命指挥李天俞讨之,获伪都司马胡牙、伪守备黑尔定等十八人,斩首八十余级。上嘉其忠勋。……不肖天俞,孱弱庸劣,叨承迪绪,每夙夜兴思,陨越家声为。追念始祖忠事朝廷,生会宁伯祖,历尚宝祖考。不肖承职,难罹闯逆之变。当是时,君父之仇恐未克殉国,有负于朝廷,何敢屈节予伪,为人愧。故甘冒寇锋,危于霜露,妻孥粉骨,昆弟碎身,旁观者几为堕泪。自惟心胆割裂,然亦不顾也,又敢望于今日哉?辛祖宗式灵默佑,值皇清龙兴之会,悯其孤忠,召封平台,奉命安抚河西。宸念功绩,荷其宠渥,世袭祖职,敕印受命钦永。时感圣恩之旷典,实承烈祖之庇庥,瞻庙祀倾,其像谱煨烬,犹不胜其凄怆。于是,建祠谱,请名公珠玉胪列于前,不独润色绘图而有光列祖,不

---

① (清)李天俞等,(民国)李芳时等纂:《李土司家谱三种》,青海人民出版社2020年版,第16页。

肖珍藏什袭传之子孙，令世世守身励德，以无忝前人，亦何敢以乏之也。①

这段文字表明，李天俞在"寇贼"大肆残害西北地区时，忠勇破敌，在"妻孥粉骨，昆弟碎身"的情况下，清廷为了嘉奖李土司家族而"敕授世袭"。一方面是李土司对清王朝的"忠勇"，另一方面是清王朝对李土司的"嘉其忠勋"。但有一点是十分明确的，那就是"命尔世袭，照旧管束土官、土军并各该家口"与"一应军机重务，悉听甘肃镇、巡官节制"②。这就清楚地表明，无论李土司家族功勋有多么卓著，也必须接受流官节制，清王朝"以流制土"的策略最终也没有改变。

三 西北土司地区的改土归流

从历史发展的进程来讲，清代是大规模改土归流的时期，但这仅限于西南和中南地区，对西北地区土司改土归流的很少。因此，我们不能用西南地区改土归流的情况来分析西北地区的改土归流。

（一）西北地区土司改土归流的进程

清代西北地区改土归流的主要目的是裁撤少数民族地区的土司，改由内地流官充任。清初改土归流虽然主要发生在清雍正年间，但在康熙年间时任河州知州的王全臣就撰写了一份《土司条议》。因为当时河州在政治上的最大弊端就是土司专权。据载，河州沿边土司国师共十九族，他们都是随元明王朝征剿有功，皇帝赐以世职，子孙代代传承沿袭。正是因为他们有皇帝封爵，有朝廷敕文印信，有丁役吃户，拥有特权，所以他们建有衙门，各设刑具，私设公堂，包揽诉讼，霸丁占地，盘剥百姓，依仗特权和家族势力恃强欺弱、强取豪夺、为乱乡里，弊病甚多，辖区民众不堪其苦。王全臣向朝廷上呈《土司条议》，全文如下：

---

① （清）李天俞等，（民国）李芳时等纂：《李土司家谱三种》，青海人民出版社2020年版，第263—264页。

② （清）李天俞等，（民国）李芳时等纂：《李土司家谱三种》，青海人民出版社2020年版，第53页。

第六章　土司制度与国家治理下的地区差异

临洮府河州为密陈潜除土司之法等事：

顷奉檄查，议科臣陈允恭条奏前事。该卑职王全臣捧读宪檄，仰见科臣洞悉土司锢弊，为国家筹万全之计。而大部以所奏等款，关系紧要，难以悬议。行本省督抚提镇确议具奏。上宪自有洪裁嘉猷，职全边末微员，何敢妄陈刍荛，惟是职全牧河四载，深悉土司、国师病国害民之弊，又何敢壅不上闻。缘职全因河州地粮不清，小民苦于赔累，是以详请各宪，清地查丁。其间里积、书手欺隐诡寄者多，而土司、国师包揽霸占者，亦复不少。查河州沿边，有土司、国师共十九族，其中如洪化族洪化寺国师张老卜藏坚错、灵藏族马营寺禅师赵罗藏锁南、珍珠族永昌寺国师韩且令扎失，俱奉旨颁有敕扎印信。他如沙马族土司苏成威、乩藏族土司王镇海，虽无印信，俱有部札号纸，世相承袭。其余则并无部札号纸，止因隶河司中马，遂各自分为族类，自立为头目者也。伊等各有衙门，各设刑具，虎踞一方，威势赫炎。其地与汉民犬牙相错。附近居民有畏其欺凌窜入者；有被其引诱窜入者，有犯法惧罪窜入者，有避荒抗赋窜入者，有佃种番地遂成部落者，有卖产土司，遂成番地者。种种弊端，难以枚举。试举一二言之：如撒拉族头目韩大用、韩炳巢穴，原在积石关外，最为豪强。近关居民屡受侵害，田地、房屋尽被霸占，甚且擅准汉民词讼。窥伺一人稍可聊生，即商同地棍，捏词诬控，差役锁拿。被告之家不至破产不止。职全闻之，亲至其地，但见关口大禹王庙墙垣无存，尽为禾黍。询之土人，咸称系韩大用、韩炳之部落回民所耕种。大禹王之庙如此，其他可知已。职全当将霸占田地，逐一清查。有主者令其取赎，无主者即将种地之回民注册，令与汉民一例纳粮当差。并严禁土官，不得擅受民词。随严饬居民，如有赴土司告人者，立拿重处。大禹王庙，即捐资修葺。又以回民多盗，严立保甲，倘有偷盗，即协力擒拿。由是奸回知惧，而居民始得安枕。更可异者，河州喇嘛最盛，寺庙最多。族大之家，必有佛庙。张姓有张家寺，李姓有李家寺。寺中喇嘛尽属洪化、马营二寺管辖，名为下院。派中马匹，此犹得曰：以类聚也。乃河俗：乡民生有二子者，必将一子披剃为喇嘛，其父置田产，勿论僧俗，一概均分，以自来纳粮之民产，一分与为僧之子，带入寺内，遂名为香田。止供给洪化、马营二寺之差,而正供钱粮不纳分粒。甚至为僧之子。苦于二寺之苛派繁杂,力不能支,求济于宗族,宗族怜而义助之,谓之帮中。此不过乡民亲亲之谊也,乃年复一年,遂为定例矣,竟岁岁派令帮中。又各寺每岁必作佛事,本族及附近居民,或布施银钱,或布施谷麦,谓之香钱。此不过乡民好善之举也,乃年复一年,又为定例矣,竟岁岁派纳香钱。夫帮中,乃义助也;香钱,乃布施也。寺内中马,自领有官茶易买,并不宜派之番族也。乃里民之帮中与香钱,伊等派之既久,遂勒令中马。因以所种之地,为纳马地,起而争夺之。如或不应,即捆至寺内拷打,其刑百倍于官法。若控告到官,彼则侈然,自以为寺内之派中茶马,原名曰"帮中",原名曰"香钱",若所种非纳马田地,何以岁岁供给?无情之词,令人百喙莫辩。乡民苦于拖累,只得归附该寺,而一切丁徭地粮,遂尽遗累于里民矣。职全窃思有司者,守土之官也。纵不能化番民为汉民、辟番地为内地,奈何以朝廷之土地人民,任番族之隐占耶?!是以职全自春至秋,极力清查。凡喇嘛带入寺内之民产,尽行注册纳粮。止饬令诸寺中之喇嘛,仍隶洪化、马营二寺管辖,以存彼下院之名。其宗族禁勿"帮中","香钱"禁勿"布施",使彼后此不得借端隐占。然而,地丁之汩没寺内,年岁久远者,已多不可复问矣。即如四十五年六月内,马营寺禅师指使都刚赵扎失本控告黑水里民董启佑等,以香田作为民田。职全细查,实系董启佑等卖与马营寺之民地。该禅师自知虚妄,竟用印文具呈到州,自称其地实系民地,但卖与寺内多年,久不纳粮,恳求职全施为香田,免其注册。职全阅之,不胜发指,当即饬令注册在案。又如景古城民洛扎兹力窜入洮州卫土司昝继祖族内,其丁徭遗累里民车万库等,具控到官。该土司竟用印文申详力争。于四十五年四月内,蒙岷州厅宪审详,洮岷道宪批允:"洛扎兹力仍居番地,以安生业,承丁河州以完正赋"等因,饬知卑州在案。是土司国师等之霸丁占地,其来已久,其术甚巧。总缘伊等以土司、国师为护符,自恃从无处分定例,而有司又不敢加以刑法,遂肆意妄行,毫无顾忌。与里民争地,则称系伊等纳马田地;与里民争丁,则称系伊等守隘部落。动以欺君、抗中悖旨、违俣军需等语挟制官司。承审之官,亦以招中为重，不敢深究。殊不知朝廷招番中马，每马一匹，给茶二十四封，以部定价值合算，共该银七两二钱，以产马之区，每马给价七两有余，亦不为不多矣。究之伊等所中马匹，率多以瘦小塞责，不肯中一好马。是彼方借招中以射利，与纳赋献贡者，大相悬殊也。夫尺寸之地莫非王土，若伊等所种不纳粮之地，果尽系纳马之地，则中马即不应冒领库茶。既领库茶，其地土即应与里民一例纳粮、当差。乃地不纳粮，而马必给价，欲争夺民产？则佻然曰："此我纳马之田土。"不遂其欲者，即为欺君悖旨。是直玩弄承审之官如婴儿也！至于各关隘俱设有汛兵防守，自来不闻土司、国师擒一盗贼。而鼠窃狗偷之辈，多系伊等番族。乃自谓守隘，以朝廷之赤子，欲争为伊等部落，其为欺君悖旨，莫此为甚！职全目击伊等之横肆，正在确查详议间，适奉宪檄查议祥臣密奏等款，此诚厘清锢蔽之会也。查各土司、国师，俱系随元、明征剿立功，赐以世职，祖孙相承至今。于兴朝曾无丝毫报效。乃以朝廷地土，据为己有。中一马匹，必冒领官茶二十四封，而又深根固蒂，不可动摇。诚如科臣所云相应。详请宪台俯赐转详抚宪。特疏具题。先饬行各该管地方官，将土司、国师现在耕种之地土，清其疆界。现在管辖之部落，查其户口，造具清册。该管官钤盖印信，齐投藩宪存案，使伊等不得混争，并请严定处分。如有霸占地丁等弊，即立置之法，使伊等不敢横肆。然后，于承袭之时，令诸子剖其田地，分其部落。即降职承袭，其子孙未有不欢欣乐从者。至于国师、禅师，必以亲兄弟之承袭，亦以此为例。将不待数十年，而土司、国师之田土、丁口，皆入版籍。续设州县，改土为流，甚易易耳。此诚潜消默夺之良策。不但钱粮丁口，必倍于今日，而刁番不致骄横，边民免受侵害，亦为国家筹万全之至计也。①

这篇《土司条议》，痛陈土司种种弊端，斥为"病国害民"。他认为，中央政府应该削减土司特权，清丈土司田地，令其注册纳粮，严惩为非作歹土司，同时提出了"剖其田地，分其部落，即降职承袭……至于国

---

① （清）王全臣：《河州志》，康熙四十六年（1707）刻本。

师禅师,必以亲兄弟之承袭。亦以此为例,将不待数十年,而土司国师之田土丁口,皆入版籍。续设州县,改土为流"等建议,使沿袭数百年来的土司痼弊能够得以革除,为河州各族民众带来福祉。

1. 清代西北地区没有进行大规模的改土归流

据《清史稿》载,由于西北地区土司"有捍卫之劳,无悖叛之事"。所以在清代"输粮供役,与民无异",没有进行大规模的改土归流,直至清末。如河州何氏土司"光绪四年,袭职"。韩氏土司在"咸丰十一年,韩廷佐袭"。又如洮州孙积庆于"光绪二十八年袭";昝天锡于"光绪二十年承袭";永隆于"光绪二十五年承袭"。西宁县祁氏土司于"光绪十五年,以巡防功复职";陈氏土司于"光绪四年,子迎春袭";李氏土司因"同治元年,撒拉回作乱,随大军进剿,赏蓝翎";纳氏土司于"光绪四年,朝珍子延年袭"。平番县鲁氏土司于"光绪十九年,如皋卒,子焘幼,母和硕特氏护土务。二十一年四月,焘嗣职。鲁氏自焘以上,世袭掌印土司指挥使,驻扎庄浪,分守连城"。其中仅有一例明确记载与清代改土归流者,即绰思觉,由于雍正初年"与黄番煽乱,改土归流"。①

另据《西宁府续志》"土司"条载,"世袭指挥使"有祁执中、祁云鹗、祁维藩、祁徵古、祁叙古等袭职,直至咸丰年间;"世袭指挥同知"有祁调元、祁肇衍、祁寿山、祁承诰等人袭职,同样是直至咸丰九年袭职;又如"世袭指挥佥事"从汪光远于乾隆三十年袭职之后,相继有汪和钧、汪涵贞、汪成芝、汪进善等袭职,直至咸丰八年;其他诸如世袭指挥使纳氏土司、世袭指挥使陈氏土司、世袭指挥佥事吉氏土司、世袭指挥同知赵氏土司、世袭土百户李氏土司等大多袭职到清末。② 上述事实说明,清代西北地区土司未能进行大规模改土归流。

我们必须看到,清代西北地区土司虽然没有大规模改土归流,但西北地区土司在当时却受到了很大的打击。《甘肃通志稿》载:西北地区土司"官多世袭,尤以客籍汉族为多。惟更调无常,数传即废。如岷州、临洮、靖远诸卫世官,在明中叶率已湮没不彰,今所存者,不及百分之

---

① (民国)赵尔巽:《清史稿》,天津古籍出版社2012年版,第5025—5031页。
② (清)邓承伟等纂,(民国)基生兰续纂:《西宁府续志》,青海人民出版社2016年版,第166—169页。

一"。这是因为西北地区土司自明代直至清代相对于西南地区土司而言，势力弱小，完全受制于明清中央王朝的掌控之下。无论是带兵或不带兵的土司，都只能随时听从总督的调遣和指挥，根本不能形成割据一方的土司。因此，在雍正年间全国大规模改土归流之后，西北地区虽然仍残存土司制度，但土司势力已大不如前。① 这些职级、名称各异的土司，实际上已经被纳入与内地行政区划管理体制基本相同的管理之下。因此，改不改流，其实意义和作用不大。

2. 民国时期西北地区土司的改土归流

1911年，辛亥革命推翻了以清朝为代表的延续2000多年的封建君主制度，土司制度失去了赖以生存的政治基础。中华民国建立后，由于"民主共和"的国体与封建时代的土司制度不相融洽。西北地区土司过去聚敛钱财、作威乡里的做法无论是在当地民众心里，还是在大小军阀眼中，都是不可容忍的。当时西北地区土司的实力远小于军阀的实力，但土司仍千方百计维护自己在原辖区的政治、经济、司法等权力，因此，西北地区土司与西北地区军阀必然存在着争夺统治对象的矛盾，这就导致西北地区军阀势必要取缔不合时宜的土司。于是，西北地区土司就在青海地方军阀马麒、马步芳父子的强势执政过程中慢慢被废除。

西北地区改土归流分为几步：② 一是设立理事。1915年，时任甘肃西宁镇守使的马麒请准北洋政府，在今青海的一些地方各设立理事（相当于后来云南一些土司地区的设治局），负责管理调解蒙藏事务。甘肃、青海土司地区理事的设置，改变了西北地区清代理藩院派管理土司的制度，这种形式是钦差代管制和土司制向郡县制的一种过渡，实质上是民国时期西北地区改土归流的开端。二是请求废除土司制度。1926年，西宁县农会会长蔡有渊等上书甘肃省政府，请求废除土司制度。甘肃省政府令西宁行政长官林兢和教育厅长马鹤天查办，并希望土司"自动请求改土归流"，然而甘肃土司并未执行。1929年，孙连仲任青海省主席后，改玉树理事为玉树县，新设互助县。1931年8月，南京政府"明令撤销土司案"，下令彻底废除土司制度，西北地区的改土归流才全面启动。三是

---

① 王素英：《明清西北土司制度研究》，博士学位论文，兰州大学，2015年，第124页。
② 何威：《河州土司何锁南家族研究》，中国社会科学出版社2016年版，第122—124页。

设置县乡保甲体制。1933年将拉卜楞设治局升级为夏河县,其后把夏河县编为14个乡镇,由土司、寺僧等按其原有级别优先委用为乡镇保甲长,由此形成夏河县—晓化乡—德哇(保)甲——户等三级行政系统。卓尼杨土司衙门管辖的组织系统为土司—二大头目—二十四旗—六十九总管—五百二十头人——万多户居民。由此可见,民国时期西北地区的改土归流虽然很不彻底,各级机构的行政长官多由以前的土司或头人来担任,但是县到乡镇、保甲等地方基层行政机构毕竟建立起来了。正是由于新的地方基层行政机构的建立,才逐渐剥夺了原有土司的部分权力、威望和地位。

(二) 西北土司地区改土归流的积极影响

西北地区土司主要是在民国时期才被改土归流,受到民国政府和当地军阀的直接管控,推动了西北地区社会经济的发展,其影响主要体现在两个方面:

第一,对统一多民族国家建设的影响。民国时期在西北地区大规模改土归流后,消除了西北各地土司分散割据的局面,各土司地区完全纳入了民国政府的直接管辖之下,实现了西北地区地方政权回归中央直接统治的既定目标,加强了西北地区各族民众与内地各族民众之间的交往交流交融,如《民国甘肃通志稿》论及土族时说:"甘肃诸土司所辖有番民、土民,土民或操汉语,或番语,或蒙古语,多数奉佛而间奉回教。……计甘肃有土指挥使八,指挥同知七,指挥佥事八,千户九,正千户一,副千户一二,百户九。今之土民,盖可分四种:一曰土汉民。自改土归流后,全同编氓,而临洮、岷县及西宁州土人,志未言系何融族,似即最初土著,后渐化为汉民,或汉人佃种土司之地,归其管辖者也。"① 多民族的交往交流交融,为统一多民族国家的进一步发展和完善作出贡献。西北地区土司在雍正年间就被清理各族田土,"各族俱纳粮、当差,与汉民无异"②,民国时期土司制度废除后,国家将各种权力收归政府直接控制,对西北原土司辖区民众进行户籍清查,登记编册,使原

---

① 刘郁芬:《民国甘肃通志稿》之《民族三·族姓三》,民国二十年(1931)原稿本第48页。

② (清)龚景瀚编,李本源校:《循化厅志》,青海人民出版社2016年版,第124页。

土司辖区民众成为国家的直接编民，这对缓和社会矛盾，促进统一多民族国家的发展和巩固起到了一定的作用。

第二，对西北地区原土司辖区的影响。西北地区的改土归流是在土司制度与清代和民国时期不适用政治、经济发展且弊端重重的背景下产生的。在雍正年间全国大规模改土归流之前，西北土司地区弊端较多，王全臣《土司条议》中列举的诸多"病国害民"的"土司锢弊"诸如"自立为头目者、各有衙门、各设刑具"等。如"撒拉族头目韩大用、韩炳巢穴原在积石关外，最为豪强，关居民屡受侵害，田地房屋，尽被霸占。甚且擅准汉民词讼，窥伺一人稍可聊生，即商同地棍，捏词诬控，差役锁拿"①。雍正四年后，虽然西北地区没有大规模改土归流，但是，"国师、禅师名号亦革，且收其勒印，但主香火而已。所管之民，斌斌文雅，渐非昔日之旧，亦不必受其约束矣。土司但拥虚名而无实权"②。从雍正年间到民国时期，在近200年中，西北土司地区的种种弊端得到一定程度的改变，有利于西北原土司地区的繁荣和发展。

---

① （清）王全臣：《河州志》，康熙四十六年（1707）刻本。
② （清）龚景瀚编，李本源校：《循化厅志》，青海人民出版社2016年版，第124页。

第七章

"三位一体"的土司制度治理

运用土司制度治理土司及土司地区，既是中央王朝的权利，也是地方府州县及土司的责任与义务。"三位一体"的土司制度治理，深层次内涵在于王朝国家、地方政府与各地土司的权力运行及"土司制度"的影响力。元明清时期土司制度是作为软性手段运行的，而王朝国家、地方政府与各地土司三者的权力体现的是对其他行为主体的治理和管控能力。从王朝国家权力、地方政府权力、各地土司权力与土司制度的关系看，一方面，王朝国家权力、地方政府权力、各地土司权力可以通过土司制度的创立、完善与变革、利用与运行，以及在土司制度内部或土司制度内蕴的各分项制度之间有效运行。土司制度能够反映王朝国家权力、地方政府权力、各地土司权力的关系，制约或限制王朝国家权力、地方政府权力、各地土司权力，并能为王朝国家权力、地方政府权力、各地土司权力的存在提供基础。另一方面，土司制度或各分项制度是王朝国家权力、地方政府权力、各地土司权力结构中不可或缺的十分重要的因素。由于土司制度运行机制是王朝国家权力、地方政府权力、各地土司权力的一个来源，任何依靠行为主体的能力擅自变革土司制度运行机制或设立、完善与变革新的土司制度及各分项制度都应被纳入王朝国家权力、地方政府权力、各地土司权力分析之中。这是王朝国家与各地土司之间权力博弈的结果，它们通常是隐性的、潜在的。总之，土司制度可以从王朝国家与各地土司的权力中衍生而出，并通过土司制度及各分项制度对各地土司及土司辖区民众进行治理。在王朝国家通过土司制度对土司及土司辖区民众进行治理的过程中，虽然王朝国家赋予土司机构、官民组织、土司宗族一定的"制度性权力"并指导或引导其运行，但中央王朝以及下设的地方政府在土司制度治理过程中始终居于主导地位。因此，本章将从宏观的王朝国家、中观的地方政府和微观的土司地区视域来探讨制度治理的相关问题。

第一节　王朝国家的土司制度治理

众所周知，权力是一种社会关系，土司制度层面的权力本身体现的是王朝国家与土司及土司地区复杂的社会关系，这种社会关系的形成是数百年来王朝国家与各地土司不断博弈的结果。从土司制度治理的层面看，王朝国家的土司制度治理是属于宏观的、主导的治理，自始至终掌控着土司制度治理土司及土司地区发展趋势和未来走向；土司地区的土司制度治理是属于微观的、被动的治理，自始至终受王朝国家的掌控和制约，是在王朝国家主导下的治理。

元明清中央王朝运用土司制度治理土司及土司地区，事关王朝国家对土司政权的有效治理、土司及土司地区的社会稳定和长治久安。创立、完善和革新土司制度是王朝国家治理土司及土司地区的核心举措。当王朝国家权力介入土司政权机构及土司地区时，土司制度自然就上升为国家制度，在王朝国家的治理下逐渐规范。从现有文献看，元明清中央王朝除了在朝廷、行省、府州县设置相关机构对土司及土司地区加强治理外，其治理举措主要体现在三个方面。

一　中央政府规定土司官秩

元明清时期，无论是文职土司还是武职土司，他们均具有一定的职衔和品级。元代土司官职的设置十分明确，具体情况如下：宣慰使司，从二品。每司宣慰使三员，从二品；宣慰使兼管军万户府，每府宣慰使三员。宣抚司和安抚司，正三品，宣抚使或安抚使一员，正三品。[①] 明代武职土司的职衔名称、数额、资格如下："宣慰使司设宣慰使一员，从三

---

① （明）宋濂：《元史》，上海古籍出版社1986年版，第270页。

品；同知一员，正四品；副使一员，从四品；佥事一员，正五品；宣抚司设宣抚一员，从四品；同知一员，正五品；副使一员，从五品；佥事一员，正六品；安抚司设安抚一员，从五品；同知一员，正六品；副使一员，从六品；佥事一员，正七品；招讨司设招讨一员，从五品；副招讨一员，正六品；长官司设长官一员，正六品；副长官一员，从七品。而蛮夷官、苗民官、千夫长、副千夫长、土官中头目、原无专职品级。"①清代土司的职衔、品级与明代大同小异，只有很少的变化。如民国《新纂云南通志》所言："土司制度其官秩之区分，秩位高者，为宣慰使司、宣抚司、安抚司、长官司等，辖境较宽；至如土知府、土同知、土知州、土州判、土州同、土通判、土知事、土县丞、土巡检、土舍等，则属文职；土都司、土守备、土千总、土把总、土巡捕、土外委、土目等，则属武职。"②该书对云南土司的官秩有详细记载："吏部所属土官，则府、厅、州、县辖之，以治其土民。永昌府、景东厅、蒙化厅、永北厅各辖土知府一人，广南府辖土同知一人，丽江府、鹤庆州各辖土通判一人，景东厅辖土知事一人，永昌府、广南府、永北厅各辖土知州一人，永北厅辖土州同二人，镇南州辖土州同一人、土州判一人，新兴州辖土州判一人，永北厅、平彝县、云南县、楚雄县、新平县、各辖土县丞一人，云南县辖土主簿一人，浪穹县辖土典史一人，临安府、云龙州、赵州、镇南州、鹤庆州、罗次县各辖土巡检一人，顺宁府辖土巡检二人，景东厅辖土巡检三人，浪穹县辖土巡检四人，景东厅辖土驿丞一人，其余正六品土官二人，从六品土官一人，正八品土官一人，正九品土官一人，从九品土官五人，未入流土官二人，凡五十一人，皆文职也。兵部所属土弁，总督统焉。土守备，丽江府属一人，中甸厅一人；土千总，云龙州属二人，腾越厅属五人，中甸厅属十六人，维西厅属五人；土把总，云龙州属一人，腾越厅属五人，中甸厅属十六人，维西厅属五人，元江州属改授六品武土官三人，七品武土官二人，凡六十二人。土司统以总督、巡抚。宣慰使，普洱府属一人，永昌府属一人，腾越厅属一人；宣抚使，顺宁府属一人，腾越厅属三人；安抚使，龙陵厅属一人，腾越厅

---

① （明）申时行等修：《明会典》，中华书局1989年版，第613页。
② 李春龙：《新纂云南通志》（七），云南人民出版社2007年版，第659—660页。

属一人；千户，会泽县属一人；长官司长官，临安府属二人，顺宁府属三人，大理府属一人，龙陵厅属一人，腾越厅属二人，凡十八人，皆武职也。"① 明清时期文职土司主要包括土知府、土同知、土知州、土通判、土州同、土县丞、土经历、土知事、土主簿、土典史、土巡检、土驿丞等；武职土司主要有宣慰司、宣慰使同知、宣抚司、安抚司、长官司②以及土指挥使、土都司、土外委、土守备、土千总、土把总、土千户、土百户、土游击等。如清代云南土司"所存者土知府六，土同知三，土知州八，土通判一，土州同三，土州判四，土县丞七，土经历一，土知事一，土主簿二，土典史一，土巡检二十有一，土驿丞三，宣慰司一，安抚司二，宣抚司五，副宣抚司二，长官司二，副长官司三，计七十六人。圣纶按：土司官有武衔者，宣慰使同知，安抚司正长官、副长官，土千户、百户之类是也。有文衔者，土知府同知、通判，土州同，土县丞、主簿、巡检之类是也"③。在国家治理各地土司层面，他们分别属于吏部和兵部。

在土司制度中，明清中央王朝的撒手锏就是利用土司职衔管控各地土司。历史文献对明清时期各级土司的职衔和品级规定得十分清楚，详见表7-1。

表7-1　　　　　明清时期西南民族地区土司职衔、品级一览

明清土司职衔		明代品级	清代品级
指挥司	指挥使		正三品
	指挥司同知		从三品
	指挥司佥事		正四品
宣慰司	宣慰使	从三品	
	宣慰司同知	正四品	
	宣慰司副使	从四品	
	宣慰司佥事	正五品	

---

① 李春龙：《新纂云南通志》（七），云南人民出版社2007年版，第659—660页。
② （清）谢圣纶辑，古永继点校：《滇黔志略》卷14，贵州人民出版社2008年版，第174页。
③ （清）谢圣纶辑，古永继点校：《滇黔志略》卷14，贵州人民出版社2008年版，第173页。

续表

明清土司职衔		明代品级	清代品级
宣抚司	宣抚使	从四品	
	宣抚司同知	正五品	
	宣抚司副使	从五品	
	宣抚司佥事	正六品	
安抚司	安抚使	从五品	
	安抚司同知	正六品	
	安抚司副使	从六品	
	安抚司佥事	正七品	
招讨司	招讨使	从五品	
	招讨副使	正六品	
长官司	长官	正六品	
	副长官	正七品	
蛮夷长官司	蛮夷长官	正七品	
	蛮夷副长官	从七品	
千户长	千户		正五品
	副千户		从五品
百户	百户		正六品
百长	百长		不入流
路总管府	总管		
军民总管府	总管		
土知府	土知府	正四品	从四品
	土知府同知	正五品	
	土知府通判	正六品	
	土知府推官	正七品	
	土知府经历	正八品	
	土知府知事		正九品
土知州	土知州	从五品	
	土知州同知	从六品	
	土知州通判	从七品	
	土知州吏目	从九品	

续表

明清土司职衔		明代品级	清代品级
土知县	土知县	正七品	
	土县丞	正八品	
	土主簿	正九品	
	土巡检		从九品
	土典史	无品级	不入流
	土游击		从三品
	土都司		正四品
	土守备		正五品
	土千总		正六品
	土把总		正七品

资料来源：1.（清）黄本骥：《历代职官表》，上海古籍出版社 2005 年版；2. 佘贻泽：《明代之土司制度》，《禹贡》1936 年第 11 期；3. 佘贻泽：《清代之土司制度》，《禹贡》1936 年第 11 期；4. 郭松义，李新达：《中国政治制度通史》，人民出版社 1993 年版。

二 中央王朝颁布土司承袭法规

元明清中央王朝在建构土司承袭制度过程中颁布了一系列承袭法规以体现王朝国家治理体系与治理能力，彰显王朝国家对土司承袭的驾驭与控制。如明代王朝对土司承袭次序、承袭程序、承袭文书[①]等作出了明确的规定，并在《明世宗实录》之"嘉靖九年四月甲申"条得以充分体现：

> 兵部会吏部议，上《土官袭职条例》，请通行各镇巡官，转行土官衙门，将见在子孙，尽数开报，务见某人年若干岁，系某氏所生，应该承袭某人，年若干岁，系其氏所生，系以次土舍，未生子者，候有子造报，愿报弟侄若女者听，已后应袭之人告袭，再行司府覆勘无碍，方与奏请。除杂职、妇女照旧就彼袭替者外，其余连人保送赴部袭替，若有违碍，即与辩明。倘各官避嫌疑推调，踰一年者即除俸，限完虽有升迁等项，务待事毕，方许离任。保送之时，若

---

① （明）申时行等修：《明会典》，中华书局 1989 年版，第 31 页。

有紧急军情，已奉调遣，难以擅离；及先人有功，嗣子幼弱，未可远出者，镇巡官酌议奏请，候有成命行令冠带管事及地方宁息，年岁长成，仍保送赴京，袭替如例。其他纳谷敝政，一切禁革。①

据史料载，明代颁发的这份《土官袭职条例》，主要规定了土司守则及承袭程序例规以及内地汉人不得到土司地区重利盘剥买田治地等内容②。清代中央王朝同样颁发了《土司例纂》，土司承袭的内容与《土官袭职条例》有相同之处，主要涉及土官土司袭替中的争袭、具印甘各结、土司亲供宗图及原领号纸、土司承袭次序、支庶子弟酌量给与职衔、土官分袭与降袭、土官承袭处分、土官隶属、土官承袭牒书③等问题。

（一）控制土司承袭程序

明清中央政府十分重视土司的承袭，设定了承袭流程和操作机制，力图通过土司承袭程序的控制以达到王朝国家对土司的管理。《明会典》载："凡各处土官承袭。……务要验封司委官体勘，别无争袭之人，明白取具宗支图本，并官吏人等结状，呈部具奏，照例承袭。移付选部附选，司勋贴黄，考功附写行止，类行到任。见到者，关给札付，颁给诰敕。"④《钦定大清会典则例》载："顺治初年定，……其应承袭之人，由督抚具题，将该土官顶辈宗图、亲供、司府州邻印甘、各结及原领勅印，亲身赴部，由部核明，方准承袭。"⑤ 明清中央政府制定的这套委官体勘查核、取具宗支图本、册报应袭子侄名册、官吏人等作保、邻封土司甘结、督抚具题请袭、赴阙受职（或就彼冠带、亲身赴部）、兵部或吏部核明等承袭程序，体现了王朝国家先进的治理理念和较强的地方治理能力。

（二）规定土司制作承袭文书

明清中央王朝土司承袭前制作文书有明确规定：明代要求土官应袭

---

① 云南省志编纂委员会办公室：《〈明实录〉有关云南历史资料摘抄》，云南人民出版社1959年版，第1055—1056页。

② 德宏州史志办公室：《德宏历史资料·土司山官卷》，德宏民族出版社2012年版，第362页。

③ 黄炳堃等：《土司例纂》，光绪十七年（1891）腾越厅板藏本。

④ （明）申时行等修：《明会典》，中华书局1989年版，第31页。

⑤ （清）来保：《钦定大清会典则例》卷110，乾隆十二年（1747）抄本。

者必须"明白取具宗支图本"①"体勘应袭之人,取具结状宗图,连人保送赴部,奏请定夺"②;同时,必须确认该土司"别无争袭之人"的"结状文书"。否则,不准袭替土司职位。《钦定大清会典事例》规定:"其应袭职者,由督抚察实,先令视事,令司府州邻封土司具结,及本族宗图,原领号纸,咨部具题请袭。"③ 明清中央王朝规定土司制作"宗支图本""结状文书"等相关承袭文书,实际上是为了防止土司在承袭过程中出现作弊、假冒、争袭等弊端。

(三)限制土司家族承袭次序

明清中央王朝在土司承袭职位方面是以家族血缘世袭为主。《明会典》卷之一百二十一"土官袭替"条载:"洪武二十七年,令土官无子,许弟袭。三十年,令土官无子弟,而其妻、或婿,为夷民信服者,许令一人袭。"④ 这是明朝中央王朝规定的土司承袭人范围。《钦定大清会典事例》卷145"土官承袭"条载,顺治初年定,"凡承袭之土官,嫡庶不得越序,无子许弟承袭,族无可承袭者,或妻或婿,为夷众信服者,亦许承袭……如土官受贿隐匿凶犯逃人者,革职提问,不准亲子承袭,择本支伯叔兄弟、兄弟之子继之。若有大罪被戮,即立夷众素所推服者,以继其职"⑤。《钦定大清会典事例》卷589"土司袭职"条载:"顺治初年定,土官无子者许弟袭,无子弟,许其妻或婿、为夷民所信服者一人袭。"⑥ 可见,明清时期土司承袭的主要有父死子继、兄终弟及、母女袭职、妻婿承袭、叔侄相袭、同族袭职、孙袭爷职、妾媳承袭、兄职妹袭、曾祖母袭孙职、地方官员保举等形式。明清土司承袭的亲属次序,从明代规定土司承袭因"俗"而定,到清代规定土司承袭"嫡庶不得越序",不仅凸显了国家治理土司时的管控逐渐有序,而且彰显了中央王朝治理土司的能力逐渐加强,国家治理土司的体系逐渐完善。

---

① (明)申时行等修:《明会典》,中华书局1989年版,第31页。
② (明)申时行等修:《明会典》,中华书局1989年版,第31页。
③ (清)昆冈等:《钦定大清会典事例》卷14,中华书局1991年影印本。
④ (明)申时行等修:《明会典》,中华书局1989年版,第626页。
⑤ 《钦定大清会典事例》卷145《吏部·土官》,清光绪二十五年原刻本景印,新文丰出版公司1976年版。
⑥ (清)昆冈等:《钦定大清会典事例》卷589,中华书局1991年影印本。

（四）赐予承袭土司多种信物

元明清中央政府授予各地土司职衔后，要赐予诰敕、印章、虎符、驿传玺书、金（银）字圆符、号纸等信物，作为朝廷命官的凭证。这是中央王朝驾驭土司、治理土司地区十分有效的重要举措之一。这里介绍印信和号纸两种信物。

1. 印信

元明清中央王朝任命土官土司时，大多要赐予印章，用以号令辖地各族民众以及处理公务时加盖印信。明代中央王朝授予各地土司的印章，不管是银印还是铜印，都是土司权力的象征。只是铜印有大小、厚薄之分，并且按其品级分别赐予。按照《明会典》卷79"印信制度"规定：宣慰司，从三品，铜印，方二寸七分，厚六分；宣抚司，从四品，铜印，方二寸五分，厚五分；招讨司和安抚司，从五品，铜印，方二寸四分，厚四分五厘；土知州，从五品，铜印，方二寸三分，厚四分；长官司，正六品，铜印，方二寸二分，厚三分五厘；宣慰司经历司，从七品，铜印，方二寸一分，厚三分；宣抚司经历，正从八品，铜印，方二寸，厚二分五厘；且要求直钮，九叠篆文。① 可见，中央王朝赐予的印信是根据土司的不同职级由礼部颁发，其规制不尽一致。按照明王朝的规定，正三品以上官员为银印，从三品以下则为铜印。而土司武职最高一级指挥使为正三品、宣慰使为从三品；文职土官土司最高一级的土知府为正四品。因此，除极少数的土指挥使赐予银印外，其他所有土司均是赐予铜印。只是铜印有大小、厚薄之分，并按照职衔、品级不同而分别赐予。清代对各地土司的印信也有明确的规定，如：宣慰司，铜印，方二寸七分，厚九分；宣抚司，铜印，方二寸五分，厚六分；安抚司、招讨司，铜印，方二寸四分，厚五分；长官司，铜印，方二寸二分，厚四分五厘；宣慰司经历司，铜印，方二寸一分，厚四分四厘；巡检司，铜印，方一寸九分，厚四分。② 清代中央政府颁给各土司的印信均有编号，如乾隆年间清王朝颁发给"邛部宣抚司印"，正方形铜印，边宽7.8厘米，连柄纽

---

① （明）申时行等修：《明会典》，中华书局1989年版，第457—458页。
② （清）伊桑阿等纂，关志国等校点：《大清会典（康熙朝）》（卷54），凤凰出版社2016年版，第614页。

高11厘米。印面阔边细字，汉文篆书，边款楷字为"乾隆十七年四月□日，乾字一万一千六百五十一号，礼部造"①。印信是土司权威的象征，元明清中央政府在大多数情况下要赐予各地土司印信，以确保各地土司能够在处理相关事务时方便、快捷。

2. 号纸

所谓"号纸"，就是中央王朝给某一应袭土司的任命文书，当然也是土司承袭文书中的重要凭证。号纸是清王朝赐予应袭土司的信物，且一直贯穿清代始终，这里可举一例证明：云南永北县属蒗蕖州土知州应袭阿鸿钧宗支图中有"因顺治十六年兵变，遗失号纸，递延未经请补号纸""后请颁复土知州号纸印信"的句子，在"亲供"中有"颁发号纸一道任事""至顺治十六年内，兵燹遗失号纸""并请给号纸印信具详""颁发蒗蕖州土知州阿为柱号纸一道，并发道字一千四百九十三号纸铜质印信一颗，只领任事""于是年九月内，接奉号纸一道""于光绪二十四年奉发号纸一道，准阿继祖承袭蒗蕖土知州职，只领任事"②等句子，由此证明清代土司均有清王朝赐予的号纸。《钦定大清会典事例》中记载了清王朝对应袭土司号纸的颁发、填写规格与内容、换给、补给、注销等规定。清代土司在袭替过程中，呈报号纸是必不可少的重要一环。在贵州省锦屏县敦寨镇龙氏土司家族后裔保存了一部十分完整的龙绍讷撰写的《龙氏迪光录》中有一份号纸，内容如下：

> 兵部为循例等事，武选清吏司案呈兵科，抄出本部汇题前事，内开贵州巡抚某疏称黎平府属亮寨长官司龙某病故／因病休致，查该应袭龙某现年若干岁，实系已故／休致土官嫡生长男，为人诚实，通晓夷情，苗众悦服，取具宗图册结送部承袭等因具题，奉旨该部议奏，钦此。查定例土官缺出，以嫡长子承袭等语，贵州黎平府属亮寨长官司龙某病故／休致遗缺，今据该抚疏称，查该应袭龙某现年若干岁，实系已故／祇休致土官龙某嫡生长男，为人诚实，通晓夷情，苗众悦服，取具宗图册结送部承袭等因，查与定例相符等

---

① 尔布什哈：《凉山彝族的五颗土司印信》，《四川文物》1989年第1期。
② 余贻泽：《中国土司制度》，正中书局1944年版，第208—213页。

因，应如该抚所请，龙某准其承袭贵州黎平府属亮寨长官司，颁给号纸，令其祇领等因，于某年号某年某月某日题，本月某日奉旨依议，钦此。相应给与号纸，令其承领可也，须至号纸者，朱勾、六龙字皆朱点。

朱长判印

右号纸给贵州黎平府属亮寨长官司龙某准此

某年号某年某月某日给

号纸　花押　朱判①

可见，清政府对于土司号纸的颁发、填写规格、书写内容、换给、补给、注销、遗失以及争夺等，不仅有专门规定，而且颁发给土司的号纸也是承袭土司之职、享受荣禄的根据。

总之，明清中央王朝制定和颁布这些承袭法规，主要是体现王朝国家治理和管控各地土司承袭职位的重要法律依据。

三　中央政府管控土司权力

明朝建立之后，在沿袭元代土司制度的基础上"大为恢拓"②，将元代草创的土官制度发展成为十分完备的土司制度。清代在明代土司制度的基础上，进一步修改完善，形成了一整套严格的土司制度，使王朝国家管控土司的能力不断提升。笔者在此强调的对土司权力的管控，是指明清中央王朝运用王朝国家特定的政治权力对各地土司进行的控制或治理。中央政府对各地土司的权力控制是一种软硬结合的控制，大凡常规性权力管控和限制性权力管控，属于软控制，这种控制或以制度为基础的治理，包括行政管理、考核、奖惩、限制、禁止等；凡是剥夺性权力管控，则属于硬控制，这种控制或许是以制度为前提的治理，包括直接使用暴力的镇压，或以威慑为后盾的法律制裁等。从明清中央王朝利用土司制度管控土司权力的角度看，主要有三类。

---

① （清）龙绍讷编著，龙泽江点校：《苗族土司家谱·龙氏家乘迪光录》，贵州大学出版社2018年版，第391页。

② （清）张廷玉：《明史》，中华书局1974年版，第7981页。

(一) 中央王朝常规管控土司权力

明清中央王朝对各地土司权力的常规管控,大多是以土司制度为基础对土司的治理或管控,根据土司制度的基本内容,主要有以下几种情况。

1. 授职

自明代开始,中央王朝对土司土官予以授职,并无一定标准。特别是广土巨族的土司,基本上是由元朝归附的故官而授职的。正如《明史》所言:"洪武初,西南夷来归者,即用原官授之。……以劳绩之多寡,分尊卑之等差。"①也就是按各地土司对明王朝的"忠勤"情况而决定授予土司官职的大或小。如保靖安抚使跟随朱元璋战败陈友谅有功:"洪武元年,保靖安抚使彭万里遣子德胜奉表贡马及方物,诏升安抚司为保靖宣慰司,以万里为之。"②另有按照新归附少数民族首领辖地之大小、辖区民众之多少而授予官职。如云南湾甸刀氏土司在与中央王朝博弈之后,于永乐三年(1405)四月奏皇帝:"这湾甸地方,差发比孟定那几处都少,当初他做长官司,衙门也小了。如今升做湾甸州,长官刀景发升做知州,与他金带;副长官曩光升做同知,与他花银带。都与他诰敕,著礼部铸印去。"③可见,各地土司授职大小事关重大,明王朝十分关注这个问题,一旦某个土司出现问题就立即安抚。明王朝新授职的土司,大多是中小土司,对实力强大的土司,授职就十分讲究。可见,明代中央政府对各地土司的管控,较之元代已明显加强。明代对建有"奇功""平盗"之土司还要"重赏"或"褒奖":"各官授职之后,若能建立奇功,平定大盗,应合重加赏赉、或诰敕褒奖。"④清初土司授职是"以劳绩之多寡,分尊卑之等差"⑤,雍正年间之后,土司授职出现两种现象:一是支庶中的优秀者,可授职;二是土司分其地,降其级。如:"雍正三年覆准……再土官之许其承袭者,原因其祖父向化归诚,着有劳绩,故世其官以昭激劝,今土官嫡长子孙,虽得承袭本职,此外支庶,更无他途可

---

① (清)张廷玉:《明史》,中华书局1974年版,第7982页。
② (清)张廷玉:《明史》,中华书局1974年版,第7995页。
③ (明)佚名:《土官底簿》,中国书店2018年版,第148页。
④ (明)申时行等修:《明会典》卷121,中华书局1989年版,第626页。
⑤ (民国)赵尔巽:《清史稿》(第四十七册),中华书局1977年版,第14206页。

以进身，嗣后各处土官庶支子弟，有驯谨能办事者，许本土官详报督抚，具题请旨，酌量给予职衔，令其分管地方事务。其所授职衔，视土官各降二等，如文职本土官系知府，则所分者给通判衔；系通判，则所分者给县丞衔。武职本土官系指挥使，则所分者给指挥佥事衔；系指挥佥事，则所分者给正千户衔，照例颁给敕印号纸。其分管地方，视本土官多不过三之一，少五之一，此后再有子孙可分者，亦许其详报督抚，具题请旨。照例分管，再降一等，给予职衔印信号纸。"①

2. 升迁

元明清时期各地土司盼望官职的提升与调动，或地位与身份的提高，总是千方百计、绞尽脑汁；而中央王朝为了笼络各地土司，给他们一点甜头，也会对"有勋劳"的土官土司进行"升赏"。也就如《元史》所言的"诸土官有能爱抚军民，境内宁谧者，三年一次，保勘升官。其有勋劳，及应升赏承袭"②。元代对"有功"土官土司进秩的做法有三：一是按土官土司品级升转，二是加以流官官衔，三是加封无实职的虚衔。这些对土司的升迁举措，其目在于笼络各地土官土司，以争取各地土司对元朝认同与支持。有明一代，各地土司升迁途径，或军功，或忠勤，或进献，或纳米升授。如正德十年（1515），湖广永顺"致仕宣慰彭世麒献大木三十，次者二百，亲督运至京，子明辅所进如之。……十三年，世麒献大楠木四百七十，子明辅亦进大木备营建。诏世麒升都指挥使"。嘉靖四十年（1561），"以献大木功再论赏，加明辅都指挥使……其子掌宣慰司事右参政彭翼南为右布政使"。③ 其实，这种以"进献"方式的升迁，完全是一种陋规。明代各地土司无论是升品级，还是加流官名或加虚衔，它凸显了实行民族平等政策，对统一多民族国家的巩固与发展有一定的积极意义。

3. 奖赏

明代中央王朝对各地土司除了朝贡赏赐之外，也不乏对土司的论功行赏。《明会典》卷之一百二十三"量赏"条规定："掾史、省祭官、义

---

① （清）昆冈等：《钦定大清会典事例》卷589，中华书局1991年影印本。
② （明）宋濂：《元史》卷103，中华书局1976年版，第2635—2636页。
③ （清）张廷玉：《明史》卷310，中华书局1974年版，第7993页。

官、阴阳生、医生、千夫长、百夫长、吏舍、老人、总小甲、民壮、民款、土舍、达军、黎兵人等、照旗军例。"① 弘治四年（1491），礼部尚书周洪谟提出："土官知县有功，升知州；知州升知府；知府升宣慰；又累有功，则历升而上，以至都指挥都督，则人皆尽心。"② 弘治六年（1493），应带管广东岭西道湖广按察使陶鲁"立赏罚之法以励之"之请，兵部又将赏格升级并立惩戒办法：

> 凡超调土兵，其土官能躬率兵向敌，擒斩首级功多者，如知县请升流官知州；知州升知府；知府升参政；俱仍旧管事，其应袭舍人有功者，先与冠带，俟袭时即许管事；若土官不亲督兵，止令目兵带领，或兵不及数，或征剿未毕先行潜回者，革去冠带，或总镇量加惩治，庶劝惩并举，而得其实用。③

论功行赏在明代的最好落实莫过于一旦纳入中央王朝的军队编制便开始领有俸饷，这比原来的土兵出征时自备器械和自裹行粮优惠很多。据历史文献载：明朝中后期轮戍土兵饷额因定为具体，其开支多由夏税秋粮存留部分支出。如"广西桂林府南丹、东兰轮戍目兵三千名，每名月支布政使库贮军饷银一分七钱七厘五毫"④。又载："义宁州塘头堡嘉靖十三年（1534）设目兵一十七名，每名于布政司月支军饷银一钱七分七厘五毫。透江堡于嘉靖二十六年（1547）设目兵三百六十七名，每名于布政司月支银一钱七分五厘五毫。"⑤ 在《苍梧总督军门志》卷十中还有许多类似的记载。土兵领取官饷的实施表面上看是对土兵出征自备衣粮的补偿，而实际上也是对土兵征调的一种奖赏。《苍梧总督军门志》卷十

---

① （明）申时行等修：《明会典》，中华书局1989年版，第636页。
② 《明孝宗实录》卷48"弘治四年二月庚午条"，"中研院"历史语言研究所校印本1962年版。
③ 《明孝宗实录》卷80"弘治六年九月庚申条"，"中研院"历史语言研究所校印本1962年版。
④ （明）刘尧诲：《苍梧总督军门志》，全国图书馆文献缩微复制中心1991年版，第124页。
⑤ （明）刘尧诲：《苍梧总督军门志》，全国图书馆文献缩微复制中心1991年版，第125页。

六中有"赏格"专项规定计十七条，对官兵及各种兵的奖赏相同："以上下功赏银一两起至十两止，中功自十两起至五十两止，上功自百两起至千两止。皆以贼势轻重、成功难易为差。其所获财物并给所获之人；若大捷多获，一半入官，一半均赏。其非私家所得用者，官给其值。"① 这说明，明代的土兵在征调过程中的奖赏与其他军种的各色人等基本一致。

清王朝对各地土司中"安抚夷民""完纳钱粮""擒捕盗贼"做出突出成绩者以及"出征打仗"立有军功者，要给予奖赏。其奖赏办法在《大清会典》卷十二有载："凡土官有功则叙。经征钱粮，一年内全完者，督抚奖以银牌花红；能严行钤束擒剿盗贼，一应案件于一年内全完者，加一级；完结过半者，督抚嘉奖；军功保列出众者，加衔一等。头等者，加一级；二等者，纪录二次；三等者，纪录一次。凶犯盗首逃匿土官境内，一年内查解五名以上者，纪录一次；十名以上者，纪录二次；十五名以上者，加职一级；三十名以上者，加职二级。如不足五名者，准并次年查解之数积算。"② 清代类似的奖励条例很多，主要奖励忠于职守和立有军功者。此外，清王朝对有特大功劳的土司，还赏给虚衔、官品顶戴、名号等。如加职衔花翎、顶戴花翎以及勇巴图鲁等，这是清王朝以最大荣宠笼络各地土司的一种举措，也是王朝国家对土司的一种治理术。

4. 惩罚

明清中央政府对土司的惩罚不尽相同，但有一点是一致的，即通过惩处某个土司，以达到教育其他土司的目的，也就是人们常说的"以儆效尤"。如明王朝对反叛的土司是毫不留情的，那就是"反叛必诛"。如明代万历年间，在今贵州遵义地区爆发的"平播之役"，其实就是"反叛必诛"的真实写照。"平播之役"的最终结果很多史籍均有载，如《平播全书·大报大报捷音疏——题为仰仗天威，破囮灭贼，飞报捷音事》有"逆贼杨应龙见官兵大人，仓皇无计，一面自缢，一面放火自焚，火未及然，贼已气绝，有尸见在，众验果真"③ 的记载。《明史》有"应龙仓皇

---

① （明）刘尧诲：《苍梧总督军门志》，全国图书馆文献缩微复制中心1991年版，第166页。
② 《钦定大清会典》卷12，清光绪二十五年原刻本景印，新文丰出版公司1976年版，第103页。
③ （明）李化龙：《平播全书》（遵义市地方志编纂委员会点校本），大众文艺出版社2008年版，第117页。

同爱妾二阁室缢，且自焚。吴广获其子朝栋，急觅应龙尸，出焰中。贼平。计出师至灭贼，百十有四日，八路共斩级二万余，生获朝栋等百余人。化龙露布以闻，献俘阙下彩应龙尸，磔朝栋、兆龙等于市"①的记载。总之，播州杨氏宣慰使司杨应龙自缢自焚了，一个时代的草莽英雄归天了。在成者为王败者为寇的明代，杨应龙明知不可为而强为之，这就是"逆天者"的结局。整个平播之役，经过152天的决战，播州杨氏败亡后，随着杨氏首领被斩首的还有22687人，他们都成了杨应龙的殉葬品。杨应龙及其亲人、属下等俘虏的下场史书有载：

……审验得贼尸一躯，并贼犯田氏、杨朝栋等一百四十一名口，与已故吴阿元、杨真瑞、毛氏、元寿、杨国翰、杨林六名，通共一百四十七名口，俱于万历二十八年六月初六日五鼓时分，攻破海龙囤，当被官兵擒获解出等情。参看得逆贼杨应龙、杨朝栋等，以数百年之世家，据方千里之土地，罔思忠顺，敢肆凶残，始犹自荼毒其人民，继遂渐绎骚吾疆界。白石口之掩袭，逆我颜行；合江城之要求，遂彼狡计。抚之而益无忌惮，防之而愈肆猖狂。劫堡屠城，积骸遍野；戕官杀将，流血成渠。震惊西南半壁之天，烦费海宇全胜之力。幸仗皇灵，特成凯奏。元凶殒命于私室，群党骈首于合门。扫穴犁庭，一纾华夏之气；潴宫赭室，始尽叛逆之刑。生擒诸犯俱系逆党，悉宜解赴阙廷，恭候天诛。

惟是途长人众，难以尽解，况人同叛逆，情有重轻，委应酌量起解：如田氏、杨朝栋、杨以栋、杨惟栋、杨良栋、杨胜栋、杨堪栋、杨奇栋、杨真惠、杨嵩寿、杨兆龙、杨从龙、杨世龙、杨国栋、杨成栋、杨联栋、田氏、田氏、田氏、田氏、田氏、杨氏、杨氏共二十三名口，则酋之一门妻子、兄弟、侄孙、姊妹、儿妇，叛逆之家，自当无分长幼男女。若杨七、杨淳，则酋之近族，领兵为逆者。宋承恩、马千驷、张世爵、田一鹏、田飞鹏，则酋之至亲，相助为逆者。何汉良、何廷玉、马忠、孙时泰，则酋之心腹，成其为逆者。穆炤、杨真、戴贵、董鳌、陈大才、袁鳌、罗江元、周五巴、何茂

---

① （清）张廷玉：《明史》，中华书局1974年版，第8049页。

春、吴阿仲、吴阿舟,则酋之牙爪,资其为逆者。许廷忠、何圮、张玉、王积仁、吴进逵、杨华,酋之信任;叶进喜、王守爵、禄寿、高忠、元庆元,酋之亲近,则相与暴虐一境,打点四方,以济其逆者,共三十三名,皆罪大恶极,姓名昭著人之耳目,人人知其为逆者。张氏、何氏二口,系酋之至亲,贼党之妻妾,内助为逆者。以上通共五十八名,俱应献俘,用彰国法。①

这篇《献俘疏》洋洋洒洒数千字,这是胜利者的凯歌,通篇洋溢着胜利的喜悦。对于杨应龙及杨氏家族来讲,是不可能读到这篇杰作的,假如他们能够看到或读到这篇疏,无疑是字字血、声声泪,是播州杨氏土司家族的哀歌。

明代除了"反叛必诛"之外,对各地土司的惩罚还采取几种办法处理:一是典刑。土司有罪,与流官一样要受到惩罚,而且惩罚相当严厉。明王朝对违法土司的惩处或裁革,或降职。二是迁徙。把有罪土司迁徙到其他地方安置,以削其势力。这种处罚土司在明代中期为多。明王朝对违法土司绳之以法,彰显了明代较元代对土司的管控更为严格,对土司地区的治理更加有效。清王朝对土司的惩处,在《大清会典事例》卷五百八十九有详细记载,对"野苗掳掠百姓,该管土官隐讳不报者"、对"土官互相残杀""土官吓诈部民""土官缉获旗下逃人""土官凡有钦部案件奏销钱粮迟误之处"等各种情况,分别给予土司"参革""治罪""降调""罚俸""狱枷""杖责"等处罚。清朝对各地土司的处罚比明朝更为严厉,其目的在于迫使土司就范。此外,明清中央王朝对各地土司的制度治理还包括宽宥、抚恤、考核等举措,此不赘述。

(二) 中央王朝限制土司权力

元明清时期各地土司权力在土司辖区内的社会结构中始终处于中枢地位。但这种权力相对于中央王朝的权力而言,土司权力也仅仅属于土司地区基层社会权力,这种权力受制于中央王朝和土司制度的制约。曾任广西太平府知府和广西巡抚的甘汝来,于乾隆年间针对当地"恶习不见少移,官则贪渔无厌,民则抢杀频仍"的实情,写有一篇《条陈土司

---

① (明)李化龙:《平播全书》(点校本),大众文艺出版社2008年版,第120—121页。

利弊议》，其中有几条直陈土司之弊：①

一，官属之争袭，宜杜其端也。查土官有故绝者，其亲属往往越序争替，动萌杀机。彼此聚党，互相厮杀。土民有不附己者，辄行抄抢其家。是设官，原以安民，而民且先受设官之荼毒矣？然其端，则起于知府之贪其重赂，意持两可，徘徊观望，不肯据理早为决断之所致也。请自今以后，遇有土官故绝者，即时报明该管衙门，立即吊取宗图族谱，先别其族属之亲疏，次辨其房分之嫡庶，先后其间之应袭，不应袭者，自判若黑白矣。替袭之人既定，一面照例取具各结连宗图族谱，详报各宪；一面揭示该地方，指明某某应袭，则众望归，而觊觎之念息；民情定，而鼓煽之术穷矣。其或有乘机聚众，负固不服者，即檄令附近各土司，会兵擒拿，仍一面飞报各宪，相机朴灭，庶抢掠屠民之害可杜。

一，劝惩之法，宜均施也。查土官中，有犯贪婪残虐者，仍行参革；其有恪守官常者，从未定有奖劝之成规。彼必谓，纵勉力为善，终无见录，不无沮废之心。请今后，令该管流官，不时稽查。果有留心地方，爱养土民，无科派酷虐诸政者，应随事详明，听宪察核。或行牌优奖，或给扁褒扬，使知为善之乐，则善者益劝，而闻风者，亦将奋然兴起。

一，应袭之官男，宜及早教育也。承袭者，率以年至十五为合例。彼弱冠时，即居民上。苟不读书，无异一木偶也。积奸头人，视愚稚可欺，乘机滋事，最为民害。请饬以后，凡序应袭者，自幼必令延师课读，讲明伦常大义，略谙治体。斯奸徒知所顾畏，不敢肆其欺诈，是亦除民害之一要。

一，官妻之协理，宜永禁也。查土官身故，男幼，例以官妻协理，以致积恶头目，欺其无知，易于壅蔽，辄在外生事指诈，甚或墙茨之议，彰彰道途。夫朝廷之印信，岂容秽妇掌用。甚且有急图协理，毒杀其夫者，应请勒石永禁。嗣后，土官身故，男年不合例者，即在官族中，不论亲疏，令土民公举端方暗事一人，暂行署理，

---

① （清）甘汝来：《甘庄恪公全集》，乾隆五十六年（1791）赐福堂刊刻本。

但不得与故官妻妾同居，以别嫌疑。

一，积年头目之亟，宜革逐也。查各土司头目，亦世代传充，盘踞把持，无恶不作，遇事指一科十，过倍分肥。土官之罢软者，酒色是图，倦于听断，往往批委审理民词，居然以官法从事。故土民平时见之，亦辄行跪叩礼，俨然又一土官也。委任之久，渐至恣肆鸱张，而土官已受其胁制，敢怒而不敢言。土官或稍聪察，约束紧严，不便于己，辄生怨望。甚或勾通左右、亲族，暗图毒害，土官畏之直如芒刺在身，而又不能猝去也。种种凶顽，诚堪发指。请饬土司，将此辈概行革斥，另召老实者充役。敢有不服革逐者，即锁拿解府，按法重处。仍将新役名、数造册，报府稽查。去此巨奸，官民得安袵席。

一，土司之科派，宜酌革也。查土官岁有田亩租税，又有相沿旧例，如婚嫁丧葬等项。规馈之入，在土官，已坐享丰厚；在土民，已苦于供亿。而贪婪者，尚于额外巧立名色，百计诛求。边鄙穷黎，奚能堪此？今后，除租税规馈外，不许一毫妄派，并令每年终，先将租税、规馈数目造册，报府存案。次年春，出示各村，照额输纳。如有滥勒，即许赴府控告，严审详夺。如无吉凶事务之年，规馈亦免。除此苛敛，土民之困稍舒。

在一定程度上讲，在土司机构和土司辖区内，依靠道德力量来预防和阻止各级土司滥用权力，其作用和效果是极其有限的。只有依靠具有强制约束力的刚性的土司制度，才能杜绝各级土司滥用权力，且服务于土司辖区内的各族民众。元明清时期各地土司，作为土司地区的权力最高拥有者，他们一方面借助"王权"和土司制度达到稳固自身权力的目的，另一方面又以王朝国家给予的权力治理基层社会，但各地土司的权力自始至终都受到中央王朝的限制和制约，换言之，王朝国家始终利用土司制度对各地土司予以治理，不让他们信马由缰。在此，以土司制度的核心问题——土司袭替中的限制为例予以说明。

明清王朝为了强化对土司承袭的管控，规定了许多"禁例"，若有违反中央王朝的规定就不准承袭土司职位。诸如仇杀、兴兵、变乱以及嫁娶违例越省，且与他类结亲及与外夷往来者，子孙永不许承袭。明政府对土官土司承袭的规定严格，有许多限制。如《明实录》载："巡抚云南都御史王启条奏：'处置土官事宜，请令今后土官应袭替者，该管府州县并守巡官，即为勘明，具呈抚按，批送三司，比册相同，免其参奏。除杂职及妇人代为具奏外，其品官衙门，设在腹里，地方宁靖者，照旧赴部袭替，俱免纳谷；其设在边远，兼有争竞仇杀者，抚按等官勘实，代为奏请，就彼袭替。仍依原例纳谷备赈，其六品以下，有贫乏者，听该管官审实量减。若应袭土舍有罪未结，或争袭未明者，各官速为勘处，若延至一年之上不为勘结，或本部转行覆勘一年之上不行回报者，听抚按及本部查参治罪；或土舍恃顽延至十年之上方告袭者，不准承袭；或因为事及查勘迟延至限外者，不在此例。若土官举宗朋恶，相应改设流官者，抚按酌处，具奏定夺。'议上报允，仍著为令。"① 土官土司承袭还有诸多禁例，如嘉靖十四年（1535）议准："云南、四川两省土官，各照旧分管地方，如有不遵断案，互相仇杀及借兵助恶，残害军民，并经断未久辄复奏扰变乱者，土官子孙不许承袭……三十三年题准，土官土舍嫁娶，止许本境本类。不许越省，并与外夷交结往来，遗害地方，每季兵备道取具重甘结状。如再故违，听抚按官从实具奏。兵部查究，量情轻重，或削夺官阶、或革职闲住，子孙永不许承袭。"② 但对因危及家庭秩序犯恶逆被杀的，仍规定另以族人授职："凡土官犯恶逆被戮，嘉靖十年题准，即推伦序相应，素为夷众所服者，授以原职，管束夷民。"③ 这些禁例从反面限定了土司承袭的资格。

清朝统治者为了维护中央王朝的权威和土司地区的社会稳定，在土司承袭制度中同样规定了许多"禁例"。清廷根据土司犯罪程度，规定不准亲子承袭或需另择族众拥戴之人；对犯特定罪被革职的土官，由其本支伯叔兄弟、兄弟之子或其他夷众素服之人来继承。乾隆三十三年（1768）奏准："土官袭替定例，必分嫡次长庶，不得以亲爱过继为词，如实系土官身故乏嗣，除笃疾残废，及身有过犯，与苗民不肯悦服之人，例不准请袭外，其承继之子，仍论其本身支派。如非挨次承袭者，不准

---

① 《明实录》卷31，"嘉靖二年九月辛巳"条。
② （明）申时行等修：《明会典》，中华书局1989年版，第626页。
③ （明）申时行等修：《明会典》，中华书局1989年版，第31页。

袭职。"① 一是可以择本支伯叔兄弟、兄弟之子别袭。这里有四种情况：第一，清王朝规定："如土官受贿、隐匿凶犯逃入者，革职提问，不准亲子承袭，择本支伯叔兄弟、兄弟之子继之。"② 第二，雍正四年议准，如果"土官不遵法度，故纵苗猓为盗，劫杀掳掠男女财物，扰害土民者，该督抚查出，即题参革职，别择应承袭之人，准其承袭"。第三，如果土司辖区"至有养盗殃民、怙恶不悛者，该督抚据实题参，严拿治罪。或应改土为流，及别立土官，均请旨施行"。第四，对于土官境内土民犯案株连土司者，清王朝规定："或犯命盗抢夺诱拐争讼之案，该土官准州县移会，徇隐不为解送者，督抚题参革职，择其贤子弟承袭。果正犯逃逸，限年半缉获；无获者咨参，再限一年缉拿。限满无获，降一级留任；能获本案及别案凶犯者，皆准开复。若降级留任至五案者，别袭。若受贿隐匿不解送者，革职提问，不准亲子承袭。"③ 上述四类情况不准亲子承袭，但可在本支叔伯子弟、兄弟之子中挑选为夷众所信服者承袭。二是选取土司亲族以外的其他人继承。清王朝规定："若有大罪被戮，即立夷众素所推服者，以继其职。"④ 如"叛逆"大罪。因为按《大清律例》，叛逆罪为"十恶"之首，犯谋反谋叛之罪需照律连坐，株连父母兄弟妻子，籍没家产，受株连亲族亦不可能承袭。清代对土司承袭制度的管理是极其严格或者说是极其严苛的，当然也收到了极为显著的效果，减少了明代那种由争袭而引起的战乱。在《大清律例》之《吏律·职制》"官员袭荫"条中对"土司承袭"有这样的规定：

> 凡土官病故，该督抚于题报之时，即查明应袭之人取具宗图册结邻封甘结并原领号纸，限六个月内具题承袭。其未经具题之先，亦即令应袭之人，照署事官例用印管事。地方官如有勒掯、沉搁、留难者，将该管上司均交部议处。其支庶子弟中有驯谨能办事者，俱许本土官详报督抚，具题请旨，酌量给与职衔，令其分管地方事

---

① （清）昆冈等：《钦定大清会典事例》卷145，中华书局1991年影印本。
② （清）昆冈等：《钦定大清会典事例》卷145，中华书局1991年影印本。
③ （清）昆冈等：《钦定大清会典事例》卷589，中华书局1991年影印本。
④ （清）昆冈等：《钦定大清会典事例》卷145，中华书局1991年影印本。

务。其所授职衔视本土官降二等。文职，如本土官系知府，则所分者给与通判衔；系通判，则所分者给与县丞衔。武职，如本土官系指挥使，则所分者给与指挥佥事衔；系指挥佥事，则所分者给与正千户衔。照土官承袭之例，一体颁给敕印号纸。其所管地方，视本土官多不过三分之一，少则五分之一。此后再有子孙可分者，亦再许其详报督抚，具题请旨，照例分管地方，再降一等给与职衔、印信、号纸。①

这段文字十分清楚地表明，清王朝对土司承袭就是要采取"众建土司"的举措，通过分袭、降级降衔，让一个家族的大土司分为一般土司，再逐渐分袭，后来成为长官司或不入流的土司；同时，中央王朝允许土司的"支庶子弟中有驯谨能办事者"也"酌量给与职衔，令其分管地方事务"，这不仅在无形之中限制了土司的权力，也达到了通过土司制度"分袭制夷"的目的。

(三) 中央王朝剥夺土司权力

明清中央王朝除了限制土司权力之外，还以各种名目剥夺土司权力，如土司的生存权、行政权、司法权和财政权等，并将土司的有些权力收归流官。

1. 剥夺土司的生存权

一个人的生存权有广义、中义和狭义之分。本处讲的是广义的生存权，也就是指包括生命在内的诸多权利的总称。但笔者为了便于问题的探讨，我们将土司的行政权、财政权和司法权留在后面讨论。明清两代凡是犯"谋反""谋大逆""谋叛"的土司，不仅要剥夺土司的生存权，更要剥夺土司的生命权。如《平播全书》中提及的田氏、杨朝栋等二十三名为杨应龙之家口；杨七等为杨应龙领兵为逆者，宋承恩、马千驷等相助为逆者；何汉良等杨应龙之心腹，成其为逆者；穆炤等为杨应龙之牙爪，资其为逆者；许廷忠等为杨应龙之信任者；叶进喜等之亲近杨应龙者；张氏、何氏二口等内助为逆者。通共五十八名，全部用彰国法。②

---

① 张荣铮等点校：《大清律例》，天津古籍出版社1993年版，第164页。
② (明) 李化龙：《平播全书》(点校本)，大众文艺出版社2008年版，第120—121页。

也就是说，除杨应龙自焚外，上述这些人也移送京师，剥夺他们的生命权（包括生存权）。大凡明清时期叛乱土司，均被剥夺其生命权。如《大清律例》之《职官有犯》"条例"中明确规定："各处大小土官，有犯徒、流以上，依律科断。其杖罪以下，交部议处。"① 这是对土司生存权的剥夺。同书《名例律下之三·徒流迁徙地方》规定，无论是流官还是土官，只要犯相关规定的罪，就属于流徙之人。有土司的行省，其流徙地方为：广西布政司府分流广东，四川布政司府分流广西，贵州布政司府分流四川，云南布政司府分流四川。② 同条"条例"规定：

> 凡土司有犯徒罪以下者，仍照例遵行外，其改土为流之土司，本犯系斩、绞者，仍于各本省分别正法监候。其家口应迁于远省者，系云南迁往江宁，系贵州迁往山东，系广西迁往山西，系湖南迁往陕西，系四川迁往浙江，在于各该省城安插。如犯军、流罪者，其土司并家口应迁于近省安插。系云南、四川迁往江西，系贵州、广西迁往安庆，系湖南迁往河南，在于省城及驻扎提督地方分发安插。该地方文武各官不时稽查，毋许生事扰民出境。如疏纵土司本犯及疏脱家口者，交部分别议处。其犯应迁之土司及伊家口，该督抚确查人数多寡，每亲丁十口带奴婢四口，造具清册，一并移送安插之省，仍具册并取该地方官并无隐漏印结，咨报刑部。其安插地方每十口拨给官房五间，官地五十亩，俾得存养获所。官地照例输课。于每年封印前将安插人口及所给房产数目造册，送户部查核。③

明清时期对于犯徒流、迁徙、充军的土司，中央王朝要将他们迁徙到远离原辖区的地方，使他们失去了原有的生存环境，不仅失去了各种权力，而且还有新迁徙地方官员的监督管控，事实上，这也是一种生存权的剥夺。

---

① 张荣铮等点校：《大清律例》，天津古籍出版社1993年版，第96页。
② 张荣铮等点校：《大清律例》，天津古籍出版社1993年版，第139页。
③ 张荣铮等点校：《大清律例》，天津古籍出版社1993年版，第140—141页。

2. 剥夺土司的行政权

明清中央王朝或通过土司管辖范围与人口的调整，或通过改为省级布政司直隶，或通过改属流官政府及军事卫所的管控，或通过分地新置土司政区和流官政区，以此逐渐缩小土司的势力范围，中央政府通过制度治理土司和土司地区，从而使国家秩序在土司地区不断得以推进。而随着明清中央王朝行政秩序的推进，各地土司的内部斗争也逐渐受到行政区划调整的影响。如明末以降，宣慰司、宣抚司、安抚司、长官司、土知府、土知州、土知县等级别较高的土司，国家利用政区的调整，不断挤压土司生存的空间，王朝国家借助权力体系不断获取国家资源和维护国家利益。有清一代国家治理土司地区的一个重大变化是：有的土司职衔只是一个虚衔而已，并无实权。据光绪《大清会典事例》卷一百四十五载：乾隆五十年覆准，"各省土官向无地方村寨管辖者，将原袭文职改授土官。……遇袭替时，止准换给号纸，按照品级填写几品土官，不必仍书通判、推官、县丞、主簿、巡检等字样。向有给予印信者，将印信咨送礼部销毁"。《清史稿》卷一百十七"广西土知州"条载："其不管理土峒者，正六品土官二人，从六品、正八品、正九品土官各一人，从九品土官一人，未入流土官二人。"同卷"云南土知府"条载："其不管理苗裔村寨者，土通判二人，丽江府、鹤庆州，各一人。"同卷"贵州土同知"条载："其不管理土峒者，正六品、正七品土官各一人，正八品土官三人，正九品、从九品土官各二人。"① 可见，这些土司只是名义上的土司，他们既然不管理土峒和村寨，也就没有任何行政权力，因为代表土司实施行政权力的凭证——信印已回收且"咨送礼部销毁"。这说明清代一些土司的权力越来越小，中央王朝对土司及土司地区的控制越来越强。中央王朝就是通过对土司实施分其地、降其职、限其权、虚其衔等举措，使国家治理能力不断增强，有效地维持了土司地区的社会稳定。

3. 剥夺土司的财政权

佘贻泽先生在《中国土司制度》中指出：土司地区"举凡辖地之户口、钱粮、税收，皆取决于一人之意志"②。可见，土司在其辖区拥有财

---

① （民国）赵尔巽：《清史稿》卷117，中华书局1977年版，第12册，第3414—3416页。
② 佘贻泽：《中国土司制度》，正中书局1944年版，第185页。

政权。此处所讲的财政权是指王朝国家规定各地土司应该向中央政府上缴的赋税。明清中央王朝对各地土司应该上缴多少赋税都有明确的规定，《万历会计录》就有明确的记载，如明代云南部分土司地区田赋情况如表7-2所示。

表7-2　　　　　　明代云南部分土司地区田赋一览①　　　　（单位：斗）

地名	夏税麦	秋粮米
纳楼茶甸长官司		1999.651
教化三部长官司		2310
溪处甸长官司		4242
在能寨长官司		552
王弄山长官司		6868.853
亏容甸长官司		982.8
思陀甸长官司		411
落恐长官司		23.374
武定将军府	4302.824	30030.759
寻甸军民府	6066.87	21422.497
丽江军民府	16395.666	7741.36
施甸长官司	811.26	4547.379
凤溪长官司	256.2	2009.447
者乐甸长官司		703.5
干崖宣抚司	差拨银100两	
南甸宣抚司	差拨银100两	
木邦宣慰司	差拨银1400两	
陇川宣抚司	差拨银400两	
芒市长官司	差拨银100两	

---

① （明）张学颜等：《万历会计录》（卷十三），参见《续修四库全书》（831册）《史部·政书类》，上海古籍出版社2002年版，第794—805页。

续表

地名	夏税麦	秋粮米	备注
孟定府		差拨银 600 两	
潞江安抚司		差拨银 142 两	
湾甸州		差拨银 150 两	
大候州		差拨银 200 两	
镇康州		差拨银 100 两	
车里宣慰司		差拨金 50 两	
孟养宣慰司		差拨银 750 两	
孟良府		差拨金 16 两 6 钱 7 分	
钮兀长官司		差拨马四匹每匹折银 10 两	

其实，中央王朝规定土司在其辖区内征税的数额极其有限，但土司在辖区内征税的税名及数额并不确定，有时对辖区内各族民众过度盘剥。因为土司在其辖区内拥有征收赋税的权力，他们巧立名目，在辖区内民众中盘剥是家常便饭。如《缅宁厅革除土司弊政禁约碑》所言："勐勐土司积习，除征收钱粮正供之外，凡土司一切冠婚丧祭经营修理，无不摊派于民，以致民怨沸腾，动辄滋事。"① 土司不仅拥有辖区内所有田土的征税权，而且土司还负责征收差发银等。因此，土司负责征收的钱粮交与地方官府只是他们征收的一小部分，土司在其辖区内征收钱粮多大为浮征，时有征收几倍甚至十数倍之多。如镇沅土府"每岁额征米一百石，仅每岁应纳米一千二百一十二石零；每岁额征银三十六两，今每岁应纳银二千三百四十八两零。是其征之私橐者不啻百倍、数十倍，而输之仓库者十不及一二，百不及二三"②。特别是在云南傣族地区有这样的记载："'谷子黄，摆夷狂；谷子熟，摆夷哭'。揭土司、头人剥削之酷也，非'民无税粮'，而是税粮极重，杂派无边。言其大者：曰谷租，计亩征收，

---

① 黄珺：《云南乡规民约大观（上）》，云南美术出版社 2010 年版，第 192—193 页。
② 鄂尔泰：《奏为剪除夷官清查田土以增租赋以靖地方事》，参见《硃批谕旨》，吉林出版集团有限责任公司 2005 年版，第 3367 页。

约及产量百分之三十至五十；曰赡养费，计户征银，每户三至五两；曰献纳，凡屠牲、捕猎、网鱼，必以一部献土司、头人；曰供应，土司署膳食，由各寨轮流承办；曰差役，土司署中之执事、杂差、厨师、使女，皆各寨派人承值；曰摊派，凡土司及其家属嫁娶、丧葬、生育、袭职、祝寿、年节、修建房屋，均向人民派款，各级头人层层加码，恣其所取而后输于土司。"① 由于各地土司征税名目繁多、税期不定，造成土司辖区内民怨沸腾。因此，中央政府利用土司制度治理土司辖区，逐步剥夺土司的财政权。如道光十七年（1837），贵州布政使司庆在《为访土司勒折浮征，欲严拿究办事》中言："近闻土司等奢侈繁华，一代甚于一代。惟知剥削苗民，遇事派累，串同恶役将苗民应纳米谷，勒折浮收。昔日一斗可完，今渐加至数倍。任意妄为，毫无体恤苗民之心。"官府认为："土司之设，原以缉捕奸宄、约束苗民，并无征收、受词之责。"为此，黎平府要求民苗人等知悉："如有一切词讼、钱粮，自行投府呈控、赴仓完纳，不许赴土司处完纳、控理。"② 这就是由官府直接剥夺土司征收赋税的权力的例证。在四川、云南、贵州、广西现有保存的碑文和略写历史文献中，类似的例证不胜枚举。

4. 剥夺土司的司法权

佘贻泽先生在《中国土司制度》中就"土司之改进问题"时指出："土司之治，为专治一人之治；土民有讼，听其裁判；土民有罪，任其处罚。"③ 由此可见，土司在其辖区内拥有司法权。这里的司法权是指各地土司根据土司制度赋予他们在其辖区内针对具体案件享有的审判权力。司法权是各地土司的核心权力之一，土司在其辖区掌管着司法，承审辖区内的案件多凭个人喜好，如果土民不服从土司判决，土司"即将其人烧杀或活剐，或五牛分尸"④。云南土司"刑名五律，不知鞭挞，轻罪则罚，重罪则死（或杀，或用人扠杀，或用象打，或投于水，或以绳帛缢）"。或"令象踏之，或以鼻卷扑于地。象皆素习，将刑人，即令豢养

---

① （明）钱古训：《百夷传》，云南人民出版社1980年版，第79—80页。
② 安成祥：《石上历史》，贵州民族出版社2015年版，第54—55页。
③ 佘贻泽：《中国土司制度》，正中书局1944年版，第185页。
④ （民国）谢晓钟：《云南游记》，文海出版社1967年版，第269页。

之，以数谕之，悉能晓焉"①。虽然《土官底簿》中常有"他若不守法度时换了""若不守法度时，拿来废了"等话语，但各地土司"不守法度"者不胜枚举。清政府将"不守法度"的土司改土归流，这里的"法度"就是清政府颁布的《大清律例》或土司制度的各项法规。在清朝中后期，清王朝限制土司的司法权，将土司辖区的命盗等重大案件交由流官审理，土官只保留审理民事案件的权力。据嘉庆《广西通志》载，广西土司地区的命盗案件均转给管辖土司地区州县流官承审。如宜山县承审忻城土县永定、永顺二长官司命盗事件；天河县承审永顺副长官司命盗事件；河池州承审南丹土州命盗事件；东兰州承审那地、东兰二土司命盗事件，武缘县承审白山、兴隆、那马、旧城、安定、古零六土司命盗事件；百色同知承审田州、阳万、上林、定罗、下旺、都阳六土司命盗事件；新宁州承审土忠州命盗事件；隆安县承审果化、归德二土州命盗事件，上思州承审迁隆峒土司命盗事件；崇善县承审土江州命盗事件。正六左州承审太平安平二土州、罗白土县命盗事件；养利州承审万承、龙英、全茗、茗盈四土州命盗事件；永康州承审结安、佶伦、都结、镇远、罗阳五土司命盗事件；宁明州承审思州、下石、凭祥、思陵四土司命盗事件；龙州同知承审上龙、上下冻二土司命盗事件；天保县示审向武土州命盗事件；奉议州承审都康土州命盗事件；归顺州承审上映、下雷二土司命盗事件。②可见，清政府业已剥夺了广西土司的司法权，并规定，如果今后广西土司要干预辖区民众的命案，则被革职。改土归流后，各地土司的司法权完全被剥夺。如《巴塘善后章程》在"设官"条规定："巴塘从此改设汉官，管理地方汉、蛮百姓及钱粮、词讼一切事件。"③在该章程在"词讼"条规定："凡汉、蛮、僧、俗、教民人等大小词讼，皆归地方官申理，无论何人不得干预其事。"④改土归流后因所有各地残存的土司均由地方官管控，故土司辖区内的诉讼案件也不得随意处理，小案或自理，大案则必须报流官。⑤

---

① （明）钱古训：《百夷传》，云南人民出版社1980年版，第80—81页。
② （清）谢启昆：《广西通志》卷177，广西人民出版社1988年版，第4845—4846页。
③ 四川省民族研究所：《清末川滇边务档案资料（上）》，中华书局1989年版，第96页。
④ 四川省民族研究所：《清末川滇边务档案资料（上）》，中华书局1989年版，第98页。
⑤ 李世愉：《清代土司制度论考》，中国社会科学出版社1998年版，第108页。

王朝国家运用土司制度治理土司及土司地区，其实质就是土司制度赋予王朝国家的权力，这种制度权力源自王朝国家在土司制度中的身份和地位，这种身份和地位是王朝国家制度设计和制度安排时具有的，这种制度权力是通过制度治理主体——王朝国家实现对土司及土司地区的直接治理和管控。换言之，王朝国家制度治理的权力是土司制度赋予王朝国家的权力，源于王朝国家对土司制度的制定、主导甚至操控。

第二节　地方政府的土司制度治理

中观视域下的土司制度治理主体，主要包括行省、府、州、厅、县等行政权力机构——地方政府，这无疑是王朝国家治理土司及土司地区的关键环节。在元明清时期西南、中南及西北的一些地方政府，他们作为联结中央政府与土司地区、王朝国家与乡村社会的中间政权机构，在王朝国家治理土司及土司地区的环节中发挥着承上启下、下情上达的枢纽作用。① 西南、中南及西北的一些地方政府既是王朝国家治理的被实施者，又是王朝国家治理的实施主体。

一　地方政府土司制度治理的权力结构

明清中央政府在实施国家治理的过程中，历来采用的是"条块"权力结构形态。其中，吏部、户部、礼部、兵部、刑部、工部 6 部属于"条条"结构中的权力中心，这些部门调控着王朝国家土司制度治理的重要资源及其分配；西南、中南及西北拥有土司的省份属于"块块"权力结构中心，这些"块块"掌握着地方治理的权力，是王朝国家精神传达贯彻到地方和基层的践行者。王朝国家的"六部"是中央政府约束地方政府、土司机构的一根有力的线索，并通过王朝国家的制度制约和促进地方政府贯彻自上而下的国家意志。

明清时期西南、中南及西北拥有土司的省份的地方政府在"条条块块"权力结构中主要呈现出"向上集中"与"向下扩展"双向结合表征，王朝国家意志传递到地方政府后，其目标、功能、利益都会在西南、

---

① 周尚君：《地方政府的价值治理及其制度效能》，《中国社会科学》2021 年第 5 期。

中南及西北拥有土司的省份的地方政府中再生产和再配置，并通过府州厅县逐层传递到土司地区基层社会。这一过程，既是王朝国家意志在地方得以实施的过程，又是西南、中南及西北拥有土司的省份的地方政府吸纳、贯彻执行的过程；是王朝国家向地方政府施压的过程，也是地方政府具体施行的过程，而王朝国家压力传递过程也是土司制度治理土司及土司地区的过程。明清时期西南、中南及西北拥有土司的省份的地方权力机构有两大系统。

（一）王权系统

明清时期在地方上属于王权系统的主要是行省—府、州、县（或厅）—土司机构系统，此处以明清时期广西的官员设置为例予以说明。

明代广西行省设置有巡按、总督、巡抚、提刑按察使司、按察司副使、佥事分司、承宣布政使司、布政司参政、参议分司诸道等官员；① 明代广西府州县的设置情况：② 府设置知府一人，正四品；同知，正五品；通判无定员，正六品；推官一人，正七品；其属，经历司经历一人，正八品；知事一人，正九品。州设置知州一人，从五品；同知，从六品；判官无定员，从七品。里不及三十而无属县，裁同知、判官。有属县，裁同知。其属，吏目一人，从九品。凡州二：有属州，有直隶州。属州视县，直隶州视府，而品秩则同。县设置知县一人，正七品；县丞一人，正八品；主簿一人，正九品。其属，典史一人。如无县丞，或无主簿，则分领丞、簿职。县丞、主簿，添革不一，若编户不及二十里者并裁。儒学设置情况是：府设置教授一人，从九品，训导四人。州设置学正一人，训导三人。县设置教谕一人，训导二人，俱未入流。明朝在广西设置儒学提举司、行都司儒学、卫儒学，这些儒学俱设置教授一人，训导二人。其后宣慰、安抚等土官，俱设儒学。明代因为广西地接瑶、僮，始于关隘冲要之处设巡检司，以警奸盗，所以设置巡检司巡检、副巡检等数十员。明代设置总兵官、副总兵、参将、游击将军、守备、把总，

---

① 广西壮族自治区通志馆编：《广西古代职官资料汇编》，广西人民出版社2000年版，第119—121页。

② 广西壮族自治区通志馆编：《广西古代职官资料汇编》，广西人民出版社2000年版，第121—126页。

无品级，无定员。总镇一方者为镇守，独镇一路者为分守，各守一城一堡者为守备，与主将同守一城者为协守。凡总兵、副总兵率以公、侯、伯、都督充之。其总兵挂印称将军者，两广曰征蛮将军。明代广西土官有长官司，设置长官一人，正六品；副长官一人，从七品。蛮夷长官司长官、副长官各一人，品同上。军民府、土州、土县、设官如府州县。

有清一代，广西行省设官分为文武职官，文职官设置情况是：① 两广总督管辖广东、广西两省，驻广东省城；巡抚驻桂林府；提督学政驻桂林府；布政使驻桂林府；经历库大使驻广盈；按察使驻桂林府，统辖全省驿传事务；经历司狱分守桂平梧郁道驻桂林府，兼理盐务；分巡左江兵备道驻南宁府，辖泗、南、太、镇四府，控制汉土州县官；分巡右江兵备道驻柳州府，辖柳、庆、思、浔四府，控制汉土州县官。武职官设置情况是：抚标左右二营，参将中军兼左营，游击右营。守备二员，千总四员，把总八员，经制外委八员，额外外委五员。提督驻柳州府，中、左、右、前、后五营，参将中营，游击四员，左、右、前、后四营。守备五员，千总九员，中二、左二、右二、前二、后一。把总十八员，九驻本营，九分防马平、雒容、象州，及各塘水汛。旧设二十员，乾隆二十七年裁前营一员，嘉庆二十年裁中营一员。经制外委二十七员，旧设十员，乾隆二十九年裁左、右营一员，嘉庆二十年裁后营一员。额外外委设十五员，乾隆四十七年增中营一员。清代府州县以思恩府为例，简述地方机构官职设置情况：② 思恩府设置知府一人；同知一人，旧驻武缘，雍正七年（1729）改驻土田州之百色。通判一人，雍正七年设，驻古零土司。乾隆六年（1741）裁，乾隆四十七年（1782）复设，与知府同城。教授一人，训导一人，经历司经历一人，司狱司司狱一人。百色司设置巡检一人，乾隆四年（1739）设，隶百色同知。照磨、宁丰仓大使裁。武缘县设置知县一人，教谕一人，训导一人，典史一人，高井寨巡检一人，博涩寨巡检、西舍寨巡检雍正四年（1726）裁。镆铘寨巡检，乾隆十七年（1752）裁。宾州设置知州一人。州同一人，雍

---

① 牟华林、钟桂玲整理：《嘉庆重修一统志》，光明日报出版社2019年版，第3—5页。
② 广西壮族自治区通志馆编：《广西古代职官资料汇编》，广西人民出版社2000年版，第138—141页。

正七年（1729）设，驻三里营。乾隆三年（1738）改设上林县县丞。州判久裁。设置学正一人，训导一人，吏目一人，安城镇巡检一人，常丰仓大使、在城驿驿久裁。迁江县设置知县一人，教谕一人，训导一人，典史一人。平阳圩巡检一人，乾隆八年（1743）设。清水镇巡检、清水驿驿丞裁。

上林县设置知县一人；县丞一人，乾隆三年（1738）设。教谕一人，训导一人，典史一人，周安镇巡检一人，思陇驿巡检一人。田州设置土知州一人，汉州同一人。上林设置土知县一人。甘蔗司巡检，乾隆四十三年（1778）改设思陇巡检。阳万设置土州判一人，白山设置土巡检一人，兴隆设置土巡检一人，定罗设置土巡检一人，旧城设置土巡检一人，下旺设置土巡检一人，那马设置土巡检一人，都阳设置土巡检一人，古零设置土巡检一人，安定设置土巡检一人。

从明清两代广西王权系统的设置可见，王朝国家通过王权系统把国家意志传达贯彻到基层组织和地方社会。在王朝国家自上而下的王权系统中，明清时期西南、中南及西北拥有土司的省份自觉形成了地方政府的行为逻辑。从行省到府、州、县（或厅），再到土司机构的整个王权系统，既是国家意志的贯彻者，又是土司制度治理的执行者，也是治理效能的担当者。王权系统保证了国家意志对政府的统领，通过国家意志、王权系统和土司制度治理的系统度化运作，王朝国家主导着土司制度治理的方向。

（二）地方基层权力系统

元明清时期在西南、中南及西北拥有土司的省份设置的地方基层权力机构，实质上是中央王朝设立在地方并代表王朝国家管理土司地区的组织机构。这些机构的设置是在王朝国家整体视野下设置的，它是元明清中央政府制度治理土司及土司地区的制度安排。从元明清中央政府在土司地区建立的地方基层权力系统看，制度名称主要有里甲制、保甲制，这些制度的建立主要是为了实现王朝国家对土司及土司地区的有效治理，其地方基层权力系统的建立是王朝国家土司制度治理有机整体。里甲、保甲、粮长是明清时期土司地区基层权力结构的重要组成部分。因此，我们认为，王朝国家就是通过里甲、保甲等基层权力机构，逐步使国家权力深入到土司地区基层社会的阡陌之间。

明代土司地区里甲的名目繁多。据有关方志所载,明代土司地区里甲机构的名称多半是乡、都、图或乡、都、里三级,也有的地方是乡、保、村、里或乡、保、区、图等四级。① 可见,明代乡里组织层级有乡、里、都、图、保、村、区等名称。其实,明朝在土司地区城乡建立的基层权力机构,主要目的是加强对当地民众田赋与兵役的管理。如明代广西土州县的里甲机构专门负责田赋与兵役的编户,这是为王朝国家承担的最主要义务。据史料载,各土州县里甲编户的多少与赋额与兵额的负担并不完全成比例,这或许与各土州县的地理位置、土地肥瘠、地域大小等因素有关。但总的看来,田赋与兵役与里甲机构编户工作密切相关。如明代嘉靖年间太平府各土州县里甲编户、秋粮、兵额基本情况一览表所示。

表7-3 嘉靖年间太平府各土州县里甲编户、秋粮、兵额基本情况一览

州县名	太平州	龙英州	恩城州	万承州	都结州	安平州	思同州	上下冻	茗盈州	全茗州	结安州	结伦州	镇远州	罗阳州	陀陵州
里	4	2	2	2	1	5	1	1	1	1	1	1	1	1	4
赋(石)	239	275	186	520	98	192	88	102	103	120	78	30	99	155	167
额兵	145	150	95	165	54	140	37	无	44	44	55	54	51	76	49
加调	355	350	150	380	66	70	62	无	160	160	59	56	59	34	51

资料来源:(万历)《太平府志》(卷三)各土州县;(嘉靖)《广西通志》(卷五十一)《外志》。

据史料载:广西里甲制度一直实施至清初。到雍正年间,清政府开始实施"摊丁入亩"办法,使赋役合二为一,这标志着里甲制度在包括土司地区在内全国各地的消亡和新的保甲制度的诞生。清代雍正四年(1726),对保甲组织进行了一次较大的整顿,制定了一系列专门针对少数民族地区的保甲编制措施。据光绪《黎平府志》"保甲"条认为:"安民莫要于弭盗,弭盗尤莫要于行保甲。保甲行,则本境之盗无从生,外

---

① 白钢:《中国农民问题研究》,人民出版社1993年版,第137页。

境之盗无所容,法之善也。"① 志书纂者指出:"黎平界连楚粤,箐密山深,实为盗贼渊薮,且清江一带,夷匪往往出没其间,肆行劫掠。与其失事而后捕之,曷若先事而预防之,则保甲洵为救时急务矣。"② 同时,该志书将旧志所载"编保甲"列出:③

编保甲,以十一户立一甲长,十甲立一保正,东、西、南、北四乡各立一保长以总之。城厢既不统于四乡,亦立一保长以总之。共设保正若干名、甲长若干名。烟户清册若干,一存官,一给保,以便稽查填注。其法以十一家为一甲,内以一家择为甲长,以统十家。自一甲至十甲为一百一十家,内以十家为十甲长,另以一家择为保正,以统十甲;如十甲之外尚有畸零甲,即附统于末保之保正;十家之外尚有畸零户,即附统于末甲之甲长。其庄村不及百家者,附近有二三十家,即十数家之小村,准其附入,以足一保;不及十家者,附近有二三家之小村,准其附入,以足一甲。如村外独户及窎远孤村不过数家,即于数家中,择一年力精壮晓事者为庄头,即于附近之保正兼统之。其庵观寺院如在本甲,开于甲尾,以不入丁差、不便列于十户之数也,但僧道若干名,仍照民户开报,以便稽查。其在城及城外关厢,统于城厢保长,余俱如四乡。凡甲长、保正、保长,俱选之庶民,不及青衿、衙役,以青衿有妨肄业、衙役善作奸也。其乡绅举贡监文武生员在本甲居住者,不必编入十家之内,以不便悬门牌、令甲长稽查,然亦宜自爱也,惟将某户系某乡绅、某举贡监衿,开明姓讳、籍贯、官职,附编本甲十家之后,城乡俱同。每家门悬一牌,谓之门牌,上书本户姓名年貌生理及同居人亦如之。甲长门悬一牌,谓之十家牌,上书本户姓名年貌生理及同居人亦如之,后并列所统之十家姓名等如前,以便日夕省览稽查。

---

① 黎平县县志编纂委员会办公室:《黎平府志》(点校本),方志出版社2014年版,第1679页。
② 黎平县县志编纂委员会办公室:《黎平府志》(点校本),方志出版社2014年版,第1679页。
③ 黎平县县志编纂委员会办公室:《黎平府志》(点校本),方志出版社2014年版,第1679页。

其烟户十家门牌，各保正汇齐送保长呈署印发，凡甲长门前各置一木架，上列长枪、马刀八杆、三眼铳十杆，以备仓猝之用，麻搭、火钩各一杆，以备火烛之虞。其器械俱要坚明鲜利，统要火药、硝绳齐备，麻搭要多麻扎紧，火钩要长桿厚铁为之，不可视为故套也。

保甲是清代中后期包括土司地区在内的乡村基层社会的权力机构，其最本质特征是以家庭为社会组织的基本单位。清代土司地区保甲制度是王朝国家对基层社会进行制度治理的重要手段，是国家权力在土司地区基层社会最深入的一种治理制度。

无论是明代的里甲还是清代的保甲，都是属于纵向的地方基层权力系统，虽然层级很低，但在权力体制中十分"接地气"，不仅是王朝国家制度治理土司及土司地区的践行者，而且是贯彻执行国家意志的强力保障者。里甲、保甲虽然在官方权力系统中始终处于最底层级，但它仍然在基层社会中属于"下管一级"或"下管数十人"（或数百人）的权力体制，它保证了王朝国家意志在土司地区基层社会的纵向畅通和制度治理的有效执行。

二 地方政府土司制度治理的主要举措

地方政府作为国家意志贯彻执行的强力保障者和制度治理土司及土司地区的践行者，他们在土司制度治理过程中起着十分重要的作用。从现有文献看，明清时期西南、中南及西北拥有土司的省份的地方政府，在制度治理过程中的主要举措有四种。

（一）落实王朝国家土司制度治理的规章和决策

元明清时期土司制度的达成，无疑是各地土司与中央王朝政治博弈的结果。政治博弈之后双方约定：各地土司承认中央王朝执政的合法性，自觉遵守承袭的各项规定，认真履行王朝国家交办的朝贡、征调、纳税以及守土、治理地方的各项任务，中央王朝则认可各地土司在其辖区治理的合法性，给予各地土司诰敕、印信、号纸等信物。其中，中央王朝承诺各地土司享有世代承袭的权利，是各地土司是否愿意完成各项任务的根本保障。

作为地方政府的各级朝廷命官，在土司地区任职，必须认真落实王朝国家制度治理的各项规章。众所周知，土司承袭制度不仅是土司制度最核心的内容，而且关系到土司政权的稳定和土司地区的有效管理。自元代"皆设土官"政策以降，虽然王朝国家为土官承袭制度奠定了一定的基础，但土司承袭过程却十分复杂。在这一过程中，地方流官要落实中央政府的体勘查核土官土司、取具宗支图本、官吏土司保结、督抚具题请袭，最后报中央政府授予土司职位等一系列涉及土司承袭程序的规章。

又如，清道光年间面对滇南边疆地区治理体系存在弊端、土司乘机制造事端、"奸""匪"搅动社会稳定的实际情况，清王朝基于"固卫边圉""征收钱粮""就近管理"诸方面的考虑，继续在滇南地区坚决推行土司制度，其目的在于维护边疆稳定。但是，如何使地方流官在土司制度框架下"因地制宜"具体实施？这是地方政府官员必须认真面对的问题，因此，迤西道胡启荣认为："边吏治边，固以协体制为急务，而尤首以安边为急务，盖协体制犹虚而安边乃实也。若边不安，而尚有何体制之可协乎？盖各边情形不同，总须因地制宜，宜则边安，不宜则边不安也。"① 他指出，在"协体制"与"安边"二者之间，无论是"不必尽言体制而边始安者"，还是"不能不协体制以安边"者，最终的结果是"边吏治边，总以安边为主，而安边尤以因地制宜为主"②。换言之，滇南边疆治理虽然是在土司制度的框架下进行，但"因地制宜"治理边疆才是当务之急和第一要务。特别是针对"临安府土司多半鬼蜮为心，动辄挟诈，昧见天良。于维正之供，则借故拖欠；于应捕之犯，则坐视不理"③的实际，虽然滇南地区土司政权与中央王朝之间在土司制度推行过程中仍然存在着"双方博弈"，但中央王朝在土司制度推行过程中始终占据主导地位，地方流官则起着贯彻落实王朝国家意志、实施土司制度治理的作用。

特别是在改土归流过程中，地方流官基本上是义无反顾地执行王朝

---

① （清）胡启荣等辑：《滇事杂档》，《照抄前道胡办理车里宣慰卷》之"照抄禀覆中丞稿"条，道光十三年至道光二十七年（1833—1847）抄本。
② （清）胡启荣等辑：《滇事杂档》，《照抄前道胡办理车里宣慰卷》之"照抄禀覆中丞稿"条，道光十三年至道光二十七年（1833—1847）抄本。
③ （清）胡启荣等辑：《滇事杂档》，《临安府任办理瓦渣土司卷》之"札各土司（十一月二十四日）"条，道光十三年至道光二十七年（1833—1847）抄本。

国家的改流决策。无论是明代被动改土归流 90 余家土司，还是清代雍正主动改土归流 160 余家①土司，以及清末在川西地区强制改土归流，地方流官都是积极主动配合王朝国家的决策，认真执行王朝国家的决定。裁革土司是明清两代的基本决策。明代以各种理由被裁革的土司并不少，其原因或"人少官多""地狭民稀"，或土司犯罪被裁革。如贵州乌罗土府因原隶于其下的治古、答意二长官司叛乱被废除，所辖仅剩三长官司，不足以立府，因此于正统三年（1438）被裁革；云南陆良州和贵州普定府因土官犯罪而被裁撤。清代往往是"因事""滋事""缘事""因罪"等大量裁革土司。如《清史稿》列传三百《土司二》载，四川酉阳宣慰使司冉元龄于雍正十二年（1734），"因事革职，以其地改设酉阳直隶州。原管有邑梅峒、平茶峒、石耶峒、地坝四长官司，均于乾隆元年改流"②。《清史稿》列传三百一《土司三》载，云南姚安府土同知李厚德于"雍正三年，以不法革职，安置江南"③。《清史稿》列传三百二《土司四》载，贵州思南府蛮夷副长官李慧于雍正八年（1730）"缘事革职"④。在广西，裁革的现象较为普遍。如《清史稿》列传三百三《土司五》载，雍正八年（1730），巡抚金鉷因归顺州土司岑佐不法伏状题参，"革职改流"⑤；思明州土司观珠于雍正十年（1732）"以罪参革，改流"⑥。朝廷命官在面对"自愿"或被迫改土归流的土司，均付出艰辛的努力。尤其是王朝国家以武力征剿、平定广土巨族的土司（如平播之役、奢安之乱等），土司作垂死挣扎时，有的地方流官甚至在征剿土司过程中付出了生命的代价。

（二）提出土司地区制度治理的对策建议

笔者曾经撰文指出，明清时期王朝国家制定的土司制度既是国家政权主导、土司政府配合、土司辖区民众积极参与而形成的产物，又是明

---

① 王春玲、于衍学：《清代改土归流成因分析》，《西北民族大学学报》（哲学社会科学版）2005 年第 4 期。

② （民国）赵尔巽：《清史稿》，中华书局 1997 年版，第 14250 页。

③ （民国）赵尔巽：《清史稿》，中华书局 1997 年版，第 14265 页。

④ （民国）赵尔巽：《清史稿》，中华书局 1997 年版，第 14286 页。

⑤ （民国）赵尔巽：《清史稿》，中华书局 1997 年版，第 14297 页。

⑥ （民国）赵尔巽：《清史稿》，中华书局 1976 年版，第 14300 页。

清时期中央王朝与各地土司互动与博弈、认同与调适的必然结果。从制度治理的角度看，土司制度在国家治理土司及土司地区的过程中，确实具有政治、管理、法律、社会及文化等功能。在土司制度下，元明清中央政府将土司的职衔与品级、承袭与裁革、征调与朝贡、奖励与惩罚等大权牢牢地掌握在皇帝手中，并从隶属关系上形成皇帝—省级督抚—府州县官员—土司（佐贰官）等自上而下的层级治理体系，貌似形成了十分稳固的土司制度治理系统。但是，在实施过程中弊端较多，问题在所难免。因此，在西南、中南及西北的封疆大吏们不时给中央王朝提出土司制度治理过程中的一些对策建议。《明经世文编》中不乏其例，如杨士奇在《论旌褒景东知府陶瓒等疏》中"激劝土官"，杨一清在《条处云南土夷疏》中提出"制驭云南土夷"的对策，王廷相在《与胡静庵论芒部改流革土书》中提出"复芒部土官"的建议，朱燮元在《查明蜀省二界疏》《水西夷汉各目投诚措置事宜疏》中分别提出要划分"水蔺地界"和"措置投诚把目"的问题，桂萼在《修省十二事疏》中提出"顺夷情"的建议，王家屏在《答蔡龙赐年丈》中建议要分清"田州疆土"，这些对策建议有利于中央王朝的决策。特别是到了清代，鄂尔泰、迈柱、张广泗、甘汝来、那彦成、高其倬、尹继善、蔡毓荣、岑毓英、赵尔丰、锡良、傅嵩炑等都对土司制度以及改土归流等问题向清王朝提出过很好的对策建议。对土司及土司地区进行制度治理论述得最为清楚的莫过于蔡毓荣《筹滇十疏·制土人》，其全文如下：①

  滇省汉土交错，最称难治。治滇省者，先治土人，土人安而滇人不足治矣；然非姑结之以恩而能安，亦非骤加之以威之所得治也。查土人种类不一，大都喜剽劫，尚格斗，习与性成。其土目擅土自雄，争为黠悍，急之则易于走险，宽之乃适以生骄。故从来以夷治夷，不惜予之职，使各假朝廷之名器，以慑部落而长子孙。然武不过宣抚、宣慰司，文不过同知、知府，悉听流官节制，无敢抗衡，故安于并生而不为大患。

---

① （清）阮元等纂，马颖娜等点校：《道光云南通志稿》（第八册），云南美术出版社2021年版，第270—272页。

自吴逆构叛，悉征土兵，滥加土秩，伪总兵、副将，伪参、游、都、守遍及诸蛮，甚或充伪将军、伪监军，狂逞无忌。迨我大兵深入，各土司先后归诚，亦既震慑于天威，而罔有越志矣。然而骄纵既久，驯服为难。如马之既轶而复归也，如鹰之久飏而初附也，则所以谨其衔策，制其饥饱者不可不亟讲也。先是，大将军等鼓舞招徕，各照伪衔换给札付，彼一时之权宜已耳。今滇中一切弊政悉与革除，若土司而加之总、副等官，弊政之大者也。顾独因之可乎？夫恩不自上出则玩，小人而乘君子之器则骄。此辈狼子野心，居为固有，竟欲使监司镇将相与颉颃，而地方有司不敢望其项背，反常甚矣，尾大堪虞。

查土官应否需用武衔？业准部咨行查，仍令照旧换袭土职，是廷议下反经之令，已为跃冶之防，臣无庸复赘矣。然其投诚之始，以有所挟而得之者，今廓清之后，尚未拱手而还之朝廷，非所以示德威、昭臣服也。臣愚以为滇省土司，亟宜请旨追夺武衔，其大将军等所给衔札，无分文武，概行追缴。惟祈皇上特沛恩纶，各照旧袭职衔，量加一等服色，使知更始之会，皇上自有非常之恩，而非前此倥偬之时可以徼幸而僭窃者，既夺其嚣凌之气，复擩以章服之荣，有不畏威而怀德者乎？此制之、安之之一大关键也。

若夫善后事宜，有当亟请睿怀者，臣并缕悉为皇上陈之：往者，逆贼用土兵之力，一任土人邀截道路，抢掠庄村，俱置无问；土人有犯，俱不关白流官，土官径自处决；土人知有土官而不知有国法久矣。请著之令，曰"无萌故智，勿悖王章"。其犯罪至死者，械送督抚明正其罪，务使土人遵朝廷，土官不得擅威福，此其一也。

土司各有土地、人民，而其性各不相下，往往争为雄长，互相仇杀，一不禁而吞并不已，叛乱随之，故明沙普之祸可鉴也。则请著之令，曰"各守常度，毋相侵犯"。其有称兵构衅者，歼厥渠魁，捣其巢穴，务申锄强扶弱之义，用遏乱萌，此其一也。

土司践土食毛，宜如手足之捍头目。故往者寇盗窃发，俱土著人搜捕，或一土司有犯，即令众土司环而攻之，匪直分义宜，然亦取其熟于山箐，易为力也。则请著之令，曰"一乃心力，备我声援"。其有事而征调不赴，或观望迁延者，立逮而置之军法，一面奏闻；如果著有成劳，仍准论功行赏，使彼乐为我用，而控纵在我矣。此其一也。

土情多诈，未始不可以信孚；土性至贪，未尝不可以廉格。臣仰体皇上怀柔至意，开诚布公，信赏必罚，革馈遗之陋习，禁采买之烦扰，亦既骎骎向化矣。彼其强凌众暴，斗狠操戈，岂尽天性然与？良由教化未明，徒议招讨，无益也。臣请以钦颁六谕，发诸土司，令郡邑教官，月朔率生儒耆老齐赴土官衙门，传集土人讲解开导，务令豁然以悟，翻然以改，将见移风易俗，即为久安长治之机，此其一也。

土官以世系承袭，不由选举，其祖父势利相传，其子弟恣睢相尚，不知诗书礼义为何物，罔上虐下，有由然矣。我国家八法计吏，三年考绩，土官皆不预焉。不肖者无惩，间有一二贤者，亦无以示劝，欲其奉职守法也得乎？臣请著为定例，嗣后土官应袭者，年十三以上令赴儒学习礼，即由儒学起送承袭，其族属子弟有志上进者，准就郡邑一体应试，俾得观光上国，以鼓舞于功名之途。古帝"舜敷文德，以格有苗"，由此志也。其土官于岁终，开列所行事实申报督抚察核具题，不肖者降革有差，贤者增其秩或赐之袍服，以示优异，使知以朝命为荣辱，自不以私心为向背，此又其一也。

两迤土司之中，昔为沙普并吞，继为吴逆殄灭者，变乱之后，其枝裔各回故土，土人俱恋恋以主事之，历有年矣。今使付之有司，编入里甲，则汉夷杂处，必有隐忧；若以归附邻近土司无论，必不相安，尤恐所附者益强大而难治。臣请稽其宗派，取其邻司保结，果无虚冒，准其一体报部照袭原职，按其原管之地，责令供办粮差。斯安置得宜，葛藤自断，兴灭继绝，固旷世之殊恩，亦众建而少其力之意也。此又其一也。

总之，今日之土司，非犹夫承平日久之土司，臣熟察情形，悉心筹画，所当大为防闲，曲为调剂者有如此。皇上明鉴万里，如果以臣言为不谬，伏冀按臣所请，特颁天语饬行，斯遐荒之观听一新，而夷俗之身心交戢矣。

蔡毓荣在云贵总督任上的"制土人"疏，实质上是他提出的治理云南土司及土司地区的策略与方针。他对"土目擅土自雄，争为黠悍"，"急之则易于走险，宽之乃适以生骄"有充分的认识。明代以及清前期对土司实行"以夷治夷"的治策,让各地土司"各假朝廷之名器,以慑部落而长子孙",不利于王朝国家治理土司及土司地区。基于此,蔡毓荣在《制土人》中提出七条建议:① 一是将土司的各种衔札"无分文武,概行追缴";二是将土人犯罪者"械送督抚,明正其罪";三是明令云南省内各土司"各守常度,毋相侵犯";四是要求各土司服从朝廷的统一调遣;五是加强对土司及土司子弟的儒学教化,以达到"久安长治"的目的;六是加强对土司承袭与考核的管理,以使各地土司"知以朝命为荣辱,自不以私心为向背";七是允许被沙、普势力及吴三桂吞灭的土司枝裔"照袭原职",以达到"众建而少其力"的分而治之的目的。清雍正年间担任云贵总督的高其倬在其《筹酌鲁魁善后疏》中针对"云南鲁魁野贼为害地方"的情况也提出了诸多对策建议,此不赘述。

(三) 协调王朝国家与土司地区社会关系

对于元明清时期的统治者来讲,维护王朝国家的稳定是各个朝代执政期间追求的根本目标,无论是元代和清代少数民族入主中原,还是明代汉族执掌政权,无不如此。明清两朝执政之后,凡各地土司主动"归附""内附"中央王朝者,都会实行招抚政策以尽快安定西南、中南和西北土司地区,这是王朝国家安邦治国的首要政治任务。但是,王朝国家对于反抗中央王朝的土司会严厉镇压,如明王朝针对西南边疆的麓川、武定、沙普、播州杨氏、奢安等叛乱,清代的金川之乱,王朝国家为了迅速稳定局势,均会予以严厉镇压。但明清中央王朝有时会从当时王朝国家的客观实际出发,能招抚者则尽量招抚,这是历代统治者安定土司地区的合理选择。大凡封疆大吏、朝廷命官对中央王朝的旨意也心领神会。有一些地方政府官员在王朝国家的授意下,他们为了"顺夷情",千方百计协调王朝国家与土司地区社会关系。如明代嘉靖年间吏部尚书桂萼希望对两广土酋实现有效的控制,为明朝建立巩固的边疆和屏障,在《修省十二事疏》中针对"广西有田州之征、川贵有芒部之役,劳师费财、生民已不胜苦,今四川又有播凯之事"② 的实情,提出"顺夷情"

---

① 段金生:《土司政治与王朝治边:清初的云南土司及其治理》,《民族研究》2019 年第 2 期。
② (明) 桂萼:《修省十二事疏》,参见 (明) 陈子龙《明经世文编》,中华书局 1962 年版,第 1837 页。

的主张，以缓解中央政府与地方社会之间的矛盾。又如王守仁在《议处思恩田州事宜》中有"特设流官知府以制土官之势"和"分设土官巡检以散各夷之党"的建议，在这篇奏折中提出了"仍立土官知州以顺土夷之情"的对策：①

> 岑氏世有田州，其系恋之私恩久结于人心。今岑猛虽诛，各夷无贤愚老少莫不悲怆怀思，愿得复立其后。故苏、受之变，翕然蜂起，不约而同。自官府论之，则皆比以为苗顽逆命之徒；在各夷言之，则皆以为自以为婴、白存孤之义。故自兵兴以来，远近军民往往亦有哀怜其志而反不直官府之为者。岑氏先世伯颜归附之后，如岑永通、岑祥、岑绍、岑鉴、岑镛、岑溥皆尝著征讨之绩，有保障之功。猛之暴虐骄纵，罪虽可戮，而往岁姚源之役、近年刘召之剿，亦皆间关奔走，勤劳在人。今官兵未进之先，猛尚遣人奉表朝贺贡献，又遣人赍本赴京控诉；官兵将进之时，猛率众远遁，未尝敢有抗拒。以此言之，其无反叛之谋，踪迹颇明。今欲仍设土官以顺各夷之情，而若非岑氏之后，彼亦终有未服，故今日土官之立，必须岑氏子孙而后可。臣等看得田州府城之外西北一隅地形平坦，堪以居民，议以其地降为田州，而于旧属四十八甲之内割其八甲以属之，听以其土俗自治。立岑猛之子一人，始授以署州事吏目；三年之后，地方宁靖，效有勤劳，则授以判官；六年之后，地方宁靖，效有勤劳，则授以为同知；九年之后，地方宁靖，效有勤劳，则授以为知州，使承岑氏之祀，而隶之流官知府。其制御之道则悉如臣前之所议。如此，则朝廷于讨猛之罪、记猛之劳、追录其先世之忠、俯顺其下民之望者兼得之矣。此今日知州之设所以异于昔日之土官而为久安长治之策也。

这段文字除了简述田州"各夷无贤愚老少莫不悲怆怀思"之情外，尤其重点阐述岑氏先世伯颜归附之后，历代"著征讨之绩，有保障之

---

① （明）王守仁：《议处思恩田州事宜》，参见赵克生等校点《苍梧总督军门志》，岳麓书社2015年版，第273—274页。

功",重点交代岑猛"无反叛之谋",如果不立土官知州难"以顺土夷之情",因此,王守仁强烈请求朝廷里田州土官,并将立土官的地方、管辖人口、治理举措以及收到的效果等均分析得十分清楚,最后突出其目标就是"久安长治"。

清代户部尚书王弘祚在《滇南十议疏》中针对云南各地土司的情况也提出"土司之宜安置"的见解,他认为:云南土司有土知府、知州、知县等文职土司,有宣慰、宣抚、安抚长官等武职土司,名目各不相同。明朝初年开辟云南,各地土司因"投诚有功,授官赐土,令其自耕而食,所纳钱粮名曰'差发银',较民地甚轻",但是,"数年来为寇焰所胁,远者派金以养贼兵,近者派人力以驱争斗",这就造成土司地方财力交困。因此,王弘祚认为,因为各地土司"既改过投诚,自是望恩甚切",中央政府在"察某土司官职,该管地方"之后,应该"仍令照旧料理输纳钱粮,一切逆寇苛派,悉与蠲除"。只有土司安宁,才能使"百姓亦安"。①可见,这些地方政府官员的对策建议比较"接地气",能够有效地协调王朝国家与土司地区社会关系,舒缓地方土司与中央王朝的矛盾。

(四)更替土司地区基层社会权力

元明清时期各地土司作为中央王朝敕封的朝廷命官,官衔大小不一。但各个广土巨族的土司,在所辖区域内,掌握兵权,管理民政,财赋田粮,设衙门、公堂、监狱,可以拘拿、刑讯,甚至处决反抗他们的人。如播州宣慰司下设"总管、总领、把总、提调、书吏,各理事务",其中"杨氏总把官","冠带管事"的权力很大。播州宣慰使司作为一个军政合一的权力机构,到万历十四年(1586)时,播州宣慰使杨应龙征调有功,领都指挥使之职,封骠骑将军。②当时的建制为:杨应龙为最高军事长官,总部设有大总管4人,军师1人,谋事4人,分掌12路兵马。下设36个统制所,主管提调:每所管3总旗,主官称把总;每总旗管3小旗,主管称把式。还在54里各设1名坐寨,统领1队巡警。总兵力在10万人,若加上后备军,计有15万左右的兵力。万历二十八年,朝廷调集24

---

① (清)阮元等纂,马颖娜等点校:《道光云南通志稿》(第八册),云南美术出版社2021年版,第269页。

② 遵义市志编纂委员会:《遵义市志》,中华书局1998年版,第1565页。

万大军，分兵8路，历时114天平定播州，改土归流后，土司武装不复存在。① 据《遵义府志》载，万历二十八年（1600），以播州宣慰司杨应龙叛，明王朝命李化龙率师讨灭之。万历二十九年（1601）四月，明王朝将播州杨氏土司原辖地一分为二：属贵州管辖者为平越军民府，属四川管辖者为遵义军民府。改真州长官司置真安州，改播州长官司置遵义县。以播州杨氏土司所属旧夜郎县地置桐梓县、湄潭县；以真州长官司所属旧绥阳县地置绥阳县、龙泉县。以播州宣慰司所属仁怀里及别领长官地置仁怀县。遵义军民府计领真安一州，遵义、桐梓、绥阳、仁怀四县。真安州复领绥阳、仁怀二县隶四川布政使司。② 所有权力机构和职官职衔设置与其他府州县完全一致，杨氏土司权力机构被彻底消灭。

三 地方政府土司制度治理的成效

《商君书·壹言第八》有言："凡将立国，制度不可不察也，治法不可不慎也，国务不可不谨也，事本不可不抟也。"③ 自古以来，我国就十分重视制度建设。因为制度对于一个国家而言，它具有管根本、管长远、管全局的作用。无论什么制度，最终要落到实处，必须依靠地方政府。因为地方政府是王朝国家运用土司制度治理土司及土司地区的践行者、治理者，他们是实现王朝国家意志的核心人物，是制度治理能否取得成效的关键所在。

（一）地方政府官员对土司制度治理的正确认知

地方政府官员对土司制度治理的认知是土司制度能否产生治理成效的前提。洪武二年（1369）庆远府八番溪峒归顺时，有廷臣言："宜如宋元制录'其酋长'以统其民，则蛮情易服，守兵可灭。"④ 这表示中央王朝以蛮酋统治其民，可以减少守兵的抵触心理。正统四年（1439）南丹土官莫祯奏请使宜山等县所治之土民受其统治，帝曰："以蛮攻蛮，古有

---

① 贵州省遵义市地方志编纂委员会：《遵义地区志·军事志》，贵州人民出版社2003年版，第57—58页。

② （清）郑珍、莫友芝纂，遵义市地方志编纂委员会办公室点校：《遵义府志》，巴蜀书社2013年版，第37页。

③ 石磊译注：《商君书》，中华书局2011年版，第76页。

④ （清）张廷玉：《明史》，中华书局1974年版，第8207页。

成说，……彼果能效力，朝廷岂惜一官？"① 可见，明王朝虽有开疆辟土的心思，但又怕蛮民不顺眼，常常引起战争；而南丹土官既能听朝廷的命令，又能管辖其民众，中央王朝难道"惜一官"？② 可见，地方政府官员和各地土司对土司制度的认知具有不定之处。

清道光年间迤西道胡启荣对土司制度治边有深刻的认知："伏思边吏治边，固以协体制为急务，而尤首以安边为急务，盖协体制犹虚而安边乃实也。若边不安而尚有何体制之可协乎，盖各边情形不同，总须因地制宜，宜则边安，不宜则边不安也。故有不能不协体制以安边者，亦有不必尽言体制而边始安者，如开记广南与越南连界，该国外夷从未来至内地，若忽然入内，必应立驱使去，方为得体。又如腾越七土司，除缅甸呈进例贡，并该国通知边事有缅子来至内地外，其平日并无缅子来至七土司地方盘踞，若忽有到来盘踞者，亦应立驱使去，方为得体，此不能不协体制以安边之一办法也。"③ 他指出，在土司制度与"安边"的问题上，"边吏治边，总以安边为主，而安边尤以因地制宜为主"④。应该说，他对土司制度治边的认识是很到位的。

时至清代，地方官员对土司制度的弊端和推行改土归流具有一定的认知。如湖北巴东县知县齐祖望认为，"倘不申明法纪，严加禁制，使土司无敢萌其觊觎之私，……诚恐数十年后边人终未得高枕而卧也"⑤。云贵总督蔡毓荣意识到土司之患在于土司制度已经腐朽："土官以世系承袭，不由选举，……我国家八法计吏，三年考绩，土官皆不予焉。不肖者无惩，间有一二贤者亦无以示劝，欲其奉职守法也得乎？"⑥ 也就是说，土司制度已经腐朽，不实施改土归流就不能推动西南民族地区乡村社会发展。鄂尔泰是前人思想之集大成者，也是提出改土归流建议最为合理

---

① （清）张廷玉：《明史》，中华书局1974年版，第8209页。
② 余贻泽：《明代之土司制度》，《禹贡》1935年第11期。
③ （清）胡启荣等辑：《滇事杂档》，《照抄前道胡办理车里宣慰卷》之"照抄禀覆中丞稿"条，道光十三年至道光二十七年（1833—1847）抄本。
④ （清）胡启荣等辑：《滇事杂档》，《照抄前道胡办理车里宣慰卷》之"照抄禀覆中丞稿"条，道光十三年至道光二十七年（1833—1847）抄本。
⑤ （清）齐祖望：《清严边防详》，参见《同治宜昌府志》卷十四《艺文》。
⑥ （清）蔡毓荣：《筹边第二疏》，见（清）鄂尔泰、尹继善《乾隆云南通志》卷二十九《艺文》，乾隆元年（1736）刻本。

并被雍正皇帝首肯的封疆大吏，他的改流主张更为坚决。如言："欲靖地方，须先安苗倮，欲安苗倮，须先制土司。"① 他在一份奏折中指出："苗倮逞凶，皆由土司，……若不尽改土归流，……大端终无头绪，……滇黔必以此为第一要务。"② 于是，当土司制度不能很好地治理土司及土司地区的情况下，改土归流就在西南和中南地区大规模地推行。

（二）地方政府官员对土司制度的有效运行

地方政府土司制度推行过程中，自觉形成了一套系统化的运行模式。这套运行模式包括宣传制度、推行制度以及监督考核制度。

元明清中央王朝制定土司制度后，地方政府要向各地土司宣传，使土司家族家喻户晓、人人皆知。如清人黄炳堃等人辑录的《土司例纂》，就是一种最好的宣传土司制度的单行本。其中有"职官有犯""土官犯罪处分则例""土官承袭处分则例""土官袭替通行""土官承袭验封司则例""土官缘事验封司则例""土官降罚验封司则例""土官议处事件""土官私往别省处分则例""苗蛮扰害处分则例""顽苗掠卖人口处分则例""承审土苗案件处分则例""土苗紧要事件行文"③ 等涉及土司承袭、奖惩诸多内容与土司直接相关。

目前学界对土司制度的运行机制研究较少，特别是关于职官、承袭、朝贡、征调、赏罚、优抚、升迁、安插等制度究竟如何运行，基本上是学术盲区。笔者对于土司承袭问题略有探讨，这个问题也并非如《明会典》卷六"土官承袭"所言，只要"取具宗支图本，并官吏人等结状，呈部具奏，照例承袭"那么简单，它不仅涉及主管单位有兵部和吏部之分，而且应袭之人也有嫡庶之别。承袭制度且不说涉及应袭之人的主次、承袭的程序与手续、诰敕及印信号纸等凭据，单就是"土官册报"之事就十分复杂，如明代规定："嘉靖九年题准，土官衙门造册、将见在子孙尽数开报。某人年若干岁、系某氏生、应该承袭。某人年若干岁、某氏生、系以次土舍。未生子者，候有子造报。愿报弟姪若女者听，布政司

---

① 《硃批谕旨》（第二十五册），雍正四年二月二十四日鄂尔泰奏。
② 《硃批谕旨》（第二十五册），雍正四年九月十九日鄂尔泰奏。
③ 黄炳堃等：《土司例纂》，光绪十七年（1891）腾越厅板藏本。

依期缴送吏、兵二部查照。"① 时至清代,"承袭之时,应袭者开具祖宗三代亲册、亲供及邻封土司具结,再由朝廷查验无异时,始发给号纸。土司应袭者于领得号纸后,乃正式为土司"②。即便到了民国时期,同样必须报送《承袭清册》,如"云南丽江县应袭土通判木琼,谨将年籍、履历、沿袭宗图、居住户口、疆界、职名,造具清册,呈请查验",其具体内容包括亲供、居址、户口、疆界四至、职名等。③ 可以说,土司承袭制度的运行研究尚存在诸多学术空白,如新近承袭土司的程序、土司袭职的手续、土司承袭制度的弊端、中央王朝对土司承袭制度方面的驾驭与控制等。

鄂尔泰曾针对"土司无降级革职之罪"的实情,试图达到对土司"必须控制有方,约束有法,使其烧杀劫掳之技,无能施为,而后军民相得以安"的目的,向雍正皇帝上《分别流土考成疏》,建议要对各地土司严加考核。他说:"流官固宜重其职守,土司尤宜严其考成,土司之考成不严,则命盗之案,卷日积大,凡杀人劫财皆系苗猓,虽一经报闻,随即缉捕,而潜匿寨中,已莫可窥探。所以无论吏目等微员,任呼不应,即使府州关移,臬司牌票,皆置若罔闻,十无一解。非知情故纵,即受贿隐藏,其在流官束手无策,大吏深难其事,不敢咨题,多从外结,其实得外结者,亦复无几。故劫杀越多,盗贼益盛,掳人男女,掠人财物,苗子无追赃抵命之忧,无降级革职之罪,有利无害,何禁不为?所以土司考成不可不严,当与文武流官画一定比例。"既然要严格考核土官,就必须明确土司、文员、武职等人员各自的职责,鄂尔泰认为:"盗由苗寨,专责土司""盗起内地,责在文员""盗自外来,责在武职。"规定清楚、职责明确,就容易考核,所以,鄂尔泰说,若"以此三者分别议罪,土司无辞,流官亦服然"④。这只是鄂尔泰的建议,清王朝是否对各地土司进行了实质性的考核,目前历史文献并不多见。但必须肯定的是,作为制度治理来讲,中央政府对土司进行考核是十分必要的,且必须用

---

① (明)申时行等修:《明会典》,中华书局1989年版,第31页。
② 余贻泽:《中国土司制度》,正中书局1944年版,第40页。
③ 余贻泽:《中国土司制度》,正中书局1944年版,第204—208页。
④ (清)鄂尔泰:《分别流土考成疏》,参见贺长龄《清经世文编》(下),中华书局1992年版,第2139页。

于是否继续任职、承袭的过程中。只有将考核土司的任务和压力层层传递，才能克服地方政府的惰性，在制度治理方面发挥关键作用。

（三）地方政府官员对土司制度治理的反馈

西南、中南及西北拥有土司的省份的地方政府的土司制度治理，不仅作用于王朝国家的政府系统内部，而且广泛作用于土司地区的社会领域。因此，制度治理反馈机制对于提升拥有土司的省份的地方政府治理绩效不可或缺。如明代万历年间巡抚云南的萧彦，时逢明王朝在陇川用兵，在"副将邓子龙不善御军，兵大噪，守备姜忻抚定之。而其兵素骄，给饷少缓，遂作乱。鼓行至永昌，趋大理，抵澜沧，过会城。彦调土、汉兵夹攻之，斩首八十，胁从皆抚散"①的情况下，他向万历皇帝上《敷陈末议以备采择疏》，其中"议袭替以慰夷心""议正伦以杜夷衅""议定疆以杜强暴""议旌别以风远人"等四条真实地向明王朝反馈了当时滇西地区的有关情况。

总之，土司制度治理是推进王朝国家治理体系建设和取得治理效能不可或缺的重要手段。制度治理只有通过地方政府的权力结构、土司制度治理的主要举措的相互作用，才能产生制度治理成效。西南、中南及西北拥有土司省份的地方政府土司制度治理作为王朝国家治理的一种"软治理"形态，只有在土司制度与治理体系密切协作的环境下，才能真正发挥土司制度治理应有的作用。

第三节 土司地区的土司制度治理

元明清时期，各地土司作为王朝国家权威的象征和中央王朝行使地方权力的"代理人"，他们在各自辖区的地方社会，不仅注重土司机构自我运行，而且还与官民组织配合运行，与土司宗族协同运行。在一定意义上讲，元明清时期土司地区的土司制度治理不仅是在与王朝国家维持良好关系下的治理，而且是在上下和谐互动、多方协同的情势下的治理。

---

① （清）张廷玉：《明史》卷227，中华书局1974年版，第5965页。

一 土司行政权力结构

土司权力结构是一个系统工程，它包括该地区基层社会权力的组织体系、权力配置以及各种不同权力、不同职级之间错综复杂的相互关系。基于此，权力结构理论认为，地方基层社会权力，不仅是由人的主观意志安排的，而且还存在着权力制衡的关系。同时，地方基层社会权力在土司制度治理过程中虽然人的伦理道德作用非常重要，但起决定作用的因素是制度。只有依靠具有强制约束力的刚性制度，才能杜绝各级土司滥用权力，才能使各地土司治理土司地区。历史时期的各地土司，他们作为土司地区的权力最高拥有者，他们一方面借助"王权"达到稳固自身权力的目的，另一方面又以权力系统及象征方式融入自身辖区基层社会权力的网络中。此处以《滇事杂档》中所涉及内容为例，探讨土司行政权力结构。①

从《滇事杂档》中可见，滇南地区的车里宣慰司、耿马宣抚司、亏容甸长官司、猛麻土巡检、猛喇土舍、稿吾卡土把总、纳更土寨长、猛丁土舍②等职级不同的土司，其权力结构均呈"双塔"状，即从中央王朝到云南行省，再到滇南地区各府州县流官政府，构成了"帝国王权"之塔；滇南地区傣族土司从召片领到召勐，再到召陇和召火西，直至召曼③，五级政权自上而下，形成严密的"土司政权"之塔。虽然"帝王塔"与"土司塔"有大小、高矮之分，但双塔的结构是完整的，体系是严密的。滇南地区土司处于帝国边陲，相对于中央王朝的政治中心而言，他们属于"边缘"；而作为国家政权在边地的"正统"代理人，滇南土司权力机构又成了该地区各族民众的"中心"（历史时期土司地区民众多有"只知有土司、不知有皇帝"的现象），土司居于该中心的塔尖，散居于土司衙署周边的土民又成为土司权力机构的"边缘"。

土司行政权力结构是由土司衙署不同行政权力主体及其关系构成的

---

① 李良品、李思睿：《"圈层结构"视域下道光年间滇南地区土司权力结构与运行——以〈滇事杂档〉史料为中心》，《西南民族大学学报》（人文社科版）2019年第6期。

② （清）胡启荣等辑：《滇事杂档》，道光十三年至道光二十七年（1833—1847）抄本。

③ 西双版纳傣族自治州地方志编纂委员会：《西双版纳傣族自治州志（下册）》，新华出版社2002年版，第589—590页。

相对稳定的行政体系。在这个行政体系中，官方文献记载的权力主体和某个土司政权组织的具体名称是有很大差别的，就一般情况而言，土司行政权力结构的权力主体有：土司以及土司衙署内设置的总理、总管、管家、土舍、头人、寨首、乡约等。在《滇事杂档》中，作为土司、土官官名出现的有宣慰司、宣抚司、土州、长官司、土把总、土舍、土巡检、弁目、舍目、寨长、夷目等名称。因此，该书常涉及车里宣慰土司、耿马世袭宣抚司、镇康土州、临安府纳楼世袭长官司土官、稿吾卡土把总、慢车土舍、猛麻土巡检、八猛弁目、猛喇掌寨、木邦夷目等官名。① 从《滇事杂档》中可见，并非某个土司行政权力机构都有宣慰司、宣抚司、土州、长官司、土把总、土舍、土巡检、弁目、舍目、寨长、夷目等名称，而是根据某个具体土司政权的权力主体而定，且名称也不尽一致。如车里宣慰司的政权组织是由最初的村社组织和部落联盟演变而来的，其最高领导人为召片领，召片领之下有召勐、召陇、火西、曼等五级政权。从召片领到曼，自上而下，层层统辖，形成严密的政权组织系统。正如民国时期《思茅沿边开发方案》之"土司之处理"所言："本境最高土司为车里宣慰使，始封于明，清曾给二品顶戴，直接统辖十二版纳之三十勐土司。每勐各有一土司，职位最高者仅系千总，行政机构之组织，因数百年相沿而来，故极为完密严整。宣慰司署设四大头目，分管民、财、侍卫、仪仗，设一总头目，为宣慰近畿八寨之主管，下各乡设若干小头目。各勐土司署亦仿宣慰署制设四大头目，每勐土司划分为若干区，每区设一总管、二助理，每区各分数寨，每寨设头目。各勐土司行政，小事自己作主，大事秉承宣慰办理。此外，宣慰司所在地有大议事庭，各勐土司有议事庭，较大事务均需由议事庭议决后始能执行。数百年本此统治，已养成人民一种行政上之习惯。"② 在《滇事杂档》中，勐级政权提及较多，诸如"镇康十三勐"以及勐达、勐回、勐统、勐版、勐捧、勐永、勐蚌、勐彗、勐姑、勐欲等。同为傣族土司的耿马

---

① 西双版纳傣族自治州地方志编纂委员会：《西双版纳傣族自治州志（下册）》，新华出版社2002年版，第589—590页。

② 陆崇仁：《思茅沿边开发方案》，《西双版纳傣族自治州（下册）》，新华出版社2002年版，第899—900页。

宣抚司的行政权力机构的设置又有一定差异：第一级政权机构为耿马宣抚使，总管全耿事务；第二级政权为长太爷、海岛太爷，为土司属官，权力仅次于土司官；第三级政权为太爷，职权是分管各圈、勐，有权向下摊派，并有私庄；第四级政权为宣爷和朗爷，分封管理数村数寨；第五级政权为圈官、布加、布胜、格列抗、布乾、陶孟、布勐、金勐、布海、经勐、头勐等职，直接管理一个圈（勐）或数寨或100—200户。各村寨还设有大伙头、二伙头、色（神）伙头、布淌、百召、格冒、格少、安章、管事等职，分别管理一村一寨或数户人家的行政和社会事务。① 从宣抚使到圈官以及大伙头等，各级政权也是上下统辖，同样具有严密的政权系统。在土家族地区，土司衙门还自设官职：一是总理，也称旗鼓，是土司衙署内最高官员，大凡国有征伐，总理就是大将，掌有生杀大权，一般由土司同胞兄弟担任。二是家政，是地位仅次于总理一级的官员，大多由土司同胞兄弟担任。三是舍把，也称为干办舍人，从事具体事务的官员，如处理文字诉讼、上京或省城走差等，一般由土司支庶兄弟担任。四是亲将，即土司的贴身侍卫。五是旗长，也称旗头，是土司军队的基本单位"旗"的长官，一般由本地大姓中有威望者担任。六是峒长，数寨或一个大寨可称峒，设峒长，负有征收赋税之责。七是寨长，即一寨之长，负有征收赋税之责。此外，凡土官子弟，均称为总爷。② 土司行政权力结构是在基于对国家认同以及其政权具有合法地位之后建立起来，土司行政权力是在地方流官监控十分严密的情况下实施权力的，这是地方土司借助"正统化"和"合法性"资源去树立土司在地方上的权威和维护土司权力的重要手段。③

二 土司机构自我运行

明清时期土司制度和国家治理都是在"国家在场"的生境中运行，

---

① 耿马傣族佤族自治县地方志编纂委员会：《耿马傣族佤族自治县地方志》，云南民族出版社1995年版，第477页。

② 容美土司文化研究会：《容美土司史料文丛》（第一辑），中国文史出版社2019年版，第290页。

③ 蒋俊：《帝国边陲：桂西土司社会的历史人类学研究》，博士学位论文，厦门大学，2008年，第93页。

土司地区的土司制度治理时时处处与王朝国家密切相关。元明清时期各地土司，长期处于王朝国家的"核心圈"与"边缘圈"的中间地带，属于"中间圈"的层次，由于他们世居少数民族地区，无法进入帝国的"核心圈"；又由于他们是王朝国家的朝廷命官，长期处于边远地区的中心，他们始终位居"中间圈"。正因为他们不是与帝国"中心—边缘"的对立状态，基于一种较为尴尬的境地，所以，元明清时期各地土司始终与王朝国家保持着互动关系，以便土司机构能够保持正常的运行。

（一）执行国家的成文制度

王朝国家成文的土司制度是中央政府从"因俗而治"和"依法而治"的国家治理理念出发，根据各地土司的不同情况制定和发布的专门的制度或法规。这些制度或法规一经皇帝批准就颁行全国施行。学界一般认为，土官土司制度在元代形成，《新纂云南通志》也承认这种观点：元代"始有土司名称，如滇蘩阿氏、丽江木氏、车里刀氏，咸起于元时。明、清则授土司者日众，皆原于边民变乱频仍，虽用兵敉平，但为因地因时而制宜计。于是就各族酋长之率兵效顺者，或应募平乱者，论功行赏，分别委以土职、使其子孙世袭，效忠国家，所属部落即归其统治，用同边圉。"[①] 明代各地土司的官职级别、辖境范围、承袭、隶属、贡赋等不尽相同："土司制度其官秩之区分，秩位高者，为宣慰使司、宣抚司、安抚司、长官司等，辖境较宽；至如土知府、土同知、土知州、土州判、土州同、土通判、土知事、土县丞、土巡检、土舍等，则属文职；土都司、土守备、土千总、土把总、土巡捕、土外委、土目等，则属武职。世袭之例，父子相授，凡无出者，或以弟袭，或以侄袭，亦有以嫡妻袭职者。其承袭在清代，凡宣慰、宣抚、安抚、长官等司，隶兵部；土府、土州，隶吏部。凡土司贡赋，或比年一贡，或三年一贡，各因其土产、谷米、牛马、皮布，皆折以银而会计于户部。"[②] 这是明代中央政府对各地土司的一些成文制度。清代的土司制度更加严格，特别是在土司承袭方面，较明代规定更加详尽，如《吏部会典事例》载：顺治初年定，土知府、同知、通判、知州、州同、州判、吏目、知县、县丞、主簿、典

---

① 龙云等纂，牛鸿斌等点校：《新纂云南通志》，云南人民出版社2007年版，第659页。
② 龙云等纂，牛鸿斌等点校：《新纂云南通志》，云南人民出版社2007年版，第659页。

史、经历、知事、巡检、驿丞等文职承袭,由部给牒,书其职衔、世系及承袭年月于上,名曰号纸。其应袭职者,由督抚察实,先使视事,令司府州县邻封土司具结,及本族宗图,原领号纸,咨部具题请袭。又定:凡承袭之土官,嫡庶不得越序,无子许弟承袭,族无可袭者,或妻或婿,为夷众信服者,亦许承袭。子或年幼,由督抚题明注册,选本族土舍护理,俟其年至十五岁时承袭。又定,土官年老有疾,请以其子代者,听。又定,土官亲生之子,未满十五岁者,该督抚题明注册,将土司事务委族人护理,俟其子长成具题承袭。《兵部会典事例》:康熙十一年,题准土官袭职,停其亲身赴京,取具地方官保结并宗图呈报该督抚,保送到部,准其承袭。十九年,题准土官病故,其子病废不能承袭者,准以孙袭。乾隆七年,议决土官承袭,旧例由本省都司验明起文,今各省掌印都司业经裁汰,嗣后土官承袭,由布政使司详报督抚,于半年内具题请袭,由部核对无异题明准袭后,将替袭职衔缮入号纸给发。如有事故稽迟不能请袭者,于半年限内咨部存案,日久亦准承袭。① 明清中央王朝的成文制度,是各地土司必须遵循的法律准绳,它涉及职官、职衔、隶属、信物、授职、承袭、升迁、惩罚、宽贷、朝贡、纳赋、征调、文教等内容,各地土司必须严格执行王朝国家的这些成文制度,尤其是土司承袭、土司土兵征调、土司贡赋是重点,否则就有被王朝国家裁革的危险。如湖广容美田氏土司按照元明清中央王朝有关承袭的规定继承土司职位,其世系为:田思政、田崇钊、田伯鲸、田乾宗、田光宝、田胜贵、田潮美、田保富、田镇、田秀、田世瑛、田世爵、田九霄、田九龙、田宗愈、田宗元、田楚产、田玄、田霈霖、田既霖、田甘霖、田舜年、田炳如,直至莫代土司田旻如,最后容美土司被改土归流。② 服从中央王朝的征调,是土司制度的重要内容之一,明代永顺被征调56次,石砫土司和秀山土司被征调均为19次,各地土司土兵参加军事征调不仅次数很多,而且为维护国家统一与政治稳定作出了重要贡献。

(二) 制定民间法协助运行

笔者在第一章对土司地区民间法论述较为详细,此不赘述。在此,

---

① 龙云等纂,牛鸿斌等点校:《新纂云南通志》,云南人民出版社2007年版,第660页。
② 《善化田氏族谱新编》编纂委员会:《田氏宗族与容美土司》,三峡电子音像出版社2018年版,第74页。

笔者强调的是土司制定的民间法，主要包括土司家族谱牒、乡规民约、习惯法等，它是在实施国家上位法的基础上规范土司辖区内各族民众行为的民间法律。如《孟连宣抚司法规》在涉及行政法规、民事法规、刑事法规、维护统治权法规、诉讼法规的同时，还有礼仪与宗教法规等内容；又如《西双版纳傣族社会民刑法规》既有犯上法规、有关家奴的规定、破坏私人财产及农业、婚姻、财产继承及债务清偿、有关经商及交通的规定，也有污辱妇女、偷盗、斗殴杀人、三大原则等内容，计 10 大类、31 个小类、181 条，内容丰富、条分缕析，如"偷盗"这个大类包括偷家禽农副产品、盗窃家畜财产、包庇分赃、诬陷报复 4 个小类 19 条；"斗殴杀人"这个大类包括斗殴伤人、杀人害命、过失犯、巫术杀人 4 个小类 11 条。① 又如《西双版纳傣族封建领主的法律》分总纲和细则两个部分。细则部分是具体条规，定得很细。包括勐与勐之间的互助协定；国与国、勐与勐、版纳与版纳、头人与头人商议的几条协定；罚款处理办法；婚姻问题处理办法；拾得耕牛后的处理办法；刑事纠纷；风俗习惯等。这些内容涉及范围极广，有关犯上的规定如：徒弟告师傅，儿子告父亲，和尚反佛爷，百姓反官家，奴隶反主人，小勐反大勐，波朗反召片领等；有关勐与勐、寨与寨、头人与头人之间相互援助的公约，如战争期间的相互援助与平日的相互援助；有关死刑及一般刑事犯罪的，诸如杀人、纵火、放毒、盗窃、斗殴、强奸、通奸、调戏妇女、侵占地界、损害私人财产、杀死耕牛、违反水利灌溉规章、破坏农业生产、破坏公共秩序、不遵守婚约、非婚生子女、农具及各种商品的粗制滥造者、盗贼及逃亡奴隶的窝藏者等。所定法规多达 160 余条，它是古代傣族封建领主社会的政治伦理思想。这些思想既是土司制度实施过程中政治和经济的反映，代表着傣族土司的利益，同时又凝聚着傣族人民维护法律秩序与土司制度治理、维护社会稳定的经验。这些民间法的制定与运行，是王朝国家制度治理土司及土司地区基层社会的有力补充，有利于协助土司机构开展权力运行。

土司机构的自我运行，是在王朝国家"因俗而治"的民族政策指导

---

① 杨一凡等：《中国珍稀法律典籍续编》（第九册），黑龙江人民出版社 2002 年版，第 539—566 页。

下的正常运行,其前提是必须维护中央王朝的统治。凡是不妨碍中央王朝统治的各种风俗习惯可以"因俗",凡是妨碍王朝国家"大一统"目标的各种制度、法规等是不能"因俗"的,这是土司权力机构运行和王朝国家土司制度治理的基本准则。

三 土司族内协同运行

从各地土司的发展历程可见,以一个家族的力量能够统治一个地方长达两三百年甚至六七百年,族内权力结构不仅十分稳固,而且还扮演了重要角色,这既表现在祠堂、族谱、族规、族长、族田等诸多宗族要素协同运行,也表现在族内权力结构能连接到国家权力和国家语境,以达到族内协同运行的目的。

(一) 土司宗族要素协同运行

各地土司宗族与全国各个地区的宗族一样,是土司家族自我管理,可称为土司家族自治社会。土司宗族是一个血缘共同体,这个共同体以男人为主体,取得族籍才具有共同体成员的资格。在土司宗族共同体中,族长或族正是核心人物。土司家族内,土司就是自然的族长。这种以族长权力为核心,以族谱、族规、宗祠、族田为手段而建立起来的严密的宗族社会人际关系就是宗族制度。明清时期土司地区的宗族组织大多是通过族规来调整宗族关系,维持土司宗族内部的秩序和尊卑伦理,进而起到加强土司政权统治和维护土司辖区社会稳定的作用。土司宗族之所以有着很强的内聚力,是因为它有着相互联系、控制力强的宗族内在结构。土司宗族组织的各种功能可以在相当程度上保障土司宗族成员的各种基本需求,因而土司宗族组织对于族众来说,决不是可有可无的,而是可以信赖的,甚至是不可缺少的社会群体组织。① 笔者认为,明清时期土司地区宗族组织的稳定状态与宗祠、族谱、族长、族田等诸多要件要素密切相关以外,宗族规约的作用不可小视。如施南覃氏土司家族的"家训"有"孝父母""和兄弟""厚宗族""睦乡里""保祖茔""勤读书""端士品""重农事""尚节俭""解仇怨""慎交游"等内容;其

---

① 李良品等:《明清时期西南民族地区宗族组织的结构、特点与作用》,《广西民族研究》2015年第1期。

"家规"又有"勿淫人妇女""勿伤人坟墓""勿破人婚姻""勿言人过失""勿欺孤凌寡""勿尺称不均""勿使用潮银""勿奸骗成习""勿骄恣成性""勿酗酒撒泼""勿营谋大过""勿习学非为"[①] 等内容,这些规定土司家族的和睦相处,维护社会稳定。因此,祠堂、族谱、族规、族长、族田等诸多宗族要素是加强土司族内协同运行必不可少的条件。

(二) 土司族内统治阶层协同运行

西南地区土司家族内部权力结构主要由土司与"族官"(包括土舍、土目、土弁)两大系统组成。在一些传世文献中常有"族舍""族目""族弁"等词语,以表示土司家族级别较低的官员。正印土司是中央王朝通过流官查明土司身家、取具族邻甘结、加具周边土司印结、申送附近所属州县再行加结、由该省督抚汇齐送部查核等正常承袭程序后直接敕封、一般由嫡长子世代承袭。担任宣慰使、安抚使、长官司、土知州者,均居于土司家族等级制度的最顶端,是土司家族中的"大宗",处于土司家族的核心地位。担任"土舍""土目""土弁"等职者,一般是历代土司的同宗兄弟,他们被派往土司的其他封地,是土司家族重要的组成部分。如《滇事杂档》中称呼的"族长""族祖""族叔""族弟"等人,他们在土司家族虽然未能担任行政职务,但他们的身份、地位或辈分较高,同样属于土司家族的组成部分。从《滇事杂档》有关材料可见,"族舍""族目""族弁"等职,虽然行政级别较低,但他们在本家族中却拥有重要权力。据《滇事杂档》的《办理纳更土舍卷》之"纳更族舍呈"条载,纳更土巡检族舍龙冕就有"为呈请代办抚孤,以重地方事"向临安府的呈文,全文如下:

> 缘族兄龙夔原袭纳更土巡检之职,生有三子,长子龙承训,娶妻伍氏,生子龙章;次子龙承诰,娶妻张氏,无出;三子龙承诏,娶妻尹氏,生子龙骧,尹氏故,继娶李氏,生子龙鼎。长孙龙章顶袭祖职,故绝,更立龙承诏之子龙骧以承大宗,其纳更遗缺,请以龙骧顶袭兄职,已蒙详咨在案。龙骧于道光二十三年十月初三日娶妻传氏,于二十四年十月二十四日生有一子,取名龙金声。龙骧于

---

① 覃章义:《施南覃氏族谱校注》(未刊稿),恩施日报社2016年,第24—33页。

二十五年十月二十五日身故，例应以金声顶袭父职。兹金声年甫岁余，传氏年轻，未谙事例，查纳更地方有催办钱粮、约束夷众、防守边隅之责，未便请以少不更事之传氏抚孤代办。查龙承诏系龙金声之生祖父，龙骧承袭之时，蒙前府王札以龙骧年幼，委龙承诏帮办二年，所有办理地方事件，夷众均皆悦服。兹纳更代办抚孤，惟龙承诏似乎与例允符，用敢恳请以龙承诏代办管理，俟龙金声年满十五，顶袭父职。兹奉札饬，族舍等情愿出具保结呈送，为此具呈。①

从上文可见，龙承诏除了具有"帮办二年，所有办理地方事件，夷众均皆悦服"的办事经验和善于处世之外，并且与清王朝规定的承袭条例相符，因此，当临安府接到呈文的当日就有"准如禀札委龙承诏代办，保结存"②的批文。土司从宗族组织内不同统治阶层都要协同土司家族权力机构运行。

（三）土司族内被统治阶层协同运行

土司族内被统治阶层主要由三类人构成：③ 第一类是土司的"家人"，主要是土司家族的同姓民众，如《滇事杂档》中称为"族人""同族""庶族"，甚至包括称为"恶族""不遵族命"的族人等，这些土司同族民众拥有自己的土地，一般向土司象征性地缴纳赋税，在土司家族内拥有一定地位。第二类是土司、族官直接管理的村寨民众，如《滇事杂档·札耿马土司送镇康土司回州卷》之"耿马土司禀"永昌府批文中提及镇康州土官就直接管辖有勐达、勐回、勐统、勐版、勐捧、勐永、勐蚌、勐替、猛姑、勐欲等十三勐以及蛮募、蛮郭、蛮中、蛮东、蛮令、蛮甸、蛮巩、蛮庆、蛮笼、蛮回、蛮保、章笼、临江、南喷、新寨、怕红、邦卡、乌木龙、回哈、底卡、邦木、皂塘等村寨④，这些村寨的民众

---

① （清）胡启荣等辑：《滇事杂档》，《办理纳更土舍卷》（二十六）之"纳更族舍呈（四月初八日）"条，道光十三年至道光二十七年（1833—1847）抄本。

② （清）胡启荣等辑：《滇事杂档》，《办理纳更土舍卷》（二十六）之"纳更族舍呈（四月初八日）"条，道光十三年至道光二十七年（1833—1847）抄本。

③ 李良品、李思睿：《"圈层结构"视域下道光年间滇南地区土司权力结构与运行——以〈滇事杂档〉史料为中心》，《西南民族大学学报》（人文社科版）2019年第6期。

④ （清）胡启荣等辑：《滇事杂档》，《札耿马土司送镇康土司回州卷》（道光二十三）之"耿马土司禀"永昌府批文（十一月三十日），道光十三年至道光二十七年（1833—1847）抄本。

不仅要向土司服劳役、兵役,还要给土司缴纳各种赋税。第三类是"佃民""佃户",他们虽然每年租种土司的田地,按时完纳赋税草纳粮,但拥有人身自由,与土司之间没有人身依附关系。土司族内被统治阶层也同样在协同土司家族权力机构运行。

土司家族权力结构在土司地区的土司制度治理中发挥着十分重要的作用。土司家族权力结构就是一个以正印土司为核心、行政和族内高度一体化以及政权、财权、军权、司法权等高度集中的"阶差化"金字塔式的权力结构。从土司行政权力结构和土司族内权力结构看,在土司权力结构中,正印土司地位最高,权力最大,他们既是行政一把手,又是家族内的族长。正印土司始终处于土司权力机构和本家族内权力"金字塔"的顶端。印太、护印、代办、护理等在土司权力"金字塔"中处于第二级。"族官"(包括族舍、族目、族弁等)在土司权力"金字塔"中处于第三级,他们可以从管辖的村寨中收取管粮和让民众无偿服劳役,是土司权力集团的最重要组成部分。土司家族之所以能够统治其辖区数百年,主要得益于两大"权力实体"的有效管理,无论是土司行政系统还是土司家族系统,均形成了自上而下、层层管理的金字塔形的组织结构。应该说,土司家族系统在维护土司统治的过程中起到了十分重要的稳定作用,特别是"族官"在其管理过程中功不可没。"族官"在服从土司管理和辅佐土司的同时,还要直接管理辖区内民众。因此,土司家族的"族官"在土司权力结构中具有了承上启下的作用。在宗族制度十分严格的土司时期,土司、族官、土民等各阶层之间自上而下、相互依存,从而形成了稳定的土司权力管理系统。土司机构借助这个权力系统力图将自身塑造成一个国家政权在地方上的"正统"代理人形象,并以土司权力机构的方式融入地方社会权力的网络建构中,再造一个"边缘"地区的"中心"政治格局。在这个"双中心"与"双边缘"的金字塔式的权力结构中,体现了土司地区不同身份、不同民族、不同群体的权力阶差。①

---

① 李良品、李思睿:《"圈层结构"视域下道光年间滇南地区土司权力结构与运行——以〈滇事杂档〉史料为中心》,《西南民族大学学报》(人文社科版)2019年第6期。

第八章

土司制度治理的政策、举措与效能

元明清中央王朝通过土司制度治理土司及土司地区，以达到国家权力不断向土司地区延伸，最终实现土司地区与非土司地区"一体化"。王朝国家在土司制度治理过程中实施了一定的政策、采取了一些有效的举措，取得了一定的效能，特别是通过改土归流之后，王朝国家废除世袭土官，削除了土司各项特权，委派流官对原土司地区进行直接治理，使土司地区在治理体制、社会结构、文化向心力等方面都发生了巨大变化。在本章中，我们将王朝国家通过土司制度与治理土司及土司地区，统称为"土司制度治理"。

第一节 土司制度治理的政策

元明清时期中央王朝治理土司地区的民族政策凝聚了中央政府和土司地区各族民众的智慧，是全国各族民众长期积累的智慧结晶。因此，民族政策内容非常丰富。在此，笔者依据根据余梓东教授在《清代民族政策研究》[①]中的划分标准，将元明清时期（主要是明清两代）中央政府治理土司地区的民族政策划分为总体政策、基本政策和具体政策三种类型。

---

① 余梓东：《清代民族政策研究》，辽宁民族出版社2003年版，第265页。

一 总体政策

元明清时期中央王朝治理土司地区的总体政策,是民族政策体系的重要组成部分,其内容涵盖元明清中央王朝所有方面、所有层次政策的准则和措施等,并对各项基本政策、具体政策的制定和执行具有普遍的影响力,在宏观层面发挥主要作用。从现有明清时期的历史文献看,历代中央政府治理土司地区的总体民族政策是八个字:"恩威并用,剿抚兼施。"

明清中央王朝对土司地区执行少数民族政策、处理少数民族事务等方面都不同程度地与"恩威并用,剿抚兼施"总体民族政策发生联系。如《元史》卷168"天祥"传中载:大德六年(1302),天祥上章论征西南夷事时说:"彼溪洞诸蛮,各有种类,今之相聚者,皆乌合之徒,必无久能同心敌我之理。但急之则相救,缓之则相疑,以计使之互相仇怨,待彼有可乘之隙,我有可动之时,徐命诸军数道俱进。服从者恩之以仁,拒敌者威之以武,恩威相济,功乃易成。若舍恩任威,以蹈深之覆辙,恐他日之患,有甚于今日也。"① 此建议虽然未能被元政府采纳,但元代朝廷命官对待西南夷已具有"恩威相济"的思想。《明史》在《土司传》中有治理土司及土司地区"其要在于抚绥得人,恩威兼济,则得其死力而不足为患"② 的句子,在《湖广土司传》又有"虽开国之初,师武臣力,实太祖控制之道恩威备焉"③ 的语句。在《明史·土司传》中用"恩威"8次,用"剿抚"9次;《清史稿》中用"剿抚"3次;在《明实录》《清实录》中用"恩威""剿抚"的次数就不计其数了。明清中央王朝非常重视恩威并用,朝廷命官也心领神会,如弘治十五年五月乙亥日,湖广按察司副使黄肃在陈述广西地方事宜时就提出"施恩威以服土夷"的建议,并详细解释说:"谓土官不畏国法,土兵不听调用,皆由恩威未施所致,请将广西应袭土官尽数查出,会保奏请袭职,其中为恶渠魁,请乞剪除一二。"并在"除蛮寇以安腹里"条继续阐述为什么这样

---

① (明)宋濂:《元史》卷168,中华书局1976年版,第3950页。
② (清)张廷玉:《明史》,中华书局1974年版,第7981页。
③ (清)张廷玉:《明史》,中华书局1974年版,第7983页。

做:"谓广西近年无处不宜用兵,今岑浚倡率各处土官同恶相济,各处土兵皆不依期听调,请调汉达官军并附近土兵责付,廉干官员统之,先擒岑浚及党贼黄绍治罪,庶各处土官畏法听调,其他可次第举行。"① 至于《明实录》中用"剿抚之策""相继剿抚"则不胜枚举。到了清代,在"大一统"思想的指导下,清代统治者对土司及土司地区则将"恩威"与"剿抚"有充分的认识。针对贵州巡抚何世璂奏请训旨时提出"四不四毋":"地方要务,朕既未亲历其境,安能悉知?即有所见,亦不过得之传闻,总赖尔等大臣,无欺无隐,据实入告,君臣同心商酌则可耳!至于居心立志应如何处?朕今一一谕示于尔,若能实力遵奉而行,于地方吏治自大有裨益也。不可惟务虚名而废实事,不可但求洁己而不奉公,不可以因循为安静,不可以生事为振作;毋偏柔善以盗宽仁之誉,毋事姑息以邀属员之感,毋徇友朋之情而欺主,毋受权要之托而诳君。黔省钱粮有限,尔之操守,朕所素知。再者,武备不宜轻视,稍致懈弛,当十分留心,时加鼓励。苗夷虽蠢而无知,然亦人也,若地方有司,实意矜恤,令其知感。营伍严肃,令其知畏,朕可保其永远无事。"雍正皇帝特别指出:"恩威二字,万不可偏用,偏用之,目前虽有小效,将来必更遗大患,非为国家图久安之策。"② 可见,清朝统治者从国家的长治久安的战略高度制定和实施"恩威"与"剿抚"的民族政策。如雍正对这种手法取得效能是大加赞赏,下面这段对苗区治理的文字即可说明。云贵总督鄂尔泰奏:"黔省边界生苗,不纳粮赋,不受管辖,随其自便,无所不为,由来已久。臣自剿抚长寨后,生苗目睹长寨苗户,安居乐业,各思投诚内附。长寨后路克猛等处,及马头山松把,广顺州、定番州、古羊山外等处,招抚化海夷苗共一百八十四寨,一千八百余户,俱闻风向化,并献弓弩盔甲。"上谕兵部:"鄂尔泰剿抚并用,威惠兼施,俾生苗等向化输诚,咸愿纳赋,归附版籍,又谬冲逆苗等,素称犷悍难驯,今剿抚已靖,悉皆内向。鄂尔泰办理,甚属可嘉!著由拜他喇布勒哈番,加授一等阿达哈哈番世职以将劳绩;张广泗遵依鄂尔泰调度,实心出力,著交部从优议叙。在事官兵应如何议叙赏赉之处,著鄂尔泰分

---

① 《明孝宗实录》卷187,"弘治十五年五月乙亥"条。
② 《清世宗实录》卷43,"雍正四年夏四月庚午"条。

别具奏。"① 清朝治理土司地区和改土归流之所以能够取得成功，在于"恩威并用，剿抚兼施"，有时"威""剿"在前，"恩""抚"在后；有时"恩""抚"在前，"威""剿"在后，或者"相机剿抚"。当土司叛乱，须力擒首领时，则取"威剿兼施"之法；当平叛结束善后、招抚当地民众时，则是"恩抚并用"，这或许就是历代统治者玩得十分娴熟的"治人之术"。

明清两代统治者提倡"恩威并用，剿抚兼施"，但在一定程度上看，往往以"恩""抚"为主，这种处理方法如余梓东教授所言，能够"为政治上处理好民族关系提供较大的回旋余地和更多的选择，便于掌握政治上的主动权和充分利用所富集的政治、社会资源来处理民族关系问题，并可以有效降低处理民族关系问题所付出的政治成本，达到维护稳定的统治秩序的目的"②。

二 基本政策

笔者认为，元明清时期的土司制度体现了王朝国家对土司及土司地区的治理是一种"因俗而治"的政策指导下共同参与土司地区的制度治理。因此，我们认为，元明清中央王朝对土司地区采取的基本政策是"因俗而治"。这种民族政策的内容涵盖了王朝国家民族政策多方面、多层次的准则和措施，它在民族政策的中观层面发挥着主要作用，它与元明清时期土司地区具体民族政策相比，有着更为广泛的影响力。

特别是明清统治者对"因俗而治"有着比较深刻的认知。如成化十四年（1478），云南总兵官黔国公沐琮等奏广西府土官知府昂贵与弥勒州千夫长龙判等互相仇杀的事情后，明宪宗皇帝上谕兵部时，就有"使守土之臣因俗而治"③的指示。万历二十七年（1599），兵部覆御史涂宗濬征播四议时，有万历皇帝的上谕，其中提及"因俗而治"，上曰："自我朝开设以来，因俗而治，世效职贡，上下相安，何必改土为流？"④ 清代

---

① 《清世宗实录》卷63，"雍正五年十一月戊辰"条。
② 余梓东：《清代民族政策研究》，辽宁民族出版社2003年版，第268页。
③ 《明宪宗实录》卷183，"成化十四年冬十月壬辰"条。
④ 《明神宗实录》卷339，"万历二十七年九月己酉"条。

统治者对此也有一定的认知，如雍正皇帝曾经明确指出："要亦从俗从宜，各安其习。"① 强调了不应改变土司地区的行政制度、风俗习惯、社会组织和宗教信仰而进行统治。但雍正皇帝以降，清代统治者更倾向于严格要求各地土司，逐渐注重"依法而治"。

笔者认为，"因俗而治"是元明清统治者根据土司地区少数民族的政治制度、历史传统、风俗习惯、生产生活方式、社会发展程度及宗教信仰等制定的国家治理土司地区的民族政策。在实施土司制度的过程中强调"因俗而治"的民族政策，这体现了王朝国家对多元文化的包容性。事实上，"因俗而治"政策实施的目的在于解决多民族国家内部的民族矛盾，调整族际之间的关系。因此，从性质上讲，"因俗而治"应属于民族政策的范畴。② 如有清一代，中央王朝在一些新设土司地区，就不强求当地的少数民族剃发易服。乾隆四十一年（1776），清帝派军平定大、小金川之乱后，下谕旨安民曰："谕军机大臣等，本日文绶等奏覆，番众薙发一折。据称：'新疆番众，久经薙发，并半已穿戴内地民人衣帽。至西南北三路沿边土司番众，亦均已遵制薙发。并无仍沿旧俗之事'等语。所办未免过当，两金川等番众，自收服以后，隶我版图，与屯土练兵，一并遵例薙发，自属体制当然。至沿边土司番众，如德尔格、霍尔等处，自可听其各仍旧俗，毋庸饬令一律薙发，更换衣饰。将来伊等轮班进京朝贡，衣服各别，亦可见职贡来朝之盛，何必令其换衣服，以生其怨也。即现在收服之两金川等番众，亦止须遵制薙发，其服饰何妨听从其旧，又况沿边土司番众，何必更改服饰耶？"③ 由此可见，"因俗而治"的民族政策是适合土司地区少数民族社会生活实际的一种行之有效的政策。④

"因俗而治"在土司地区实施过程中主要体现在三个方面。第一，在行政体制方面，实施"多轨制"。如元代的土官土司机构的设置有两类：一是在边疆少数民族地区的边境地区、通衢要道和军事要地，一般设置

---

① 《清世宗实录》卷80，"雍正七年夏四月辛巳"条。
② 马尚云：《辽代"因俗而治"的民族政策与社会发展研究》，博士学位论文，内蒙古大学，2007年，第11页。
③ 《清高宗实录》（卷一千一百零三），"乾隆四十五年三月辛丑"，华文书局1969年影印本，第16194页。
④ 李世愉：《土司文化：沟通边疆与中央的桥梁》，《文史知识》2016年第4期。

有宣慰司、宣抚司、安抚司、招讨司和长官司。设置在边远民族地区的宣慰司，常常是宣慰司兼都元帅府或管军万户府。二是在靠近内地或经济社会较发达的地区，则设置路总管府或军民总管府、土府、土州、土县等行政机构。这两种行政机构，均参用土酋为官，由中央王朝直接任命，对西南、中南民族地区的土司机构和土职官员具有一定的约束力。在明代，中央政府将土司事务管理机构分为吏部和兵部。吏部管辖诸如军民府、土府、土州、土县等文职土官土司，兵部管理诸如宣慰、宣抚、安抚、长官司等武职领土司。清代的土司管理机构基本上沿袭明代，不同的是清王朝在中央设置了专门管理边疆少数民族事务的机构——理藩院，其下属机构徕远清吏司的职掌是管理四川、青海等地的藏族土司的日常事务。在地方管理土司方面的变化是雍正三年（1725）在西宁设置了"钦差办理青海蒙古番子事务大臣"一职，进而全面强化对青海地区40家土司的控制。第二，在管理制度方面，采用"差异化"。如在行政制度方面，虽然元明清时期在土司地区都实施土司制度，但又有一定区别，如藏族是政教合一制，白族、罗罗族（彝族）、傣族、僮族、土家族、苗族、水族、布依族等族是土官土司制，景颇族则是山官制等。即便是同一民族，土司制度也不尽一致，如藏族地区的土司制度，既有政教联合管理制、政教合一土司制，也有土千户土百户制、土屯结合管理制，还有土流并存管理制以及健全的土司管理体制等。在土司制度治理土司及土司地区时，因朝代不同，制度不尽一致。如元代主要有承袭、升迁、惩处、贡赋及土兵等制度，明代则增加了宽贷、文教及礼仪等制度，清代则增加了抚恤、分疆、分袭、限权及禁例等制度。第三，在司法制度方面，注重"变通性"。《元史·刑法二》载："诸内郡官仕云南者，有罪依常律，土官有罪，罚而不废。"这或许是"因俗而治"民族政策在司法制度中"变通性"体现的证据。明代这种例证不胜枚举。如明代万历年间，水西土司"安国亨杀安信，信兄智结永宁宣抚奢效忠报仇，彼此相攻。而安国亨部下吏目与智有亲，恐为国亨所杀，因投安路墨。墨诈称为土知府安承祖，赴京代奏。已而国亨亦令其子安民陈诉，与奢效忠俱奉命听勘于川贵巡抚。议照蛮俗罚牛赎罪，报可"①。这里说明，在

---

① （清）张廷玉：《明史》，中华书局1974年版，第8052页。

"因俗而治"的民族政策下，有些事情的处理完全可以按照习惯法——如"照蛮俗罚牛赎罪"处理人命案件的。清朝时期的法制更加重视各民族所特有的习俗风尚，如川西毛丫土司在其辖区内按照自己的意志制定成"十三条禁令"：一是不准偷抢及伤害人命；二是不准打猎，不准伤害有生命的动物；三是如偷盗等事件，村内不能擅自处理，必经土司处理；四是本村人不准抢劫本村人的东西；五是本区内部事不准外传，外区事也不准传进本区来；六是不准自由搬迁牧场；七是每年藏历五月十五日才能搬到夏季牧场，并需一体行动，若提前一天或延后一天，每户罚带鞍驮牛一头；八是每年的"绒格马"须在夏天搬到夏季牧场后立即召开，全部差户须按时参加，迟到一天，罚藏洋拾元；九是差民必须按照土司规定置备枪支，并于每年"绒格马"上检查，如少一支枪，罚藏洋壹佰元；十是每支快枪必须按土司规定配备六十发子弹，如少一发，罚藏洋一元；十一是凡属差户必须按时轮流去保护土司衙门，作土司侍卫，如少去一天，每人罚藏洋拾元；十二是凡牧民背快枪的，必须配穿氆氇衣一件，衬衣一件，戴呷乌一个；凡牧民背明火枪的，不准穿皮衣，只能穿毡衫及单衣，并戴呷乌一个，如违反此规定，处以抽马鞭之刑；十三是每年藏历七月，到秋季牧场后，举行全区赛马会，差户必须全部参加，并着好衣，会期为四天，一天不到罚藏洋四元；四天全不到，罚藏洋肆拾元。另外，每年毛丫土司还可收各种罚金近银元一万元。① 元明清统治者在立法和司法中能够根据土司地区各民族的习俗差异而分别采取各种不同形式予以变通，这有利于建立和完善元明清时期的民族法制，有效实施"因俗而治"的民族政策，促进土司地区的社会稳定。

三 具体政策

元明清中央王朝治理土司地区的具体政策比较多，这些政策是民族政策体系的基础组成部分，其内容涵盖了明清时期中央王朝治理土司地区单方面的民族政策，在微观层面发挥着十分重要的作用。与前面的总体政策、基本政策相比较，具体的民族政策不仅在数量方面占有绝对优势，而且在实施过程中更具有针对性和可操作性。元明清中央王朝针对

---

① 甘孜州志编纂委员会：《甘孜州志》（上），四川人民出版社1998年版，第809—810页。

土司及土司地区制度治理的具体政策体现在四个方面。①

(一) 民族政治政策

元明清中央王朝在实施土司制度中,民族政治政策十分明确,即王朝国家权力不断延伸、深入土司地区,逐渐推进国家"大一统"。

1. 土司辖区纳入统一的多民族国家行政版图

王朝国家土司制度治理的目的在于维护民族地区的社会稳定,巩固中央王朝的统治,逐步实现"大一统"。可以说,王朝国家实施土司制度,为土司地区最终纳入统一的多民族国家行政版图提供了条件。

有元一代,由于疆域过大,各行省辖境十分辽阔,又有多民族分布,中央王朝在离"行省"首府偏远的民族地区以及边境地区设置了"宣慰司""安抚司""宣抚司"等土司机构。当时的土司制度虽属草创时期,但设置区域以及这些机构名称一直沿用下来,且成为土司机构和职官的专用名称,为明代土司制度的丰富完善奠定了基础。元代土司机构介于"行省"与"路、府、州"之间,主要起着上传下达的作用,故《元史·百官志七》云:"宣慰司,掌军民之务,分道以总郡县,行省有政令则布于下,郡县有请则为达于省,有边陲军旅之事,则兼都元帅府,其次则止为元帅府。其在远服,又有招讨、安抚、宣抚等使。"② 在必要之时,宣慰司、招讨司、安抚司、宣抚司等土司机构,还可以代表"行省"单独处理军政事务。③ 这是王朝国家实施土司制度之始。《黔南职方纪略》载:"元代土官有总管、宣抚司、安抚司、长官司、土府、土州、土县凡七等。其在顺元宣慰司者,有总管一、安抚使十三、土府六、土州三十七、土县十二、长官司二百七十二。又有乌撒乌蒙宣慰及播州沿边溪洞宣慰,皆在今贵州境。"④ 元代在西南少数民族聚居地区已基本上实施了"皆设土官管辖"的民族政策,也就是通过制度治理将土司地区纳入王朝国家版图之中。

明代继续施行并不断健全土司制度,使制度治理更加完善。《明史》

---

① 王琨、李良品:《土司制度与中华民族共同体建设初探》,《广西民族研究》2021年第1期。
② (明)宋濂:《元史》,中华书局1976年版,第2308页。
③ 安介生:《历史民族地理(下)》,山东教育出版社2007年版,第652页。
④ (清)罗绕典:《黔南职方纪略》卷七《土司》序,道光二十七年(1847)罗氏家刻本,第二册第1页。

卷七十六《职官五》载："洪武七年，西南诸蛮夷朝贡，多因元官授之，稍与约束，定征徭差发之法。渐为宣慰司者十一，为招讨司者一，为宣抚司者十，为安抚司者十九，为长官司者百七十有三。其府州县正贰属官，或土或流，大率宣慰等司经历皆流官，府州县佐贰多流官。皆因其俗，使之附辑诸蛮，谨守疆土，修职贡，供征调，无相携贰。有相仇者，疏上听命于天子。又有番夷都指挥使司三，卫指挥使司三百八十五，宣慰司三，招讨司六，万户府四，千户所四十一，站七，地面七，寨一。"①如果按照这个数字计算，明代土司就是 571 家。但综合多种统计，除甘肃、西藏之外，应为 584 家。明代的广西、云南、贵州三省（自治区）当时西南地区少数民族人口最为集中之地，因此，王朝国家在这些地方继续实施土司制度。与元代相比，明代土司职官数量虽然有所减少，但明王朝已经在这些土司地区被动地逐渐改土归流，使部分土司地区从间接治理转为直接治理。自洪武二年（1369）广西太平府被改流后，中央王朝相继在思南、思州等地区进行武力改流，加之云南靖安宣慰司和贵州金筑安抚司的自请改流、"平播之役"的胜利，明代中央王朝在西南地区已改流土司达 90 余家。明代改土归流虽是被动改流，甚至出现"改流复土"现象，但为清代大规模改土归流提供了历史经验和教训。

清初至雍正年间，为了维护封建"大一统"，沿袭元明两朝的土司制度，但在制度治理方面却更加严格，甚至有时候是严苛。时人在论及明代土司制度时说："土官之设，惟云、贵、川、湖及广西，而广东琼州府，亦间有抚黎之土县佐。"②清初除了继续在上述地区设置土司，还在甘肃、青海和西藏的一些地区推行土司制度。有专家统计，清代雍正年间大规模改土归流前全国计有土司 1156 家，到清光绪时期尚存 637 家。③清代土司总数与实施地域情况为："清代鸦片战争前曾经存在的土司，大约有 800 多个。其分布区域，主要是湖广、云南、贵州、广西、四川和甘肃，青海和西藏也有少数土百户、百长等。"④清王朝一方面继续实施土

---

① （清）张廷玉：《明史》，中华书局 1974 年版，第 1876 页。
② （明）沈德符：《万历野获编·补遗四·土司》，中华书局 1997 年版，第 933 页。
③ 郭松义、李新达：《中国政治制度通史》，人民出版社 1996 年版，第 289—291 页。
④ 张捷夫：《清代土司制度》，参见《清史论丛》（第三辑），中华书局 1982 年版，第 188—202 页。

司制度，另一方面又在不断地进行大规模的改土归流。清代是自始至终将改土归流、实现"大一统"作为一项基本国策在全国推行。

2. 土司地区各民族共同守护国家领土

在元明清中央王朝推行土司制度过程中，土司地区各民族不仅共同拓展了祖国疆域，而且在共同守护国家领土中作出巨大贡献，从而推动了历史发展的进程，并为中华民族未来发展奠定了物质基础。

明朝建立之初，各地土司逐渐"归附""内化"，《明史》中的记载不乏其例：如洪武五年（1372），"忠建元帅墨池遣其子驴吾，率所部溪洞元帅阿巨等来归附，纳元所授金虎符并银印、铜章、诰敕"①。如保靖彭氏，"元为保靖州安抚司。明太祖之初起也，安抚使彭世雄率其属归附，命仍为保靖安抚使"②。又如洪武四年（1371）冬，"马湖路总管安济，遣其子仁来归附，诏改马湖路为马湖府"③。洪武十八年（1385），土官卢尼姑、吉撒加、白氏等归附，皆令世袭为知州。④ 这些土官土司的"归附"，增强了土司及土司辖区民众对国家的认同。他们不再认为自己是"边裔蛮夷"，而将自身置于"内地编民"之中，主动纳粮以资朝廷军用。如明代"乌撒军民府叶原常献马三百匹、米四百石于征南将军，以资军用"⑤；明朝"弘治三年、四年存积盐课十八万一千余引，召商上纳银米，以备军饷"；弘治六年（1493）"命云南有司转运腾冲、金齿仓粮六万余石，贮之陇川、南甸等处，并开中云南盐课提举司"。⑥ 万历十一年（1583），大学士张四维等言："今日蒙发下户部，本欲得云南库贮矿课银两，起解二十万，臣等着得该省远在万里，近者缅贼莽应里猖獗，陇川逆捕岳凤及木邦罕虔党助窥伺，腾越永昌之间大为骚扰，镇巡官调汉土官军，军兴，粮饷所费不赀，似应仍留彼处以济缓急。"⑦ 乾隆二十九年（1764）云贵总督刘藻奏议："再练丁远戍江边，口粮宜量为折给。

---

① （清）张廷玉：《明史》，中华书局1974年版，第7985页。
② （清）张廷玉：《明史》，中华书局1974年版，第7995页。
③ （清）张廷玉：《明史》，中华书局1974年版，第8015页。
④ （清）张廷玉：《明史》，中华书局1974年版，第8019页。
⑤ （清）张廷玉：《明史》，中华书局1974年版，第8005页。
⑥ 《钞本明实录·明孝宗实录》卷80，线装书局2005年版，第467页。
⑦ 《钞本明实录·明神宗实录》卷133，线装书局2005年版，第63页。

除南外下渡系茂隆厂沙丁，应听该厂委办外，其余土练，每名日给口粮盐菜银四分，头目倍之。二土司按月赴卡巡查，往返需时，每次各给银五两，以资盘费。"① 上述事实说明，明清以来土司土兵从"自裏行粮"到与军官同样享受中央王朝划拨军饷，逐渐消除"西南蛮夷"与"内地编民"的区别。

明清时期各地土司不仅纳粮以资军饷，而且积极服从中央王朝军事征调，或参与平定叛乱，或共同抗击外敌入侵。据史载："景泰七年（1456）命调保靖土兵协剿铜鼓、五开、黎平诸蛮，先颁赏犒之。"弘治元年（1488）"命播州岁调土兵一千助戍守"；弘治十四年（1501），调酉阳兵五千协剿贵州贼妇米鲁；嘉靖三十三年（1554），"调永顺土兵协剿倭贼于苏、松"；万历年间，酉阳宣抚使冉跃龙多次遣兵援辽，并率师平奢崇明乱。② 明清时期各地土司自认为是王朝国家的国民，与中央政府一道共同维护地方社会稳定和国家领土完整是职责所在。时至近现代，云南、广西土司地区各民族与中央政府共同抵御英法等帝国主义对云南、广西的侵略。特别是在抗日战争中，云南土司在维护国家领土主权完整方面作出巨大贡献。如在滇西抗战中，班洪土官胡忠华"遵令组织自己，效忠抗敌"；永班土官麻哈"甘愿纳土归顺，协助抗战"，并"组织自卫团，听均部之指挥，以资自卫"③。抗战时期，云南土司成立自卫团，以资自卫，抗击帝国主义的侵略，如云南潞江土司线光天成立怒江自卫支队，既宣传教育群众积极抗日，又主动投入抗战，打击敌人。在一次次面对中华民族生死存亡的关键时刻，包括土司在内的西南各族民众，或奔赴疆场，痛歼顽敌；或劈山开路，抢运军需；或节衣缩食，完税纳粮；或劳军献金，支援前线，他们已然是共同守护国家领土的重要组成部分。

（二）民族管理政策

元明清中央政府在推行土司制度、维护土司地区社会稳定的同时，积极引导土司地区各族民众共同治理土司地区，主要在三个方面着力。

---

① 《清高宗实录》卷725，中华书局2008年版，第17842页。
② （清）张廷玉：《明史》，中华书局1974年版，第7993—8058页。
③ 云南省档案局：《抗战时期的云南——档案史料汇编》，重庆出版社2015年版，第393—394页。

1. 共同维护土司制度

王朝国家实施土司制度,从本质上讲是一种"权宜之计",但元明清中央王朝与各地土司为了确保土司制度的稳定运行,双方之间力求"互相赋权",以达到博弈中的相对平衡。各地区土司首先必须在"归顺""内附"新王朝、新政权并且承认新王朝为合法统治的前提下,中央王朝才承认各地土司在地方统治的合法性,让其继续承袭土司之职,管辖原有土地和土民,并要求严格执行土司制度的各项法律法规,认同中央王朝的管控和约束,即所谓"附辑诸蛮,谨守疆土,修职贡,供征调,无相携贰"① 规定,强调各地土司必须遵守中央王朝政令、对中央王朝绝对忠诚。清代中央王朝在降低土司职级的同时,规定各地土司"惟贡""惟赋""惟兵",派遣流官管理土司事务,增强王朝国家对土司及土司地区制度治理的力度。各地土司为了与王朝国家实施的土司制度相配合,也必须做好两件事:

一是认真执行中央王朝的各项规定。如应袭土司的承袭须经"督抚查核,先令视事,令司府州县邻封土司具结及本族宗图,原领号纸送部,具疏请袭"②,中央王朝颁赐诰敕、印章等信物后才能合法承袭。土司承袭的程序就包括委官体勘查核、取具宗支图本、地方官吏保结、督抚具题请袭、授予土司职位等内容,应袭土司要求制作宗支图本、邻封土司要对应袭土司有结状文书;土司承袭应遵守父死子继、兄终弟及等袭职次序。

二是维护国家权力在辖区的正常运行。土司机构除了积极主动配合行省督抚、府州县官员、土司机构流官等"主导运行",还要求土司辖区的土目、土吏、舍把、寨长等小吏"配合运行",土司辖区里甲、保甲等官方基层组织"互动运行",土司辖区乡约、社仓、义仓等官民共建基层组织"协同运行",土司宗族以及辖区士绅阶层等民间组织"参与运行"。由此形成国家权力在土司地区的"运行链"。可见,王朝国家与各地土司之间虽有博弈,但在共同维护土司制度方面是一致的。

2. 共同加强地区治理

元明清中央王朝一直实行册封少数民族头人管理土地和人民,让土

---

① (清)张廷玉:《明史》,中华书局1974年版,第1976页。
② (清)黄炳堃等:《土司例纂》,光绪十七年(1891),板藏腾越厅署。

官土司世代承袭，统治辖区民众，维护地方稳定；中央王朝通过土司制度的推行，促使各地土司和土司辖区民众认同中央王朝对土司地区的治理，为统一多民族国家的永续发展奠定广泛的社会基础。

由于元代土司制度为草创时期，各地土司与元王朝共同治理土司地区的历史文献极为匮乏。明政府实施土司制度较为完善，既有国家管理土司事务机构，也有地方管理土司事务机构。国家层面管理土司事务的机构主要有礼部、吏部、兵部，其中礼部主要负责管理少数民族首领土官印信、诸蕃朝贡接待给赐等有关事务；吏部管理土司的机构主要是文选司和验封司，主要管理对象是军民府、土府、土州、土县等少数民族地区的"文职土司"；① 兵部管理边疆少数民族地区卫所和"武职土司"的事务，主要由武选司和职方司管辖宣慰、宣抚、安抚、长官司等领土兵的"武职土司"。② 清代土司制度不仅更加完善，而且趋于严苛。事实上，王朝国家土司制度也在与时俱进、不断完善，制度治理也在不断加强。

元明清中央王朝不仅在不断完善土司制度，而且还根据土司地区的具体情况制定"多轨"行政制度，对土司地区进行差异化管理，有助于维持当地民众的生活方式、宗教信仰、历史传统、风俗习惯等。元明清时期国家权力通过土司制度的实施和改土归流的不断推进，逐渐强力深入西南民族地区的阡陌之间。这种制度构架和设计，既维护了中央与地方的稳定、各民族间的和谐，也保证了当地土司与各族民众参与到国家建设、社会管理中去。如《缅宁厅革除土司弊政禁约碑》就是云南缅宁厅为促使缅宁地区各族民众共同加强地区治理而立，内容如下：③

  钦加同知衔、奏署缅宁抚夷厅、前先即补县正堂、记大功十次杨，为出示晓谕事

  案：察勐勐地方，于上年九月始行奉文拨隶厅治，所有该土司圈寨应行征解钱粮山水公费数目章程，业经前任厅员分别抄单行知

---

① （清）张廷玉：《明史》，中华书局1974年版，第1735页。
② （清）张廷玉：《明史》，中华书局1974年版，第1751—1752页。
③ 金建等：《临沧地区民族志》，云南民族出版社2003年版，第200—201页。

在案。惟该土司各屯寨地方，以前苛派太重，积弊太深；现既禀奉定章，亟应由验抄发，俾众周知。除遍禀各大宪暨札该土巡检遵办处，合行示谕；为此（告）示，仰该屯长屯户土民人等，一体遵照后开各条，认真办理，务将所订章程，由各屯长等勒石示禁，以垂永久。自示之后，如再有从前种种苛扰摊派，一经查实，或据屯寨告发，定即从严惩究不贷，本署府言出法随，勿谓言之不预也！凛之慎之，切切特示。

计开：

一，勐勐所属之困角、坝卡、圈倒、嘎告、扁倒、功弄、邦章、邦协、四排山、勐鹅直达小黑江边各圈田地，向属公庄，前面毗连卡瓦，实为勐勐、上改心屏蔽，兵卫不可不备，应请改设屯练；又圈倒、蛮波、勐库四寨夷民。向不畏服土司，官民时相水火，自愿归附屯练以后，应令编定屯册，除年在十五岁以下五十岁以上不挑外，其余壮丁，每户三丁以上者则挑练一人，五丁以上者则挑二人，于农闲之时，责令轮流上班，由屯长屯正督率操练，以收实效。

一，勐勐土司积习，除征收钱粮正供之外，凡土司一切冠婚丧祭经营修理，无不摊派于民，以致民怨沸腾，动辄滋事。以后各圈屯地方，除应纳钱粮以及土司山水公费银两各有定额外，不准丝毫派累。又居民上纳新鲜食物以及柴薪等项，亦应禁革。勐勐坝夷民，遇有口角细故，有愿赴土司控诉者，仍准就近传讯，惟不得仍前苛罚；遇有命、盗重件，一经具报，即一面严缉凶、盗，一面具报缅宁厅驰诣查验缉究，土司不得擅操斩杀之权，违则严行革究。

一，勐勐所属钱粮，除勐勐坝内之后城等寨仍归土司经征外，其余改屯之困角一圈，年征银二十三两，勐库一圈，年征银七十五两，功弄一圈，年征银十八两，圈干一圈，年征银八两，圈到、蛮波为半圈，年征银十二两，嘎告、董过，年征银八两四钱，扁倒半圈，年征银八两四钱，邦章半圈，年征银八两四钱，邦协一圈，年征银十八两，四排山一圈，年征银三十两，勐鹅一圈，年征银三十两。以上通共年征本地色银二百三十九两二钱，应由各村寨圈目屯长征收解缴缅宁厅衙门，除摊解三成永折差发等款银两外，余均提作操屯经费，由缅宁厅终年造报。

一，土司公费，向于所属之地每年按户征收，名曰山水银，以后仍准土司于设屯之困角一圈，收银四十两，勐库一圈，收银八十五两，圈干一寨，收银二十两，圈倒、蛮波两寨，收银十六两，嘎告、董过，收银十两，扁倒半圈，收银十六两，功弄一圈，收银二十四两，邦章半圈，收银十两，帮协一圈，收银二十五两，四排山一圈，收银五十二两，勐鹅一圈，收银三十两，以上每年共收本色银三百三十两。通计屯民共二千三百余户，其征收之法，每上户不得过银二钱，下户不得过银一钱，贫民及鳏寡孤独，概免抽收。

一，勐勐土司地方，向设夷目，除土目之外，又有郎猛、掌猛、郎家、管事、百找、火头等役，一切工食，无不取之于民，役繁费重，民力不支。以后每圈只准设圈目一人，设屯之地，只准改设正副屯长各一人，如系半圈地面，则设屯正一人，责令征收山水银及操屯诸事；每村寨只准设火头一人，分任其事。遇地方口角争端小事，则由屯长屯正圈目火头或地方耆老为之排解，大事则报禀厅员查办，不准土司妄行虐治。其屯长公费，准予该管村寨每上户收银二钱，下户一钱；火头，每上户收银二钱，下户五分。

一，土司勐勐坝官田，名曰私庄，由土司自行雇人耕种，不得派役民力，以后修理衙署，不得僭分违制，亦不得丝毫派民，违则革黜。

一，四排山旧有火头田二分，坐落那金、邦歪，年可收租谷一十八石，约值银四十余两，即提作蒙养学堂学费，如有不敷，由学生家略为帮贴。

一，贫民借贷，利息不得过三分，如年久积利已多者，只准一本一利，不准利上加利，如有重利盘剥者，随时查提究办。

光绪三十二年四月初七日示

《缅宁厅革除土司弊政禁约碑》这些林林总总的革除土司弊政禁约的规定，不仅有利于缅宁厅对当地的管控，也有利于当地土民在自我管理的同时，共同加强地方治理。

3. 共同依法维护社会稳定

王朝国家对土司地区施行"因俗而治"时，各地土司积极配合中央政府也制定了很多民间法，以共同依法维护地方社会稳定，对辖区进行有效管理。

一是遵守国家制定的成文法。明清中央王朝制定的《明会典》《钦定大清会典事例》《大明律》《大清律例》中有"土司承袭""土官承袭""土司大计""土司议处"等法规，如《大清律例》卷五《名例律下》之"徒流迁徙地方"条对土司犯罪迁徙地方规定得十分清楚。这体现了清王朝在实施土司制度时汲取了元明两代治理土司及土司地区的经验与教训，推行"恩威兼施"之术，取得一定的治理效果。从《土司例纂》中可知，清政府对土司地区土民管理有明确、具体的法律规定：

> 凡土蛮瑶僮苗人仇杀、劫掳，及聚众捉人靴禁者，所犯系死罪将本犯正法，一应家口父母兄弟子侄俱令迁徙；如系军流等罪，将本犯照例枷责，仍同家口父母兄弟子侄一并迁徙；系流官所辖者，发六百里外之土司安插；系土司所辖者，发六百里外之营县安插。①

从上面国家成文法可见，元明清时期土司地区的社会发展并未游离于国家政权和有效管控之外，而是一直在接受国家政策控制和法制管理。

二是土司制定的民间法。各地土司在国家"上位法"的框架下，制定的一些有利于管理辖区民众的民间法，如《孟连宣抚司法规》《德格土司13条成文法规》《理塘毛丫土司"登查却松"》《思陀土司司法六条》，甚至一些土司文告、碑刻、族谱等，都具有约束辖区民众、进行社会治理、推动社会发展的功能。就各地土司而言，他们不仅要遵守中央王朝制定的"上位法"以确保其在当地统治民众的合法性，而且要借助土司制定的民间法对辖区内民众实施社会管控。如明代"水西土司安国亨、安信相仇杀，朝廷遣官议罪，安国亨当死，于是以三万五千金自赎"②，这就是根据水西彝族地区习惯法中的以金、牛、马、粟等处罚，从而达到维护土司地区社会稳定的目的。

王朝国家对土司及土司地区的制度治理，关键在于"治"。对于王朝

---

① （清）黄炳堃等：《土司例纂》，光绪十七年（1891），板藏腾越厅署。
② （清）张廷玉：《明史》，中华书局1974年版，第8010页。

国家和各地土司而言，如何规定、规范、保障双方权利，规避利害冲突，避免发生变乱，着力维护、维系中央王朝与土司之间联动互动关系，既确保中央王朝的权威，充分体现对土司及土司地区的制度治理，又保证各地土司的既得利益，这二者之间的平衡点就是"因俗而治"。因此，各地土司在遵循"因俗而治"政策和不违背国家法律的前提下，大多数情况下能够积极配合中央王朝，共同加强土司地区治理。

（三）民族经济政策

元明清中央王朝土司制度的实施，不仅促进了内地与西南地区各民族的经济交往，而且使各民族在交往交流过程中，推进国家经济建设的"大一统"，为统一多民族国家的未来发展奠定了一定的经济基础。

1. 王朝国家在土司地区实行统一的经济制度

在土司地区实施统一的经济制度，一方面有利于中央王朝对土司地区赋税和财政的管理，另一方面通过物流与人流促进中央王朝与土司地区的联系，加强土司地区各民族与内地的交往交流交融。王朝国家通过经济制度治理，在将土司地区的经济活动逐步纳入国家管理体制的同时，主要采取两大举措：

一是通过赋税制度，使土司地区各族民众获得国家成员的合法身份。也就是说，王朝国家从经济制度上肯定了土司地区各族民众属于国家成员的身份和地位，使他们从历史上的"西南蛮夷"转身成为国家的编户齐民。如《元史》所载："盖岭北、辽阳与甘肃、四川、云南、湖广之边，唐所谓羁縻之州，往往在是，今皆赋役之，比于内地。"① 元代以降，土司地区各族民众通过入籍纳税，转换成为王朝国家的"编民"，是"比于内地"成员。明代也有"割云南东川府隶四川布政使司，并乌撒、乌蒙、芒部皆改为军民府，而定其赋役"② 的赋役制度的记载；清政府实行一条鞭法和摊丁入亩后，赋税地丁与"内地"一致。在此用《道光庆远府志》所载"田赋"③ 便知其一致性。

---

① （明）宋濂：《元史》，中华书局1976年版，第1346页。
② （清）张廷玉：《明史》，中华书局1974年版，第8004页。
③ 广西河池市地方志办公室点校：《道光庆远府志》，广西人民出版社2011年版，第158—159页。

东兰州：实征熟田二百四顷五十二亩四厘，各升科不等。原额民田捐纳共田二百四顷三十五亩五分四厘。又乾隆二十三年编征开垦升科田一十六亩五分。应征秋粮折色米九百九十六石七斗七升一合四勺。征地粮熟银六百六十四两五钱八分六厘，内存留银三百四十三两八钱七分五厘，起运银三百二十两七钱一分一厘，遇闰加征银五十两九钱五分八厘。

理苗县丞：实征熟民田一百六十二顷二十一亩七分五厘，各升科不等。应征秋粮折色米六百六十一石六斗六升七合二勺。应征折粮熟银一百九十八两五钱，内存留银七十两零四钱一分，起运银一百二十八两零九分。遇闰加征银一十五两三钱八分二厘。

南丹土州：实征熟田二百二十六顷七十四亩四分九厘。原额民田二百二十七顷一十八亩九分九厘，内除乾隆十一年奉文割总王、拉巴二村归贵州省荔波县管辖田四十四亩五分。应征秋粮折色米七百二十七石八斗五升一合二勺。应征折粮熟银五百零九两四钱九分六厘，内存留银一百三十七两七钱五分二厘，起运银三百七十一两七钱四分四厘。遇闰加征银三十一两四钱八分八厘。

永顺长官司：实征熟田五十六顷四十七亩六分六厘。原额民田六十三顷九十三亩一分六厘，内除乾隆七年奉司拨归宜山县管辖田七顷四十五亩五分。应征秋粮折色米二百四十六石一升六勺。应征折粮熟银七十三两八钱零三厘，内存留银三十两，起运银四十三两八钱零三厘。遇闰加征银五两三钱。

这里的"东兰州"已改流，"理苗县丞"相当于少数民族地区，南丹土州和永顺长官司属于土司地区，但清王朝则将这三种不同情况的州县及永顺土司均视作"内地"，逐步实施全国整齐划一的赋役制度，使这些少数民族地区的经济活动与中央王朝融为一体。

二是通过规范贸易制度，使土司地区取得自由经贸的合法地位。明清政府制定一系列的政策法规，促进贸易市场的有序进行，从而维护王朝国家的经济"大一统"，这对国家的经济活动起着十分重要的作用。茶马互市作为中央王朝在边疆地区实行的一项财政政策，在为中央王朝提供战马、军费的同时，也维护了边疆地区的社会稳定，促进了各少数民族的友好交往。洪武十八年（1385），"秦州、河州茶马司及叙南、贵州乌撒、宁川、毕节等卫市马六千七百二十九匹"①；洪武十九年（1386）二月，"命神策卫指挥同知许英领校卒七百余人赍白金二万二千六百五十两往乌撒等处市马，得马七百五十五匹"②；洪武十九年（1386）五月，"命虎贲右卫百户甘美率军士千人赍白金三万一百三十九两往云南、东川等军民府市马，得马二千三百八十余匹"③。元明清中央王朝在土司地区设置茶仓，历史文献有"佇茶以待客商纳米中买与西番商人易马，各设官已掌之"④的记载。《乾隆雅州府志》有这么一段记载："（打箭）炉不产茶，但系西藏总会口外番民全资茶食，惟赖雅州府属之雅安、名山、荥经、天全、直隶邛州等五州县商人行运到炉，番民赴炉买运至藏行销。按雅属茶有边引、腹引之分，皆赴打箭炉发买。茶价贵贱不常。古传茶马之司，其来久矣。由洪武中命蜀藏收巴茶，西番商人以马易之。茶四十斤易马一匹，中国颇获其利。"⑤可见，茶马互市不仅促进国家的经济发展，也影响着边疆少数民族的民生问题。雍正十三年（1735）上谕："川省口外番部，输诚急公，朕已令巴、里二塘所纳一年贡赋，悉行蠲免，以昭抚恤至意。其明正土司所属等处，并沈冷二边，以及口外新附各处番众，恭顺效力，与巴里二塘无异，所宜一体加恩，普施惠泽。著将明正、沈、冷各土司所属，一年杂粮折征银，并贡马银，及口外新附各处认纳折征银，该抚查明确数，通行蠲免。"⑥茶马互易成为西南地区民众的主要生计方式，关乎国计民生，对维护边疆地区的社会稳定，其重要性不言而喻。为此，元明清中央王朝制定相关规定，规范茶马互市的秩序和茶马互易价格，如"定永宁茶马司以茶易马之价，宜如河州茶马司例：凡上马每匹给茶四十斤，中马三十斤，下马二十斤"⑦。国家统一交易价格，制定禁令以维护茶马互市的秩序，既促进贸易的有序进行，

---

① 《钞本明实录·明太祖实录》，线装书局2005年版，第131页。
② 《钞本明实录·明太祖实录》，线装书局2005年版，第177页。
③ （清）傅圣：《镇安府志·赋役志》，清乾隆二十一年（1756）刻本。
④ 《钞本明实录·明太祖实录》，线装书局2005年版，第254页。
⑤ （清）曹抡彬：《雅州府志》卷之五《茶政·打箭炉》，雅州市地方志办公室2006年，第167页。
⑥ 程贤敏选编：《清〈圣训〉西南民族史料》，四川大学出版社1988年版，第37页。
⑦ 《钞本明实录·明太祖实录》，线装书局2005年版，第65页。

也为国家治理边疆贸易提供了制度保障。

2. 土司地区各民族共同促进经济发展

土司地区地广人稀,经济发展滞后,为促进本地区的经济发展,各地土司采取多种经济措施,各民族在这些措施引导下,共同促进土司地区的经济发展。

一是劝课农商。各地土司十分重视辖区内的经济发展,鼓励民众对辖区内官田、役田、民田的垦植,种植玉米、番薯等农作物,如天保县知府和土司劝民垦熟田地,种植谷、麦、豆、玉米、薏米等物产,玉米在"天保县山野遍种,以其实磨粉为糊,可充一二月。近来汉土各属亦渐多种者"①。土司与当地政府官员劝民丰富粮食作物种类,如广西太平府土司经过努力,"力田日少,种麻日多,民颇得利,日用饮食多以麻易"②。

二是吸引汉民迁入土司地区。各地土司为了扩大辖区人丁数量,吸引汉民进入辖区佃种田地,制定诸多优惠政策。如容美田氏土司出资鼓励当地各族民众开垦田土,并允许当地民众将田土转租汉民,吸引了大量汉民进入容美地区。汉族移民到土司地区,带来了先进的生产技术、工具与农作物,促进了农业经济的快速发展。

三是鼓励当地民众广垦植、开财源、足衣食。如明代正统至景泰年间执掌卯峒宣抚使的向那吾撰写有一篇《广垦植告示》,主要目的是"开财源以足衣食",他首先告知当地民众一些垦植的道理:"治道,首重农桑。必土地辟,始有饱食之庆;树植广,乃无号寒之悲。盖农桑者,衣食所从出也。故一夫不耕,或受之饥;一女不织,或受之寒。若是则衣食之足,莫要于垦植之广也。"接着阐述卯峒司的自然环境和社会状况:"地处边夷,荒山虽多,而有水之地亦不少。前此干戈扰攘之秋,未暇广行垦植,自本司袭职以来,幸获蒙业而安。但民之耕织,虽未尝废,而丰衣足食之庆,究难历丰歉而一致,是岂饱要衣不可以力致欤?想亦由堕农自安,不力开垦,不勤树植,任土地之荒芜,而财源莫开使然。"于是,向土司对当地民众提出具体要求,并宣布政策:"凡有业之家,务

---

① (清)傅圣:《镇安府志·赋役志》,清乾隆二十一年(1756)刻本。
② (明)黄佐:《广西通志·兵防》,明嘉靖十年(1531)刻本。

相其有水处，概行开垦成田；即属旱地，亦须遍行耕种。且桑麻之蓄，贵取不尽而用不竭，尤恐内有梗顽，敢于不遵示令，本司特设农官，以省勤惰，查其荒芜，俾财源开而衣食足。无论年丰岁凶，鲜饱之叹不闻，号寒之悲可免，此本司之所深愿也。为此示，仰司内人民知悉，务宜秦无违。倘有游手好闲，不思竭力垦植以开财源者，不惟难免农官惩责，即本司亦决不宽宥。"①

四是兴修水利、津梁。云南顺宁府辖区有乐平山，"万历中，再见山下有塘周里许，土知府猛寅所凿，以资灌溉"②；永宁罗氏土司不仅携官僚属臣捐献薪俸二百金，而且还开道引渠，把水引到关岭县城，汇聚成水池，供人畜饮用；同时，还修筑水渠，灌溉了关岭县城周边七百余亩田地。播州杨氏土司兴修水库，促进该地区农业经济的发展。土司兴修水利工程为辖区内的农业发展提供了重要条件。

（四）民族文教政策

元明清王朝为维护土司地区社会稳定和实现国家"大一统"，与各地土司及土司地区民众一道，渐次共同发展学校教育，共同改变风俗习惯，共同创造丰富多彩的文化，促进王朝国家与土司地区各民族成为中华民族文化共同体。

1. 发展学校教育

元明清统治者意识到文化教育对实现国家"大一统"的重要作用，因而采取兴建学校，允许土司、土司子弟及土司辖区民众读书、参与科举考试，以推进儒家文化在土司地区的传播。元代统治者开始在云南各地建立官学、书院等机构。明朝建立后，中央政府要求土司子弟必须进入国子监学习，才允准承袭土司职衔："土官应袭子弟，悉令入学，渐染风化，以革顽冥。如不入学者，不准承袭。"③ 据《明会要》载，"洪武二十一年，播州宣慰使杨铿，并所属宣抚司官，各遣其子来朝，请入太学。帝敕国子监官，善训导之"。又洪武"二十三年，乌撒土知府阿能、乌蒙芒部土官，各遣子弟入监读书。建昌土官安配遣子僧保等四十

---

① 张兴文等：《卯峒土司志校注》，民族出版社2001年版，第31—32页。
② （清）周宗洛等：《顺宁府志》，成文出版社1975年版，第109页。
③ （清）张廷玉：《明史》，中华书局1974年版，第7997页。

二人，入监读书"。又"永乐二年，天全招讨使高敬让来朝，遣其子虎入国子学"①。明代中央王朝将应袭土司是否接受儒家教育与土司承袭直接挂钩，不仅加强了对土司承袭职衔的管控，而且促进了土司重视教育以及土司地区的文化发展。明代中央王朝的举措就是将儒家文化从土司阶层传播扩散至土司地区一般民众。清代更加重视土司及土司地区学校教育，《钦定学政全书》载："康熙四十年议准：云南省土司应袭子弟，令各该学立课教训，俾知礼义。俟父兄谢事之日，回籍袭职。其余子弟，并令课读。该地方官，择文理通者，开送提学考取。"②又"乾隆二十九年议准：土司未经袭职之先，原许其读书应试。既有生员袭职，如能不废课读，亦可造就成材。若平日混厕生员，袭职之后，又藉口地方事务繁多，屡行欠考，有名无实，殊非慎重名器之意。嗣后，土司由生员袭职者，如事务繁多，自揣不能应试，准其告退。其愿应试者，饬令如期应试，不得托故避考。违者，该学政查照定例斥革。其边省凡有土司地方，均行一体遵照"③。对于土官子弟应试，清王朝也有明确规定："广西土官、土目子弟，有愿考试者，先送附近儒学读书，确验乡音，方准报名应试。若土官滥送读书，教官不行详察收送，试官竟行收考；及实系土目子弟，情愿考试，土官禁遏与试者，该抚题参，交部严加议处。"④清王朝为了提高土司地区民众的文化水平，要求土民积极入学，改变原有陈规陋习："雍正九年议准：四川茂州地方，编户载粮，原系汉羌各半，杂处城乡。向时，羌民习陋人顽，未娴声教，是以汉民不许其子弟与试。今值遐方向化，户遍弦歌，茂州羌民久列版图，载粮入册，与齐民无异。应准其与汉民一体应试，卷面不必分别汉、羌，取额不必加增，凭文去取，一体科举、补廪、出贡。俟人文蔚起，岁、科两试再请增额。其所属汶、保二县羌民，果能观感

---

① （明）龙文彬：《明会要》，中华书局1956年版，第408页。
② （清）素尔讷纂修，霍有明、郭海文校注：《钦定学政全书校注》，武汉大学出版社2009年版，第267页。
③ （清）素尔讷纂修，霍有明、郭海文校注：《钦定学政全书校注》，武汉大学出版社2009年版，第269页。
④ （清）素尔讷纂修，霍有明、郭海文校注：《钦定学政全书校注》，武汉大学出版社2009年版，第267页。

兴起，亦照此例。"① 这里强调"编户载粮""茂州羌民久列版图，载粮入册，与齐民无异。应准其与汉民一体应试，卷面不必分别汉、羌"，应该是一种将少数民族与汉民平等看待的思想，是清代统治者思想的一大进步。

土司及土司地区民众在接受儒家文化后，表现出土民对儒家文化的深度接受和娴熟运用，这在现存的土司家族谱牒中的家规、家训中得以体现。如容阳田氏土司家规中就有"孝父母以重根源""和兄弟以敦同气""睦宗族以安先灵""务勤俭以足衣食"等规定，就是在深度接受儒家文化之下而形成。元明清中央政府在要求西南地区土司建学的同时，还鼓励土司地区民众参加科举考试，成为朝廷的可用人才，并成为儒家文化的传播者，传播中央王朝的"大一统"思想。②如瓮水犹氏土司家族历代皆有科举人才，并多成为朝廷教育部门的官员。东川府"康熙六十年，设立学校，照中学例，岁试文、武童生，各取十五名，科试取文童十五名"③。由于这些人才出生、成长及生活于土司地区，他们不仅成为中华文化的承载者和传播者，而且是中央王朝在土司地区宣传"大一统"思想、维护社会稳定的重要力量。

2. 改变风俗习惯

元明清中央王朝为更好地管控土司地区，在加大推行儒家文化力度的同时，与西南地区土司、土司辖区民众共同改变风俗习惯，使西南土司地区风俗习惯符合国家主流意识。元代赛典赤瞻思丁认为"云南俗无礼仪，男女往往自相配偶，亲死则火之，不为丧祭"，于是"教之拜跪之节，婚姻行媒，死者为之棺椁奠祭"④。元明清中央王朝与地方官员便对土司地区的风俗文化有意识地进行改变，尤其是儒家文化对土司地区各少数民族在其风俗变迁方面的影响十分显著。明代谢东山所

---

① （清）素尔讷纂修，霍有明、郭海文校注：《钦定学政全书校注》，武汉大学出版社2009年版，第268页。
② （清）江浚源纂修，杨丰校注：《嘉庆临安府志校注》，云南人民出版社2018年版，第104页。
③ （清）崔乃镛等著，梁晓强校注：《东川府志·东川府续志》，云南人民出版社2006年版，第138页。
④ （明）宋濂等：《元史》，中华书局1976年版，第305页。

述贵州宣慰司辖区内民众"俗尚朴实,敦重礼教,士秀而文,民知务本"以及郭子章赞扬贵阳地区民众"礼宗考亭,不随夷俗,文教丕扬,人才辈出"①。贵州遵义府自明万历二十八年(1600)改土归流以来,"土辟民聚,俗易风移。蚕桑殊少,专事耕农。土愿而好学,女贞而克勤。及入清朝,士风尤盛,人才间出。士质而有文,民朴而易治。崇尚气节,不耻贫贱,勤耕织,敦礼让云"。又言:"郡播而还,人犹近古。民多朴鲁,士尚谨醇。曩经奇劫,巴渝族姓,避乱兹土,遂家焉。渐染于嚣凌之习。"又言:"郡邑风俗,自汉迄明,皆沦于夷。及播平后,又邻于水西。故《一统志》与《舆图》所纪,不曰慕华风,则曰同汉俗,不知由明以后已近百年,士尽诗书,人沐礼义,弦歌揖让之盛,视《一统》《舆图》之说,大相悬绝。"②在黔西北原水西安氏土司辖地的大定府,"自康熙三年(1664)平定以来,土民皆外省流寓,土著旧民不数户焉,犹是汉多夷少。雍正、乾隆之时,民皆愿约俗,尚敦庞。士人读书,崇重师儒,砥砺名节,冠、婚、丧、祭,一如古礼。力耕稼。事商贾者,衣不过苎卉,食不嫌野蔬。居多茅屋、柴壁,器用陶匏。宾客宴会,豆不过五。嘉庆以来,此风浸异。富豪子弟,视纨素若楮素。市侩贱役,被文绣、履锦彩如蒯褐;妇女竞饰珠翠;宴会穷极水陆,而雕墙峻宇,渐渐相望。士有廉隅自饬者,指为迂拘;民有俭约自将者,诋为鄙陋。亦大可慨矣"③。可见,儒家文化的传播以及改土归流的强力推行,土司地区各族民众在王朝国家强令下逐渐接受儒家文化之后,对国家的认同感不断加强,并逐渐成为传播儒家文化、发展儒家文化的中坚力量,为国家"大一统"主流意识传播发挥积极作用。

3. 创造少数民族文化

土司制度实施时间较长的傣族、彝族、纳西族等少数民族,他们在生产生活实践中创造了独具特色的文字,如《孟定土司源流》《耿马宣抚

---

① (民国)刘显士、谷正伦:《贵州通志·舆地志、风土志》(点校本),贵州大学出版社2010年版,第371页。

② (民国)刘显士、谷正伦:《贵州通志·舆地志、风土志》(点校本),贵州大学出版社2010年版,第383—384页。

③ (民国)刘显士、谷正伦:《贵州通志·舆地志、风土志》(点校本),贵州大学出版社2010年版,第381页。

司礼仪课赋底簿》《耿马宣抚司银课份田及礼仪》《耿马土司地方史志》《耿马宣抚司亲供总图册结例志章程清册》① 等历史文献均是用傣文撰写，至今仍然保存。在《耿马宣抚司礼仪课赋底簿》中记载了诸多礼仪规定，如礼物种类及内容、还礼礼物、事后送礼礼物、向来客送的礼物、感恩谢情的礼物、送谢情人的礼物、向邻封土司请兵的礼物、打发请兵人的礼物、提亲礼物、正式说亲的礼物与还礼礼物、迎亲时的礼物及还礼礼物、问候病人与吊丧时礼物及还礼礼物、地方性礼仪规定等内容；此外还有祝贺辞和答谢辞，诸如土司登位时的祝辞和答辞、土司执政时的祝辞与答辞、土司结婚时的祝辞与答辞、向土司叩送鸡蛋礼时的祝辞与答辞、土司提亲时提亲辞与答辞、接媳妇时的迎亲辞与答辞、新婚夫妇叩拜父母时的祝辞与答辞（嫁家）、新婚夫妇拜叩父母时祝辞与答辞（娶家）、节日前朝拜土司时的祝辞与答辞、土司亲人死亡时的悼辞与答辞、拜会其他地方土司及其他人员的问候辞与答辞、带书信到别土司衙门时的礼仪辞、做客应酬礼仪辞、古老相传祭祀勐神时各勐之间送礼规定。② 这些礼仪文化是傣族土司及傣族土司地区各族民众在长期的生产生活实践中创造的独具特色的礼仪文化。纳西族的东巴文，是当今全球仅存的图画象形文字，被誉为民族文字的"活化石"。土司地区不乏用少数民族文字创作的大量文学作品，如苗族史诗《盘古歌》、彝族民间叙事长诗《阿诗玛》等，这些文学作品深受读者喜爱，丰富了中华文化宝库。在科技和医药方面，哈尼族梯田、土家族织锦、苗族蜡染和医药、黎族纺织、藏医藏药、云南白药等，促进了我国科学技术的发展与进步；藏历、傣历、彝历等少数民族历法均各具特色；侗族鼓楼和风雨桥、傣家竹楼、土家族吊脚楼也反映了土司地区少数民族高超的建筑水平；苗族、侗族、彝族的芦笙，傣族的象脚鼓，壮族和土家族的山歌，这些均成为中国文化世界的艺术瑰宝。西南地区藏族的赛马，侗族、彝族等少数民族的斗牛，壮族的飞绣球，苗族的打秋千，瑶族的打陀螺等传统体育，不仅历史悠久，而且各具特色。土司地区少数民族创造了丰富多彩的民族文化，

---

① 尹绍亭、唐立：《中国云南耿马傣文古籍编目》，云南民族出版社 2005 年版，第 1—15 页。

② 南桂香：《耿马傣族》，云南民族出版社 2013 年版，第 327—342 页。

充实和丰富了中华文化宝库。

第二节 土司制度治理的方略

土司制度发展到明清时期已日臻完善，它主要由土司承袭规则、土司朝贡方式、土司赋役制度和土司军事征调等多条线索以及中央政府直管、流官政府监管、军事卫所节制等纵横交错的网状交织而成。帝国凭借这一体制，或以文明向化形式，或以武力征剿方式促使各地土司在帝国体系中进行"向内充实"。在这一历史进程中，明清中央王朝采取部分国家权威逐渐让渡给土司，使国家权力逐步渗透到少数民族地区。[1]

一 明清时期的土司生存

明清时期各地土司与中央王朝，与地方流官政府在一些具体事务的博弈中，总是千方百计谋求自身利益的最大化，运用各种手段寻求生存空间。

（一）土司生存之道

元明清中央王朝通常运用"因俗而治""以夷治夷"的策略以应对各地土司，而各地土司是中央王朝统治下的少数民族首领，是朝廷命官；各地土司相对于辖区土民来说，他们又是当地的统治阶级。也就是说，各地土司既属于"三圈理论"中的核心圈（地方统治阶层），又属于外圈（即边远地区少数民族），各地土司始终处于十分尴尬的地位，具有特殊的双重身份，因此，无论是土著土司，还是未来土司，他们为了土司自身以及本家族利益的最大化，均需树立坚韧意志，适应生存环境，坚持顺势而为，寻找合作对象，加强周边土司联姻，甚至行贿地方官员。如各地土司间加强联姻，形成政治联盟，用以巩固、扩张各自的势力。学者对此研究较多，谢晓辉认为，永顺宣慰司与江口土官政治联姻，以确保双方政治上共进退、利益上能双赢。又如各地土司千方百计行贿朝廷命官，明代万历年间，水西宣慰使安国亨不仅行贿地方官员，甚至结交

---

[1] 蒲瑶：《帝国边缘的权利与社会——茂州羌族土司研究》，硕士学位论文，广西师范大学，2015年。

朝廷首辅张居正，这在万历二十四年（1596）任贵州巡抚的江东之在处理安疆臣行贿兵部尚书石星一事时上疏中称"先时安国亨结首相张居正，得其画容供奉，抚按莫不凛凛"。① 可见，安国亨不仅是水西地区的实际控制者和管理者，而且是一个手眼通天的地方豪酋，深谙利用朝厅命官获得自身利益。② 当然，各地土司为了寻求生存之道，他们主要采取了依靠中央王朝的路子，除了每当新王朝入主中原后的"归附"之外，还积极朝贡纳赋、服从征调、守土安民。

（二）土司生存法则

元明清时期各地土司无论是在王朝国家的盛世还是在王朝国家生死存亡的乱局之中，他们为了维护土司自身利益、保全家族生存，都能够审时度势、巧妙周旋，谋求"自保"与生存之道。他们执着长远的战略目标，时时处处捕捉有利的时机，不断学习中原文化，精心结交汉族文人，贵州宣慰司安国亨还在京师安插间谍耳目，一方面探听中央王朝对水西土司的相关消息，另一方面当水西土司遇到危难时在京师及时与朝官们疏通关系。③ 万历十四年（1586）六月，时任云南御史毛在上疏称："贵州土酋颇难驾驭，而安国亨为甚。此酋大都被奸人为祟耳，往往有潜往京师窥探消息者，一有琐细事情，辄敢蓦越，叩阍诉辩，必指盘费打点，科敛夷民，为害不小，乞敕下缉事。衙门如有土司奸徒潜往京师窥探者，严行拏究，庶奸谋永杜。"④ 作为身处边远的水西土司，为了贵州宣慰司的利益最大化，竟然将触手伸向京师，这让历代贵州巡抚颇为头疼。不仅如此，就连贵州宣慰司的族亲、没有宣慰冠带的安智在京师同样安插有耳目。在贵州宣慰使安国亨与安智互相仇杀的这场"安氏之乱"中，安智在京师安插的耳目竟上疏明王朝乞求将水西地区改土归流。因此，高拱认为，安智的耳目上疏乞求改土归流一事，安智本人或许并不

---

① （明）江东之：《恭处安酋疏》，参见顾炎武《天下郡国利病书》，上海古籍出版社影印本下册，第543页。

② 刘砚月：《"内在边陲"与权利博弈：十六世纪贵州土司的变迁研究——以贵州宣慰使安国了为中心》，硕士学位论文，南京大学，2013年，第42—43页。

③ 刘砚月：《"内在边陲"与权利博弈：十六世纪贵州土司的变迁研究——以贵州宣慰使安国了为中心》，硕士学位论文，南京大学，2013年，第42页。

④ 《明神宗显皇帝实录》卷175，"万历十四年六月甲子条"。

知晓：

> 安国亨之事，赖公勘定，地方底宁。虽愚言幸中，而公之运筹戮力，为功大矣！乃事甫平，而安智之奏辩又至，仍称改土设流，仆计道路甚远，而时日甚近，安能便得往还？总欲使安氏相安，故用奇计执破之，使之无辞。此必安智用事之人潜住京师，随便为谋，非必来自智也。遂令通政司拘投本之人，执送法司究问，果有智用事二人在京，代智为之者，智尚未知也。今已成招问遣，则智党计穷，自此必不敢复有乱矣。①

各地土司在京师安插间谍耳目的目的在于千方百计谋求自身利益最大化，这也是各地土司在夹缝中求生存的法则。

（三）土司生存策略

元明清时期各地土司无论以何种形式或名目担任土官土司职衔，其实他们在维系自身利益的过程中要能够生存下来也十分不容易。一是要与中央政府很好相处，二是要与地方流官搞好关系，三是要与周边土司搞好关系，四是要与属下土目土吏处理好关系，五是要处理好族内大家族的关系，六是要与辖区内各族民众维系好关系。这六个方面没有任何一个方面可以掉以轻心，否则将无法生存下去。纵观元明清时期各地土司的生存之道，他们除了与中央王朝和地方流官和谐互动之外，他们不仅要在周边土司和下属土目、辖区民众树立绝对权威、主动赢得生机，而且要运用铁血手段、使用"手眼通天"的看家本领，有时甚至还要使用"下三滥"的手段，诸如骗取王朝国家信任、虚报征调土兵人数以套取国家银两或军粮，指使辖区民众劫掠他寨财物等。

因为在元明清时期，任何一个土司能够维持数百年的统治，说明该家族在当地也有十分深厚的根基。除了少数广土巨族、实力雄厚的土司家族之外，相较于"大土司"实力弱小的长官司、土目、百户长、寨长等土司，他们只能依靠中央政府的册封才得以建立与维系自己对辖区的

---

① （明）高拱：《与殷石汀论辨改土设流疏》，参见（明）陈子龙《明经世文编》卷302，中华书局1962年版，第3190页。

统治，对辖区的社会治理能力也远不如根基稳固的大土司。有些实力弱小的土司属下土目、土吏名义上虽有"上下级"关系，但实质上他们带有自治性质。

我们从土司家族谱牒（如云南《木氏宦谱》，广西《西林岑氏族谱》，四川《白马土司家谱》，湖南永顺《彭氏源流族谱》和保靖《彭氏宗谱》，湖北鹤峰《容阳田氏族谱》，重庆石柱《马氏家乘》和酉阳《冉氏族谱》，贵州《龙氏迪光录》，甘肃《西夏李氏世谱》等）的叙述中，可以看到这些土司从其自身出发，土司及属下的土目并不是单纯地生存于王朝国家的力量之间，其生存策略也并非仅在一方或几方之间摆动。他们的生存首先需要面对的是与自己实力相近、时敌时友的土司及土目相互竞争，同时又要与中央王朝和地方流官展开相互博弈。特别是随着明代开始被动"改土归流"以及清代大规模主动改土归流之后，王朝国家权力的逐步介入与下沉，各地土司固有的社会结构和各种关系逐渐发生变化，诸多土司为了求得生存，他们在政治生活方面、社会关系方面、儒家文化方面便学会了如何迎合王朝国家，而各地土司的生存智慧逐渐嬗变成为一种文化认同与国家认同，这或许就是各地土司没有选择的选择。各地土司的生存策略所反映的事实，不仅是土司与王朝国家、土司与当地土目之间的博弈，更是土司地区历史发展脉络的一个侧面。

二 土司制度治理的策略

学术界经常提及王朝国家的统治是"王权止于县"。但是，元明清中央王朝在实行土司制度的少数民族地区，国家权力基本上是"王权止于土司"的现实。因此，王朝国家在完善土司制度后，则一改过去安抚政策为对土司的驾驭，企图以加强对土司的控制，牢固掌握对土司地区的统治权①。笔者认为，王朝国家制度治理土司的主要策略表现在四个方面。②

（一）利用制度约束土司

制度是在不同行业、不同部门、不同岗位要求成员共同遵守的办事

---

① 李世愉：《清代土司制度论考》，中国社会科学出版社1998年版，第12—16页。
② 李良品、赵毅：《土司制度：国家权力在土司地区的延伸》，《长江师范学院学报》2014年第5期。

规程或行动准则,以使各项工作按计划按要求达到预定目标。土司制度虽然是王朝国家治理土司及土司地区的一种地方行政管理制度,但它却是王朝国家、地方流官、各地土司必须共同遵守的与土司职官、承袭、贡赋、征调、分袭、安插等方面的治理规程或行动准则。元明清中央王朝将各地土司装进制度的笼子里,强制他们必须接受地方文武长官的约束,特别是明清时期把土司的自主权压缩得很小。明代张时彻在《处置平番事宜疏》中就提出"约束土官以备缓急"[1]的对策。该对策内容如下:

> 龙州宣抚司之设,国初因三家土官先世悉众内附,引兵取蜀有功,钦授各职仍准子孙世袭控制诸番,保护内地。今宣抚使薛兆干,副使李蕃二族,则分领西南白草一带番夷;佥事王枋族,则分领东北白马一带番夷,其地方数百里,所统番汉,无虑数万众,使能振扬武备,恪勤先业,则番夷敛畏,而地方可以无虞矣!今乃弃弓马之习,而恬于膏粱;婚缙绅之门,而恃其庇覆。以沉湎为生涯,用奸人为羽翼,纵恣不法,干没为奸,无事则卖土兵以纳役钱,有事则盗军饷以充囊橐。号令则偃蹇不从,提究则赃藏不出,武备日以废弛,番夷渐至猖獗,如此不已,后患何极!议者每欲添设流官,又以事体重大而止。为今之计,合无请敕兵备守巡严加约束,将卖放守城守堡土兵,节年逋负税粮,逐一征补,仍修举武备,固守地方,如有不遵,轻则散拘罚治,重则参奏提问,再照静州陇木头岳希蓬三长官司,俱逼近白草,与青片板舍等番寨,险易熟知,弓矢劲悍,用之战斗,一足当十。今次征剿冲锋陷阵,亦多土官坤儿卜父子之力,盖可征矣!今后凡有警变,听本院将各司与龙州土官,随宜调遣,如有违令失机,悉照律例,以军法从事,则夷以攻夷,事半而功倍矣!

这条对策,首先介绍设置龙州宣抚司的缘由,其次概述设置以来情况的巨大变化,再次阐述"严加约束"龙州宣抚司的理由,最后展望

---

[1] (明)张时彻:《处置平番事宜疏》,参见陈子龙《明经世文编》卷243,中华书局1962年版,第2535—2536页。

"严加约束"龙州宣抚司后可能产生的良好效果。

由于明代各地土司"调遣日繁,急而生变,恃功怙过,侵扰益深,故历朝征发,利害各半"①,所以,明代中央王朝就开始对各地土司严加约束。从各地土司的隶属关系看,"隶验封者,布政司领之;隶武选者,都指挥领之"②。也就是说,属于文职者如土知府等,由地方行政长官约束;属于武职者,如宣慰使、安抚使等,则由地方军职长官约束。所谓受地方长官约束,也就是不仅要听从指挥,定期向该管官汇报情况,而且还要随时备征调。

按明清时期各地土司惯例,土官土司表面上级别很高,但实际上土司是"见官小一级",并且要接受很多接待礼仪方面的限制,如光绪《镇安府志》载有乾隆二年(1737)《布政使杨锡绂汉土文移仪注议》③一文,可见各地土司礼仪受限的一些情况:

> 流官接见土官仪注,查无成案可稽,据各府详,向来相沿旧例,土官来府城禀而后入,入则步行见知府,行一跪三叩礼,不给坐,不待茶,有话跪禀等语,盖各土司散处边隅,每多身恃世职,肆意妄行,知府乃其亲辖,上司弹压抚治,责任綦重。若知府之礼下替,则土司之习上骄,重内轻外,前人之相沿,亦有深意,应请仍照旧例。但进城许其乘马,不得坐轿,稍加礼貌。而土司中有曾经卓异之员,并给坐侍茶,使列坐于众土官之上,更示优异。如土官与流官同见,则土州县居流州县之下,土杂职居流杂职之下,似属可行。至于与流州县及杂职接见,亦照旧行,毋庸更易。又流官与土官文移往来,除知府行土司向例俱于邮封书上书名。今应于行土州县者邮封,免其书名,余佐杂仍照旧行其流州县文移。如该州县系承审,该土司命盗案件者,应照统属之例用牌,土司用申文,庶几提拿,行催呼应得灵。其余州县与土司州县,流用照会,土用牒呈,土州县与流州县佐杂俱用平关,似属允当,不必另议更张抑本,署司更

---

① (清)张廷玉:《明史》,中华书局1974年版,第7981页。
② (清)张廷玉:《明史》,中华书局1974年版,第7982页。
③ (清)羊复礼等:《镇安府志》,德保县史志办整理,2012年,第115页。

有请者谕礼。统流可以先土，土不可以先流，谕抚驭则流官之处，分严于土官。查有土属之知府以下等官，其贤者固正己率属，亦有不肖之知府，每年仍暗行收受土司规礼，其承审之州县亦或借事居奇，阴以图利。即驻扎土司之佐杂等员，亦尚有柴马等项各色，因沿索取甚，或串同奸目头人，多方狭诈。此等之人，身为流官而行止卑污，居心贪墨，何以表率？土司使知洁己爱民，应请嗣后，如该管土属及驻扎土司地方各员有收受土司陋规及串同奸目头人挟制索诈等事，发觉题明照例加倍处分。至各土官如蒙题，允卓异又假以礼貌之后，尚有不守法纪，残虐土民者，查出即行严参治罪。如此，流官必知自爱，而土官亦长享无事之福矣！

这段文字从"接见土官仪注"，到"与流州县及杂职接见"，再到文移以及承审命盗案件用公文等，从多角度体现了土司受到限制，这就是用制度约束各地土司的体现。再从各地土司接受对方权力机构的管理看，从中央政府到各土司辖地形成了"中央—行省—地方机构（府州厅县）—土司机构"的政治组织架构，在土司地区的"王权"是否"止于县"还难以得出结论，因为这里的情况十分复杂，我们从四川秀山杨氏土司的置废看，秀山杨氏四大土司的隶属关系并不是一成不变的。在洪武年间（1368—1398）"更定蕃国朝仪"所列土司名目中，秀山杨氏四大土司均榜上有名。在"永乐定制"中将秀山杨氏土司原属酉阳宣抚司的麻兔长官司改归贵州铜仁府，新增地坝副长官司属酉阳宣抚司管辖。又将原属酉阳的邑梅司改为直属重庆卫管辖，而石耶长官司、地坝副长官司属酉阳宣抚司领属，仍属重庆卫管辖，平茶长官司直属四川布政司。[①]另据学者研究表明，今云南省德宏地区土司往往是向大理府、昆明府、永昌府、龙陵厅、腾越厅等流官机构"汇报工作"。如清嘉庆年间（1796—1820），土司放过法被崩龙族打败逃至龙陵厅，龙陵厅则备文上达永昌府和云南省。[②] 可见，明清时期各地土司的隶属关系虽然十分复

---

① 重庆市民族宗教事务委员会：《重庆民族志》，重庆出版社2002年版，第47—48页。
② 方一龙：《芒市历代土司简史》，参见《德宏傣族社会历史调查》（三），云南人民出版社1984年版，第4页。

杂，但必须接受地方流官机构的约束确实毋庸置疑。

（二）运用制度驾驭土司

明清中央政府制定并经皇帝批准主要在《明会典》《大清会典》《礼部志稿》《钦定三部则例》《大清会典事例》和《钦定大清会典则例》等法规文献中，这些法规文献对各地土司的职衔、承袭、铨选、征调、贡赋、抚恤、考核、赏罚、升迁、裁革、安插等作出具体明确的规定，这就是王朝国家利用制度驾驭土司、治理土司的体现。其实，明代丘浚针对两广傜僮土司问题，在《驭夷狄议》中就提出了利用制度驾驭土司的建议，他认为："两江地方二三千里，其所辖狼兵无虑十数万。今设为府者四，为州者三十有七。其府州正官皆以土人为之，而佐贰幕职，参用流官。故今百余年间，未闻有屯聚侵掠者。而所以为州县害者，皆是不属土官管束之人错杂州县间者。今日制驭训服之策，莫急于立土官，请用左右两江之例。"① 明代针对土司承袭职位，其驾驭土司的意思十分显著。明初沿元隶吏部，洪武二十年（1387），改以府、州、县等官属吏部验封司，宣慰、招讨等官隶兵部武选司，并规定土司"袭替必奉朝命，虽在万里外，皆赴阙受职"②。在新土司袭职过程中，明政府还有一些具体规定，如应袭者必须年满15岁，未及者必须暂令"协同流官管事"；准备袭职者，必须先"申报抚按勘明"，还须有同族保结，待该管衙门查明情况属实后，再由布政司"代为奏请"。批准后，应袭者还要赴京受职，换取号纸。弘治年间又规定："弘治二年，令土官应袭子孙，年五岁以上者，勘定立案。年十五以上，许令袭。如年未及，暂令协同流官管事。五年，令土官袭职后，习礼三月，回任管事。"③ 在《钦定大清会典事例》之土司"议处"部分，更加彰显了王朝国家利用土司制度驾驭各地土司成分。如雍正"四年议准，土官不遵法度，故纵苗猓为盗，劫杀掳掠男女财物，扰害土民者，该督抚查出，即题参革职，别择应承袭之人，准其承袭。至有养盗殃民怙恶不悛者，该督抚据实题，严拏治罪，

---

① （明）丘浚：《驭夷狄议》，参见陈子龙《明经世文编》卷73，中华书局1962年版，第624页。
② （清）张廷玉：《明史》，中华书局1974年版，第7982页。
③ （明）申时行等修：《明会典》，中华书局1989年版，第626页。

或应改土为流,及别立土官,均请旨施行。十三年议准,土官土人,因公远赴外省,许呈明该管官转报督抚,给咨知会所到地方之督抚查核,于事竣日,给咨知会本省督抚,均计程立限,毋许逗遛,有不行申报、擅自出境者,土官革职,土人照无引私渡关津律、杖八十,若潜往外省生事为匪、别经发觉者,除实犯死罪外,徒罪以上,皆照军人私出外境掳掠、不分首从发边远充军律、治罪,其本境及所到汛守官失察者,罚俸降调有差"①。由此可见,明清中央王朝对土司的管理制度十分严格,这使得土司诚惶诚恐、唯命是从。这充分显示了明清中央王朝对各地土司的驾驭之术。

(三)采用手段打压土司

"恩威并施"是明清统治者打压土司经常采用的手段。明朝统治者在松潘一带已构建了较为完善的"以卫为点、连缀关堡"的军事防御体系,对此,胡世宁曾奏称:"惟我国朝,恩德广被,番戎率服。"②他认为:"所谓善抚治者,大率以信为主,决不可失。而恩之与威,则并施迭用。"③张时彻在《处置平番事宜疏》中作为的"平番善后十策"之"选立通事以悉夷情"中提出要"使之专一宣谕恩威,便宜抚处,如地方有事,小则随俗讲息,大则报官计处。候三年有功,奏请量授职事。怠而误事者,追其用过粮赏,即为治罪更易。此亦抚夷之要策也"④。史家言:"其要在于抚绥得人,恩威兼济,则得其死力而不足为患。"⑤明清中央王朝特别是在对各地土司实行征剿、抚驭策略的过程中,其本身既有不乏失之偏颇的一面,也有令最高统治者担忧的一面。清王朝在对土司地区继续实施土司制度的过程中,更是严格执行"恩威并施"的手段。《清史稿·尹继善传》载,雍正十一年(1733),尹继善调"云贵广西总督。思茅土酋刁兴国为乱,总督高其倬发兵讨之,擒兴国,余党未解。尹继善

---

① (清)昆冈:《钦定大清会典事例》卷589,中华书局1991年影印本。
② (明)胡世宁:《为急处重边以安全蜀疏》,参见陈子龙《明经世文编》卷134,中华书局1962年版,第1321页。
③ (明)胡世宁:《为急处重边以安全蜀疏》,参见陈子龙《明经世文编》卷134,中华书局1962年版,第1326页。
④ (明)张时彻:《处置平番事宜疏》,参见陈子龙《明经世文编》卷243,中华书局1962年版,第2532—2533页。
⑤ (清)张廷玉:《明史》,中华书局1974年版,第7981页。

至，咨于其倬，得綮要，檄总兵杨国华、董芳督兵深入，斩其酋三，及从乱者百余。元江、临安悉定。分兵进攻攸乐、思茅，东道抚定攸乐三十六寨，西道攻六囤，破十五寨，降八十余寨。疏闻，上谕曰：'剿抚名虽二事，恩威用岂两端？当抚者不妨明示优容，当剿者亦宜显施斩馘，俾知顺则利，逆则害。今此攻心之师，即寓将来善后之举，是乃仁术也。识之！'"① 这段文字是清王朝对土司地区实施"恩威并施"统治手段是最好注脚。清王朝在各地土司承袭制度方面，既严恪了袭替次序、袭职年龄、承袭程序，又严禁地方官从中勒索。土司承袭过程中，流官勒索土司已司空见惯，如《镇安府志》载有《国朝布政使崔维雅抚恤土司以靖疆索议》②，其中一段文字如下：

> 即其承袭一节，土司不得自主，必听结于朝廷之流官，可以见土司之归命矣。其争袭、应袭诸案，向来积习，承问官籍为奇货，往往至四五年不结，因而贿赂日滋，更有乘机借贷之人，乘土司需用盘利至数倍者，是大有悖于柔远人之意，此从前之流弊也。查土司承袭事，隶本司衙门详宪定案，今后凡有争袭、应袭等事，到司即行该属，不许耽延，立取宗枝亲疏图谱，粼封甘结，片言可剖。若承问官游移耽搁，滋贿赂之门，长奸狡之风，将承问官揭报纠参。如有从前积弊，严行禁革，不使朋奸刻剥，则土司乐业归化之心益固，变乱之萌潜消远，人皆吾赤子，边围安于盘石矣。

可见，清代在土司承袭过程中勒索土司"向来积习"，导致土司承袭相关事情"往往至四五年不结"，并且"更有乘机借贷之人，乘土司需用盘利至数倍者"，这种恶习"大有悖于柔远人之意"，不利于清政府"施恩"的体现。在土司制度治理过程中，既有打压土司，又有"法外施恩"的情况。如土司的奖惩制度、对革除土司的处理制度，更是奖罚分明，把"恩威"二字有机地联系在一起，既使心存异志的土司感到清政府的威严而多有收敛，又使俯首帖耳的土司体会到朝廷的恩惠而更加恭顺。

---

① （民国）赵尔巽：《清史稿》卷307，天津古籍出版社2012年版，第3094页。
② （清）羊复礼等：《镇安府志》，德保县史志办整理，2012年，第114页。

(四)众建其官裂解土司

"众建土司"是王朝国家制度治理土司及土司地区的一大策略。这一策略最早始于明朝著名政治家丘濬的建议,他不仅在《广西众建土官议》提出"众设其官,势分力敌,自足相制,不能为乱"①的建议,而且在《驭夷狄议》认为:"臣所谓微寓设立军卫之意者,众建官而分其权也。凡今傜僮与编民杂居州县之间,但彼依山箐以居耳。今宜特敕内外大臣躬临其地,召集其酋豪谕以朝廷恩威。将授以官如左右两江土官例,俾其子孙世享之。其有能率其种类五百名以上内附者,即授以知州之职;四百名以下;量授同知、判官、吏目等官。官无定员。"如此一来,"众设其官,势分力敌,自足相制,不能为乱",并且"遣官会同土酋,分立地界,或以溪涧,或以山阜,就于界上立石为识。大书深刻于上曰'某至某为有司界,至某为土官界。'其中民地有深入其境者,即以外地无征者与民易之,随其广狭不复丈量,其土酋所领地。就俾其认纳税粮,定为额数。日后不得有所加增。如此处置庶几其永无患乎"。这就实现了"国家之势益尊,不劳兵戈而一方安靖"②之目标。"众建土司"后来经王守仁、朱燮元等朝廷封疆大吏的实施,对清政府在改土归流、处理民族关系、维护西南民族地区社会稳定等方面产生了重要影响。

清朝雍正年间,中央王朝采纳了川陕总督岳钟琪提出的众建土司的建议,即"其支庶子弟中有驯谨能办事者,俱许本土官详报督抚,具题请旨,酌量给与职衔,令其分管地方事务。其所授职衔,视本土官各降二等,一体颁给敕印、号纸。其所分管地方,视本土官,多则三分之一,少则五分之一"③等内容。后来将这个建议写进了《钦定大清会典事例》"土官承袭"和"土司袭职"条中,主要内容为:"土官之许其承袭者,原因其祖父向化归诚,着有劳绩,故世其官以昭激劝,今土官嫡长子孙,虽得承袭本职,此外支庶,更无他途可以进身,嗣后各处土官庶支子弟,有驯谨能办事者,许本土官详报督抚,具题请旨,酌量给予职衔,令其

---

① 邱濬:《广西众建土官议》,参见《粤西文载》(卷五十七),广西人民出版社1990年版,第四册第198页。

② (明)丘濬:《驭夷狄议》,参见陈子龙《明经世文编》卷73,中华书局1962年版,第624页。

③ 《雍正实录》卷36,华文书局1989年版,第539页,"雍正三年九月乙巳"条。

分管地方事务。其所授职衔，视土官各降二等，如文职本土官系知府，则所分者给通判衔；系通判，则所分者给县丞衔。武职本土官系指挥使，则所分者给指挥佥事衔；系指挥佥事，则所分者给正千户衔，照例颁给敕印号纸。其分管地方，视本土官多不过三之一，少五之一，此后再有子孙可分者，亦许其详报督抚，具题请旨。照例分管，再降一等，给予职衔印信号纸。"① 这些对于"众建土司"的规定十分具体、周密、详尽，文职土司、武职土司的名称、职衔、等级等内容一应俱全。由此可见，王朝国家"众建其官裂解土司"的策略不仅达到削弱土司势力、分而治之的目的，而且不断推进了改土归流的历史进程。

云南临安府纳楼普氏土司从一分为四就是"众建土司"的优秀案例。由于纳楼土司家族在清代末年激烈地争权夺位，导致族内互相残杀，几至子孙灭绝。据史料记载，清道光七年（1827），纳楼土司普承恩之子普永年承袭土司职后，其子普卫邦未满周岁夭折。不久，普永年病死无嗣。纳楼土司家族的普善保、普尧年等为争夺土司之职互相残杀。后经云贵总督岑毓英奏准，将纳楼茶甸土司析为太和、永乐二司。后来纳楼普氏土司内部争权夺位的残杀一直未停，清光绪九年（1883），经临安府王知府提议、云南巡抚唐炯奏准，遂将纳楼土司二司析为四土舍。在今云南建水县官厅村纳楼土司普氏宗祠后殿东墙壁上镶嵌有石碑一块，清晰地记述了清政府将纳楼土司分为四土舍并协同治理土司地区的历史事件②。其碑文如下：

> 钦命镇守云南临元澄江等处地方控制土司守御总镇都督府著勇巴图鲁登为示谕，勒石永远遵守事。照得纳楼司八里地方，现因嫡派土职故绝，普族争夺，民不聊生。蒙两院宪奏明，改为四土舍。以长房普卫本住吉祥寨，管乐善、永顺二里；二房普文礼住西底，管崇道、安正二里；三房普应元住官厅，管复盛、敦厚二里；四房普应隆住牛角寨，管钦从、太和二里。分任管理。本总镇奉准太子少保兵部尚书云贵总督部堂岑、兵部侍郎云南巡抚院唐会委，统兵

---

① （清）昆冈等：《钦定大清会典事例》卷589，中华书局1991年影印本。
② 杨甫旺：《彝族纳楼土司世家》，云南人民出版社1999年版，第62—63页。

亲临江内外，按照所分各里村寨，逐一履勘地址，清查明白。面谕汉夷头人百姓，现在深蒙两院鸿恩，奏免光绪捌、玖、拾三年钱粮，休息培养民生。务须遵照宪章，应听本官约束管理，各安耕凿，永不准滋生事端。而该四土舍亦应激发天良，仰体怀保。按照所分管二里地方村寨，加意抚恤，以期长治久安。经此次本总镇亲历查明，分定界址之后，该土舍等务须各守畛域，专管该二里事务，不准越境苛索，滋扰侵夺。如敢有违，定干罪戾。尔各村寨夷汉头目百姓人等安分遵守，除免此三年钱粮外，以后照旧完纳，不准借故抗估。倘有不法情事，定即派兵严拿重究，决不姑宽，其各凛遵，毋违特示。……

光绪九年十一月二十日立　发住官厅
土舍普××永远遵行①

纳楼土司后裔普梅夫说："对纳楼土司家族来说，经历了四十多年的内讧，一分为四，都能承袭土司职位，并享有两个里的封地和土司特权，内讧目的已达到。而对清王朝来说，一分为四的办法有利于统治。因为纳楼土司是当时临安府所属的'十土司、十五掌寨'中最大的土司，把红河流域最大的土司分而治之、削弱力量，不仅达到对纳楼土司的控制，而且使纳楼土司普氏家族四个家支各有所得、相安无事，有利于稳定云南沿边地区的社会安定。"② 清政府将纳楼土司分而治之的策略，不仅使四土舍之间相互隔离、相互牵制，实现"众建土司"的目的，而且通过四土舍利益关系的协调与维系，从而建构协同治理边疆土司地区的长效运作机制，保障边疆社会的安定。

第三节　土司制度治理的效能

王朝国家要提高治理土司及土司地区的效能，最关键的是土司制度的执行力的问题。元明清三代虽然在不断丰富完善、充实优化土司制度，

---

① 杨甫旺：《彝族纳楼土司世家》，云南人民出版社1999年版，第62—63页。
② 杨甫旺：《彝族纳楼土司世家》，云南人民出版社1999年版，第64—65页。

应该说对土司及土司地区的治理起到了一定的作用，但是否达到预期的效果，还是一个值得深思的问题。

一 土司制度治理效能的认知

土司制度与国家治理，二者之间既有联系也有区别。具体来讲，无论是宏观土司制度还是分项土司制度，都是相对固化的，而国家治理是由具体的人去实施和执行，因此，它是相对活化的；土司制度侧重于规范，而国家治理侧重于管理；土司制度侧重于文本载明的具体约束和规范准则，而国家治理侧重于人的主体活动、具体操作；土司制度是王朝国家治理土司及土司地区的基础，而王朝国家治理必然会依赖土司制度去执行和操作，当然，在这个过程中也不乏不按土司制度办事而靠执行者的主观意志行事；土司制度的优势要转化为国家治理的效能，而王朝国家治理的科学性和有效性就必须建立在科学、合理的土司制度顶层设计上；土司制度是否科学、合理，要由王朝国家治理的效能来检验，而王朝国家治理土司及土司地区的效能，关键看是否实现王朝国家预期的目标。

（一）土司制度与王朝国家治理效能

土司制度作为一种治理土司及土司地区的规则，不仅是土司地区经济发展的保障，也是王朝国家治理的重要手段。王朝国家治理土司及土司地区主要任务就是对发生在土司地区的各种事务（尤其是土司制度实施过程中出现的各种问题）进行有效管控。对各种事务或问题进行有效管控的关键是土司制度供给。从元明清时期的土司制度来看，其实它就是王朝国家治理土司及土司地区的一些规则、规章、规矩，这就是土司制度。那么，什么是土司制度供给？简言之，就是制定规则、规章、规矩，使元明清中央政府的吏部、兵部和礼部，有土司的行省督抚、布政使、按察使等官员，府州县的朝廷命官以及土司、土司地区民众等各层级机构、组织或个人的行动都受到土司制度的约束和限制。实际上，王朝国家治理就是通过土司制度的有效供给，克服或避免王朝国家治理过程中出现混乱。

土司制度在实施过程中之所以始终伴随着改土归流，最后彻底终结土司制度，是因为这个制度从诞生之日起，就存在着自身的不足，所以后来全国各地的土司均被改土归流，取而代之的是行省之下的府州县。可见，土司制度治理的核心就是行省及之下的府州县各层级组织运用土司制度是否能够具有强有力的执行能力。土司制度执行能力的强弱、执行效果的高低，直接影响土司制度治理效能。土司制度执行越有力，国家治理能力越有效，土司制度治理的效能才越充分。

（二）土司制度治理效能的考察重点

土司制度供给和土司制度执行决定着王朝国家治理土司及土司地区的效能。也就是说，土司制度治理效能考察的侧重点主要从土司制度供给和土司制度执行两方面入手。土司制度供给反映的是王朝国家治理土司及土司地区所制定规则、规章、规矩是否存在与合理完善；土司制度执行反映的是王朝国家治理土司及土司地区所制定规则、规章、规矩的实施状况。"有法可依"指的是土司制度的供给，"无法可依"指的是土司制度供给不足，土司制度供给是基础和前提；"有法不依"指的是土司制度的执行和执行的无效。从王朝国家土司制度治理土司及土司地区的情况看，土司制度供给是没有问题的，但是否完善还值得进一步深入研究；土司制度执行就值得探讨，因为土司制度在数百年的执行过程中始终伴随着改土归流，那就说明土司制度存在一定的缺陷，包括土司制度的顶层设计、朝廷命官的具体执行、各地土司的巧妙应对等，所以最终只能改土归流，全国实行府州县制，使边疆与内地一体化。

（三）土司制度治理效能的检验标准

能否有效解决土司及土司地区出现的麻烦和问题，是检验土司制度治理效能的根本标准。在过往的学界研究中，土司制度治理是土司地区管理的高级版本或叫升级版。"治理"和"管理"虽然只有一字之差，但内涵大不相同。土司地区管理指的是对土司地区日常事务的常规处置，它仅仅需要依规行事；而土司地区制度治理强调的是针对土司及土司地区出现的麻烦和问题要寻求解决方案，且需要行省、府州县、土司与土司之间、土司与辖区民众等多方协商和方法创新。在一定程度上讲，土司地区制度治理是土司地区管理的后续、补充和提档升级。以土司及土司地区出现的麻烦和问题为土司制度治理导向、以寻求解决土司及土司地区出现的麻烦和问题为治理目标，这是王朝国家土司地区管理与土司地区制度治理实质区别所在。因此，能否有效解决土司及土司地区出现的麻烦和问题，是检验土司制度治理效能的根本标准。

二 土司制度治理效能的实绩

由于元明清时期土司制度体系的构成多元而复杂，因此，土司制度效能的评估标准和评估方法也很难凭借统一的标准和方法作出客观、公正的评估。不过，我们可以从土司制度形成的合法性、土司制度体系的完善性、土司制度执行的可操作性、土司制度实施的功效性等方面来考察。

（一）土司制度治理的制度化

土司制度是王朝国家治理土司及土司地区的根本，依靠土司制度进行治理是王朝国家维护土司地区长治久安的基本要求。明清时期从中央王朝到西南、中南及西北相关的行省、府州县，均负有统筹、指导、组织制度治理的重要职责，并将土司制度治理做到制度化。以土官土司的职官为例，元朝时的宣慰司、宣抚司、安抚司、招讨司等名称，既用于土官土司的官职名称，也用于非土官土司的官职名称；而明代及清代，这些名称仅用于土官土司，使职衔名称制度化。土司承袭是土司制度的核心内容，明清两代逐渐健全与完善土司承袭制度。明代中期颁布了《土官袭职条例》，中央政府对土司承袭次序、承袭程序、承袭文书等作出了明确的规定。① 清政府在此基础上颁发了《土司例纂》，其中"官员袭荫""土官承袭·处分则例""土官袭替·通行""土官承袭·验封司则例"② 等涉及土司承袭内容更加制度化。正是因为有制度化的土司承袭制度，才确保了各地土司在承袭职位时基本上得以顺利进行。因此，土司制度治理必须强化制度治理意识，不能单凭中央王朝或府州县官员的偏好，或个人意志，随心所欲进行"治理"。明清两代逐渐提高运用土司制度进行王朝国家治理的能力，增强土司制度在土司地区治理的权威性。

（二）土司制度治理的规范化

土司制度规范和土司制度治理过程规范是土司制度治理的核心要务，

---

① 云南省志编纂委员会办公室：《〈明实录〉有关云南历史资料摘抄》，云南人民出版社1959年版，第1055—1056页。

② 黄炳堃等：《土司例纂》，光绪十七年（1891）腾越厅板藏本。

第八章　土司制度治理的政策、举措与效能

推进土司制度规范治理是王朝国家治理土司及土司地区的关键。土司制度治理有一个逐渐规范化的过程，在这个过程中也在根据各土司地区的不同情况，遵循一定的治理规律，不断细化治理标准，加强土司制度治理力度。如涉及"私越冒度关津"问题，《大清律例》和《土司例纂》有一定修改，主要原因是前者是乾隆五年（1740）钦定的，后者是嘉庆十九年（1814）、咸丰二年（1852）修订完善的，在《土司例纂》之"私越冒渡关津"条中增加了两条内容：第一，"缘边关口，有熟识路径奸徒引领游民私自偷越，或受贿引送夹带违禁货物之人出口者，除将偷越及夹带本犯各照律分别治罪外，其引送之人，如审系仅图微利并无别情者，照违制律杖一百，加枷号一个月，交该管官严行管束；如偷越之人出口别有奸谋，该犯明知引送婪索多赃，照守把之人知情，故纵律治罪，兵弁失于查拏，照例参处"。第二，"指引逃匪偷越出口之犯，如实系不知逃匪情由，仅止私行引送者，仍照违制律问拟外，若明知逃匪故行引送者，照故纵律与犯人同罪，至再犯、三犯者，各按本罪，以次递加，得财故纵者，计赃从重论"①。这对土司及土司地区的治理就比《大清律例》的有关条款更加规范。又如在《钦定六部处分则例》中有"土官议处事件"，明确规定了土官土司哪种罪属于"公罪"，哪种罪属于"私罪"，其具体内容如下：②

> 一，凡议处土官事件，除降留处分仍照例敷议外，其应降一级、二级、三级调用者，改为降一级留任；应降四五级调用者，改为降二级留任；应革职者，改为降四级留任；如遇贪酷不法等罪，仍照例斥革。
>
> 一，凡土苗夷录倮，有犯命盗、抢掠等案在逃，扣限六个月；查参将该土官住俸，勒现一年；缉拿限满不获，降一级留任（公罪）；俟缉获本案逃犯，准其开复或拿获别案凶犯亦准其抵消。若应议降级留任处分，积算已至五案，即将该土官革职（公罪），择伊子

---

① 黄炳堃等：《土司例纂》，光绪十七年（1891）腾越厅板藏本。
② （清）文孚：《钦定六部处分则例》（卷四十），图书集成印书局，光绪十八年（1892）铅印本。

弟贤者承袭。

一，隔省隔邑关提案犯土苗，该土官以文到之日为始，限四个月拿解，如限满不解，查系有意徇庇者，土官降三级调用（私罪）；系拿解迟延，照事件迟延例议处；若案犯果系在逃，亦限六个月查参，将该土官住俸限勒一年，缉拿限满不获，降一级留任（公罪）；积至五案亦革职（公罪）。

一，各省凶犯逃入潜匿土司地界，该土官失于查察，每名降一级留任（公罪）；知而不行拿解者革职，仍准亲子承袭（私罪）；系受贿隐匿者，革职提问，不准亲子承袭（私罪）。

一，黔楚相接植之苗，有因小忿操戈，土官失察，聚众不及五十人者，罚俸三个月；五十人者，罚俸六个月；百人者，罚俸一年；百人以上者，革职（俱公罪）；若知情及通，同均分财物者，革职治罪（私罪）。

一，无土官管辖之生苗为盗，该土官照野贼苗蛮扰害地方之例议处……其有土官管辖之熟苗为盗，该土官明知故纵者，革职；养盗殃民者，革职提问（俱私罪）；若失察，苗蛮侵犯城池及聚众六七十人以上为盗，该土官亦革职（公罪）；其平常盗案，该土官照土官承缉不力例按限处分。

一，番人入内地为盗，将该管有俸之土司住俸俟三年，无犯仍给予俸禄；若三年内连犯三案者，革去职衔（公罪）；其无俸之土司失察一起者，降职一级，戴罪图功，俟三年无犯，准其销案；若三年内连犯二案者，革去职衔（公罪）；俱择应袭之人承袭，并令该督抚于疏防本内，将该土司有俸无俸之处声明，以凭查议。

一，苗疆地方凶苗伏草捉人勒银取赎，该土官失察一起者，罚俸三个月；二起者，罚俸六个月；三起以上，罚俸一年（俱公罪）；若知情及通同取利者，革职治罪（私罪）。一，贵州、云南、四川等省顽苗绷掠人口辗转贩卖，该土官失于查拿，一年内经别处拿获至三十名者，革职（公罪）。

一，土官讳盗，降四级留任（私罪）。

这里的所谓"公罪"就是指土官土司在执行公务中发生错失和违法

行为，是属于过失犯罪，是土官土司没有追求个人私利的违法动机，如办事错谬、怠忽职责等。所谓"私罪"是指土官土司在执行公务中为谋求个人私利而发生的违法行为，或与土官土司职务无关而有违他们道德的行为，如滥用职权、贪污、受贿、生活作风等。从《钦定六部处分则例》中有"土官议处事件"的规定可见，清政府对土官土司的治理不是粗放式治理，而是逐步提高制度治理规范化水平，使土司制度治理趋于规范科学，治理有效。

（三）土司制度治理的程序化

土司制度治理程序化是指土司制度治理以及土司犯罪的处理过程必须符合法律、法规、规章及规定的相关程序，这是王朝国家治理土司及土司地区的重要路径，依照法律、法规、规章及规定的程序实现治理是王朝国家治理土司及土司地区的必要条件。在土司制度治理过程中只有遵循治理程序，才能符合王朝国家治理规律。明清中央王朝在土司制度治理过程中逐渐使国家治理趋于程序化。如明清中央政府设定了一系列项目繁多的土官土司承袭流程和操作严格的核查机制，试图通过土司承袭程序的实施以达到强化中央王朝对土司的治理。从明代到清代，土司承袭程序也在不断创新。如从明代土官土司须"赴阙受职"到"停其亲身赴京"，是土司承袭程序上的改革。《明会典》中对应袭土司还有"连人保送赴部""起送赴京袭职""照例保送赴京袭替"[1] 的规定。《明史》卷三百一十说得更为明确："袭替必奉朝命，虽在万里外，皆赴阙受职。"[2] 但随着时间的推移，明代中央政府觉得推行土官土司"赴阙受职"有一定难度，于是又有"令极边有警地方，暂免赴京""令该管衙门，作速查勘明白，……填凭转给土舍，就彼冠带袭职"[3] 等规定。清初承袭土司之人，仍需"亲身赴京"授职；康熙年间则取消这一规定。《钦定大清会典事例》卷五百八十九载：康熙十一年题准，"土官袭职，停其亲身赴京。取具地方官保结并宗图，呈报该督抚保送，到日准其承袭"[4]。

---

[1] （明）申时行等修：《明会典》卷6，中华书局1989年版，第31页。
[2] （清）张廷玉：《明史》卷310《土司·序》，中华书局1974年版，第7982页。
[3] （明）申时行等修：《明会典》卷6，中华书局1989年版，第31页。
[4] （清）乾隆：《钦定大清会典则例》卷110，乾隆十三年（1748）抄本。

土司承袭程序的改革，大大降低了土司承袭的社会成本，在操作层面上更显科学。土司制度治理程序的建立，形成了层层制约机制，王朝国家设立一道道程序，实际上就是经过了一道道安全阀，这就把土司制度治理的风险降到最小，把土司制度治理效益提到最大。

三　土司制度治理效能的评估

元明清三代实施的土司制度前后延续了五六百年，在西南、中南及西北土司地区产生了广泛而深远的影响。由于土司制度治理土司及土司地区的长期施行，王朝国家对土司地区的治理逐步加强，甚至深入土司地区基层社会的阡陌之间。特别是中央王朝允许土司职位传承、通过在土司地区兴办各类学校、开科取士等途径，明清中央王朝培养了土司及辖区民众对王朝国家的认同，不仅为土司地区成为王朝国家有效治理的区域奠定了坚实的基础，而且为全面开发土司地区、加强中华民族共同体建设创造了有利的条件。长期以来，土司学界对土司制度治理的研究不够深入，甚至缺失全面、公允的评价。在此，拟从积极和消极两个方面对土司制度治理效能予以评估。

（一）土司制度治理效能积极方面

元明清中央政府在"因俗而治"的民族政策指导下，对土司及土司地区实施土司制度治理，实现了使土司地区由"化外"到"化内"的转变，也就是由元代以前羁縻制度时期的"荒而不治"到元明清时期土司制度的"间接治理"，有利于促进土司地区与中央王朝及内地之间的联系，增进土司地区社会、经济和文化发展，促进多民族国家的统一。①

第一，王朝国家运用"以夷治夷"策略，加强对土司地区的治理。② 元明清中央王朝对土司地区治理策略是"以夷治夷"，这里的"以夷治夷"与元代以前的"以夷治夷"有实质性的区别。土司制度治理的本质就是中原王朝千方百计利用土司与土司的利益争夺、土司家族内部职位承袭的内部矛盾，以达到使各地土司相互牵制而中央王朝权力不断深入、下沉到基层社会的目的。元明清时期实行土司制度过程中的

---

① 邹建达：《西南边疆之战》，中山大学出版社2020年版，第420页。
② 方铁：《土司制度与元明清三朝治夷》，《贵州民族研究》2014年第10期。

"以夷治夷"之策,也就是王朝国家利用土司地区的内部矛盾使土司与土司之间相互牵制。从历史文献记载可见,元明清中央王朝在土司地区内部为争夺土司职位继承权、土地财产等资源的占有权的争斗过程中,往往坐观成败、渔翁得利,适当之时起到一个调停者的作用。元明清中央王朝在土司地区实施"以夷治夷"的策略,由原来公开为某些政治势力撑腰改为以官职授予、土司合法承继为诱饵,驱使各地土司为王朝国家尽忠;各地土司在土司与土司的利益争夺、土司家族内部职位承袭的争斗中,有期盼获得中央王朝的强力支持。土司制度治理在一定意义上的成功施行,终于实现元明清三代梦寐以求"以夷治夷"的设想。土司制度治理的对象既有各地土司,也有土司地区各族民众,换言之,其治理的对象是土司地区各民族共同体。元明清中央王朝通过授予国家官职控制土司地区的首领,依靠各地土司实现对个土司地区整体管控。土司制度在治理过程中之所以获得成功,是因为王朝国家实现了对土司地区"蛮夷"首领的有效管控,却未在根本上触动和改变土司地区的社会结构与运行机制,这就避免了可能招致的土司地区的强烈反抗。因此,从这个角度讲,土司制度促进了王朝国家对土司地区治理的加强。

第二,土司制度治理过程中"因地制宜",提高制度治理水平。土司制度的成功经验在于中央政府实施了"因地制宜"的治理方式。土司地区的行政制度做到"因地制宜",保留差异。如在宏观行政制度方面,虽然元明清时期在土司地区都实施土官土司制度,但藏族地区实施的是政教合一制,白族、罗罗族(彝族)、傣族、僮族、土家族、苗族、水族、布依族等族的土官土司制度是军政合一制,景颇族等民族的土司制度则是山官制等。即便是同一民族,土司制度的内容和形式也不尽一致,如藏族地区的土司制度除政教合一土司制之外,还有政教联合管理制、土千户土百户制、土屯结合管理制、土流并存管理制等。又如明政府对土司承袭也采取了因地制宜、灵活处理的策略。除部分土司的诰敕文书上规定"世袭"其职外,大部分土司都规定"不世袭"。这正如《土官底簿》"提要"所言:"其官虽世及,而请袭之时,必以并无世袭之文上请;所奉进止,亦必以姑准任事,仍不以世袭为词。"① 其主要原因在于"明自中叶而后，抚绥失宜，威柄日弛，诸土司叛服不常，仅能羁縻勿绝"②，中央政府对此采取"不世袭"的处理策略，以彰显中央政府的"驾驭之威"③ 和"驾驭之权"④。明朝对原来没有开设"世袭"字样的土司是不准世袭的，如云南宁州知州禄永成化二年十二月奉圣旨："禄永准做知州，还不世袭。"以及庶次男禄俸弘治十一年十一月奉圣旨："禄俸还著他做知州，不世袭。"⑤ 等。这种灵活处理"世袭"与"不世袭"的例子，在《土官底簿》中举不胜举。明代中央政府在必要时往往以"不守法度""有虚诈"或"不系世袭官员"等为借口，即行改土归流。

　　土司承袭次序，也采取"因俗而治"的方式。明清中央政府在元朝"宜从本俗"的土司袭替基础上逐渐完善，发展成为一整套程序严密的土司承袭制度。《元史》记载："云南土官病故，子侄兄弟袭之，无则妻承夫职。远方蛮夷，顽犷难制，必任土人，可以集事。今或阙员，宜从本俗，权职以行。"⑥ 明代政府承袭元代"因俗而治"的土司承袭制度原则，且逐渐加强对土司承袭制度的管理，相关规定日渐严格。《明史》载有："凡土司之官九级，子雄三品至从七品，皆无岁禄。其子弟、族属、妻女、若婿及甥之袭替，胥从其俗。"⑦ 明代"从俗"管理土司地区，制定土司承袭制度，土司袭替内容主要包含父死子继、兄终弟及、母女袭职、妻婿承袭、叔侄相立等，子、孙、兄弟、叔侄、族人、妻妾、女、媳、母均可承袭土司一职，并明确了先嫡后庶、先亲后疏的承袭次序。清代的土司承袭制度在明代的基础上得到延续和强化，进一步明确土司职位的承袭对象与秩序，在坚持"嫡庶不得越序"的原则的同时，又规定："各处土司嫡长子孙承袭，其支庶子弟中，有驯谨能办事者，俱许本土官申请督抚题给职衔，令其分管地方事务，其所授职衔，视本土官降

---

① （明）佚名：《土官底簿》，参见《钦定四库全书》，中华书局1991年影印本，第1页。
② （明）佚名：《土官底簿》，参见《钦定四库全书》，中华书局1991年影印本，第1页。
③ （明）申时行等修：《明会典》，中华书局1989年版，第626页。
④ （明）佚名：《土官底簿》，参见《钦定四库全书》，中华书局1991年影印本，第1页。
⑤ （明）佚名：《土官底簿》，参见《钦定四库全书》，中华书局1991年影印本，第35页。
⑥ （明）宋濂等：《元史》卷26，中华书局1976年版，第589页。
⑦ （清）张廷玉等：《明史》卷72，中华书局1974年版，第1752页。

二等。"① 这些明确、严格、具体的土司承袭次序，在"因俗而治"的同时又发生诸多变化，这使得清代的土司争袭纠纷明显少于明代，有效防止了土司争袭事件的发生，从而提高王朝国家运用制度治理土司和土司地区的水平。

第三，从"剿抚并施"到"剿伐"为主，再到改土归流，将土司制度治理提高到最高水平。元代在治理土司时尚未采取"剿抚"之策。有明一代，王朝国家对土司的治理时有征剿和招抚并用。明清统治者在剿抚并施之时，也有令最高统治者担忧的一面。正如明太祖所言："抚之而过在太宽，剿之而过在太严。"② 余贻泽先生认为："明代土司当有叛变，明廷对付方策，为抚剿并施。而或抚或剿，殊无一定之主张。每一变乱发生，各大臣主抚主剿，争议不一。但有明一代，主抚者究占多数。"③ 其实，"抚剿之策，亦不能超越一定范围。而明廷抚即失之太宽，剿又失之不彻底。抚之太宽，则示之以弱；剿之不彻底，则不足为戒。何谓抚之太宽？土司土民犯罪，自当绳之以法。若只图息事，或以蛮俗异性，优容不惩，使其益增骄慢，则虽朝廷示以厚德，而显失威信，不足以维法制。如马龙他郎甸蛮掠不剿，散毛宣抚重罪亦仍许承袭，保清土舍死罪而仍给官，临安普名声抚之益骄，此皆抚而失之太宽者也。何谓剿之彻底？朝廷既兴师剿伐，当坚持主张，不宜时剿时抚。且剿伐之后，宜一一改流，若仍给授土官，是乱机未灭，殊非为政者之良谋。如四川芒部设流官后改土司治理，王守仁平贵州广西土司之乱，多主仍复土官。其他如将官贪财，乱用兵剿，时多杀伤，致起深恨，皆非剿策之正道也。"④ 对于剿抚如何拿捏，这确实考验统治者的智慧。清王朝对付各地土司之策略与明代有所不同。清初的水西安氏之役，完全是兴师讨伐；雍正年间的乌蒙之役、田州之乱以及乾隆年间两次大小金川之役，都是彻底剿灭。也就是说，清代对于各地土司的变乱，已无妥协、商量和招抚的余地，所以清代各地土司均畏威伏法。同时，清代剿伐之后都是改

---

① 《钦定大清会典事例》卷145《吏部·土官》，清光绪二十五年原刻本景印，新文丰出版公司1976年版。
② 《明太祖实录》，"中研院"历史语言研究所校印本1962年版。
③ 余贻泽：《中国土司制度》，正中书局1944年版，第33页。
④ 余贻泽：《中国土司制度》，正中书局1944年版，第33—34页。

土归流，并且清廷的改土归流是主动改流。清王朝的剿伐和改土归流，甚至分建土司，这是清王朝治理土司的策略。概而言之："土司若有乱，则剿伐之，平定后，治以流官，为最彻底之方法。无乱，则逐渐分土而众建之，使其势散力弱；作为设流之准备。清末土司之存在者，仅西南沿边（云南徼外，川康，川甘，川滇）极鄙野之地；比之清初之满布西南各省者相去甚远；此皆上三策所奏之功效也。"① 总之，明清中央王朝的剿抚并施，是一种从抚到剿、由弱渐强、以剿伐为主的治策，其目的在于维护中央王朝的统治，实现王朝国家的"大一统"。笔者认为，明清中央政府从"剿抚并施"到以"剿伐"为主，再到改土归流，将土司制度治理提高到最高水平。

第四，保存云南沿边土司是国家边疆治理的需要。清王朝在雍正年间大规模改土归流之后，还保留了很多土司，魏源在《雍正西南夷改流记》之附录有载：凡土司之未改流者，四川宣抚使三，安抚使二十有一，长官司二十有六，副长官司一；云南宣慰使一，宣抚使四，副宣抚使二，安抚使三，副长官司三，土府四，土州四；贵州长官司六十有二；广西土州二十有六，土县四，长官司三。其四川、青海之间，别有土司数十，别隶西藏达赖喇嘛者，不在此数。② 有的专家学者在研究土司制度的过程中，认为清代改土归流最大的遗憾或者说最大的问题是改土归流不彻底。其实，我们只要认真阅读有关文献，深入探讨土司问题，就会发现清代中后期留存的土司有两个特点：一是内地留存的土司基本上职级很低、辖地较小，已无实力与中央政府作对；二是云南徼外留存土司，是以此"为中国之藩篱，自系传统政治之上策"③。可见清代保留云南沿边土司，王朝国家有其长远的考量。至于清王朝"而割让孟密、木邦、孟养、蛮暮、孟艮等土司与英，猛梭、猛赖、猛乌、乌得等土司与法，是清廷自毁其藩篱耳。欲保存边地土司以安边，而终于不保者，盖因土司固非安边缴保藩篱之人也"④。这是清廷实力不如外国列强所造成的，这是另一

---

① 佘贻泽：《中国土司制度》，正中书局1944年版，第76—77页。
② （清）魏源：《圣武记·雍正西南夷改流记》，岳麓书社2011年版，第298—299页。
③ 佘贻泽：《中国土司制度》，正中书局1944年版，第77页。
④ 佘贻泽：《中国土司制度》，正中书局1944年版，第77页。

个让国人痛心的问题,不在本书讨论之列。

我们从《滇事杂档》中可见,保留云南沿边土司确实是王朝国家边疆治理的需要。该档案数次提及清代设立土司的目的:一则曰:"设立土司土舍,原为约束夷民,干御边圉,该土舍所属夷民不能差遣,安用土司为耶?"① 二则曰:"朝廷设立土司土舍,原为尔夷人远处极边,语言不通,嗜欲不同,上纳钱粮,跋涉奔驰,是以令土司土舍就近管理,钱粮交起代完,遇有雀角事件,为尔等判断,设有匪徒滋扰,亦为尔驱逐,系尔等父母官一般,尔等应当遵之敬之,听其教诲。"② 三则曰:"照得朝廷设立土司、土舍、掌寨,原所以固卫边圉,而土司掌寨亦须邻封交好,穷困相扶,患难相卹,外侮之来,彼此呼应,方能捍御。"③ 四则为临安府知府认为:"土司土舍为朝廷藩篱,边外有事,即须调练防堵;而本境地方夷民人等,遇有为匪不法,重则送州县本管官究办,轻则自行惩处,务使夷民安业,地方安静,方为无忝厥职。"④ 总之,王朝国家保留云南沿边土司,对外要拱卫王朝、捍卫边隅;对内要安抚夷民、缉匪捕盗、收纳钱粮,遇到不法行为和社会乱象,必须共同治理,实现"变乱为治"的目标,以充分体现王朝国家与地方流官、各地土司共治边疆的一致性。然而,清王朝的目的并未能实现,对此,佘贻泽在《中国土司制度》中有一段精辟的论述:"然而保存沿边之土司,其策略不能不加以苛责。清廷保存沿边各地土司,尤以云南为多,其用意盖在'作为藩篱'及'不为心腹之患'。细考清廷对于边境之政治,多酋统治部落,藉以保边。实则此种利用办法,于外患发生时,往往归于失败。清末西藏与新疆之事,可为明证。盖彼土酋即未受中央政府诠选之训练,亦非有若何考绩方法;或受外力引诱,或竟自身为乱,殊非安边之策也。"⑤ 笔者从《滇事杂档》发现,清王朝在云南边疆治理土司及土司地区为什么未能达到理想的状态,除了佘贻泽所论述的

---

① (清)胡启荣等辑:《滇事杂档》,"札落恐土司舍"条,道光十三年至道光二十七年(1833—1847)抄本。
② (清)胡启荣等辑:《滇事杂档》,"示小圩寨(二十四日)"条。
③ (清)胡启荣等辑:《滇事杂档》,"札猛喇猛丁(二十日)"条。
④ (清)胡启荣等辑:《滇事杂档》,"思陀司土舍李绍先禀·批"条。
⑤ 佘贻泽:《中国土司制度》,正中书局1944年版,第77页。

问题之外，我们认为，其弊端主要在于未能真正形成边疆治理体系。

一是云南沿边地区治理难度极大。主要缘于部分土司"主权两属"甚至"身属三国"①。明清时期我国沿边土司为了自身利益的最大化，加之明清中央王朝作为宗主国与藩属国的关系，中央王朝与中南半岛部分国家之间边境、疆界模糊，土司主权两属或多属，增加了中央王朝边疆治理的难度。车里宣慰司是一个"主权两属"的典型，《普洱府志》载："车里自元明时，以大车里应缅，以小车里应汉。顺治初设宣慰司后，而车里仍其故习，岁纳土赋入缅，或三五年必亲至缅国一次，供命惟谨，借以相安。"② 更有甚者，"猛赖地方，身属三国，一属我天朝，一属交阯（当时国名为越南，但时人多称交阯——笔者注），一属南掌，三国俱受职纳粮"③。由于他们在接受清政府委任和管辖的同时，又向缅甸或越南、南掌等国接受职衔、缴纳赋税，依附于两个或三个国家，因此，当云南沿边土司利用跨境族群、云南沿边土司"争袭争地"、边内"汉奸"乘机生乱等情况出现时，往往导致两个或三个国家之间发生争端，使清王朝在边疆治理过程中难度大增。

二是中央王朝治策不能安边。道光年间云南沿边地区实行的土司制度，原本就是一种效果欠佳的治边制度。时人认为，治边"须因地制宜，宜则边安，不宜则边不安"，所以"不能不协体制以安边""边吏治边，总以安边为主"④。《滇事杂档》之《照抄前道胡办理车里宣慰卷》总结说："如临安府属猛梭、猛喇、猛赖各掌寨，袭内地之职，而又无兼袭阯（这里指越南——笔者注）职；纳内地之粮，而又兼纳交粮；若不袭交职、不纳阯粮，越南动派目练数百人赴该猛坐催。若论体制，必应驱逐，然百余年来，越南屡有文来，称各猛旧系该国某府某州，索请给还。屡经前院宪奏明申饬，至今催袭催粮，依然如故。"⑤ 这实际上就是疆界未明造成的无法有效治理。同时，云南沿边地区居住着众多跨境族群，边内土司与跨境族群关系亲密，"如孟连土司与缅子结亲，时通来往，若论

---

① （清）胡启荣等辑：《滇事杂档》，"稿吾卡土把总龙跃池禀（十一月十一日）"条。
② （清）李熙龄：道光《普洱府志》卷18，板藏学署板，第6页。
③ （清）胡启荣等辑：《滇事杂档》，"稿吾卡土把总龙跃池禀（十一月十一日）"条。
④ （清）胡启荣等辑：《滇事杂档》，"照抄禀覆中丞稿"条。
⑤ （清）胡启荣等辑：《滇事杂档》，"照抄禀覆中丞稿"条。

体制,亦应禁绝,然相沿年久,且所来缅子不但不敢滋事,且于孟连土司极为关顾"①。九龙江内清王朝委任的土司管辖地方,"缅子"数百人常驻扎江外防堵戞于腊,由于缅国目练并不滋事,所以临安府历任文武官员均未驱逐"缅子"。正是由于上述种种情形,给云南沿边边疆治理带来"剪不断,理还乱"的困局。

三是云南沿边地方流官治策不落实。《滇事杂档》中关涉的纳楼、思陀、猛喇、纳更、溪处、瓦渣、稿吾、猛丁、车里、耿马、猛麻、镇康、南甸计13个土司,大多与越南、南掌(今老挝)、暹罗(今泰国),缅甸等国毗邻,在清代道光年间,这些地区的土司势力依然强大,清王朝对这些地区的治理,只能主要依靠行省之下的府厅县流官去治理。但这些地方流官在面对诸如"戞于腊""老挝""缅子"等跨境族群纷争、部分土司及"奸""匪"等纠外抢劫、攻打寨堡、烧房掘墓、奸淫妇女等社会乱象时,虽有"令""饬令""严拿""究办""惩处""岂容"等十分严苛的表态,以凸显其尽职尽责的动作和效忠朝廷的假意,但档案中大多是"妥速办理""凛遵""遵办""实报""具禀""查核""毋违""定行提府""押追不贷"等官话十足、避实就虚的语言,实际并不落实。清王朝的政策和制度在他们手中大打折扣,不能从根本上彻底治理边疆。

四是云南沿边土司与基层组织、民众之间治理不协同。《滇事杂档》呈现给我们的是,当时的云南沿边土司作为朝廷命官,他们"多半鬼蜮为心,动辄挟诈,昧见天良"②,在时局混乱之时是乘机生乱,谋求自身利益最大化,拼命压榨当地民众;团练和乡约虽是清王朝最基层的社会组织,但在地方流官与土司之间,成为一种摆设而已,根本上不能发挥应有的作用;而当时的"汉奸专以损人利己为心"③,民众亦时有参与杀人、放火、夺物、掘墓等事件。在这样的社会状态下,云南沿边地区民族民间作为协同者不可能深度参与边疆治理。

五是云南沿边土司寻机制造事端。云南沿边地区土司为了寻求自身利益的最大化,他们不惜损害辖区民众利益,通过多种形式制造事端,

---

① (清)胡启荣等辑:《滇事杂档》,"照抄禀覆中丞稿"条。
② (清)胡启荣等辑:《滇事杂档》,"札各土司(十一月二十四日)"条。
③ (清)胡启荣等辑:《滇事杂档》,"札各土司(十一月二十四日)"条。

给清王朝的边疆治理带来很大难度。如沿边土司经常利用跨境族群制造纷争。在土司制度实施前后，云南沿边地区跨境族群的存在都是一个不争的事实。《滇事杂档》中所载的"暹罗之戛于腊""南掌之老挝""缅甸之缅子"①，是该套档案中记述最多的三个跨境族群。其中，"老挝""缅子"两个族群"与车里系属一家"，有着同根同源的关系。《滇事杂档》载：缘车里土司与缅甸、南掌、交阯三国系属同派，其始祖叭贞共生了四子：长子恩冷守蓝纳，即今之缅甸；次子艾吽守猛交（即交阯，今之越南）；三子侬罕冷守南掌，今之老挝；四子叫凯冷，守车里。顺治年间，"其十九世孙刀穆祷投诚内属，得授宣慰使司之职，此系宣慰土司，每届请袭，叙入亲供"②。正是由于"缅甸之缅子、南掌之老挝，动称与车里系属一家"，故"车里目民常川（窜——笔者注）至南掌、缅甸、老挝，缅子亦常川至车里，其来已久"③。他们的民族认同远大于国家认同，所以当云南沿边地区土司利用跨境族群有意制造一些矛盾时，势必导致处理跨境族群关系的复杂化。同时，云南沿边土司族内争袭伤害地区稳定、土司舍目滥派钱粮增加民众负担。云南沿边土司未能承担应有的责任，这是引发云南沿边地区民众生乱的重要原因。

（二）土司制度治理效能消极方面

元明清中央王朝通过土司制度治理土司及土司地区，有一定成效，这毋庸置疑，否则，土司制度就不会存在五六百年。但是，中央政府通过土司制度治理土司及土司地区的过程中，国家意志与相关法令并未贯彻到基层社会，朝廷与土司之间、地方流官与土司之间、土司与土司之间、土司与辖区民众之间的矛盾逐渐凸显，激烈的纷争与强烈的变革难以避免。方铁先生认为："土司制度注定是历史舞台上的过客，条件成熟时必将被其他制度代替。"④ 土司制度治理土司及土司地区也必然被改土归流后的府州县地方流官所代替，这是历史发展的必然规律。从土司制度治理过程来看，其消极影响也十分突出。

---

① （清）胡启荣等辑：《滇事杂档》，"示谕刀太康及刀绳武是非曲直始末缘由告示"条。
② （清）胡启荣等辑：《滇事杂档》，"照抄禀覆中丞稿"条。
③ （清）胡启荣等辑：《滇事杂档》，"照抄禀覆中丞稿"条。
④ 方铁：《土司制度与元明清三朝治夷》，《贵州民族研究》2014年第10期。

第一，土司政治制度设计导致封建割据。土司制度实质上就是先秦时期世袭分封制的延续，各地土司不由选举担任职务、世代相袭土司，这就使各地土司游离于中央王朝有效管控的体制之外。加之各地土司控制着辖区的土地和人民，掌控着军政大权，随着势力的膨胀，他们就擅土自雄，尾大不掉，甚至反叛中央政府，思州思南土司、麓川土司、武定土司、思恩土司、田州土司、播州土司、水西土司、金川土司等就是这方面的典型。这些都是由于土司制度顶层制度设计导致国家治理的难度以及付出的巨大代价。

第二，土司经济制度造成对辖区民众的残酷剥削。各地土司通过政治特权占有辖区内的土地，辖区内凡领种土司役田的民众，都要服与役田名目相当的劳役，诸如有挑水、抬轿、割马草、喂马、看祖坟、赶鸟、洗衣服、劈柴、包粽子、煮粽子，土司祭祖时要帮土司看守祭品、扫楼、扛旗牌、杀猪、杀鸡、采买、供香烛、替土官斟酒、当奶妈、煮茶等数十种。凡领种土司的役田，要给土司定租、活租两种实物地租。定租实行固定租额，到收割时按原来定好的数额收租；活租是根据当年的实际收成实行分租制。一般上等田实行三七分成，中等田实行四六分成，下等田实行五五分成。民众需要在土司那里贷款，就有谷物贷、钱贷、猪牛贷、种贷等多种高利贷，其利率高，有50%、100%、150%等多种。辖区民众要继承财产、年节赶圩、修建房屋、婚嫁丧葬、渡河过桥、砍柴割草、生养子女等要给土司交苛捐杂税。土司经济制度使辖区内民众不得不承担名目繁多的强制性剥削。

第三，土司司法权导致各地土司草菅人命。由于各地土司掌握着辖区内刑事、民事等最高审判权，土司审案时凭其意旨，任其所为，生杀予夺，草菅人命的现象十分突出。如明代魏濬在《峤南琐记》说："土慢一人犯罪，土司缚而杀之，其被杀者之族尚当敛银以奉土司，六十两、四十两不等，最下亦二十四两，名曰'玷刀银'，种种朘削，无可告诉。"土司对辖区民众在日常生活上尚有诸多戒律："不准穿白色的服饰，不准穿绸缎洋布，不准穿长衫，不许打伞，不准骑马坐轿，结婚时不准扛旗、吹唢呐、打锣、坐轿，不准住砖房，不能与土官及官族对面讲话或同桌吃饭，不准在官族、商人面前坐凳，不准戴竹笠和提着烟筒上街，不准读书，更不准报考功名，等等。"①

  由上可见，土司制度设计存在诸多天生缺陷，土司制度治理不能从根本上弥补这些缺陷，最终不得不改土归流，由中央王朝流官治理土司地区。

---

① 《广西壮族社会历史调查》（四），广西民族出版社1987年版，第44页。

第九章

元明清时期土司制度治理之检讨

翻检文献和学界定论,"土司"一词出现于明代嘉靖年间,土司内容主要见于《明史·土司传》《清史稿·土司传》《明史稿·土司传》《土官底簿》《蛮司合志》等文献中。自"土司"一词出现之后,其使用频率远比"土官"一词高得多。据李世愉先生统计,《清实录》中"土司"一词计出现3678次,"土官"一词仅使用339次;《清史稿》中"土司"一词出现842次,而"土官"仅使用113次。① 这个统计数字说明,自明代后期以降,无论是政府官员,还是学界文人,已习惯使用"土司"一词了。

自元代开始,"以夷治夷"之策为统治者所采纳,土司制度逐渐成为管控或者说治理西南、中南和西北少数民族的一种管理制度。元明清中央政府的土司制度治理理念、举措、效果都不尽一致。在此,根据佘贻泽先生《中国土司制度》书中对明清土司之批评部分的相关内容,结合著者对土司制度与国家治理问题的理解,对元明清时期土司制度治理略作检讨。

第一节 元代土司制度治理

元代为土官土司制度草创时期,《元史·百官志》云:"宣慰司,掌

---

① 李世愉:《土司制度基本概念辨析》,《云南师范大学学报》(哲学社会科学版)2014年第1期。

军民之务，分道以总郡县，行省有政令则布于下，郡县有请则为达于省。有边陲军旅之事，则兼都元帅府，其次则止为元帅府。其在远服，又有招讨、安抚、宣抚等使，品秩员数，各有差等"①。又云："诸蛮夷长官司。西南夷诸溪洞各置长官司，秩如下州，达鲁花赤、长官、副长官，参用其土人为之。"②元代土官的设置，"或专为远服而设，或参用土人为之。而其法制规章，并未另有定例"③。元代土官的设置成了明清两代土司设置之根基。同时，元代土官设置已分文职和武职，为后来土官土司的分设打下了基础。但元代土官土司制度治理有两大问题：

第一，土官名称设置较为混乱，宣慰司、宣抚司、安抚司、招讨司等名称，少数民族地区有设置，汉族经制州县也有设置，内地与边境分别很小。当时在陕西行中书省、四川行中书省、湖广行中书省均设置有土官。

第二，元代对于西南地区的土官采取"荒而不治"的办法。其实，元代也"并非不治"，而是元代征服西南的过程中，多利用当地少数民族首领统治其地，这种"封官设治"的做法，逐渐让各地土官土司的势力增大。

第二节　明代土司制度治理

明朝建立后，各地土官土司"内附""归附"或"来降"，明王朝针对"西南夷来归者，即用原官授之"；土官土司官衔、职级的获取，则"以劳绩之多寡，分尊卑之等差"④。严格地讲，土司制度是在明代才真正完成了制度的定型，并使之成为王朝国家的一种固定的官职和国家管理制度。但就土司制度治理来考察明代各地土司，明代有六点不足：

第一，土司制度虽然建立，但尚未健全。按照佘贻泽先生的看法，"则觉一切法令规章，均属不全，升降考绩，漫无定制。土司数虽在千名

---

① （明）宋濂：《元史》卷91，中华书局1976年版，第2308—2309页。
② （明）宋濂：《元史》卷91，中华书局1976年版，第2308—2318页。
③ 佘贻泽：《中国土司制度》，正中书局1944年版，第9页。
④ （清）张廷玉：《明史》，中华书局1974年版，第7981—7982页。

左右，但无专司监视铨衡之官，亦无分级标准，及设置条例。承袭、朝贡，虽有定章，然其所能限制土司者，为效甚微。细读明史，知有土司与外夷之别者几希。"① 佘贻泽先生列举云南缅甸宣慰司、老挝宣慰司、八百大甸宣慰司等云南沿边各土司，明朝建立之初，他们纷纷来朝，明王朝就授予他们土官土司中级别最高的"宣慰使司"一职。然而，这些土司后来实力强大，不仅"骄慢自雄"，而且也不向明王朝贡献方物，有不认同明王朝的趋势。因此，明政府调官军征讨，这几个土司也不投降，"迹同外夷"，这种沿边土司让明政府感到十分棘手。云南边内各土司，他们有职衔、职级，辖区土民也要向明政府上缴一定的赋税，并且云南边内各土官，凡府以下的土官土司机构，中央政府"多参用流官吏目佐之"，这是云南边内土官与边外土官土司的不同之处。

第二，土司制度治理取得一定成效，尚未达到最佳效果。明朝初年对于各地土官的防制和监视比较严格，效果较好。明中叶之后，由于朝政出现问题，各地土官不断发展自身实力，有的土官土司逐渐坐大，甚至有"慢令玩法，无所忌惮"②的趋势。有明一代，比较早的"思州思南之乱""麓川之乱"，明代后期的"都掌蛮之乱""播州之乱""奢安之乱"都是制度治理不善造成的恶果。当然，在具体实施制度治理过程中，也有诸多失策之处，如乌蒙、乌撒、东川、芒部等地土官土司，他们在明初即"归附"，明王朝授予他们一定职衔封官，实际并未对这些土官土司实施有效治理，加之归属变化、统辖不一，导致后来事权不一、莫能控制，乱相环生。这或许是明代初年立法甚善、制度不严，加之统治阶级的继任者缺乏守法精神而所致。

第三，明代对叛变土司的剿抚之策左右摇摆，无确切主张。一是对剿抚范围拿捏不定，正如佘贻泽所言："抚即失之太宽，剿又失之不彻底。抚之太宽，则示之以弱；剿之不彻底，则不足为戒。何谓抚之太宽？土司土民犯罪，自当绳之以法。若只图息事，或以蛮俗异性，优容不惩，使其益增骄慢，则虽朝廷示以厚德，而显失威信，不足以维法制。……何谓剿之不彻底？朝廷既兴师剿伐，当坚持主张，不宜时剿时

---

① 佘贻泽：《中国土司制度》，正中书局1944年版，第32页。
② （清）张廷玉：《明史》，中华书局1974年版，第8065页。

抚。且剿伐之后，宜一一改流，若仍给授土官，是乱机未灭，殊非为政者之良谋。"① 明代凡发生土司反叛明王朝的事件之后，中央王朝和封疆大吏在对待土官土司的剿抚问题上，主抚主剿，争议不一，且主抚者占多数。在明王朝看来，大凡反叛事件发生，大多是对土司予以先抚，招抚不可，最后才兴师讨伐。由于明王朝没有形成"剿抚"一以贯之的策略，导致延误时日，最后使反叛事件扩大化。如播州杨氏之乱、水西永宁"奢安之乱"，无不是缺乏一以贯之的政策所导致的结果。

第四，众建土司实施不多，但对分化土司实力有着实质性的作用。明代治理土司的一个良好治策就是众建土司。自明朝丘浚在《广西众建土官议》中"众建官而分其权"的观点被统治者认可后，时任总督两广兼巡抚的王守仁，在《处置平复地方以图久安疏》中也提出了"分土目以散其党"的建议，并将这个观点具体化，可操作性强，众建寡力的做法如下：

一，田州各甲，今拟分设为九土巡检司；其思恩各城头，今拟分设为九土巡检司；各立土目之素为众所信服者管之。其连属之制，升授之差，俱已备有前议。但各甲、城头既已分析，若无人管理，复恐或生弊端。臣等遵照敕谕便宜事理，已先行牌仰各头目暂且各照分掌管，办纳兵粮，候奏请命下，然后钦遵施行。

一，田州凌时甲、完冠砦陶甲、腮水源坤官位甲、旧朔勒甲兼州子半甲共四甲半，拟立为凌时土巡检司，拟以土目龙寄管之；缘龙寄先来投顺，故分甲比众独多。

一，田州砦马甲、略罗博、温甲共三甲，拟立为砦马土巡检司，拟以土目卢苏管之。

一，田州大田子甲、那带甲、锦养甲共三甲，拟立为大田土巡检司，拟以土目黄富管之。

一，田州万洞甲、周甲共二甲，拟立为万洞土巡检司，拟以土目陆豹管之。

一，田州阳院右邓甲、控讲水册槐并畔甲共二甲，拟立为阳院

---

① 佘贻泽：《中国土司制度》，正中书局1944年版，第34页。

土巡检司，拟以土目林盛管之。

一，田州思郎那召甲、舍甲共二甲，拟立为思郎土巡检司，拟以土目胡喜管之。

一，田州累彩甲、子轩忾甲、笃忾下甲共三甲，拟立为累彩土巡检司，拟以土目卢凤管之。

一，田州怕何甲、速甲，共二甲，拟为怕何土巡检司，拟以土目罗玉管之。

一，田州武龙甲、里定甲共二甲，拟立为武龙巡检司，拟以土目黄笋管之。

一，田州栱甲、白石甲共二甲，拟立为栱甲土巡检司，拟以土目邢相管之。

一，田州床甲、砦例甲共二甲，拟立为床甲土巡检司，拟以土目卢保管之。

一，田州婪凤甲、工尧降甲共二甲，拟立为婪凤土巡检司，拟以土目黄陈管之。

一，田州下隆甲、周甲共二甲，拟立为下隆土巡检司，拟以土目黄对管之。

一，田州县甲、环甫蛙可甲共二甲，拟立为县甲土巡检司、拟以土目罗宽管之。

一，田州篆甲、炼甲共二甲，拟立为篆甲土巡检司，拟以土目王莱管之。

一，田州桑砦甲、义宁江那半甲共一甲半，拟立为砦桑土巡检司，拟以土目戴德管之。

一，田州思幼东平夫棒甲尽甲子半甲共一甲半，拟立为思幼土巡检司，拟以土目杨赵管之。

一，田州侯周怕丰甲一甲，拟立为侯周土巡检司，拟以土目戴庆管之。

一，思恩兴隆七城头兼都阳十城头，拟立为土巡检司，拟以土目韦贵管之；缘韦贵先来向官，故授地比众独多。

一，思恩白山七城头兼丹良十城头，拟立为白山土巡检司，拟以土目王受管之。

一，思恩定罗十二城头，拟立为定罗土巡检司，拟以土目徐五管之。

一，思恩安定六城头，拟立为安定土巡检司，拟以土目潘良管之。

一，思恩古零、通感、那学、下半四堡四城头，拟立为古零土巡检司，拟以土目覃益管之。

一，思恩旧城十一城头，拟立旧城土巡检司，拟以土目黄石管之。

一，思恩那马十六城头，拟立为那马土巡检司，拟以土目苏关管之。

一，思恩下旺一城头，拟立为下旺土巡检司，拟以土目韦文明管之。

一，思恩都阳中团一城头，拟立为都阳土巡检司，拟以土目王留管之。右各目之内，惟田州之龙寄，思恩之韦贵、徐五，事体于各目不同，而韦贵又与徐五、龙寄稍异。盖韦于事变之始即来投顺官府，又尝效有勤劳，宜不待三年，而即与之以实授土巡检以旌其功；徐五亦随韦贵顺投，而效劳不及，龙寄虽无功劳，而投顺在一年之前，二人者宜次韦贵，不待三年而即与之以冠带，三年而即与之以实授土巡检。如此，则功罪之大小，投顺之先后，皆有差等，而劝惩之道著矣。①

这种众建寡力、分而治之的做法，也就是将原来广土巨族的土司辖地划分为若干小片区，设立若干个小土司。王守仁针对广西田州、思恩两个土司衙署势力过大、事端频起而采取的设置土巡检司分而治之举措，最终实现了削弱土知州和土知县实力的目的，做到了"土官既无羽翼爪牙之助，而不敢纵肆于为恶；土目各有土地人民之保，而且不敢党比以为乱。"② 这是因为有的土司势大难治，裂其土以分其力。因此，佘贻泽

---

① （明）王阳明：《王阳明全集·顺生录之六·奏疏六》，上海古籍出版社1992年版。
② （明）应槚、刘尧诲：《苍梧军门总督志》，全国图书馆文献微缩复制中心1988年版，第262页。

认为:"分立土司,实为顺夷性,及限制大土司之善策。明代用此策者不多,但凡用之者,均有相当成效。"①

第五,明代土流并治或反叛剿平之后"复土"现象较为普遍。明代改土归流均为被动改流,且成绩不佳。除"平播之役"后播州杨氏土司被彻底改流外,其他改土归流者较少。明代在土官土司机构通常的设置是:在土官土司之下,设流官吏目辅佐(或监督)土司;或者流土分治,以流官掌民事,土官专职巡捕,兼有理征粮者;或流官于土官事权不相统属,流官无力,而被废革者。明代反叛土司剿平之后"复土"现象较为普遍,如四川芒部改土归流之后又复设土司治理地方事务;王守仁平广西思恩、田州土司之乱后,复设立若干个小土司或土巡检,均属于这种情况。

第六,征调土司土兵带来重大消极影响。明代中央王朝征调各地土司土兵参加军事活动,不仅维护了封建王朝的统治,促进了国家的统一、政治的稳定,而且间接促进了土司地区经济文化的发展。但笔者认为,明代征调土司土兵,其消极影响十分明显。在政治方面,土司土兵接受征调,他们就成为中央王朝用以镇压地方农民起义、维护统治的工具。同时,各地土司利用麾下的土兵争权夺地,成为维护土司在本境统治的军事力量,甚至成为土司反叛中央王朝的斗争工具。在经济方面,各地土司土兵经常性地参与中央王朝的征调,明显加重了中央王朝和西南各省地方政府的财政负担。在社会危害方面,土司土兵参与的无论是何种战争,对当时的社会都会造成一定的危害,甚至是巨大的危害。对此,《明史·土司传》指出:"然调遣日繁,急而生变,恃功怙过,侵扰益深,故历朝征发,利害各半。"土司土兵在行军过程中对社会秩序造成一定程度的破坏的例子较多。以广西狼兵为例,明政府征用土兵之初至正德初年这种负面效果逐渐显现。《明武宗实录》"正德五年三月甲申"条载:"巡按两广御史江万实上言边务:……一、顷因林贵遘诛,调用狼兵,所过剽掠劫杀,鸡犬不遗,谋之不藏,莫甚于此。然事已无及,愿自今勿轻调用,兵部议覆。从之。"《万历野获编》卷4《夷兵》云:"土司兵最不宜调,其扰中国甚于胡虏。嘉靖间倭警,调阳麻兵,调瓦氏狼兵,俱

---

① 余贻泽:《中国土司制度》,正中书局1944年版,第36页。

贻害东南最惨，而终不得其用。顷救朝鲜，又赦播州杨应龙之罪，调其兵五千，半途不用遣归，以此恨望再叛。正德间，流贼刘六刘七之乱，亦调永顺、保靖两宣慰兵协剿，一路聚劫，人不能堪。流贼戏谓我民曰：吾辈来，不过为汝梳；彼土司兵乃为汝篦矣。盖诮其搜剔之愈密也。"① 从上述引文可见明代土司土兵参与有关战争对基层社会秩序造成破坏的情况。

第三节　清代土司制度治理

清代是土司及土司制度式微的时代，其主要标志在于雍正年间大规模的改土归流，乾隆年间两次大小金川之役以及清末的川边改土归流，经过此三轮，各地土司已经势单力薄，无力与清王朝抗衡。就清代土司制度治理，有几点值得关注。

第一，清王朝土司制度更加完善、执行更加严格。清代宏观土司制度内蕴的土司制度中不仅有土司职官制度、承袭制度、朝贡制度、征调制度、升迁制度、奖惩制度、文化教育制度等专项制度，而且还增加了分袭制度、安插制度、考核制度等。如土司承袭的程序、应袭土司的次序，所有条文规定十分清楚，所以清代土司争乱事件鲜见。各地土司在承袭过程中，清代政府赐给各地土司的信物有诰命、敕命、印信，新增了号纸，则省去了冠带、符牌等信物，使制度治理更加完善。清代土司制度在明代土司制度的基础上有补充与完善在具体执行的过程中，比明代更加严格。清王朝限制土司的办法十分周密。对于土司如何管理辖区民众，清王朝没有明确规定。佘贻泽先生认为："平时对土司不加干涉，及骄态已成，贪暴最著时，乃讨伐之。此不但时劳师干，亦非政治之良策。"②

第二，清王朝对付土司的策略。清王朝针对土司兴起的反叛或制造的乱象，会毫不犹豫地予以征剿。如清初的水西安坤之叛，雍正年间乌蒙之役、田州之乱，乾隆年间大小金川之役，中央政府一律主张剿灭。

---

① （明）沈德符著：《万历野获编》卷4《夷兵》，中华书局1997年版，第926页。
② 佘贻泽：《中国土司制度》，正中书局1944年版，第78页。

清王朝对土司的变乱已无妥协的余地和空间。所以，清代土司大多能畏威伏法，极少变乱发生。清王朝对出现变乱的土司剿伐之后都是改土归流，并且是积极主动作为，治以流官。即便到清末时，地方流官也能够以某种名目推进改土归流，如锡良在云南镇康土知州员缺而推行改流的案例。① 其奏折如下：

土司员缺久悬异族图袭拟请改流以弭边衅折
光绪三十四年三月十二日
奏为土司员缺久悬，异族图袭，拟请改流以弭边衅，恭折仰祈圣鉴事。

窃查云南向设镇康土知州一员，隶永昌府管辖，界连缅甸，夷、汉杂居。自光绪十六年，前土州刀闷锦图被土族刀老五勾结外匪戕害踞城后，其子纯祖、纯兴均因年幼，未能任事，札委锦图之嫡妻刀闷线氏护印抚孤。先是有该前土州刀闷济抚养罕姓子所出之刀上达即刀闷纯䘏，蓄意争袭。刀老五及继起之缪八、陈小黑等，迭次纠匪滋事，刀上达母子均隐与其谋，并有其母族戚南甸土司阴为之主。嗣因纯祖、纯兴相继夭亡，线氏续故，应袭刀闷绳位潜居缅甸，久不归来，以故刀上达之谋益急，而现在护印之刀闷罕氏复有赘婿罕荣邦亦图争袭。土民狡黠者，各援其党，造谣煽惑，边境骚然。经奴才密饬署永昌府知府谢宇□亲往查明。该土族等互谋吞噬，构乱有年，微特此时无应袭之人，即勉强迁就，为之抚立，而亲离众叛，亦决难一日相安，势非改土归流，认真整顿，不足以杜反侧。该处土目、土民，困于土司苛虐，亦以承袭久虚，深愿迳隶汉官治理，共表同情。奴才督饬司道公同酌议，拟即改土归流，暂设委员一员，驻扎弹压，畀以权责，任以抚绥。一俟改办就绪，应否添设流官，再行酌夺办理。至该土州授官分土，相沿已数百年，应请仍留原衔，作为承祀官，择其稍近之支族，准予世袭，不理民事，仍酌量拨给田庄，俾资养赡。似此一变易间，庶几边事可资整顿，汉、夷得以乂安，其裨益实非浅鲜。据云南藩、学、臬三司会同粮储道、

---

① （清）锡良：《锡良遗稿奏稿》（第二册），中华书局1959年版，第784—785页。

善后局具详请奏前来。

除分咨外,谨恭折具陈,伏乞皇太后、皇上圣鉴训示。谨奏。

五月二十日奉朱批:"该部议奏。"

赵尔丰、傅嵩炑等在川西积极推行改土归流,且取得十分显著的成效。特别是赵尔丰在川西地区改土归流历时七载,"计尔丰所收边地,东西三千馀里,南北四千馀里,设治者三十馀区"①。可见,清王朝对改土归流作出巨大贡献。

第三,清王朝对土司的不法行为予以严惩。清代土司之不法,鄂尔泰在奏折中说:"其钱粮不过三百馀两,而取於下者百倍。一年四小派,三年一大派。小派计钱,大派计两。土司一取子妇,则土民三载不敢婚。土民有罪被杀,其亲族尚出垫刀数十金,终身无见天日之期。"②甘汝来在《条陈土司利弊议》中列举其不法:③

> 查各土司头目,亦世代传充,盘踞把持,无恶不作,遇事指一科十,过倍分肥。土官之罢软者,酒色是图,倦于听断,往往批委审理民词,居然以官法从事。故土民平时见之,亦辄行跪叩礼,俨然又一土官也。委任之久,渐至恣肆鸱张,而土官已受其胁制,敢怒而不敢言。土官或稍聪察,约束紧严,不便于己,辄生怨望。甚或勾通左右、亲族,暗图毒害,土官畏之直如芒刺在身,而又不能猝去也。种种凶顽,诚堪发指。请饬土司,将此辈概行革斥,另召老实者充役。敢有不服革逐者,即锁拿解府,按法重处。仍将新役名、数造册,报府稽查。去此巨奸,官民得安衽席。

> 查土官岁有田亩租税,又有相沿旧例,如婚嫁丧葬等项。规馈之入,在土官,已坐享丰厚;在土民,已苦于供亿。而贪婪者,尚于额外巧立名色,百计诛求。边鄙穷黎,奚能堪此?今后,除租税

---

① (民国)赵尔巽:《清史稿》,天津古籍出版社2012年版,第4244页。
② (民国)赵尔巽:《清史稿》,中华书局1977年版,第14204页。
③ (清)甘汝来:《条陈土司利弊议》,参见《甘庄恪公全集》,乾隆五十六年(1791)赐福堂刊刻本。

规馈外，不许一毫妄派，并令每年终，先将租税、规馈数目造册，报府存案。次年春，出示各村，照额输纳。如有滥勒，即许赴府控告，严审详夺。如无吉凶事务之年，规馈亦免。除此苛敛，土民之困稍舒。

土司在辖区虐待土民已习以为常，其原因在于土司为世官，土民为世民。辖区土民是既不敢怒也不敢言，但清王朝对于土司的过分行为，或革职，或改流，或安插他省，或发配极边之地。

第四，改土归流是清代土司制度治理的大趋势。清王朝对于明代以来各地土司"世领其地，积势坐大，强占一方"① 的情况十分不满，因此雍正朝开始强力推行改土归流，先是在川滇黔三省交界的乌蒙、乌撒、东川、芒部等地改土归流，接着在称雄桂滇的田州、恩州各土司地改土归流，再接下来是在湖广及川东、黔中、滇中等地改流。清末之时，锡良在云南改土归流，并有《筹覆滇省土司改土归流情形折》②，内容如下：

奏为遵旨筹覆滇省土司改土归流各情，恭折密陈，仰祈圣鉴事：窃于光绪三十四年八月十三日承准军机大臣字寄：七月初八日奉上谕：都察院代递云南耆民等呈称，土司暴虐，惨无人理，请改土归流，以救民生等语。著锡良按照所呈各节，体察边情，公筹办理。原呈单著钞给阅看。钦此。仰见朝廷廑念民艰，眷怀边事之至意，钦佩莫名。

伏维滇省西南沿边土司以数十计，历来边吏，其贤者徒以羁縻为心，不肖者竟以贪婪取悔，驯至各土司日益骄态，骎骎坐大，几于为所欲鸷，形同化外。该耆民所呈南甸土司暴虐各情，虽不无归恶已甚，然土民之久苦苛政，与土司之习为专横，则犹不独一南甸也。

奴才自去年到任后，即以腾越、永昌等处所属土司，毗连缅甸，凡边民之疾苦，边计之稠缪，皆应及时注意。旋闻腾越之干崖土

---

① 余贻泽：《中国土司制度》，正中书局1944年版，第79页。
② （清）锡良：《锡良遗稿奏稿》（第二册），中华书局1959年版，第827—829页。

刀安仁，自东洋游历而归，擅自订延各项教习，当饬署云南提学使叶尔恺、前护迤西道秦树声，严行驳斥约束，仍不免阳奉阴违，近据道路传闻，多谓其心存叵测。其余腾属、南甸等六土司，或昏庸相继，民厌诛求；或承袭久悬，政操豪猾；又以彼此之壤地相接，世为婚姻，遇事辄阴相狼狈。即如永昌属之镇康土知州，前因该土职本支应袭无人，迭次构乱，奏明委员驻扎，试办改流，经该署知府谢宇□督员亲驻其地，布置经营，所属土民，绝无梗阻，而各土司乃胥动浮言，希图播弄。窃为统观全局，欲期边境长治久安，自非将土司改土归流不可。而改流利在土民，雅非各土司所愿，若枝枝节节以图，转恐徒以趣其向外之谋，甚或速其发难之举。

近时官绅颇有建议，宜将腾越等处沿边土司，一举而尽改之。其议非不甚韪，顾奴才所为其难其慎，未敢据以上请者。一曰兵力，各土司虽难解其事权，仍令世其禄位。第改流之始，断难期帖然服从，非得大枝精兵，屯扎边界，不足以资镇摄。一曰财力，边地不皆荒瘠，异日善为设筹，未必须仰给内地。第当甫经改革，则一切建置之费与夫教养之图，不能不需钜款。以滇省现时情形，安得有此兵力、财力。然奴才区区之愚，以为此犹不过一时之为难，而百年本根之计，犹不与焉。

夫国家改土归流，固以拯其人民，初不利其土地。必得贤有司与民更始，尽除苛虐，力跻康和，俾土民咸知汉官之远胜土官，心悦诚服，而后愚梗无虞反侧，边陲永庆乂安。滇省吏治之颓，人材之乏，历经奏陈宸鉴。又安得如许循良之吏，以分置诸边瘴之乡？则奴才所日夜思之而尤虑无以善其后者也。

为今之策，前说既未能骤行，挽救要不容稍缓。迭经严饬管辖土司之各地方官，暨出示晓谕，先将汉官向取于土司之一切规费禁革净尽，俾该土司无从藉口虐取；并于补署各边缺时，加意遴才，以清其源而正其本。一面札饬护理迤西道刘钧，将所属未办承袭之土司，赶紧查明应袭之人，为之请袭，一洗从前需索留难之风，以安其心而涣其势。仍饬刘钧等宣布德威，相机抚驭；并严密稽查防范，以格其顽而伐其谋。倘再查有甘蹈法令以及阴蓄异图，即当随时奏明，请旨遵办。

惟是缓急操纵，亦必以兵力相辅而行。滇省饷绌兵单，西防空虚尤甚。前已调昭通镇总兵张嘉钰署理腾越镇，饬将所统巡防各营，认真整顿训练。又滇省陆军现筹添练成镇，拟于大理府分练步队一标，以为控驭迤西之劲旅，亦已派员前往就地征兵。此奴才近日整备腾越等处边事之大略暨通筹暂难改土归流之实情。

至于原呈所称南甸命案，曾据腾越厅同知禀报，迭获从犯。兹又严饬务须究出正凶获办，毋得玩延。镇康试办改流一案，亦经屡饬该道府妥慎办理，务以体察民情为主义。

但以上皆边计要图，诚恐露章陈奏，转滋疑虑。所有遵旨筹复缘由，谨密折具陈，伏乞皇太后、皇上圣鉴。谨奏。

光绪三十四年十一月初十日奉朱批："该督所筹办法，尚合机宜，著即认真办理，期收实效。钦此。"

这是一篇边疆大吏筹划云南省改土归流相关情况的奏折，锡良首先介绍撰写本奏折的原因在于云南耆民称"土司暴虐，惨无人理，请改土归流，以救民生"，接着概述了云南土司当时的相关情况以及自己的所见所闻，再论及"近时官绅颇有建议"所面临的两难，再阐述国家改土归流的目的和对策，最后提出自己的看法且请求中央政府同意该"边计要图"。可见，锡良筹划云南改土归流有通盘考虑，只是因为云南土司在沿边，当时有一定难度，加之清朝接近寿终正寝，未能付诸实施。但是，赵尔丰面对川边不法土司，则全部改土变流。从这里可见当时清朝家施的策略就是要彻底废除土司制度。

在本章的最后，笔者想表达一个十分严肃的问题，云南沿边土司制度治理给国人之痛。清末在云南沿边仍留存土司尚未进行改土归流，清王朝的用意在于将沿边土司"作为藩篱"及"不为心腹之患"。但回顾历史可见，这种想法太过天真。佘贻泽指出：那种"以土酋为中国之藩篱，自系传统政治之上策。而割让孟密、木邦、孟养、蛮暮、孟艮等土司与英，猛梭、猛赖、猛乌、乌得等土司与法，是清廷自毁其藩篱耳。欲保存边地土司以安边，而终于不保者，盖因土司固非安边徼保藩篱之人也"[1]。笔者

---

① 佘贻泽：《中国土司制度》，正中书局1944年版，第77页。

曾经指出：有清一代，在中国历史发展与西方列强入侵的双重作用下，滇西南土司彻底成为"云南边外土司"，完成了从"边地"向"国界"的最后转换，我国仅保住了"八关九隘"之内的土司疆域，最终自八关至遮放土司为界之内的国土划给清国，"八关九隘"之外的国土划给缅甸①。这证明清朝土司制度在云南沿边土司治理问题上的完败。滇西南部分土司成为云南"边外土司"的事实说明，由于王朝国家没有强大的实力作后盾，不仅藩属国缅甸未能保住，而且滇西南土司大片疆域也丧失，王朝国家的土司制度治理体系无力抵挡西方世界条约制度为核心的世界体系的冲击。这是一个极其深刻的历史教训，值得当今国人深思并在边疆治理过程中引起高度重视。

---

① 李良品：《中国土司学导论》，中国社会科学出版社 2018 年版，第 262 页。

第十章

土司制度治理的基本结论

元明清时期土司制度治理是土司制度能否在土司地区长期有效推行的关键。元明清中央政府具有"一统天下"的宏大视野和长远目标,这不仅有助于不断丰富完善国家制度、加强国家治理取得重大成效,而且有助于保持国家领土主权的完整、推进统一多民族国家的建立。元明清中央政府对土司及土司地区进行国家治理过程的制度设计、治理能力、治理体系、达成目标等举措,为国家权力在土司地区的延伸、深入与下沉奠定了坚实的基础,取得了应用的成效。

第一节 国家主导

元明清中央政府在边疆民族地区实施土司制度,体现了历代统治者在治理土司及土司地区的意志和决心,它主导着中央政府与各地土司的关系,决定着土司地区社会经济文化的发展趋势。

一 主导土司制度治理的制度设计

元明清时期王朝国家治理土司及土司地区不能脱离土司制度。没有土司制度的王朝国家治理,也是一种国家治理;不完善的土司制度治理,也是一种国家治理。我们必须清楚,上述这两种形式的国家治理,都是非常低劣的国家治理。王朝国家制度治理效果的优劣与好坏,根本上取决于土司制度的顶层设计是否科学、土司制度的制定是否完善。元明清统治者充分认识到，土司制度建设、丰富和完善是能否有效治理土司及土司地区的关键，因此，土司制度设计是土司制度治理过程中带有根本性、全局性、稳定性的核心问题，元明清中央政府一直将土司制度中最核心、最重要的几种分项制度的设计掌控在自己手中。

一是土司职官制度。元明清时期各地土司虽然是世袭土官，但同样也是朝廷命官，土司职官职衔和品级的设置、各地土司职官的赋权、土司职官的铨选与考核、土司职官的管控与制衡、土司职官的监督与违法处置、土司衙署的权力构建与丧失等内容，均为土司职官制度，中央政府在顶层设计时一直牢牢控制着。

二是土司承袭制度。土司承袭问题不仅是土司制度的核心内容，而且关系到土司政权的稳定以及中央政府对土司政权的有效管理。如土司承袭程序就有中央政府委官体勘查核、取具宗支图本、地方官吏和邻封土司保结、督抚具题请袭、中央政府授予土司职位等内容；土司承袭的文书不仅有应袭土司的相关文书、第三方证人的结状文书，而且有行省官员的印结文书、中央政府的各类文书；土司承袭次序十分复杂，除常见的父死子继、兄终弟及、妻承夫职外，还有其他袭职类型及分袭等承袭方式；中央政府赐予应袭土司的信物有诰敕、敕书、符牌、印信、号纸及其他信物；土司承袭过程中既有"世袭""袭职""承袭""袭替""应袭""请袭""听袭""准袭""告袭"等合法之"袭"，又有"保袭""借袭""代袭"等借力之"袭"，还有"冒袭""夺袭""争袭"等违法之"袭"。针对承袭过程中的弊端，中央政府如何处置等，这些属于土司承袭制度。

三是土司朝贡制度。土司朝贡制度是土司制度的重要内容，是元明清朝中央王朝完善国家治理体系与治理能力的重要举措。土司朝贡属于王朝国家与各地土司间的"官方贸易"，它体现了各地土司的国家认同、政治归附和地方臣服。元明清时期各地土司向中央王朝贡献珍稀物品、地方特产，不仅促进了少数民族与汉民族之间的交往交流交融，而且体现了各土司对中央政府承担的一种特定的政治义务和对王朝国家的认同。因此，中央政府对各地土司的朝贡日期、朝贡人数、朝贡物品、回赐物品、接待等级、款待用膳等都有明确、具体的规定，不允许各地土司违反规定。

四是土司法律制度。元明清时期王朝国家成文的土司法律制度是由朝廷制定、经皇帝批准后颁行全国实施的制度，并通过《至元新格》《大元通制》《明会典》《大清会典》《礼部志稿》《钦定三部则例》《大清会典事例》和《钦定大清会典则例》等颁行，对各地土司的职衔、承袭、铨选、征调、贡赋、抚恤、考核、赏罚、升迁、裁革、安插等有具体法律法规，构成了土司法律制度。土司法律制度具有普遍的法律效力，并且系统化，形成了一个结构有序、较为完整的制度体系，对各地土司起着法律管控的作用，中央政府始终掌握着这套体系。

五是土司征调制度。土司制度是军事制度的前提和基础，征调制度是土司制度的根本与基石。明清时期（特别是明代）各地土司兵是一支非常重要而十分活跃的武装力量，土兵既要服务于土司自身的统治，又要成为明清中央王朝军事力量的一个特殊组成部分。因此，各地土兵在中国统一多民族国家的发展过程中，具有巩固国家政权、稳定社会治安、维护边疆稳定的作用，为明清时期统一多民族国家的巩固与发展作出过很大贡献。明清时期中央政府规定各地土司履行征调、保境安民等义务以及遵循土兵军事组织体制、军事领导体制、兵役制度、军事教育训练制度、军饷制度、军事法规制度等军事制度。

此外，土司制度治理还涉及文化教育、安插、分袭等制度，中央政府在制度治理过程中也不断着力固根基、扬优势、补短板、强弱项，期盼由此构建起系统完备、科学规范、运行有效的土司制度体系。

二 主导土司制度治理的制度执行

土司制度与国家治理之间有着十分密切的关系。土司制度是王朝国家治理土司及土司地区赖以运行的基础，是王朝国家保障土司地区长治久安的条件保障。但是，土司制度是"死"的，是供国家治理者运用的，土司制度是需要在国家治理中发生效力、产生效果的。土司制度的长短优劣，归根结底都要看在土司制度治理过程中的效果。土司制度是否成熟与完善，归根结底要由国家治理的成效来检验。因此，土司制度的基础是实施治理，实施治理的构建是制度执行，由谁来具体执行又成为土司制度治理的核心。土司制度是王朝国家制度治理的依据、尺度，同时也是手段和工具。中央政府一手掌握着依据和尺度制定权，一手掌控着制度执行权。

一是对土司承袭过程中相关问题的执行。明清政府在处理土司承袭时，是结合法规和土司地区实际情况，采取因地制宜的策略，灵活处理具体的土司承袭问题。表现在对土司"世袭"与否的问题上，明清政府的处理极具灵活性。明代中央政府是以土司"世袭"来抚绥边疆，如广西田州知府"岑伯颜，即岑间，由世袭土官，洪武元年赍前朝印信率众归附复职，洪武二十年授田州府知府，长男岑永通授上隆州知州。洪武二十六年岑坚故，钦准承袭，患病，长男岑祥，备方物马匹，赴京朝觐告替。永乐三年十二月，奉圣旨：'准他替职。钦此。'"① 这或许是因为"明自中叶而后，抚绥失宜，威柄日弛，诸土司叛服不常，仅能羁縻勿绝"② 的原因。明代又以土司能否"守法度"来决定是否让其世袭。笔者查阅《土官底簿》时发现，其中规定某土司"不世袭"或"不做世袭"之处多达 168 次。有时中央王朝甚至威胁土司，"若不守法度时换了"或"废了"。如《土官底簿》卷上"云南府安宁州知州"条中，永乐元年二月奉圣旨："见任的流官知州不动，这董节是土人，还著他做知州，一同管事，不做世袭，他若不守法度时换了。"③ 总之，《土官底簿》中"奉圣旨""奉钦依准""不世袭""还不世袭""他若不守法度时换了"等字样的记载，充分表明了土司官职由中央王朝所授，中央政府掌握着任免大权，各地土司必须唯命听从的事实。明清时期土司承袭始终处于中央王朝的严格控制之下。清代土司承袭，除了遵守王朝国家的相关法令之外，清王朝又对有些土司执行分袭制度，或承袭一个虚衔，并无实权。如《清史稿》卷一百十七"贵州土同知"条载："其不管理土峒者，正六品、正七品土官各一人，正八品土官三人，正九品、从九品土官各二人。"④ 可见，这些土司既然不管理土峒和村寨，也就没有任何行政权力。中央王朝就是通过对土司实施分其地、降其职、限其权、虚其衔等举措，使土司制度治理能力不断增强，有效地维持了土司地区的

---

① （明）佚名：《土官底簿》，中国书店 2018 年版，第 208 页。
② （明）佚名：《土官底簿》，中国书店 2018 年版，第 2 页。
③ （明）佚名：《土官底簿》，中国书店 2018 年版，第 8—9 页。
④ （民国）赵尔巽：《清史稿》，中华书局 1977 年版，第 3414—3416 页。

社会稳定。

二是对土司承袭过程中贪官腐败问题的执行。有的流官勘合人员在土司承袭过程中不肯为土司子弟承袭保勘，需土司行贿后方才受理，这就导致土司不能袭替，进而引发土司叛乱的情况，尤其是"安凤之乱"之后，明政府开始重新制定土司承袭程序。袭职程序的不统一导致贪污官吏钻法令制度的空子，于是，兵部、吏部共同制定了《土官袭职条例》，以此来规范土司袭职程序。同时重视对勘合人员的离职审核与管理，制定相应政策。嘉靖十年（1531）规定，"各边军职及勘事人员，索取土夷财物，致生他变者，依激变良民律例"①，要求"自今承袭事宜，皆令镇守抚按会行三司，如例催勘，有蹈前弊者罪之"②。嘉靖二十九年（1550）加强了对勘合官员离职的审核，"二十九年题准，土舍袭替，查无违碍，即与照例起送。年终，抚按镇守官，将告袭土舍姓名，并行查年月日期缘由，经该官员职名，奏报。虽有升迁，必待事完，呈请抚按衙门详允，方许离任。如再故违，留难阻滞，展转驳勘，致启边衅者。抚按指实参奏处治"③。嘉靖四十五年（1566）进一步划分为两类："勘报过一年者，行巡按官查究；二年以上者，听吏部径自查参。"④ 从上述规定来看，中央王朝对勘合人员的贪污腐败行为并没有作出实质性的处罚，这种贪婪受贿行为导致诸木邦、潞江线贵、陇川岳凤、蛮莫思哲等土司附缅。对此，陈善《土官袭职议》载：

> 土官袭职，所得不赀。闻旧时元江、丽江等府告袭，各衙门人役诓其使用，有至千两以上；其余府州，有至六七百两者。虽各项人役多寡瓜分，而吏房承行，其所得可知矣。至于两院批允之后，咨批付目把亲赍，其本册则另付承差顺赍。二本盘缠，亦有多至五六百两者矣。夫在省费用如此其多，则目把科骗土官，当有数倍。致使朝廷旷荡之泽不遍于遐方，本司严肃之风终隔于异壤，而土官

---

① （明）申时行等修：《明会典》，中华书局1989年版，第626页。
② （明）方孔炤：《全边略记》卷7，《续修四库全书》，上海古籍出版社2002年版，第441—442页。
③ （明）申时行等修：《明会典》，中华书局1989年版，第626页。
④ （明）申时行等修：《明会典》，中华书局1989年版，第31页。

相沿,遂以布政司衙门如此其浊滥也。深为可恨。

隆庆四年,丽江府土舍告袭,闻其携金甚多,消息甚大。邹布政风知,严行告示,不准留住省城,然奸人之诈骗者已入手矣。今年,兰州土舍告袭,本司知有前弊,将歇家张云鹏拘拿到司,颁发告示一道贴伊门首,不许棍徒诓骗夷财,其本册即给付目把亲赍讫。夫本司防检虽严,而衙门人役贪心不改,土夷只知旧套,而目把惟欲骗财。即如威远州系偏小土夷,而诓骗使用尚有五六百两者。若非扫除弊源,衙门受累不小。①

由上则材料可见,陈善针对勘合人员的贪污行为提出建议,也就是将袭职程序通告各土官衙门,严格规定勘合期限,对骗财的勘合人员和主动行贿的土司作出相应处罚。万历十一年(1583)兵部要求:"土官承袭即于申呈内明开查勘年月,如迟岁月,即系勒索,从重参究,余俱依拟报可。"② 万历十三年(1585)重申,土官承袭不得超过三年,若有违犯,勘合官员将"据法参治"③。时至清代,流官需索土司依旧:"官吏贪污,为清代边政紊乱之一原因。其于土司,则各衙门于办理承袭时,需索最多。此为清代吏治之弊,非土司制度本身之咎也。清廷对于土司不法,大半俟人民控告,官司奏参,即勘处之。或免职,或停袭,或改流,或受罚;情形不一,处罚亦别。至于官吏贪污,在上者虽严行禁止,但鲜见成效;且边地衙门索费,视为规例。其他倚势凌人,种种苛索,在所难免,禁亦难禁。高宗时因知胥吏之藉故贪污,乃根本免除若干地方土民之纳粮。此虽为善政,然究非制止贪污之良策也。"④ 可见,清代制度治理也存在巨大的弊端。

三是对犯罪土司的制度治理。明清中央政府对犯罪土司的治理皆有法律可依。《大明律》和《大清律例》中的"职官有犯""请发充净军""纵军掳掠""略人卖人""越诉""在官求索借贷人财物""官员袭荫"

---

① (明)刘文征撰,古永继点校:《滇志》,云南教育出版社1991年版,第862—863页。
② 《明神宗实录》卷141,线装书局2005年版,第101页。
③ (明)申时行等修:《明会典》,中华书局1989年版,第31页。
④ 余贻泽:《中国土司制度》,正中书局1944年版,第78—79页。

"徒流迁徙地方""盗卖田宅""违禁取利""私越冒度关津""私出外境及违禁下海""恐吓取财""诈教诱人犯法""盗贼捕限"等法规均是王朝国家对土官土司犯罪在制度治理方面的法律规条。这些内容是土司制度治理的基础,对土司地区的社会稳定和王朝国家的长治久安起着保障性的作用。

三 主导土司制度治理的结果运用

元明清时期的土司制度建设是相对成形和稳定的制度治理体系,可以运用职官、承袭、征调、朝贡、纳赋、文教、礼仪、分袭、安插等专项制度治理土司及土司地区。土司制度治理的要诀,就是要根据土司及土司地区当时的实际,科学合理地运用土司制度,采取多种方式方法,对土司及土司地区的一系列问题实行具体而有效的管控、调整和巩固,使之达到有效治理的状态,并将制度治理所取得的结果运用于土司的履职与承袭,抑或对土司的奖惩、抚恤与升降。从现存历史文献看,土司制度治理过程中,一方面在加强土司制度体系的建设,另一方面在进行土司制度治理,并按照王朝国家的意志运用其取得的结果,以实现王朝国家的"大一统"。

一是关于土司承袭的结果运行。笔者查阅明清时期重要文献,发现记载土司家族内"争袭"事件的次数较多,其中《蛮司合志》7次,《土官底簿》6次,《明史·土司传》11次,《明实录》18次,《清史稿·土司传》3次,合计45次,说明各地土司争袭事件在土司制度推行过程中时有发生。从表面上看,土司争袭是因为"土司常有多妻,嫡庶之争,为其乱源,又兼妇女可得承袭,为祸更大"[①]。但究其实质,土司争袭的根本原因有四:[②] 第一,土司制度赋予的土司特权是元明清各地土司争袭的直接动力。在土司制度下,土司是土司辖区内的"土皇帝",是一切生产资料的拥有者和土民的最高行政长官,拥有财政、行政、法律等诸多方面的特权。如:"土司所到之处,土民皆下跪迎接,土司出,其仪卫颇

[①] 佘贻泽:《明代之土司制度》,《禹贡》1935年第11期。
[②] 莫代山:《明清时期土家族土司争袭研究》,《贵州社会科学》2009年第6期。

盛，土民见之，皆夹道伏。即有谴责诛杀，惴惴听命，莫敢违者。"① 这些特权的存在本身就是巨大的诱惑。第二，土司承袭制度本身存在着承袭者众多和无序两大弊端。虽然中央政府规定了土司承袭有父死子继、兄终弟及、母女袭职、妻婿承袭、叔侄相袭、同族袭职、孙袭爷职、妾媳承袭、兄职妹袭、曾祖母袭孙职、地方官员保举等次序，但由于特权的诱惑太大，导致很多人在土司承袭上"不讲规矩"。第三，土司袭职过程中虽然有相关部门的保结文书，但在实际操作中，或者由于流官的渎职疏慢，或者出于流官的随意索贿，不为土司保结，导致一些土司长期不得袭职，以致"土官子孙承袭，有积至二三十年不得职者"②，这就更加助长了土司争袭的可能。第四，朝廷官员不依法办事，不按照承袭次序，造成土司争袭。仅在播州杨氏土司的发展历程中，就有杨友、杨爱争袭的例子。据《遵义县志》记载："明代第二十四世土司杨辉宠爱庶子杨友，企图废嫡长子杨爱，立友为宣慰使，安抚使宋韬等不保结，不得已立杨爱。杨友与长官张渊阴谋刺杀爱不成，捏造言词，罗织谋反罪诬告杨爱，朝廷派侍郎何乔新至播州勘处；张渊论斩，杨友谋篡位，论死罪，撤去宣抚使职，发保宁城羁管。"③ 在这场争袭事件中，还爆发了杨爱、杨友官城大战。这场争袭大战导致火烧播州舟场侧之官城（今遵义县新舟镇），死者万余，杨友败亡。④ 不久之后，悲剧再一次重演，据《遵义县志》载，二十七世杨相宠庶子杨煦，企图以煦袭职，嫡长子杨烈与其母张氏兴兵驱逐杨相，相死于水西。杨烈向水西土司安万铨索要父尸，安要挟杨烈归还水烟、天旺地。烈得尸悔约，杀水西长官王黻，与李保构怨，两方土司兴兵仇杀达十年。⑤ 总的来讲，这两次争袭事件均给当地各族人民带来深重灾难。明清中央政府针对各地土司夺袭事件给土司家族和土司辖区民众带来深重灾难的实际，不断健全和完善土司承袭制度，加强土司及土司地区治理，如中央政府控制土司承袭相关程序、规定土司制作"宗支图本""结状文书"等承袭文书，限制土司家族承袭

---

① （清）周来贺：《桑植县志·杂识》卷8，同治十一年（1872）刊本。
② 李良品等：《二十五史西南地区土司史料辑录》，中国文史出版社2006年版，第273页。
③ 贵州省遵义县志编纂委员会：《遵义县志》，贵州人民出版社1992年版，第1209页。
④ 贵州省遵义县志编纂委员会：《遵义县志》，贵州人民出版社1992年版，第766页。
⑤ 贵州省遵义县志编纂委员会：《遵义县志》，贵州人民出版社1992年版，第766页。

次序、赐予承袭土司多种信物,甚至对争袭土司及辖区实施改土归流。

二是关于土司违法的处理。元明清中央政府不仅强化律例约束土司,而且当土官土司违法之后还对其依法办理。《大明律》和《大清律例》均有针对土司制定的法律条文,如《大清律例》禁止土司越界活动。清政府规定:"凡土官、土人,如有差遣公务应赴外省者,呈明本管官转报督抚给咨,并知会所往省分督抚,令事竣勒限,毋许逗遛。仍知照本省督抚,倘不请咨牌,私出外省,土官革职,土人照无引私度关津律,杖八十,递回。如潜往外省生事为匪,别经发觉,除实犯死罪外,徒罪以上,俱照军人私出外境掳掠,不分首从,发边远充军。律递回照例枷责,同家口父母兄弟子侄一并迁徙安插,其不行管束之,该管官及失于查报之,外省地方官,均交部议处。"① 土官与"土人"需要远赴外省,必须呈报官府而后出行。清王朝不仅对土官、土人出行时间、路线、地点有严格规定,而且还不许擅自逗遛。土官土司违反者就革职,"土人"违反者按律处罚。清政府对土司延幕也有明确规定:"凡土官延幕,必将所延之姓名、年籍通知专辖州、县,确加查验。人果端谨,实非流棍,加结通报,方准延入。若知系犯罪之人私聘入幕,并延请后纵令犯法者,照职官窝匿罪人例革职。如有私聘私就者,即令专辖州、县严加驱逐。若土幕教诱犯法,即视其所犯之轻重,俱照匪徒教诱犯法加等例治罪。败露潜逃,即行指拏重惩。私聘之文武土官,及失察之该管州、县,交部分别议处。"② 这些针对土司公聘延幕和私聘土幕的规定十分明确,特别是私聘土幕还要照违令私罪律罚俸一年。上述这些规定,彰显了王朝国家对土司及土司地区的管控更加严格,治理更加有效。

第二节 上下互动

元明清时期是土司地区与中央政府以及汉族地区各民族在封建社会后期交流交往最为密切的时期,也是王朝国家与土司地区互动最为频繁的时期。王朝国家通过"自上而下"或"自下而上"的路径,由此形成

---

① 张荣铮等点校:《大清律例》,天津古籍出版社1993年版,第322页。
② 张荣铮等点校:《大清律例》,天津古籍出版社1993年版,第550页。

上下互动。这里主要讲三个问题。

一 土司制度与土司权力的一体性

元明清时期对土司制度能够起决策作用的无疑是以皇帝为核心的朝廷，即中央机构，这是国家治理的最高决策层次，皇帝处于国家治理的塔尖，是土司制度的最终决策者。土司制度不仅是王朝国家和土司地区管理机构以及制度规范的统一体，而且是王朝国家制度治理与各地土司实际权力的统一体。换言之，在土司制度下，王朝国家将权力委派给行省和府州厅县以及土司机构，以便让各级机构代行土司地区治理的权力，最终实现在国家主导下土司制度与流官、土司的实际保有权力的一体性。虽然各地土司政权与流官政权之间始终存在着博弈或冲突，但王朝国家在各地的治理中一直占据主导地位，起着决定性作用。

元明清时期各地土司与王朝国家在博弈过程中存在诸多"与体制（即土司制度）不符"的事情，这在现存的许多历史文献中并不少见。这说明元明清时期各地土司与王朝国家在博弈中地方流官对中央王朝要求其按土司制度治理各地土司，有效实施权力的高度重视。如《滇事杂档》载道光十三年（1833）前迤南道道台胡某办理车里宣慰卷中云："伏思边吏治边，固以协体制为急务；而尤首以安边为急务，盖协体制犹虚而安边乃实也。若边不安而尚有何体制之可协乎？盖各边情形不同，总须因地制宜，宜则边安，不宜则边不安也。故有不能不协体制以安边者，亦有不必尽言体制而边始安者。……然则边吏治边总以安边为主，而安边尤以因地制宜为主。有不能不协体制以安边者，即以协体制为安边也；有不必尽言体制而边始安者，即以安边为协体制也。"[①] 这主要凸显了朝廷命官对土司制度与治乱安边的认知。从《滇事杂档》可见，并非每个土司衙署都设置有宣慰司、宣抚司、土州、长官司、舍目、寨长、夷目等官职，而是根据土司制度的相关规定而对某个具体土司政权依据职级高低、权力大小而设定其官职和权限。如车里宣慰司的最高领导人为召

---

① （清）胡启荣等辑：《滇事杂档》，《照抄前道胡办理车里宣慰卷》之"照抄禀覆中丞稿"条。

片领，召片领之下有召勐、召陇、火西、曼等五个等级。① 车里宣慰司等各地土司拥有较高的政治地位："土司虽小，却也是官，在威信里者，俱属土司百姓，百姓与官斗，便是叛逆。"② 地方流官对土司的地位也是高度认可："朝廷设官分职，流土各有等次，敬土司即以是遵朝廷也。"③ 各地土司家族内部权力结构主要由土司与"族官"（包括土舍、土目、土弁）两大系统组成。正印土司是中央王朝通过流官查明土司身家、取具族邻甘结、加具周边土司印结、申送附近所属州县再行加结、由该省督抚汇齐送部查核等正常承袭程序后直接敕封、一般由嫡长子世代承袭，是土司家族中的"大宗"，处于土司家族的核心地位。担任"土舍""土目""土弁"等职者，一般是历代土司的同宗兄弟，他们被派往土司的其他封地，是土司家族的重要组成部分，在本家族中拥有重要权力。至于"族长""族祖""族叔""族弟"等人，他们虽然在土司家族没有担任行政职务，但他们的身份、地位或辈分较高，同样属于土司家族的组成部分。无论是土司衙署的行政权力，还是土司家族的内部权力，基本上是按照土司制度中的职官制度设置官职，各种官职各拥其权、各司其职。

　　明清中央政府为了有效治理各地土司，确保各地土司能够正常承袭，促进国家在各土司地区权力的延伸与下沉，采取的具体举措是对土司承袭程序、制作承袭文书、限制土司承袭次序、赐予土司信物等方面予以管控，以充分体现王朝国家主导和国家利益至上的原则。如《钦定大清会典则例》载："顺治初年定，……其应承袭之人，由督抚具题，将该土官顶辈宗图、亲供、司府州邻印甘、各结及原领敕印，亲身赴部，由部核明，方准承袭。"④ 同书卷一百四十五"土官承袭"条又载："其应袭职者，由督抚察实，先令视事，令司府州邻封土司具结，及本族宗图，原领号纸，咨部具题请袭。"⑤ 该书卷五百八十九"土司袭职"条也载：

---

① （清）胡启荣等辑：《滇事杂档》，《照抄前道胡办理车里宣慰卷》之"粮储道徐、本镇张，本道王，告谕复立车里宣慰刀士宛及十二版纳土弁夷民人等知悉"条。
② （清）胡启荣等辑：《滇事杂档》，《办理云州属猛麻土司卷》之"抄移云州信"条。
③ （清）胡启荣等辑：《滇事杂档》，《照抄前道胡办理车里宣慰卷》之"粮储道徐、本镇张，本道王，告谕复立车里宣慰刀士宛及十二版纳土弁夷民人等知悉"条。
④ （清）来保：《钦定大清会典则例》卷110"土官袭职"条，乾隆十二年（1747）抄本。
⑤ （清）昆冈等：《钦定大清会典事例》卷145"土官承袭"条，中华书局1991年影印本。

"顺治初年定，土官无子者许弟袭，无子弟，许其妻或婿、为夷民所信服者一人袭。"① 这些规定无疑是控制土司承袭的制度设计，目的在于使国家权力地方化。《滇事杂档》之"会禀刀绳武之子不应承袭始终缘由"②中论及思茅厅属车里宣慰司承袭一事，不乏"刀氏宗图""合例承袭""取具宗图册结""颁给印信、号纸"等词句足以佐证，临安府知府更是一语道破其体制："土司掌寨袭职，例有明条，应以长枝承袭，长枝无人，以次枝继袭，如无次枝，择其昭穆相当者承嗣继袭，焉可妄行谋夺？"③ 说明土司承袭程序必须合法、承袭文书必须具备、承袭次序必须合规，这不仅凸显了王朝国家管控各地土司有序，而且彰显了中央政府治理土司的能力逐渐加强，国家治理土司的体系逐渐完善，有利于确保国家权力在各地管理中的落实。

二 地方流官与各地土司的一同性

王朝国家通过行政区划、行省以及府州县、土司等地方官员分层分级管理土司地区事务，这是国家治理土司地区的主要执行者。明清时期有土司的省份，其行政官员设置和国家治理惯例都是采取分层分级形式，分为行省总督、巡抚、布政使和按察使、府州厅县流官、土司计五个层级。行省总督是云南的最高行政长官，掌管行省的军政大权，如清代道光十三年至道光二十七年（1833—1847），云贵总督一职历经阮元、伊里布、桂良、贺长龄、李星沅等人；行省总督之下设置有巡抚，为行省的最高行政长官；巡抚之下是布政使、按察使等官员；其下是府州厅县流官和土司。据《道光云南志钞·地理志》载，在云南行省之下设置有府州厅县、提举司以及边徼十八土司（如车里军民宣慰使司、老挝军民宣慰使司、木邦军民宣慰使司等），在一些府州又设置有土府、土州、宣抚司、安抚司、长官司等。《滇事杂档》所载车里军民宣慰使司等10余个土司，均隶属于云南行省，置于府州厅县流官管辖之下。查阅谭其骧先

---

① （清）昆冈等：《钦定大清会典事例》卷589"土司袭职"条，中华书局1991年影印本。

② （清）胡启荣等辑：《滇事杂档》，《照抄前道胡办理车里宣慰卷》之"会禀刀绳武之子不应承袭始终缘由"条。

③ （清）胡启荣等辑：《滇事杂档》，《临安府任办理猛丁土舍卷》之"示刀秉锐等"条。

生的《中国历史地图集》第八册可见,《滇事杂档》所载车里军民宣慰使司等 10 余个土司分布在清代云南临安府、普洱府、顺宁府、永昌府和腾越厅这五个行政区划之内,其中临安府管辖纳楼、思陀、猛喇、纳更、溪处、瓦渣、稿吾、猛丁等土司,普洱府管辖车里宣慰司,顺宁府管辖耿马、猛麻土司,永昌府管辖镇康土司,腾越厅管辖南甸土司。① 这些地区的土司大多临近越南、南掌(今老挝)、缅甸等国,属于云南沿边土司。即便到了道光年间,土司势力依然强大,国家对土司地区的治理,只能依靠行省及之下的府州厅县流官与当地的土司一同治理。

明清时期各地官员作为治理土司地区的执行者,他们在执行王朝国家政策和法规的同时,不仅要求各地土司必须效忠供职,自觉肩负起抚夷安边的职责,而且强调各地土司必须肩负起与地方流官共同治理地方社会乱象的责任。时任临安府知府认为:"土司土舍为朝廷藩篱,边外有事,即须调练防堵;而本境地方夷民人等,遇有为匪不法,重则送州县本管官究办,轻则自行惩处,务使夷民安业,地方安静,方为无忝厥职。"②"设立土司土舍,原为约束夷民,干御边圉,该土舍所属夷民不能差遣,安用土司为耶?"③ 换言之,作为边疆地区的土司,对外要拱卫王朝、捍卫边隅;对内要安抚夷民、缉匪捕盗、收纳钱粮,遇到不法行为和社会乱象,必须共同治理,实现"变乱为治"的目标,以充分体现府州厅县流官与当地土司一同治理土司地区的重要性。道光二十三年(1843),"镇康太爷又将勐捧、邦东数户,私许送与莽夏,招兵数千抢杀自家百姓,不分皂白,不管客家,乱抢乱杀"以及"景星潜逃入境"的情况,永昌府移请镇康土州转"饬令耿马土司就近查拿务获解府"④ 一事,更说明地方流官期望镇康土司和耿马土司与流官一道治理乱局,以达到"拨乱反正"之目的。

---

① 谭其骧:《中国历史地图集》(第八册),中国地图出版社 1987 年版,第 48—49 页。
② (清)胡启荣等辑:《滇事杂档》,《临安府任办理思陀土司卷》之"思陀司土舍李绍先禀·批"条。
③ (清)胡启荣等辑:《滇事杂档》,《临安府任办理思陀土司卷》之"札落恐土司舍"条。
④ (清)胡启荣等辑:《滇事杂档》,《札耿马土司送镇康土司回州卷》之"永昌府陈移"条。

各地土司与地方流官存在博弈是十分正常的现象。如道光年间滇南地区流官面对诸如猛喇掌寨刀阿文和刀有贤等结匪抢劫、攻打寨堡、烧房掘墓、奸淫妇女等乱象,深感治理过程困难重重。又如溪处头人李开元与已革土舍赵为藩因争管十四丛地方互相争斗而多年不能完缴中央王朝规定的钱粮①一事,由于土司土舍赵登科在当地仍然有一定的影响力,在"十四丛夷民无主"的情况下,官府竟然"令其回归",临安知府更是明确表达"本府一俟差发秋米完竣,即将赵登科交令该头人等获送回归,安抚地方可也"②的决定。在纳楼土司额外加派木梳贾等村寨钱粮时,临安知府又有"岂容族舍头目任意加收"③的表态。从各地土司的角度看,他们身处其境,表面上既要表现出尽职尽责、抚夷安边的动作,又要表达不忘国恩、效忠朝廷的假意。因此,他们在与地方流官的书札往来中,无不体现出相互博弈的关系,正如思陀土舍李绍先在给临安知府的信中说:"窃土职受君恩宪德,抚驭夷众,务要夷众遵服,乃为无忝厥职,则生前可以对朝廷,即死后亦可以见祖宗。至于暴戾各情,万不敢妄行分毫。"④可以说,地方流官与各地土司就是在这种博弈中实现对土司地区基层社会治理的目标。

明清时期的一些土司地区,土司为了治理本辖区,在不违背国家法的前提下,还制定了一些辖区民众必须强制执行的民间法,这些民间法具备一定法律功能,有利于规范土司辖区内各族民众的行为。如四川嘉绒藏族土司地区有《王法金轭十二条》,其中第五条"惩处胆大妄为者之法"的内容如下:⑤

在光天化日之下,见到财物,对财物的主人以言语和金刃凶器相威胁。抢到财物者处罚金三千,并驱逐;若没有抢到财物,三年

---

① (清)胡启荣等辑:《滇事杂档》,《办理溪处土舍卷》之"示溪处夷民"条。
② (清)胡启荣等辑:《滇事杂档》,《办理溪处土舍卷》之"溪处夷民禀·批"条。
③ (清)胡启荣等辑:《滇事杂档》,《临安府任办理纳楼土司与木梳贾夷民拘衅卷》之"示木梳贾等十八寨"条。
④ (清)胡启荣等辑:《滇事杂档》,《临安府任办理思陀土司卷》之"思陀禀"条。
⑤ 阿坝藏族羌族自治州档案馆:《嘉绒藏族土司档案选译》(第一册),西南交通大学出版社2020年版,第67—68页。

不得返乡。

在光天化日之下，以棍棒击打相威胁，抢夺他人财物，致使他人受伤不愈，罚施暴者鞭笞一百，黥面。承担者发边远，同谋者三年不得返乡，三年后可返乡。

以中间人身份介绍他人的妻子去外地卖淫，并收取钱财者，枷号三个月，罚竹杖百，发云南、贵州之地。

在辖区内进行偷盗和抢劫之时，骑巡士兵前来阻止，向前来阻止的士兵动刀者，抓获后处斩立决，同谋者处以绞刑。

盗贼逃跑，被骑巡士兵追击，并于半路抓获，返回途中遇见同伙，若有人试图帮其逃跑，逃跑者处斩刑，谋划逃跑的头目处斩刑，其他同伙处绞刑。

四人以上、八九人以下的胆大妄为者，若勒索他人之财物，每人罚鞭笞一百，黥面发边远。若在途中逃跑，抓获后处斩立决。

胆大妄为者看见他人之财宝，硬说是自己的财宝，并占为己有；官人等并非他的亲戚，说是自己的亲戚，而让他人感恩于自己，故此等人与盗贼之处罚无异。

狡诈之人将铜、红铜、锡等掺和在银子中，处狡诈之人鞭笞一百，枷号两个月，并发到边远地方。明知此银两中有他物，买来后却又转卖他人，欺骗他人者，处以鞭笞一百，枷号两个月，罚金三千，并驱逐。

富有者将钱财食品等放贷给他人，因借贷者无力偿还，放贷人计息中息，并强行将借贷人反绑起来，扒光其衣服，抢夺其财物，处以鞭笞八十；若因其不能还清债务，扒光其衣服，抢夺其财物，并强行以其妻子和儿女抵债者，处以三年监禁，及绞刑。

明清时期土司地区民间法虽然被王朝国家上位法所包容，但各地土司根据辖区民众制定的民间法不能违背王朝国家上位法的主要精神和基本原则。从现有文献看，各地土司制定民间法的主要目的是使辖区民众对有些行为规范化、固定化，出现相关事件后能有章可循。

三 中央政府与各地土司文化认同的一致性

明清时期中央政府始终处于强势地位，各地土司基本上是弱势群体。因此，中央政府必然将其认同的主流文化强迫或引导各地土司被迫接受，起到一个主流文化引领的作用。明清时期，中央政府和土司地区的土司及各族民众经过长期博弈而相互妥协，并最终被广泛认同的核心价值观，诸如儒家的仁、义、礼、智、信、忠、孝、悌、节、恕、勇、让等思想，墨家的兼爱、非攻、举贤、节俭等思想以及法家的君主集权、以法治国等思想，应该就是那个时代的主流文化，让土司地区在中央政府文化引领下，实现文化认同的一致性。这些主流文化无疑是土司地区各族民众的内在精神和生命之魂，始终处于统领地位。明清中央政府就是通过创办儒学、社学、义学、书院等各类学校以及地方民众修订族谱、制定乡规民约等举措，引领土司地区各族民众学习儒家文化，以使土司及土司地区各族民众自觉接受国家主流文化，服从中央王朝统治。特别值得一提的是明清时期乡约对土司地区各族民众的文化引领作用。如清代乡约朔望宣讲的内容以《圣谕六条》《圣谕十六条》和《圣谕广训》为主，这些圣谕其实是忠孝伦理道德的具体化，反映的是儒家思想的核心内容。[1]嘉庆《临安府志》对宣讲《圣谕十六条》《圣谕广训》的记载颇为详细："每朔望日，文武官率绅士、耆老于公所，向北行三跪九叩首礼。毕，然后宣讲。雍正七年奏准，直省、各州县镇市村庄人居稠密之处，俱设立讲约之所。于举贡生员内，拣选老成一人以为约正，再选朴实谨守者三四人以为值月。每遇朔望，齐集乡之耆老、里长，宣读《圣谕广训》。务使乡曲愚民共知鼓舞向善。至约正、值月果能化导督率，行至三年，卓有成效，督抚会同学臣，择其学行最优者送部引见。"[2] 这段文字将乡约宣讲时间、场所、仪式、内容、教育形式及相关奖励办法等记载得十分清楚。乡约宣讲的对象主要包括土司地区各族民众，其主要目的在于化民成俗，纠正不良风气，减少犯罪行为，稳定社会秩序。明清时

---

[1] 李良品等：《清代乌江流域民族地区社会教育述论》，《民族教育研究》2011年第5期。
[2] （清）江浚源纂，杨丰校注：《嘉庆临安府志》，云南人民出版社2018年版，第125—126页。

期中央政府所宣扬的主流文化始终处于主导地位，土司地区各族民众只能被迫接受。在王朝国家主流文化引领下，中央政府通过政权经略、土司制度、创办学校、建立卫所、人口迁移、土兵征调、土司朝贡、劝民农桑等直接或间接的形式，经过中央政府与土司及土司地区各族民众频繁接触和碰撞，引导土司地区各族民众与王朝国家在文化认同、价值趋同等方面相互借取，尤其是通过土司制度治理密切土司地区各族民众与国家之间的关系，推动土司地区的经济发展、社会进步。

从土司及土司地区各族民众的层面看，他们除了通过创办土司学校、学习儒家文化、参加科举考试、修订家乘族谱、制定乡规民约等形式体现对国家正统文化的认同之外，主要通过应袭土司预造宗支图本、册报土司名册、赴阙授职以及族人、地方官吏和邻近土司撰写结状文书等形式加强与中央政府之间的联系。如湖北利川土司覃氏家族编纂的《覃氏族谱》"家规"序言中有"家之有规，犹国之有制。制不定，无以一朝廷之趋。规不立，无以为子弟之率"的语句，反映了各地土司将国家主流文化深深地融于自己日常生活之中和置于当地族群心目之中。其中"修身"条内容为："身者，一家之主，万事之根，后世子孙之所取法也。如之，何不修致诚正。为修身而设齐治均平，自修身而推至天子，以至于庶人，一是皆以修身为本。曲礼曰：手容恭，足容重，目容端，口容止，声容静，头容直，气容肃，立容德，色容庄。此亦皆修身之明训也，尔后人当三复之。"① 由此可见，这套《覃氏族谱》中的这些"规训"堪称土司家族谱牒的典范，该族谱的序言及正文条款尽显教化族群之用意。不仅可以看出它明显受清廷"圣谕"的指导而撰写，而且也是乡村社会族群在对国家正统文化作调适后的产物。

第三节 双方博弈

元明清中央政府与各地土司在土司制度实施过程中，双方为了寻求自身利益的最大化，难免出现博弈的情况。这里的博弈，是指王朝国家

---

① 《中华覃氏志》利川卷编纂委员会：《中华覃氏志·利川卷》（未刊稿），中华覃氏志利川卷编纂领导小组，2005年，第72—73页。

与土司之间在一定的游戏规则约束下，双方依靠所掌握的信息选择各自的策略或行动，以实现各自利益最大化和风险成本最小化的过程。元明清时期中央政府与各地土司之间的博弈形式有两类。

一 驾驭与归顺

王朝国家驾驭各地土司与各地土司归顺中央政府，这是博弈之中的合作博弈。所谓合作博弈，是指中央政府与各地土司之间的利益都能发挥最大化，或者至少有一方的利益最大化，而另一方的利益不受重大损害，因此，无论是某个土司还是王朝国家的利益均有所增加。元明清时期绝大多数土司在相当长的一个时期与中央政府保持了互动、合作、和谐的关系，确保了土司地区社会相对安定的局面，促进了土司地区各民族社会经济的快速发展。这或许得益于王朝国家包容的心态与权力的让渡。从《明史》《清史稿》的"土司传"可见，"西南夷来归者，即用原官授之"①，王朝国家对于归附的土官土司，就授予他们原来的职级职衔，这不仅是王朝国家收复各地土官土司服从心的政策，而且也是王朝国家与各地土司互利合作的体现。在此，以元明时期中央政府与播州杨氏土司的博弈为例。②

（一）抚谕

所谓抚谕，就是安抚晓谕的意思。这里的晓谕是明白劝导，告知，多用于上对下，尤其是中央王朝对地方官员。在具体实施过程中，主要采取了两种办法。

1. 招抚。元朝统一全国后，为了在各地推行其政令，于是笼络各少数民族统治者，在总结汉、唐、宋各朝羁縻统治的基础上，开始实行一种招抚、任用各地方首领的土司制度。元朝始创蒙夷参治之法，将官员分为土官和流官两类，而土官之地又为中央王朝行政区划之一。元代土司制，实行"以夷治夷""汉夷参治"之法，在少数民族地区设立宣慰司都元帅府、宣慰司军民万户府、宣慰司兼管军万户府、宣抚司、安抚司、招讨司、长官司等各级土司机构，参用少量流官，土职"以番夷酋长为

---

① （清）张廷玉：《明史》卷310，中华书局1974年版，第7982页。
② 李良品等：《播州杨氏土司研究》，华中科技大学出版社2015年版，第101—106页。

之者实多"。这样土司制度逐渐在包括播州在内的西南地区推行。至元十三年（1276），元世祖忽必烈派遣使臣到播州招降，并许世代封爵。当时播州统治者是杨氏第十六代传人杨邦宪。史载杨邦宪虽然对宋朝忠心耿耿，但无奈见宋朝大势已去，无法挽回，大哭三日后只得"遣使纳款"，以表臣服。杨氏成为元朝土司，且为世袭。《元史·世祖本纪》载："播州安抚杨邦宪、思州安抚田景贤，未知逆顺，乞降诏使之自新，并许世绍封爵，从之。"元初，播州土司杨汉英职权愈重，所领版图十倍于宋初播州。明代初年，播州杨氏土司同样接受中央政府的招抚，据《太祖实录》载："播州宣慰使杨铿，同知罗琛，播州总管何婴、蛮夷总管郑瑚等来朝，贡方物，纳元所授金牌、银印、铜印、宣勑。诏赐铿等绮、帛、衣服。仍置播州宣慰使司。铿、琛皆仍旧职，改总管为长官司，以婴等为长官司长司（官）。"①

2. 授官笼络。元明中央政府为了更好笼络播州杨氏土司，使其对朝廷忠心，维护播州地区的稳定，元明中央政府在招降播州统治者后，对播州土官加以流官官衔和虚衔，并允许其子孙世袭。明代播州杨氏土司在前中期与中央王朝在政治上保持一致，在承袭土司问题上循规蹈矩，维护国家统一和地方安宁，从而得到朝廷倚重。这对于播州杨氏土司在其辖区内巩固集权统治、维护家族利益方面起到了很好的作用。明朝洪武二十六年（1393）规定："湖广、四川、云南、广西土官承袭，务要验封司委官体勘，别无争袭之人，明白取具宗支图本，并官吏人等结状，呈部具奏。照例承袭。移付选部附选，司勋贴黄。考功附写行止。类行到任。见到者，关给札付、颁给诰敕。"② 土司袭职时须赴阙受职，表明土司官职"乃朝廷所授"，土司必须唯命是从。播州杨氏土司自杨铿开始，皆按照朝廷有关规定，唯命是从，循规蹈矩，认真执行。明朝廷对播州杨氏土司也不薄，杨铿死后赠与"怀远将军"。其子杨升袭职后，莅政勤敏，边境绥宁。

（二）"征蛮"与"讨贼"

元明时期中央王朝更是利用土司土兵的力量以实现其"以夷攻夷"

---

① 《太祖实录》（卷71），"洪武五年春正月乙丑"条。
② （明）申时行等修：《明会典》，中华书局1989年版，第31页。

的目的。毫不夸张地讲，明代中央王朝的"以夷制夷"使明代土兵得到快速发展，也使明代土兵充当了镇压各地少数民族反抗的急先锋。特别是明中期以后，"以蛮治蛮，即以蛮攻蛮。倘溪洞之间，窃发时起，则彼我征调，颇以为力。因之，设土兵相制之法。而其后辗转假借，凡议大征者，无不借俍兵、土兵，远为调遣"①。明朝最早征用的土兵，多为"以蛮攻蛮"。由于土司时期西南民族地区各地土司拥有强大的土兵武装，所以当时的统治阶级必须让土司地区在自己的掌控下，将土兵武装纳入国家军事体系中。服从中央王朝的军事征调是各族土司必须履行的基本义务之一，成为中央王朝"以夷制夷"政策的最直接的表现。元明时期土司麾下的土兵参加明政府组织的军事行动可以获得奖赏，土司也乐于参与，从而促进土兵规模扩大。由于播州土司采用了寓兵于农的治军之术，即"寓兵于农，且耕且战"，这种治军政策通过"无事则耕，有事则战"的形式来实现"民兵两利"。元明时期统治者便借助各地土兵武装参与保境安民、镇压起义和平定叛乱等军事活动。同时，土司之间也为了维护自身利益，进行仇杀兼并斗争，所以各土司之间不得不保存更加强大的军事力量。播州土司军队作为一支重要的地方武装力量，积极响应中央王朝的号召，参与各种军事征调活动，一度成为"土司之最巨者"。明代播州杨氏土司"以夷制夷"的主要工作就是服从中央王朝的军事征调，参与"征蛮"和"讨贼"等军事活动。

1. "征蛮"。元明时期根据"以夷制夷"原则，中央王朝征发播州土司军队参与镇压少数民族土酋、土司的叛乱等一系列军事征调活动，史称"征蛮"。翻检有关史籍，播州土司的土兵武装多有奉调"征蛮"的记载。杨氏占有播州以后，服从中央的命令，南征北伐。经过对周围少数民族的征讨，播州杨氏的势力也得到了壮大，到十三世杨粲时，他广泛地接收先进的中原汉文化，崇尚儒术，建学养士，士类儒流皆称其乐善而重德、喜儒而好礼。杨粲在统治播州的40余年中，奉行治政宽简的政策，反对苛求高压，主张给劳动者以休养生息的机会，使老百姓得到实惠，这一系列措施的实行，使播州经济社会得到了空前的发展，使播州

---

① （清）毛奇龄：《蛮司合志·序》，西河合集本，清乾隆三十五年（1770）刻本，第2页。

世俗大变样，俨然与中土文化一样。有了一定的经济基础后，杨粲加强对地方武装的建设，他采取寓兵于农的治军之术，且耕且战，得富国强兵之策，这种治军之策教以坐则进退，无事则耕，有事则战，民兵两利，乐为之用。故史称"杨氏传十三世，自粲始大"。《遵义府志·土官》记载："嘉定十二年（1219），南平彝族穆永忠盗用公家田，杨粲率兵讨之，斩永忠，归其田。南平闽酋伟桂弑父自立，杨粲声罪致讨，杨氏败其众于滇池，斩首数千级，辟地七百里，获牛羊铠仗各以千计。"① 延祐四年（1317），黄平南蛮卢犇叛乱，新部黎鲁也啸劫聚乱，杨汉英奉诏镇压，大获全胜。永乐七年（1409），杨升晓谕所辖当科、葛雍等12寨蛮民归顺朝廷。为安抚少数民族，维护中央集权，隆庆元年（1567）水西在儒溪里设置唐朝镇，隆庆五年，杨应龙袭播州宣慰使职，派兵将仁怀、古蔺等地收归播州领属。

2."征贼"。封建王朝中后期的残暴统治引发各地农民起义，中央王朝为维护其统治秩序和削弱土司势力，不断征调各地土司参与平定农民起义，史称"征贼"。中央王朝征调土司镇压人民反抗，检验是否效忠朝廷。

播州土司军队多次参与镇压农民起义，尤为突出的是明成化十二年（1476）平定播州贼赍果等的叛乱。成化十二年（1476）三月，四川播州宣慰司苗民起义，占领了禾坝干等53寨及重安（今贵州黄平南）长官司之湾溪等寨，宪宗敕令巡抚四川右副都御史张瓒抚捕，命播州宣慰使杨辉协助，激励杨辉重振播州兵的雄威，以备征调。十一月，张瓒督军，播州军队助其攻破苗寨16处，斩首496级，赍果带领的义军失败。成化十五年（1479）九月，苗民不堪忍受安宁宣抚使杨友之压迫，赍果率领苗民攻陷禾漂、靖南城堡，包围安宁宣抚司，聚至万人。兵部仍起杨辉统兵剿抚，并敕川、贵兵为助。弘治七年（1494），因为平定苗民叛乱的功劳，赐令慰劳杨爱。另外，弘治十四年（1501），调遣播州土兵5000征讨贵州女叛贼米鲁等。明进入中叶，朝廷和地方都腐败，《明臣奏议》载王守仁《赴任谢恩遂陈肤见疏》言"邛部夷撒假合雷波夷杨九乍，黄

---

① （清）郑珍、莫友芝：《遵义府志》卷9，遵义市志编纂委员会办公室1986年版，第955—956页。

郎夷首安新叛"，明王朝调播州军队去镇压，事平镌《播州营碑》载："皇明万历十六年戊子春三月，播州宣慰使司宣慰使骠骑将军杨督师统万兵，奉行天罚，屯营于此俘贼伐倮，扫穴犁庭，刻石为记。"由此可见，元明时期的少数民族边疆地区是极其不稳定的，少数民族起义军反明争斗不断，播州土司常常接到朝廷要求其调集土兵"合力进剿（苗贼）"的公文。明王朝借播州杨氏土司表明忠心的名义征调土司军队为其效力，大肆残杀少数民族人民，以此征服边疆，巩固其政治统治。

（三）各地土司效忠

元明清时期各地土司对王朝国家的效忠，是王朝国家与臣民间忠诚关系的必然反映。这种忠诚关系源于王朝国家的正统地位以及各地土司对以中央政府为代表的国家的认同。元明清时期，中央王朝实行土司制度治理，其实质是王朝国家"以夷制夷""因俗而治"的权宜之计，是国家权力不断延伸、下沉以及最终实现王朝国家的"大一统"。在元明清时期"大一统"的历史框架内和地方行省管理模式下，王朝国家与各地土司长期进行利益博弈，中央王朝通过土司职衔任授升迁、土司地区经济开发、土兵武装组建征调、文化教育崇儒兴学等来凸显国家在场；各地土司心向王化而接受土司制度治理，履行政治统治、朝贡纳赋、保境安民、护国固疆、社会管控和文化变革等王臣义务，不断沉积和转化其国家认同的因子，土司地区完成国家整合与认同建构，强化国家与土司、中央与地方、汉族与少数民族及少数民族内部的政治、经济、文化联系。在国家权力不断向土司地区延伸和下沉的过程中，各地土司认同王朝国家统治，带动土司辖区内各族民众自觉融入王朝国家政治共同体，实现王朝国家对土司地区和土司地区各族民众的政治统治、军事管控、经济开发、社会发展和文化变革，客观上使不同民族参与到中华民族"多元一体"和中国"多元同创"的历史进程。各地土司能够效忠中央王朝的逻辑起点在于王朝国家的客观存在、各地土司的特殊区位。① 众所周知，元明清三朝期间，中央政府囿于国家集权统治能力有限、行政管控成本高昂、国家权威影响不足等特殊状况，在"大一统"思想指导下，继续

---

① 彭福荣：《中国土司国家认同的逻辑起点与利益法则》，《青海民族研究》2015年第2期。

推行"以夷制夷""因俗而治"的传统策略,创新、推行和完善土司制度,使各地土司成为"王臣",民族地区成为"王土",土司辖区各族民众成为王朝子民。根据土司制度规约,各地土司出于寻求利益最大化、在辖区内的权力最大化的考量,认同元明清等朝代表的国家大统,成为职衔品级不等的大小土司。为了体现对王朝的忠诚,他们自觉地承担起朝贡纳赋、奉命征调的职责,借王权来确认和提升自身地方统治权力的合法性,巩固土司政治,博取更多物质资源和拓展生存空间,谋求更多统治利益。

总的来讲,各地土司与元明清中央王朝的合作博弈,虽然从总体上是一种合作、互动关系,双方都期盼着谋求利益的最大化,但各地土司与中央王朝之间并非一种对等关系,王朝国家始终处于强势地位,各地土司自始至终都处于弱势地位,这是一个不争的客观事实。

二 反叛与改流

元明清中央王朝在实施土司制度治理土司及土司地区的过程中,中央王朝与各地土司之间本身就存在着许多不可避免的弊端,特别是随着历史的向前发展,土司制度本身所产生的弊端,使土司制度早期固有的落后性更加凸显出来。特别是随着明清两代中央王朝集权不断强化和土司地区的经济社会日益发展,土司势力不断强大,与中央政府的矛盾必然愈益突出。[1] 因此,有些广土巨族的土司,自恃具有与中央政府对抗的实力,于是铤而走险,走上了反叛中央王朝之路。按照元明清时期的法律规定,凡是反叛中央王朝的土司,就显示其与中央王朝关系的破裂,必然遭到中央王朝的剿灭,原土司辖区将全部改土归流或改为弱小土司或众建土司。

明万历年间,杨应龙加固海龙囤,使海龙囤最终成为对抗明朝廷的大本营,以及"家""国"决战的主战场,海龙囤见证了播州杨氏家族统领下的辉煌与覆灭。李飞先生曾感慨地说:海龙囤是以维护国家利益为目的而营建的军事防御体系,却在最后成为"家""国"对抗的主战场。

---

[1] 陈季君:《地缘政治学视角下明王朝与播州土司的政治博弈》,《遵义师范学院学报》2011年第5期。

二千里疆土上,"家"与"国"的情势不期然转换。①"家""国"决战的时刻最终到来了。《遵义市汇川区高坪镇志》的主编赵光强根据张廷玉的《明史》、诸葛元声的《两朝平攘录·播上播下》、谷应泰的《平杨应龙》、瞿九思的《万历武功录·播酋杨应龙传》等史料对"平播之役"的最后决战梳理得十分清楚,此不赘述。其实,"平播之役"的战端未开,胜负早已决定。杨应龙也早已知道最终的结果,他曾经有一段话即可说明。据《播上播下》载:"自飞练后,酋自知天诛难逃,思逞一决,又见明旨重颁,疑畏日深,乃谓各总管曰,朝廷已不容我老杨,我老杨如何不弃死一做,骑虎者,势不得下,到此田地,左右是死,不坏也是坏了。"② 作为只能看到自己那一亩二分地的眼光狭隘的土司来讲,没有哪一个土司与中央王朝作对会有获胜的机会。万历二十八年(1600)六月六日明王朝官军和调集的各地土司兵,一齐攻破海龙囤,杨应龙自杀。万历二十九年(1601),明廷对原播州杨氏土司统治地区实行了"改土归流"。将播州改为两府(遵义府、平越府)、二州八县(真安州、黄平州,遵义、桐梓、绥阳、仁怀、湄潭、余庆、瓮安、龙泉),结束了播州杨氏统治29代,长达725年的历史。

明代播州地区的改土设流是封建中央政权与地方土司政权之间的激烈斗争,这场斗争的实质是封建地主制与封建领主制之间的斗争,是中央集权与地方分权之间的斗争,是中央王朝和杨氏土司争夺各种权力和利益的斗争。在这场根本利益的斗争中,虽然中央政府付出了惨重的代价,但通过改土归流极大地削弱了西南民族地区土司的势力,加速了国家权力在西南民族地区扩张的历史进程,维护了西南民族地区乡村社会稳定。

值得说明的是,播州杨氏土司与明代中央政府之间的这场博弈是一种非合作博弈。非合作博弈是指王朝国家与各地土司之间在土司职级、承袭、征调、贡赋等问题上不可能达成具有约束力协议的博弈,特别是土司反叛中央王朝,那更是一种互不相容的博弈。王朝国家对于各地广

---

① 李飞:《复活的土司城堡:海龙囤考古手记》,贵州教育出版社2014年版,第6—12页。
② (明)诸葛元声:《两朝平攘录》卷之五《播上播下》,见《中国野史集成》(卷17),巴蜀书社1992年版。

土巨族的土司，在一些问题上如果难以达成具有约束力的协议，就会形成非合作博弈，在这种情况下中央政府的治理策略，或彻底剿灭，或众建土司（即分袭），或改土归流。如清代土司分袭制度有这样的规定："雍正三年覆准，各处土司嫡长子孙承袭，其支庶子弟中，有驯谨能办事者，俱许本土官申请督抚题给职衔，令其分管地方事务，其所授职衔，视本土官降二等。如土官系知府，则所分者给通判衔；土官系通判，则所分者给县丞衔。"① 如清代乾隆年间云南耿马安抚司与勐角董太爷之间因争袭发生的纷争，最终清政府采取了"分而治之"的政策。清代光绪年间将云南临安府纳楼普氏土司从一分为二再到二分为四，平息了纳楼土司家族内部争袭而造成的旷日持久的争夺战。这些土司争袭的典型案例说明，随着我国历史向前发展和明清时期社会的不断进步，明清中央王朝与各地土司之间非合作博弈时有发生，中央王朝在集权不断强化的情况下，为了维护"大一统"的王朝国家，土司最终处于弱势一方，只能是分袭或被改土归流的结果。

总之，如果各地土司与王朝国家之间这个命运共同体、利益共同体能够用法律、法规、制度来保证各自的利益，那么，各地土司与王朝国家之间就会形成合作博弈；如果各地土司与王朝国家这个命运共同体、利益共同体不能用法律、法规、制度来保证双方各自的利益，那么，各地土司与王朝国家就会形成非合作博弈，其结果就是被王朝国家剿灭，或众建土司，或改土归流，这是历史发展的必然。

第四节　多元共治

"多元治理"是以土司制度治理为基础的多元主体共同治理土司及土司地区，它既是元明清中央政府在土司制度治理实践中形成的新要求、新思想，也是王朝国家土司制度治理实践探索的经验总结，属于元明清时期国家治理的制度创新。

---

① （清）昆冈等：《钦定大清会典事例》卷145，中国书店2018年影印本。

一 "多元共治"思想及土司制度治理体系

"多元共治"并不是西方行政管理思想,而是我国封建社会早已有之的国家治理思想。"多元共治"思想其实也是一种理论,它比较契合元明清时期王朝国家的土司制度治理。"多元共治"理论散见于我国古典文籍之中。如《荀子·君道》:"明分职,序事业,材技官能,莫不治理,则公道达而私门塞矣,公义明而私事息矣。"《孔子家语·贤君》:"吾欲使官府治理,为之奈何?"这些语句都蕴含了我国先秦时期哲人们的治理思想。《礼记·礼运》中的"大道之行也,天下为公",也体现了我国先秦时期传统社会的多元共治思想。明清时期很多学者也提出"人君与天下共"等主张,这也蕴含着共治思想。① 我国古人通过对现实社会的深入观察和对实践生活的认真总结,这种"多元共治"思想得到了更全面的论证和更丰富的验证。从过去的"管理"到后来的"治理",又从"治理"到"多元共治",其意涵产生了由单向控制、管控向互相协作治理的巨大转变,即包含治理主体的多元趋势,不断吸纳社会各方力量积极主动参与,不再仅限于政府这个单一治理主体。土司制度治理权力运行模式的转变,不再强调以往自上而下的单维治理模式,而是注重上下互动、多维协调的治理过程。② 元明清时期王朝国家的传统社会不仅存在多元共治思想理念,并在土司地区基层社会结构中呈现出多元共治的形式。

元明清时期王朝国家土司制度治理体系可以归纳为:一个中心、两个主题、三大目标、四元治理、五项内容。即以"土司制度治理"为中心,围绕"确保土司制度治理有效"和"确保土司地区长治久安"的主题,以"加速土司政治一体化""加强制度治理网状化""践行土司地区治理地方化"为目标,以"官方基层组织、官民共建基层组织、土司宗族组织、民间绅士阶层"为单元,以"政治、经济、军事、社会、文化"为治理内容而形成土司制度治理体系。这个治理体系的更多内容在前面的章节中已探讨,在此主要是以土司制度治理为视角,以府州县行政机

---

① 江必新:《关于多元共治的若干思考》,《社会治理》2019 年第 3 期。
② 孙逸啸:《论明清时期长江沿岸码头城市多元社会治理的法秩序——以上海、武汉及重庆为例》,《江汉大学学报》(社会科学版)2018 年第 2 期。

构、官方基层组织、官民共建基层组织、土司宗族组织为单元，以政府机关、里甲团练、乡约饮酒、土司宗族四方共同参与的土司制度治理的多元主体结构，以行政命令、告示章程、乡规民约、宗族族规等为土司制度治理的主要依据，形成元明清时期王朝国家独具特色的土司地区多元共治协调机制，并在土司地区逐渐实现了多元主体协同治理的图景。

二 土司地区"多元共治"举措

作为王朝国家重要战略组成部分，土司地区肩负着维护国家主权领土完整、推动土司制度治理历史进程的重任。为此，多元共治成为元明清时期王朝国家制度治理的必然选择，通过多元治理思路和治理模式，可以解决缓和国家与地方、中央王朝与土司、土司与土民等多方面的利益诉求矛盾、整合多方资源、改进治理方式落后等诸多问题，最终以多元共治的方式整体加快推进土司及土司地区治理。

元明清时期王朝国家治理土司地区主要有四类基层组织参与：一是府州县行政机构（因前面已有诸多探讨，此处不再赘述）；二是官方基层组织，包括里甲组织、保甲组织和团练组织等；三是官民共建基层组织，如乡约、社学、社仓等；四是土司宗族组织，包括宗祠、族长、族规祖训等。因此，笔者将这四个子系统归纳为土司地区基层社会治理系统，每个子系统之下又各有不同的具体组织，其功能前后变化、互动互补，共同构成土司地区基层社会的治理、管控网络。

（一）官方基层组织

元明清时期王朝国家在拥有土司地区省份的地方官方组织机构除了府、州、县等官吏设置的多样形式（或土流并治、土流分治；或土司统治；或卫司同城）之外，在土司地区基层社会的组织设置也不尽一致。如土司制度实施期间基本上是一种军政合一或军政教合一的制度，各地土司既是地方最高行政长官，又是最高军事长官，在信教土司地区还是宗教领袖。他们拥有的军队编制为"营""旗"制；在广西壮族土司地区，则是以哨为单位的基层组织编制；广西瑶族土司地区则是以里、堡、城头、化、布、哨、团、甲等为单位的编制。[1] 在川西北改土设屯的卫所

---

[1] 都安瑶族自治县志编纂委员会：《都安瑶族自治县志》，广西人民出版社1993年版。

（如土千户所、土百户所）以及湖广都指挥使司下设的九溪卫所管辖的麻寮所，同样具有土司性质，但在基层组织设置时是有区别的。如麻寮土千户所："明洪武时，设麻寮所隘，正副千百户三十二名，世守土，赐铁券，封武德将军。本朝顺治四年，顺丞王安边至澧，各所隘投诚披剃，仍因明制，赏给方印号纸。雍正十三年，诸蛮向化，献土缴印，该千户为千总、百户为百总，颁给敕书一道，扎符一张，令其子孙世袭，如有年力精壮，准其随营效用，才具优长者，照以武职升转。"① 即麻寮所为一所四厅的武职，计设千总6员，把总26员。其基层组织设置，在隘设百户，汉、土杂用。麻寮所计有四厅十隘千户、百户及镇抚、站堂、吏目、通把等官47员，实施的是兵农合一、寓兵于农的制度。所千户、隘百户既是所、隘行政长官，又是军队首领。②

明清中央王朝在一些土司地区推行社制、里甲、保甲、乡约、牛丛等制度。如明初在大理白族地区推行里甲、保甲和乡约等基层社会组织。大理地区有碑刻记载"天兵入滇归附，选充里长"，说明洪武时大理地区就设立了里甲制度。永乐十六年（1418），大理地区里制已很普遍。清朝在云南省推行保甲、乡约制度，即使在德宏、临沧等偏远的民族地区也大量设置保甲、乡约，"云南省永昌之潞西、顺宁之缅宁二处，居住近边之人，照内地保甲之例编造寄籍，登造年貌，互相保结，并严禁与摆夷结亲。如有进关回籍，用互结报明，官给印票，关口验照放行；回时仍验明放出，若无印票，概不准放行。如各员弁混放偷漏，查出参处。如永昌腾越、顺宁缅宁、南甸、龙陵一带本籍百姓，保甲亦一体稽核。毋许混匿江楚客民，在则从严惩治"③。明清中央王朝为了削弱土司的实力，有时采取众建土司的办法，如在滇西北地区仅中甸设有土守备2名、土千总5名、土把总16名；维西地区设有土千总2名、土把总5名、土目29名。王朝国家把县以下的基层社会治理权交给这些小土司，使他们受

---

① 鹤峰县史志编纂办公室：《容美土司史料汇编》，鹤峰县史志编纂办公室1983年，第481页。
② 李良品：《土司时期西南地区土兵制度与军事战争研究》，重庆出版社2013年版，第211页。
③ 徐栋等：《保甲书辑要》，见《中国方略丛书》（第1辑），成文出版社1969年版，第27—28页。

制于流官，便于乡村社会的稳定。

明清时期土司地区基层组织有土司、里甲、保甲、团练、粮长等组织，他们在管理土司地区的日常事务时，主要通过文告、章程、法规、契约等管控当地各族民众。如安平土州在清嘉庆年间就颁布了一次"各项例规碑"①，内容如下：

永定碑记

安平州正堂李为复给印凭，建碑立案，以遵古例，以垂永久事。照得本年二月内，据五处各村民等合行具呈，恳给印凭，建碑立案，经行批准。案查五处各村民等置买田产、鱼塘、畬基地、及与承继入赘等项，均经当堂纳谢，永为尔等世代子孙恒乐，奂有原呈执照在案，一一注明，何得重行反覆。嗣后因公办项，系在办事头目及胥役人等照理，毋得仍向五处村庄需索，再行找补纳谢等弊。此乃体恤民隐。准给印凭，竖立碑记，遵照古例，各宜凛遵，永垂不朽，所有年额一切，开列于后。

计开

一项、田例递年按为四季解纳，毋得行前混派。

一项、排役田归城，勿许妄行复谢。

一项、婚礼照例每名田办纳七色银一两。

一项、丧礼照例每名田白布二丈。

一项、□置田照例全解，不许屡次派给补价。

一项、城田免番，勿许妄行复谢。

一项、民等置买田业，已经纳谢，永归民田，不许卖主复行补价。

一项、凡田已经当堂挂号，钤盖印信，永为民业，俱免插牌复夺。

一项、城田一召，当堂谢纳，上下免番夫役，备银一十三两正。

一项、有女无男，仍准其婿照古例谢案，备银三两二钱五分正。

一项、民等凡同堂伯叔死绝，系在族内子孙承祀，不许谢案银两。

嘉庆十二年（1807）二月二十九日立

---

① 广西民族研究所：《广西少数民族地区石刻碑文集》，广西人民出版社1982年版，第35页。

该碑文反映了广西安平土司统治下的土地买卖关系及缴纳田例银的项目，事实上承认了土地的私有权，凡田已经当堂挂号，钤盖印信，永为民业。还有一些条文规定，体现了安平土司在大规模改土归流之后，不得不对原来的一些陈规陋习予以改进，以适应形势发展的需要，这是安平土司接受新思想的具体反映，有利于辖区社会稳定。有时候地方流官为了管控土司，也会颁布告示。如清光绪年间广西巡抚李某就有禁革土司地方科派告示①，内容如下：

兵部侍郎兼都察院右副都御史巡抚广西等处地方提督军务加节制通省兵马衔张□（为）。

严禁事，照得西省，地居边徼。经乱多年，本部院来抚是邦，勤求民瘼，访查吏疵。查各土司地方，政治□□，民生尤为凋敝。推原其故，多因土官遇事科派，不恤民艰；而汉属文武衙门，又因土司有科派之习，遇□（上）官因公进见，纵容丁胥兵役需索使费，视为例规之当然。更有每年承审之牧令，武营之员弁，赴土□□查，辄藉边规名色，任意苛求。该土官费无所出，遂明目张胆，敛之土民而无忌。似此相率妄为，吏治何由而肃？民业何由而安？查纵容丁役诈脏，及在官求索科敛，皆大干功令，况当叠奉谕旨整饬吏治之时，岂能稍事姑容。除再确查参劾外，合亟出示严禁，为此示仰各属文武及土官人等知悉。□有上官因公进见汉官，旧日一切衙门使费，并文武各官员巡边规费名色，概行禁革，不得再向土官□□分毫；各土官亦不得藉端科派土民。此示著即勒石竖于汉土文武各官衙前，永远遵守，倘再有□□□索，一经本部（院）查出，或被告发，定即严参究办，决不宽容，各宜懔遵毋违。特示。

光绪五年（一八七九）十二月二十五日竖碑

这块碑文揭露了广西土司统治下的壮族地区，"土官遇事科派，不恤民艰，而汉属文武衙门"，也随便"需索使费"，这种情况长期存在，致

---

① 广西民族研究所：《广西少数民族地区石刻碑文集》，广西人民出版社1982年版，第58—59页。

使土司辖区民不聊生。因此，广西巡抚出告示坚决制止这种现象发生，有利于维护土司地区社会稳定，属于制度治理土司地区的范畴。

这里既有王朝命官对土司和流官的管控，也有土司对辖区的治理，当然也不乏以里甲、保甲、团练等为代表的官方基层组织对土司地区基层的治理。通过对官方基层组织制度治理土司地区情况的考察，既可以探讨王朝国家在制度治理过程中权力在乡村社会中的渗透与下沉，也可以探究土司地区基层社会中各种权力之间的相互构成与彼此协调。

（二）官民共建基层组织

王朝国家在土司地区的官民共建基层组织是介于官方与民间之间的组织，这种组织主要有官方组织的民间化与民间组织的官方化等两种情况，[①] 其主要作用在于协调土司地区的官方与民间，以共同治理土司地区。从土司地区的实际情况看，明清时期官民共建基层组织主要有乡约、社学、社仓等，它们是土司地区官方基层组织的配角，充当教化乡民、赈灾济贫、维护社会秩序的角色，是对明清时期土司地区里甲、保甲和团练等基层组织相关职能的补充与完善。元明清时期土司地区官民共建基层组织有三个特点。一是官办性。土司地区包括乡约、社学、社仓等官民共建基层组织，均具有官治的传统。如清代乡约是皇帝督促各省督抚实行；社学是明清中央政府督促创建起来的，如弘治十七年（1504）"令各府、州、县建立社学"[②]；顺治九年（1652）题准，社学"乡置一区，择文行优者充社师。免其差徭，量给廪饩"[③]。同时，社学必须贯彻执行中央政府的办学宗旨。从社学经费看，《清会典事例·礼部·学校·各省义学》载，清初中央政府就已规定在边远"土司"地区设学延师，经费由"地方官动正项支给"。[④] 二是强制性。官民共建基层组织是一种强迫的组织。如社学的学习内容、教师选择等都带有强制性；对乡约也规定了具体人数、职责等。三是变异性，主要体现在乡治系统的变异和宣讲内容的变异。特别是乡约的变异更为明显，明代乡约的本质是让乡

---

① 徐茂明：《江南士绅与江南社会：1368—1911》，博士学位论文，苏州大学，2001年，第76页。
② （清）张廷玉：《明史》（卷六十九），上海古籍出版社1986年版，第185页。
③ （民国）赵尔巽：《清史稿·选举志·学校》，上海古籍出版社1986年版，第414页。
④ 陈剩勇：《清代社学与中国古代官办初等教育体制》，《历史研究》1995年第6期。

里百姓"孝顺父母,尊敬长上,和睦乡里,教训子孙,各安生理,毋作非为"①,而清代乡约则成了宣传贯彻统治者理念(如康熙《上谕十六条》、雍正《圣谕广训》等)的一种工具,清政府规定:"凡直省州、县、乡村、巨堡及番寨土司地方,设立约处所。推选老成者一人,以为约正,再择朴实谨慎者三四人,以为值月。每月朔望,齐集耆老人等,宣读《圣谕广训》、钦定律条,务令明白讲解,家喻户晓。"②尽管这种空洞乏味的说教在土司地区并未真正发挥其职能,但对于土司地区人与人之间的关系还是起到一定的协调作用。

(三) 土司宗族组织

明清时期土司宗族组织在土司制度治理土司地区基层社会的过程中发挥了应有的作用。

因为在各地土司治理辖区过程中,总会遇到这样那样的困难和问题,他们必然会利用土司的权势,凝聚宗族力量,互相照应,抱团发展,因此,聚族而居的土司宗族组织为土司辖区基层治理履行职责和义务创造了必要条件。

笔者认为,在一个土司宗族共同体中,族长或族正是核心人物,而任现职的土司是当仁不让的族长。明清时期土司地区就是以族长权力为宗族核心,以族谱、族规、宗祠、族田为手段而建立起来的严密的土司宗族社会人际关系。当时土司地区的土司宗族组织大多是通过族规、祖训等来调整土司宗族关系,维持宗族内部的秩序和尊卑伦理,进而起到维护和加强土司家族统治的作用。土司宗族组织之所以有着很强的内聚力,是因为它有着相互联系、控制力强的宗族内在结构。土司宗族组织的各种功能可以在相当程度上保障宗族成员的各种基本需求,因而土司宗族组织对于族众来说,绝不是可有可无的,而是基本上可以信赖的甚至是不可缺少的社会群体组织。③ 笔者认为,土司宗族组织的稳定状态与宗祠、族谱、族长等组织要素密切相关以外,宗族规约的作用不可小视。

---

① 朱元璋:《大诰续编·明孝第七》,参见吴相湘主编《明朝开国文献(一)》,学生书局1966年版,第105页。
② 《钦定大清会典事例》卷318《礼部·风教·讲约一》,文海出版社1970影印本。
③ 李良品:《明清时期西南民族地区乡村社会与国家关系研究》,重庆大学出版社2020年版,第50页。

土司宗族的祠堂有两大功能，一是同一土司宗族共同体祭祀祖先的场所，二是土司宗族共同体讨论族中事务的会场及宗族的法庭。因此，任何一个土司宗族组织都注重祠堂的建设，因为祠堂是将儒家伦理付诸实践的场域和过程，不仅直接推动了土司的宗族化，而且在自在性宗族转变为自为性宗族的过程中，土司宗族组织相关制度对土司宗族社会进行实质性的运作。湖北利川《中华覃氏志》中"覃氏宗祠规训"包括"宗祠规则""家规""家劝""家戒""家禁""宗祠祭祀礼仪""春秋祖庙祭祀礼仪""五服图"等内容，尤其是"宗祠规则"[①]计34条，其中最后一条，有利于维护宗族和谐共处："族中知事人在祠断理，无非替祖宗阐扬是是非非，必须大彰公道，斯获祖宗眷佑，即有委婉曲折处，实系为两造体恤周全，均不失为忠厚。倘若受贿徇私，定有恶报，或者明受神诛，减其录算，或者暗遭鬼责，殃及子孙，天网恢恢，疏而不漏，断理者其深警之。"[②]

土司家族特别重视宗祠建设，如贵州翁水犹氏于明朝时期修建翁水犹氏宗祠，为此撰写了一篇《瓮水犹氏宗祠碑记》[③]，其内容如下：

> 唐季失政，匪独纪纲坠弛已也，而四夷亦时并起侵忮，以窥中华。盖木朽而虫生之矣。而滇南西蜀，诸苗为锋尤钜。予祖崇义公事唐为都总管，乾符二年奉命征之，克平。特授四川播州宣慰使，留镇其地。广明元年，复调征黄巢，疲精壹力，与贼相持，当贼奄有燕洛，时势孤力屈，卒亡于阵。天子推恩，赐祭葬，晋秩平播万户侯。于例当立一庙，其有无庙不可考，相传庙在侯府门。今废为寺，寺址犹存。当时剖符裂土而封之，然地属边夷，易煽以变。公子朝觐承播乱之余，以次削平播瓮地千里，带甲数万，先声披靡，而蛮方骚然。万目睒睒横列，不通言语，肝脑涂戈矛，筋骨碎矢石。

---

① 《中华覃氏志·利川卷》编纂领导小组：《中华覃氏志·利川卷》（未刊稿），2005年，第70—83页。

② 《中华覃氏志·利川卷》编纂领导小组：《中华覃氏志·利川卷》（未刊稿），2005年，第72页。

③ 瓮安县地方志编纂委员会、翁水犹氏文化志编委会：《翁水犹氏文化志》，方志出版社2016年版，第198—199页。

薰眼折臂而不悔者，惟抚而安之，以养以教，威震于夷，仁怀于众庶，众志大固，以无负置守之职。有唐迄今，垂世三十载在宗图册，县志亦如之可覆而按也。

公陕西西安人，系出于姬文王子聃季，食采于沈，以国为姓。后子孙居于闽，闽人讳贼，去水为尤。宋熙宁辛丑，道明公成进士，神宗锡姓，易尤为犹。明洪武间，仕源公陛见，赐敕。至万历，献土归流，以司属设县治。子孙食先人利泽者，十百余年。自乾德以来，四夷多难，屡效微劳而战守之功为多。今则国家承平，夷夏合一矣。庠序兴而文学之士出，虽荒陬海澨，莫不知学，而吾宗之嗜古能文者不可无人，顾散处江外与夫綦江之东溪、遵义之桐梓者甚繁，昭穆则俱不可考矣。

先是，先大人与族人尝有志谱庙之举，费巨不敢轻议，事遂寝。至念兹叔袭职，毅然谂于族众，醵金会财，简族人执事，天德、赐梅董其役，鸠工庀材，卜日举事。为正室三楹，为庖库之所，涂砖为垣，涂垩为壁，皆坚实雄伟，某年某月落成。癸卯，予因公旋里，以豕一、羊一告庙，迎崇义公、朝觐公、道明公、仕源公四木主厝于龛。族众以碑石诿予，予惶然以谓无名。公大人为之引重，众反嗤其愚，因敬志之，费工之数，别泐碑阴。夫事久者易湮，不必流传之坚与否也。人往则风微，非关奕叶之盛与否也。士幸际昌明，己业未著，乃于敬宗合族之道，在所不讲，而授显籍，以取光家乘者，又有道弗屑道，因叹叔与族众之贤，然善后事宜正烦经划也。肴核既列，酒须酹孔嘉，而系之以诗曰：

僮僮总管，树绩于唐。苗人跳梁，于播之疆。天子曰吁，孰克征哉？廷赞公良，公拜稽首。

竭忠报王，展纛秉钺。裹旅裹粮，豻声气虹。群魄丧亡，冒入其阻。直发其藏，播本内郡。

招柔膊强，霜雪既降。风雨必和，以养以教。王仁孔多，将才多义。于德可歌，苗人嘻嘻。

爱公如父，苗人惨惨。畏公如虎，亦有礼乐。其风近古，芦笙乌乌。载歌载舞，报本思亲。

刑牛祭祖，于胥乐兮。翩翩其羽，于胥乐兮。隆隆其鼓，载烁戈矛。载櫜弓弩，环定安集。

　　于夷得主，其承离离。屡朝以济，为国长城。垂三十世，有庙斯颓。神依于第，惟士无田。

　　不可以祭，暨暨族人。起衰救敝，酾金会财。闾闾棣棣，于宗有功。于国有例，樟楠梓杉。

　　油漆黝垩，雕甍高张。涂簷下落，其室孔曼。其堂孔燫，不有栖者。神焉奚托？公驾鹤兮。

　　血食兹地，公驾乘兮。皇驳其骥，公临门兮。前呼后坠，公升堂兮，左旗右帜。

　　瓮山蕴瑞兮，瓮水流利。山麓罗织兮，高塚其次。

　　驱山之崇兮，魍魉魑魅。毛怨芬苾兮，神唶其截。

　　取蒿祭脂兮，臭达于肆。公母我弃兮，公饮以醉。

　　子孙惴惴兮，维公维庇。公神不蒞兮，褫其不类。

土司家族族谱既是维系本家族血缘关系的纽带，又是寻根问祖的有效依据。在土司制度治理期间，各土司自然是本家族的族长，作为族长的土司必须利用各种手段和血缘关系的纽带，有效维持和利用族人管控好土司辖区，维护土司家族的利益。湖北利川覃氏土司编纂的《覃氏族谱》，有所谓"家中有规，犹国之有制，制不定无以一朝廷之趋，规不立无为子弟"的记载。《覃氏族谱》"家规"中记有"存心""修身""敬祖先""孝父母""敦手足""正家堂""务耕读""和族邻""择师友""维风俗"等十规；"家劝"中有十劝："劝积善""劝孝父母""劝友兄弟""劝睦宗族""劝重丧祭""劝务本业""劝慎冠婚礼""劝训子弟""劝肃姆教""劝早完粮"。《覃氏族谱》还有十戒："戒占葬""戒淫欲""戒嗜酒""戒多言""戒好勇斗""戒专利""戒赌博""戒媚佛""戒健讼""戒纵"；另有十禁："禁紊尊卑""禁乱闺门""禁废先业""禁滥交游""禁惯非为""禁欺孤寡""禁凌卑幼""禁欺贫穷""禁同姓为婚""禁充隶卒"。无论是"规""劝"，还是"戒""禁"，都是为维护土司家族利益和土司辖区社会稳定服务的。贵州锦屏县龙氏土司家族在

编纂的《龙氏迪光录》中,保留着龙氏长官华国公碑镌的如下训言①:

一、明伦理。宗族人丁虽众,尊卑长幼各有次序。官不得以位而废伦,族何得以繁而灭理?今后称谓行坐俱要明白,毋得混淆。敢有卑幼欺凌尊长,子弟抵抗父兄,许户官会集,族长于祠堂公同责惩,如违送官。

二、崇厚道。官者,族之官。无官何有族?族者,官之族,无族不成官。历来休戚相关,岂可至今胡越?今后官有地方事,族人力能办销者,毋得坐视;族有争讼事,或军或民户,官用印申文不得索钱。其族食,各寨民田只纳正项编银,自祖宗来并无杂项,不得擅行加派;而食田之家,亦务要如数完纳,不得遗累户官。且七房俱系始祖遗体,不可分别近房远房名目。有一于此,即薄恶之端也。戒之。

三、正体统。夫人莫不有体,人失其体,如麟与鹿群,凤偕鸡立,人未有不笑且讶者。今后官族各宜存体。或族人偶与军民争讼,不得概施锁挛,擅受跪稟。其一应差遣,自有衙役。族人不得伙同上寨,兜揽完事。甚至冒认亲故,支吾罪赎,阻抗官断,均非体统,一切正之。

四、尚直道。人非圣贤,孰能无过?今后官有不是处,族人不妨入而面诘,不可衔之于心,甚至主拨百姓以泄其恨。族人有不是处,户官不妨集族公处,不可挟之为仇,甚至暗弄笔墨以逞其私。其有面是背非,偷寒送暖者,尤为直道蠹,宗族不可理此人。

五、戒用势。势之一字,虽天子不能施之天下,况族中乎?今后不拘官族,毋得倚势行凶,敢有以众欺寡、以强欺弱、以富欺贫、以智欺愚及倚酒撒泼、恃趸横行者,官族不得徇情,公同惩治。

六、戒生事。无事为福,自古尚之。凡我官族,如屯所及团寨不相干之事,不可希图目前小利,酿成日后隐祸。今后敢有武断乡曲、引衅生端、贪贿忘义、遗害地方者,族中鸣鼓攻之,不得曲为

---

① (清)龙文和、龙绍讷编著,龙泽江点校:《苗族土司家谱·龙氏家乘迪光录》(第二版),贵州大学出版社 2020 年版,第 341—342 页。

庇护。

《龙氏迪光录》中龙氏长官华国公的训言，其目的在于增强土司宗族内部的凝聚力和妥善处理好族内族外各种关系，以利于维护土司的统治。明清时期各地土司都是善于运用权势、掌控资源、维护辖区统治的能动者，他们力图塑造一个中央王朝土司地区"正统"代理人的形象，借此稳固自身权力和统治，因而他们非常巧妙地操控了自上而下的传统文化的象征，用国家话语表达着地方权力中心的地位。纵观各地土司家族的历史，以一家之力能够凭借土司制度治理的契机，统治某个辖区长达数百年，完善的宗族组织和宗族制度起到了不容忽视的作用。

元明清时期土司地区的"多元共治"，其最大的特点就是这种制度治理具有多元性，随着各地土司运用权势、掌控资源、维护辖区统治的需求不断扩大，寻求自身利益最大化的野心不断膨胀，中央政府与各地土司的价值冲突便逐渐显现出来。王朝国家为规制中央政府与各地土司的价值冲突，管控土司的力度不断加大，治理举措越来越严，对土司制度治理土司及土司地区无疑产生了一定的效果，如府州县行政机构、官方基层组织、官民共建基层组织以及土司宗族组织等都在制度治理方面具有一定的联动性；但我们也必须清楚，国家地方行政机构、地方基层组织和土司宗族组织三级治理体系的融合不够。如清朝道光年间滇南地区"汉奸""匪徒"的大量存在和为非作歹，破坏了当地的社会稳定，由于府州县行政机构、官方基层组织、官民共建基层组织以及土司宗族组织四者之间制度治理体系不融合，未能产生联动，所以导致治理效果不佳。鉴于此，笔者认为，只有府州县行政机构、官方基层组织、官民共建基层组织以及土司宗族组织四者之间构建土司制度治理共同体，才能真正实现国家主导、地方负责、社会协同、土司宗族参与的国家治理格局。

第十一章

余　论

元明清中央王朝为了加强统一多民族国家建设，实现王朝国家的"大一统"，在借鉴唐宋羁縻州制度国家治理的基础上，不断强化对土司地区的制度治理。从土司制度治理到改土归流的实施，其治理过程经历了由松到紧、由间接统治逐渐向直接治理的过渡，这一变化显示了王朝国家对土司地区制度治理的逐步加强，国家权力在土司地区从延伸逐渐过渡到下沉至阡陌之间。尤其是土司制度治理的最高形式——改土归流的出现及逐步实施，将土司地区完全纳入了王朝国家治理体系，强化了中央政府对土司地区的直接控制。通过前面几章内容的研究，我们认为，将中国土司制度定位在国家治理土司地区的视角下，体现了王朝国家统一与地方自治的关系。元明清时期王朝国家制度治理土司及土司地区彰显了中央与地方、国家与乡村、政府与社会基层组织等"多元共治、上下互动"的学术思想，这对深化中国土司制度和国家治理研究均具有创新价值。本章在前面研究的基础上认真总结和归纳提炼了王朝国家土司制度治理的启示，这或许能为当下发展国家制度治理、铸牢中华民族共同体意识提供智力支持。

第一节　国家制度建设是加强国家治理的根本

在《新纂云南通志》作者看来，历史发展到元代，开始有土官土司的名称；明清时期中央王朝授予很多地方土酋为土司，"皆原于边民变乱频仍",但也不乏因地制宜、因时制宜的考量。"于是就各族酋长之率兵效顺者,或应募平乱者,论功行赏,分别委以土职、使其子孙世袭,效忠国家,所属部落即归其统治,用同边圉。"① 编纂该套志书者将土司制度聚焦在土司官秩、承袭、贡赋、信物等方面,但有欠缺之处。应该说,元明清时期王朝国家为了加强国家治理,在土官土司制度建设方面加大了力度。

一 明清中央政府对土司制度的建设

明清中央王朝为了维护其统治政权及土司地区的长治久安,设计了一套土司制度治理体系,其内容包括政治、经济、军事、教育、礼仪等在内的一系列典章制度。具体来讲,明清中央政府加强土司职官、承袭、朝贡、征调、优抚、升迁、奖惩、分袭、安插、官学教育等方面制度的建设。在此,以土司制度中最核心的承袭制度为例,予以说明。如元代规定,土官承袭土职,必须经中央政府允准方可承袭,土官一经授职,即为世袭。元代授予少数民族首领土官之职,正式赐予世袭土官诰敕、印章、虎符、驿传玺书与金(银)字圆符等信物。② 各地土官只有拥有上述这些信物之后才能称土官,才能行使土官职权。明代中央政府逐渐形成并完善一套完整的土司承袭办法,基本上延续嫡长子继承为主,以孙、婿、妻、舍人(土司家族)、女及外亲等继承为补充的"先嫡后庶,先亲后疏"承袭原则,而且土司应将承袭之人依次呈报。在呈请袭职时,要取上司印结、本人宗支图及邻境保结等文献资料方能承袭。具体来讲,明代中央政府规定了土司承袭范围,要求中央政府和应袭土司制作承袭文书(包括宗支图本与土司承袭人名册、结状文书、告袭文簿、诰敕文书、勘合与照会)、制定土司承袭法规(如万里赴阙受职、"就彼冠带"、赐予承袭土司信物、土司学习礼仪制度)、规定土司"禁例"等。清代土司承袭制度是对明代土司承袭制度的继承和发展,有许多方面与明代有相似之处,但有不少变化,如调整土司承袭的职官制度(包括嫡庶不得越序、十五岁方准承袭、规定预制土官、规定承袭手续、限期具题承袭

---

① 龙云等纂,牛鸿斌等点校:《新纂云南通志》,云南人民出版社2007年版,第660页。
② 龚荫:《中国土司制度史》,四川人民出版社2012年版,第118页。

等新规则)、调整土司承袭的文书制度(包括册结、号纸等)、调整土司承袭的法规制度(如建立土司降级留任制、废除土司亲身赴部制、严禁流官勒索应袭土司)等。可以说,明清中央王朝建立的这套土司制度,经过不断补充、丰富与完善,已经是十分完备的治理体系。但随着时间的推移,土司制度逐渐背离了中央王朝设计的初衷,不仅在土司地区难以为继,而且也没有实现土司制度治理的目标,这无疑是王朝国家的性质以及制度本身的规定性所决定的。最后只能用改土改流的举措来推动制度治理的历史进程。

二 新时代加强国家制度建设是国家长治久安的根本保障

历史的经验值得注意,历史的教训值得汲取。无论何时,国家制度建设是带有根本性和规范性的制度建设。这种国家制度建设是一种制度的顶层设计,它着眼的是全局,把握的是规律,发挥的是震慑力量。2019年10月31日中国共产党第十九届中央委员会第四次全体会议通过的《中共中央关于坚持和完善中国特色社会主义制度,推进国家治理体系和治理能力现代化若干重大问题的决定》,就是要建设中国特色社会主义制度体系,"推动中国特色社会主义制度更加完善、国家治理体系和治理能力现代化水平明显提高,为政治稳定、经济发展、文化繁荣、民族团结、人民幸福、社会安宁、国家统一提供了有力保障"①。这些制度体系包括党的领导制度体系、人民当家作主制度体系、中国特色社会主义法治体系、中国特色社会主义行政体制、社会主义基本经济制度、繁荣发展社会主义先进文化的制度、统筹城乡的民生保障制度、共建共治共享的社会治理制度、生态文明制度体系、党对人民军队的绝对领导制度、"一国两制"制度体系、独立自主的和平外交政策、党和国家监督体系,这既包括中国特色社会主义制度的根本制度,也包括中国特色社会主义制度的基本制度、重要制度。笔者认为,新时代加强国家制度建设是国家长治久安的根本保障。党的十八大以来,在以习近平同志为核心的党中央领导下,我们已经由原来的站起来到富起来,再到强起来,但制度

---

① 《中共中央关于坚持和完善中国特色社会主义制度,推进国家治理体系和治理能力现代化若干重大问题的决定》,新华社2019年11月5日。

治国方面还有很长的路要走,我国必须把中国特色社会主义制度的根本制度、基本制度、重要制度三个层面的制度建设好,只有这样,才能从根本上保障国家的长治久安。

第二节 共建共治共享的社会治理制度是维护民族地区社会稳定的关键

《中共中央关于坚持和完善中国特色社会主义制度,推进国家治理体系和治理能力现代化若干重大问题的决定》指出:必须"坚持和完善共建共治共享的社会治理制度,保持社会稳定、维护国家安全"[①]。新时代的社会治理,属于国家治理的重要方面和重要内容。在建设过程中,可以借鉴历史上的有益经验,加强和创新社会治理的内容、举措和方法,"建设人人有责、人人尽责、人人享有的社会治理共同体,确保人民安居乐业、社会安定有序,建设更高水平的平安中国"[②]。

一 历史上土司地区"多元共治"的社会治理经验值得借鉴

元明清时期土司地区大多属于民族聚居或多民族杂居地区,民族关系极其复杂、多元共治历史悠久,如官方基层组织、官民共建基层组织以及土司宗族组织共同参与的社会治理模式很有特色。元明清时期王朝国家在土司地区的"多元共治",其最大的特点就是这种制度治理具有多元性。王朝国家对于各地土司运用权势、掌控资源、寻求自身利益最大化的野心,力图规避和管控中央政府与各地土司的冲突,采取了国家地方行政机构、地方基层组织和土司宗族组织三级治理体系,做到府州县行政机构、官方基层组织、官民共建基层组织以及土司宗族组织四者协同共治,期求实现国家主导、地方负责、社会协同、土司宗族参与的国家治理格局的目标。毋庸置疑的是,原土司地区构建共建共治共享社会

---

① 《中共中央关于坚持和完善中国特色社会主义制度,推进国家治理体系和治理能力现代化若干重大问题的决定》,新华社 2019 年 11 月 5 日。

② 《中共中央关于坚持和完善中国特色社会主义制度,推进国家治理体系和治理能力现代化若干重大问题的决定》,新华社 2019 年 11 月 5 日。

治理格局具有深厚的历史积淀和社会基础。从历史上看，如乌江流域的"则溪""亭目"制度，乡贤、寨老人员以及乡规民约等都是土司地区传统治理方式；明清时期该流域官方基层组织、官民共建基层组织、土司宗族组织都是常见"多元共治"模式。这些为共建共治共享的社会治理模式提供了历史经验。

二 民族地区需要共建共治共享的社会治理制度

共建共治共享的社会治理制度，是维护民族地区社会稳定的关键。党的十九大之后，我国进入了新时代，民族地区的社会治理已不是原来的政府管控或社会管制，而是一种全民参与的社会治理，其治理理念、治理过程和治理主体都是民族地区各民族人民。民族地区要打造共建共治共享的社会治理新格局，就必须是民族地区各族人民共同参与社会建设，共同参与社会治理，共同享有治理成果。民族地区共建的主要内容涵盖教育、医疗、养老、就业等领域的社会建设，共建是共治共享的前提和基础；民族地区的共治就是民族地区各族人民共同参与治理社会的各项活动，从原来政府层面的"单极治理"走向社会各界的"联合治理"，以实现国家提出的"善治"目标。民族地区共治的内容主要包括基层乡镇、街道社区、社会组织、利益集团和公益性资源等各方面的全面整合，共治是民族地区社会治理的关键与核心；这里的共享，就是民族地区各族人民共同享有社会治理的发展成果，也就是民族地区各族人民都是社会主义建设者、劳动者、拥护者和享有者。民族地区社会治理成效越多，各族人民享有的成果就越多，特别是要实现民族地区各族群众幼有所育、学有所教、劳有所得、病有所医、老有所养、住有所居、弱有所扶，不断增加各族人民的获得感、幸福感、安全感。社会治理共享的主体是民族地区各族人民，共享是中国特色社会主义新时代的目标。[1]

三 民族地区共建共治共享的社会治理举措

有学者指出：民族地区共建共治共享社会治理不仅牵系各民族对民

---

[1] 张志远：《论民族地区以人民为中心的社会治理——以共建共治共享的视角》，《四川行政学院学报》2019 年第 3 期。

族的认同、对社会的认同和对国家的认同，而且牵系经济发展、民族团结、社会稳定和边境安宁。[①] 在此，笔者提出三个值得注意的观点：一是在社会治理主体关系上，应该构建"好政府、好社会"理念。无论是以往"强政府、弱社会""大政府、小社会"，还是学者主张的"小政府、大社会"，都只关注治理主体"量"的大小强弱。事实上民族地区更需要"质"的变革：既需要法治型、服务型、高效型的"好政府"以实现善治，也需要法治型、参与型、自治型的"好社会"以实现共治。二是在社会治理客体逻辑上，应该构建"共建—共治—共享"的顺序逻辑。民族地区共建共治共享治理格局构建，应以共建入手，引入市场机制，通过利益共享反推多元共治。三是在社区治理方式上，应该比照设立民族自治地方的具体做法。将少数民族聚居的社区分为单一民族聚居社区和多民族社区，多民族社区又可分为某一民族为主导和多元民族共存，让社区治理更具针对性。

有的学者对共建共治共享的社会治理提出了具体举措：一是凝聚民族地区各族人民共建共治共享的社会治理共识，确立民族地区共同愿景，建立共同参与治理的举措，建立共同享有社会治理成果的机制；二是树立民族地区各族人民共建共治共享的发展理念，认真解决"为谁治理""如何治理""如何保障治理"等核心问题；三是建立民族地区各族人民的共建共治共享机制，切实构建以城乡之间、民族之间和少数民族村寨内部三个层面的共建共治共享机制，"以整体性人民、社会性人民和个体性人民三个层面切入，让人民享受到富裕、和谐、幸福、美丽，提升获得感、幸福感和安全感"[②]。四是建立民族地区各族人民共建共治共享的多元治理格局，必须做到基层党委领导、地方政府负责、社会各界协同、各族群众参与、法治武器保障，并逐步建立起长期稳定的受益预期。民族地区共建共治共享的社会治理，共建是前提，共治是重点，共享是目标，三者之间相辅相成、相互促进。因此，必须围绕民族地区社会治理

---

① 张志远：《论民族地区以人民为中心的社会治理——以共建共治共享的视角》，《四川行政学院学报》2019 年第 3 期。

② 张志远：《论民族地区以人民为中心的社会治理——以共建共治共享的视角》，《四川行政学院学报》2019 年第 3 期。

主体边界划分与权利配置制度化，从管理体制、运行机制、基层自治，以及构建民族纠纷协调、公共安全建设、社会治安防控、社区治理、社会心理服务五大体系，构建一套与民族地区共建共治共享治理格局相适应的社会治理制度体系。

第三节 "依法治国"是加强民族区域自治地区国家治理的必由之路

笔者认为，"因俗而治"是元明清时期王朝国家根据土司地区少数民族的政治制度、历史传统、风俗习惯、生产生活方式、社会发展程度及宗教信仰等制定的国家治理土司及土司地区的民族政策。① 但纵观元明清王朝国家治理土司及土司地区的实际情况看，"因俗而治"的实施，其目的在于解决多民族国家内部的民族矛盾，调整中央政府与土司及土司地区之间、土司地区民族与民族之间的关系。就朝代运用"因俗而治"的成分而言，元明两代较多，时至清代，逐渐从原来的"因俗而治"到"依法而治"的转变，这不仅是历史发展的必然，而且是王朝国家制度治理的必然。在中国特色社会主义新时代，实行依法治国是加强民族区域自治地区国家治理的必由之路。

一 王朝国家对土司及土司地区的"因俗而治"

"修其教而不易其俗，齐其政而不易其宜"② 是我国历代封建统治者对包括土司地区在内的少数民族地区的治理策略。客观来讲，"因俗而治"的民族政策是适合土司地区少数民族社会生活实际的一种行之有效的政策。③ 这种"因俗而治"可以从两个方面看，一是王朝国家的"因俗而治"，它在行政体制方面实施"多轨制"，在管理制度方面采用"差异化"，在司法制度方面注重"变通性"，这些举措有利于促进土司地区的社会稳定。即便到了清乾隆四十一年（1776）平定大小金川之乱后，

---

① 李良品：《中国土司学导论》，中国社会科学出版社 2018 年版，第 121 页。
② （清）祁韵士：《皇朝藩部要略·序》，道光二十六年（1846）刻本。
③ 李世愉：《土司文化：沟通边疆与中央的桥梁》，《文史知识》2016 年第 4 期。

清王朝下谕旨安民曰:"谕军机大臣等,本日文绶等奏覆,番众薙发一折。据称:'新疆番众,久经薙发,并半已穿戴内地民人衣帽。至西南北三路沿边土司番众,亦均已遵制薙发。并无仍沿旧俗之事'等语。所办未免过当,两金川等番众,自收服以后,隶我版图,与屯土练兵,一并遵例薙发,自属体制当然。至沿边土司番众,如德尔格、霍尔等处,自可听其各仍旧俗,毋庸饬令一律薙发,更换衣饰。将来伊等轮班进京朝贡,衣服各别,亦可见职贡来朝之盛,何必令其换衣服,以生其怨也。即现在收服之两金川等番众,亦止须遵制薙发,其服饰何妨听从其旧,又况沿边土司番众,何必更改服饰耶?"① 由此可见,"因俗而治"的民族政策是适合土司地区少数民族社会生活实际的一种行之有效的政策。② 但我们必须明确的是,王朝国家在土司地区实施"因俗而治"的民族政策,它是根据一定的原则在施行。中央政府的"因俗"是仅限于一些具体的行政事务以及少数民族的历史传统、宗教信仰、风俗习惯、生产生活方式可以继续保留、传承与发展的内容;至于行政制度的兴革、职官的任用、重大事情的决策、土司制度治理、改土归流等则是"不因俗"的,换言之,王朝国家掌控着各地土司的授职、承袭、升迁、奖惩、优抚甚至改土归流等重大事项的决定权,同时,各地土司必须保境安民、谨守疆土、按期朝贡纳赋、听从中央征调。可见,王朝国家实施"因俗而治"民族政策的前提是必须承认王朝国家统治的合法性、维护中央王朝的统治权威。凡是无碍于中央王朝统治的风俗习惯则可"随其俗",如明朝隆庆年间,水西土司安国亨、安信相仇杀,朝廷遣官议罪,安国亨当死,于是以三万五千金自赎。③ 凡是有碍于中央王朝统治的制度治理就不随其俗;凡是大碍于中央王朝统治的风俗习惯、民间法律等就必须加以改革甚至彻底废除,换言之,各地土司若不遵从中央王朝的这些规定,就要被裁革或改土归流。④

---

① 《清高宗实录》(卷一千一百零三),"乾隆四十五年三月辛丑",华文书局1969年影印本,第22册,第16194页。
② 李世愉:《土司文化:沟通边疆与中央的桥梁》,《文史知识》2016年第4期。
③ 张廷玉:《明史》,中华书局1974年版,第8010页。
④ 李良品:《中国土司学导论》,中国社会科学出版社2018年版,第133—134页。

二　明清中央王朝对土司及土司地区"依法而治"

明清中央王朝在实施"因俗而治"的同时，对各地土司的惩处及对事涉土司的当事人的惩处已有诸多的相关法律规定，这些规定在《明会典》《大明律》《大明律集解附例》《钦定大清会典》《大清律例》《钦定六部处分则例》《钦定户部军需则例》《钦定大清会典则例》《则例便览》等各法典文书之中，体现的是明清中央王朝对土司及土司地区的"依法而治"，彰显了王朝国家的土司制度和法律治理。如明代规定：

> 各处土官袭替，其通事人等及各处逃流军囚客人拨置土官，亲族不该承袭之人争袭劫夺仇杀者，俱问发极边烟瘴地面充军。①
>
> 土官、土舍纵容本管夷民头目为盗，聚至百人、杀掳男妇二十名口以上者，问罪，降一级，加前数一倍者，奏请革职，另推土夷信服亲枝土舍袭替。若未动官军，随即擒获解官者，准免本罪。②
>
> 凡土官衙门人等，除叛逆机密并地方重事许差本等头目赴京奏告外。其余户婚田土等项，俱先申合于上司，听与分理。若不与分理及阿徇不公，方许差人奏告，给引照回。该管上司从公问断，若有蓦越奏告，及已奏告文书到后三月不出官听理，与已问理不待归结复行奏告者。原词俱立案不行。其妄捏叛逆重情，全诬十人以上，并教唆受雇、替人妄告与盗空纸用印奏诉者，递发该管衙门，照依土俗事例发落。若汉人投入土夷地方冒顶夷人亲属头目名色代为奏告，报仇占骗财产者，问发边卫充军。③

从上述这些法律条文来看，明王朝对土司的行政处罚和法律处置是较为严厉的，其处罚种类与程度有问罪、杖、罚、降级、革职、徒、流、刑、处死等项目，总体上是按照朝廷命官的惩处办法予以处罚。明中期之后，法律已有对各地土司的惩处，诸如斩决、擒诛、拘禁、革职、改

---

① 《大明律集解附例》卷2《吏律条例》。
② 《大明律集解附例》卷14《兵律条例》。
③ 《大明律集解附例》卷22《刑律条例》。

土归流等形式。

清中央政府对犯罪土司必须绳之以法,且十分具体。《钦定六部处分则例》卷四十《兵部·边防》对土司惩处就有"苗疆文武相互稽查""土苗紧要事件行文""承审土苗案件""苗疆兵役滋事""土官承袭""土司归州县厅员管辖""土官议处事件""土官议叙事件""查拿汉奸""土官犯罪""土苗田产""生番滋事""苗蛮扰害""顽苗掠卖人口""边防盘查出入""边卡失察逃犯""内地人民私赴苗疆""内地民人私往越南""外夷私进内地"等十九条数十款,并有"公罪"和"私罪"之分。①《大清律例》卷五《名例律下》之"徒流迁徙地方"条对土司犯罪迁徙地方的内容十分丰富完善,规定如下:

> 各省迁徙土司,若本犯身故,该管地方即行文原籍,该督抚将该犯家口应否回籍之处酌量奏闻,请旨定夺。其本犯身故无子及虽有子而幼小者,其妻子并许回籍,不在此例。
>
> 凡土司有犯徒罪以下者,仍照例遵行外,其改土为流之土司,本犯系斩、绞者,仍于各本省分别正法监候。其家口应迁于远省者,系云南迁往江宁,系贵州迁往山东,系广西迁往山西,系湖南迁往陕西,系四川迁往浙江,在于各该省城安插。如犯军、流罪者,其土司并家口应迁于近省安插。系云南、四川迁往江西,系贵州、广西迁往安庆,系湖南迁往河南,在于省城及驻扎提督地方分发安插。该地方文武各官不时稽查,毋许生事,扰民出境。如疏纵土司本犯及疏脱家口者,交部分别议处。其犯应迁之土司及伊家口,该督抚确查人数多寡,每亲丁十口带奴婢四口,造具清册,一并移送安插之省,仍具册并取该地方官并无隐漏印结,咨报刑部。其安插地方每十口拨给官房五间,官地五十亩,俾得存养获所。官地照例输课。于每年封印前将安插人口及所给房产数目造册,送户部查核。
>
> 凡土蛮、傜僮、苗人仇杀、劫掳及聚众捉人讹禁者,所犯系死罪,将本犯正法,一应家口父母、兄弟、子侄俱令迁徙。如系军、

---

① (清)文孚:《钦定六部处分则例》(卷四十),图书集成印书局,光绪十八年(1892)铅印本。

流等罪，将本犯照例枷责，仍同家口父母、兄弟、子侄一并迁徙。系流官所辖者，发六百里外之土司安插。系土司所辖者，发六百里外之营县安插。其凶恶未甚者，初犯照例枷责，姑免迁徙。若仍不改恶，将本人仍照原拟枷责，亲属家口亦迁徙别地安插，仍严饬文武官稽查约束，出具印结并年貌清册于年底报部。如安插十年后果能改恶迁善，有情愿回籍者，查明咨部，准予回籍。若本犯并各家口仍在安插地方行凶生事，照已徒已流而又犯罪律再科后犯之罪。倘地方官不尽心约束以致疏脱者，即将该管文武各官照例参处。其本犯审无别情，照例治以逃罪。如有生事不法情由，照平常遣犯逃后为匪例分别治罪。至蛮僮头目犯法，必根究勾引之人，审明确实，照诱人犯法律加等治罪。遇赦不宥。失察勾引之地方官，交部议处。①

可见，清政府在实施土司制度时，吸纳了历代封建王朝对边疆民族地区统治的经验与措施，在推行"因俗而治"的过程中，对违反法律的各地土司惩处也是很重的。王朝国家对各地土司最重的惩处无疑是"改土归流"。因为"改土归流"是一个系统工程，不仅涉及土司个人的前途命运，而且也涉及某个土司政府、当地土司制度、土司辖区的最终转型，更是明清时期王朝国家土司制度治理的最佳结果。

三 依法治国是加强民族区域自治地区国家治理的必由之路

习近平总书记在《推进全面依法治国，发挥法治在国家治理体系和治理能力现代化中的积极作用》中强调："坚持全面依法治国，是中国特色社会主义国家制度和国家治理体系的显著优势。中国特色社会主义实践向前推进一步，法治建设就要跟进一步。实践证明，通过宪法法律确认和巩固国家根本制度、基本制度、重要制度，并运用国家强制力保证实施，保障了国家治理体系的系统性、规范性、协调性、稳定性。"②

---

① 张荣铮点校：《大清律例》，天津古籍出版社1993年版，第140—142页。
② 习近平：《推进全面依法治国，发挥法治在国家治理体系和治理能力现代化中的积极作用》，《求是》2020年第22期。

习近平总书记强调了四点:① 一是坚持全面依法治国,是中国特色社会主义国家制度和国家治理体系的显著优势。二是要坚持全面依法治国,夯实中国之治的制度根基。三是要坚持顶层设计和法治实践相结合,提升法治促进国家治理体系和治理能力现代化的效能。四是要求各级领导干部必须强化法治意识,带头尊法学法守法用法,做制度执行的表率。

有专家指出:依法治国与国家治理是相互作用、相辅相成、互为表里的关系。依法治国是推进国家治理现代化的重要内容和主要途径,而推进国家治理现代化,其核心是要推进国家治理法治化。坚持和实行依法治国,就必须从宪法、法治、立法、依法执政等多方面推进国家治理现代化和法治化。② 我国的民族区域自治制度是中国的一项基本政治制度。我国现有的民族区域自治地区分为自治区、自治州、自治县三级。我国的民族区域自治地区是在中国共产党和人民政府统一领导下,各少数民族聚居的地方设立的自治机关,行使自治权,实行区域自治。依据宪法和民族区域自治法的规定,民族自治区、自治州、自治县的人民代表大会和人民政府,它们在行使同级地方国家机关职权的同时,还拥有三个方面的自治权:一是自主管理本民族、本地区的内部事务;二是享有制定自治条例和单行条例的权利;三是享有自主发展经济、社会、文化事业等多方面的权利。根据我国民族自治地区目前的情况,作为国家层面来讲,必须坚持和完善民族区域自治制度,切实尊重和保障西南民族地区乡村社会各族民众的合法权益,尊重少数民族的宗教信仰和风俗习惯。但是,民族区域自治地区也必须在国家制度和国家治理体系框架内行使自治权,这是我国加强民族区域自治地区国家治理的必由之路。

---

① 习近平:《推进全面依法治国,发挥法治在国家治理体系和治理能力现代化中的积极作用》,《求是》2020年第22期。
② 李林:《依法治国与推进国家治理现代化》,《法学研究》2014年第5期。

参考文献

一 古籍类

（宋）范成大：《桂海虞衡志·志蛮》，景印文渊阁《钦定四库全书》，鹭江出版社2002年版。

（元）脱脱等：《宋史》，中华书局1985年版。

（明）陈子龙：《明经世文编》，中华书局1962年版。

（明）方孔炤：《全边略记》，《续修四库全书》，上海古籍出版社2002年版。

（明）谷应泰：《明史纪事本末》，中华书局2018年版。

（明）顾炎武：《天下郡国利病书》下册，上海古籍出版社影印本。

（明）郭子章：《黔记》（点校本），《续黔南丛书》，贵州人民出版社2012年版。

（明）李化龙：《平播全书》（点校本），大众文艺出版社2008年版。

（明）林尧俞、俞汝楫：《礼部志稿》，景印文渊阁《钦定四库全书》，鹭江出版社2002年版。

（明）龙文彬：《明会要》，中华书局1956年版。

（明）吕坤：《实政录》，《续修四库全书》，上海古籍出版社2002年版。

（明）钱古训：《百夷传》，云南人民出版社1980年版。

（明）丘浚：《两广事宜议》，《粤西文载》，广西人民出版社1990年版。

（明）申时行等修：《明会典》，中华书局1989年版。

（明）沈德符：《万历野获编》，中华书局1997年版。

（明）宋濂等：《元史》，中华书局1976年版。

（明）宋濂：《元史》，上海古籍出版社1986年版。

（明）宋濂：《元史类编》，乾隆六十年（1795）扫叶山房刊本。

（明）谈迁：《国榷》，中华书局1958年版。

（明）王守仁：《王文成公全书》，中华书局2015年版。

（明）王阳明：《王阳明全集》，上海古籍出版社1992年版。

（明）佚名：《土官底簿》，中国书店2018年版。

（明）张萱辑：《西园闻见录》（第七册），哈佛燕京学社1940年版。

（明）张学颜等：《万历会计录》，《续编四库全书》（831册）《史部·政书类》，上海古籍出版社2002年版。

（明）张岳：《小山类稿》，福建人民出版社2000年版。

（明）郑若曾、李致忠：《筹海图编》，中华书局2007年版。

（明）诸葛元声：《两朝平攘录》，见《中国野史集成》，巴蜀书社1992年版。

（清）傅玉书：《嘉庆桑梓述闻》，光绪二十四年（1898）刻本。

（清）甘汝来：《甘庄恪公全集》，乾隆五十六年（1791）刊刻本，赐福堂藏板。

（清）何东铭：《邛㒲野录》，四川图书馆抄本。

（清）贺长龄：《清经世文编》，中华书局1992年版。

（清）黄炳堃等：《土司例纂》，光绪十七年（1891），板藏腾越厅署。

（清）纪昀（校订）：《清文渊阁四库全书》，上海古籍出版社1987年影印本。

（清）昆冈等：《光绪朝大清会典事例》，中华书局1991年影印本。

（清）刘锦藻：《清朝续文献通考》，商务印书馆1912年版。

（清）罗绕典：《黔南职方纪略》，道光二十七年（1847）罗氏家刻本。

（清）毛奇龄、杨东甫、杨骥校注：《蛮司合志》（校注），广西人民出版社2015年版。

（清）毛奇龄：《蛮司合志》，中国边疆少数民族古文献（第43册），四川民族出版社1998年版。

（清）穆彰阿等纂，马国君等点校：《嘉庆重修一统志》，贵州大学出版社2020年版。

（清）祁韵士：《皇朝藩部要略》，道光二十六年（1846）刻本。

（清）乾隆：《清朝通典》，浙江古籍出版社2000版。

（清）乾隆：《清朝文献通考》，浙江古籍出版社2000年排印本。

（清）乾隆官修：《清朝文献通考》，浙江古籍出版社2000年版。

（清）《清实录》，中华书局2008年影印本。

（清）素尔讷纂修，霍有明、郭海文校注：《钦定学政全书校注》，武汉大学出版社2009年版。

（清）汪森：《粤西丛载校注》，广西民族出版社2007年版。

（清）王锡祺：《小方壶斋舆地丛钞》，光绪十七年（1891）上海着易堂铅印本。

（清）魏源：《圣武记》，岳麓书社2011年版。

（清）文孚：《钦定六部处分则例》，图书集成印书局，光绪十八年（1892）铅印本。

（清）伊桑阿等著，关志国等校点：《大清会典（康熙朝）》，凤凰出版社2016年版。

（清）允陶等编纂，杨一凡、宋北平主编，李春光点校：《大清会典（乾隆朝）》，凤凰出版社2018年版。

（清）雍正编纂；张万钧、薛予生编译：《大义觉迷录》，中国城市出版社1999年版。

（清）张廷玉：《明史》，中华书局1974年版。

（民国）赵尔巽：《清史稿》，中华书局1977年版。

钱伯城：《全明文》，上海古籍出版1992年版。

张荣铮等点校：《大清律例》，天津古籍出版社1993年版。

张书才主编：《雍正朝汉文朱批奏折汇编》第十册，江苏古籍出版社1989年版。

二 方志类

（明）洪价：《嘉靖思南府志》（点校本），思南县志编纂委员会办公室，2002年。

（明）黄佐：《广西通志》，明嘉靖十年（1531）刻本。

（明）刘文征撰，古永继校点：《滇志》，云南教育出版社1991年版。

（清）苏宗经辑，半复礼、夏敬颐增辑，马玉华点校：《广西通志辑要》，黑龙江教育出版社2016年版。

（清）爱必达：《黔南识略》，《中国地方志集成·贵州府县志辑》，巴蜀书社 2006 年版。

（清）曹抡彬：《雅州府志》，雅州市地方志办公室，2006 年。

（清）常明、杨芳灿：《四川通志》，巴蜀书社 1984 年版。

（清）崔乃镛等著，梁晓强校注：《东川府志·东川府续志》，云南人民出版社 2006 年版。

（清）邓承伟等纂，（民国）基生兰续纂：《西宁府续志》，青海人民出版社 2016 年版。

（清）鄂尔泰、尹继善：《乾隆云南通志》，乾隆元年（1736）刻本。

（清）范承勋：（康熙）《云南通志》，云南省图书馆藏本。

（清）冯世瀛、冉崇文：《酉阳直隶州总志》，巴蜀书社 2009 年点校本。

（清）傅圣：《镇安府志》，清乾隆二十一年（1756）刻本。

（清）龚景瀚编，李本源校：《循化厅志》，青海人民出版社 2016 年版。

（清）关天申：《乾隆永顺县志》，乾隆五十八年（1793）抄本。

（清）黄德基编，关天申纂：《永顺县志》，乾隆五十八年（1793）刻本。

（清）江浚源纂，杨丰校注：《嘉庆临安府志》，云南人民出版社 2018 年版。

（清）李其昌纂修：《南笼府志》，清乾隆二十九年（1764）刻本。

（清）李熙龄：《道光广南府志》，光绪三十一年（1905）抄本。

（清）李熙龄：《道光普洱府志》，道光二十年（1840）刻本，板藏学署板。

（清）林继钦、袁祖绶：《保靖县志》，同治十年（1871）刻本。

（清）马忠良原纂，孙锵增修：《越嶲厅志》卷六之三《屯田》，台湾成文出版社 1968 年版。

（清）阮元等纂，马颖娜等点校：《道光云南通志稿》，云南美术出版社 2021 年版。

（清）王全臣：《河州志》，康熙四十六年（1707）刻本。

（清）王崧著，刘景毛点校：《道光云南志钞》，云南社会科学院文献研究所，1995 年。

（清）王萦绪：《乾隆石砫厅志》，乾隆四十年（1775）刻本。

（清）谢启昆：《广西通志》，广西人民出版社 1988 年版。

（清）谢圣纶：《滇黔志略》，乾隆二十八年（1763）刻本。

（清）谢圣纶辑，古永继点校：《滇黔志略》，贵州人民出版社2008年版。

（清）羊复礼、梁万年：《镇安府志》，光绪十八年（1892）刊本。

（清）张天如、顾奎光：《永顺府志》，乾隆二十八年（1763）抄刻本。

（清）郑珍、莫友芝：《遵义府志》，遵义市志编纂委员会1986年版。

（清）周来贺：《桑植县志》，同治十一年（1872）刊本。

（清）周宗洛等：《顺宁府志》，成文出版社1975年版。

（清）周作辑：《贵阳府志》，贵阳市地方志编纂委员会办公室校注，贵州人民出版社2005年版。

（民国）刘显士、谷正伦：《贵州通志》（点校本），贵州大学出版社2010年版。

（民国）祝世德：《汶川县志》，1944年铅印本。

阿坝藏族羌族自治州地方志编纂委员会：《阿坝州志》，民族出版社1994年版。

大新县地方志办公室编：《大新土司志》，广西人民出版社2013年版。

都安瑶族自治县志编纂委员会：《都安瑶族自治县志》，广西人民出版社1993年版。

甘孜州志编纂委员会：《甘孜州志》，四川人民出版社1998年版。

耿马傣族佤族自治县地方志编纂委员会：《耿马傣族佤族自治县地方志》，云南民族出版社1995年版。

广西河池市地方志办公室点校：《庆远府志》（道光八年辑，点校本），广西人民出版社2011年版。

贵定县采访处辑：《贵定县志稿》，民国初年修，1964年贵州省图书馆油印本。

贵州省地方志编纂委员会：《贵州省志军事志》，贵州人民出版社1995年版。

贵州省文史馆：《贵州通志》，贵州人民出版社2008年版。

贵州省遵义市地方志编纂委员会：《遵义地区志》，贵州人民出版社2003年版。

贵州省遵义县志编纂委员会：《遵义县志》，贵州人民出版社1992年版。

金建、杨兆昌：《临沧地区民族志》，云南民族出版社2003年版。

黎平县县志编纂委员会办公室：《黎平府志》（点校本），方志出版社 2014 年版。

李春龙：《新纂云南通志》，云南人民出版社 2007 年版。

凉山彝族自治州地方志编纂委员会：《凉山彝族自治州志》，方志出版社 2002 年版。

刘郁芬：《民国甘肃通志稿》，1931 年原稿本。

龙云等纂，牛鸿斌等点校：《新纂云南通志》，云南人民出版社 2007 年版。

牟华林、钟桂玲整理：《嘉庆重修一统志》，光明日报出版社 2019 年版。

牛鸿斌等：《新纂云南通志》，云南人民出版社 2007 年版。

瓮安县地方志编纂委员会、翁水犹氏文化志编委会：《瓮水犹氏文化志》，方志出版社 2016 年版。

西双版纳傣族自治州地方志编纂委员会：《西双版纳傣族自治州志》，新华出版社 2002 年版。

徐鋐主修，龙云清校注：《松桃厅志》，贵州民族出版社 2006 年版。

云南省地方志编纂委员会：《云南省志军事志》，云南人民出版社 1997 年版。

云南省广南县地方志编纂委员会：《广南县志》，中华书局 2001 年版。

云南省巍山彝族回族自治县志编纂委员会：《巍山彝族回族自治县志》，云南人民出版社 1993 年版。

张兴文等：《卯峒土司志校注》，民族出版社 2001 年版。

中国人民解放军四川省木里县军事志编纂委员会：《木里藏族自治县军事志》，西南交通大学出版社 2009 年版。

重庆市民族宗教事务委员会：《重庆民族志》，重庆出版社 2002 年版。

朱嗣元修，钱光国纂：《施秉县志》，民国九年修，贵州省图书馆 1965 年油印本。

遵义市汇川区高坪镇志编纂委员会：《遵义市汇川区高坪镇志》，方志出版社 2012 年版。

遵义市志编纂委员会：《遵义市志》，中华书局 1998 年版。

三 档案类

（清）北洋洋务局：《约章成案汇览》，清光绪三十一年（1905）抄本。

（清）刀樾椿：《南甸宣抚司呈报袭职清册》，现存于云南省梁河县档案馆。

（清）胡启荣等辑：《滇事杂档》，道光十三年至道光二十七年（1833—1847）抄本，现藏于中国国家图书馆。

（清）乾隆：《钦定大清会典则例》，乾隆十三年（1748）抄本。

（清）允禄、鄂尔泰：《硃批谕旨》，乾隆三年（1738）武英殿朱墨套印本。

（清）赵日宣：《剑川州土官百户赵元将历代履历宗图结报》，藏于云南省图书馆。

阿坝藏族羌族自治州档案馆：《嘉绒藏族土司档案选译》，西南交通大学出版社2020年版。

中国第一历史档案馆：《清代皇帝御批彝事珍档》，四川民族出版社2000年版。

四 家谱类

（清）岑毓英纂修：《西林岑氏族谱》，光绪十四年（1888）刻本。

（清）李天俞等，（民国）李芳时等纂：《李土司家谱三种》，青海人民出版社2020年版。

（清）龙文和、龙绍讷编著，龙泽江点校：《苗族土司家谱·龙氏家乘迪光录》，贵州大学出版社2018年版。

李勇锋：《广武鲁氏世谱辑校》，甘肃人民出版社2016年版。

五峰长乐坪：《容阳堂田氏族谱》，1944年，五峰渔关朱东新石印本。

五 今人专著与史料类

安成祥：《石上历史》，贵州民族出版社2015年版。

安介生：《历史民族地理》，山东教育出版社2007年版。

白钢：《中国农民问题研究》，人民出版社1993年版。

陈宝贵：《东山土司》，云南人民出版社2014年版。

陈锋：《清代军费研究》，武汉大学出版社 1992 年版。

陈永龄：《理县嘉戎土司制度下的社会》，燕京大学出版社 1947 年版。

成臻铭：《清代土司研究：一种政治文化的历史人类学观察》，中国社会科学出版社 2008 年版。

成臻铭：《土司制度与西南边疆治理研究》，社会科学文献出版社 2016 年版。

程贤敏选编：《清〈圣训〉西南民族史料》，四川大学出版社 1988 年版。

德宏州史志办公室：《德宏历史资料》，德宏民族出版社 2012 年版。

董建辉：《明清乡约：理论演进与实践发展》，厦门大学出版社 2008 年版。

方国瑜：《云南史料丛刊》，云南大学出版社 1998 年版。

方国瑜：《云南史料目录概说》，中华书局 1984 年版。

方铁：《方略与施治：历朝对西南边疆的经营》，社会科学文献出版社 2015 年版。

方铁主编：《西南通史》，中州古籍出版社 2003 年版。

高士荣：《西北土司制度研究》，民族出版社 1999 年版。

龚荫：《中国少数民族史》，四川人民出版社 2012 年版。

龚荫：《中国土司制度》，云南民族出版社 1992 年版。

古永继：《云南 15 种特有民族古代史料汇编》，云南大学出版社 2019 年版。

广西民族研究所：《广西少数民族地区石刻碑文集》，广西人民出版社 1982 年版。

广西壮族自治区编辑组：《广西壮族社会历史调查》，民族出版社 1987 年版。

广西壮族自治区编写组：《广西少数民族地区碑文契约资料集》，民族出版社 2009 年版。

广西壮族自治区通志馆：《广西古代职官资料汇编》，广西人民出版社 2000 年版。

贵州省文史研究馆：《续黔南丛书》，贵州人民出版社 2011 年版。

贵州通史编委会：《贵州通史》，当代中国出版社 2003 年版。

郭松义、李新达：《中国政治制度通史》，人民出版社 1996 年版。

国家民族事务委员会编：《中央民族工作会议精神学习辅导读本》，民族出版社 2015 年版。

何威：《河州土司何锁南家族研究》，中国社会科学出版社 2016 年版。

鹤峰县史志编纂办公室：《容美土司史料汇编》，鹤峰县史志编纂办公室 1983 年。

胡炳章：《土家族文化精神》，民族出版社 1999 年版。

胡进：《土司述略》，贵州人民出版社 2012 年版。

胡耐安：《明清两代土司》，存萃学社编集《清史论丛》第六集，香港大东图书公司 1980 年版。

黄才庚：《文书史纲要》，档案史教研室内刊资料 1982 年。

黄家信：《壮族地区土司制度与改土归流研究》，合肥工业大学出版社 2007 年版。

黄珺：《云南乡规民约大观》，云南美术出版社 2010 年版。

黄义仁：《布依族史》，贵州民族出版社 1999 年。

贾霄锋：《藏区土司制度研究》，青海人民出版社 2010 年版。

江应樑：《明代云南境内的土官与土司》，云南人民出版社 1958 年版。

蓝武：《从设土到改流——元明时期广西土司制度研究》，广西师范大学出版社 2011 年版。

李飞：《复活的土司城堡：海龙囤考古手记》，贵州教育出版社 2014 年版。

李国祥、杨昶主编：《明实录类纂·经济史料卷》，武汉出版社 1993 年版。

李荣高等：《云南林业文化碑刻——潞西》，德宏民族出版社 2005 年版。

李世愉：《清代土司制度论考》，中国社会科学出版社 1998 年版。

李树业：《祥云碑刻》，云南人民出版社 2014 年版。

李燕：《设治局：民国云南边疆建设的新举措》，云南大学出版社 2013 年版。

刘文政、吴畏：《唐崖土司概观》，国际文化出版公司 2001 年版。

马大正编：《中国古代边疆政策研究》，中国社会科学出版社 1990 年版。

马玉华主编：《中国边疆研究文库》，黑龙江教育出版社 2013 年版。

南桂香：《耿马傣族》，云南民族出版社 2013 年版。

彭陟焱：《乾隆朝大小金川之役研究》，民族出版社 2010 年版。

秦良玉史研究编纂委员会：《秦良玉史料集成》，四川大学出版社 1987 年版。

青川县志编纂委员会：《青川县政权志》，青川县志编纂委员会，1987 年。

雀丹：《嘉绒藏族史志》，民族出版社 1995 年版。

容美土司文化研究会：《容美土司史料文丛》，中国文史出版社 2019 年版。

佘贻泽：《中国土司制度》，正中书局 1944 年版。

石亚洲：《土家族军事史研究》，民族出版社 2003 年版。

四川省编辑组：《四川彝族历史调查资料档案资料选编》，民族出版社 2009 年版。

四川省民族研究所：《清末川滇边务档案史料》，中华书局 1989 年版。

谭其骧：《中国历史地图集》（第八册），中国地图出版社 1987 年版。

田敏：《土家族土司兴亡史》，民族出版社 2000 年版。

田清旺：《从溪州铜柱到德政碑——永顺土司历史地位研究》，民族出版社 2014 年版。

田玉隆：《贵州土司史》，贵州人民出版社 2006 年版。

王承尧等：《土家族土司史录》，岳麓书社 1991 年版。

王天玺等：《中国彝族通史》，云南人民出版社 2012 年版。

王毓铨：《明代的军屯》，中华书局 2009 年版。

吴永章：《中国土司制度渊源与发展史》，四川民族出版社 1988 年版。

严从简著，于思黎点校：《殊域周咨录》，中华书局 2000 年版。

杨甫旺：《彝族纳楼土司世家》，云南人民出版社 1999 年版。

杨一凡等：《中国珍稀法律典籍续编》，黑龙江人民出版社 2002 年版。

尹绍亭、唐立：《中国云南耿马傣文古籍编目》，云南民族出版社 2005 年版。

尤中：《中国西南民族史》，云南人民出版社 1985 年版。

游俊：《历代稽勋录笺正》，贵州人民出版社 2013 年版。

于建嵘：《岳村政治》，商务印书馆 2001 年版。

余庆远：《维西见闻纪》，王云五主编《丛书集成初编》，商务印书馆 1936 年版。

余梓东：《清代民族政策研究》，辽宁民族出版社 2003 年版。

云南省档案局：《抗战时期的云南——档案史料汇编》，重庆出版社 2015 年版。

云南省少数民族古籍整理出版规划办公室：《孟连宣抚司法规》，云南民族出版社 1986 年版。

云南省志编纂委员会办公室：《〈明实录〉有关云南历史资料摘抄》，云南人民出版社 1959 年版。

翟玉前、孙俊编著，罗康隆审订：《明史·贵州土司列传考证》，贵州人民出版社 2008 年版。

张海清：《金川历史文化览略》（中册），中央民族大学出版社 2012 年版。

张捷夫：《清代土司制度》，《清史论丛》，中华书局 1982 年版。

朱金甫、张书才：《清代典章制度辞典》，中国人民大学出版社 2011 年版。

邹建达：《西南边疆之战》，中山大学出版社 2020 年版。

六 学术论文类

苍铭：《从〈钦定学政全书〉看清前期西南土司土民教育政策》，《民族教育研究》2015 年第 2 期。

曹海霞：《近代史上藏族康区政治秩序建构的重要意义——晚清康区改土归流为中心的考察》，《西北民族大学学报》（哲学社会科学版）2016 年第 1 期。

曹相：《土官与土司考辩》，《云南民族学院学报》1984 年第 4 期。

常建华：《清雍正朝改土归流起因新说》，《中国史研究》2015 年第 1 期。

陈春声：《走向历史现场》，《读书》2006 年第 9 期。

陈国安、史继忠：《试论明代贵州卫所》，《贵州文史丛刊》1981 年第 3 期。

陈季君、安齐毅：《西方学术视野下土司地区的民族融合》，《遵义师范学院学报》2017 年第 6 期。

陈季君：《清代土司承袭流转时限考——以清代 55 件档案为中心的考察》，《遵义师范学院学报》2018 年第 2 期。

陈季君：《地缘政治学视角下明王朝与播州土司的政治博弈》，《遵义师范学院学报》2011年第5期。

陈季君:《试论清代土司承袭中的册结及其作用》,《青海民族研究》2016年第4期。

陈明、柴福珍:《清代改土归流后湘西地区农业结构的演变》,《古今农业》2016年第2期。

陈剩勇:《清代社学与中国古代官办基础教育体制》,《历史研究》1995年第6期。

陈业强:《广西土官制的流弊及历代改土延缓的原因》,《学术论坛》1984年第1期。

陈跃:《"因俗而治"与边疆内地一体化——中国古代王朝治边政策的双重变奏》,《云南师范大学学报》(哲学社会科学版)2012年第2期。

成臻铭:《群在时空之间:论明代土司的民族族系分布特点》,《青海民族研究》2011年第1期。

戴小冬:《老司城土司时期法律制度初探》,《怀化学院学报》2018年第3期。

杜玉亭:《元代罗罗斯土官宣慰使研究》,《民族研究》1982年第2期。

段红云:《明清时期云南边疆土司的区域政治与国家认同》,《广西民族大学学报》(哲学社会科学版)2015年第5期。

段金生:《土司政治与王朝治边:清初的云南土司及其治理》,《民族研究》2019年第2期。

方铁:《论元明清三朝的蛮夷观》,《社会科学辑刊》2016年第1期。

方铁:《土司制度及其对南方少数民族的影响》,《中南民族大学学报》(人文社会科学版)2012年第1期。

方铁:《土司制度与元明清三朝治夷》,《贵州民族研究》2014年第10期。

方悦萌:《雍正朝改土归流是为了完善法治》,《清史论丛》2017年第1期。

葛赤峰:《土司制度之成立及其流弊》,《边事研究》1930年第5期。

葛天博:《清代四川宁远地区土司权力的国家法律调控研究》,《湖北民族学院学报》(哲学社会科学版)2017年第4期。

葛天博:《清代土司承袭的国家法律控制》,《三峡论坛》(三峡文学·理论版)2017年第2期。

葛政委:《论边缘族群的国家认同模式——兼议容美土司国家认同的历程》,《铜仁学院学报》2015年第2期。

葛政委:《土司文化遗产的价值凝练与表达》,《长江师范学院学报》2014年第5期。

葛政委:《影响容美土司国家认同的因素分析》,《三峡大学学报》(人文社会科学版)2014年第3期。

葛政委:《祖先再造与国家认同——容美土司〈田氏族谱〉和〈蹇氏族谱〉的人类学解读》,《三峡论坛》(三峡文学·理论版)2013年第6期。

郭新榜:《国家认同视野下的丽江木氏土司诗文研究》,《云南档案》2015年第4期。

郝彧:《改土归流与水西彝族社会秩序的重建》,《西南民族大学学报》(人文社会科学版)2016年第10期。

贺晓燕:《清代土司教育、科举制度述略》,《遵义师范学院学报》2015年第4期。

洪涵:《国家权力在民族地区的延伸——以云南德宏傣族土司制度为例》,《云南民族大学学报》(哲学社会科学版)2011年第2期。

胡绍华:《羁縻郡县制度与土司制度的对比研究》,《民族史研究》2001年第00期。

华林:《明清西南土司承袭制度和文书》,《贵州文史丛刊》1994年第4期。

黄建军:《中国国家治理体系和治理能力现代化的制度逻辑》,《马克思主义研究》2020年第8期。

黄梅:《清代土司年班分班考》,《遵义师范学院学报》2016年第1期。

贾霄锋、马千惠:《重构·变迁:清末改土归流与川边藏族社会嬗变》,《青海民族研究》2015年第4期。

贾霄锋:《藏族土司地区的儒学教育研究》,《重庆工学院学报》(社会科学版)2008年第10期。

江必新:《关于多元共治的若干思考》,《社会治理》2019年第3期。

江应樑:《滇西僰夷的土司政治》,《益世报·史学周刊》1938年第9—

10 期。

江应樑：《傣族进入封建社会之探讨》，《中国民族》1963 年第 4 期。

江应樑：《云南土司制度之利弊与存废》，《边政公论》1947 年第六卷第 1 期。

李大龙：《多民族国家构建视野下的土司制度》，《云南师范大学学报》（哲学社会科学版）2012 年第 6 期。

李汉林：《文化变迁的个例分析——清代"改土归流"对黔中苗族文化的影响》，《民族研究》2001 年第 3 期。

李何春：《清末川边改土归流时期赵尔丰盐业改革措施及其意义》，《中国边疆史地研究》2016 年第 2 期。

李世愉：《清朝在土司地区推行科举制度述略》，《青海民族研究》2016 年第 4 期。

李世愉：《改土归流与国家治理》，《遵义师范学院学报》2018 年第 2 期。

李世愉：《试论土目内涵的演变及其在土司制度中的地位和作用》，《民族研究》1987 年第 3 期。

李世愉：《试论清雍正朝改土归流的原因和目的》，《北京大学学报》（哲学社会科学版）1984 年第 3 期。

李世愉：《土司文化：沟通边疆与中央的桥梁》，《文史知识》2016 年第 4 期。

李世愉：《土司制度历史地位新论》，《长江师范学院学报》2015 年第 3 期。

李世愉：《应正确解读雍正朝的改土归流》，《青海民族研究》2015 年第 2 期。

李世愉：《清雍正朝改土归流善后措施初探》，《民族研究》1984 年第 3 期。

李伟：《乌江下游明清时期贡赋制度考略》，《贵州社会科学》2005 年第 2 期。

李小文：《国家制度与地方传统——明清时期桂西的基层行政制度与社会治理》，博士学位论文，厦门大学，2006 年。

李亚峰：《明清时期云南怒江边地的土司统治》，《长江师范学院学报》2018 年第 2 期。

李宗放：《对"土司"名称的出现、内涵、使用范围的考析》，《民族学刊》2018年第2期。

梁亚群：《岑氏土司国家认同研究——基于〈田州岑氏土司族谱〉的历史解读》，《长江师范学院学报》2015年第4期。

廖丽：《从女性土司的设置及承袭看明代土司制度——以商胜、奢香、秦良玉为例》，《宁夏师范学院学报》2014年第4期。

廖荣谦：《明代贵州"改土归流"及其对少数民族地区多重生态建构的影响》，《云南行政学院学报》2016年第5期。

林荃：《云南土司制度的历史特点及分期》，《云南民族学院学报》（哲学社会科学版）1993年第1期。

凌纯声：《中国边政之土司制度》，《边政公论》1943年第11—12期，1944年第1—2期。

刘笃才：《中国古代地方法制的功能结构与发展》，《北方法学》2012年第1期。

刘介：《宋代壮族地区在土官统治下的经济形态》，《民族团结》1963年2—3月号。

龙大轩：《历史上的羌族习惯法与国家制定法》，《现代法学》1998年第6期。

罗香林：《狼兵狼田考》，《广州学报》1937年第2期。

马大正：《深化中国土司制度研究的几个问题》，《云南师范大学学报》2011年第2期。

莫代山：《清代改土归流后武陵民族地区的玉米种植及其社会影响》，《青海民族研究》2016年第1期。

莫代山：《明清时期土家族地区"自立土司"研究》，《西南民族大学学报》（人文社会科学版）2015年第11期。

莫代山：《明清时期土家族土司争袭研究》，《贵州社会科学》2009年第6期。

彭福荣：《国家王权慑服与土司利益博弈——以王阳明水西"三书"为个案》，《青海民族研究》2018年第2期。

彭福荣：《中国土司国家认同的逻辑起点与利益法则》，《青海民族研究》2015年第2期。

彭陟燕：《乾隆帝对大小金川土司改土归流析》，《西藏民族学院学报》（哲学社会科学版）2007年第4期。

切排、赵志浩：《中国古代边疆治理的利弊得失：基于土司制度的分析》，《西南民族大学学报》（人文社会科学版）2018年第2期。

秦和平：《关于20世纪50年代中国共产党终结土司制度的认识》，《北方民族大学学报》（哲学社会科学版）2014年第1期。

佘贻泽：《清代之土司制度》，《禹贡》1936年第5期。

佘贻泽：《明代之土司制度》，《禹贡》1935年第11期。

史继忠：《略论土司制度的演变》，《贵州文史丛刊》1986年第4期。

史晓波：《浅议杨氏治播的积极影响》，《贵州文史丛刊》2002年第4期。

宋娜：《论"家国同构"格局下的土司治理方式——以播州杨氏土司为考察中心》，《长江师范学院学报》2016年第2期。

粟冠昌：《清代广西土官制度改流述议》，《广西民族研究》1990年第1期。

孙逸啸：《论明清时期长江沿岸码头城市多元社会治理的法秩序——以上海、武汉及重庆为例》，《江汉大学学报》（社会科学版）2018年第2期。

田敏：《明初土家族地区卫所设置考》，《吉首大学学报》（社会科学版）2004年第4期。

田澍：《发出新时代中国历史工作者的强音——学习习总书记致中国历史研究院成立贺信精神的体会》，《中国边疆史地研究》2019年第1期。

田清旺：《改土归流与少数民族民间信仰的嬗变——以土家族为例》，《青海民族研究》2016年第3期。

王春玲、于衍学：《清代改土归流成因分析》，《西北民族大学学报》（哲学社会科学版）2005年第4期。

王君义：《试析明代土司承袭制度——以播州杨氏土司为例》，《遵义师范学院学报》2015年第5期。

武沐、王素英：《元代只有土官之名没有土官之制》，《中国边疆史地研究》2015年第1期。

王文成：《云南边疆土司制度的终结述论》，《学术探索》1994年第3期。

王文光、李吉星：《论明代云南的改土归流》，《思想战线》2014年第

6 期。

韦文宣：《"土官"与"土司"》，《广西民族研究》1987 年第 4 期。

温宪元：《制度治理：国家治理的重要基石》，《深圳特区报》2014 年 3 月 11 日。

武沐、易剑文：《清代对于甘青土司法律层面的治理》，《贵州大学学报》（社会科学版）2017 年第 2 期。

武沐、张锋峰：《再释"土司"一词的演变》，《青海民族研究》2017 年第 2 期。

武沐、赵洁：《清朝对甘青土司的治理及其影响》，《民族研究》2018 年第 2 期。

郗玉松：《改土归流后土家族社会治理研究》，《山西档案》2016 年第 4 期。

郗玉松：《改土归流与清代湖广土家族地区城市的重建——从象征王权的土司城到象征皇权的府州县城》，《湖北民族学院学报》（哲学社会科学版）2016 年第 2 期。

谢孝明：《清代"改土归流"：土司制度与伯克制度的比较》，《贵州社会科学》2015 年第 12 期。

熊贵平：《以夷制夷方略及其在汉代形成和发展的原因探析》，《江西师范大学学报》（哲学社会科学版）2007 年第 6 期。

徐茂明：《江南士绅与江南社会：1368—1911》，博士学位论文，苏州大学，2001 年。

许新民：《论清咸同起义以来云南土司治策——以承袭与改流为中心》，《云南师范大学学报》（哲学社会科学版）2013 年第 1 期。

杨虎得、柏桦：《明代宣慰与宣抚司》，《西南大学学报》（社会科学版）2016 年第 2 期。

杨华双：《土司制度下藏族传统社会秩序的法律调控分析——以川、甘、青、滇地区为例》，《西南民族大学学报》（人文社会科学版）2013 年第 8 期。

杨庭硕、李银艳：《"土流并治"：土司制度推行中的常态》，《贵州民族研究》2012 年第 3 期。

杨庭硕、彭兵：《对土司制度终结的再认识》，《吉首大学学报》（社会科学版）2016 年第 5 期。

杨庭硕、杨曾辉：《论中国土司制度与西方殖民活动的区别》，《贵州民族研究》2014 年第 3 期。

杨庭硕：《试论土司制度终结的标志》，《云南师范大学学报》2012 年第 3 期。

尤佳：《试析土司分袭制度创立的历史背景》，《遵义师范学院学报》2016 年第 1 期。

尤佳：《土司安插制度创立前雍正朝对不法土司的安插研究》，《文山学院学报》2018 年第 1 期。

尤中：《简论"土司制度"》，《学术研究》1964 年第 1 期。

于晓燕：《陈宏谋与云南义学的制度建设》，《人文世界》2015 年第 3 期。

岳精柱：《明代西南边疆社会心态探析》，《社会心理科学》2005 年第 2 期。

岳小国、梁艳麟：《试论土司的"地方化"与"国家化"——以鄂西地区为例》，《青海民族研究》2015 年第 2 期。

岳小国：《"原罪"何在——清代改流土司安插现象研究》，《贵州民族研究》2018 年第 11 期。

曾超：《保靖司主传承机制研究》，《湖北民族学院学报》（哲学社会科学版）2018 年第 3 期。

张江华：《通过征用帝国象征体系获取地方权力——明代广西土司的宗教实践》，《民族学刊》2010 年第 2 期。

张凯、成臻铭：《清代改土归流后地方社会权力结构的变动——以湘西永顺地区为例》，《中央民族大学学报》（哲学社会科学版）2018 年第 1 期。

张丽剑等：《明朝初年故元土司与中央统治者的博弈研究》，《大理大学学报》2018 年第 5 期。

张万东：《土司的权力世界——以明代酉阳宣抚使冉元为例》，《长江师范学院学报》2012 年第 7 期。

张雄、彭英明：《湖广土司制度初探》，《江汉论坛》1982 年第 6 期。

张永国：《关于土司制度研究中几个问题》，《贵州文史丛刊》1986 年第 4 期。

张振兴:《清雍正朝乌蒙、镇雄土司"改流"动因考——兼论清朝"改土归流"之实质》,《吉首大学学报》(社会科学版)2015年第5期。

章赟:《试论清代以罪革除土司异地安插制度》,《遵义师范学院学报》2018年第1期。

赵轶峰:《明清帝制农商社会说的问题意识与研究取径》,《云南社会科学》2019年第1期。

赵宇峰、林尚立:《国家制度与国家治理:中国的逻辑》,《中国行政管理》2015年第5期。

周尚君:《地方政府的价值治理及其制度效能》,《中国社会科学》2021年第5期。

洲塔、贾霄峰:《试析明代藏区土司的朝贡制度》,《西藏大学学报》(汉文版)2006年第3期。

朱祖明:《中国西南民族来由考》,《光华大学半月刊》1933年第8期。

邹建达、杨晓燕:《笼络与控制:川西北土司"年班制度"的建立及首次朝觐》,《遵义师范学院学报》2017年第5期。

[日]谷口房男:《土司制度论》,《百色学院学报》2007年第3期。

后　　记

　　本书是国家社科基金规划项目"中国土司制度与国家治理研究"的最终成果。虽然全国哲学社会科学工作办公室"国家社科基金年度项目2021年11月成果鉴定等级公告"中，本成果名称以"良好"顺利结题。从2016年立项到2021年结项，前后历时5年，《中国土司制度与国家治理研究》洋洋洒洒，有近60万字。

　　笔者曾说："学术创新是一部学术专著的灵魂，如果没有学术创新，专著就失去了灵魂。"（《中国土司学导论》序言）《中国土司制度与国家治理研究》以学术专著的形式，以"中国土司制度"为研究对象，以"国家治理"为学科建构理念，以"制度治理"为学术旨归，重在突出一个核心观点：元明清中央政府实施的土司制度以及各地土司、土司地区各族民众加快推进了中华民族共同体从"自在"走向"自觉"的历史进程。我们认为，土司制度治理是元明清中央政府充分运用土司制度体系对土司及土司地区进行的治理。中国土司制度是一种"齐政修教""因俗而治"的政治制度，是元明清三朝逐渐实现国家统一与地方自治的地方行政管理制度。中国土司制度体现了国家对土司地区的治理始终占据主导地位，各地土司、流官政府、社会基层组织等在中央政府"因俗而治"的政策指导下共同参与土司地区的国家治理。我们在本书中试图构建起土司制度与国家治理相关研究的理论框架，即中国土司制度与国家治理研究是通过一个总纲（王朝国家的"大一统"思想）、两大问题（国家制度体系、制度执行能力）、三个层次（根本制度、基本制度、具体制度）、四个环节（制度建构—制度改革—制度运行—制度效益）、五位一体（政治、经济、社会、法律、文教）的理论框架为基本路径予以实现。

这个理论框架无论是对于研究中国土司制度、国家治理，还是对于实现民族地区国家治理现代化均具有重要的参考价值。

《中国土司制度与国家治理研究》能够以"良好"结项和顺利出版，得益于课题组得到多方支持与关照，促使我们奋进，并使我们铭记于心。

一要感谢国家社科基金项目"民族学"学科的匿名评审专家、会场评审专家和全国哲学社会科学工作办公室的领导和同志们，是他们给课题组机会，使本书能够立项，促使我们产生刻苦学习、不懈努力的动力。

二要感谢《民族研究》《中央民族大学学报》《西南民族大学学报》《中南民族大学学报》《云南民族大学学报》《广西民族研究》《贵州社会科学》《吉首大学学报》《青海民族研究》《民族学刊》《地域文化研究》《长江师范学院学报》等刊物的主编与编辑老师们，他们对课题组成员论文的刊发，无形之中坚定了我们深入研究本课题的信心。

三要感谢诸多先辈时贤。本书在研究过程中，借用了众多先辈时贤的研究成果，在书中基本上注明了出处，但个别地方可能未及注明，疏漏之处，恳请专家学者谅解。无论是作注还是未作注，我们在此一并致以真诚的感谢！因为没有各位先辈时贤的研究成果，本书就不会问世。应该说，本书的结题和专著的付梓是站在无数巨人的肩膀之上的结果。

四要感谢长江师范学院党政领导。本课题立项后，先后得到长江师范学院原党委书记彭寿清教授、现任党委书记黄大勇教授、主管科研的副校长张明富教授和米永生教授等有关领导的高度重视，并获得了长江师范学院配套经费，在此，我们表示真诚的感谢！本书在撰写过程中，课题组的方铁教授、彭福荣教授、瞿州莲教授、莫代山教授、李思睿博士，不仅多次就本书的框架、体例和主要内容等展开讨论，并提出了诸多建设性的建议和意见，而且对出版该书给予大力支持和真心理解，在此，笔者表示真诚的感谢！

五要感谢重庆市社会科学规划办公室和长江师范学院科技处的全体同志，是他们的周到服务和悉心呵护，才使本课题走到了今天。

在撰写本书的过程中，我的妻子、女儿和儿子，他们的期盼与"督促"成为本人永恒的动力，尽管亲人的爱是无疆和无私的，然而我还是希望将本书作为回报。所以，我希望把本书当作一个"礼物"回馈我的家人。在我的家人中，尤其要感谢我的女儿李思睿，她在西南大学历史文化学院民族学院工作期间，与我共同撰写书稿和论文。

《中国土司制度与国家治理研究》因涉及众多学科领域，在撰写过程中本人虽然力求做好各项工作，但因学术修养和研究能力的不足，其缺点和疏漏在所难免，因此，真诚地希望学界朋友以及广大读者批评指正，恳请专家学者不吝赐教。

春华秋实，年复一年，《中国土司制度与国家治理研究》的出版只是本人科学研究中一段学术经历的结束，在中国特色社会主义新时代，我将在国家社科基金重大项目——"改土归流与中华民族共同体建设的历史文献整理与研究"的学术道路上一如既往，迈向远方。

李良品

2023 年 5 月 18 日于长江师范学院鉴湖之滨